HISTÓRIA(S) DA LITERATURA

*Actas do I° Congresso Internacional
de Teoria da Literatura e Literaturas Lusófonas*

MARIA DA PENHA CAMPOS FERNANDES
(COORDENADORA)

HISTÓRIA(S) DA LITERATURA

*Actas do I° Congresso Internacional
de Teoria da Literatura e Literaturas Lusófonas*

Mesa Redonda de Escritores Lusófonos

Breve Homenagem a Almeida Garrett no Sesquicentenário da sua Morte
Fac-simile do *Bosquejo da Historia da Poesia e Lingua Portugueza*, (1826), edição de 1867

UNIVERSIDADE DO MINHO

ALMEDINA

HISTÓRIA(S) DA LITERATURA
ACTAS DO Iº CONGRESSO INTERNACIONAL
DE TEORIA DA LITERATURA E LITERATURAS LUSÓFONAS

EDITOR
EDIÇÕES ALMEDINA, SA
Rua da Estrela, n.º 6
3000-161 Coimbra
Tel.: 239 851 904
Fax: 239 851 901
www.almedina.net
editora@almedina.net

PRÉ-IMPRESSÃO • IMPRESSÃO • ACABAMENTO
G.C. – GRÁFICA DE COIMBRA, LDA.
Palheira – Assafarge
3001-453 Coimbra
producao@graficadecoimbra.pt

Dezembro, 2005

DEPÓSITO LEGAL
238354/06

copyright: Universidade do Minho (I.L.C.H./D.E.P.)
Braga
www.uminho.pt

Apesar do cuidado e rigor colocados na elaboração da presente obra,
devem os diplomas legais dela constantes ser sempre objecto
de confiança com as publicações oficiais.

Toda a reprodução desta obra, por fotocópia ou outro qualquer processo,
sem prévia autorização escrita do Editor,
é ilícita e passível de procedimento judicial contra o infractor.

Entidade promotora do evento:

Instituto de Letras e Ciências Humanas
Departamento de Estudos Portugueses

Mestrado em Teoria da Literatura e Literatura Portuguesa

Comissão Organizadora e Científica:
  Maria da Penha Campos Fernandes
  Carlos Manuel Ferreira da Cunha
  Américo António Lindeza Diogo
  Carlos Mendes de Sousa
  Eunice Maria Silva Ribeiro
  Manuel dos Santos Alves
  Rosa Sil Valente Monteiro

Secretariado:
  Pedro Luís Malta Ferreira
  Daniela Sofia Freitas da Silva Matos
  Elisabete Pinto do Lago
  Maria Alice Campos

Comissão de Apoio:
  Álvaro Manuel Carvalho
  Ana Maria Silva Ribeiro
  Carlos Castro da Silva Carvalho
  Carlos Pazos Justo
  Helena Cristina da Costa Guimarães
  Isabel Cristina Brito Pinto Mateus
  Maria do Carmo Pinheiro S. C. Mendes
  Maria Micaela Dias Pereira Ramón Moreira
  Rita Roque Tenreiro Patrício
  Rui Miguel Gomes Amorim
  Sérgio Paulo Guimarães de Sousa

Apoios:

FUNDAÇÃO CALOUSTE GULBENKIAN
Serviço de Educação e Bolsas
Serviço Internacional

FCT Fundação para a Ciência e a Tecnologia
MINISTÉRIO DA CIÊNCIA E DO ENSINO SUPERIOR   Portugal

BIBLIOTECA NACIONAL

FUNDAÇÃO
LUSO-AMERICANA

Universidade do Minho
Reitoria
Centro de Estudos Humanísticos
Centro de Estudos Galegos

Instituto de Letras e Ciências Humanas
Departamento de Estudos Portugueses

ÍNDICE

PREFÁCIO

Nas praias das palavras 13

CONFERÊNCIAS E COMUNICAÇÕES

Textos e Contextos na História Literária 21
    AGUIAR E SILVA, Vítor Manuel Pires de

Línguas-pátria de uma língua expatriada 29
    ALMEIDA, Onésimo Teotónio de

Mistério Desentranhado 39
    ARÊAS, Vilma Sant'Anna

Fidelino de Figueiredo, Historiador e Crítico da Literatura Portuguesa 63
    BERARDINELLI, Cleonice

Romantismo em Cabo Verde: Fundação da Consciência (Literária) Nacional .. 77
    CARVALHO, Alberto

'Local', 'Regional', 'Nacional', 'Mundial': Dimensões da História Literária 89
    CASAS, Arturo

A Ilusão de Verdade 111
    MARINHO, Maria de Fátima

Documento e Testemunho na História Literária 129
    MOISÉS, Massaud

Historiografia (literária) à flor da pele 140
    OLINTO, Heidrun Krieger

Figuras da Modernidade: Individualismo, 'Esteticismo', Historicismo e
    outras coisas mais 155
    PIMENTEL, Fernando J. Vieira

A construção da memória: a história literária como dualidade e conflito.... 169
REIS, Carlos Manuel Alves dos

Estórias da literatura: dos romances de Alencar aos folhetos de cordel....... 183
RIBEIRO, Maria Aparecida

Uma literatura anfíbia.. 199
SANTIAGO, Silviano

Sobre objectivos, serviços e serventias da historiografia literária. Algumhas
propostas. 206
TORRES FEIJÓ, Elias J.

Dos pré (s)- e dos pós-. A propósito do chamado Pré-Modernismo brasileiro..... 221
VILLARINO PARDO, María del Cármen

Literatura Timorense – relação com o passado e visão de futuro 238
ANTUNES, Ricardo

Cartografias da literatura de recepção infantil e juvenil: acerca da possibi-
lidade/necessidade da definição de um cânone 250
AZEVEDO, Fernando Fraga de

Uma outra história: estética da recepção, ruptura, filtro iluminista e mimese
poética.. 259
CAMPOS FERNANDES, Maria da Penha

Para uma leitura da Historiografia da Literatura Brasileira: entre o intrín-
seco e o contemporâneo 281
CAMPOS, Maria do Carmo Alves

A reescrita hipertextual da História no romance pós-moderno 291
CEIA, Carlos

Ruy Duarte de Carvalho: literatura e identidade para além do "mundo do
tino comum" 301
CHAVES, Rita

A história literária e a (des)nacionalização da literatura 310
CUNHA, Carlos Manuel F. da

"Actrativos, instrução conselho": a função pedagógica da literatura, no
romance de Júlio Dinis 325
FEDELI, Maria Ivone Pereira de Miranda

A dimensão metaliterária nos romances *La fiesta del chivo* e *El paraíso
en la otra esquina* de Mario Vargas Llosa... 334
FIÚZA, Adriana Aparecida de Figueiredo

Índice

Censura Literária na década de 1970: o olhar do censor sobre as letras das canções nas ditaduras de Portugal, Brasil e Espanha 349
FIÚZA, Alexandre Felipe

A Aragem dos Acasos: O Conceito de Destino em Guimarães Rosa 365
HOLANDA, Sílvio

A inocência da traição: a tradução e a manipulação do cânone literário 377
MACHADO, Carlos

Traduzir para *concretizar*: a transcriação brasileira de Mallarmé 394
MACHADO, Filipe

Heranças do bucolismo em Fiama Hasse Pais Brandão 408
MARQUES, João Minhoto

Narrativas Históricas e Ficcionais – Balanço(s) de um Projecto 423
MELO, Maria do Céu & LOPES, José Manuel

O mito de Don Juan no Romantismo Brasileiro 435
MENDES, Maria do Carmo Pinheiro

Cecília Meireles e a Literatura Portuguesa: Poetas que o mar separa – uma poética de união 457
MICHELI, Alice

O lugar da novela alegórica na história da prosa narrativa de ficção dos séculos XVII e XVIII 466
MOREIRA, Maria Micaela Ramón

O terceiro estado da linguagem em Guimarães Rosa 474
OLIVEIRA, Silvana

Poesia Brasileira e Identidade Nacional 485
PETROV, Petar

Os Guarda-Chuvas Cintilantes: o diário ficcional de Teolinda Gersão e o romance-diário 500
PUGA, Rogério Miguel

A imaxe feminina no Fin de Século. Os textos iniciais de Valle-Inclán 513
SABARÍS, Xaquín Núñez

MESA REDONDA DE ESCRITORES

Literatura e Identidade 531
    ALMEIDA, Germano

Escrita em autodiagnóstico 538
    ALMEIDA, Onésimo Teotónio de

Depoimento 543
    ARÊAS, Vilma Sant'Anna

Uma breve panorâmica da Literatura Moçambicana 547
    LEITE, Ana Mafalda Morais

Da Escrita à Fala 557
    MONTEIRO, Manuel Rui

Pano de fundo para escrita aborigem 562
    QUIROGA, Carlos

Depoimento 591
    SANTIAGO, Silviano

HOMENAGEM A ALMEIDA GARRETT NO SESQUICENTENÁRIO DA SUA MORTE

Conferências

Nas origens da historiografia literária brasileira: Ferdinand Denis e Almeida
    Garrett 601
    CHAVES, Vânia Pinheiro

Circunstâncias históricas e história dos manuscritos das cartas de Garrett
    à Viscondessa da Luz. As edições impressas. 612
    DAVID, Sérgio Nazar

Recital de Poesia

Memória 631
GUIMARÃES, Helena Cristina da Costa

Fac-simile

VISCONDE DE ALMEIDA GARRET
BOSQUEJO DA HISTORIA DA POESIA E LINGUA PORTUGUEZA (1826),
in
O RETRATO DE VÉNUS. ESTUDOS DE HISTORIA LITTERARIA (1867)

Apresentação: Garrett na aurora da Historiografia Literária Lusófona 635
CAMPOS FERNANDES, Maria da Penha

«Bosquejo da Historia da Poesia e Lingua Portugueza» 643
ALMEIDA GARRETT, João Baptista Leitão de

PREFÁCIO

NAS PRAIAS DAS PALAVRAS

1. Em plena era da globalização, quando obstáculos múltiplos vêm impedindo as Humanidades de oferecerem uma pronta resposta sobre as suas próprias funções e a própria identidade, uma pouco usual rede de três fios temáticos, *História(s) das Literatura(s), Literaturas Lusófonas e Teoria da Literatura*, orientou os trabalhos relativos ao I.º Congresso Internacional realizado no âmbito do Departamento de Estudos Portugueses, Instituto de Letras e Ciências Humanas, na Universidade do Minho, uma instituição de ensino superior localizada fora do centro cultural e político de Portugal e da Europa. A complexidade do mundo contemporâneo a todos envolve. E exige que também as periferias possam intervir na construção de uma plataforma de diálogo crítico, concomitantemente bem abalizado e aberto, sobre as questões fundamentais que emergem no âmago das instituições, polemizam e impõem a necessidade de rever ordenações, mentalidades, ortodoxias e hegemonias em curso, o que, neste caso específico, resultou no enfoque privilegiado de questões científicas que afectam de modo incisivo o percurso académico das especializações envolvidas.

Realizado em Dezembro de 2004, o *I.º Congresso Internacional de Teoria da Literatura e Literaturas Lusófonas* foi concebido como um espaço interactivo, em que as diferentes comunidades pudessem expressar-se, familiarizar-se, compreender-se e conhecer-se, aprofundando a consciência de que a *lusofonia* constitui um domínio do saber a explorar e a privilegiar também pela Teoria da Literatura/Cultura, visto caracterizar-se por uma singular riqueza de questões, desde as mais novas exigências das Literaturas Emergentes até as que secularmente sinalizaram a chamada Literatura Ocidental e conduziram às modulações do entendimento do que seja Literatura.

A partir do momento em que a equipa docente do *Mestrado de Teoria da Literatura e Literatura Portuguesa* aprovou por unanimidade a proposta de realização deste Congresso, elegendo a(s) *História(s) da*

Literatura como o tópico nuclear, um desafio de múltiplas valências avultou-se, obrigando a intermitentes ponderações: de início, porque traduzir em termos de realidade um projecto ou um sonho, tão exigente em termos profissionais, humanos e financeiros, não é tarefa sem riscos e a nossa completa inexperiência neste tipo de realização não era um dado a descurar. Acrescente-se que, por um lado, o tema da *lusofonia* nem sempre logrou ultrapassar memórias do Império eventualmente comprometedoras das melhores intenções do agora face ao passado e ao futuro, e ainda que as Literaturas Lusófonas, todas possuidoras de respeitável dignidade enquanto objectos de conhecimento a indagar, não são poucas nem processualmente homogéneas, sendo de registrar que algumas, como a de Timor, que parece ser o caso mais extremo, ainda carecem bastante de investimento universitário. Acrescente-se, por outro lado, que o recente questionamento teórico, seja das noções de identidade e de nacionalidade, seja da Historiografia, da História, da Teoria da Literatura, impendendo sobre a delimitação e o trajecto das Literaturas Nacionais e sobre o quadro teórico da chamada Literatura Ocidental, poderia ejectar laivos de despropósito e anacronismo sobre os fundamentos deste projecto na sua totalidade.

A urgência de estradas requer, porém, o desbravar das pedras. A necessidade de dinamizar algum conhecimento que possa mostrar-se útil em diferentes níveis, local, regional, nacional e/ou universal, determinou o empenho na construção de um tipo de experiência que não possuíamos, processo que teria sido interceptado na ausência do excelente apoio das instituições abordadas e de todas as pessoas que participaram com o seu melhor contributo possível.

2. A diversidade em diálogo efectivo foi o princípio básico adoptado na organização das *Actas do I.º Congresso Internacional de Teoria da Literatura e Literaturas Lusófonas*.

Dele resulta que a unidade do livro respeite as marcas do plural que somos, a começar pelos registos linguísticos, que são da exclusiva responsabilidade dos especialistas intervenientes. Importa iluminar, da melhor forma possível, a importância da língua. E, neste sentido, o volume que apresentamos, directamente vinculado à Literatura e à Lusofonia, é em simultâneo um painel transnacional do estado da Língua Portuguesa culta, o qual tangencia com a ancestralidade e a actualidade do Galego. Não há como desfazer a íntima relação da Literatura com a Língua, pois, se esta última é uma 'forma', tal como a definiu Saussure, que é uma figura-chave do século XX, compreenda-se uma 'forma' que se faz viva pelo movimento semântico-pragmático de uma Cultura, a qual – ao integrar e desintegrar a Literatura – desenha memórias e H/histórias, mapas em aberto dos mundos que fomos e somos, a confirmar e/ou re-delinear nos itinerários em devir.

Na estruturação destas *Actas*, as quais, em larga medida, reproduzem o programa original do Congresso, foram assumidas, no entanto, outras opções carentes de referência. Embora os trabalhos científicos tenham recebido as designações de *conferências* e *comunicações livres*, estas agora são omitidas e substituídas graficamente por um intervalo mais amplo entre os dois grupos de trabalho, o que é um modo de assinalar a interacção entre ambos, sem os dissolver. Encontra-se neste volume uma comunicação sobre o escritor peruano Mario Vargas Llosa, cuja aceitação se deveu ao interesse teórico da dimensão metaliterária. Incluem-se ainda as intervenções de dois convidados que não puderam participar directamente do evento, o Professor Massaud Moisés e o Escritor Manuel Rui Monteiro, uma vez que tiveram o grato gesto de nos enviar os seus trabalhos, com os quais estas Actas se completam para benefício dos leitores interessados.

Com esta mesma finalidade, integra-se também o *fac-simile* de uma edição oitocentista do «Bosquejo da Historia da Poesia e Lingua Portugueza» – não o texto da edição parisiense, de 1826, que, tendo sido generosamente facultado à organização do Congresso pela Biblioteca Nacional de Lisboa para reprodução em *cd-rom*, já se encontra disponível em regime digital, mas sim o da edição portuguesa de 1867, que permanece pouco conhecido. Precede este *fac-simile* uma breve *Apresentação*, com a qual foi oferecido aos oradores, em formato de *cd-rom,* durante o Congresso, numa espécie de homenagem pós-moderna a Almeida Garrett, um escritor da Metrópole que soube reconhecer sem preconceitos o possível valor literário e institucional de uma escrita colonial.

3. Porque o re-escrever da memória é também a memória que estas *Actas* pretendem ser, registe-se que foram homenageados, na *Abertura* do Congresso, três *Professores de Professores,* pelo motivo da sua vigorosa investigação, actuação pedagógica e compromisso consciente com a *lusofonia* durante os largos anos das suas vidas académicas:
  – a Professora brasileira Cleonice Berardinelli, que do alto patamar dos seus oitenta e oito anos, ainda mantém a generosidade de

elevar-se sobre os mares, continuando a ensinar às diferidas gerações, como ocorreu durante o Congresso;
- a Professora italiana Luciana Stegagno-Picchio que, nascida nos anos vinte e responsável por importantes trabalhos dedicados às Literaturas Portuguesa e Brasileira, ainda oferece os seus livros, tal como o fez com a sua recente *História da Literatura Brasileira* (1997, Florença-Milão; 2.ª ed. rev. ampl., Rio de Janeiro, 2004), ao informar que, por motivos de saúde, não poderia viajar até Braga, como inicialmente previra;
- o Professor Vítor Manuel de Aguiar e Silva, figura portuguesa marcante no domínio dos Estudos Camonianos e da Teoria da Literatura, o criador e o primeiro Director do *Mestrado de Teoria da Literatura e Literatura Portuguesa*, curso de pós-graduação ao qual devemos a possibilidade de promover a *lusofonia* – esta voz de vozes em que tantos povos e literaturas se congregam.

Observa-se dentre estas homenagens, em que os valores eufóricos emergem para dar um sentido positivo às nossas comunidades e vidas, bem como no *Índice* destas *Actas,* uma dilatada lacuna, resultante de uma conjuntura que nos ultrapassa: trata-se da ausência expressiva de representantes de Países Africanos e de Timor, bem como a de especialistas nas respectivas Literaturas, embora aqui se encontrem estudos vinculados a Cabo Verde, Angola, Moçambique e ao referido Timor. Que o silêncio de tantos não se instale e esta lacuna possa vir a ser urgentemente colmatada.

4. Ao apoio efectivo de todas as Instituições que subsidiaram a realização do Congresso, bem como à intervenção das pessoas que abandonaram a corrente costumeira dos seus dias para participar neste evento, algumas em travessias de países e/ou mares, em esforçadas deslocações até ao Norte de Portugal, a todas compete o mérito de termos podido em conjunto, nós, cidadãos do tempo e profissionais da Literatura no espaço *lusófono,* buscar respostas credíveis que possam de algum modo orientar a nossa actuação sócio-cultural no curso do mundo.

O Congresso realizou-se graças ao insubstituível apoio da Fundação para a Ciência e a Tecnologia, do Instituto Camões, da Fundação Gulbenkian através do Serviço Internacional e do Serviço de Educação e Bolsas, da Fundação Luso-Americana, da Biblioteca Nacional e da Caixa Geral de Depósitos. No âmbito interno à Universidade do Minho, os recursos advieram de distintas procedências, que esperamos reunidas no agradecimento ao Sr. Reitor, Professor Doutor António Guimarães; à Presidência do Instituto de Letras, nas pessoas dos Professores Doutores Manuel Gama e Fernando Machado; à Direcção do Centro de Estudos Humanísticos, constituída pelas Professoras Doutoras Eduarda Keating e Ana Gabriela Macedo; às Direcções do Departamento de Estudos Portugueses e do Centro de Estudos Galegos, respectivamente representadas pelo Prof. Doutor José Teixeira e pelo Mestrando Dr. Carlos Pazos Justo.

Para que não se apague a memória dos especialistas, que intervieram no congresso, mas se encontram ausentes destas Actas, registe-se o nosso muito obrigado aos professores José Carlos Seabra Pereira, José Cândido Martins e Maria Cristina Firmino dos Santos.

Agradecimentos especiais são também devidos à equipa docente do *Mestrado de Teoria da Literatura e Literatura Portuguesa*, nomeadamente aos colegas Carlos Cunha, Rosa Sil Monteiro e Carlos Mendes de Sousa, por terem estado mais expostos aos perigos de uma viagem pelos entre-campos histórico-literários da Teoria e da Lusofonia. Vinca-se ainda a gratidão aos colegas do Departamento de Estudos Portugueses, que, integrando a Comissão de Apoio, foram partícipes activos nas necessidades do projecto, Carlos Carvalho, Ana Ribeiro, Helena Cristina Guimarães, Maria do Carmo Mendes, Maria Micaela Ramón Moreira, Rui Miguel Amorim e Sérgio Paulo Guimarães de Sousa. A todos os membros do Secretariado muito agradecemos o seu esforço e a disponibilidade, apontando a importância dos dotes artísticos e os conhecimentos informáticos do Mestrando Pedro Malta Ferreira, que se mostraram da maior valia. Aos funcionários do Centro de Estudos Humanísticos e das Secretarias do Instituto de Letras e Ciências Humanas, cujo trabalho acrescido possibilitou o regular processamento dos assuntos burocráticos, o projecto deve também a sua realização, motivo por que muito lhes devemos.

Um registro final de reconhecimento aos conferencistas, escritores e demais intervenientes, bem como àqueles que, não podendo prestigiar presencialmente o Congresso, nos enviaram palavras de apreço. Palavras que, sendo sempre palavras, impulsionam o acontecer ameno de realidades:

Navegação antiquíssima e solene[1]

Perdi a minha memória da morte da lacuna da perca do desastre. (...)
(...) Nesta manhã eu recomeço o mundo.[2]

O mar tornou-se de repente muito novo e muito antigo
Para mostrar as praias
E um povo[3]

Nas praias das palavras, a título de fecho-montagem, bons votos ao re-começo do mar

Maria da Penha Campos Fernandes
mpenha@ilch.uminho.pt

---

[1] Sophia de Mello Breyner Andresen, "Espera", *Geografia* (1967), Lisboa: Caminho, 2004: 36, itálicos nossos.

[2] *Id.*, "Igrina", *op.cit.*: 9, itálicos nossos.

[3] *Id.*, "Descobrimento", *op.cit.*: 77, itálicos nossos.

CONFERÊNCIAS E COMUNICAÇÕES

TEXTO E CONTEXTO
NA HISTÓRIA LITERÁRIA

VÍTOR AGUIAR E SILVA
Universidade do Minho

A constituição e a difusão do *historicismo* (*Historismus*), no âmbito do Romantismo alemão, representaram uma autêntica revolução no pensamento e na cultura ocidental. Ante a razão universal, atópica e anacrónica, do Classicismo – desde a sua génese no Renascimento italiano até ao seu ocaso com o Neoclassicismo setecentista, passando pelo seu ponto zenital com o chamado Classicismo francês – e perante a radical a-historicidade do racionalismo da *Aufklärung*, o historicismo teorizado e praticado por autores como Herder, Humboldt, Hegel, Schleiermacher, Boeck, Droysen, etc., abriu um novo horizonte antropológico, epistemológico e hermenêutico para explicar e compreender o homem, a sua cultura e os seus valores. Os conceitos de génese, de desenvolvimento, de continuidade, de mudança, de descontinuidade e de progresso tornam-se fulcrais para a formação da consciência histórica do homem e para a compreensão da historicidade dos fenómenos sociais, políticos, religiosos, culturais, artísticos, etc.

É óbvio que anteriormente ao *Historicismo* romântico existia um sentido e um conhecimento da *cronologia* e da *diacronia* dos eventos, mas não existia o sentido do desenvolvimento (*Entwicklung*) como carácter essencial do mundo histórico e muito menos a ideia da história universal – embora eurocêntrica, anote-se – como a realização paulatina e progressiva de um processo total e teleológico como o que Hegel, nas suas *Lições sobre a Filosofia da História Universal*, assinalou: "A história universal é a exposição do processo divino e absoluto do espírito nas suas formas supremas; a exposição da série de fases através das quais o espírito alcança a sua verdade, a consciência de si mesmo. As formas destas fases são os espíritos dos povos históricos, as determinações da sua vida moral, da sua constituição, da sua arte, da sua religião e da sua ciência"[1]. À luz deste conceito romântico-idealista de história, em que avulta a referência ao *espírito dos povos históricos*, a cronologia é tão-só um dos fios com que se tece a tela complexa do homem e das sociedades.

Uma das definições de historicismo mais frequentemente formuladas pelos seus estudiosos é a de que se trata de um movimento filosófico-crítico que atribui uma relevância central ao *contexto* histórico na explicação e na interpretação de toda a espécie de textos ou que preceitua que os materiais ou os eventos históricos devem ser compreendidos no seu próprio *contexto*[2].

A palavra "contexto", proveniente do vocábulo latino *contextus*, significou primeiramente "conjunto das relações organizadas entre os elementos significativos de um discurso". Nesta acepção, o contexto é o contexto verbal ou o contexto textual, estreitamente ligado aos conceitos de coesão e de coerência textuais e que a linguística contemporânea, em particular a linguística do texto, denomina *co-texto*. Na cadeia sintagmática, um elemento textual funciona, sob os pontos de vistas sintáctico, semântico e pragmático, em relação ao que o precede (*co-texto* anterior) e em relação ao que lhe sucede (*co-texto* posterior), podendo esta relação co-textual ter um âmbito mais dilatado.

Já ao longo da segunda metade do século XIX, porém, a palavra "contexto" passou a ser utilizada sobretudo com o significado de "conjunto de circunstâncias nas quais se insere um texto". Nesta acepção mais alargada, "contexto" pode significar: a) conjunto de factores comunicativo-situacionais à luz dos quais devem ser interpretados os enunciados de um texto; b) o "contexto idiomático", para utilizar a terminologia de Eugénio Coseriu, ou seja, a própria língua como contexto, como fundo de saber a partir do qual e sobre o qual se constrói qualquer enunciado; c) em serviço mais especificamente literário, o *interdiscurso*, o *intertexto* e o *arquitexto*; d) finalmente, o contexto *extraverbal*, *extra-*

---

[1] Cf. G. W. F. Hegel, *Lecciones sobre la filosofía de la historia universal*, Madrid, Editorial Tecnos, 2005, p. 140. Esta obra de Hegel, de publicação póstuma, resultou de vários cursos académicos realizados entre 1824 e 1831, ano do falecimento do filósofo.

[2] Cf. Paul Hamilton, *Historicism*, London, 1996, p.2 e Robert D. Hume, *Reconstructing contexts. The aims and principles of archaeo – historicism*, Oxford, 1999, p. VII.

textual e extradiscursivo, isto é, o conjunto das circunstâncias sociais, políticas, religiosas, económicas, culturais, etc., que condicionam ou orientam a produção e a interpretação de textos.

É nesta última acepção, de grande latitude semântica, que todo o historicismo utiliza o conceito de *contexto*, mesmo quando não emprega o termo. A história literária romântica, indissoluvelmente ligada à filosofia, à ideologia e à mitologia do nacionalismo, atribui aos factores étnicos, aos factores políticos, aos factores religiosos e aos factores sociais uma relevância central na explicação e na compreensão dos fenómenos literários em geral, em particular dos textos literários.

Sob a influência das teorias expressivistas da criação literária defendidas pelo Romantismo, a história literária aceitou como factores contextuais de primeira ordem para a explicação das obras literárias as biografias dos respectivos autores. O factualismo biográfico e a sua interpretação psicologista cruzam-se frequentemente, na metodologia da história literária romântica, com os factores contextuais de natureza supra-individual atrás mencionados: os factores políticos, étnicos, religiosos, sociais, etc.

Esta herança do historicismo romântico marcou perduravelmente toda a história literária posterior, em especial a denominada história literária positivista e a história literária de matriz marxista, uma e outra empenhadas em demonstrar, utilizando utensilagens conceptuais e teóricas diversas, a validade do princípio do historicismo segundo o qual os textos literários devem ser explicados e interpretados à luz dos seus contextos históricos. Taine, como é sabido, em obras como *Philosophie de l'art* e a *Histoire la littérature anglaise*, elaborou explicações, em seu entender científicas, da génese e do significado das obras artísticas e literárias, recorrendo aos factores contextuais da raça, "com as suas qualidades fundamentais e indeléveis tais como persistem através de todas as circunstâncias e em todos os climas", do meio físico e social, que congloba categorias físicas como o solo e o clima e categorias institucionais como o governo, a sociedade, a família, a religião, etc., e do momento, que introduz parâmetros temporais e históricos nos factores antes referidos[3]. Marx explicou causalmente as obras literárias como

---

[3] É frequente a acusação de que Taine aplicaria mecanicamente estes factores. A verdade é que Taine, como pensador inteligentíssimo e culto que era, nunca trivializou mecanicamente a aplicação da famosa tríade. Veja-se, a propósito, Jean-Thomas Nordmann, *Taine et la critique scientifique*, Paris, 1992, pp. 177 ss.

uma superestrutura determinada por uma base sócio-económica, mas tendo sempre presente a ideia de que as conexões histórico-sociais da obra de arte não a condicionam mecanicamente ou do exterior[4]. Gustave Lanson, que foi extremamente sensível, deve ser sublinhado, à análise interna, à análise formal dos textos literários, não hesitou em afirmar que a história literária deve levar a cabo um trabalho que comporta "une masse de recherches autour des oeuvres, de l'emploi de toutes sortes de documents et de faits par lesquels s'éclairent la personnalité véritable et la rôle historique d'un livre, et qui ont pour effet de le détacher de nous, de le retirer de notre vie intérieuse où la simple lecture l'a souvent mêlé"[5]. Como se depreende, Gustave Lanson, o mestre por antonomásia da história literária, estabelece como princípio metodológico que são as investigações *à volta* do texto literário, que é a recolecção de documentos e de factos que têm algo a ver com o texto, que é, enfim, o conhecimento do contexto que habilitam o historiador literário a conhecer com objectividade "a personalidade verdadeira" e "o papel histórico" do texto literário.

O factualismo acumulativo, muitas vezes caótico e arbitrário, que levou Nietzsche a referir-se desdenhosamente ao reino "dessa força cega dos factos" e Walter Benjamin a falar corrosivamente do "bordel do historicismo", o psicologismo biografista desenfreado e o determinismo mecanicista de grande parte da história literária positivista e da história literária marxista – os pequenos discípulos e seguidores de Taine, Marx e Lanson trivializaram redutoramente, como sempre acontece, a complexidade do pensamento dos mestres – constituíram algumas das razões importantes do descrédito em que caiu a história literária desde as primeiras décadas do século XX e da emergência correlativa de orientações formalistas e neoformalistas nos estudos literários, desde a estilística idealista e o formalismo russo até ao *new criticism*, ao estruturalismo e, mais recentemente, à teoria ou à prática da desconstrução. Embora com diferenças teóricas e metodológicas não desprezíveis, pode-se afirmar que estas orientações e estes movimentos de signo formalista, estruturalista e pós-estruturalista recusam o princípio do *historicismo* – ou talvez

---

[4] Cf. K. Marx e F. Engels, *Scritti sull'arte*. A cura di Carlo Salinari. Roma – Bari, 1974, pp. 55-56.

[5] Cf. Gustave Lanson, *Essais de méthode, de critique et d'histoire littéraire*. Rassemblés et présentés par Henri Peyre. Paris, 1965, p. 62.

devêssemos dizer antes do *velho historicismo* – segundo o qual o texto literário depende, na sua produção e na sua recepção, do seu contexto. Com excepção, porém, de algumas posições teóricas e metodológicas radicais, encontramos naquelas orientações e naqueles movimentos valiosas e, diria mesmo, capitais revisões da relação entre texto e contexto, que representam inestimáveis contributos para os estudos literários contemporâneos. Passo a enumerar e a analisar sucintamente esses contributos.

Em primeiro lugar, a ideia de que não existem contextos dados, perfeitamente delimitados e conclusos. Todo o contexto é uma construção do investigador e por isso constitui por definição uma construção *im-perfeita*, no sentido etimológico desta palavra, e *aberta*, que depende do capital de informação, da enciclopédia, da capacidade heurística e das aptidões hermenêuticas do investigador. Este tem de saber eleger, à luz da sua leitura e da sua interpretação do texto, os elementos configuradores e pertinentes do contexto, vendo quais os factores contextuais que o texto exclui e os quais os factores contextuais que o texto pode acolher, mesmo – e até talvez sobretudo – se os contesta, se os subverte, se lhes resiste. A acumulação elefantíaca de factores contextuais, a erudição maciça, a hipercontextualização são contraproducentes e estéreis. Transviadamente, a história literária reivindica muitas vezes o estatuto de rigor científico em nome desta hipercontextualização, como se a acumulação de dados e informações fosse garantia de racionalidade científica. A consciência de que o contexto é uma construção *im-perfeita* e *aberta*, longe de ser um convite à licença contextualizante, deve constituir um apelo e um incentivo ao rigor, deixando de lado os "achismos", as aproximações vagas, amorfas e improdutivas (como acontece tantas vezes, por exemplo, nas análises intertextuais).

Em segundo lugar, a ideia de que o conhecimento do contexto horizontal – as ideias e as ideologias da época, os acontecimentos políticos, sociais, religiosos, etc., as poéticas e a produção literária da sincronia em que se inscreve o texto literário – não pode nem deve excluir a indagação do *contexto vertical* a que uma obra literária também pertence[6]. O tempo contextual de um texto literário não é apenas necessariamente o seu

---

[6] Cf. Luis Beltrán Almería, " Horizontalidad y verticalidad en la historia literaria", Leonardo Romero Tobar (ed.), *Historia literaria / Historia de la Literatura*, Zaragoza, 2004, pp. 13-29.

tempo coetâneo. A genealogia e a topogonia de um texto literário podem remeter para um passado longínquo, para textos secularmente distantes que fecundam os textos *modernos*, isto é, etimologicamente, os textos temporalmente mais próximos, os textos que acabam de ser escritos. A memória literária não tem uma natureza evolutiva linear, transitando de elo para elo, e por isso a tradição literária, como T. S. Eliot a concebe e define, não se confina a um contexto horizontal.

Em terceiro lugar, a ideia de que nenhum contexto permite determinar as características estéticas, os predicados formais, estilísticos e retóricos e os predicados temáticos, de um texto. Um contexto, seja no plano do contexto idiomático, seja no plano do pensamento poetológico, seja nos planos do arquitexto e do intertexto, seja em qualquer outro plano, é um repositório de virtualidades e de possibilidades que *permite dizer*, mas que *não obriga a dizer* de modo único, sendo ilegítimo deduzir da possibilidade geral uma forma particular. A cartografia do contexto possibilita várias rotas, mas não traça nem impõe de antemão uma rota. Empiricamente, esta tese é convalidada pela diversidade dos textos literários produzidos na mesma sincronia do campo literário, no âmbito de um contexto substancialmente idêntico. Relembra-se, por exemplo, o modo mortiferamente irónico como Péguy atacou as explicações cronológicas e contextuais de Lanson, que fora seu professor, sobre a história do teatro francês clássico:

> "Era uma história que se desenrolava como um fio. O acontecimento tinha os dois braços presos ao longo do corpo, as pernas ao comprido, os dois punhos bem ligados e os tornozelos bem amarrados. Aconteceu uma catástrofe. Foi Corneille"[7].

A lógica cronológica e contextual de Lanson rompe-se, entra em crise, mostra-se inoperante, quando entra em cena o génio, neste caso Corneille. Tem sido com dificuldades teóricas semelhantes que se têm defrontado diversos pensadores marxistas como Lukács, Goldmann e Macherey, compelidos por isso mesmo a defender uma autonomia relativa da produção literária relativamente à sua base económica e social.

---

[7] Cf. Claude Pichois, "De l'histoire littéraire", *in Revue d'histoire littéraire de la France*, 1995, sup. n.º 6, pp. 24-25.

Numa perspectiva marxista mais radical sobre a autonomia da obra artística, um filósofo como Adorno pensa a obra de arte, em termos leibnizianos, como uma entidade monadológica que se subtrai ao determinismo mecanicista do contexto, mas que se abre à historicidade e que, nessa medida, não é uma mónada perfeita, uma *enteléquia* no sentido aristotélico ou goethiano, mas uma espécie de mónada relativa ou de mónada histórica, por oximórica que se afigure esta expressão (no fundo, a mesma problemática com que se debateu Eugénio D'Ors ao formular o seu conceito de *éon*). Foi com esta mesma problemática, mas no quadro de outro sistema filosófico, que se confrontou Benedetto Croce, ao pensar a *literatura* como um contexto cultural e civilizacional que deixa sempre as suas marcas no artefacto que o poema é e ao pensar a *poesia* como uma intuição/expressão única, irrepetível, que cristaliza num poema de natureza monadológica.

Em quarto lugar, a ideia de que o contexto extraverbal e extraliterário, como os formalistas russos, na última fase do seu movimento, e como os estruturalistas checos explicaram, não actua directa e mecanicamente no campo e no sistema literários e, *a fortiori*, no texto literário, tornando-se necessário inscrevê-lo na autonomia relativa, na auto-organização e na complexidade do sistema e do campo literários. Por outras palavras, a relação entre o contexto e o texto é mediatizada pela lógica e pela dinâmica do campo e do sistema literários e se não se tiver em consideração o "coeficiente de refracção", para utilizar um conceito de Pierre Bourdieu, do campo literário relativamente às determinações externas, não se alcançará uma análise apropriada daquela relação[8]. Esta articulação de uma perspectiva sistémica com uma perspectiva histórica constituiu uma das propostas mais fecundas do último formalismo russo e do estruturalismo checo, esclarecendo os mecanismos da evolução literária, as relações entre a *série* literária e as outras *séries* sociais e, por conseguinte, as relações entre a história da literatura e as outras séries históricas. Como escreveram Tynjanov e Jakobson, no seu ensaio programático intitulado *Os problemas dos estudos literários e linguísticos*, o sincronismo puro é uma ilusão, pois cada sistema comporta necessariamente uma evolução e, por outro lado, a evolução apresenta inevitavelmente um carácter sistémico.

---

[8] Cf. Pierre Bourdieu, *Raisons pratiques*, Paris, 1994, p. 68.

A análise histórica do campo literário, da instituição literária e do polissistema literário, desvelando as suas dinâmicas, as suas transformações, as suas tensões e os seus conflitos de ordem intra-sistémica e de ordem extra-sistémica, recoloca de modo novo a problemática das relações entre textos e contextos e permite ultrapassar, em grande medida, as antinomias entre o estudo imanente e o estudo histórico-contextual dos textos literários. Por outras palavras, as mudanças operadas no sistema literário dependem sem dúvida da influência e da pressão de factores sociais, mas dependem também da lógica interna, da funcionalidade própria e da memória do sistema, que são mecanismos de selecção e de modelização semiótica dos eventos e dos factores de evolução procedentes do exterior do sistema. Até os elementos caógenos que penetram no sistema provenientes de um meio marcado por elevada turbulência só serão produtivos, e não apenas entrópicos, fracturantes ou destrutivos, se se integrarem na auto-organização do sistema. Este, aliás, é dotado de um grau elevadíssimo de resiliência, como ficou demonstrado com a revolução das vanguardas.

A história do campo literário, da instituição literária e do sistema literário, como atrás ficou dito, permite ultrapassar, em grande medida, as antinomias entre o estudo imanente e o estudo histórico-contextual dos textos literários. Em grande medida, mas não totalmente, porque aqueles elementos do texto literário que, com Adorno e com o Walter Benjamin da 17ª tese de filosofia da história, denominarei monadológicos, aqueles significados da poesia que, com Yves Bonnefoy, direi que são uma transgressão e uma transcensão da história, serão sempre refractários às explicações histórico-contextuais, mesmo se metamorfoseadas numa intertextualidade da cultura como a que tem sido praticada pelo *New Historicism*.

LÍNGUAS-PÁTRIA
DE UMA LÍNGUA EXPATRIADA

ONÉSIMO TEOTÓNIO ALMEIDA
Brown University

Iniciarei esta minha comunicação com a leitura dum excerto de carta enviada por um muito conhecido intelectual português a um colega amigo e colaborador:

> A tua tese sobre a "promiscuidade" portuguesa corresponde a uma verdade cujo tamanho será perigosíssimo exagerar. Neste ponto, como em certo luso-brasileirismo, estás a aproximar-te do famigerado luso-tropicalismo do Gilberto Freyre, que é a ideologia de um imperialismo do Atlântico Sul de língua Portuguesa, núcleo evidentemente brasileiro, apoiado numa teoria da especificidade da "colonização" portuguesa, a do "português afável" do Cortesão, de que se fez já arauto na TV portuguesa o Agostinho da Silva, exaltando, como tu, a mundividência inerente ao idioma, e ainda o franciscanismo, o Quinto Império de Vieira-Pessoa, o culto do Espírito santo mantido no Brasil (que nisso, e na fonética, seria mais português que Portugal), etc. Repara: tens aí todos os ingredientes messiânicos de um nazifascismo de pretexto idiomático, e até religioso, embora *pluri-racial*.

Se fizesse uma sondagem junto deste auditório sobre a data desta troca epistolar, de que esta carta faz parte, estou em crer que a grande maioria dos presentes não teria qualquer dificuldade em situá-la na actualidade. Sem tirar nem pôr. E no entanto passaram-se já trinta e cinco anos sobre a sua escrita. Trata-se de um fragmento de texto de Óscar Lopes dirigido a António José Saraiva e datado de 2 de Setembro de 1969. Integra-se no conjunto epistolográfico, agora reunido em volume e recentemente publicado pela Gradiva[1]. Falta ali apenas uma palavra – lusofonia – então ainda não incluído no vocabulário nacional. Tínhamos nesses anos um império a que nos agarrávamos denodadamente e não nos preocupávamos com a salvação da língua. O poder dos seus falantes sobre a terra garantia automaticamente não só a sua subsistência como a sua vitalidade. E isso a expensas das línguas em que porventura nasciam esses mesmos súbditos.

Hoje, porque se desvaneceu o império, a língua ganhou na nossa conversação nacional uma força de certo modo igualável à que auferiu na visão de pensadores alemães do século XIX, como Wilhelm Humboldt e Johann Gottfried von Herder, que lhe atribuíram uma essência ôntica nas proximidades da alma. Pelo menos metaforicamente, à língua se referiram nesses termos. Os antropólogos americanos Edward Sapir e Benjamim L. Whorf despiram essa concepção de elementos para-transcendentes, mas acharam ainda assim base empírica suficiente para falarem da língua como englobando uma visão do mundo específica – a tal mundividência inerente ao idioma de que fala Óscar Lopes a António José Saraiva – e que possuiria forças internas condicionantes e determinantes do pensar dos seus falantes.

Num ensaio não há muito publicado, abordei já esta questão, aliás por demais conhecida por quem está atento à problemática das relações entre língua e pensamento. Não virei repetir aqui o então explanado. Num congresso como este, sobre língua e literatura lusófonas, ater-me-ei mais à vertente prática desta questão. Servir-me-ei de uma série de experiências acumuladas ao longo dos anos em que fui confrontando a teoria bebida nos estudos filosóficos e a prática pressentida, lida e ouvida em diversos cruzamentos nas estradas e praças da lusofonia. Aliás, muito do que hoje entendo sobre a língua, a cultura e a identidade resulta da minha experiência diaspórica, particularmente junto das comunidades portuguesas da América do Norte – Estados Unidos e Canadá. A essa experiência, e para certificar-me de que ela não é excessivamente enviesada ou desfocada, juntarei testemunhos do notável repositório de depoimentos coligidos por Michel Laban – num magnífico conjunto de entrevistas a escritores dos países africanos de língua oficial portuguesa e que na nossa língua escrevem, publicado pela Fundação Eng.º António de

---

[1] *António José Saraiva e Óscar Lopes: Correspondência*. Edição de Leonor Curado Neves (Lisboa: Gradiva, 2004), p. 219.

Almeida.[2] Porque evitarei a todo o custo repetir o que noutros lugares escrevi, procurarei apenas aduzir aqui novos dados e prolongar as reflexões consequentes.

Recentemente, e de acordo com uma notícia da imprensa, o Presidente Jorge Sampaio apelou ao país para encontrar "os meios e a ambição para valorizar a língua portuguesa no mundo", segundo ele "o grande elo civilizacional" com que Portugal tem assinalado a sua presença no globo.[3]

O Presidente da República pôs a questão em termos aceitáveis. Falou na língua como "elo civilizacional", não chegando ao ponto de pretender atribuir-lhe (como repetidamente outros têm feito) um papel civilizacional. Na verdade, o entendimento contemporâneo do fenómeno da língua impede-nos de dizer que *a língua civiliza*. E não me refiro aqui ao questionável sentimento eurocêntrico de superioridade face às culturas do mundo não-branco. Refiro-me simplesmente ao papel que a língua desempenha no processo de comunicação. A língua *per se* não transmite cultura ou valores. A língua é um veículo. Ela estabelece redes (*networks*, se me permitem o termo inglês) e de algum modo delimita a extensão das ligações e interacções dos seus falantes, contendo-os em circuitos de conversação. A transmissão de valores é algo bem diferente. Ela pode ou não ocorrer. Apesar de partilharem a mesma língua, os Estados Unidos não pensam nem se comportam como a Irlanda ou o Reino Unido, para não mencionar a África do Sul[4]. (George Bernard Shaw viu muito bem quando observou que os Estados Unidos e a Inglaterra eram dois países separados pela mesma língua). Além disso, em qualquer país abundam os exemplos de pessoas que, apesar de partilharem a mesma língua, têm comportamentos e visões do mundo quase diametralmente opostos.

Por isso há que ficar apenas na vertente poética dessa bela frase de Vergílio Ferreira tantas vezes citada. *Uma língua é o lugar de onde se vê o Mundo e em que se traçam os limites do nosso pensar e sentir. Da*

---

[2] Michel Laban, Encontro com Escritores. Colecção de oito volumes de entrevistas a escritores de Cabo Verde (2 vols.), S. Tomé e Príncipe (1 vol.), Angola (2 vols.) e Moçambique (3 vols.) (Porto: Fundação Eng. António de Almeida, 1992-2002).

[3] Discurso proferido na cerimónia de entrega do Grande Prémio de Romance e Novela da Associação Portuguesa de Escritorese (2003) a Mafalda Ivo Cruz. *Público*, 1 de Agosto de 2004.

[4] É obviamente uma maneira muito generalizante de falar em países como se de indivíduos se tratasse, mas a comparacão exemplifica um ponto crucial.

minha língua vê-se o mar. Da minha língua ouve-se o seu rumor, como da de outro se ouvirá a floresta ou o silêncio do deserto. Esta passagem do famoso discurso do escritor na Europália, em Bruxelas, no ano de 1993, está hoje no *website* do Instituto Camões e é repetida com uma frequência que muito agradaria a Vergílio, de saudosa memória. Ela deve muito a Wittgenstein – "os limites da minha língua são os limites do meu mundo" – mas não é de Wittgenstein o acrescentamento sobre os sentidos. A língua não marca os limites do nosso sentir. Já no-lo ensinaram os dois portugueses que, fascinados pelo paraíso terreal do Brasil, não deixaram que o facto de não saberem a língua nativa os impedisse de abandonarem a nau portuguesa e ficarem por lá.

O mesmo se diga de poemas como o clássico de Olavo Bilac (antigo, é certo, mas hoje também frequentemente citado no contexto da lusofonia) do qual apenas aqui sublinharei algumas expressões. Diz o poeta brasileiro ser a nossa língua "inculta e bela", "desconhecida e obscura", "lira singela", "arroio da saudade e da ternura" 'viço agreste", "aroma de virgens selvas", "rude e doloroso idioma". Como se pode ver, tudo atributos por antonomásia atribuídos à língua quando de facto se referem à cultura, tomada no hoje corrente sentido advindo da antropologia.

Ainda o mesmo se poderá dizer de outro belo poema, este bastante mais moderno, de Alberto Lacerda, e com o título (aliás idêntico ao de Bilac): "Língua Portuguesa":

> Esta língua que eu amo
> Com seu bárbaro lanho
> Seu mel
> Seu helénico sal
> E azeitona
> Esta limpidez
> Que se nimba
> De surda
> Quanta vez
> Esta maravilha
> Assassinadíssima
> Por quase todos que a falam
> Esse requebro
> Esta ânfora
> Cantante
> Esta máscula espada
> Graciosíssima

Capaz de brandir os caminhos todos
De todos os ares
De todas as danças
Esta voz
Esta língua
Soberba
Capaz de todas as cores
Todos os riscos
De expressão
(E ganha sempre a partida)
Esta língua portuguesa
Capaz de tudo
Como uma mulher realmente
Apaixonada
Esta língua
É minha Índia constante
Minha núpcia ininterrupta
Meu amor para sempre
Minha libertinagem
Minha eterna virgindade[5]

    Noutro ensaio desenvolvi longamente a análise desta inversão dos fenómenos língua/cultura. Aqui ater-me-ei a acrescentar algumas considerações. Registarei, por exemplo, a referência de Alberto de Lacerda à "maravilha / assassinadíssima / por quase todos que a falam", pressupondo uma essência imutável que a língua possuiria, como se não fossem os falantes que, actualizando-a no seu uso, a transformam continuamente. Mas os dois poemas – e registo a consciência de estar a lidar com linguagem poética que não pode nem deve ser tomada literalmente – movem-se dentro do paradigma, a que se referia Óscar Lopes, na citação com que abri este texto, da língua como detentora de "uma mundividência inerente". O mesmo paradigma ganha expressão na citada passagem de Vergílio Ferreira. Vulgarizados pelos *media* e repetidos na oratória política, tais versos e tais frases poéticas, sem culpa dos seus autores naturalmente, cimentam conceitos que invertem a ordem das realidades.
    Como exemplo da concepção generalizada das capacidades da língua, relatarei aqui um breve episódio passado na Embaixada de Portugal

---

[5] Alberto de Lacerda, *Oferenda*, I (Lisboa: Imprensa Nacional, pp. 316-317).

em Washington, à mesa de jantar, depois de um dia de trabalho sobre questões relacionadas com a sobrevivência da nossa língua. Uma alta figura diplomática brasileira, procurando talvez ser simpático com o nosso anfitrião, repetiu um bem conhecido cliché: "Foi graças à língua portuguesa que o Brasil, apesar da sua imensidão, conseguiu manter a unidade nacional." Se calhar pouco oportunamente, achei que era altura de desconstruir aquele refrão. Lembrei então ao diplomata que decerto a outros factores deve ser creditado esse mérito da manutenção da unidade do país brasileiro, já que o castelhano é falado na outra metade da América do Sul e em toda a Central e nem por isso a língua conseguiu criar a unidade, uma vez que aquele extensíssimo território se dividiu em mais de duas dúzias de países. No caso do Brasil, talvez a geografia tenha sido a responsável. O lado espanhol é tremendamente acidentado. A cordilheira dos Andes percorre o continente de norte a sul tornando as comunicações muito difíceis. Além disso, a história do Brasil ficou circunscrita sobretudo ao triângulo Baía – São Paulo – Rio, com um aposto em Minas Gerais. O resto veio depois.

A língua é, sem dúvida, um instrumento utilizado politicamente, mas a questão está em saber se ela consegue realizar aquilo que as estratégias políticas pretendem. No nosso caso específico português há uma sensação generalizada de que a língua é, juntamente com os arquipélagos dos Açores, da Madeira e das Berlengas, o último território do império e que por ela se poderá de algum modo reconstituir um espaço unitário. Isso poderá acontecer, mas não me parece que seja porque a língua automaticamente une. Ela não conseguiu, por exemplo, que Cabo Verde e a Guiné-Bissau mantivessem uma pretendida política unidade. Outros factores culturais bem mais fundos se encarregaram de confirmar a natural divisão geográfica entre os dois países.

Ouvimos referências, literárias, é certo, mas repetidas, ao Quinto Império, numa descontextualizada leitura da *Mensagem* de Fernando Pessoa[6] e do semi-heterónimo Bernardo Soares com a sua decantada afirmação: A minha pátria é a língua portuguesa[7]. E de tanto nos matraquearem aos ouvidos com essas metáforas, elas acabam por entrar no nosso quotidiano como verdades dentro das quais nos movemos.

---

[6] Já tentei demonstrar isso noutro escrito: **Mensagem** – *Uma Tentativa de Reinterpretação* (Angra do Heroísmo: Secretaria Regional da Educação e Cultura, 1987).

[7] A respeito desta frase escrevi "Sobre o sentido de 'A minha pátria é a língua portuguesa' (Pessoa/ Bernardo Soares)", *Colóquio-Letras*.

Relatarei aqui outro pequeno facto exemplificador da minha afirmação. Ele aconteceu com uma figura de proa da cultura portuguesa contemporânea. Falando no Brasil, um célebre escritor nosso foi interpelado por alguém do auditório: "*O senhor importava-se de repetir? Eu tive dificuldade em o entender por causa do seu sotaque.*" O português reagiu com firmeza: "*Sotaque? Desculpe-me, mas a língua é minha. O sotaque é seu!*"

Há no subconsciente nacional a ideia de que o português padrão é falado no eixo Lisboa-Coimbra e o resto do ex-império fala com sotaque, uma visão hoje completamente desautorizada pela linguística[8]. Mais ainda, admite-se implícita ou explicitamente que esse eixo com base na antiga metrópole do Império terá de esforçar-se para manter a unidade linguística sob controlo porque a língua – repete-se – é factor de unidade (e, acrescente-se ao não-dito, de poder). O problema é que não se trata apenas de uma questão de preservar a integridade de um determinado sotaque: é a língua no seu todo que é vista, como no poema de Lacerda, enquanto algo assassinado por quase todos[9], e cuja essência há que defender. Daí a luta contínua dos escritores africanos para conseguirem afirmar as suas versões do português. (Os brasileiros não ganharam a guerra porque, embora se acham hoje maiores e vacinados, sabem que não convenceram os portugueses da sua situação de igualdade face à versão europeia do português). Os escritores africanos têm-se esforçado ao longo destes anos por criar o que alguns apelidam de "língua de compromisso", "português híbrido", como outros preferem. Ou simplesmente a reincarnação à sua maneira da língua herdada de Portugal, agora com nova roupagem.

De novo aqui, um mero olhar de relance às entrevistas de Michel Laban basta para confirmarmos a realidade a que me refiro.

Os escritores africanos de língua portuguesa têm diante de si um grande modelo – o Brasil – um país que recriou a língua portuguesa enquanto os portugueses viviam engalfinhados em querelas domésticas até um dia acordarem e descobrirem atónitos uma literatura escrita num português lavado, refrescante e descontraído. Temos demorado muito

---

[8] São inúmeras as possíveis referências. Para o efeito bastará *Language Myths*, edited by Laurie Bauer & Peter Trudgill (London: Penguin Books, 1998).

[9] Opiniões contrárias há e igualmente curiosas como a que defende que no Brasil de hoje é que se fala o autêntico português de quinhentos. Ficará para outra ocasião a listagem das interrogações sobre o que parece na verdade ser uma estapafúrdica tese.

tempo – deve dizer-se – a aceitar devidamente essa supostamente irrequieta e desordeira criança. Basta verificarmos que atenção deu a universidade portuguesa a essa literatura. Quase apenas o omnívoro Vitorino Nemésio por ela se interessou. Fernando Cristóvão foi outra excepção, como durante muito tempo aconteceu, até ainda muito próximo dos nossos dias, com Arnaldo Saraiva. O mesmo não sucedeu, felizmente, em outros lugares do ex-império, como Cabo Verde, por exemplo, que encontrou na experiência brasileira uma iluminadora fonte de inspiração e dela se serviu como modelo para criar, no famoso movimento da Claridade, as bases de uma expressão literária cabo-verdiana.

Voltando ao português do Brasil, nas últimas décadas as telenovelas ajudaram grandemente a sua aceitação popular. E surgiu um núcleo de leitores atentos que dela fala nos *media*. Ela já chegou mesmo, ainda que timidamente, à universidade. Apesar disso, muitos portugueses ainda consideram a versão brasileira da língua um desvio do original que possuímos por direito quase divino, e por cuja integridade nos cumpre velar.

A transformação da língua portuguesa em África é um fenómeno mais recente e mais escrutinizado pelo antigo poder dominante. Agora libertos, os escritores africanos têm vindo a fazer um maravilhoso trabalho linguístico tornando verdadeiro para eles próprios o dito de Pessoa/ Bernardo Soares "a minha pátria é a língua portuguesa". Basta vermos as posições de Jofre Rocha[10], Suleiman Cassamo[11], Paulina Chiziane ("Uma coisa que eu deixo muito clara: português padrão, nunca! Não estou interessada."[12]), Henrique Teixeira de Sousa[13], Raul David[14] ou

---

[10] "(...) evitava escrever no português erudito ou fluente – que não seria entendido por muitas pessoas – e procurava utilizar a linguagem diária, enfim, uma linguagem que pudesse perfeitamente ser entendida, pelo menos no centro urbano em que eu residia." Michel Laban, o. c., *Angola*, Vol. II, p. 675.

[11] Respondendo à pergunta: Mas quais foram exactamente as tuas conclusões?", Cassamo responde: "Que o português podia ser moldado com materiais locais. Usando a psicologia, a poesia do dia a dia, o substrato cultural da língua materna, sempre que houvesse vantagem. Em termos de economia da frase, em termos imagéticos, etc., e o sabor, claro, do barroco. Uma das características mais interessantes das nossas línguas maternas é que chegam a funcionar só à base de figuras de estilo." Vol. III, pp. 1138-9.

[12] *Moçambique*, vol. III, p. 982.

[13] "Evidentemente que os claridosos tiveram a preocupação de valorizar e dignificar o património cultural cabo-verdiano, sendo o dialecto crioulo um dos elementos desse património. Dialecto que era desprezado, agredido mesmo, pela classe docente, em geral. Eu, por exemplo, sou do tempo em que era proibido falar crioulo no liceu (...)

Boaventura Cardoso. Este angolano em particular equaciona de modo sucinto e claro a questão:

> (...) essa língua vai-se enriquecendo de uma forma acelerada, vai-se afastando cada vez mais da norma do português falado em Portugal. Não será uma língua diferente, não será uma outra língua, mas haverá certamente muitas contribuições novas que resultarão da coexistência entre a língua portuguesa e as mais diversas línguas nacionais. Porque a língua portuguesa coexiste com as línguas nacionais. E, naturalmente, dessa coexistência resultarão uma série de empréstimos – quer para a língua portuguesa, quer para as próprias línguas nacionais. Eu acho que a língua portuguesa em Angola vai sofrer profundas alterações – aliás está sofrendo neste momento – e nalguns casos haverá um afastamento considerável em relação à norma do português falado em Portugal.[15]

Luandino Vieira, o esplêndido criador literário que tão bem soube aprender com Guimarães Rosa a transformar a linguagem das gentes e fazer com ela obras de arte, cadeia que desembocou depois no mágico Mia Couto, captou o problema nestes termos:

> Não tenho dúvida nenhuma (...) As nossas crianças não vão falar, evidentemente, o português de Portugal (...) /Ele/ mantém-se, mas o resultado vai ser outro. Ainda não se percebe muito bem como é que vai ser.[16]

Quer dizer, não haverá a saramaguiana jangada de pedra deslocada para o Atlântico Sul, mas um desvio, melhor ainda, vários desvios linguísticos aconteceram, acontecem e continuarão a acontecer. Os dicionários portugueses resistiram por muito tempo a seguir o exemplo da tradição anglo-americana que absorveu no seu léxico milhares de termos provenientes de todo o mundo e os incorporou nos seus dicionários. Os portugueses adoram repetir que a língua japonesa possui duzentas palavras de origem lusa, mas o reverso não é glorificado. Nós debatemo-nos sempre contra a introdução de termos estrangeiros para só ao final de muito tempo tolerarmos a sua adopção. Excepto se provêm de culturas

---

achavam que o uso do crioulo prejudicava a assimilação do português." *Cabo Verde*, vol. I, pp. 210-211.

[14] "Agora que se vai dar – e que eu tenho que aceitar – uma transformação linguística através dos tempos, e que já se está a fazer sentir, isso é lógico, ninguém poderá impedir isso.", Angola, Vol. I, p. 51.

[15] *Angola*, Vol. II, p. 828.

[16] *Angola*, Vol. I, pp. 419-420.

que em dado momento consideramos superiores à nossa, como foi o caso do francês e agora o inglês, pelo menos nas áreas onde pressentimos ter algo a aprender. A nossa atitude geral em relação às línguas e termos africanos tem sido imensamente conservadora e defensiva. A prová-lo, basta um olhar de relance por qualquer dicionário português em busca de rastos de um império ultramarino que durou mais de 500 anos.

Esta atitude *vis à vis* a língua é idêntica à atitude em relação à cultura e aos valores em geral. Na verdade, e para falar com maior propriedade, o que acontece na língua é apenas uma expressão quase epifenoménica do que acontece no nível mais profundo da cultura, tomada aqui no sentido antropológico.

Felizmente que nem tudo são chauvinismos ingenuamente etnocêntricos. Prefiro por isso terminar com o refrescante "Poema de Helena Lanari", de Sophia de Mello Breyner Andresen, um contraponto notável neste cenário:

> Gosto de ouvir o português do Brasil
> Onde as palavras recuperam sua substância total
> Concretas como frutos nítidas como pássaros
> Gosto de ouvir a palavra com suas sílabas todas
> Sem perder sequer um quinto de vogal
> Quando Helena Lanari dizia o "coqueiro"
> O coqueiro ficava muito mais vegetal[17]

Algum leitor interrogar-se-á sobre se os versos finais de Sophia não serão também indício de uma visão da língua influenciada pelo romantismo alemão aqui criticado. Talvez. Mas a frescura de posicionamento da autora do poema sobre o português do Brasil é aqui a nota a registar e a saudar.[18]

---

[17] Sophia de Mello Breyner Andresen, *Antologia* (Lisboa: Moraes Editores, 1975), p. 220.

[18] Terminei a minha intervenção no colóquio lendo alguns parágrafos de um ensaio em que procurava refutar a teoria Sapir-Whorfiana tendente a essencializar a língua. Achei isso importante para o auditório compreender melhor o contexto em que situava a minha comunicação, mas aqui parece-me desnecessário reproduzi-los. Os leitores interessados poderão encontrar o ensaio completo em "A propósito de Lusofonia: o que a língua não é", *in* Carlos Ceia, Isabel Losada e M. João R. Afonso (orgs.), *Estudos Anglo-Portugueses. Livro de Homenagem a Maria Leonor Machado de Sousa* (Lisboa: edições Colibri, 203), pp. 545-551.

MISTÉRIO DESENTRANHADO[1]

VILMA ARÊAS
Universidade de Campinas – São Paulo

1. Este texto pretende examinar as relações entre "At the bay", de Katherine Mansfield[2] e "Mistério em São Cristóvão", de Clarice Lispector[3]. O interesse dessa aproximação, além de surpreender o processo

---

[1] O adjetivo do título refere-se à crônica de Manuel Bandeira "Poema desentranhado" in *Flauta de Papel* (*Poesia e Prosa*, vol. 2, Rio de Janeiro, Aguilar, 1958), onde o escritor descreve seu processo de peneirar a poesia que há em tudo, surgindo o poema "como o precipitado de uma reação química". "Como sou advertido da presença do poema?" – pergunta ele. E em seguida: "Acho que é quase sempre por uma imagem insólita ou por um encontro encantatório de vocábulos". Creio que o processo descrito tem muito a ver com a criação de Lispector.

[2] "At the bay" faz parte de *The Garden Party*, publicado em 1922 e retoma os mesmos personagens de "Prelude", primeiro texto de *Bliss*, publicado em 1920. Veio à luz pela primeira vez em 1918 como reformulação de "The Aloe", atendendo pedido de Virginia Woolf, que o publicou na Hogarth Press. Em carta a Dorothy Brett, Setembro, 1921 (*Letters and Journals,* Great Britain, Penguin Books, 1977, pp. 232-33) Katherine afirma que "At the bay" é uma continuação de "Prelude", textos que retomam sua infância. Os personagens retornam também em "The doll´s house". Em 1994 a Editora Revan, Rio de Janeiro, publicou uma tradução inteligente e sensível do conto, feita por Julieta Cupertino (Cf. *Je ne parle pas français e outros contos*).

[3] "Mistério em São Cristóvão" pertence ao primeiro volume de contos de Clarice, intitulado *Alguns contos*, publicado por *Os cadernos de cultura*, do Serviço de documentação do Ministério da Educação e Saúde, Departamento de Imprensa Nacional, direção de José Simeão Leal, Rio de Janeiro, 1952. O volume consta de 6 contos, sendo o primeiro "Mistério em São Cristóvão". Foi republicado em 1960 pela Francisco Alves, e intitulado *Laços de Família*, com o acréscimo de mais sete contos, cuja ordem a autora alterou ("Mistério em São Cristóvão" passa agora a ocupar o antepenúltimo lugar e o último em relação aos seis da primeira publicação).

de composição de nossa escritora no início de sua carreira, mostra-a atenta a certa produção moderna européia. Para isso certamente contribuiu sua estada em Belém nos primeiros meses de 1944, quando entrou em contacto com o grupo intelectual ao redor de Benedito Nunes. Mas os traços deixados pela escritora neozelandesa em "Mistério em São Cristóvão" não serão os únicos. Por exemplo, a leitura de "Something childish but very natural"[4] ilumina o clima e o sentido de "A mensagem", de *A Legião estrangeira*[5], outro texto cifrado, que parece "ler" na clave da ironia o misterioso telegrama recebido em sonhos por Henry, adormecido em meio às sombras do jardim, e cujo conteúdo nos é vedado.

Em "Mistério em São Cristóvão" Lispector utiliza uma curiosa técnica que ela mesma denominou de "distração fingida", ao rodear e deslocar com mão levíssima elementos de "At the bay", cujo nexo fundamental parece ter atingido. Como se seu "mistério" fosse uma espécie de sonho referido ao "estado de vigília"[6] que o conto de Mansfield representaria. Seu significado, como "Mensagem", é também cifrado, construído pelos procedimentos de condensação e deslocamento tais como foram teorizados por Freud em sua conhecida interpretação dos mecanismos do sonho.

"At the bay" é fiado pelas reminiscências dos dias da infância de Katherine, banhadas no sentimento de precariedade experimentado por ela no próprio corpo, pela moléstia que a consumia, e pela morte de seu irmão Leslie na guerra. Esse travo que envenena o texto é envolvido por uma teia de cores e luzes cuidadosamente arquitetada em todas as suas possíveis combinações – o jogo da arte – e que certamente funciona como uma saída para o tema último do conto, que é o do envelhecimento e o da morte, numa sociedade competitiva e mecânica que tira o gosto de viver. Esse desenho contraditório, ao mesmo tempo brilhante e melancólico, transforma "At the bay" numa estranha pastoral, que deixa entrever desesperança quanto à vida, entendida genericamente, e quanto à coerci-

---

[4] Katherine Mansfield. *Something childish and other stories* (Um pouco infantil e outras histórias), coletânea publicada em 1924. O conto entretanto foi escrito durante a guerra, em Paris, entre 1915 e 18.

[5] Clarice Lispector, *A legião estrangeira*. Rio de Janeiro, Editora do Autor, 1964.

[6] Cf. cap. primeiro de Freud, *Le rêve et son interprétation* (trad. Hélène Legros). Gallimard, 1925.

tiva vida "moderna". A saída, repito, seria encontrada, segundo o texto, no vasto campo do jogo, no qual a arte está inserida[7].

No nível da trama isso é mostrado muito bem na cena sete, entre a menina Kezia e sua avó, presas num diálogo angustiado sobre a morte, desfeito depois pelo jogo afetuoso que se estabelece entre ambas. A cena é antecedida pela pergunta de Linda diante do emurchecer das flores: "Was there no escape? Não havia escapatória?" Por sua vez Jonathan se lastima: "The shortness of life! A brevidade da vida!" (Cena dez), ao pensar nos próprios dias desperdiçados num detestado emprego burocrático.

Esse tema, visto em geral no enredo como uma arapuca de onde não se pode escapar, vem combinado com a coerção da "sociedade do rebanho" nietschiana, que entretanto não provoca nos personagens qualquer resistência contra a passividade da moral adquirida, como preconizava o filósofo[8], defendendo a vontade e a ação. Katherine parece concordar com essas afirmações quando esclarece em seu diário (30 de Setembro de 1922) o sentido de "individualidade" como "consciência da vontade", isto é, saber que se tem uma vontade e agir[9]. Sem essa determinação, como se vê no conto, a ação humana e a vida são frustradas, além de marcadas pela extinção. Somente o jogo, o sonho, a arte abrem clareiras momentâneas nessa condição, como sinalizam as crianças e Jonathan, personagem talentoso e excepcional, entretanto fracassado no mundo dos negócios, ao contrário de seu irmão Stanley, superficial, competitivo e infantil, por isso mesmo vencedor (cf. principalmente a cena dois e a dez).

---

[7] Jean Duvignaud (*Le jeu du jeu*, Paris, Balland, 1980) sublinha a separação feita pelo inglês entre "game", organizado por regras, e "play", o jogo livre, onde se localizam as atividades consideradas "inúteis" do homem: a arte, o sonho etc. Cf. na cena 2 de "At the bay", a recusa do horrorizado Stanley a ouvir o sonho de Jonathan.

[8] Katherine entrou em contacto com a filosofia de Nietzsche através de Orage, seu amigo, muito admirado pelos grandes intelectuais ingleses da época. O filósofo alemão e o poeta de versos livres Edward Carpenter, politicamente avançado, influenciaram Orage que por sua vez deixou marcas em Katherine e D.H.Lawrence. No dia 15 de outubro de 1922, já muito doente, ela escreve em seu diário: "Nietzsche´s birthday. Sat in the Luxembourg Gardens. Cold, wretchedly unhappy. Horrid people at lunch, everything horrid, from *Anfang bis zum Ende*. (Aniversário de Nietzsche. Sentada nos Jardins de Luxembourg. Frio, miseravelmente infeliz. Gente horrível ao almoço, tudo horrível do *Começo até o Fim.*)

[9] *Journal of Katherine Mansfield*, edited by J. Middleton Murry. London, Constable & Co Ltd, 1954, p. 330.

Esse baixo-contínuo sustenta vários motivos no texto. O principal deles será o despertar sexual de uma jovem, condicionado pela ideologia romântica e as ilusões da idade. Inexperiente, ela se coloca mais ou menos sem defesa frente à urgência do desejo no jogo livre das opções sexuais. Não custa sublinhar que apesar desse desejo vagante, às vezes obsessivo, o amor não se realiza no conto, enquanto jogo livre do prazer entre parceiros simétricos. Dois personagens, Jonathan e Linda, têm momentos de consciência e de auto-conhecimento (indiferença materna, trabalho alienado, falta de saída) mas isso não os leva a nenhuma reação. Conformam-se.

O que impressiona entretanto em "At the bay" é que temas e motivos, por graves que sejam, estão rodeados por elementos fortuitos ou casuais, e envolvidos pela beleza resplandescente da natureza. Esse contraste, a princípio constrangedor, pouco a pouco delimita os territórios da "vida" e da "arte": se a primeira é frustrante, o trabalho da segunda atinge o alvo, constituindo-se – adornianamente *avant la lettre* – no horizonte utópico do fazer, na perícia e inteligência da elaboração dos materiais a seu alcance.

Numa construção transparente e cheia de reverberações, Clarice retoma o tema (a mesmice do "rebanho", referido aqui ao universo familiar, interrompida por momentos "mágicos" recorrentes) e o principal motivo (o despertar sexual de uma jovem). Ela também situa seu conto em lugar do passado, isto é, São Cristóvão, subúrbio onde a família Lispector morou ao chegar ao Rio de Janeiro. A casa ficava junto ao largo que até hoje abriga a famosa feira nordestina, com violeiros e comidas típicas, revisitado pela escritora durante toda a vida[10]. O ano, 1933, quando Clarice contava 13 anos de idade, portanto uma *teenager* como a protagonista de "Mistério em São Cristóvão" que, sem a intermediação do texto de Mansfield, apenas suscitará no leitor a sensação de "mistério" e o enigma que ele representa[11].

---

[10] Veja-se a propósito Nádia Gottlib, *Uma vida que se conta* (São Paulo, Ática, 1995) e Olga Borelli *Esboço para um possível retrato* (Rio de Janeiro, Nova Fronteira, 1981). Em carta de 5 de Maio de 1946, a escritora escreve, entediada: "É tão esquisito estar em Berna e é tão chato este domingo... Parece com domingo em São Cristóvão" (Gotlib, op. cit., p. 220).

[11] Earl E. Fitz em *Clarice Lispector*, Boston, Twayne Publishers, 1985, p. 108, afirma, sem maiores explicações, que "Os desastres de Sofia" é uma extensão de "Mistério em São Cristóvão", quando o texto, segundo penso, mais facilmente se alinha ao lado

Como se sabe, o exercício de afinar o próprio instrumento, ou treinar a mão, não é raro entre os artistas e não foi estranho à nossa escritora, principalmente no início da carreira. Basta-nos conferir a dívida de "Amor" com episódio de *La nausée* sartriana[12], aliás refutada com impaciência pela escritora, que insistia na diferença entre as duas "náuseas". Mas sua ligação com Katherine Mansfield é confessada com encantamento. Em entrevista a *O Pasquim* (9 jun.1974) afirma que com seu primeiro salário comprou um livro da escritora, atraída pelo título "Mas isso sou eu!" – exclamara. Também leu o diário "dolorosamente triste que deixou" (*Revista do Livro*, ano XIII, n.º 41, 1970). Em carta a Lúcio Cardoso (Nápoles, 5 de Out. 1944) informa ao amigo que releu[13] *A porta estreita* de Gide e que "sobretudo encontrei as *Cartas* de Katherine Mansfield. Não pode haver uma vida maior que a dela, e eu não sei o que fazer, simplesmente. Que coisa absolutamente extraordinária que ela é".

Na época, a autora de *Bliss* começava a ser conhecida no Brasil. Data de 1937 o "Soneto a Katherine Mansfield" de Vinicius de Moraes[14], em 1941 Érico Veríssimo traduziu alguns contos para a Editora Globo, sob o título de *Felicidade*, e no grupo frequentado por Clarice a alusão à escritora neozelandesa não devia ser rara. Em carta da mesma época, por exemplo, Lúcio Cardoso confessa não gostar muito do título *O lustre* por achá-lo "meio mansfieldiano".[15] É natural, portanto, que Clarice frequentasse a obra de Mansfield, percebendo afinidades.

Entre nós conheço apenas duas análises de "Mistério em São Cristóvão", texto pouco explorado, salvo vagas referências: a de Alexandre Eulálio, "Maio em São Cristóvão", recolhido em *O livro involuntário*[16] e

---

de "Preciosidade", principalmente pela protagonista (uma menina na puberdade), que, conforme frisa corretamente o ensaísta, atravessa "uma inespecífica experiência com garotos", sobre a qual o leitor não pode saber ao certo "o que aconteceu ou não" (cf. p. 105).

[12] Cf. Benedito Nunes, "O mundo imaginário de Clarice Lispector" in *O dorso do tigre*. São Paulo, Perspectiva, 1969.

[13] In Clarice Lispector, *Correspondências*, org. Teresa Monteiro. Rio de Janeiro, Rocco, 2002, p. 56.

[14] Vinicius de Moraes, *Antologia poética*. São Paulo, Ciª. das Letras, 2001, 17.ª edição. Devo a referência a Vagner Camilo.

[15] Op. cit., p. 60. Clarice mostra desaponto e discordância com a identificação do amigo: "Talvez você ache o título mansfieldiano porque você sabe que eu li ultimamente as cartas de Katherine".

[16] Alexandre Eulálio, *O livro involuntário – literatura, história, matéria & memória*, organizado por Carlos Augusto Calil & Maria Eugenia Boaventura. Rio de Janeiro,

o de Sílvia Quintanilha Macedo, "O vazio e a máscara", ainda inédito. A consciência da dificuldade do texto, aliada a seu perfeccionismo característico, fez A. Eulálio insatisfeito com a própria análise[17]. No entanto ele toca em problemas fundamentais, como a linguagem "estranhamente precisa" apesar da "leve tonalidade irônica"; o aspecto teatral dos motivos das máscaras, das flores e da lua ("a clássica família pirandeliana") movimentados como peças num tabuleiro de xadrez; o equilíbrio da família pequeno-burguesa de um subúrbio carioca perturbado pela "vibração desordenada, agudíssima, esfacelamento de tudo conhecido, vivendo o mais completo horror, que se traduzirá no grito" etc. Alexandre fecha a análise tentando marcar o lugar do texto de Clarice na tradição: evoca autores da literatura brasileira (o tema apaixonaria João do Rio, podendo o conto alinhar-se como obra-prima junto à produção de Machado de Assis) e denuncia a afinidade de "Mistério em São Cristóvão" com certos quadros de Klee, especialmente "Noite de Lua", de 1921, com sua "impressão de vida noturna das coisas, de manso crescimento/.../".

Quintanilha também se refere ao tom dúplice do texto: normalidade doméstica que "insinua esse clima postiço de felicidade" *versus* a "neblina mágica" do instante no jardim, que torna vivos objetos e máscaras, atingidos pelo sentimento de terror e culpa, "diante da visão de algo inusitado ou proibido".

Desses textos críticos sublinho a percepção dos espaços com regulações opostas: casa = família e suposta harmonia *versus* jardim = os "outros", causadores de desarmonia através da teatralização e do jogo, a que se acrescenta o sentimento de pavor provocado pela transfiguração operada pela noite. A ausência de luz anima todas as coisas, atando seres vivos e inanimados num mesmo maquinismo e desaguando tudo num sentido de terror.

2. Mas qual seria a afinidade com Mansfield, percebida por Clarice Lispector, de modo tão fulgurante? Além dos tópicos mais gerais da

---

Editora da UFRJ, 1993. O texto foi publicado em 1956 no *Estado de Minas* (Belo Horizonte, 01 e 04 de Nov.).

[17] O escritor deixa anotado na primeira versão da análise: "Apressado, ânsia de colocar os dados de análise poética, não foi criado ainda o ambiente para eles serem 'jogados' assim como estão. Repetição de idéias mal-expostas; analisar com mais calma". (in *O livro involuntário*, p. 160).

modernidade, podemos conjecturar de início a respeito de algumas coincidências sobre o lugar instável que ambas ocupam na sociedade, e que surge nos escritos: inadequação, nomadismo, o sentimento de estarem fora de lugar. É mais do que citada a frase de Clarice, em carta de Berna à irmã Tânia, "Tudo é terra dos outros onde os outros estão contentes". Quanto a Katherine, a experiência colonial não terá contribuído pouco para o sentimento de ser "outra", vindo, segundo suas próprias palavras "from the other side of the world", "from a little land with no history"[18]. O interesse de ambas pelas ambivalências e *pathos* dos sentimentos amorosos e da vida familiar terá sido despertado em parte por esse olhar enviesado, do mesmo modo que a insistência no exame da fragilidade das emoções, iluminada algumas vezes em crianças e jovens amantes, nos solitários, idosos e marginalizados. Em vez dos discursos explicativos, preferiram as duas escritoras abandonar uma história como que inacabada, ou condensá-la num instante de compreensão fulgurante, a que não falta frequentemente a brutalidade do corte ou da impressão. O ritmo dos textos também é marcado segundo um ouvido afiado pela música, tendo sido Katherine Mansfield, durante muitos anos, uma talentosa violoncelista. Quanto a Clarice, basta-nos conferir a "Dedicatória do autor (na verdade Clarice Lispector)" que abre *A hora da estrela*. Essa observação não é desimportante, pois sabemos que a música, o ritmo, fazem incidir a atenção sobre o pormenor, precioso na construção desses textos.

Contudo, é grande a diferença que as separa, derivada também da distância cultural entre a fermentação artística da Inglaterra e da França e o Brasil, mesmo com a distância de três décadas. Além disso, filha de família rica, Katherine gozou de todas as possibilidades de desenvolver-se desde os 14 anos, quando vai estudar em Londres num colégio famoso também pela liberalidade. Aos 20, após uma rápida passagem por Wellington, já está de novo instalada na capital inglesa, vivendo só, aspi-

---

[18] Cf. "To Stanislaw Wyspianski", elegia política comparando desfavoravelmente Nova Zelândia à Polônia e celebrando o escritor e patriota polonês. (*in Poems of Katherine Mansfield*, Oxford University Press) apud Angela Smith, *Katherine Mansfield a literary life*. Great Britain, Palgrave, 2000, cap. 2. Na "Introdução" a autora também cita uma carta do poeta Rupert Brooke em 1913, caçoando do acento inglês de Katherine (cf. p. 2). Clarice também teve algumas vezes a originalidade do estilo interpretada como "de estrangeira".

rando o clima de ebulição cultural da cidade e gozando da liberdade dos costumes das "new women" na época, uma vez tendo sido derrubados os esquemas vitorianos ingleses[19].

"At the bay" é composto de 12 fragmentos cobrindo um dia inteiro, do romper do sol à noite de lua cheia. Os personagens passam férias numa praia. Numa carta à pintora Dorothy Brett, Mansfield descreve "At the bay" como cheia de areia e sargaços, roupas de banho penduradas em varandas, parasitas marinhas, enquanto sobe a maré. Acrescenta que também cheirava a peixe.

Os protagonistas pertencem à família de Stanley Burnell (Stanley + Linda, com 4 filhos – três garotinhas, Kezia, Lotte e Isabel, mais um bebê; com eles moram a irmã e a mãe de Linda, respectivamente Beryl e a senhora Fairfield, além de Alice, a empregada); Jonathan, irmão de Stanley, personagem diferenciado, surge sozinho ou com seus meninos que brincam com as primas; além desses, há as "horríveis" crianças de Samuel Josephs, que o texto descreve e abandona. Fora desse círculo povoado de crianças, estão o senhor e a senhora Kember, ele "so incredibly handsome that he looked like a mask" (p. 215), e pelo menos 10 mais jovem que a mulher. Sobre ambos circulavam histórias inconfessáveis, talvez imaginárias. Ele, com suas aventuras, ela, a única mulher que fumava, que passava os dias ao sol ou jogando *brigde*, que não tinha vaidades e agia como um homem. Em suma, liberada demais para o ambiente. Por último, encontramos a senhora Stubbs, viúva e dona de uma loja, amiga de Alice e amante de fotografias em cenário kitsch, e que afirma francamente gostar da viuvez, pois "o melhor de tudo era a liberdade". A força subterrânea da personagem[20] é assegurada por várias alusões, por exemplo a menção à enorme árvore, "something immense", junto a sua loja: "an enormous shock-haired giant with his arms stretched out"[21]. Além disso, quando se passava pelo local, percebia-se que "there was a strong whiff of eucalyptus", como se o sopro das árvores marcasse o território dessa estranha Cibele da classe trabalhadora.

---

[19] Para um exame detalhado da questão, veja-se o capítulo 4, "London 1908: new women" de Claire Tomalin, *Katherine Mansfield a secret life*. Penguin Books, 1987.

[20] A personagem entretanto não é desenvolvida, embora haja muitas alusões mágicas e alegóricas – a que não falta ironia brincalhona – a tudo que lhe diz respeito: sua loja, cujas janelas se assemelham a olhos, fica numa elevação, guardada pelo "gigante desgrenhado"; é o arremedo do caos, só impedida de desmoronar por um mágico etc.

[21] "Um enorme gigante desgrenhado de braços estendidos".

Além desses ainda assomam o pastor do primeiro quadro e a pequena leiteira maori, Leila, que mora com seu avô numa choupana enegrecida, e por quem Florrie, a gata dos Burnell, aguarda, ansiosa por seu prato de leite. Encontramos também Wag, o cão pastor, que enerva Florrie, e acidentes animados da paisagem.

Do ponto de vista da composição, os personagens são movimentados como as peças de um jogo teatral, sucedendo-se as cenas de confronto, por exemplo a segunda (Stanley *versus* Jonathan Burnell) e as cenas de conjunto, menos numerosas (a terceira, quando somos apresentados à família Burnell, e as cenas das crianças – a quarta, a quinta – esta entretanto terminando com o importante confronto entre Beryl e a Sra. Kember[22] – e a nona, na lavanderia, com o jogo e a mascarada).

Sugestivamente são animais os que abrem e fecham o texto, com forte teor alusivo: o rebanho, cujo possível sentido simbólico já sublinhei, que surge na madrugada, e a volúvel e irritadiça Florrie, que salta e se arrepia ao ver Wag, levando-o a julgá-la "a silly young female", uma fêmeazinha idiota. Facilmente associamos essa gata a Beryl, ambas marcadas pela sensualidade, ambas fechando o relato: quando a noite cai (cena onze) e as luzes se acendem, Florrie senta-se no degrau mais alto da varanda como uma esfinge. "'Thank goodness, it's getting late', said Florrie. 'Thank goodness, the long day is over'. Her greengage eyes opened." – p. 235[23]; por seu turno, noite fechada, Beryl encerra "At the bay" devaneando e frustrando seu falso amante, fazendo-o ecoar as palavras de Wag: "Don't be silly! /.../ Cold little devil!"[24] – pp. 239/240.

A primeira cena de "At the bay" descreve minuciosamente o cenário, com seus traços nítidos e realistas, mas cenário ao mesmo tempo fantasmagórico, envolvido que está pela meia-luz da madrugada, pelo orvalho, pelas névoas. É esse jogo de contrapontos (nitidez realista

---

[22] A sensualidade desta cena imprime seu movimento ao encontro de Alice e a Sra Stubbs, com todos os seus círculos alusivos: avaliada preconceituosamente por Beryl, que zomba de seu traje domingueiro a que só faltaria o rosto pintado de um palhaço, e indo supostamente encontrar um amante, Alice vai na realidade tomar chá com a comerciante por quem sentira uma atração estranha à primeira vista ("such a liking /.../ ever since the first time"); um certo clima que se cria entre as duas, faz Alice afastar-se num salto "like a cat"; ao final da cena, intranquila, anseia por voltar a sua cozinha.

[23] "Graças a Deus, está ficando tarde', disse Florrie. 'Graças a Deus o longo dia se acabou'. Seus olhos verdeamarelados se abriram".

[24] "Não seja idiota!"/.../Diabinho frio! /.../" (Julieta Cupertino traduz, muito apropriadamente, "diabo de mulherzinha fria".)

versus fantasmagoria) que acolhe um narrador também vacilante quanto ao que vê e com quem fala ("...as though one immense wave had come rippling, rippling – how far? Perhaps if you had waked up in the middle of the night you might have seen a big fish flicking in at the window and gone again..."[25] – p. 202. Ou: "... and there was the splashing of big drops on large leaves, and something else – what was it? – a faint stirring and shaking, the scrapping of a twig and then such silence that it seemed someone was listening"[26], pp. 202/203 (grifos meus). Essa indecisão já nos mostra a literatura do século numa outra perspectiva, que não a do século anterior, já experimentada por Baudelaire na compreensão do espírito moderno em todas as suas tensões. Aqui é problemática a onisciência do narrador, que estabelece dois tons na narrativa ao mergulhar às vezes na paisagem que descreve. Retoricamente deriva daí o aspecto mágico, animado do texto ("...things have a habit of being alive..."[27] – p. 52), parecendo o narrador, como um mero personagem, buscar uma direção nesse cenário instável que contrai e expande linhas e relevos.

Aprofundando-se o sentido mais geral do procedimento, podemos perceber que o maravilhoso contém também em si a experiência do terror, talvez porque o animado acaba ritmando o movimento mecânico da sociedade, do qual as criaturas não conseguem escapar e cuja força e sentido não conseguem controlar[28].

Em comentário esclarecedor sobre sua tradução de "Bliss", Ana Cristina César observa que do ponto de vista estilístico, as variações estruturais da história "não são orientadas por fatores 'externos', tais como trama e tempo, nem mesmo pela alternância clássica entre o mostrar e o narrar, entre a cena e o panorama, ou entre o mundo subjetivo e o mundo objetivo, entre o lírico e o dramático". Ao contrário, a estrutura

---

[25] "...como se uma onda imensa tivesse vindo rolando, rolando – até onde? Talvez se você tivesse acordado no meio da noite, poderia ter visto um peixe enorme ondeando à janela e desaparecendo".

[26] ".. e havia a queda macia de gotas pesadas em grandes folhas, e uma outra coisa – o que seria?– um movimento rápido e leve, o arranhar de um graveto e então um silêncio tão profundo que parecia haver alguém escutando".

[27] "... as coisas têm a mania de ficar vivas..." ("Prelude")

[28] Cf. Marshall Berman, *Tudo o que é sólido desmancha no ar – a aventura da modernidade,* principalmente o segundo capítulo. São Paulo, Ciª. das Letras, 1988, 6.ª impressão, trad. Carlos Felipe Moisés et allii.

da história é organizada pelo *tom*, em perpétua e simétrica oscilação, em contínuo movimento de "ruptura ou discórdia". Tal processo se efetuaria em "Bliss" pela "onisciência seletiva", isto é, embora em terceira pessoa, a ação é simultaneamente filtrada por outra consciência (discurso indireto livre), o que limita as funções de intervenção pessoal do narrador, possibilitando também ao leitor a experiência direta do personagem. Existiria uma falta de consistência de tom que manteria narrador-personagem (e às vezes leitor) em estado de flutuação. Ora, a flutuação da montagem é fiel ao estado de indeterminação que caracteriza o despertar da sexualidade de Beryl ou do vagante desejo, sempre frustrado, dos demais personagens. A isso se acrescenta que o jogo do poder[29] está sempre à vista, assim como a natureza mágica e assustadora do mundo infantil, pois tudo é <u>vivo</u>.

A linha indecisa entre realidade e fantasia, incluindo-se nesta as paragens do sonho e do subconsciente, que constróem personagens cindidos, certamente revela dívidas a Freud, que surgia na época, e a outros pensadores e artistas. Bergson, por exemplo, e sua teoria do tempo subjetivo ou *durée*, compreendida como uma sucessão de transformações que se fundem umas nas outras como as notas de uma peça musical. Angela Smith[30] inclui nesse rol a experiência plástica dos fauvistas e pós-expressionistas, a que se acrescenta a descoberta da complexidade de Chekov, sobre quem longamente Katherine meditou[31]. A agitação cultural da época era verdadeiramente grande e a escritora participou intensamente de seu clima. Por exemplo, colaborou em *New Age*[32], primeiro semanário socialista de Londres, que durou de 1908 a 1922, vanguardista em matéria de arte, ao lado de escritores da qualidade de T.S.Eliot, Shaw e Ezra Pound, entre muitos outros. Nele Arnold Bennet publicou "Manet e o pós-impressionismo", defendendo paralelos entre as artes

---

[29] A violência – teatralizada – do final da cena três, merece ser anotada, quando as mulheres se regozijam por estarem sem homens em casa, momento em Alice mantém a chaleira sob o jato da torneira ("Oh, these men!") como se o objeto fosse um homem que merecesse no mínimo ser afogado ("...as if it too was a man and drowning was too good for them").

[30] Cf. Angela Smith, op. cit., principalmente o cap. 5: "Mansfield and Modernism".

[31] Cf. *Letters and Journals of K. M.* Penguin Books, 1st ed., 1977.

[32] A publicação era editada por Orage (cf. nota 7), que reconhecia o valor literário de KM, e a quem T. S. Eliot considerava "o melhor crítico literário" de Londres (Cf. Angela Smith, op.cit., pp. 57-58).

visuais e a literatura[33], enquanto Bergson escrevia sobre Freud e eram traduzidos trabalhos de Chekov e Dostoevsky[34].

Talvez o preciosismo, às vezes o labiríntico, das descrições de Mansfield, não muito longe dos arabescos da *art-nouveau*, se deva a escritores do *fin-de-siècle*, como Oscar Wilde, cujo estilo ela gostava de imitar, ou D. H. Lawrence, seu grande amigo. Mas certamente esses traços podem ser compreendidos a partir das ramificações várias dessa vanguarda intelectual, na qual sobressai a relação de Katherine com Fergusson, pintor expressionista irlandês, e com o grupo de *Rhythm*, revista sobre arte, música e literatura que a escritora editou com Murry.

A consciência de que era urgente a criação de uma nova prosa preocupava escritores, que começavam a desmanchar fundamentos anteriores, lançando mão dos revolucionários traços soltos no processo da composição. Em carta de 1919 Katherine observa que "ninguém jamais havia explorado *the lovely medium of prose* e que sentia profundamente que a prosa ainda era *a hidden country*[35]. A impalpável relação estabelecida pelos pós-expressionistas entre a superfície e o "profound self" deve também ter contribuído para a mudança, além do imagismo poundiano: "The artist seeks out the luminous detail and presents it. He does not comment"[36]. Não ficarão em segundo plano as reflexões de Chekov sobre a composição da narrativa curta, comentadas e sublinhadas por Katherine, principalmente aquelas a respeito do não acabamento ("inconclusiveness") e da interioridade profunda ("intimacy")[37]. Valerie Shaw sublinha ainda que o instantâneo fotográfico e o conto moderno são contemporâneos, colhendo ambos apenas uma fase de um processo ou de uma ação[38].

Todas essas coordenadas ajudam na construção do texto mansfieldiano, a que também se juntam propósitos objetivos, como o de agre-

---

[33] Numa carta a Dorothy Brett datada de 5 de Dezembro de 1921, Katherine se recorda do quadro dos girassóis amarelos de Van Gogh que vira havia 10 anos atrás, afirmando: "they taught me something about writing" ("eles me ensinaram algo sobre o escrever"). *Letters and Journals*, pp. 244-45.

[34] Cf. Angela Smith, op. cit.

[35] In *The letters and journals of Katherine Mansfield*, Penguin Books, 1977, p. 136.

[36] "O artista busca o detalhe luminoso e o exibe. Não o comenta" *apud* Angela Smith, op. cit., p. 58.

[37] Cf. Valerie Shaw, *The short story a critical introduction*, London/New York, Longman, 1983. pp. 130-138.

[38] Valerie Shaw, op. cit., p. 14.

dir o suposto bom senso e autenticidade da classe alta neozelandesa, cópia de parâmetros ingleses. "Nada que não seja satírico é realmente verdadeiro para mim", diz ela[39]. A esse respeito "The garden-party" e "The doll's house" são explícitos. A escritora está sempre atenta às contradições dos supostos bons sentimentos e aos elos mais frágeis dessa sociedade (mulheres, crianças, povo colonizado). Em suma, a vida comum, "ordinary life". Segundo suas próprias palavras, esse empreendimento – buscado por Chekov – era rival da *Ilíada* e da *Odisséia*[40].

Surpreende portanto que essa intencionalidade funcione em "At the bay" sob a aparência de uma narrativa "mágica". A página acolhe o espelhamento cerrado de seus termos e referências, tornando indistintas as linhas da paisagem, com seus bichos, flores e pessoas. Peixes espiam atrás do vidro das janelas, flutuando no ar, o mar boceja sonolento, animais falam, assim como as árvores; o rebanho "real" constrói com seus balidos os carneiros nos sonhos das crianças, personagens mergulham em devaneios (principalmente a jovem e tola Beryl), em sonhos (os inadaptados, Jonathan, que se sente "um inseto", e Linda, mãe de quatro filhos e que odeia a maternidade) e em jogos infantís: as crianças, principalmente na cena nove, quando se transformam em máscaras de animais durante o jogo de cartas.

Entretanto essa história rompe com a fábula e sua convencional "moral da história", ancestralmente construída. Ao contrário, a flutuação de "At the bay" nos afasta da rigidez da lição e suas alusões nos permitem entrar em contacto com uma outra versão do homem e de seu contexto. O método é nos fazer ler seus componentes uns com os outros, mutuamente iluminando-se, construindo-se o sentido como um precipitado das outras camadas ou dos pontos de referência que se multiplicam. Assim, compreendemos homens, bichos e acidentes da paisagem no espelhamento de seus traços. Por exemplo, podemos atribuir aos homens às vezes patéticos as desoladas palavras de uma árvore: "We are dumb trees, reaching up in the night, imploring we know not what"[41] – p. 237.

Tal procedimento corta rente as interpretações de subjetivismo (clássico) dessa literatura, ou de psicologismo simplório. A única certeza parece ser aquela que guia obstinadamente a composição literária: "You

---

[39] *The letters and journals...*, p. 47, anotação de Abril de 1914.
[40] Valerie Shaw, op. cit., p. 30.
[41] "Somos árvores mudas, erguendo os braços na noite, implorando não sabemos o que".

know how I choose my words. They can't be changed" – escreve Katherine a J. M. Murry[42]. O fato é que nesse paraíso à beira-mar, assombrado entretanto por algo de sinistro, são jogados jogos de força e de poder, sem exclusão das crianças. A coerção social pretende harmonizar todas as pessoas, dirigindo sentimentos e desejos, mas em consequência gera inadaptações, rancor de classe (exemplificado nesse texto pela relação de Beryl com Alice) e a hipocrisia familiar. É isso o que principalmente nos mostram os quadros de confronto.

Um dos fios importantes da trama, como afirmei, deriva da sexualidade florescente e indecisa de Beryl, como podemos observar na cena cinco, quando a jovem, para desagrado de sua mãe, vai ao encontro da senhora Kember. No coração do jogo erótico entre as duas mulheres estão indiferenciados o amor, o desejo ou sua caricatura. Basta-nos conferir os momentos em que a senhora Kember espia a jovem despir-se, exclamando "Mercy on us, what a little beauty you are!"; toca-a na cintura, fazendo Beryl dar um gritinho afetado; mas a jovem passa do acanhamento ao orgulho da própria beleza. E após palavras sedutoras que ela pouco a pouco anseia por ouvir ("Really it's a sin for you to wear clothes, my dear", "I believe in pretty girls having a good time. Why not? /.../ Enjoy yourself" (p. 217) rompe-se o encanto pois a jovem tem um *insight:* olha para a senhora Kember que se aproximava nadando e de modo estranho e horrível percebe que o rosto da mulher parecia "a horrible caricature of her husband".

Portanto, no suposto paraíso a senhora Kember faz o papel tradicional do demônio sedutor, bajulando e empurrando a vítima para um prazer socialmente controlado. Por isso ela é de forma grotesca aproximada a animais: seu riso soa como um relincho, é também semelhante a um rato e afirma, como o lobo da fábula, que não vai comer a garota ("Why be shy? I shan't eat you"). Mas o aspecto vicioso com sua contraparte, a "moral da história", não são sublinhados e, sim, o deslocamento do desejo, sua indeterminação irradiante, tendo como suporte na construção do texto a oscilação do narrador, o que finalmente leva à compreensão do último quadro de "At the bay". Aqui Beryl se confronta com o alvo real de seu desejo. Todos dormem na casa, pois é muito tarde, a noite tudo transforma ("Why is it so exciting to be awake when everybody else is asleep?"[43]). Beryl devaneia, vê-se abraçada e amada, está excitada e ao

---

[42] Carta de 11 de Out. de 1920 (*Letters and Journals*, p. 184)
[43] "Por que é tão excitante estar acordada quando todos dormem?"

mesmo tempo triste, alguém pronuncia seu nome, como se fosse pela primeira vez. Ela não deseja amigos ou parentes, que existem aos montes ("heaps of them"), deseja um amante. Nesse momento ouve na imaginação o relincho alto e indiferente da senhora Kember, que acena com a permissão ao prazer e, de repente, olhando para o jardim com o coração batendo, vê alguém, um homem, aproximando-se. Reconhece-o. É Harry Kember. Com voz macia ele insiste para que dêem um passeio. Beryl começa negando, mas à insinuação de que tem medo, resolve responder ao desafio, obedecer ao desejo. Pula então a janela, aproxima-se dele, que lhe toma as mãos. Mas ela realmente tem medo, o luar brilha friamente com olhos abertos e fixos, o jardim parece severo, as sombras são barras de ferro. Ele quer arrastá-la em direção à sombra de um arbusto, tem um sorriso estranho, estaria bêbado? e, de repente, "quick as a cat" Harry Kember aperta-a contra si. "Cold little devil! Cold little devil! – said the hateful voice". Os termos são trocados exorcizados e desautorizados, pois na fala idiomática usada pelo conquistador ela é que é o diabo, infantilizado pelo diminutivo e inoperante, porque "frio". Na verdade a frase não significa nada, além de um desejo de intimidade. Mas Beryl é forte e consegue fugir da sedução da "voz odiosa".

Uma nuvem cobriu a lua. "In that moment of darkness the sea sounded deep, troubled. Then the cloud sailed away, and the sound of the sea was a vague murmur, as though it waked out of a dark dream. All was still'[44] – p. 240.

3. Neste silêncio equilibra-se "Mistério em São Cristóvão", se o compreendemos como glosa e explicitação – também interpretação – de "At the bay". Podemos mesmo dizer que o texto de Clarice de certa forma o prolonga verticalmente, ao contrair a expansão da escrita de Mansfield, reduzindo-a a seu núcleo, apagando ou tornando silenciosos os elos entre ambos. Mas tal apagamento não foi completo, restaram pegadas que nos revelam que algo aconteceu naquela pequena casa de subúrbio do Rio de Janeiro e no seu jardim banhado pela lua cheia. Adiantamos que essa *suspensão do sentido*, técnica e formalmente cons-

---

[44] "Naquele momento de escuridão, o mar ressoava profundo, perturbado. Então a nuvem vogou para longe e o som do mar transformou-se num vago murmúrio, como se tivesse acordado de um sonho sombrio. Tudo estava tranquilo." (trad. de Julieta Cupertino).

truída em "At the bay", é transferida para o tema em "Mistério em São Cristóvão, tornando-se mais óbvia, o que não deixa de ser uma solução inteligente para contornar a dificuldade do emparelhamento dos textos.

"Mistério em S. Cristóvão" se tece como um sonho, com suas lacunas e incompreensões, e descreve com elementos à primeira vista soltos algo que <u>realmente</u> aconteceu, a partir de evidências concretas (o fio branco que surge na cabeleira escura da jovem, o jacinto de talo partido sob a janela). Mas o que será que aconteceu? E de que maneira?

Julgo que o núcleo gerador do conto de Clarice se localiza na cena nove de "At the bay", quando as três meninas de Linda e Stanley jogam cartas com os dois primos na lavanderia, construção separada da casa principal. O jogo das máscaras[45], a que metaforicamente viemos assistindo no correr do conto, é concretizado no jogo real das crianças: um touro, um galo, um distraído burro – transformado em cão –, um carneiro e uma abelha. O jogo se desenrola enquanto anoitece sem que as crianças o percebam. Em dado momento ouvem um ruído, têm medo, observam a escuridão lá fora, e de repente Lottie solta um grito aterrorizante, no que foi imitada pelos outros: premido contra a vidraça, estava um rosto pálido de barba e olhos negros. No auge do horror, quebra-se o clima, abre-se a porta e entra o tio Jonathan, que viera buscar seus dois filhos.

Ora, esses mascarados e as máscaras metafóricas dos personagens de "At the bay" formam o núcleo do texto de Clarice, ritmados todos ao compasso do último quadro, ou seja, a tentativa de sedução de Beryl, sendo rematada a cena em "Mistério em São Cristóvão" num retorno ao jogo das crianças, com o mesmo munchiano grito e o mesmo rosto pálido atrás da vidraça. Mas vamos por partes.

Podemos dividir o conto de Clarice em seis partes ou cenas: 1.ª – apresentação do conflito através dos espaços (casa *versus* jardim) e dos personagens (pai, mãe, três crianças, uma mocinha e uma avó), cenário (casa de subúrbio), tempo (noite enluarada de Maio); 2.ª – recolhimento dos personagens em seus quartos, meditação da mocinha a respeito de próxima rebeldia; 3.ª – aparecimento de três mascarados (um touro, um galo e um cavaleiro do diabo) que decidem colher os jacintos do jardim; 4.ª – aparecimento do rosto branco atrás da vidraça; 5.ª – surgimento da

---

[45] Além dos espelhamentos que apontamos, a beleza "incrível" de Harry Kember faz com que ele se parecesse a uma máscara. A Senhora Kember, além de caricatura do marido, assemelha-se a um cavalo, a um rato, ao demônio etc

lua cheia de Maio quebrando-se o encanto: os três mascarados pulam "como gatos as grades do jardim" e "um outro /.../ num grito se pôs a correr"; 6.ª – comportamento dos três mascarados no baile; 7.ª – esforço da família para entender o que aconteceu; a avó encontra o jacinto de talo partido; a 8.ª e última cena é a conclusão: a família volta ao que era antes da noite misteriosa, isto é, "tira a máscara" da identidade provisória com que noite a vestira, voltando à realidade: crianças insuportáveis, progresso frágil, avó pronta a se ofender, pai e mãe fatigados.

Como vemos, o núcleo familiar de "At the bay" é mantido em "Mistério em São Cristóvão", de forma concentrada. Temos agora apenas o pai, a mãe, a avó, três crianças e a mocinha magra de 19 anos. Como em muitos contos arcaicos ou populares, eles não precisam ser nomeados, pois têm um lugar nítido nas organizações tradicionais, aqui a família, determinante de seus papéis. São portanto, abstractamente, tipos: crianças que vão à escola, pai que mantém os negócios, mãe que se aposentou (era parteira e trabalhava também em casa), avó que completara seu ciclo ("atingiu um estado"). A mocinha está entre duas fases da vida, ou seja, "está se equilibrando na delicadeza de sua idade": vem da infância, mas ainda não atingiu a idade "dos partos" da mãe.

O leitor tem uma visão instantânea da família, teatralmente imobilizada ao redor da mesa da sala de jantar de uma casa "iluminada e tranquila". O outro pólo, isto é, tudo "o que não fosse o seio de uma família", também se presentifica e estabelece o confronto desde o primeiro parágrafo: os jacintos "rígidos", isto é, jovens, no espaço do jardim, mas "perto da vidraça". As mesmas flores são de novo aludidas através do "sereno perfumado" no parágrafo seguinte. Tal perfume não é propriamente perigoso, afirma o texto, mas não deixa de ser um risco àquela organização familiar ("o modo como as pessoas se agrupavam no interior da casa").

Se em termos de trama, quase nada ocorre nos dois primeiros quadros, a não ser a distribuição dos personagens e a compreensão do contexto, tomamos entretanto conhecimento das muitas alusões e especificações nas descrições, que provocam o mesmo tom oscilante de "discórdia" que foi observado em "At the bay". Mas se, neste, além do contexto essa ruptura devia-se ao deslizamento das referências e da voz narrativa, em "Mistério em São Cristóvão" ela se dá pelo paradoxo[46],

---

[46] O procedimento é largamente usado por Clarice em toda a sua obra, principalmente em *A paixão segundo G. H.*

que desestabiliza o sentido e o faz oscilar. Por exemplo, a mocinha em vez de dormir abre a janela, respira "todo o jardim com insatisfação e felicidade" (p. 136). Podemos enfileirar a insistência do procedimento. No quadro seguinte, por exemplo, nos é dito que o jovem mascarado de demônio tem "os olhos cândidos"; os três se sentem "elegantes e miseráveis"; parecem "pensar profundamente", sem que "na verdade pensassem em coisa alguma" (pp. 136-137). Mais tarde, no baile, os mascarados, assustados, exibem "desequilíbrio e união" (p. 138). Também o jardim, com sua "terra proibida", "ora se engrandecia, ora se extinguia" (139). E assim por diante.

Essa oscilação do sentido faz o texto se equilibrar num fio precário – aliás como a mocinha e como as três crianças, que adormecem "escolhendo as posições mais difíceis" como se estivessem penduradas em três trapézios. (pp. 135-136).

Por seu turno, a equivalência dos termos de "At the bay" também se projeta indiretamente em "Mistério em São Cristóvão", ora por simples justaposição (pessoas à mesa do jantar, mosquitos à volta da luz), ora por metaforização aproximando pessoas e flores (rosto "desabrochado" de cada pessoa, "jacinto" que é a flor assinalada no conto, mas também nome de homem). Na verdade é esta flor, com seu perfume etc, o símbolo pontual do desejo amoroso, roubando alguns traços ao indeterminado e vagante do texto de Mansfield, pois também pode se referir à jovem. Por exemplo, se o perfume do sereno é dito não perigoso no primeiro quadro, no segundo "a umidade cheirosa" perturba perigosamente a mocinha, que promete a si mesma uma atitude desobediente, "inteiramente nova <u>que abalasse os jacintos e fizesse as frutas estremecerem nos ramos</u>" (p. 136, grifos meus). Os demais personagens também se arriscam ao se aproximarem dos jacintos, "donos do tesouro do jardim", tesouro que não é claramente explicitado. De qualquer modo os mascarados, por desejarem colher os jacintos para "pregar na fantasia", são eles próprios colhidos na cilada mágica e, por assustados, deixam de ser os "reis da festa"(p. 138). Fecha-se o círculo quando a avó descobre "o jacinto ainda vivo quebrado no talo", e compreende que "alguma coisa sucedera" (p. 139)[47].

---

[47] Não nos esqueçamos do sentido de "deflorar" ou "colher a flor", isto é, "tirar a virgindade", mantendo aqui a palavra "flor" a mesma significação que encontramos referida aos vegetais: "órgão sexual".

Não será difícil perceber que o risco da consumação do desejo entre Beryl e Harry Kember espelha-se nesse "talo quebrado", ou desejo frustrado. "Mistério em São Cristóvão" dispõe os termos com clareza: os três mascarados tentam colher os jacintos que estremeciam "imunes", isto é, "inocentes"; o galo fora o seduzido, pois vira-os perto da janela, "altos, duros, frágeis", cintilando e "chamando-o". Neste momento, o rosto branco da mocinha surge atrás da vidraça, rebatendo nos jacintos "cada vez mais brancos na escuridão". Desdobra-se o arco da magia e os quatro personagens, "vindos da realidade", caem "nas possibilidades que tem uma noite de Maio em São Cristóvão" (p. 137). Nesse momento, como nos contos de fadas, tudo se transforma: "fora saltada a natureza das coisas" e na "muda aproximação", as quatro figuras ou "espectros", que "se espiavam de asas abertas", parecem se equivaler às plantas úmidas, aos seixos, aos "sapos roucos", pois "haviam desatado a maravilha do jardim". A lua cheia que aparece quebra o encanto, impedindo que "novos territórios distantes fossem feridos" (p. 138). Eles fogem. As referências, muito pontuais, dispensam comentário.

Até aqui "Mistério em São Cristóvão" segue de perto o sentido fundamental de "At the bay", centrado nos movimentos do desejo, na alusão à autoridade familiar e social frente a liberdade do jogo, no vôo meio cego de suas máscaras, das quais também faz parte o "saltar a natureza das coisas", aproximando tudo de tudo, tudo se transformando em tudo, acabando por provocar aquele grito de terror que do jogo das crianças – esquecidas do fingimento e devolvidas à infância[48] – salta para a transfigurada cena da sedução do texto de Clarice, conservando o mesmo sentido (p. 137)[49].

Vimos que essa mágica no primeiro texto está concretizada no jogo infantil, cujos termos Clarice modifica um pouco, seja no número dos mascarados, seja na troca do touro pelo galo no papel de líder. Além disso,

---

[48] A mesma translação imaginária acontece em "Mistério em São Cristóvão", centrada em um dos mascarados: " O cavalheiro, exangue sob a máscara, rejuvenescera até encontrar a infância e o seu horror".

[49] O procedimento do enlace de histórias semelhantes/diferentes e do deslizamento de seus elementos de uma para outra é teorizado por Clarice em "A quinta história" (*Fundo de gaveta* in *A legião estrangeira*), cujo derradeiro parágrafo derrota a teoria das hierarquias e a afirmativa de Leibnitz de ser o nosso o melhor dos mundos possíveis. O que se tem é o apagamento da transcendência e a reafirmação da banalidade e monotonia da repetição do mal.

o demônio, entidade sedutora, está também presente, embora de "olhos cândidos", combinação que rasura o sentimento de "erro" ou "pecado", embora o texto de Lispector pareça hesitante quando afirma "nenhum dos quatro saberia quem era o castigo do outro" (p. 137). O movimento do jogo de "At the bay" também é mantido e entrevisto na cena do baile dos mascarados que comicamente, até pela oposição física das figuras, parecem cartas novamente embaralhadas: "...assustados os três não se separavam: um alto, um gordo e um jovem, um gordo, um jovem e um alto, desequilíbrio e união, os rostos sem palavras em baixo de três máscaras que vacilavam independentes" (p. 138).

Poderíamos a esse ponto concluir pela satisfatória convergência de sentido dos dois textos, examinando ambos o despertar do desejo e a problemática iniciação sexual de mulheres jovens, numa sociedade hipócrita e cheia de ciladas. O método e o fundamento da construção mansfieldiana são aqui mantidos, embora Clarice, ao submeter o texto anterior a cortes, procure fazê-lo caber no molde das narrativas tradicionais. Nestas, uma situação inicial de equilíbrio, mesmo que instável, é invadida por um acontecimento inexplicável, voltando-se à situação inicial, modificada.

Acrescentaria que a alusão a um tempo preciso e cíclico ("...toda a casa parecendo esperar que mais uma vez a brisa da abastança[50] soprasse depois de um jantar. O que sucederia talvez noutra noite de Maio", p. 139) naturaliza a mágica e imediatamente nos localiza no tempo das festividades comunitárias, quando num momento de "convivência perecível", diz Duvignaud[51], espécie de "conclave mágico", homens e mulheres despem os papéis sociais e alcançam uma plenitude, "uma espécie de desabrochar". O nosso "mês de Maio" dedicado às noivas, certamente deriva das festas de Maio européias, tempo da primavera, quando se colhem flores, também associado à juventude e ao intercurso sexual, o que está perfeitamente de acordo com o texto de Lispector. Trata-se aqui de uma cerimônia de iniciação, ou simulacro dela, derivando daí a modi-

---

[50] O substantivo "abastança", que retoma a "cena abastada" do início do conto, só podem ambos ser compreendidos nos sentidos de "fertilidade" e "fértil", ligados ao ato de criação, nascimento e materialidade: a cena é "abastada", o rosto de cada um, "desabrochado", quase se "apalpava" o progresso da família, a mãe trabalhara em "partos". Nessa cena, eles vigiavam "o raro instante de Maio e sua abundância" (p. 135).

[51] Jean Duvignaud, *Festas e civilizações* (trad. L. F. Raposo Fontenelle), Fortaleza, Universidade Federal do Ceará, Rio de Janeiro, Tempo Brasileiro, 1983.

ficação causada pela ultrapassagem de uma fronteira, o amadurecimento da jovem: eis que "para horror da família, um fio branco aparecera entre os cabelos da frente" da mocinha (p. 139). Em seguida descobre-se a causa: o talo partido.

Desse fechamento ou consequência do narrado se afasta "At the bay", como vimos. Beryl apenas sai da cena de sedução, pela qual era também responsável, como quem acorda de um "dark dream", um sonho sombrio. Todas as minúcias descritivas não alçam o homem de sua pequenez, não sugerem transcendências, e a perturbação da jovem é vista não em seu rosto, mas no espelho do mar, assim como os olhos arregalados e brilhantes do luar foram a imagem de seu terror – entidades absolutamente laicas que com ela se confundem.

A esse respeito, podemos transferir para a relação ficcional Mansfield/Lispector, o que foi dito por V. Shaw[52] a respeito da relação Chekov / Mansfield: o autor de *As três irmãs* fazia de objetos e ocorrências naturais "peças da mobília da vida dos personagens", isto é, elementos absolutamente funcionais e concentrados, ao passo que em Mansfield tudo isso ganha uma outra dimensão, a cargo da esfera simbólica.

A observação pode muito bem se encaixar nos desdobramentos do conto de Clarice, que segundo seu método de composição tão nosso conhecido, permite que "novos territórios distantes/sejam/feridos"[53]. Deste modo, a "terra proibida do jardim" e a cena da sedução com a presença do demônio, o desejo da mocinha de ter "uma atitude inteiramente nova que abalasse os jacintos e fizesse as frutas estremecerem nos ramos", a referência ao proibido e a uma queda ("silenciosa derrocada"), tudo isso nos recorda a desobediência e transgressão primordiais contidas no Antigo Testamento. Do mesmo modo a referência a "parto, a "estrela cadente" que conduz os personagens ao espaço do "círculo mágico", pode aludir aos evangelhos e a um nascimento considerado paradigmático. Acrescente-se a isso a coincidência de alguns motivos (a insistência no número quatro, repetido sete vezes, a referência a suas "asas abertas", a necessidade de se guardar um tesouro, etc.) que também ecoam fragmentos da visão onírica de Ezequiel[54] e aqui os <u>tipos</u> ganham as tintas dos <u>arquétipos</u>, pois as quatro "máscaras", ou "figuras",

---

[52] Valerie Shaw, op. cit., p. 137.
[53] "Mistério em São Cristóvão".
[54] *Bíblia*, capítulo I do Livro de Ezequiel.

ou "naturezas", ou "imagens", ou 'mudas visões" etc., do conto de Clarice acabam por ecoar os "quatro seres vivos" de Ezequiel, identificados com anjos ("querubim") que guardam, no centro do santuário judaico, as Tábuas da Lei no interior da Arca Sagrada[55]. Isto é, a lei que não deve ser quebrada nos dois contos encontram seu máximo de expressão simbólica nas levíssimas alusões de "Mistério em São Cristóvão", que não chegam entretanto a anular seu ponto de ancoragem temática. O que elas fazem é reafirmar o pano de fundo do universo judaico-cristão de Clarice, reminiscência desta vez da leitura e audição de histórias que se materializam no lugar-comum da vida dos seres comuns[56].

Não se sabe a data da elaboração de "Mistério em São Cristóvão", mas ele é o primeiro de *Alguns contos*, publicados em 1952 por Simeão Leal. Após *O lustre*, de 1946, após também o contacto com o grupo de Benedito Nunes, Clarice começa a comentar esses contos em cartas a Fernando Sabino[57]. Embora não se refira a "Mistério em São Cristóvão", é razoável pensar que o texto date desta época, portanto antes dos anos 50. Nas mesmas cartas há também muitas referências à leitura da "Imitação de Cristo", certamente por influência do círculo de amigos e escritores católicos ao qual pertencia, que se somou a suas raízes judaicas. As referências cristãs perpassam com frequência as cartas de Clarice e Sabino. Em 14 de Agosto de 1946, escreve Clarice: "Quanto à Imitação de Cristo, ela me manda sofrer até o sangue, e me ceder inteiramente. Sofrer até o sangue, chegarei lá e mesmo às vezes já cheguei. Mas me abandonar, não sei como, me falta a graça. Como diz A. Lins, eu sou dos muitos chamados e não escolhidos..." (p. 54). Em 27 de Junho de 1947, Fernando confessa que passou a Semana Santa indo diariamente ao Mosteiro de São Bento, "mas a despeito disso continuo um incorrigível pecador" (p. 89).

O que quero dizer é que a impregnação da literatura sacra é um dos dados do contexto literário e familiar da escritora, condição que a ajuda

---

[55] Walter Rehfeld, *Introdução à mística judaica*, São Paulo, Ícone, 1986. Cf. também Amarilles G. Hill, "Referencias cristianas y judaicas en *A maçã no escuro y a paixão segundo G.H.*, na revista *Anthropos* – coord. Elena Losada Soler, Antonio Maura y Wagner Novaes, 1997.

[56] Cf. a busca de Martim em *A maçã no escuro*.

[57] Em carta de Berna, datada de 27 de Julho de 1946, ela comenta que escreveu "um pequeno conto chamado 'O crime'". (Cf. *Cartas perto do coração*, Rio de Janeiro/ São Paulo, Record, 2001, p. 38).

a arriscar-se na aventura da expressão e a "jogar alto", conforme confessa a Sabino em carta de 5 de Outubro de 1953[58], ao mesmo tempo em que diz temer o "tom maior". Em suma, ficamos entre o terra-a-terra da "mobília" e a vertigem do símbolo. Temos de convir que muitas vezes ela derrapou nessa questão.

No conto em pauta, entretanto, o perigo é contornado por uma composição esperta, na qual essa dimensão "alta" apenas aludida é atravessada pela tradição carnavalesca presente nos divertimentos populares (os mascarados), que geralmente se voltam para a desmistificação de condutas, instituições ou valores e se ligam às atividades oníricas e às artes (e aí outra linha mansfieldiana é mantida). Julgo que este aspecto foi o que Clarice abruptamente fixou, numa explicação planamente racional após a mágica da noite de luar: os três personagens, sublinha a narradora, surgiram fantasiados para "fazer uma surpresa num baile tão longe do carnaval" (p. 138). É muito curiosa a frase, pois ficamos indecisos quanto à sua funcionalidade, além da evidência de que desabamos do clima onírico para a plausibilidade da explicação[59]. Como se ela dissesse que todo aquele repertório de várias tradições valesse mesmo como um sonho (as referidas "possibilidades") do qual saimos para a "realidade". Ainda: como se o narrador quisesse frisar o aspecto radicalmente gratuito do jogo, da máscara, da arte, que não dependem de regras do calendário.

É isso, ou seja, a "realidade" ou a ausência das "possibilidades" o que nos parece garantir o final, iluminado pelas velas oscilantes no jardim e fazendo surgir, entre as "heras aclaradas" e "os frutos / que / se douravam por um instante entre as folhas", a qualidade de vínculo que ata e desata "Mistério em são Cristóvão" a "At the bay". Se nesta existe o desfolhamento da fábula, dissolvida na luz cambiante do sol, dizendo apenas que isso que lemos é invenção, Clarice transmite outra volta ao mesmo parafuso: no espaço imaginário da página tudo é sonho e tudo realidade, e a prova é o fio de cabelo branco na cabeleira da jovem, penhor da realidade, e que é a forma de muitas narrativas fantásticas resolverem sua mágica, compreendendo a fantasia como inalienável à

---

[58] *Cartas perto do coração*, p. 111.

[59] Impossível não lembrar aqui a crítica de Roberto Schwarz ("Perto do coração selvagem" in *A sereia e o desconfiado*, Rio de Janeiro, Paz e Terra, 1981, 2.ª ed.): a explicação racional do recebimento da herança para explicar a viagem de Joana ao final do livro, abala o princípio positivo da composição do romance, que é justamente a falta de nexo entre os episódios, e a narração "desmente o esforço que vinha fazendo".

realidade. Pois o que realmente dizem essas narrativas, além de nos fascinarem com a perspicácia de sua composição? Se não me engano situam lado a lado – e perigosamente misturando-as – estruturas congeladas e a possibilidade, momentânea ou não, de sua subversão, ou seja, subversão da mesmice do rebanho e afirmação das possibilidades transformadoras do jogo da arte.

Quando comenta o conto numa entrevista[60], Clarice sublinha a técnica encontrada para compô-lo: escrevera-o sem a menor dificuldade "como quem desenrola um novelo de linha" /.../ A falta de dificuldade é capaz de ter sido técnica interna, modo de abordar, delicadeza, distração fingida".

A desatenção como técnica de ouvir também foi uma atitude compreendida por Freud como necessária ao desfazimento da trama criada pelo trabalho do inconsciente. Pelo trabalho da arte, podemos nós (cautelosamente) dizer.

---

[60] *A legião estrangeira*, Rio de Janeiro, Editora do Autor, 1964, p. 172.

FIDELINO DE FIGUEIREDO, HISTORIADOR E CRÍTICO DA LITERATURA PORTUGUESA

Cleonice Berardinelli
*Univiversidade Federal do Rio de Janeiro /
Pontifícia Universidade Católica do Rio de Janeiro*

Em Junho deste ano chegou-me o convite para participar do 1.º Congresso Internacional de Teoria da Literatura e Literaturas Lusófonas, subordinado ao tema *História(s) da Literatura*. O tema me assustou – Histórias da Literatura –, fugindo ao meu tipo de trabalho predominante, que dele não prescinde, mas que nele não se fixa. Como seguiria por caminho que percorro como viandante curiosa, nele buscando apoio, mas do qual nunca disse, nem digo: "é o meu caminho"? Como, nesta Universidade do Minho, marcada pela presença de Vítor Manuel de Aguiar e Silva, ousaria "quebrantar os vedados términos", sem ser ameaçada por "naufrágios, perdições de toda sorte"?

Voltei a ler a carta, cujo caráter genérico fora removido por um generoso vocativo inicial e pequena frase final, que me certificavam de que a signatária não era apenas uma muito competente colega, de importante universidade portuguesa, mas aquela em quem permanecia minha excelente ex-aluna e orientanda de Mestrado na Pontifícia Universidade Católica do Rio de Janeiro, no fim dos anos 70, e que se lembrava, tantos anos mais tarde, da velha mestra.

Como – pergunto agora, a explicar a resposta que minhas perguntas anteriores não deixavam prever – como não dizer, grata e emocionada, a Maria da Penha Campos Fernandes: "Sim!"? Por isso estou aqui, reiterando o agradecimento ao convite inicial e dizendo do prazer que me dá participar, pela primeira vez, de um Encontro em Braga.

E houve uma outra razão, também muito ponderável, para a minha ousadia: num momento em que se discute quase encarniçadamente a validade das histórias da literatura, veio-me à memória a primeira de que tive conhecimento, aquela em que me *alfabetizei* em Literatura Portuguesa. Seu autor, Fidelino de Figueiredo, a quem chamo e chamarei sempre o meu Mestre, com maiúscula, meu único professor da matéria que é a minha segunda substância, no curso de Letras Neolatinas da Universidade de São Paulo, nos desvendou – a mim e aos não muitos colegas de curso nessa Universidade recém-nascida, que dava os seus primeiros passos, tal como nós – [nos desvendou] as riquezas de uma literatura onde se continha o nosso passado literário, "anterior a nós", como dissera Pessoa, referindo-se ao mar. E, como os descobridores, vimos que também eram infundados nossos medos, pois que, neste oceano de letras, o que encontrávamos também "eram coral, e praias, e arvoredos".

Nas aulas de Fidelino de Figueiredo os descobrimos, e neles continuamos, um número considerável de seus alunos, hoje muito desfalcado pelo longo tempo que passou, mas com os claros preenchidos pelos discípulos dos seus discípulos e, pois, seus herdeiros. Ao pensar / escrever esta última palavra, não pude fugir à imposição da minha memória, a repetir-me ao ouvido os versos finais do segundo dos sonetos intitulados "A um crucifixo", de Antero de Quental, escritos como tese e antítese, terminado o primeiro com a questão candente: "De que serviu teu sangue generoso", respondida pelo segundo: "Lembraremos, herdeiros desse povo, / Que entre nossos avós se conta Cristo." Herdeira, na medida das minhas possibilidades, do seu legado, reitero tantas vezes o meu preito de reconhecimento ao Mestre, que acredito que o tenha transfundido a muitos dos meus continuadores – e não são poucos.

Assustada, mas também estimulada pela minha ousadia de tentar analisar obras que, escritas há pouco menos de um século, são hoje desconhecidas da maioria dos que percorrem nossos caminhos, ou já esqueceram aos que outrora as compulsaram (sempre com proveito), busquei nas prateleiras mais próximas à minha mesa de trabalho aquelas que se voltavam para a história da literatura e da crítica literária, ambas em Portugal. Revendo-lhes as datas das primeiras edições, veio-me de novo o espanto de há 65 anos, quando me dei conta de que o livro inaugural da sua atividade crítica mais séria, *A Crítica Literária em Portugal,* datava de 1910, tinha o autor apenas vinte e um anos e se licenciava em Geografia e História. Dois anos depois, em 1912, portanto, e dentro da mesma esfera de preocupações intelectuais, edita *A Crítica Literária como Ciência*. Em 1913, um outro, bem mais alentado, *História da Literatura Romântica*.

No livro de 1910, ocupa-se com seriedade de um problema que desde cedo o preocupa e ao qual outras vezes voltará – a crítica literária em Portugal. Neste volume, de cerca de 120 páginas, que tem como subtítulo "Da Renascença à Actualidade", o juvenil crítico faz a "Exposição e discussão dos vários processos críticos até à forma contemporânea do problema". Creio que valerá a pena uma interrupção no discurso cronológico que se vem elaborando, para esclarecer que a obra publicada não satisfez completamente o autor, que sobre ela continuou a refletir, tendo lançado, em 1917, uma segunda edição, onde suprimiu e acrescentou matéria, estabeleceu nova divisão em partes, fazendo-a também "seguida de apêndices documentários", tais como as censuras de Pires de Almeida a *Os Lusíadas*, ou a introdução ao exercício da Academia dos Generosos.

Feito este esclarecimento, que me pareceu indispensável, retorno ao autor ainda imaturo na idade (dos 21 aos 24 anos), mas já maduro na reflexão crítica, no conhecimento de um amplo acervo de cultura portuguesa e européia de que faz citações freqüentes, sempre adequadas, sem ostentação, antes com um à vontade de quem recorre a um cabedal que adquiriu e plenamente assimilou.

Voltando mais atrás, a 1905, porém, encontro o adolescente de 16 anos que editava, possivelmente por conta própria, ensaios, novelas, antologias, prosas várias, um romance e pequenos textos críticos sobre autores como Antero, Garrett, Herculano – todos de forte cunho romântico, a revelar a sua inclinação (talvez preferência) por essa época que estudará antes das outras, com detença e qualidade crítica, no livro bem mais extenso, de cerca de 350 páginas, *História da Literatura Romântica*.

Não se deve esquecer que esse livro, anterior à *História da Literatura Realista*, de 1914, e ambas à *História da Literatura Clássica*, em três volumes, e publicada de 1917 a 1924, tendo sido lançada em 1913, era, portanto, a primeira que abrangia todo um período literário, em que se fazia mister estabelecer um nexo entre o que o precedera e o que se pretendia abordar.

Consciente disso, o autor inicia o volume com estas palavras:

> Para medir a força inovadora do romantismo e a sua originalidade, torna-se necessário conhecer a literatura a que ele veio suceder, relanceando

os gêneros considerados superiores e avaliando os recursos artísticos que eles ainda comportavam. É o que constitui o objeto deste capítulo de introdução.[1]

A "Introdução" se compõe de 27 páginas, nitidamente dividida em duas partes, a primeira das quais – com o dobro de extensão da segunda – abrange o primeiro quartel do século XIX, resumindo o arcadismo, no qual dará o autor um destaque especial a Bocage, que chama o "mais evidente dos precursores", não usando o termo "pré-romântico", mas acentuando na sua poesia o seu caráter de prógono da escola que estudará nos capítulos seguintes. Também precursores considera José Anastácio da Cunha, Tomás António Gonzaga e Filinto Elísio, na poesia, o Pe. Teodoro de Almeida, no romance, João Pedro Ribeiro e outros, na restauração dos estudos históricos.

Em Gonzaga, destaca, em meio aos árcades, a "violência sentimental da sua obra", esclarecendo: "dizemos violência, preferentemente a profundeza, por que a sua emoção é forte, sacudida, mas superficial."

Anos mais tarde, no terceiro volume da *História da Literatura Clássica*, incluirá Gonzaga no *Grupo Brasileiro*, embora ressalvando:

> Dos principais escritores deste grupo, só não era brasileiro Tomás António Gonzaga, nascido no Porto, mas foi o cenário e foi o teor da vida brasileira que deram pretexto à sua sensibilidade poética; e aos seus confrades de Minas indissoluvelmente se ligou com os riscos e amarguras da conspiração.[2]

A segunda parte da "Introdução" será dedicada à conceituação do romantismo, a respeito do qual traz diversas "definições críticas" as únicas que "devem ser discutidas, pelo propósito que as anima de compreender a verdade toda, sem exclusões sistemáticas, sem insuficiências de contemplação."[3]

Discorda da definição dos próprios românticos, "porque só viam o lado negativo, o antagonismo do gosto clássico", como Victor Hugo, que o vê como "o liberalismo na literatura". Continua, citando os que discute, passando pelas cimeiras: Heine e Mme. de Staël, que "viram principalmente a preferência e imitação da poesia medieval, o que é ainda

---

[1] FIGUEIREDO, Fidelino, *História da Literatura Romântica*, 3.ª ed., São Paulo, Editora Anchieta, 1946.
[2] *Ibidem*, p. 27.
[3] *Ibidem*, pp. 27-28.

incompleto." Numa atitude que situo entre o desejo de exibir (tão jovem...) o seu conhecimento do alemão e uma certa ingenuidade, cita Heine no original que traduzo: "Mas o que era a escola romântica na Alemanha? Não era outra coisa senão a redescoberta da poesia da Idade Média, como se tinha manifestado em seus cantos, suas imagens e sua arquitetura, tanto na arte quanto na vida", bem com Mme. de Staël, dizendo que ela considerou "la poésie romantique comme celle qui tient de quelque manière aux traditions chevaleresques."[4]

Quando, em 1914, lançar a *História da Literatura Realista*, o autor já poderá escrever: "Ao período de idealismo, que historiamos na obra *História da Literatura Romântica*, sucedeu um período de realismo, que constitui o objecto do presente volume."[5]. Isso teria sido impossível em 1913.

À "Introdução" seguem-se dez capítulos, dos quais os dois iniciais terão por títulos os nomes dos autores que o jovem historiador da literatura privilegia em seu julgamento: Garrett e Herculano. Põe-nos cronologicamente, por ordem de nascimento, é verdade (o primeiro, de 1799, o segundo, de 1810), mas também – e isso é mais importante – pela posição que ocupa aquele na passagem do Classicismo ao Romantismo em Portugal, como diz Fidelino de Figueiredo citando a palavra respeitada de Herculano:

> Nas obras do Sr. Garrett, como poeta, há além do mérito extraordinário, que as distingue, uma circunstância que lhes dá o primeiro lugar na literatura portuguesa do século XIX, e vem a ser – que elas começam o período de transição entre a velha Escola chamada *clássica* e a Escola, que denominaram *romântica*, e a que nós chamamos ideal, nacional e verdadeira.[6]

Nenhum dos outros autores – detidamente estudados, ou sumariamente apontados – terá direito a um espaço textual só seu: serão incluídos em capítulos mais gerais, em que se inserirão. Estes dois terão um espaço só seu, em que se estudará, em subcapítulos, A Vida, O Homem,

---

[4] *Ibidem*, p. 28.

[5] FIGUEIREDO, Fidelino de, *História da Literatura Realista*, 3.ª ed., São Paulo, Editora Anchieta, 1946.

[6] HERCULANO, Alexandre. *Obras Completas*.], 1904, p. 123, *apud* FIGUEIREDO, Fidelino. *História da Literatura Romântica*, 3.ª ed. revista. São Paulo; Editora Anchieta, 1946, p. 42.

e a Obra, esta miudamente subdividida, nos múltiplos gêneros que praticaram – em ambos, o poeta e o romancista; em Garrett, mais o dramaturgo e o orador; em Herculano, o historiador.

O poeta Garrett é visto numa evolução lírica de três fases capitais: na primeira, anterior ao romantismo, ainda medíocre, muito marcado pelo arcadismo. Teria trazido da estada na Inglaterra "a convicção das novas idéias literárias do romantismo", mas conhecendo-lhe principalmente o aspecto literário, menosprezando-lhe o aspecto filosófico e histórico. Nesta 2.ª fase localiza-se o poema *Camões*, "a primeira obra portuguesa em que apareceram expressos alguns traços românticos" e se encarece a invocação à saudade, que classifica como "uma divinização puramente romântica", bem como "o intuito nacionalista do romantismo". Não se pense, porém, que o quase estreante historiador literário se atenha a louvar; também lança algumas críticas às "incoerências e inverossimilhanças" da ação, entre as quais permito-me discordar da que faz, exclamativamente. "Que ingenuidade seria supor Camões aos 46 anos ainda no impulsivo entusiasmo duma paixão, nascida na mocidade!", num arroubo de quem tem apenas vinte e quatro. Para tal discordância, apoiar-me-ei nas suas próprias palavras quando, referindo-se aos poemas de *Folhas Caídas*, que define como "relicário de obras primas da sensibilidade romântica", di-las inspiradas por "uma paixão serôdia" – teria Garrett os mesmos 46 atribuídos a Camões... Se o poeta Almeida Garrett podia amar intensamente nessa fase da vida, por que o não poderia aquele que, de tanto amar, se transformou "na coisa amada / em virtude do muito imaginar"...

A leitura da obra dramática é feita com clarividência visível, começando pelas tragédias clássicas, *Mérope* e *Catão*, escritas sob o signo do arcadismo, com mais detença naquela, já tantas vezes tomada como tema por dramaturgos do século anterior. E causa admiração a lista de autores de versões de *Mérope* – Maffei, Voltaire, Alfieri – e de *Catão* – Addison e Raynouard – que leu, com espírito crítico, tendo, para cada uma delas, uma palavra, a caracterizá-la. Bastante dura é a crítica que faz às peças que já se inscrevem no teatro romântico, a começar por *Um Auto de Gil Vicente*, em que encontra defeitos graves: o falhanço na incapacidade de reproduzir a época em que se passa, de captar a rica personalidade de Gil Vicente, de o (cito) "rebaixar à condição dum vulgar subserviente, quando ele foi homem de intuição rápida e de observação profunda". Não são poupados *Filipa de Vilhena*, nem *O Alfageme de Santarém*, este último classificado, por fim, como "um monótono amálgama de ações episódicas, que se distribuem irregularmente por cinco difíceis atos." Alguma coisa nesta peça merece louvor: a presença do povo, das multidões, de cuja falta se queixara o historiador. Ouçamo-lo:

> Em toda a peça, há alguns pormenores sobre multidões, eminentemente verdadeiros. No *Alfageme*, como no *Arco de Sant'Ana*, o romântico da primeira metade do século XIX mostrou um conhecimento de psicologia das turbas, que nem todos os historiadores da revolução possuíram, e que só há poucos anos começou a ser objeto de estudo cuidado, com Lebon e Sighele.[7]

Do dramaturgo passa ao romancista: "No gênero romance, deixou Garrett três obras: *O Arco de Sant'Ana, Viagens na minha Terra,* que só por extensão assim se poderá designar, e o fragmento *Helena*."

D'*O Arco de Sant'Ana* diz que "não cabe discutir a inverossimilhança, que por vezes é surpreendente. Era característica do gosto do tempo; o público deleitava-se com estas liberdades de imaginação." Critica os personagens, a ausência de espaços onde se movam. Salva-se apenas a presença da multidão turbulenta. Cito:

> De facto, psicologicamente, a história da revolução portuense do século XIV é toda verdadeira. [...] A súbita cólera por indignações longo tempo represadas e logo acordadas por um motivo próximo; a consciência da impunidade que dá às turbas a audácia; [...] a cobardia e a volubilidade que fazem acalmar prontamente uma indignação [...].tudo Garrett registou e apontou com suma verdade e beleza.[8]

O maior defeito do romancista terá sido o haver-se estendido por dois volumes o que se conteria num conto.

Segue-se-lhe *Viagens na minha Terra*, editada em volume em 1846, uma obra difícil de rotular:

> Como não são uma obra que procedesse dum cerrado plano de composição, discutindo uma ação ou defendendo uma idéia, mas somente crônicas digressivas, em que se veio engastar o romance, muito disperso, da Joaninha do Vale de Santarém, não podem ser analisadas por um processo comum, como não podem ser classificadas por um nome de gênero vulgar. Nós, nos quadros cronológicos, incluímo-las na prosa expositiva--subjetiva.[9]

---

[7] FIGUEIREDO, Fidelino. *História da Literatura Romântica*, 3.ª ed. revista. São Paulo: Editora Anchieta, 1946, p. 76.
[8] *Ibidem*, p. 82.
[9] *Ibidem*, p. 83.

Prossegue a análise, fixando, a meu ver, nesse livro fascinante, os pontos principais do que continua a dele fazer, decorrido século e meio, o seu encanto, começando pelo processo da escrita – "são corridas de pena" – concluindo por nele destacar a projeção do autor em sua escrita "em que a fisionomia moral e intelectual de Garrett mais e melhor se expandiu do que em nenhuma outra obra."

> Registo de impressões da vida, as *Viagens* têm a incongruência, a desconexão duma inteligência dissertiva e vagabunda que anota comentários, numa ironia literária, que não evita o paradoxo. [...] Elas têm uma frescura, uma espontaneidade límpida e seqüente de estilo, não obstante ser muito trabalhado, pois muitos esforços custou a Garrett essa aparente simplicidade.[10]

Na página seguinte, referindo-se ao romance do Vale de Santarém, nele reconhece "um compósito de todos os episódios obrigados dos romances romanescos,

> [...] mas onde se destaca pela airosa flexibilidade, pela graça alada, essa Joaninha Angélica, uma das mais delicadas criações da arte, a realização do ideal feminino de Garrett, perseguido e esboçado sempre, mas só nela conseguido.[11]

A carta final de Carlos, "escrita com sentimento amoroso de Garrett e de todos os que fortemente amam", tem "tanta impetuosidade lírica que ela bastaria para procurarmos a sua justificação em reminiscências autobiográficas."[12], diz Fidelino de Figueiredo, defendendo-se *a priori* de alguma censura à sua posição crítica, injustamente considerada biografista, insistindo, porém, em reafirmar, concluindo:

> Vendo-se Carlos chorar e abandonar-se, num pedido de perdão, com um impulsionismo desorientado, sem orgulho e sem coerência, mas amando sempre, sofrendo por amar, adivinha-se o próprio Garrett, pondo na obra as suas confissões pessoais, esquecido da leveza que procurara e pusera na primeira e maior parte das *Viagens*, expondo o que sofreu "nesse inferno de amar".[13]

---

[10] *Ibidem*.
[11] *Ibidem*, p. 84.
[12] *Ibidem*.
[13] *Ibidem*.

A citação final, como todos sabem, é, ligeiramente alterado, o primeiro verso de um dos mais belos poemas de *Folhas Caídas*, o "relicário de obras-primas do romantismo", como já o *ouvimos* dizer, e repito, concordante com o meu Mestre – sê-lo-ia 25 anos depois. Não encontro, em toda a obra lírica de Garrett, outro momento maior que esse em que o poeta encontrou a expressão mais perfeita da obsessão amorosa, no ritmo ternário que imprimiu aos eneassílabos e que se sucede, de verso em verso, ininterruptamente, como um atear de chama, um despertar para a vida, um viver que se inicia num "dia formoso", em que "dava o Sol tanta luz!", numa seqüência de perguntas: *como* se ateou a chama? *Quando* se apagará? Só sabe o sujeito lírico que o atear da chama planta uma divisa entre o passado e o presente. Aquele seria, talvez, o sonho, do qual despertou. Volta a perguntar-se: "Quem me veio, ai de mim, despertar? Só se lembra do momento mágico em que passou, "dava o Sol tanta luz!" (Rosa de Montufar era, sabem-no muito bem, viscondessa da Luz...); ainda se questiona e se responde, negando e afirmando: "Que fez ela? eu que fiz? – Não no sei; / Mas nessa hora a viver comecei..." Nesse mesmo ritmo, pois, termina o poema, com o verbo começar, em reticências, abrindo a perspectiva de que, repetidamente incansável, o amor continuará, o grande amor que chegou, enfim, tarde, aos 47 anos de idade.

Era do romancista que nos falava Fidelino de Figueiredo, quando citou o verso de Garrett que me tocou, como sempre, a sensibilidade para o poema: deixei-me levar por ele, tocada pela sua luz. Volto agora ao quase fecho do capítulo, no qual, referindo-se ao fragmento de *Helena*, o historiador diz que o considera "documento da decadência prematura, muito verossímil num espírito, que tanto se dispersara, e reconhecida a própria natureza desse espírito, apesar de por essa data as *Folhas Caídas* atestarem plena juventude."[14]

O capítulo, de 52 páginas, dedicado a Garrett conterá ainda duas, em que se falará do orador parlamentar que ele foi.

No segundo capítulo, de 67 páginas, o historiador tratará, como eu já disse, de Herculano, em subcapítulos, mais ou menos coincidentes com os do anterior. A diferença de extensão se acentua, ao estudar o romancista, ao reservar a Herculano dez páginas a mais, até porque é aqui que inclui o autor de *Lendas e Narrativas*, nas quais "inaugura duas

---

[14] *Ibidem*, p. 85.

formas de romance, que viriam a ser quase dominantes, na história do romantismo, o romance histórico e o romance campestre." Reconhecendo os antepassados do gênero em França, diz que, em Portugal, as *Lendas* tinham plena originalidade. Destaca, em análises inteligentes, *O Alcaide de Faria, Arras por foro de Espanha* e *O Pároco d'Aldeia*, ajuntando que "Nas *Lendas e Narrativas* e no *Eurico* predomina o artista; no *Monge de Cister* e no *Bobo* começa a avultar o historiador, quanto este era compatível com o romancista."[15]

Aponta o facto de que,

> Tanto no Eurico, como no Monge, como no Bobo, as personagens não têm psicologia, e esta falta é a natural conseqüência do subjetivismo dos românticos, por ele impossibilitados de se impersonalizarem: seria mesmo um anacronismo procurar neles psicologia.[16]

o que é um julgamento pouco aceitável. Se o facto de ser o autor um romântico é obstáculo a que atribua uma psicologia a suas personagens, como teria sido possível que Garrett a atribuísse às multidões que trazia para as páginas de seus livros?

Mais longamente se estenderá Fidelino de Figueiredo na apreciação da obra do historiador, em que este se revelava "largamente preparado: a sua compreensão da história era vasta; a sua crítica rigorosa e arguta; o seu conhecimento das fontes direto e profundo."[17] Analisando-lhe a obra, nela refere a qualidade literária e científica, e torna patente o conceito moderno de história, que é o que acolhe:

> Que a história não visa à educação moral, há muito se reconheceu; que ela pode, coincidentemente, dentro da máxima probidade, contribuir para a formação política do caráter nacional dos cidadãos, é a noção moderna.[18]

Até aqui pus em destaque a leitura – muitas vezes direta – feita por Fidelino de Figueiredo, da obra de Garrett e de Herculano, postos em destaque pelo largo espaço que lhes é dado na *História da Literatura Romântica*. Não haveria tempo para deter-me em outros autores; enumerarei apenas os capítulos, do 3.º ao 5.º, nomeando-os: o Lirismo, onde se

---

[15] *Ibidem*, p. 121.
[16] *Ibidem*, p. 131.
[17] *Ibidem*, p. 135.
[18] *Ibidem*, p. 136.

destaca Castilho e os líricos do *Trovador*; o Romance Histórico, privilegiando amplamente Rebelo da Silva; o Romance Passional, dedicado a Camilo Castelo Branco[19]; o Romance Marítimo e o Romance Campesino, com algum realce para Francisco Maria Bordalo e bem maior para Júlio Diniz; o Teatro, destacando discretamente Mendes Leal; a História, em que fortemente se destaca Latino Coelho; a Eloqüência, onde o mesmo é a figura mais expressiva, e, por fim, Gêneros Vários – livros de viagens, contos, jornalismo –, sem nenhuma figura expressiva.

Como Garrett e Herculano, Camilo tem direito a uma subdivisão em: *A Vida, O Homem*, e *A Evolução Literária*, esta tripartida em fases.

Na primeira fase, de 1845 a 1851, onde se incluem desde "pequenos ensaios satíricos e dramáticos" até os poemas líricos, *Inspirações*, [cito] "o futuro ridicularizador, o futuro polemista, o poeta e o romancista, o polígrafo, embrionariamente se continham já no escritor tão diversamente afirmado."[20]

A segunda (1851-1879) se inicia com o seu primeiro romance, *O Anátema*, "obra de composição compacta, dum estilo incaracterístico – se estilo se pode chamar à linguagem só negativamente qualificada de alguns atributos. [...] Reunia esse romance as duas tendências, a *histórica* e a *romanesca*."[21] E aqui novamente discordo da severidade do julgamento, pois já vejo nesta estréia uma das características que mais me atraem na obra camiliana: a presença do narrador, o uso freqüente da metalinguagem.

Os Mistérios de Lisboa, de 1854, decidem o predomínio da tendência romanesca sobre a histórica. Nele, o autor, segue o fingimento literário inaugurado por Garrett, que atribui o seu primeiro livro de versos a João Mínimo. "Diz Camilo: 'Este romance não é um romance; é um diário de sofrimentos, verídico, autêntico e justificado."[22] Seguem-se-lhe outros romances, mas Fidelino de Figueiredo se deterá no de 1856, *Onde está a Felicidade?*, julgado "o [seu] primeiro romance de valia", sendo *A mulher fatal*, de 1870, aquele em que Camilo teria alcançado a "sua maturidade artística", encontrado "a sua maneira própria".

---

[19] Nas 30 páginas deste V capítulo, apenas as duas primeiras, introdutórias (pp. 225-226), não lhe são dedicadas.
[20] *Ibidem*, p. 235.
[21] *Ibidem*, p. 237.
[22] *Ibidem*.

Será o *Amor de Perdição*, porém:

> [...] a obra-prima dessa forma do romance romanesco e sentimental, porque não contém nada, episódio, divagação, personagem que se não compreenda nesta forma. Este romance como que depurou o gênero de outro elemento estranho. E na história dos gêneros literários, o autor que cria é, na maior parte dos casos, um depurador e um condensador.[23]

Em 1866 escreve *A Queda de um Anjo*, que "é uma forma particular do romance camiliano, [...] exclusivamente satírico.", diz o historiador e continua, fazendo uma leitura que se me afigura muito inteligente: vê em Calisto Elói "um deslocado", mas "também um pouco o Fausto". Como a este, "o meio transforma-o". O anjo é precipitado, mas também se faz "a revelação da verdadeira vida a quem nunca a exercitara" e a análise do romance se arremata:

> E à longa lista de expressões literárias do tema chamado do *Fausto* – porque foi a versão alemã que se internacionalizou –, há a acrescentar a de Camilo, pelo romance satírico.[24]

Ainda desta segunda fase, destacam-se as *Novelas do Minho*, onde se ressalta "o estilo másculo, duma segurança admirável, variado e próprio" e a visão bem menos idealizada da região, apartando-se o autor "dos demais romancistas e contistas, que sobre a vida do campo arquitetaram os seus romances."

Na terceira (1879-1890), "em pleno triunfo do realismo", Camilo lançará *Euzébio Macário* e *A Corja*, nos quais faz a caricatura da escola. Seguiu-se no entanto, como fecho precioso, *A Brasileira de Prazins*, onde Fidelino remata o capítulo:

> Este romance é, por certo, primacial na sua longa produtividade. Tem vigor na sua construção e verdade no episódio amoroso, que nos conta. Mas este êxito deveu-o Camilo ao uso moderado e mais inteligente que nele fez dos processos do realismo. [...] E estas páginas, célebres pela sua perfeição e beleza, que são senão belos exemplos do poder descritivo do realismo?[25]

Chegamos à conclusão. São sete páginas, das quais extrairei algumas observações conclusivas. Em três meios literários, em Portugal –

---

[23] *Ibidem*, p. 242.
[24] *Ibidem*, p. 245.
[25] *Ibidem*, p. 253.

Lisboa, Porto, Coimbra – fez-se literatura abundante, mas nem sempre rica, dominada pelo espírito histórico, só profundamente sentido em Herculano, enquanto Garrett assimilava principalmente o espírito poético e literário, completando-se um e outro.

Citando textualmente, "O romantismo português [...] deixou numerosas [páginas] em que o ideal literário do romantismo foi expressado com suprema felicidade."

Que legado teria ficado dessa escola literária? Responde-nos o autor:

> Legava-nos a história, que fundara, e a Herculano sincera homenagem prestou Oliveira Martins, [...]; legava a aprendizagem técnica do teatro, que igualmente fundara, no qual o realismo nenhuma inovação introduziria; e quanto ao romance legava o gosto do pormenor, a descrição pinturesca e o retrato. Era, todavia, pequena herança para se constituir em ponto de partida para uma nova estese, sobretudo não havendo, como não houve, uma clara consciência crítica.[26]

Preocupado desde 1910, como vimos, com a crítica literária em Portugal, vai chegando ao fim da sua primeira obra de peso, afirmando:

> No romantismo português, só Lopes de Mendonça esteve a ponto de assumir a função crítica, mas não teve preparação idônea, nem os estímulos ambientes, que se tornavam indispensáveis; e ninguém mais assumiu essa função orientadora, porque várias circunstâncias necessárias se não verificavam.[27]

Muito mais haveria eu a dizer do muito que escreveu, da produção da extrema juventude, onde busquei a *História do Romantismo*, até à de datas muito mais recentes, como o precioso volume intitulado *Pyrene*, de 1935, com um modesto subtítulo, "Ponto de vista para uma Introdução à História Comparada das Literaturas Portuguesa e Espanhola". Sua "Intenção do Título" explica que "Pyrene, donzela grega de alta estirpe e deslumbrante beleza, cativou com magia dos seus encantos a Hércules, o herói dos prodígios." Tendo-lhe este amor acarretado a cólera do pai, rei da Hispânia, e o castigo de Zeus, refugiou-se nas montanhas que separam a Gália da Hispânia. Por morte do pai, tocou-lhe suceder no trono, mas Gerião, o monstro tricéfalo da Líbia, cobiçou-lhe o cetro, usurpando-o, Pyrene refugiou-se no ponto mais alto da montanha, onde a alcançou

---

[26] *Ibidem*, p. 341.
[27] *Ibidem*, p. 342.

o fogo ateado pela ira de Gerião. Hércules, que vagava por ali, encontra-a, retira-a das chamas, já moribunda; ela lhe pede que a vingue, resgatando as terras da Hispânia das mãos maléficas do monstro.

Hércules persegue-o, vence-o e, pondo "serra sobre serra", ergue--lhe um imponente mausoléu. "E deuses e homens, compadecidos, chamaram a esses montes os Pyreneus..."

E Fidelino de Figueiredo, na plena maturidade dos seus 46 anos, vai completando a sua "Intenção do Título", num texto em que a consciência crítica se enroupa na maciez da expressão literária do crítico:

>Esta lenda de Pyrene, uma das tradições primordiais do mundo hispânico, guarda um conteúdo simbólico de grande significação e riqueza. Poderia dizer-se que ela é, no limiar da civilização ibérica, um pórtico avisador, um compromisso. Tem amor e tem força, tem contraste violento, tem justiça e tem luta, luta de titãs, toda uma cruzada para dissipar as caligens que resistem à hora da boa nova do amor e da vida heróica. O formidável mausoléu de Pyrene, erguido sobre os píncaros da cordilheira por Hércules, trêmulo de devoção, parece advertir o viandante pela paisagem hispânica, do movimento alterno duma sinfonia em louvor da força que serve causas grandes e em louvor do amor, que vence a força, mas a revitaliza de novo com os mais poderosos alentos.[28]

Pergunta-se, "E não será toda a criação literária da península uma suprema expressão verbal do heroísmo e do amor?". E conclui que sim.

Meu tempo se esgotou. Para terminar, volto, pela última vez, à *História da Literatura Romântica*, à sua página final, e leio a data do tempo de escrita, "Janeiro de 1911 a Março de 1913". Volta-me o espanto inicial, reacende-se a minha admiração e vem-me o desejo de dizer a todos que aqui estão que esta minha simples e desataviada fala, além de ser o agradável cumprimento de um compromisso acadêmico, é mais uma homenagem que presto ao Mestre incomparável.

---

[28] FIGUEIREDO, Fidelino de, *Pyrene*, Lisboa, Empresa Nacional de Publicidade, 1935, p. 9.

ROMANTISMO EM CABO VERDE: FUNDAÇÃO DA CONSCIÊNCIA (LITERÁRIA) NACIONAL

ALBERTO CARVALHO
Universidade de Lisboa

> "Di che cosa sono fatte le *storie*? Parlo delle storie della storiografia; ma anche delle storie o pezzi di storie della nostra vita vissuta, di noi uomini e donne; e ancora delle storie narrate in racconti e romanzi e in rappresentazioni teatrali e filmiche... Et allora: di che cosa sono fatte queste storie?
> Abduzione, deduzione e induzione contituiscono la triplice forma a priori dell'inferire. Le domande più interessanti sembrano concernere le condizioni di origine di tali forme e le condizioni di affermazione degli stili di pensiero della tali forme dominati."
>
> MASSIMO A. BONFANTINI, *La Semiosi e L'Abduzioni*, pp. 27, 79.

1. Contextos e Situações

As Literaturas ditas "emergentes", de soberania mais ou menos recente, saídas de uma qualquer das várias situações de tutela colonial ou colonialista, e nomeadamente as detentoras de vasto e notável tempo histórico[1], parecem encontrar-se prisioneiras de questões eurísticas e epistemológicas proporcionais à sua importância em valores tradicionais de cultura e de humanidade. Vitima-as, com efeito, o paradoxo de grande

---

[1] Os espaços tradicionais das literaturas africanas lusófonas registavam já uma História de quatro séculos ao tempo da da partilha de África pelas potências europeias em finais do séc. XIX.

ressonância ideológica que consiste numa manifesta aversão aos conteúdos da História, quer nos seus aspectos mais gerais, quer no campo bastante mais restrito de que aqui nos ocuparemos, o da historiografia literária.

Em aparência, tal esforço de rasura funciona como efeito retórico generalizante, com a hiper-valorização da actualidade e do passado de memória recente, distribuído sobretudo pelas décadas de 1950-1970. Levado a ocupar o lugar da totalidade, este muito breve percurso temporal constitui uma espécie de defenestração do passado mais antigo, entendida como omissão dos tempos colonial e colonialista[2].

Torna-se por isso urgente insistir em algumas ideias de grande interesse literário nos domínios teorético, temático, sociológico, estético, historiográfico, visando repensar o objecto literário na sua especificidade e na sua historiografia, ao mesmo tempo que situado nas séries que lhe são próprias, no sistema literário escrito e no sistema cultural africano de muito ricas e antigas tradições orais.

Notemos apenas de passagem que tal esforço de elisão do passado mais longínquo tem ocorrido sempre em nome de uma suposta valorização realista, com o fundamento da absolutização da militância nacionalista, com dois custos imediatos. Em primeiro lugar, este quase obsessivo recentramento em momentos sincrónicos recentes tem tido por custos o prejuízo, por omissão directa, do desconhecimento das dinâmicas da evolução literária das literaturas. Em segundo lugar, e com um efeito de contra-senso, a desvalorização do enfoque diacrónico tem deixado as literaturas em verdadeira estado de orfandade, retirando argumentos preciosos à estética de realismo social e de empenhamento nos teatros da luta ideológica e política.

Por isso, pela voz de alguns críticos menos alinhados, aliás com grande soma de razões evidentes, esta literatura dita engajada não raro tem sido acusada de perder em qualidade tanto quanto ganha em valor sociológico e em oportunidade ao serviço dos ideais de luta de soberania nacional. Ora, mesmo sem querer, ou poder, negar o bom fundamento de tal crítica, poderia apesar de tudo essa literatura engajada legitimar os

---

[2] Os sentidos de "colonial" e de "colonialista" recobrem, na nossa perspectiva, respectivamente, os tempos históricos que medeiam entre a chegada e implantação dos portugueses nos espaços africanos (cerca de 1450-1490) e finais do séc. XIX, e esta data e o início do processo de descolonização (cerca de 1958).

seus fundamentos em preceitos que não podem ser recusados, e.g., as funções de "comprometimento" das literaturas tradicionais orais na vida das comunidades, facto que por outro lado lhes asseguraria também a idoneidade da história.

Nas suas quatro variedades básicas, lúdica, pedagógica, etiológica e sobretudo crítica, o conto oral tradicional africano encontra-se, com efeito, sempre investido do papel essencial de interveniente activo no quotidiano das comunidades, funcionalmente atento a desvios de conduta moral, à transgressão e, por efeito correctivo, à preservação, regulação e ordenamento dos valores éticos e práticos: divertir, educar, ensinar, criticar são, pois, atributos que negam a separação entre a arte e a realidade.

2. Situação Cabo-Verdiana

Esta ordem de ideias que se aplica exactamente, em primeiro lugar, aos espaços lusófonos do continente africano, não diverge funcionalmente da panorâmica que se pode recortar na cena cultural cabo-verdiana, embora sejam outras as regras do jogo, com incidência preferencial na questão da rasura da historiografia.

Dois momentos definem, nesta cena cabo-verdiana, as balizas que nos convém agora destacar. O mais recente, que germina em torno grupo que animou o "Suplemento Cultural"[3], proclama num texto assinado por Onésimo Silveira[4] que a geração de *Claridade*, fundadora da modernidade literária cabo-verdiana na primeira década de 1930, se encontrava ferida de morte por desvio "evasionista". As legítimas razões eram obviamente ideológico-políticas, no essencial derivadas da dinâmica independentista do momento. Na impossibilidade de elidir o prestígio deste movimento nacional de passado recente, aquele ensaio procurava minar-lhe o valor granjeado porque, apesar de nacional, a estética da revista *Claridade* não fora nacionalista. Glosando uma expressão agora bastante em voga, diremos que aqueles autores eram acusados do que não fizeram quando "não estavam ainda reunidas as condições" para tal orientação sociológica.

---
    [3] "Suplemento Cultural", n.º 1, revista *Cabo Verde*, Praia, Imprensa Nacional, Out./
/1958.
    [4] *Consciencialização na literatura caboverdiana*, Lisboa, Casa dos Estudantes do Império, 1963.

Mas é também significativo que nesta década de 1950-60 se tente recuperar Pedro Cardoso, autor que, por outro lado, consta do elenco dos que foram das vítimas de alguns dos intelectuais da década de 1930 quando batalhavam para imporem o grupo de *Claridade* agora contestado. O momento mais antigo, aquele que instaurou a liderança do grupo *Claridade*, encontrava assim em Quirino Spencer Salomão a pena necessária à redução literal da obra do citado Pedro Cardoso a um anacronismo poético e estético, do mesmo modo que alguns anos mais tarde também a obra de José Lopes, contemporâneo de Pedro Cardoso, padece os ataques de Guilherme Rocheteau.

Do nosso ponto de vista estes ciclos justiceiros merecem ser encarados sob dois ângulos de apreensão de sentido produtivo. Por um lado, assinalam a recorrência cíclica "geracional" da várias vezes referida querela entre "modernos e antigos", dando vida apimentada à dinâmica evolutiva da série literária. Era salutar que os autores juvenis de 1930-40 brandissem vigorosamente as armas da modernidade realista contra os predecessores românticos exaustos, e assim também que os das décadas de 1950-60 se batessem com ardor pelo seu realismo politicamente empenhado.

Por outro lado, devem estes momentos aguerridos ser entendidos no horizonte das práticas ensaísticas e crítica que, como sugere a sociologia literária, se podem conceber como leitores geridos por saberes especializados. E, sobre o leitor, tomamos a liberdade de citar Aguiar e Silva:

> O leitor "tem de conhecer, em interacção com um ´dicionário´ e com uma ´gramática´ que lhe permite dominar o código linguístico, um ´dicionário´ e uma ´gramática´ que lhe possibilitam a compreensão do policódigo literário e uma ´enciclopédia´ que lhe proporciona uma ´competência´ histórica, socializada, pragmaticamente fundamentada e orientada, sem a qual aqueles ´dicionários´ e ´gramáticas´ se esgotariam numa semântica puramente intencional" (*Teoria da Literatura*, 8.ª ed., pp. 318-319)

Ora, se os autores mais novos se empenharam, como deviam, em antagonismos apocalípticos, por seu lado, grande parte desta crítica, umas vezes de função pedagógica e intenção imediatista, outras vezes de vocação ensaística, terá antes de mais promovido o panegírico destes inovadores com o reificar-lhes apenas o valor social. Reconhecer temáticas e formas atinentes à eclosão de uma consciência nacional ou o empenho na luta anti-colonial-colonialista constituirá, a nosso ver, um modo corrente de esgotar os "dicionários" e "gramáticas" numa semântica que, para todos os efeitos, não excede o "puramente intencional".

Vale então dizer que tem sido obliterada a compreensão do "policódigo literário" e da "enciclopédia" sobretudo essencial à "competência histórica" que se admite ser um pressuposto indispensável a um adequado entendimento historiográfico da dinâmica da série literária em inter-acção com as suas vizinhas cultural e ideológica e todas as demais implicações socializadas[5].

3. Escritas do Séc. XIX

Uma fonte expedita e eficaz de traçar o eixo diacrónico da historiografia literária cabo-verdiana poderá ser o *Almanach de Lembranças Luso-Brasileiro*[6], completada pelos dados do Boletim Oficial do Governo Geral de Cabo Verde[7]. Neles, as datas de 1854, que balizam a data do primeiro texto poético publicado, e 1903, que marcam o início de um vazio que se prolonga até cerca de 1930, são pontos de referência de interesse periodológico.

A despeito da etiqueta de "poetas do Almanach", os autores que nele colaboraram pontuam um processo revelador de abertura social e cultural notável para um espaço de estatuto ainda escravocrata, mas de cultura muito apurada. Figuras saídas da burguesia local, e por regra formadas em Lisboa, compõem um paradigma de nomes de onde sobressaem em maioria os autores femininos sobre os masculinos, e um florilégio de textos que se harmonizam nas linhas temáticas em dois eixos complementares, um mais intimista, mais lírico, no feminino, e outro mais sensível às realidades objectivas e ao humor, no masculino.

Ocupando o primeiro lugar cronológico, Antónia Gertrudes Pusich publica em vários números do *Almanach* uma série de poemas "Um cypreste" (1854), "Memória" evocação dedicada ao "Sr. A. F. de Castilho No encerramento do curso normal de leitura repentina" (1855), "Madeira Saudação Lyrica" (1856), "Lamentações Oremos pelos Finados" (1857), "Chora!..." (1858), "A uma viúva inconsolável. A flor pendida" (1859). Por esta breve amostra se vê nitidamente a afiliação da

---

[5] "Historiografia" tomada com o poder explicativo que lhe atribui Clément Moisan na obra cujo título é a pergunta Qu´est-ce que l´histoire littéraire, Paris, PUF, 1987.

[6] Publicado em Lisboa entre 1851 e 1932.

[7] Fundado na ilha de Boavista em 24/8/1842.

autora (extensível a outros autores), em modelos oriundos da literatura portuguesa romântica, em "´bardos´ e ´trovadores´" que, parafraseando Óscar Lopes, aparentam um preciosismo erudito que disfarça a trivialidade dos temas sob a máscara do convencionalismo[8].

Mas já na poesia devida a certos autores, como "Febre...Charadística"(1883) e "Um jantar em casa do padre João" (1890), de Luiz Medina e Vasconcellos, ou "Delenda Albion" (1892), de António de Artiaga Sotto-Mayor, relevam de uma veia bem personalizada, crítica e humorística de exacta referência local.

Sumariamente tratados sempre como poetas subservientes da literatura portuguesa, estes autores identificados com o séc. XIX constituem um conjunto que, de acordo com formulações teóricas devidas, p. ex., a Jean Dubois[9] e a I. Lotman[10] podem com toda a razão ser tomados por autores de função inaugural, fundadora, exercitando a escrita poética única possível, a que ia encontrando condições para irromper num espaço de predominância oral, ainda sem prática literária própria.

No essencial, acolhendo subsídios estéticos das modelagens secundárias afins, por tradição civilizacional e cultural, devidamente contextualizadas, instituem uma escrita que obedece à fenomenologia comum a todas as literaturas, de todos os tempos, quanto a influências, epigonismos, propagação de escolas literárias. Mas com a particularidade de tudo se passar num espaço e tempo colonial, esclavagista, onde as formas literárias incipientes se aplicavam na criação de um "sentido de necessidade".

O vector comunicacional que nesta elaboração intervém ao serviço do circuito da literatura em processo inicial justifica que então se invoque do modelo funcional da linguagem (Iakobson), o factor "mensagem" e o conceito de "literariedade"[11] de função enformadora. Portanto "literariedade" aqui entendida no seu sentido mais forte de trabalho poético, de oficina de linguagens que se exercitam numa estética diligente. Decerto

---

[8] António José Saraiva e Óscar Lopes, *História da Literatura Portuguesa*, Porto, Porto Editora, s.d., 6.ª ed., p. 766.

[9] "Code, Texte, Metatexte", in *Littérature – Codes Littéraires et Codes Sociaux*, n.º 12, Paris, Larousse, Déc./1973.

[10] Especialmente "Cap. I – A arte como linguagem, Cap. III – O conceito de texto e IV – Texto e sistema", in *Estrutura do Texto Artístico*, Lisboa, Estampa, 1976.

[11] R. Iakobson, "Linguistique et poétique», in *Essais de Linguistique générale*, Paris, Point/Minuit, 1963.

lesiva da espontaneidade e originalidade criativas, era sem dúvida um ganho na destreza da arte de saber fazer, de bem exercer a aprendizagem literária.

E porque a historiografia literária não nega, antes valoriza, os contextos sociais, anotamos o interesse em estas actividades artísticas poderem ser entendidas como um esforço humanista contra a sociedade escravocrata[12] ainda vigente. Mas também vistas como empenhamento por certo bem expressivo de valia institucional, liberal-romântico, aplicado na criação de uma consciência de pertença insular, de imaginário atlântico, de individualidade do sujeito e, muito em particular, de alicerce da figura discursiva do autor, autor textual e sobretudo empírico, cultural e social, num espaço onde a instrução escolar começava a vencer o sistema da oralidade, anónima.

Insistimos no facto de questões negligenciáveis em literaturas antigas serem do maior interesse nas mais recentes, como a instrução escolar e o que a ela se associa em benefício da competência literária escrita, da formação dos autores e dos leitores[13].

A despeito da fundação de uma Escola Principal ter ocorrido em 1848 (na ilha Brava), o ensino oficial só se começou a desenvolver de modo programado na década de 1870, momento a partir do qual, em vez da formação na metrópoles, como no exemplo dos autores antes citados, se iniciava a escolarização no espaço das ilhas, de efeitos imediatamente visíveis nas preferências temáticas dos autores. As vivências pessoais de uns, estudando na metrópole, e as de outros estudando nas ilhas, colocam em equação, para mal-estar da crítica, uma série de condicionamentos e justificações para o fazer poético e para as funções que é chamado a protagonizar.

Contrariando a ideia de alienação que não raro era atribuída ao primeiro conjuntos destes autores (formados na Metrópole), as suas experiências recolhidas nos meios românticos portugueses, com acesso à convivência com Autores e espaços literários, terá sido, antes de mais, a nosso ver, um fenómeno que se poderá hoje reconhecer sumamente valorizado pelos estudos interculturais.

---

[12] A. Carreira, *Cabo Verde Formação e Extinção de uma Sociedade escravocrata* (1460-1878), Praia, ICL, 1983.

[13] Embora sem lugar para outros desenvolvimentos, consideramos haver razões teóricas e culturais para designar "literatura" as realizações no sistema de suporte vocálico, oral (audição), e no escrito, grafado (leitura).

Os relacionamentos experienciais com o "outro" também se entendem como espaço de afirmação necessário ao enriquecimento do eixo comunicacional "Sujeito-Autor" e "Mensagem", mas onde está ainda em défice o factor "destinatário", tendo em conta a década já referida de 1870 como início do processo de escolarização. Ora, na inexistência, ainda, de um horizonte mínimo de leitura, acabaria por ser o "*Almanach*" a desempenhar a função de veículo de interlocução multi-continental num simulacro antecipado do espaço lusófono, de abertura ao mundo onde se cultivava a língua portuguesa (Ásia, África, Europa, América).

Antes de mais, é certo que se pode reconhecer nesta poesia do séc. XIX uma muito forte sobrecarga de estilo "preciosista" de escrita, de "convencionalismo" das atitudes e de "trivialidade" de temáticas. Mas também se poderá notar que todos esses defeitos como que relevam de um nítido desfoque, de uma apreciação que esquece a ordem das anisocronias histórico-literárias, vendo-se através de um olhar exterior, p.ex., europeu, como deficiência aquilo que num contexto como o cabo-verdiano se deve legitimamente tomar por temporalidade e função literárias próprias, que somente o próprio meio social e cultural pode justificar.

Sirva de exemplo o poema "Adeus" (1894) de António de Artiaga Soutto Mayor. Em tonalidade claramente elegíaca, assemelha-se a vários outros, de outros autores, na tendência para o lacrimejante, para o sentimentalismo pejorativo, em aparente ronda do culto da morte por convencional exaltação ultra-romântica. Porém, colocado no seu devido tempo e contexto, logo se desfaz a aparência de simples gosto artificial de época em face das suas verdadeiras motivações de ordem social.

Como se indica na epígrafe[14] do poema e no conteúdo dos dois primeiros versos "Cheio de vida, aos teus trinta e seis annos, / a morte veio e os teus dias arrebatou", a morte e as temáticas que lhe são conexas exprimem incomparavelmente mais do que um sofisticado luxo cemiterial. Obedecem de facto às motivações da legítima razão humana que se surpreende pelo óbito inesperado, e a um sentimento vivo da precariedade da vida ameaçada em qualquer idade e momento, num meio de muito escassos recursos, onde a solidariedade e o sentimento do luto se equivalem na bagagem mais preciosa dos bens e dos valores humanos.

---

[14] "(Pelo fallecimento do meu amigo e collaborador d'este almanach, Luiz António de Araujo Medina e Vasconcellos)". Como se compreende, Luís Medina e Vasconcellos.

4. Romantismo e identidade

A estética da poesia, estilo "belles lettres" é assim posta ao serviço do mais simples meio enobrecedor da ética da vida. Será por certo poesia convencional, de homenagem, de auto-afirmação e de epitáfio, mas também, se encarada objectivamente, uma crónica celebrativa da vida e dos factos sociais, e subjectivamente, uma forma estética de ostentação do ser do sujeito. Se o convencionalismo estético se aproxima da vida social, deve-se reconhecer nele uma forma de expressão da identidade nacional, também ela em processo de formação por caminhos que afirmam e demarcam uma individualidade unida pela consciência comunitária de destino comum precário.

Conforme já se sugeriu estas poesias comportam sentidos e significações em que se inscrevem, por norma implicitamente, na conceitualização discursiva e enunciativa da instância do sujeito, a figura de um "eu" pragmático (cf. Morris e Benveniste)[15] que, por ostenção, se realiza em discursos dados a ver por exposição qualificativa de um saber fazer (literário). Ostensão discursiva e ostentação de si para o seu destinatário são pois elementos a compreender na elaboração da categoria ôntica de Autor que, reiteramos, vai sendo desenhado no espaço comum da oralidade com referências próprias.

Escrever e publicar algumas poesias não fará do homem um poeta, se se entender, em sentido restrito, que o poeta só será reconhecido pela comunidade se puder conceber na poesia uma função de valor cultural instituído. Tão elementar quanto óbvia, esta realidade também tem de ser fabricada e serve de barómetro para o amadurecimento de um espaço literário. A este respeito pode-se agora reconhecer pela edição recente[16] da obra de Guilherme Dantas da Cunha que no último quartel do Séc. XIX a cena literária cabo-verdiana já concebia o perfil de um Autor, Autor porque mereceu ser assim visto pela sua sociedade cultural que, por outro lado, foi capaz de o acolher.

Romântico como outros autores já referidos, assinalamos nele a convergência entre a informação bio-bibliográfica e a imagem textual de

---

[15] É. Benveniste, *O Homem na Linguagem*, Lisboa, Vega, s.d, Ch. Morris, *Signos e Valores*, Lisboa, Via Editora, 1978; id. "Fondements de la Théorie des Signes", in *Langages*, n.º 34, Paris, Larousse, 1974.

[16] Com fixação de textos, organização e "Prefácio" de Arnaldo França, *Poesias*, Praia, ICL, 1996.

um homem já individualizado integralmente no seu modo de ser cultural. De um ângulo de entendimento que conjuga a relação Autor-Obra diremos pertencer ao paradigma dos autores que beneficiaram da formação realizada na Metrópole, na ocorrência filho nascido de um oficial destacado na ilha Brava, entretanto incumbido de reinstalar o quartel militar na vila de Mafra.

De outro ângulo de entendimento, ele configura já, por diferença, uma espécie de efeito de espelho de multiplicadas refracções que recompõem textualmente um perfil romântico complexo, lírico, às vezes patético ou grave, ou auto-flagelado, e em certas temáticas filósofo deprimido, às vezes humorista, sujeito de escrita diligente onde a autonímia funciona como agente de disseminação de uma consciência de autoria, de poeta lírico malfadado.

Os elementos exógenos que justificaram em alguns críticos a atribuição do estatuto de alienados a estes poetas, porque alinhados segundo uma estética de matriz europeia, merecem ser, pensamos nós, tomados pelo que verdadeiramente conotam. Tais defeitos alienantes no campo exógeno são exactamente qualidades que exprimem a injunção entre uma vida repassada de dificuldades e a linguagem poética que as representa como sentimento de ostracismo. Em Guilherme Dantas desenham o perfil discursivo do poeta abandonado pela sorte, do sujeito que se inscreve no articulado "eu/mundo" factual, num exacto espaço/tempo onde a escrita funciona como memória e processo de resgate poético contra o apagamento na mediocridade da vida.

Conforme os princípios sustentados em estudos interculturais, os contactos entre duas ou mais culturas (neste caso a portuguesa e a crioula) não ocorrem entre as culturas em si mesmas, mas de facto protagonizados por actores individualizados ou colectivos que, em vez de culturas em abstracto, encarnam mediações sempre personificadas[17]. E esse é o papel que convém à poesia deste filho do português minhoto 1.º tenente de artilharia João Carlos Dantas Pereira e Isabel da Cunha.

Nascido em Cabo Verde e instruído em Portugal em anos de juventude, Guilherme Dantas torna-se um agente privilegiado, versátil, metabolizador de sentidos complexos, inculturantes (quando em Portugal), interculturantes e aculturantes (em Cabo Verde). Daí resultaram processos

---

[17] P. Denoux, "Pour une nouvelle définition de l'interculturation", in J. Blomart e B. Krewer (Org), *Perspectives de L'inerculturel*, Paris, L'Harmattan, 1994, p. 74.

e efeitos de estruturação interactiva, mais ou menos criadores da diferença crioula por adaptação de temas e formas de importação aos referentes de enraizamento local.

Por efeito da replicação de vários ingredientes da ideologia romântica, próprios da singularidade criativa deste autor, saía ainda reforçada, e este é um dado capital, a ideia (e sentimento) de identidade em germinação necessária à arquitectura da consciência nacional. E é tendo em vista este conjunto de anotações que interpretam a disseminação do ideário romântico no arquipélago, que se reconhece o sentido para que apontam as observações do poeta e ensaísta Dr. Arnaldo França, nos comentários de apresentação da obra de Guilherme Dantas, p.ex., a constante "obsessão da morte, a auto-flagelação [...] a voluntariedade da dor"[18].

Em aparência, esta sentimentalidade exacerbada parece copiar, dir-se-ia no pior dos efeitos, os estereótipos mais exaltados do ultra-romantismo português. Mas mesmo neste domínio restrito será necessário reconhecer limites de abrangências e partilhas de afinidades, como as que detecta p.ex. a teorização de Lukács a propósito do romance no Séc. XIX. De acordo com o seu despiste teórico, podem ser identificar estados de alma românticos, como a desilusão, o lirismo pessimista e a clarividência desesperada que, reconhecemos, de facto povoam a poesia de Guilherme Dantas.

Mas também depressa entra em falência o percurso eurístico que esta teorização sustenta, quando postula para aquela alma romântica e para a desilusão e lirismo pessimista uma certa forma de epifania da "importância interior do indivíduo [que] alcançou aqui (neste romantismo de matriz europeia), do ponto de vista histórico, o seu ponto culminante"[19]. Na teorização de Luckacs deduzida do contexto histórico europeu, o romantismo sucede ao idealismo abstracto enquanto no espaço crioulo o romantismo não sucedia a nenhuma outra estética, não definindo por isso nenhum ponto de chegada (de antecedentes que não existem), mas um exacto ponto de partida fundadora que por isso só poderá ter consequentes.

---

[18] "Prefácio", in Guilherme Dantas, *Poesias*, Praia, ICL, 1996, p. 14.
[19] G. Lukács, *Teoria do Romance*, Lisboa, Presença, s.d., p. 135.

Concluindo

Notemos ainda que, significativamente, são bastante raras as estéticas emergentes nas novas literaturas que concedem valor relevante ao sentimentalismo disfórico e ao cepticismo. As motivações que instituem a norma assentam, pelo contrário, no cultuar de uma isotopia poética jamais pessimista. Ainda que não raras vezes bastante desolada, como no caso de que nos ocupámos, que conota o impulso de reconciliação da poesia crioula com um destino marcado pelo espaço de grande escassez, predomina por via de regra a expectativa de uma história nacional nos seus alvores, obviamente repleta de crença no futuro.

'LOCAL', 'REGIONAL', 'NACIONAL', 'MUNDIAL': DIMENSÕES DA HISTÓRIA LITERÁRIA*

ARTURO CASAS
Universidade de Santiago de Compostela

As quatro dimensões da História literária mencionadas no título deste trabalho possuem um evidente carácter espacial e geocultural. Tal como surgem seriadas parecem aludir a uma ampliação progressiva do diâmetro que determina os respectivos objectos de atenção e a específica organização de cada plano. Tendo em vista esse título, caberia pensar que pretendemos contemplar o local e, por sucessiva ampliação do mapa visualizado, atingir logo espaços cada vez mais abertos, que ganhariam em complexidade à medida que resultassem menos delimitáveis como semiosferas ou a partir de parâmetros identitários (língua, tradições, repertórios culturais, mercado..., tudo quanto nos serve para confiar na representação da homogeneidade e da continuidade). Porém, anuncio de antemão que o tratamento que agora me interessa estabelecer entre as quatro dimensões não tem esse carácter progressivo senão outro mais dialógico, que por sê-lo renuncia inclusive à consecução daquilo que Fernand Braudel caracterizaria como uma *linguagem comum* de aplicação nas quatro magnitudes. Não falarei, pois, *alternativamente* de História literária local, regional, nacional e mundial; nem, portanto, dos seus supostos objectos de estudo naturais – respectivamente as literaturas

---

* Trabalho vinculado ao projecto de investigação *Bases metodológicas para uma História comparada das literaturas na Península Ibérica* (Ministerio de Ciencia y Tecnología de Espanha: BFF-2001-3812, com financiamento parcial dos Fundos FEDER da União Europeia; Secretaría Xeral de Investigación e Desenvolvemento da Xunta de Galiza: PGIDIT02PXIC20401PN). A adaptação para o português deve-se a Carlos Pazos e Francisca Monteiro.

local, regional[1], nacional e mundial. Tão pouco o farei a respeito dessas quatro vertentes enquanto modelos discrecionais de uma disciplina marco. E prosseguindo com as exclusões, também não pretendo observar o rendimento na área literário-cultural de opções historiográficas do tipo da conhecida como *microhistória* ou *história desde abaixo*, que, da mão de análises como as de Carlo Ginzburg em livros como *Il formaggio e i vermi* (1976), não ocultam a sua aspiração a informar, contando com o estudo de algum caso excepcional, sobre coordenadas macrohistóricas e sobre a interdepêndencia *micro-/macro* – a partir de operativos apenas indiciários e abdutivos muito afastados da perspectiva serial que identificou a escola de *Annales*[2].

Na verdade, interessa-me uma indagação de signo comparatista sobre as correlações heurísticas, discursivas, de recepção/consumo e metatextuais (no sentido lotmaniano deste último termo) entre os planos local, regional, nacional e mundial. Interessa-me submeter a debate uma História literária comprometida com uma perspectiva pluridimensional, dependente de uma interrelação simultânea dessas quatro proporções e também de uma adaptação flexível e operativa das ópticas e escalas cartográficas correspondentes (Lambert, 1991), e ainda do jogo estabelecido entre as respectivas simbologias discursivo-territoriais e narrativas de legitimação – frequentemente inclusivas de um propósito *des-organizador* dos espaços alheios ou externos (Lotman, 1998) – e da dinâmica entre o que, com terminologia habermasiana, poderia identificar-se como os seus respectivos usos na esfera pública (Carreras Ares e Forcadell Alvarez, 2003). Uma História literária que, em consequência, outorgaria um protagonismo notável à *espacialidade territorializada* e às suas produções culturais, sendo certo que nenhum território está delimitado desde sempre e para sempre, nem é *aproblemático*, e renunciando, consequentemente, a qualquer forma de naturalização das entidades em questão, trate-se de um espaço urbano ou comarcal, de uma região, de uma nação ou do que com uma palavra comum – *mundo* – se tem designado histori-

---

[1] Ao longo deste trabalho, entender-se-á o *regional* como uma categoria territorial marcada por uma certa coesão cultural, inscrita num único estado ou repartida em vários estados limítrofes em algum momento histórico. Dionýz Ïurišin (Ïurišin e Gnisci 2000: 33-36) lembra outros usos operativos do termo na prática historiográfica de alguns comparatistas eslavos.

[2] As relações entre História local, História social e microhistória aparecem descritas com exactidão em Casanova (1999).

camente tão diversas realidades. Falo, em certa medida, de uma História literária *geografizada* (não se entenda *regionalizada* ou submetida às matrizes próprias dos *Area Studies*) e necessariamente transdisciplinar, muito atenta em particular aos vínculos sociológico, antropológico e culturológico. Ou, a preferi-lo, de uma Geohistoriografia literária, pois com esta etiqueta pouco eufónica fica destacada a dimensão discursiva, construtiva e institucional da orientação epistemológica sobre a qual aqui se pretende deliberar, afectada sem dúvida pelo que se assinala como *spatial turn* no curso recente das ciências sociais.

Tal opção teria que estar dependente, de modo obrigatório e talvez principal, da filiação proteica e instável dos seus leitores – estudantes, professores, críticos, publicistas e divulgadores, especialistas... – enquanto utentes/consumidores, capacitados para se pensarem a si próprios a partir de associações com círculos identitários abertamente variáveis e, por vezes, pelo menos em certas sociedades contemporâneas, até parcialmente incongruentes ou irredutíveis entre si, muito especialmente quando começam a combinar-se as condições que pluralizam a realidade por meio de vectores étnicos, religiosos, culturais, linguísticos, nacionais, ideológicos ou de género e, em especial, como consequência da gestão textual e metatextual das respectivas *memórias/experiências* associadas a esses vectores. Isso que denomino *gestão* possui duas vertentes que agora importariam de modo especial: a relativa à planificação dos discursos históricos alternativos (Casas, 2003) e a que afecta o que, com Edward P. Thompson (1963), podemos interpretar como a construção identitária desencadeada precisamente por uma tomada de consciência e pela intervenção pública consequente, em maior ou menor medida planificada.

A esse horizonte interessa acrescentar as variadas formas de leitura, consulta ou estudo dos textos historiográficos, que apesar do que tantas vezes se presume não creio que sejam assimilados na actualidade tal como em outros momentos do passado[3]. Note-se que, frente a uma performatividade da coesão sócio-cultural (Even-Zohar, 1994, Moyano, 2004) ou da auto-organização metatextual (Lotman, 1998), própria da

---

[3] A postulação de uma homologação estrutural entre os relatos romanesco e historiográfico costuma desentender-se do facto certo de que uma História literária não se lê como um romance nem responde a um pacto equivalente ao modelo narrativo. Entre outros motivos, por não ser obrigada a aceitação da disposição orgânica prevista pelo autor, mas sobretudo porque a consulta discrecional e parcial se sobrepõe, quase sempre, ao seguimento sequencial e completo do discurso narrativo.

maior parte das práticas historiográficas nos campos nacional e regional ao longo dos séculos XIX e XX, do que se trata a partir de certa altura – estou consciente da necessidade de introduzir matizações sobre as quais agora não me posso debruçar – é da promoção de um relativismo identitário propício a considerar, antes que as supostas essências e auto-imagens, os trânsitos e as zonas de indefinição ou hibridação, causadas por realidades como a fronteiriça, a multicultural ou a pós-colonial, e por fenómenos como a imigração e outras formas sociais da subalternidade, mas igualmente pela pertença simultânea e não descontínua dos indivíduos a colectivos/comunidades diferentes em função dos parâmetros veiculados, o que se vem conhecendo como *identidades plurais*[4]. Como é lógico, esse trânsito funcional e pragmático depende em alta medida das circunstâncias concretas de cada situação, da coesão e combatividade das novas auto-imagens intervenientes e, em geral, da dialéctica do que Eric Hobsbawm estudou como *invenções* identitárias. Assim, por exemplo, da mesma maneira que, até finais do século XIX, não houve nos Estados Unidos outra coisa que Histórias locais, dada a ausência de uma consciência nacional unitária, é improvável que a realidade político-cultural das nações sem estado propicie, nestes inícios do século XXI, Histórias coniventes com a pluralidade identitária que as suas sociedades seguramente acolhem. Isto explica o que alguns valorizam como o paradoxo de um duplo sentido epistemológico, causado pelo facto de, num mundo supostamente pós-nacional que nos discursos académicos prevalentes e nas práticas de mercado alenta a deconstrução das identidades nacionais, existir uma corrente de signo contrário, empenhada ainda em processos de *nation building* e de reforçamento dos laços coesivos de identidades que se percebem como insuficientemente consolidadas.

Tudo quanto se acaba de apontar à volta da territorialização da História literária iria, por acaso, em detrimento do vector que em princípio se assemelha consubstancial aos acontecimentos históricos, à tem-

---

[4] Na verdade, a pluralização e abertura da percepção identitária afecta assim mesmo os territórios e as comunidades nas quais se desenvolve uma cultura. No comparatismo tradicional foi habitual, não obstante, a aplicação de uma espécie de princípio orgânico de localização única às literaturas nacionais ou regionais, *adscritas* com frequência a um só espaço cartográfico superior, desatendendo assim a que resulta ser a alternativa mais frequente na realidade histórica: a existência de intercâmbios e interferências multipolares através de pontes de muito variada condição e peso específico (étnicas, linguísticas, religiosas, geográficas, políticas, administrativas...).

poralidade, à cronologia linear que os ordena e lhes concede uma determinada valência, um certo *sentido* já como factos, mercê a sua incorporação num relato homogéneo em maior ou menor medida dependente de uma compreensão teleológica e justificativa da marcha histórica enquanto processo significativo, aquilo que por referência a Hegel e à distribuição das partes da tragédia clássica nomeou Hayden White (1973) como "a trama da História" e que outros contemplaram directamente como *metanarrativa*. Resulta interessante observar que essas duas opções estão presentes no arranque setecentista da História comparada das literaturas representadas nos modelos explorados respectivamente por Juan Andrés e Carlo Denina, aquele mais dependente das diversificações geoculturais e este mais preocupado com a constituição de cronologias gerais sustentadas em parâmetros genológico-periodológicos (Sinopoli, 1996, Aullón de Haro *et alii*., 2002, Cabo Aseguinolaza, 2003d).

A História que dialoga com a Geografia e assimila pelo menos uma parte do pensamento pós-estruturalista e do *linguistic turn* põe-nos diante de outra classe de discurso, não necessariamente alheio à narratividade, e também perante outro tipo de leitor implícito, porquanto a leitura postulada pela historiografia literária de base nacional – dirigida a promover a naturalização da nação – ficaria arrombada por outra que incorpora a problematização das identidades consideradas e da autoridade do historiador, assim como um questionamento do cânone e de outros referentes institucionalizados.

Isto suporia a integração de uma operatividade inusual na praxe historiográfico-literária e, por sua vez, o enriquecimento do debate sobre as funções de uma disciplina que, apesar da sua profunda crise – *esgotamento, colapso*..., segundo pontos de vista dos quais não me sinto tão afastado –, conserva na pós-modernidade uma evidente centralidade em campos como o académico e o institucional, tanto na vertente curricular escolar como na da organização da maior parte dos departamentos universitários dedicados a entender o fenómeno literário[5]. Essa compreensão

---

[5] Sobre este último resultam ilustrativas as análises de Gérard Noiriel (1997: 15-50). Apesar de não estarem associadas aos departamentos de História literária mas aos de História, e de se centrarem basicamente na situação francesa e em segundo plano na norte-americana, é de interesse o dito sobre a conexão entre a crise da História, o mercado laboral universitário e a própria identidade profissional e corporativa dos historiadores enquanto "comunidade desintegrada" que, na percepção de analistas como Peter Novick, se ocupariam de uma disciplina que perdeu coerência e coesão, para se configurar como uma suma de saberes atomizados.

integrada teria que vencer inicialmente certas desconfianças, entre as quais não é a menor a procedente de uma hierarquização dos saberes, correlativa da prévia hierarquização dos objectos, através da qual percebemos como adequada, inclusive como natural, a primazia e superior honorabilidade epistemológica das construções discursivas atentas ao predeterminado como universal. Por essa via, chegou amiúde o desprestígio da História local/regional nas diferentes manifestações que esta pode desenvolver, assunto no qual agora não é a minha intenção entrar[6], mas que em qualquer caso representa um efeito ecóico de percepções que, em outra altura, sentenciaram algo semelhante sobre o desfasamento axiológico dado entre o universal e o nacional, e que levaram John Neubauer a falar da *anemia cultural* de alguns comparatismos. Estou convencido, por outro lado, de que só mediante a assimilação de pressupostos semelhantes aos que se acabam de detalhar seria possível levar a termo um projecto como o de uma História das literaturas europeias, repto que por motivos não apenas político-administrativos é evidente que figura na agenda das autoridades educativas da União Europeia, para além de aparecer também na de alguns eminentes comparatistas[7], umas e

---

[6] Existe uma divisão tácita de funções entre a academia, em princípio reticente a conceder transcendência ou representatividade ao local, e os investigadores desligados da instituição universitária (professores de ensino secundário, museus e arquivos locais, associações culturais ou políticas desenvolvidas como *history workshops*...). Tal divisão constitui, assim mesmo, um desencontro profissional e em certa medida metodológico que, se é notável no campo da investigação histórica, resulta quase insalvável quando se fala de estudos histórico-literários, entre outros motivos pelas diferenças entre a coordenação e o intercâmbio de informação que caracteriza os respectivos colectivos implicados. Contudo, a legitimação académica da História local não positivista, tantas vezes inspirada pela história social francesa, e os acordos sobre a sua aplicação didáctica (Gavaldà Torrents, 1991, Kammen, 2003) avançaram extraordinariamente em toda Europa a partir do começo dos anos 80, em parte como resultado do convencimento de que para alcançar um conhecimento completo de uma determinada realidade haveria que começar por limitá-la. Essa legitimação explica, por exemplo, a existência de colecções amparadas pela instituição universitária, como a "European Local and Regional Comparative History Series", da Universidade do País Vasco – com volumes dedicados a Inglaterra, Itália, Suíça, Catalunha, Portugal e Galiza –, ou de projectos como os auspiciados pelo European University Institute de Florença. Para um esquema sobre a representatividade da História local na sua projecção nacional e sobre as dinâmicas de longa/curta duração no marco local veja-se Martí (1999).

[7] Veja-se, por exemplo, Didier (1998) e Sinopoli (1999). No livro dirigido pela primeira destas comparatistas incorpora-se algum trabalho centrado em âmbitos territoriais

outros dependendo ainda em excesso da centralidade e legitimidade dos estados-nação e do que Franca Sinopoli (1999: 9-66) tem estudado como mitificação de uma suposta unidade e homogeneidade continental, assente nos princípios de sacralidade, originalidade e exemplaridade. Acrescentarei que, por motivos desta índole, a própria Sinopoli e Armando Gnisci reclamam desde o grupo de comparatistas de La Sapienza, uma descolonização da Europa desencadeada por si própria, exercida como consciência crítica do eurocentrismo e do imperialismo e associada a uma praxe político-cultural que reveja polaridades como as consolidadas entre literaturas maiores e literaturas menores[8]. É neste sentido que se deve entender a mudança disciplinar que Gnisci (2002) identifica como uma *História literária política*, a qual entre outras operações defende a substituição conceptual da *Weltliteratur* ou de uma *literatura global* com centro no mercado pelo que distingue como *a literatura dos mundos*. Voltarei depois a estes termos mas adiante já que são três as plataformas metodológicas que os comparatistas romanos destacam como particularmente válidas a esses efeitos: os estudos pós-coloniais, a imagologia e os esquemas sobre comunidades inter-literárias definidas pela Escola de Bratislava. É evidente, aliás, que esses processos abertos de descolonização podem traspassar os limites das nações-estado, daí que caberia falar assim mesmo de fomentar a auto-descolonização das literaturas nacionais e também do entendimento das planificações da *nação literária* (Montaldo, 2000, Moyano, 2004) enquanto matriz discursiva que administra inclusões e exclusões.

De facto, nada do que se está a sugerir a propósito da geografização da História literária é radicalmente novo, nem permanece inédito, em geral, nas práticas historiográficas ou, em particular, nas historiográfico-culturais ou nas comparatistas[9]. Por outro lado, uma alternativa

---

não nacionais, como o de Jean-Paul Barbe, intitulado "Place des littératures régionales en Europe" (191-198) e muito representativo da confusão propedêutica associada à noção que se analisa, assim como de uma compreensão da diferença regional como hetero-imagem em excesso submetida aos parâmetros que costumam delimitar as consideradas culturas nacionais e o próprio reconhecimento dos estados.

[8] Nesse mesmo horizonte, César Domínguez (2001) propôs inclusivamente a deslocação dos pressupostos descolonizadores gniscianos do âmbito medieval, a fim de superar a ideia de uma identidade europeia constituída em paralelo com um universalismo latino ou neolatino.

[9] Por nos fixar nessa última esfera, torna-se clara a mudança de sensibilidade epistemológica que se pode representar com o XII Congresso da International Com-

desse tipo não ficaria à margem das suspeitas sobre a *ficcionalidade* consensual de toda a historiografia, da valência da História como pacto discursivo sobre um passado inverificável que negoceia inventar/reconhecer/formular desse modo e não de outro distinto em função de uma série de interesses ou crenças. Decerto, a crítica foucaltiana e deconstrucionista sobre os saberes históricos tem que se integrar de maneira obrigada em toda a revisão das práticas historiográficas na actualidade, no entanto isso não deveria significar uma renúncia nem uma paralização da renovação metodológica. A História literária não pode inibir-se nem assumir irresponsavelmente os discursos herdados das etapas positivistas ou deterministas, não pode contentar-se com uma reprodução acrítica dos seus mecanismos, tão simples como submetidos a instrumentalização.

A necessária impugnação desses discursos deveria ser ao mesmo tempo, segundo tem assinalado Douwe Fokkema (1996), a da renúncia à localização de umas supostas leis da evolução literária, sem que isto suponha subsumir a História literária à Crítica, por uma espécie de aceitação do princípio *solum individuum est effabile*, que em algum momento iluminou a estilística spitzeriana. Por isto, parecem acertadas as ideias desenvolvidas a propósito da dialéctica visão/revisão historiográfica por Miguel Tamen, na sua introdução ao volume por ele coordenado com Helena Buescu – *A Revisionary History of Portuguese Literature*. E, do mesmo modo, as próprias ideias de Buescu no epílogo a este livro, relativas à possibilidade de uma História literária refundada pela consciência crítica da sua irrenunciável instabilidade, a partir do reconhecimento do próprio labor historiográfico como exercício que se sabe e se quer inscrito na crise (Tamen e Buescu, 1999: xi-xxi e 209-211). Com efeito, o anterior pressupõe interrogar-se sobre algo tão relevante como o papel do historiador, e formula de modo implícito um convite à análise da interacção entre ele próprio, como sujeito da investigação, e o objecto investigado, assunto certamente prioritário e ineludível em campos como a sociologia da ciência (Bourdieu, 2001) ou a análise cultural[10] (Bal, 1999).

---

parative Literature Association, celebrado em Munique, em 1988, e centrado na reflexão sobre o espaço e as fronteiras em/da literatura (Bauer *et alii*, 1990).

[10] Mieke Bal declarou na sua introdução a *The Practice of Cultural Analysis* (1999: 1-14) que a análise cultural como prática crítica difere do que denominamos *história* justamente pela sua delimitação como memória cultural exercida e formulada desde o

Como dissemos, a suposta novidade de uma aproximação da História literária à Geografia não se verifica. Em realidade, esse movimento localiza-se já na etapa pré-nacional e pré-crítica da disciplina, quando a prática escritural de *bibliothecae* como a *Lusitana* de Barbosa Machado, catálogos e outras manifestações da *notitia librorum* começam a outorgar relevância à origem geocultural dos autores ou à consolidação de determinados espaços locais ou regionais, inclusive privados, onde se desenvolvem actividades literárias com algum dinamismo[11]. No entanto, não é esta nem outras propostas bem conhecidas e inseridas no contexto do comparatismo do século XIX – várias delas, como as de Friedrich Schlegel, Mme de Staël, Bouterwek ou Simonde de Sismondi, de directa projecção meridional e ibérica – que nos interessa agora abordar, senão outras iniciativas em realidade bastante recentes que promovem a aproximação à geografia por parte da historiografia literária. Boa parte delas aparecem referenciadas em trabalhos publicados nos últimos anos por vários dos membros do grupo de Teoria da literatura e Literatura comparada da Universidade de Santiago de Compostela, no marco das investigações metodológicas para a elaboração de uma História comparada das literaturas da Península Ibérica, que conta com o patrocínio do Coordinating Committee for Comparative Literary History da ICLA (Domínguez, 2001 e 2004; Cabo Aseguinolaza, 2003a, 2003b e 2003c; Casas, 2003 e 2004). E também, por destacar só algumas das referências de maior interesse no momento actual, em relação directa com noções como *arqueologia cartográfica, geoliteratura, carta geográfica da literatura* ou *geocrítica/geopoética/geosimbólica*, em publicações de autores como Andermann (2000), Gálik (2000), Moretti (2001) ou Pageaux (2002)[12].

---

presente por um sujeito concreto que incorpora o passado como parte desse presente; portanto, renunciando a qualquer intenção reconstrutiva.

[11] Johann Albert Fabricius, influente bibliógrafo alemão do primeiro terço do século XVIII, propunha o método geográfico como mais um entre os próprios de uma História literária que, no seu contexto, ainda não se diferenciava da catalogação das obras impressas (Valero, 1996: 179).

[12] Por sua vez, são mesmo assim dignas de consideração algumas aplicações de sentido inverso: as que empregam a literatura e a Teoria literária como base de investigações geográficas ou geoculturais, pois parece não haver dúvidas de que, assim como se produziu uma mudança espacial nos estudos culturais, existe também uma mudança cultural nos estudos geográficos. Desbois (2002) oferece uma ordenação desse âmbito com três marcos fundamentais de aproximação: utilização das obras literárias como fonte informativa sobre o espaço geográfico, como transcrição de experiências e representações

Parece evidente que o debate metodológico sobre as aplicações da História literária comparada constitui a plataforma idónea para uma contemplação crítica das correlações entre os planos local, regional, nacional e mundial da História literária. Em trabalhos anteriores a este, tive oportunidade de estabelecer uma espécie de classificação de modelos heurísticos e metodológicos segundo uma perspectiva epistemológica. Entendo que seriam quatro as orientações principais: a correspondente à Escola de Bratislava e à conexão desta com o grupo de La Sapienza; a que se vincula às teorias empírico-sistémicas; a que se insere no campo dos estudos sobre a subalternidade e, finalmente, a associada às posições de Mario J. Valdés, esta última com forte incidência nas publicações auspiciadas pelo citado Coordinating Committee for Comparative Literary History da ICLA a partir da presidência do próprio Valdés (Casas, 2004). Certamente, nem todos estes modelos mantêm uma confiança clara na episteme histórica. De facto, só se poderia atribuir essa confiança ao de Valdés, firmemente instaurado como revisão discursiva e hermenêutica da História literária e receptivo ao pensamento de autores como Braudel, Gadamer e Ricoeur. Mas o que parece claro é que esses quatro modelos abdicam da compreensão convencional dos espaços geoculturais e das relações inter-territoriais, começando já pela renúncia, pelo menos *declarada*, à centralidade das literaturas nacionais. Também é evidente que prestam uma atenção especial aos trajectos *glocais*, os dados entre globalização e localização. Seguidamente, assinalarei algumas peculiaridades referentes à correlação aqui atendida entre o local, o regional, o nacional e o mundial, em cada um dos quatro modelos.

O modelo associado à Escola de Bratislava e ao seu teórico principal, Dionýz Ïurišin, assinala nas dinâmicas geoculturais da *inter-literariedade* um dos seus objectos principais de análise. A inter-literariedade entende-se como "la base ontologique du processus interlittéraire

---

do estabelecimento num território ou como expressão de determinadas condições sociais. São aspectos pelos quais se interessa activamente a nova geografia cultural dos últimos vinte e cinco anos, desligada da herança antropológica de Carl O. Sauer e da Escola de Berkeley e atenta à construção social das identidades territoriais a partir de suportes tanto materiais como simbólicos. A geografia cultural actual – representável por nomes como Paul Claval, Augustin Berque, Peter Jackson, Chris Philo, Denis Cosgrove, James Duncan ou Don Mitchell – manifesta também uma preocupação pela dialéctica entre o global e o local, num sentido próximo do que nestas páginas se aborda (Albert e Nogué, 1999, Duncan *et alii*, 2004).

supranational" (Ďurišin, 1993: 14) e torna-se objectivo prioritário da História literária, tanto na sua vertente nacional como na supranacional ou mundial. Com apoio na Geografia cultural e política, na Etnografia, na Culturologia e noutras disciplinas próximas, Ďurišin analisa as relações existentes entre comunidades que possuem algum nexo de índole etnocultural, geolinguística, histórica ou político-administrativa para a partir daí determinar as que entende como verdadeiras unidades históricas do processo inter-literário, que basicamente seriam três: as comunidades inter-literárias, os centrismos inter-literários e a literatura mundial, entendida esta última como a comunidade inter-literária mais ampla – com vínculos internos e dinâmica própria – e não como simples suma ou selecção canónica de literaturas nacionais ou grandes obras[13]. O sucessivo alargamento do âmbito dessas unidades tem que ver, no fundamental, com determinações geoculturais de menor ou maior escala, nas quais se localiza a presença das literaturas nacionais com mais frequência do que a prevista nos fundamentos metodológicos da Escola. Em qualquer caso, as comunidades inter-literárias caracterizam-se como conglomerados supranacionais unidos de forma coesa por uma intensa e longa convivência histórica. Assim, para entendermos, as literaturas checa e eslovaca conformariam uma comunidade inter-literária, enquanto a totalidade de literaturas que partilham o espaço mediterrânico – com independência da sua localização continental na Europa meridional, na Ásia Menor, no Próximo Oriente ou na África setentrional – definiriam um centrismo inter-literário, exactamente um dos três que o teórico reconhece em relação à Europa, junto ao central e ao setentrional (Ďurišin e Gnisci, 2000).

Que lugar ocupam neste modelo o local, o regional e o nacional? Ďurišin situa esses níveis e outros, como o das chamadas *literatura étnica* (por exemplo, a eslovaca em território romeno e húngaro) e *literatura multinacional* (por exemplo, a canadiana), enquanto unidades históricas do processo literário nacional, em princípio fora do processo inter-literário, e portanto das suas prioridades analíticas. Isso não implica a

---

[13] À margem do debate sobre a noção de *Weltliteratur* a partir de Goethe, é interessante ter presente o trânsito que no derradeiro terço do século XVIII alemão se produz entre uma *Universalhistorie* ou *Historia universalis* de origem baixo-medieval e uma *Weltgeschichte* ou "História do mundo" de carácter global-relacional e genealogia moderna, com perda do sentido sumatório ou de amálgama próprio da velha disciplina (Koselleck 2004: 97-106).

desatenção de certas cidades dotadas de uma autonomia inter-literária especial pela sua projecção exterior, como Paris ou Praga, que chegariam a funcionar como *enclaves* culturais; nem também de regiões que, por algum motivo especial, mantiveram em certa altura conexões inter-culturais que ultrapassaram o seu espaço geoliterário imediato, como para Ïurišin seria o caso da Grande Morávia pela incidência ali da tradição religiosa greco-bizantina e judia e pela recepção de repertórios culturais procedentes de outras zonas do Mediterrâneo, até ao ponto de se poder considerar consequentemente a *mediterraneità* dessa região centro--europeia (em Ïurišin e Gnisci, 2000: 36-39). Porém, o que me parece mais relevante das propostas de Ïurišin em sentido heurístico é a insistência num ponto concreto, o da dupla co-responsabilização compartilhada pela História literária nacional e pela supranacional ou mundial, obrigadas segundo o teórico eslovaco a investigar e documentar, cada uma segundo a sua perspectiva, a inter-literariedade e as leis do processo inter-literário, por um lado, e as relações literárias internas da literatura nacional, por outro (Ïurišin, 1989: 11-35).

O modelo empírico-sistémico da História literária comparada compreende, na verdade, um conjunto não demasiado homogéneo nem completo de propostas efectivas. Uma das razões dessas distâncias, já antes anunciada, é justamente o desinteresse historiográfico de várias das correntes que, desde o seu seio, crêem no esgotamento do paradigma histórico e na necessidade de proceder a uma substituição reordenadora do conjunto das Ciências sociais[14]. Tão pouco se verifica neste marco uma confiança especial no comparatismo académico. As referências teóricas e epistemológicas do modelo coadjuvam a esta situação, pois procedem do funcionalismo dinâmico e da teoria empírica da literatura, e nutrem-se assim mesmo de bases construtivistas, culturológicas, sociológicas ou tomadas do materialismo cultural. Algo que torna coesas estas achegas é, em todo caso, o compromisso em torno da empiricidade da investigação sobre o objecto principal do estudo, não outro que a instituição literária, lida basicamente como parte de um sistema literário, no sentido de

---

[14] Veja-se uma manifestação representativa desse estado de coisas em Olinto (1996), colectânea de trabalhos publicados por teóricos alemães durante o decénio dos anos 80, quase sempre em torno do que Siegfried Schmidt identificou como *necessidade/ impossibilidade* da História literária.

Even-Zohar, ou como parte de um campo social, no sentido de Bourdieu. A chave de uma história do campo/sistema passa a ser a da comparação entre uma série de cortes sincrónicos, reveladora da dinâmica da luta pelo poder/centralidade e da partilha do capital em jogo.

O Canadá constitui um dos focos de debate e de aplicação mais relevantes para o desenvolvimento empírico-sistémico da História literária comparada e também para a consideração da relação entre o local, o regional, o nacional e o mundial. Duas propostas resultam particularmente interessantes no momento presente, uma é a vinculada ao Centre de Recherche Interuniversitaire sur la Littérature et la Culture Québécoises e a outra é a ligada aos *Comparative Cultural Studies*, tal como os entende Steven Tötösy de Zepetnek, actualmente professor na Martin--Luther Universität Halle-Wittenberg. A primeira destas duas propostas centra-se no projecto *La Vie littéraire au Québec*, dirigido na actualidade por Denis Saint-Jacques, da Université Laval, e organizado desde há quinze anos como uma História literária alternativa, focalizada em documentar a dinâmica de autonomização e legitimação da literatura de expressão francesa no Quebeque, incorporando metodologias sociológicas procedentes na maior parte de Jacques Dubois, Pierre Bourdieu e Jürgen Habermas. O eixo mundial/nacional/regional/local distribui-se nos quatro volumes publicados até agora (o último: Lemire e Saint-Jacques 1999), num sentido acentuadamente justapositivo, que começa por reflectir sobre as *determinações externas*, passa a analisar a vida política, socio--económica e linguístico-cultural interna do Quebeque e culmina na atenção aos agentes culturais e às suas produções nos distintos âmbitos institucionais e geográficos.

Os *Comparative Cultural Studies* de Tötösy de Zepetnek outorgam alta relevância a aspectos como a contextualização cultural do fenómeno literário (sexto princípio geral da metodologia proposta) e a atenção ao periférico e marginal (sétimo princípio geral), se bem que manifestem reservas à compreensão dominante da dialéctica globalização/localização (Tötösy de Zepetnek, 1998: 13-41). Na perspectiva empírico-sistémica de Tötösy há uma classe de problemas particularmente próxima do âmbito que aqui nos ocupa. Trata-se da multiculturalidade, associada a fenómenos como a imigração, as diásporas ou a existência de minorias étnicas no mundo pós-colonial; e, em definitivo, trata-se dos distintos modos de desenvolvimento prático e real da homogeneidade/heterogeneidade cultural, que o teórico húngaro-canadiano analisa segundo um ponto de vista não só comparado senão também civil e político, com referência particular às realidades norte-americana e centro-europeia (Tötösy de Zepetnek, 1998: 121-172). A noção de *in-between peripherality* possui, nesse âmbito, um importante papel, pois assinala o facto de que algumas comunidades – inclusive nacionais, como a húngara, a romena e outras do centro e leste europeu – se desenvolvem historicamente na periferia de culturas fortes, das quais dependem em termos institucionais, socio-económicos e de repertórios literário-culturais, sem que isto suponha uma ausência de auto-referencialidade. Nesse sentido, seriam culturas periféricas e, por sua vez, situar-se-iam numa liminaridade ou condição fronteiriça pela dialéctica entre o submetimento cultural e uma recepção isenta de influências externas, por um lado, e uma relativa autonomia interna em termos de repertório, por outro lado[15] (Tötösy de Zepetnek, 1998: 129-172 e 2001). Ainda que o teórico formule esta noção pensando nas dinâmicas nacionais e noutras vinculadas com à multiculturalidade – p.e., todo o texto/autor de uma diáspora está marcado pela *in-between peripherality* –, parece óbvia a sua aplicabilidade a relações como a existente entre cultura nacional e culturas regionais, que em termos sistémicos funcionam amiúde como delegações minoradas de um sistema-centro que tolera ou inclusive alenta o mantimento das identidades locais que não questionam o seu submetimento e subalternidade (Torres Feijó, 2000, Casas, 2003: 74-75).

Isto que se assinala converge, em certa medida, nos pressupostos que, no marco amplo dos *Subaltern Studies*, dos *Transnational Cultural Studies*, das análises sobre os sistemas-mundo e sobre a condição colonial, se vêm manifestando desde há vinte anos na Índia, África do Sul ou América Latina em especial. São plataformas teóricas que, por se terem desenvolvido nos momentos mais críticos do debate sobre a legitimidade

---

[15] Existem alguns pontos de convergência entre estas formulações e as devidas, num plano mais geral, a Franco Moretti em torno do sistema-mundo da literatura, a correlação entre hegemonia económica e hegemonia cultural e a conceptualização da literatura mundial. Lembre-se que, em relação ao romance, Moretti estabelece uma lei da evolução literária nos seguintes termos: "en las culturas que pertenecen a la periferia del sistema literario (lo que quiere decir casi todas las culturas, dentro y fuera de Europa), la novela contemporánea surge primeramente, no como una innovación autónoma, sino como un compromiso entre la influencia formal occidental (por regla general francesa o inglesa) y los materiales locales" (Moretti, 2000: 69). Para uma possível ampliação dessa lei a outros géneros literários, acompanhada de uma série de respostas à polémica gerada pelo artigo inicial, veja-se Moretti (2003).

dos discursos historiográficos e da própria Literatura comparada como disciplina, representam um ponto de inflexão muito importante, nomeadamente se atendermos à impugnação epistemológica de fundo, que leva por exemplo Gayatry Spivak (2003) a falar do esgotamento dos estudos histórico-comparados tal como hoje os conhecemos. A disciplina morta a que se refere o título da sua recente monografia – *Death of a Discipline* – não é outra que a Literatura comparada, ainda que assinale um renascer próximo que se deveria orientar num sentido ético-epistémico, o qual interessa à nossa actual indagação. Como todos os momentos de (re)fundação das disciplinas, corresponderia a uma mudança histórica e sociopolítica, que Spivak (2003: 71-102) analisa como *planetariedade*. Assim, se a fortaleza da denominada por Claudio Guillén "hora americana" do comparatismo se deveu à instalação em universidades norte-americanas de importantes intelectuais europeus que fugiam de regimes totalitários, e se a própria fortaleza dos *Area Studies* correspondeu, no seu momento, a uma consequência da "interregional vigilance" promovida pela Guerra Fria o novo comparatismo demandado por Spivak estaria vinculado aos movimentos migratórios em grande escala que se vêm produzindo nos últimos decénios e à substituição da noção de *fronteiras territoriais* pela de *fronteiras demográficas* (Spivak, 2003: 1-23). A sua fundamentação residiria numa epistemologia integradora da Literatura comparada nos *Area Studies*, entendidos estes com uma função não justapositiva mas transversal (relações e cruzamentos entre áreas), e também, em segundo plano, na Antropologia, nos *Ethnic Studies*, na Tradutologia e em outras ciências sociais. Em termos de História literária, isto conduziria de novo a uma priorização das inter-relações entre áreas geoculturais, ou entre as culturas das maiorias e das minorias num espaço determinado, e assim a uma abertura franca às literaturas de línguas não europeias, a fim de promover um encontro efectivo com as culturas subalternas lidas como alteridades nesse âmbito que Spivak define como planetariedade e não como mundialização ou globalização.

Trata-se de propostas interessantes, apesar de não concretizarem aspectos metodológicos que permitam intuir o rumo final de uma efectiva renovação da História literária comparada. Neste sentido, são mais precisos outros contributos que submetem a revisão da disciplina segundo uma óptica igualmente próxima dos estudos sobre a subalternidade e a colonialidade. Mencionarei só as elaborações de Walter D. Mignolo pela sua radicalidade como proposta e pelo que entendo como a aplicabilidade (complexa) do seu programa, que começa por negar a universalidade das noções de *literatura* e *história*. Para este teórico tratar-se-ia apenas de categorias e práticas ocidentais que contribuem para sustentar c manter, ainda hoje, a diferença colonial. Precisamente *sobre* e nomeadamente *desde* a diferença colonial enquanto margem é onde deveria intervir uma nova História literária destinada a documentar a colonialidade e a *diversalidade* ocultas pelo sistema-mundo moderno/colonial a partir do século XVI (Mignolo, 2002 e 2003). A alternativa radicaria numa rede de histórias locais não necessariamente revisionistas nem contra-históricas (no sentido de configurar respostas a algumas histórias prévias), constitutivas de um *border thinking*, um pensamento intersticial, fronteiriço e pluritópico disposto frente aos desenhos globais monotópicos de natureza imperial ou colonial e que abriria um *paradigma outro* para os estudos culturais e literários. Um paradigma outro caracterizado pela transdisciplinariedade e identificado basicamente como crítica cultural. Tendo presentes as análises geoculturais de Rodolfo Kusch e de Javier Medina, Mignolo defende que nas histórias locais das quais se falou haveria que outorgar uma atenção preferencial aos modos de enunciação e às condições nas quais estes se exerceram a partir da colonização. A razão é a conversão em "dizeres/pensares fora de lugar" de uma boa parte da produção textual de colonizadores e colonizados. Esta condição adquire uma maior transcendência se se considerar o carácter espacio--cosmocêntrico de civilizações como a andino-amazónica, muito diferenciadas portanto do carácter crono-antropocêntrico da civilização ocidental (Mignolo, 1995). Outro ponto que incide nos nossos interesses actuais é o que atinge a naturalização da relação entre língua, nação e território, que Mignolo (2003: 291-324) considera definitivamente superada e necessitada de cartografias novas a partir dos grandes movimentos migratórios que começaram a dar-se nos passados anos 70, mas que existiram já por razões diversas noutras etapas históricas.

Enfim, o modelo postulado por Mario J. Valdés perfilha-se já a partir dos primeiros anos 90 enquanto História cultural comparada, e não creio arriscada a afirmação de que, no conjunto das achegas a um programa comparado de base geocultural, atento às quatro dimensões que aqui nos interessam, constitui nos últimos dez anos a proposta melhor definida e com resultados mais ricos e inovadores, entre outras razões pelo compromisso assumido em favor da discussão de problemas de fundo como os que se introduziram no começo desta exposição. Os seus pressupostos epistemológicos definem-se pela intenção de constituir uma resposta à crítica foucaltiana e derrideana da história e, ao mesmo tempo, à tradição historiográfica positivista de fundamento narrativo. Assim, a história começa a ser vista como reconstrução aberta e permanente de um passado que, en termos hermenêuticos, é recebido como efeito textual. Isto não significa uma saída do espaço epistemológico próprio da história: uma das reclamações permanentes de Valdés é precisamente a da irrenunciável constituição histórica da História literária. Orienta-se assim a investigação para a documentação do imaginário cultural em contextos sócio-históricos concretos e para a análise das condições institucionais nas quais funciona a cultura e intervêm os agentes culturais.

A opção metodológica favorece uma disposição nodal do texto historiográfico. Nela abdica-se do submetimento estrito à cronologia e esta partilha o protagonismo com nodos alternativos de carácter topográfico, institucional ou imaginário-figurativo, em todo caso mais dependentes das presenças regionais ou zonais, com sentido comparado, do que das propriamente nacionais. Também é relevante, em relação ao anteriormente mencionado a propósito das formas de leitura da História literária, o facto do modelo de Valdés prever uma recepção "em mosaico", comparável à própria dos hipertextos electrónicos, onde as ligações e os reenvios são permanentes e facultam, em princípio, uma maior liberdade por parte dos leitores (Valdês, 1999). Um dos resultados recentes desta compreensão é a publicação, dentro da série "Comparative Literary History in European Languages" da ICLA, dos três volumes de *Literary Cultures of Latin America: A Comparative History* (Valdés e Kadir, 2004). Os nodos topográficos, sempre dialecticamente associados aos temporais (Valdês, 2002: 103-104), são aqui bastante eloquentes em relação à compreensão geocultural e territorial da História literária e das diversidades, alteridades, mestiçagens e fronteiras em jogo no espaço latino-americano, incluídos os denominados por Homi Bhabha *in-between spaces*. Afectam realidades de tipo linguístico, étnico e institucional, esta última por exploração dos centros culturais urbanos e regionais, e pode afirmar-se que compareçam permanentemente a propósito da maioria dos assuntos tratados, com frequência da mão de contributos de carácter antropológico, sociológico, político-económico ou demográfico.

Como se pode ver, a correlação local/regional/nacional/mundial constitui um dos vectores com maior presença nos operativos heurísticos e metodológicos da nova História literária comparada. Poderia ficar a impressão, segundo uma perspectiva ainda muito assente social e institucionalmente, de que as atenções se dirigem a uma realidade multicultural e pós-nacional que em algumas zonas do planeta ainda não se experimentam com o suficiente dinamismo para debilitar os prejuízos derivados da assimilação dos velhos modelos historiográfico-literários. Também é possível que permaneça a sensação de uma indefinição *topológico-conceptual* das quatro dimensões em jogo, quiçá algo difusas na sua projecção relacional mútua a propósito da literatura e a cultura. No entanto, no fundo pode tratar-se somente de uma assimilação parcial das próprias noções de *espaço* e *território* numa realidade que não se deixa explicar com perspectivas epistemológicas e ferramentas conceptuais decididamente obsoletas.

Referências bibliográficas

ALBERT I MAS, Abel, e Joan Nogué i Font (coords.) (1999). "Noves geografies culturals", dossier in *Documents d'Anàlisi Geogràfica*: 34, 3-140.
ANDERMANN, Jens (2000). *Mapas de poder: una arqueología literaria del espacio argentino*. Rosario: Beatriz Viterbo.
AULLÓN DE HARO, Pedro, Jesús García Gabaldón e Santiago Navarro Pastor (eds.) (2002). *Juan Andrés y la teoría comparatista*. Valencia: Biblioteca Valenciana.
BAL, Mieke (ed.) (1999). *The Practice of Cultural Analysis. Exposing Interdisciplinary Interpretation*. Stanford: Stanford University Press.
BAUER, Roger, Douwe Fokkema e Michael de Graat (eds.) (1990). *Proceedings fo the XIIth Congress of the ICLA/Actes du XIIe Congrès de l'AILC (Munich, 1988)*. Munique: Iudicium Verlag, 5 vols.
BOURDIEU, Pierre (2001). *Science de la science et réflexivité*. Paris: Raisons d'Agir.
CABO ASEGUINOLAZA, Fernando (2003a). "Geography and Literature. On a Comparative History of the Literatures in the Iberian Peninsula". *Neohelicon*: XXX (1), 117-125.
— (2003b). "La dimensión geoliteraria de la historiografía literaria española", in Gabriella Menczel e László Scholz (eds.), *El espacio en la narrativa moderna en lengua española*. Budapest: Eötvös József Könyvkiadó, 8-25.
— (2003c). "Teoría de la literatura e historia de la literatura española". *Prosopopeya*: 4, 35-50.
— (2003d) "An Aftermarth Consideration on the Role of Teleology in Iberian Literary Historiographies". *Neohelicon*: XXX (2), 85-96.
CARRERAS Ares, Juan José, e Carlos Forcadell Álvarez (eds.) (2003). *Usos públicos de la Historia. Ponencias del VI Congreso de la Asociación de Historia Contemporánea (Universidad de Zaragoza, 2002)*. Madrid: Marcial Pons e Prensas Universitarias de Zaragoza.

CASANOVA, Julián (1999). "Historia local, historia social y microhistoria", in Pedro Rújula e Ignacio Peiró (coords.), *La Historia local en la España contemporánea. Estudios y reflexiones desde Aragón*. Barcelona: Universidad de Zaragoza e L'Avenç, 17-28.

CASAS, Arturo (2003). "Sistema interliterario y planificación historiográfica a propósito del espacio geocultural ibérico". *Interlitteraria*: 8, 68-97. Acessível em <http://web.usc.es/~tlcasas/docs/IL8. htm>. [Consulta: 22 de Novembro de 2004].

— (2004) "Catro modelos para a nova Historia literaria comparada. Unha aproximación epistemolóxica", in Anxo Abuín González e Anxo Tarrío Varela (coords.), *Bases metodolóxicas para unha Historia comparada das literaturas na Península Ibérica*. Santiago de Compostela: Universidade de Santiago de Compostela. No prelo.

DESBOIS, Henri (2002). "Réflexions à partir de l'experience du séminaire 'Territoires littéraires'", in Jean Bessière (ed.), *Savoirs et littérature / Literature, the Humanities and the Social Sciences*. Paris: Presses Sorbonne Nouvelle, 65-74.

DIDIER, Béatrice (dir.) (1998). *Précis de littérature européenne*. Paris: Presses Universitaires de France.

DOMÍNGUEZ, César (2001). "Literatura comparada, medievalismo y la crisis del eurocentrismo. ¿Emergencia de una nueva disciplina?". *Voz y letra*: XII (2), 5-33.

— (2001) "Las cruzadas en la fundación del Comparatismo. Algunas nociones de geografía literaria y periodología comparadas". *Boletín de la Sociedad Castellonense de Cultura*: LXXVII, 253-314.

— (2004). "Periodología, cambio literario e Historia comparada: apuntes metodológicos", in Anxo Abuín González e Anxo Tarrío Varela (coords.), *Bases metodolóxicas para unha Historia comparada das literaturas na Península Ibérica*. Santiago de Compostela: Universidade de Santiago de Compostela. No prelo.

DUNCAN, James S., Nuala C. Johnson e Richard H. Schein (eds.) (2004). *A Companion to Cultural Geography*. Oxford: Blackwell.

ĎURIŠIN, Dionýz (1989). *Theory of Interliterary Process*. Bratislava: Veda.

— (1993*). Communautés interlittéraires spécifiques*. Vol. 6: *Notions et principes*. Bratislava: Ústav Svetovej Literatúry SAV.

ĎURIŠIN, Dionýz, e Armando Gnisci (eds.) (2000). *Il Mediterraneo. Una rete interletteraria*. Roma: Bulzoni.

EVEN-ZOHAR, Itamar (1994). "La función de la literatura en la creación de las naciones de Europa", in Darío Villanueva (comp.), *Avances en Teoría de la Literatura (Estética de la Recepción, Pragmática, Teoría Empírica y Teoría de los Polisistemas)*. Santiago de Compostela: Universidade de Santiago de Compostela, 357-377.

FOKKEMA, Douwe W. (1996). "Why Literary Historiography?". *1616*: 37-45.
GÁLIK, Marián (2000). "Concepts of World Literature, Comparative Literature, and a Proposal". *CLCWEb: Comparative Literature and Culture*: 2 (4). <http://clcwebjournal.lib.purdue.edu/clcweb00 -4/galik1-00.html>. [Consulta: 22 de Novembro de 2004].
GAVALDÀ TORRENTS, Antoni (1991). "La historia local y comarcal en el diseño curricular. Aportaciones metodológicas y didácticas", in VV.AA., *Fuentes y métodos de la Historia local*. Zamora: Instituto de Estudios Zamoranos "Florián de Ocampo", 561-574.
GINZBURG, Carlo (1976). *Il formaggio e i vermi: Il cosmo di un mugnaio del'500*. Turin: Einaudi.
GNISCI, Armando (2002). "Littérature globale et littérature des mondes". *Neohelicon*: XXIX (1), 113-122.
KAMMEN, Carol (2003). *On Doing Local History*. Walnut Creek: Altamira Press, 2ª ed.
KOSELLECK, Reinhart (2004). *historia/Historia*. Madrid: Trotta. [Edição original em alemão de 1975].
LAMBERT, José (1991). "In Quest of Literary World Maps", in Harald Kittel e Armin P. Frank (eds.), *Interculturality and the Historical Study of Literary Translations*. Berlin: Erich Schmidt Verlag, 133-144.
LEMIRE, Maurice, e Denis Saint-Jacques (dirs.) (1999). *La Vie littéraire au Québec. Tome IV: 1870-1894*. Sainte-Foy: Les Presses de l'Université Laval.
LOTMAN, Iuri M. (1998). "Sobre el metalenguaje de las descripciones tipológicas de la cultura", in *La semiosfera II: Semiótica de la cultura, del texto, de la conducta y del espacio*. Edição de Desiderio Navarro. Madrid: Cátedra e Universitat de València, 93-123. [Edição original em russo do ano 1969].
MARTÍ, Manuel (1999). "Historias locales e historias nacionales", in Pedro Rújula e Ignacio Peiró (coords.), *La Historia local en la España contemporánea. Estudios y reflexiones desde Aragón*. Barcelona: Universidad de Zaragoza e L'Avenç, 51-61.
MIGNOLO, Walter D. (1995). "Decires fuera de lugar. Sujetos dicentes, roles sociales y formas de inscripción". *Revista de Crítica literaria latinoamericana*: 41, 9-31.
— (2002). "Rethinking the Colonial Model", in Linda Hutcheon e Mario J. Valdés (eds.), *Rethinking Literary History: A Dialogue on Theory*. Oxford e Nova York: Oxford University Press, 155-193.
— (2003). *Historias locales / diseños globales. Colonialidad, conocimientos subalternos y pensamiento fronterizo*. Tres Cantos: Akal. [Edição original em inglês do ano 2000].
MONTALDO, Graciela (2000): *Ficciones culturales y fábulas de identidad en América Latina*. Rosario: Beatriz Viterbo.

MORETTI, Franco (2000). "Conjeturas sobre la literatura mundial". *New Left Review*: 3, 65-76.
— (2001). *Atlas de la novela europea 1800-1900*. Madrid: Trama. [Edição original em italiano de 1997].
— (2003). "Más conjeturas sobre la literatura mundial". *New Left Review*: 20, 83-92.
MOYANO, Marisa (2004). "La performatividad en los discursos fundacionales de la literatura nacional. La instauración de la 'identidad' y los 'huecos discursivos' de la memoria". *Espéculo*: 27. <http://www.ucm.es/info/especulo/numero27/performa.html>. [Consulta: 22 de Novembro de 2004].
NOIRIEL, Gérard (1997). *Sobre la crisis de la historia*. Madrid: Cátedra e Universitat de València. [Edição original em francês de 1996].
OLINTO, Heidrun Krieger (ed.) (1996). *Histórias de literatura. As novas teorias alemãs*. São Paulo: Ática.
PAGEAUX, Daniel-Henri (2002). "Éléments pour une géosymbolique. Littérature générale et comparée et géographie", in Jean Bessière (ed.), *Savoirs et littérature / Literature, the Humanities and the Social Sciences*. Paris: Presses Sorbonne Nouvelle, 75-92.
SINOPOLI, Franca (1996). *Storiografia e comparazione. Le origini della storia comparata della letteratura tra Settecento e Ottocento*. Roma: Bulzoni.
— (ed.) (1999). *Il mito della letteratura europea*. Roma: Meltemi.
SPIVAK, Gayatri Chakravorty (2003). *Death of a Discipline*. Nova York: Columbia University Press.
TAMEN, Miguel, e Helena C. Buescu (eds.) (1999). *A Revisionary History of Portuguese Literature*. Nova York: Garland.
THOMPSON, Edward P. (1963). *The Making of the English Working Class*. Londres: Victor Gollanz.
TORRES FEIJÓ, Elias J. (2000). "Norma lingüística e (inter-)sistema cultural. O caso galego", in Juan M. Carrasco González *et al.* (eds.), *Actas del Congreso Internacional de Historia y Cultura en la Frontera. 1er Encuentro de Lusitanistas Españoles*. Cáceres: Universidad de Extremadura, t. II, 967-996.
TÖTÖSY DE ZEPETNEK, Steven (1998). *Comparative Literature. Theory, Method, Application*. Amsterdam e Atlanta: Rodopi.
— (2001). "In-Between Borders and Central European Life Writing". *Limen. Journal for Theory and Practice of Liminal Phenomena*: 2. <http://limen.mi2.hr/limen2-2001/totosy.html>. [Consulta: 22 de Novembro de 2004].
VALDÉS, Mario J. (1999). "Postmodern Literary History or Reading History as a Hypertext". *Neohelicon*: XXVI (2), 11-17.
— (2002). "Rethinking the History of Literary History", in Linda Hutcheon e Mario J. Valdés (eds.), *Rethinking Literary History: A Dialogue on Theory*. Oxford e Nova York: Oxford University Press, 63-115.

VALDÉS, Mario J., e Djelal Kadir (eds.) (2004). *Literary Cultures of Latin America: A Comparative History*. Oxford: Oxford University Press, 3 vols.

VALERO, José Antonio (1996). "Una disciplina frustrada: la historia literaria dieciochesca". *Hispanic Review*: 64 (2), 171-197.

WHITE, Hayden (1973). *Metahistory. The Historical Imagination in Nineteenth-Century Europe*. Baltimore: The Johns Hopkins University Press.

A ILUSÃO DE VERDADE

MARIA DE FÁTIMA MARINHO
Universidade do Porto

Apesar da tentação em que, em diversas épocas, poetas e prosadores incorreram, ao tentarem reduplicar o real nas suas produções, a verdade é que a consciência da inexequibilidade da intenção se tornou clara desde cedo e teorizadores como Aristóteles já distinguem, sem sombra de dúvida, a funcionalidade inerente a cada um dos estatutos, mesmo se a imitação é considerada uma constante de todos eles[1]. Na *Poética*, parágrafo 50, pode ler-se: «Pelas precedentes considerações se manifesta que não é ofício de poeta narrar o que aconteceu; é, sim, o de representar o que poderia acontecer, quer dizer: o que é possível segundo a verosimilhança e a necessidade. Com efeito, não diferem o historiador e o poeta, por escreverem verso ou prosa (…) diferem, sim, em que diz um as coisas que sucederam, e outro as que poderiam suceder.»[2].

A definição acima transcrita complicar-se-á quando os escritores, ingénua ou perversamente, se arrogarem o privilégio de representar aquilo a que simplisticamente apelidam de real ou de verdadeiro. Por isso, a dicotomia enunciada não é nem absoluta nem estabelecida de modo definitivo e assistimos a uma ambiguidade de posições que só concorrem para problematizar, ainda mais, esta, já de si, tão periclitante oposição. Se, até ao século XVIII, havia uma preocupação diminuta em fazer crer ao leitor a fidelidade e veracidade dos textos narrados, o século XIX,

---

[1] Aristóteles, *Poética*, trad., prefácio, intr., comentário e apêndices de Eudoro de Sousa, Lisboa, Imprensa Nacional-Casa da Moeda. Estudos Gerais, Série Universitária – Clássicos de Filosofia, 1986, p. 103: «A epopeia, a tragédia, assim como a poesia ditirâmbica e a maior parte da aulética e da citarística, todas são, em geral, imitações.»

com o predomínio da burguesia e a tendência para o relato do quotidiano, que se vai acentuando à medida que se aproxima do seu fim, agudiza a tensão entre o que se pretende e o que em verdade se pratica. Aliás, como já demonstrei[3], a inserção do discurso da História nos textos literários vai sofrendo modificações à medida que a noção da diferença e da impossibilidade de recriar o passado se vai tornando mais nítida.

Se Boileau, em 1674, em *L'Art Poétique*, advogava a necessidade de haver alguma fiabilidade na construção dos caracteres, antecipa já aquilo que os românticos de oitocentos vão magistralmente apelidar de cor local.

> «Conservez à chacun son propre caractère.
> Des siècles, des pays étudiez les moeurs:
> Les climats font souvent les diverses humeurs.»[4]

De igual modo, a afirmação de que «Pour me tirer des pleurs, il faut que vous pleuriez»[5], aponta na direcção retórica da necessidade do sentimento e da emoção, ao contrário do que pretensamente aconteceria no teatro clássico, onde existiria um desfasamento entre a forma declamatória do discurso proferido e o seu verdadeiro significado.

Garrett, no prefácio à 3.ª edição de *Catão* e em *D. Branca*, refere também a diferença fundamental entre os diversos modos discursivos, que se devem adaptar às disposições ambientais e psicológicas[6]. E é o mesmo autor que, por diversas vezes, enuncia os ditames aristotélicos, quando se defende de possíveis ataques à sua falta de rigor histórico: «sacrifiquei às musas de Homero não às de Heródoto»[7].

---

[2] *Idem*, p. 115.

[3] Cf. Maria de Fátima Marinho, «O Discurso da História e da Ficção: Modificação e Permanência», in *Literatura e História – Actas do Colóquio Internacional*, Porto, Faculdade de Letras do Porto, Departamento de Estudos Portugueses e Estudos Românicos, 2004, Vol. I, pp. 351-363.

[4] Boileau, *L'Art Poétique et Extraits des Oeuvres en Prose*, texto apresentado e anotado por Roger Delbiausse, Paris, Librairie A. Hatier, 1960, p. 38.

[5] *Idem*, p. 39.

[6] Cf. Almeida Garrett, Prefácio à 3.ª edição de *Catão*, in *Obras Completas*, Porto, Lello & Irmão, 1966, Vol. 2, p. 1619: «fui a Roma; fui, e fiz-me romano quanto pude, segundo o ditado manda» e *D. Branca*, *op.cit.*, Vol. 2, p. 501.

[7] Almeida Garrett, *Memória ao Conservatório Real*, *op.cit.*, p. 1085.

Esta ambiguidade, decorrente de uma vontade expressa e de uma consciência implícita, nem sempre coincidentes, fundamentará, como teremos ocasião de verificar, as oscilações metodológicas dos autores românticos que pretendiam reconstituir o passado, tornando-o aparentemente verdadeiro e fidedigno. A incapacidade de o fazer levou a uma diferente perspectiva do fenómeno literário enquanto possível transmissor de dados factuais concretos e verificáveis.

A certeza de que é a «capacidade de redescrição do mundo»[8], no dizer de Rosa Maria Martelo, que está em jogo e de que só podemos aceitar a «referencialidade como articulação efectiva entre texto e mundo sem que tal implique um retorno à noção de mimese como cópia ou representação de um mundo de algum modo anterior ao texto»[9], leva-nos a questionar os processos de escrita da verdade ou da sua liminar recusa.

Para podermos perceber o percurso que conduz à criação da história alternativa, que desrespeita voluntariamente os factos históricos, conhecidos e isentos de qualquer espécie de dúvida, ou a emergência do duplo ou da máscara entre passado e presente, devemos compreender como a busca da verdade se tornou uma obsessão de determinados autores e de determinado tipo de textos. Barbara Foley defende que o leitor reconhece analogias entre o texto e o mundo que o rodeia[10], embora reconheça a inevitável ficcionalidade inerente à realidade, o que instituiria o predomínio da «mentira» sobre os «factos»[11].

É comum na ficção romântica a reiteração da veracidade, muitas vezes desmentida de modo mais ou menos indirecto. Camilo Castelo Branco habituou-nos a essa espécie de compromisso e já não estranhamos afirmações como a constante do capítulo intitulado «Antes de Prin-

---

[8] Rosa Maria Martelo, *Carlos de Oliveira e a Referência em Poesia*, Porto, Campo das Letras, 1998, p. 33.
[9] *Idem*, p. 52.
[10] Cf., Barbara Foley, *Telling the Truth – The Theory and Practice of Documentary Fiction*, Ithaca e Londres, Cornell University Press, 1986, pp. 67-68: «According to the terms of the mimetic contract, the reader agrees to view the structures and processes represented on the text as equivalent to structures and processes existing in historical actuality.»
[11] *Idem*, p. 10: «Presumably, then, narrative eradicates the borderline between the two by an admission of the fictionality of reality. This is an emancipatory act, for it asserts the superior explanatory power of "lies"over "facts"»

cipiar», do romance *Um Homem de Brios*: «O meu romance, nas cenas mais importantes, é verdadeiro.»[12]. E, quase um século depois, em 1934, Pascoaes ainda escreve, em *São Paulo*, «A arte é vida copiada»[13].

Sabemos, no entanto, que esta visão primária está longe de poder ser hoje aceite sem reservas[14] e que a noção de que a mimese não pode mais ser uma cópia fiel, ganha foros de cidadania[15], uma vez que se torna muito claro que, através da escrita, se constroem versões em que os factos não são dissociáveis da sua construção[16]. Se pensarmos agora em termos de inserção do passado, não será difícil de defender que este deverá prioritariamente satisfazer os requisitos de uma determinada cultura[17] e que se deverá ter consciência de quem nem sempre o real interessa à história, mas sim uma das suas possíveis representações. Saramago, em *História do Cerco de Lisboa*, mostra claramente as formas de adaptação que é necessário levar a cabo para que um conhecimento neutro se transforme em particularizações humanizantes.

E é o mesmo Saramago que teoriza sobre a própria representação, quando em *Manual de Pintura e Caligrafia*, distingue entre o modelo e sua reduplicação na tela: «Na verdade, se qualquer retratado pudesse, ou soubesse, ou quisesse, analisar a espessura pastosa, informe, dos pensamentos e emoções que o habitam, e tendo analisado encontrasse as palavras (...) saberíamos que ele, aquele seu retrato é como se tivesse existido sempre, um outro-ele mais fiel do que o-ele de ontem (...). Mal vai porém ao pintor, ou dizendo mais rigorosamente, pior vai porém ao pintor, se, tendo de pintar um retrato, descobre que tudo quanto lançou à

---

[12] Camilo Castelo Branco, *Um Homem de Brios*, Lisboa, Parceria António Maria Pereira, 9.ª ed., 1967, p. 8 (1.ª ed., 1856).

[13] Teixeira de Pascoaes, *São Paulo*, Lisboa, Ática, 1959, p. 210 (1.ª ed., 1934).

[14] Cf, Rosa Maria Martelo, *op.cit.*, p. 57: «(...) reelaboração do conceito aristotélico de mimese(...)».

[15] Cf., *idem*, p. 42: «Com efeito, é a desagregação da noção de mimese como cópia ou como representação que conduz, numa lógica antinómica, ao postulado da não-referencialidade, à introversão do texto.» e Barbara Foley, *op.cit.*, pp. 50-52.

[16] Cf., *idem*, p.65: «O que Nelson Goodman mostra é que pela arte, como através da ciência, e independentemente do seu modo de simbolização particular, são construídas versões, isto é, mundos em que os factos não são dissociáveis da fabricação dos factos.»

[17] Cf., Wenche Ommundsen, *Metafictions?*, Melbourne, Melbourne University Press, 1993, p. 51: «The validity of historical narrative does not (...) reside in its factual accuracy, but in its ability (...) to *explain* the past in ways that can be perceived as satisfactory according to a culture's fictional constructions of itself.»

tela é cor anárquica e desenho louco, e que o conjunto de manchas só reproduz do modelo uma semelhança que a este satisfaz, mas ao pintor não.»[18]

Estas constatações obrigam-nos a repensar e a discutir as tentativas feitas, sobretudo, a partir do século XVIII, de adequação do discurso a uma realidade fugidia.

A não-coincidência entre representação, ou verdade como representação, e referência[19] leva-nos a equacionar de modo diverso as tentativas desesperadas de fazer equivaler a representação a referentes facilmente identificáveis. Já Horácio limitava a liberdade de pintores e poetas, aconselhando-os a terem alguma precaução com a verosimilhança[20]. A perseguição da verdade, que Camilo tão bem ilude ao negar para um romance como *Mistérios de Lisboa* a designação genérica que lhe cabe de direito («os romances são uma enfiada de mentiras (...) Este romance não é um romance: é um diário de sofrimentos, verídico, autêntico e justificado.»[21]), e que Gilles Barbedette também tenta tornear, ao afirmar que «le roman, c'était le mensonge, l'illusion d'une vie vraiment inventée, le rêve de quelque chose qui n'avait pas tout à fait existé»[22], torna-se uma constante a partir do século XIX e do advento do romance histórico. No século XVIII, há, por vezes, «un parfum de vérité», no dizer de Françoise Barguillet[23], embora ele se fique quase sempre pela descrição de um fundo histórico muito pouco respeitador da verdade dos factos. Em Portugal, no século das Luzes, a História ainda não é vista como muito distinta do presente e as diferenças são sobretudo espaciais, como no caso do poema *Caramurú – Poema Épico do Descobrimento da*

---

[18] José Saramago, *Manual de Pintura e Caligrafia*, Lisboa, Caminho, 3.ª ed., prefácio de Luís de Sousa Rebelo, 1985 (1.ª ed., 1977), pp. 46-47.

[19] Cf. Silvina Rodrigues Lopes, *A Legitimação em Literatura*, Lisboa, Cosmos, 1994, p. 86.

[20] Orazio, *Ars Poética* in *Tutte le Opere*, ed. bilingue de Mario Scaffidi Abbate, trad. De Renato Ghiotto e Mário Scaffidi Abbate, Roma, Newton, Grandi Tascabili Economici, 1992, p. 468: «Pictoribus atque poetis / quidlibet audendi semper fuit aequa potestas. / Scimus, et hanc veniam petimusque vicissim; / sed non ut placidis coeant immitia, non ut / serpentes avibus geminentur, tigribus agni.»

[21] Camilo Castelo Branco, *Mistérios de Lisboa*, Lisboa, Parceria António Maria Pereira, 10.ª ed., 1969 (1.ª ed., 1854), Vol. I, p. 32.

[22] Gilles Barbedette, *L'Invitation au Mensonge – Essai sur le Roman*, Paris, Gallimard, 1989, p. 11.

[23] Françoise Barguillet, *Le Roman au XVIIIᵉ siècle*, Paris, PUF, 1981, p. 44.

Bahia (1781) da autoria de Fr. José de Santa Rita Durão[24]. Nas peças de Manuel de Figueiredo há já a preocupação com a inclusão de factos verídicos, sobretudo em *Viriato* (1757) e *Ignez* (1774), onde se reitera a intenção de subordinação aos factos conhecidos. No entanto, e apesar de algum cuidado, a verdade é muito relativa nos autores de setecentos, mais preocupados em defender a moralidade e os bons costumes do que em dar a conhecer efectivamente o passado, ou mesmo o presente, como alerta Célia Fernández[25].

Apesar dessas limitações, que decorrem sobretudo de uma posição moralista e ainda, de certa forma, pré-científica, começamos a encontrar em romances do século XVIII a preocupação em demonstrar a veracidade e fiabilidade dos factos narrados. Em meados do século, Samuel Richardson usa já o artifício de declarar abertamente o uso de modos narrativos que apelam para a sinceridade sem mediações discursivas: «Thou'lt observe, Belford, that though this was written afterwards, yet (as in other places) I write it as it was spoken, and happened; as if I had retired to put down every sentence as spoken.»[26]

Esta espécie de escrita *right to the moment* que anuncia já os tópicos da sinceridade e da emotividade românticas, é muito nítida no *Werther* de Goethe quando a personagem afirma: «Não pude resistir, fui a casa dela. Aqui estou de volta. Meu amigo, não me deitarei sem te escrever. Vou escrever-te mesmo a comer a torrada.»[27]

Será, porém, no século XIX que a importância atribuída à intromissão da verdade e às reiterações obsessivas de fidelidade e de pouca efabulação ganham corpo e se transformam em importantes dados discursivos. A alusão a manuscritos imaginários que os autores teriam encontrado e se limitariam a editar (Garrett, *O Arco de Sant'Ana*, Herculano, *O Monge de Cister*), o aparecimento misterioso de diários (nos

---

[24] Para um estudo mais pormenorizado desta problemática, cf. Maria de Fátima Marinho, *art. cit.*

[25] Célia Fernández Prieto, *Historia y Novela: Poética de la Novela Histórica*, Pamplona, EUNSA, Ediciones Universidad de Navarra, 1998, p. 67: «El dilema que se plantea en estos siglos y más abiertamente en el XVIII es el conjugar el respeto a la verdad (la verosimilitud histórica) con la exigência de moralidad y defensa del decoro.»

[26] Samuel Richardson, *Clarissa or the history of a young lady*, Londres, Penguin Classics, 1985 (1.ª ed., 1747-1748), p. 882. Cf. também, *idem*, p. 1178: «(...) writing of and in the midst of *present* distresses!».

[27] Goethe, *Werther*, versão portuguesa de João Barreira, Lisboa, Verbo, Livros RTP n.º 8, s/d (1.ª ed., 1774), p. 26.

romances de Camilo Castelo Branco, os exemplos deste artifício são inúmeros) ou a aposição de pormenores sobre os antecedentes familiares das personagens (como em *O Amor de Perdição*, do mesmo Camilo) concorrem para criar a ilusão de verdade que despertaria no leitor uma maior predisposição para a leitura. No caso do romance histórico, estas atestações de veracidade assumem diferentes características, pois acumulam todos os ingredientes atrás enunciados com as tentativas de recriação e de fidelidade histórica. Herculano teoriza sobre esta problemática, num artigo de 1835, «Poesia – Imitação-Belo-Unidade»[28] e, na Nota a *O Monge de Cister*, justifica a supressão de notas demasiado explicativas, que fariam perigar o interesse do romance, acabando por afirmar que «A coisa é de uma authenticidade irreprehensivel.»[29].

Garrett, em *Viagens na Minha Terra*, faz corresponder o verdadeiro ao belo e Camilo, numa espécie de prólogo, intitulado «A Quem ler», do romance *O Retrato de Ricardina*, ironiza, parecendo afirmar categoricamente a sua submissão a realidades extra-textuais de cuja existência não nos deverá ser permitido duvidar:

«Esta novela parece querer demonstrar que sucedem casos incríveis.
O autor conheceu alguns personagens e soube como se passaram as coisas aqui referidas.
Pois, assim mesmo, tão incongruentes lhe pareceram que ficou longo tempo indeciso se lhe seria melhor inventá-las para saírem mais verosímeis do que as verdadeiras.
A consciência gritou-lhe quando o romance estava já urdido e enredado com outro feitio.
Venceu a verdade, onde já agora, e tão-somente, lhe é permitido vencer: – nas novelas.»[30]

Na mesma perspectiva, se situam as três primeiras linhas de *A Filha do Arcediago* («Leitores! Se há verdade sobre a terra, é o romance, que eu tenho a honra de oferecer às vossas horas de desenfado.»[31]), a frase

---

[28] In *Opúsculos V*, org., intro. e notas de Jorge Custódio e José Manuel Garcia, Lisboa, Presença, pp. 25-45.
[29] Alexandre Herculano, *O Monge de Cister*, Lisboa, Livr. Bertrand, 23.ª ed., s/d (1.ª ed., 1848), Vol. II, p. 383.
[30] Camilo Castelo Branco, *O Retrato de Ricardina*, Lisboa, Livros de Bolso Europa-América, 1971 (1.ª ed., 1868), p. 7.
[31] Camilo Castelo Branco, *A Filha do Arcediago*, Lisboa, Parceria de António Maria Pereira, 9.ª ed., 1971 (1.ª ed., 1854), p. 5.

«História mais verdadeira nunca eu a escrevi» do prólogo, «A Quem Ler» de *Estrelas Funestas*[32] e a divisa, graficamente destacada, das primeiras páginas de *Carlota Ângela*: «VERDADE, NATURALIDADE E FIDELIDADE»[33]

Perante tais princípios, não será de estranhar que no romance histórico, os autores se debatam ainda mais com estes problemas, uma vez que não é tão fácil atestar a veracidade de factos ou de comportamentos que, teoricamente, poderão ser contestados. A falibilidade aumenta se o autor lidar com acontecimentos que realmente se passaram ou com personagens cuja existência é atestada pelo discurso histórico. No entanto, a dicotomia entre o que efectivamente teve lugar e o que não passa de efabulação não é tão fácil de distinguir como poderá parecer à primeira vista. O que na verdade acontece é que, mesmo que não haja verificabilidade objectiva, há sempre o desfasamento comportamental ou linguístico, que se torna difícil de superar por razões várias, como veremos.

As cautelas que quase todos os romancistas têm em precaver-se de qualquer censura relacionada com a falta de verdade histórica demonstra bem o estatuto periclitante ou ambíguo em que eles sabem situar-se. Rebelo da Silva, na introdução a *Ódio Velho não Cansa*, escreve: «Em assumptos históricos, o dever do romance consiste em cunhar com a verdade mais approximada a expressão fiel do *viver e crer* de Portugal, ou de outra qualquer nação, n'uma designada epocha. Se não prestarmos às gerações extinctas os sentimentos e crenças, que as animaram, e as paixões humanas que as inspiraram, tudo se fará menos entender e applicar a historia na sua essência mais philosophica.»[34]

É na mesma linha que muitos autores referem directamente a não modernização da psicologia das personagens o uso de termos arcaizantes, desde que eles não impeçam a compreensão, e o pouco protagonismo de personagens referenciais, mais avessas ao tratamento romanesco. Rebelo da Silva, em *A Pena de Talião*, refere-se concretamente ao perigo que constitui o pouco cuidado com a actuação das personagens, que devem estar o mais próximas possível do espírito da época: «Nos

---

[32] Camilo Castelo Branco, *Estrelas Funestas*, in *Obras Completas*, Porto, Lello & Irmão, Vol. III, 1983 (1ªed., 1862), p. 879.

[33] Camilo Castelo Branco, *Carlota Ângela*, Lisboa, Parceria António Maria Pereira, 6.ª ed., 1918 (1.ª ed., 1858), p. 7.

[34] Rebelo da Silva, *Ódio Velho não Cança*, Lisboa, Empresa Lusitana Ed., 3.ª ed., s/d (1.ª ed., 1848), p. 16.

quadros da meia idade o maior perigo consiste em se lhes errar a expressão, atribuindo às paixões e sentimentos, linguagem e carácter que lhes foram desconhecidos, e que transportam a acção para anos muito posteriores.»[35]. Igual preocupação se instaura quando se levanta o problema da linguagem usada nos diálogos. Sabemos que, por uma questão de coerência, as personagens deveriam usar os termos e as construções próprias de determinada época. Contudo, sabemos também que se se cumprissem à risca esses ditames, o texto ficaria incompreensível para a maioria dos leitores e falharia no propósito didáctico, tão caro aos românticos. É assim que encontramos um ou outro arcaísmo, que não faz perigar a leitura, em romances como *O Monge de Cister* de Alexandre Herculano ou *O Balio de Leça* de Arnaldo Gama e que um autor como Marques Rosa, no início de novecentos, chega ao preciosismo de pôr em nota a linguagem exacta que as suas personagens medievais teriam usado, embora a modernize no texto propriamente dito, para não impedir a compreensão do leitor comum. Aliás, este fenómeno não deixa de ser polémico, ao ponto de Rebelo da Silva ou Pinheiro Chagas se debruçarem sobre ele, expressando-se do seguinte modo: «A língua é um instrumento para a expressão das ideias, e por isso deve acompanhar todos os progressos da sua época, e traduzi-los com clareza. Fazê-la voltar dois séculos atrás a pretexto de a purificar, forçando-a a locuções desusadas e a termos caranchosos (perdoe-se a frase) equivale a vestir um rapaz gentil com o venerando trajo de nossos bisavós.»[36]; «Não tentámos nem por sombras ressuscitar a linguagem do século XVI. Essas ressurreições dão ao fallar dos personagens um carácter rígido e affectado, mil vezes mais falso do que a tradução da expressão dos seus pensamentos na língua do nosso tempo.»[37]

Independentemente destes cuidados, nem sempre os factos históricos possuem dimensão própria para o tratamento romanesco e, frequentemente, os autores dão-se o direito de modificar, suprimir, acrescentar ou exagerar detalhes que se adeqúem melhor aos seus fins, tal como já preconizava Alfred de Vigny, em «Réflexions sur la Vérité dans l'Art»,

---

[35] Rebelo da Silva, *A Pena de Talião*, in *Contos e Lendas*, Porto, Livr. Civilização, s/d, p. 340.
[36] Rebelo da Silva, *op. cit.*, p. 344.
[37] Pinheiro Chagas, «Introdução» a *A Jóia do Vice-Rei*, Lisboa, Livr. António Maria Pereira, s/d (1.ª ed., 1890), p. 8.

quando falava no verdadeiro e no fabuloso[38]. É o que faz, por exemplo, Alexandre Herculano, em *O Bispo Negro*, quando distingue entre o que rezam as crónicas sobre as relações entre D. Afonso Henriques e a mãe e o seu aproveitamento romanesco[39], ou quando afirma, sem sombra de dúvida, que uma nota de um pergaminho é imaginária, embora se adapte na perfeição aos seus propósitos[40]. Garrett, embora com outros propósitos, acaba por atingir uma funcionalidade semelhante quando escreve que «nem em princípios nem em fins tenho escola a que esteja sujeito, e hei-de contar o caso como ele foi.»[41].

Rebelo da Silva vai mais longe quando, ao prestar esclarecimentos sobre a escrita de *A Pena de Talião*, confessa ter fugido à verdade histórica[42], não só para realçar o interesse da narrativa («Mas em boa fé uma novela rigorosamente cronológica deve ser bem insípida e emperrada coisa!»[43]), como porque considera que o romancista está no seu pleno direito de modificar a História, sempre que isso possa ser minimamente justificado: «O que a história aponta por conjecturas, o romance tem o direito de o figurar como realidade.»[44]

---

[38] Cf. Alfred de Vigny, «Réflexions sur la Vérité dans l'Art», in *Cinq-Mars*, Paris, Le Livre de Poche, 1970 (1.ª ed., 1827), p. 24: «Nous trouverions dans notre coeur plein de trouble où rien n'est d'accorddeux besoins qui semblent opposés, mais qui se confondent, à mon sens, dans une source commune: l'un est l'amour du VRAI, l'autre l'amour du FABULEUX. Le jour où l'homme a raconté s avie à l'Homme, l'Histoire est née.»

[39] Cf. Alexandre Herculano, *O Bispo Negro*, in *Lendas e Narrativas*, Lisboa, Livr. Bertrand e Rio de Janeiro, S. Paulo, Belo Horizonte, Livr. Francisco Alves, 18.ª ed., s/d, Tomo II, p. 58: «O príncipe de Portugal Affonso Henriques, depois de uma revolução feliz, tinha arrancado o poder das mãos de sua mãe. Se a historia se contenta com o triste espectáculo de um filho condemnando ao exílio aquella que o gerou, a tradição carrega as tinctas do quadro, pintando-nos a desditosa viúva do conde Henrique a arrastar grilhões no fundo de um calabouço. A historia conta-nos o facto; a tradição os costumes. A historia é verdadeira, a tradição verosímil; e o verosímil é o que importa ao que busca as lendas da pátria.»

[40] Cf. *Arrhas por Foro d'Espanha*, in *idem*, Tomo I, p. 211.

[41] *Viagens na Minha Terra*, p. 137.

[42] Cf. Rebelo da Silva, *op. cit.*, p. 344: «O meu pecado ou foi muito grande, ou é muito pequeno, segundo a severidade dos que o julgarem. / Meti em cena, embora achacado e velho, o bispo de Coimbra, D. Pedro, que tinha falecido doido, anos antes de 1246, data em que abro o meu romance. Roubei assim a mitra por longos meses ao reverendo mestre Tibúrcio, valido do conde de Bolonha (...)».

[43] *Idem*, p. 345.

[44] *Idem*, p. 348.

Mesmo já em pleno século XX, não é difícil encontrar afirmações semelhantes que se prendem ainda com propósitos mais ou menos confessados de veracidade. Os romances pretensamente documentais, que se situariam na fronteira entre os discursos ficcional e fictício[45], apesar da sua ambiguidade em relação às estratégias referenciais[46], poderão ser um exemplo, assim como os romances epistolares que, já no século XVIII, se destinavam a iludir a mediação narrativa, apresentando as personagens de modo directo e sem comentários ou apreciações do narrador. Tal como no século XIX, aparecem fictícios colectores de manuscritos e diários (*O Livro de Alda*, de Abel Botelho, por exemplo), que se arrogam uma ficcionalidade mínima: «Terei, assim, de recorrer com frequência a um testemunho que o destino me trouxe às mãos (a seu tempo explicarei como) – os manuscritos inéditos do escritor vila-velhense David Castro.», escreve Álvaro Guerra[47]. A própria Agustina Bessa Luís não escapa à regra, quando assume, nas *Memórias Laurentinas*, a existência de um diário, nunca citado, mas com alguma importância na estrutura de profundidade da obra e da construção das personagens. Esse diário como que legitima a efabulação e a intromissão transversal do discurso da história.

Na mesma linha se encontram a aposição de tábuas cronológicas ou genealógicas, a intromissão de supostas memórias de uma pessoa de idade (as memórias da tia Graça na tetralogia de Luísa Beltrão), a datação, obedecendo à era de César (*Leonor Teles ou o Canto da Salamandra* de Seomara da Veiga Ferreira), os títulos dos capítulos em latim (*Mémoires d'Hadrien*, de Marguerite Yourcenar ou *Memórias de Agripina*, de Seomara da Veiga Ferreira) ou, então, títulos cuja forma de expressão se reporta ao tempo evocado, como é o caso de *Eu, Nuno Álvares*, de Teresa Bernardino[48] e, ainda, a transcrição de diálogos em

---

[45] Cf., Barbara Foley, *op.cit.*, p. 25: «It locates itself near the border between factual discourse and fictive discourse.»

[46] Cf., *idem*, p. 41: «The documentary novel, accordingly, is a species of fiction distinctly characterized by its adherence to referential strategies associated with nonfictional modes of discourse but also demanding to be read within a fictional Gestalt familiar to comtemporaneous readers.»

[47] Álvaro Guerra, *Café 25 de Abril*, Lisboa, O Jornal, 1987, p. 9.

[48] Cf., Teresa Bernardino, *Eu, Nuno Álvares*, Lisboa, Publ. Europa-América, 1987: «Onde se trata o motivo que me levou a iniciar estas memórias e da forma como se revelou»; «Onde o espírito de cavalaria emerge perante o desafio guerreiro nos campos de Aljubarrota, antes da batalha»; etc.

espanhol em *O Pórtico da Glória*, de Mário Cláudio, numa tentativa de verosimilhança máxima.

Lídia Jorge, em *Jardim sem Limites*, ao usar o artifício de uma narradora com uma focalização assumidamente externa («Limitei-me a assistir para conhecer. Não sou culpada.»[49]), está indirectamente a afirmar a objectividade máxima que deveria, teoricamente, corresponder à máxima veracidade.

É ainda essa preocupação que leva autores como João Aguiar a insinuar que o seu Viriato poderá ser considerado «mais próximo do Viriato histórico e verdadeiro que a tradicional imagem do rude pastor dos Hermínios bravamente entrincheirado na sua Cava, em Viseu.»[50], ou a recorrer ainda, ao tópico romântico da quase simultaneidade do acontecimento e da sua transposição para a escrita: «Regressei agora do funeral de Mário. Durante a cerimónia, Fímbria tentou assassinar Quinto Cévola, o supremo pontífice, um homem em quem o próprio Mário não se atreveu a tocar. / Não tenho tempo para escrever mais. Sertório deu-me novas instruções.»[51]

No entanto, a consciência de, por vezes, ter escamoteado a verdade faz com que Fernando Campos, por exemplo, nas Notas a *A Casa do Pó*, reponha a conhecida verdade histórica sobre o protagonista do romance, ou que Maria Isabel Barreno, em *O Senhor das Ilhas*, ponha na boca do narrador-personagem a relatividade da reconstrução do passado: «Diz-me minha irmã Marta (...) que invento e fujo à verdade quando me afasto e contemplo; e que deveria, pelo menos, escolher entre uma história fantasiada ou uma crónica fiel. Digo eu o contrário: que a fantasia pode ser mais verdadeira do que os factos;»[52] A inevitabilidade do falso, sempre que se quer reproduzir o fugidio real e que se prende com a inexistência de uma só verdade, decorre de focalizações e de interpretações várias. É o que se depreende da fala de Agripina, na obra de Pierre Grimal, *Mémoires d'Agrippine*, quando ela refere que quer dizer «[s]a vérité»[53]. Esta constatação ajuda a perceber como os mesmos episódios

---

[49] Lídia Jorge, *O Jardim sem Limites*, Lisboa, Publ. Dom Quixote, 1995, p. 375.

[50] João Aguiar, *A Voz do Deuses*, Porto, Asa, 13.ª ed., 1992, (1.ª ed., 1984), p. 9. Marguerite Yourcenar, nas Notas a *L'Oeuvre au Noir*, Paris, Folio, 1991 (1.ª ed., 1968), pp. 494-495, chama a tenção para o cuidado que é preciso ter na construção de uma personagem fictícia que deverá encarnar os tipos da época que representa.

[51] João Aguiar, *A Hora de Sertório*, Porto, Asa, 1994, p. 155.

[52] Maria Isabel Barreno, *O Senhor das Ilhas*, Lisboa, Caminho, 1994, p. 21.

[53] Pierre Grimal, *Mémoires d'Agrippine*, Paris, Ed. de Fallois, 1992, p. 13.

históricos podem ter leituras opostas em romances distintos. A título de exemplo, atentemos em episódios da vida de Roma diversamente interpretados em *I Claudius* (1934) e *Claudius the God* (1934), de Robert Grave, *Mémoires d'Agrippine* (1992), de Pierre Grimal e *Memórias de Agripina* (1993), de Seomara da Veiga Ferreira[54].

A parcialidade inerente a toda a reconstituição do passado, como aliás do presente, repõe as discussões sobre a noção de verdade que Silvina Rodrigues Lopes equaciona do seguinte modo: «Rejeitada a ideia idealista da verdade como correspondência e a racionalidade criterial, positivista, a verdade passa a ser compreendida como resultado ideal da nossa pesquisa de melhores concepções da realidade.»[55]. Partindo destes princípios, e aceitando que, apesar de tudo, a literatura tem uma relação privilegiada com a actualidade[56], devemos pensar como é, simultaneamente, fácil e difícil tentar estabelecer o lugar perigoso, ambíguo e tentador do romance histórico[57], num tempo em que a ingenuidade romântica deixou de ter cabimento. A relativização do conceito de verdade[58] e a consciência de que a sua representação se torna impossível não deixam indiferentes os cultores da metaficção historiográfica que, de formas diversas e usando métodos díspares, problematizam nos próprios textos esta perversa relação. A escritora espanhola Paloma Díaz-Mas antepõe ao seu romance *El Sueño de Venecia* um excerto de um texto do século XVII, da autoria de Esteban Villegas, que já antecipa essa dualidade inquietante: «(...) otorgaron los dioses a la Verdad esse viejo como destrón, el cual es el Error, que nunca se separa un punto de ella y sempre la guia. El cedazo que lleva es la humana Memoria, que, como criba que es, retiene lo grueso y deja escapar lo sutil.»[59]

---

[54] Cf., Maria de Fátima Marinho, *O Romance Histórico em Portugal*, Porto, Campo das Letras, 1999, pp. 225-229.

[55] Silvina Rodrigues Lopes, *op. cit.*, p. 87.

[56] Cf., *idem*, p. 139: «(...) filosofia e literatura, em conjunto, são investidas de um privilégio de relação com a actualidade, o que constitui outra forma de as colocar na dependência de uma necessidade.»

[57] Cf., Michel Vanoosthuyse, *Le Roman Historique – Mann, Brecht, Döblin*, Paris; PUF, 1996.

[58] Cf., Maria de Fátima Marinho, *art. cit.*, p. 360 e Linda Hutcheon, *A Poetics of Postmodernism – History, Theory, Fiction*, Nova Iorque e Londres, Routledge, 1988, p. 109: «(...) there are only *truths* in the plural, and never one Truth».

[59] Esteban Villegas, *Republica del Desengaño*, in Paloma Díaz-Mas, *El Sueño de Venecia*, Madrid, Anagrama, 1992, p. 12.

A falibilidade da memória, aliada ao erro decorrente de uma submissão inequívoca ao discurso do poder, favorece a ironia de Saramago, quando, em *História do Cerco de Lisboa*, corrige inexactidões históricas (como a alusão ao crescente muçulmano no tempo de D. Afonso Henriques e ao discurso erudito do mesmo, que deveria ser quase analfabeto[60]) ou a de Mário Cláudio quando, em *Tocata para Dois Clarins* (1992), põe na boca das personagens um discurso, querendo sempre significar o seu oposto. Na verdade, as duas personagens principais reproduzem o discurso oficial do Estado Novo e é precisamente essa reprodução exagerada e quase caricaturada que funciona no sentido inverso ao pretensamente desejado.

A consciência do erro, ou antes, a certeza do predomínio da ilusão, que a cor local romântica já pretendia manter, é teorizada de modo singular pela escritora espanhola que temos vindo a citar. A diferença que a personagem-criança nota entre a pintura vista de longe e os pormenores vislumbrados de perto marca a distinção entre a ilusão do real (que a sua representação favorece) e o objecto, cuja existência é independente das possíveis referências que lhe são feitas. O ponto máximo da disparidade entre a verdade e a sua ilusão parece-me situar-se quando a mesma criança duvida da existência da cidade de Veneza, porque não conhece nenhuma realidade que se lhe assemelhe.

É a falência da garantia de credibilidade, aliada à crescente dificuldade em definir o texto mimético, que transforma as obras, aparentemente relacionadas com realidades extra-textuais, em outras tantas ilusões de verdade, desempenhando aí a subjectivização da História um importante papel[61]. Não podemos esquecer, por exemplo, que as biografias e autobiografias são simultaneamente fictícias e inegavelmente históricas[62], e que o problema do real ou da verdade e falsidade não é geralmente linear na sua resolução. Sabemos como qualquer biografia é parcial e lacunar[63] e como a autobiografia não o é menos. Se juntarmos

---

[60] Cf., José Saramago, *História do Cerco de Lisboa*, Porto, Caminho, 1989, pp. 42 e 44.

[61] Cf. Elisabeth Wesseling, *Writing History as a Prophet – Postmodernist Innovations of the Historical Novel*, Amsterdam/Filadelfia, John Benjamin Publishing Company, 1991, pp. 75-79.

[62] Cf. Linda Hutcheon, *op.cit.*, p.142: «Historiographic metafiction always asserts that its world is both resolutely fictive and yet undeniably historical».

[63] Cf., Philippe Lejeune, «Moi, la Clairon», in *Le Désir Biographique*, (dir. de Philippe Lejeune), Universidade de Paris X, Cahiers de Sémiotique Textuelle 16, 1989, p. 185.

a esta já frágil ilusão os casos correntes de autobiografias fictícias, em que personagens do passado são investidas do papel de narradoras da própria vida, então penetramos no domínio da completa inversão de pactos narrativos. Só em Portugal, e sem a preocupação de exaustividade, ressaltam títulos como *A Casa do Pó* e *A Sala das Perguntas* de Fernando Campos, *Eu, Nuno Álvares*, de Teresa Bernardino, *Memórias de Agripina, Leonor Teles ou o Canto da Salamandra* e *António Vieira – O Fogo e a Rosa* de Seomara da Veiga Ferreira. Agripina, no romance que leva o seu nome, tece algumas considerações elucidativas sobre a fiabilidade dos resultados: «Quando escrevemos sobre alguém ou nós próprios descobrimos facilmente que a nossa vida, como até a de um autor conhecido, tem tantas lacunas e inverosimilhanças que nunca ninguém conseguirá atingir o fim proposto.»[64]

É cada vez mais comum, nas obras recentes, a alusão directa aos processos de ficcionalização e aos artifícios de que se servem para a criação de ambientes e personagens que se confundam com as algumas vez existentes. O caso de John Fowles, em *The French Lieutenant's Woman*, parece-nos a todos os títulos paradigmático. A distância que o narrador faz questão de estabelecer entre o seu presente da enunciação e o tempo diegético, põe a nu o modo de construção narrativo e os processos subjacentes a todo o romance histórico, contribuindo para fazer sobressair o paradoxo inerente a todo este tipo de ficção[65].

Só porque a narrativa, frequentemente, se esquece da sua qualidade inevitavelmente ficcional é que se pode pretender histórica, instaurando o paradoxo de que falávamos[66]. Há, porém, uma tendência nítida para desvalorizar a colagem excessiva a uma suposta referencialidade, tendência que poderá recuar à literatura fantástica do século XIX e que terá, mais recentemente, o apogeu nas vanguardas de novecentos, nomeadamente no Surrealismo. Esta última corrente, ao abolir, até, as categorias

---

[64] Seomara da Veiga Ferreira, *Memórias de Agripina*, Lisboa, Ed. Presença, 1993, p. 315.
[65] Cf. Wenche Ommundsen, *op.cit.*, p. 52: «(...) the paradoxes which lie at the heart of all historical fiction.»
[66] Cf. Silvina Rodrigues Lopes, *op. cit.*, p. 139: «rasura-se desse modo a ficcionalidade da literatura, aquilo que nela afirma a não-coincidência entre o acontecimento e a sua narrativa. Esta rasura está afinal na base de qualquer narrativa que, esquecendo a sua condição de ficção, se pretende histórica, isto é, integrável na grande narrativa que é a História.»

narrativas mais primárias, subverte completamente a lógica oitocentista e permite a abertura de horizontes que irão influenciar decisivamente a própria concepção da História. Só partindo de pressupostos que assentem numa relativização de dados e de saberes é que é possível escrever como Agustina, no início de *A Monja de Lisboa*: «O mal dos historiadores é que dispõem cada vez mais de fontes onde colher informações. E de tanto que estudam, turva-se-lhes o entendimento para as coisas possíveis, tanto do corpo como da alma.»[67]; e, na última frase: «O que resta daquilo que se amou é a nossa má consciência; e com ela se escreve a História.»[68].

É ainda com a mesma certeza que Paloma Díaz-Mas labora, quando mostra claramente os equívocos históricos, assentes em falsas suposições e em falíveis deduções. Toda a diegese do romance se estrutura em dados errados, decorrentes de investigações teoricamente inatacáveis. Na escrita desta autora, há ainda a salientar uma interessante forma narrativa: ao situar a diegese na Idade Média, Díaz-Mas emprega modos de dizer e de estruturar o enredo semelhantes aos usados no passado, funcionando como uma espécie de anacronia inversa, isto é, em vez de modernizar a escrita de outrora para a tornar inteligível e didáctica, como queriam os românticos, a romancista, sem perder nunca de vista a compreensão dos textos, cria a ilusão de verdade, não só através dos ambientes recriados como das técnicas de expressão utilizadas. No romance, já várias vezes citado, *El Sueño de Venecia*, este processo é particularmente interessante. Como cada capítulo se passa numa época distinta, o estilo muda, assim como o género ou o comportamento das personagens. A verosimilhança funciona perversamente, ou seja, a imitação primorosa mais não é do que a legitimação da ficcionalidade.

Essa legitimação é também a que preside a romances como *As Batalhas do Caia*, (1995), de Mário Cláudio, *A Visão de Túndalo* (2000), de Miguel Real ou *Nação Crioula* (1997), do angolano José Eduardo Agualusa. Estas obras, não só conferem a Eça de Queirós a autoria de textos que ele nunca escreveu (as duas primeiras), como a terceira dá vida à personagem de Fradique Mendes, atribuindo-lhe atitudes, cartas e viagens completamente inventadas. Caso semelhante é o de *O Ano da Morte de Ricardo Reis* (1984), de Saramago, onde o heterónimo pessoano tem uma existência autónoma e participante.

---

[67] Agustina Bessa Luís, *A Monja de Lisboa*, Lisboa, Guimarães ed., 1985, p. 9.
[68] *Idem*, p. 298.

Ao contrário do que sucedia no romance tradicional, não se verifica em muitos autores da contemporaneidade a preocupação de fazer os leitores acreditarem na veracidade das suas narrativas. Pode até haver a reacção oposta, isto é, a afirmação inequívoca da ausência de referencialidade. Se, já em 1964, Ruben A. iniciava o romance *A Torre da Barbela*, assumindo que «A história que o homem contava nada tinha de comum com a verdade.»[69], não será de estranhar que, em *Inventário de Ana* (1982), Maria Isabel Barreno escreva, «Ana encontrava prazer em tudo o que fazia. Não vamos discutir como é que ela subsistia, não sendo rica, porque entraríamos numa história "realista"»[70]. Esta voluntária distinção favorece o aparecimento de mundos alternativos que procuram potencializar os interstícios da História, dando corpo ao que não aconteceu, mas poderia ter acontecido.

As possibilidades abertas por estas mudanças de perspectiva, que Carlos Fuentes, magistralmente enuncia em *Terra Nostra* (1975), facilitam o aparecimento de variadíssimos casos de aproveitamento de interstícios do passado que, subitamente, se transformam em interessantes efabulações.

Em *História do Cerco de Lisboa*, Saramago quase teoriza sobre o problema da verdade e da mentira, da parcialidade do que julgamos ser a verdade e do modo como, frequentemente, essa suposta verdade se instala sobre textos pouco fiáveis. Convencido de que o «narrador [está] mais preocupado com a verosimilhança do que com a verdade, que tem por inalcançável»[71], o autor de *Memorial do Convento* cria uma personagem que modifica a história canónica, confundindo tempos e lugares num processo totalmente vertiginoso. A reescrita do discurso da História proporciona a problematização da sua validade e da impossiblidade da ilusão se transformar em certeza: «(...) quando escrevi Não os cruzados foram-se embora, por isso não me adianta nada procurar resposta ao Porquê na história a que chamam verdadeira, tenho de inventá-la eu próprio, outra para poder ser falsa, e falsa para poder ser outra.»[72]

---

[69] Ruben A., *A Torre da Barbela*, Lisboa, Parceria António Maria Pereira, 3.ª ed., 1966 (1.ª ed., 1964), p. 1.
[70] Maria Isabel Barreno, *Inventário de Ana*, Lisboa, Edições Rolim, 2.ª ed., 1985 (1.ª ed., 1982), p. 191.
[71] *História do Cerco de Lisboa*, p. 198.
[72] *Idem*, p. 129.

A noção de falsidade é aproveitada por Nuno Júdice, em *Por Todos os Séculos*[73], procedendo o narrador a sucessivas considerações sobre a representação do passado e a normativização a isso inerente: «A representação de Roma era submetida a uma visão banal da Antiguidade, com os templos, as colunas simplificadas, o imperador e os cidadãos envoltos em togas.»[74]. O estereótipo que estas afirmações indiciam prepara o leitor para a indistinção entre a pessoa real e a sua personificação na pintura, podendo daqui também, inferir-se, na literatura. A repetição, em vários momentos do romance, de que as pinturas, representando santos, tiveram, normalmente, como modelos criminosos, prostitutas ou outros marginais, denuncia a falta de correspondência entre o original e a sua réplica, que pode ser o mesmo que dizer entre o real e a sua transposição para a escrita.

A verdade é assim fugidia e inalcançável, como diz Saramago, e a História da Literatura é também a história dessa ilusão que se foi perseguindo com maior ou menor afinco, com maior ou menor convicção. Mesmo a sua recusa explícita é ainda o reconhecimento da sua importância.

---

[73] Cf., Maria de Fátima Marinho, «A Interpenetração do Passado e do Presente em *Por Todos os Séculos* de Nuno Júdice», in *Em Louvor da Linguagem – Homenagem a Maria Leonor Carvalhão Buescu*, Lisboa, Edições Colibri, 2003, pp. 235-244.
[74] Nuno Júdice, *Por Todos os Séculos*, Lisboa, Quetzal Editores, 1999, p. 13.

DOCUMENTO E TESTEMUNHO
NA HISTÓRIA LITERÁRIA

MASSAUD MOISÉS
Universidade Estadual de São Paulo

1. Nos últimos tempos, tem estado em evidência, nos ambientes e meios culturais, notadamente os que se dedicam aos estudos humanísticos, a questão dos vínculos entre a História (ou Historiografia) e a Literatura, ou entre o discurso histórico e o discurso literário. A tal ponto que não mais se duvida que o documento, considerado básico, imprescindível, para a montagem do relato histórico, perdeu o estatuto de documento científico para adquirir caráter híbrido. De um lado, o discurso histórico não se assemelha ao discurso literário, de outro, o texto literário funciona como um documento que pode estar a serviço do discurso histórico (ou o seu contrário, quando se trata de narrativa histórica: conto, novela, romance).

Para bem compreender esse encontro das duas formas de conhecimento, torna-se necessário começar por uma reflexão em torno do chamado documento histórico. Do latim *docere*, ensinar, origina-se *documentum*, documento, isto é, aquilo que veicula ensinamento, conhecimento, serve de exemplo ou de mostra, como adverte Corominas no seu conhecido dicionário etimológico. O documento histórico poderá ser compreendido como tudo quanto nos ensina acerca do passado ou do presente, sem nenhuma limitação prévia, do que sucedeu ao longo do tempo nos seres humanos reunidos em sociedade.

Ou, nas palavras de um especialista no assunto: "pode ser fonte da História, no sentido mais amplo da palavra, tudo quanto nos proporciona o material para a reconstrução da vida história" (Bauer, 1944:218). As moedas, as esculturas, as inscrições nas paredes das cavernas ou nas lápides, nos frontões dos edifícios, as esculturas, os escudos, as armas, o mobiliário, as obras de arte, a vestimenta, os fósseis, os monumentos arquitetônicos, as fontes transmitidas oralmente (lendas, sagas, mitos, anedotas, provérbios, literatura de cordel), as manifestações espirituais e religiosas, etc.; a própria geografia, inclusive o subsolo, a fauna e a flora servem para documentar e explicar a história de um povo em dado momento.

Não obstante essa multiplicidade de fontes, os documentos escritos (papiros, manuscritos, livros, revistas, jornais, documentos notariais e jurídicos, etc.) prevalecem como fundamento para a elaboração do discurso histórico ou da narrativa histórica. Para o historiador, interessa qualquer forma de informação acerca do passado, por menor que seja, por mais truncada que seja, como uma moeda, um fragmento de efígie, as poucas letras de inscrição: é nesses vestígios que o passado, fazendo-se presente ante a consciência do historiador, será transmitido ao leitor por meio de um *racconto*. O relato histórico é necessariamente expresso por meio de palavras, enquanto os documentos compulsados podem ser de múltipla natureza: a simples cópia fotográfica de uma lápide não informa do seu conteúdo como documento se não vier acompanhada de comentário ou explicação.

Daí as várias "disciplinas auxiliares" à disposição do historiador na sua tarefa de reconstituir o passado com o máximo de plausibilidade: arqueologia, epigrafia, paleografia, numismática, ecdótica, lingüística, filologia, heráldica, etc. (Bauer, 1944: 226). A infinidade de recursos que oferecem está na razão direta dos objetos selecionados pelo historiador e dos enfoques adotados para levar a bom termo o seu empenho de reconstrução. Em razão desse leque de objetos, o substantivo "história" pode receber apêndices de monta, de forma a gerar numerosas modalidades de discurso histórico: História da Economia, História da Política, História da Filosofia, História da Matemática, da Física, da Química, da Biologia, História da Música, História da Pintura, História do Teatro, História da Ópera, História da Literatura, História da Crítica Literária, e assim por diante.

Em todos esses casos, o substantivo "história" desempenha o papel de sujeito, enquanto que o adjunto adnominal constitui o seu objeto. Embora alguns estudiosos admitam que, por exemplo, História Econômica corresponde a História da Economia, parece que se impõe uma distinção entre as duas: na primeira, observa-se a adjetivação do substantivo "história", de modo a configurar-se um tipo de História marcado pelo influxo da Economia; na outra, temos a equação em que o substantivo se debruça sobre o seu objeto, a Economia, como poderia fazer com qualquer outro objeto. Que se pode entender de um livro com o título de *Épocas de Portugal Económico* (1929), de João Lúcio de Azevedo, senão que se trata de uma História de Portugal centrada na sua Economia? Ali, a História apresenta-se impregnada de Economia; aqui, a História elege a Economia como o seu alvo. Neste particular, talvez seja conveniente lembrar a assertiva de um historiador de peso: "a história, desde sempre se desejou e se fez econômica, sociológica, antropológica, demográfica, psicológica, lingüística..." (Braudel, 1969: 103).

A História da Literatura não semelha, pois, o mesmo que História Literária, embora não poucos estudiosos tomem uma pela outra, como é o caso de René Wellek e Austin Warren, ao dedicar todo um bem nutrido capítulo da sua *Theory of Literature* ao exame da "Literary History" (1976: 252-260) ou de Jacinto do Prado Coelho e a sua *Problemática da História Literária* (1961; 2.ª edição revista e ampliada [1972]) ou de Óscar Tacca, com *La Historia Literaria* (1968). O autor desta obra, depois de informar que remonta a 1844 a proposta da distinção entre os dois apelativos (mas baseada num argumento insustentável), considera que "*história literária* e *história da literatura* serão [...] denominações absolutamente intercambiáveis" (1968: 46). Como título de estudo a respeito do assunto, assiste-lhe toda a razão, mas como título de obra em que se faz a história da literatura de um país ou região, não parece verossímil que sejam absolutamente permutáveis.

Neste caso, a História quase perde o que tem de ciência para se tornar literária, o que, obviamente, não ocorre na outra alternativa. À guisa de exemplo, poder-se-ia contrapor a *História da Literatura Brasileira* (1988), de Sílvio Romero, que se propõe tão científica quanto possível, a ponto de estar redigida de uma forma que pouco ou nada deve à arte literária, e a *Pequena História da Literatura Brasileira* (1935), de Ronald de Carvalho, de caráter ostensivamente literário, a ponto de estar vazada numa linguagem de inflexão poética, por meio da qual adquire forma uma visão do mundo em que a reconstrução do passado não esconde os seus débitos para com a fonte imaginária em que o autor foi buscar os ingredientes da sua visão histórica. Seria indiferente emprestar-lhes um título em que o vocábulo "história" fosse acompanhado da forma adjetiva "literária"? Por outro lado, como explicar que Fidelino de Figueiredo dedicasse cinco volumes à história da Literatura do seu país e depois oferecesse um volume, ao modo de manual, sob o título de *História Literária de Portugal* (1944)? Seria o mesmo que transferir esta denominação para a outra obra?; e vice-versa?

A diversidade do objeto, em diálogo com a unidade do substantivo, requer uma explicação ou, pelo menos, uma reflexão. Que outra disciplina do conhecimento encerra semelhante diversidade? A Sociologia, eventualmente, e não mais. Esta é nova no cenário da cultura, mas a outra é antiga, embora o seu nome possa não o ser. Afora essa diferença cronológica, as duas se equiparam pela função que exercem, expressa pela equação substantivo + adjetivo, em que o primeiro termo está a serviço do segundo: o objeto pede um tipo de análise e interpretação que é dado pelo substantivo. O processo de análise e interpretação que identifica a História é empregado no deslinde analítico e interpretativo do objeto. Fernando Baudel debruçou-se sobre as duas disciplinas, de forma a permitir que se confirme o ponto de vista aqui adotado. Após observar que "a história é uma dialética da duração", infere que "por isso, e graças a isso, a história é o estudo do social, de todo o social, sendo, pois, o estudo do passado, como também do presente, ambos inseparáveis", vale dizer, "é quase inegável que, freqüentemente, a história e a sociologia se aproximam, se identificam, se confundem". A conclusão não pode ser mais sintomática: empregando o mesmo vocabulário, "a história e a sociologia são as únicas ciências *globais*, suscetíveis de estender a sua curiosidade a todos os aspectos sociais" (1969: 104, 105, 106, 108).

Sabe-se que toda ciência tem objeto próprio, mas sabe-se também que a História não o possui (Bloch, 1965: 56). E a razão disso reside no fato de não constituir, verdadeiramente, uma ciência. Deste modo, quando um historiador assevera que o seu ofício se caracteriza por ser "ciência dos homens no tempo" (idem: 29), estará empregando o vocábulo "ciência" no amplo sentido de "conhecimento dos homens" (idem: 28). Daí que a História não seja apenas ciência nem apenas arte, ainda que possa ou deva ter algo das duas: não há história sem ciência ou sem arte Quando o historiador leva o seu rigor até o limite extremo da eficácia, está assumindo uma postura típica do cientista em face do seu objeto; e ao invocar a sensibilidade e a imaginação no momento de reconstituir o passado, é a arte que entra em cena. Não só o estilo, como também a estrutura que elege para sustentar o discurso, por intermédio do qual se descortina o momento específico de um povo, devem à lingüística, assim como à retórica e outros recursos propriamente literários, destinados a emprestar brilho e relevo ao texto, tornando-o palatável e convincente, sem prejuízo da precisão e da novidade informativa.

Um historiador que fosse mau escritor dificilmente alcançaria persuadir o leitor mesmo quando tivesse em mãos uma fartura de documentos carregados de subsídios inéditos, capazes de propiciar interpretações até então fora do alcance dos pesquisadores. E a recíproca é verdadeira: um historiador com excelente domínio da língua e excelente bom gosto não lograria resultado positivo se o seu material de base não apresentasse novidade em matéria de fontes ou de hermenêutica. Não basta possuir um estilo brilhante, nem só o apuro documental, atingido com a pertinácia análoga à do cientista no laboratório. É preciso que as duas condições sejam respeitadas. Não perca de vista, neste particular, que ambas pressupõem a interação da sensibilidade ou da imaginação e do bom senso o da lógica.

Outra resultante da ausência de objeto no labor historiográfico, substituída que é por numerosos objetos, consiste em que a História, ou melhor, a historiografia, ganha em ser entendida como método de conhecimento. Método implícito na abordagem dos fatos, dos acontecimentos e de tudo quanto os cerca, e método como exposição do resultado desse trabalho prospectivo: o método histórico difere do método sociológico, bem como dos métodos científicos ou estéticos. Por outro lado, se o objeto do método histórico pertencer ao universo da Física, da Química, da Biologia, etc., há de forçosamente implicar um método próprio, uma vez que as ciências possuem não só um objeto definido como também um método próprio. Deste modo, o método histórico deverá ter em conta que o seu objeto também possui um método, embora subordinado ao outro. Vale dizer: o método histórico impõe-se sobre o método próprio do objeto escolhido. Outro tanto, ou mais, poder-se-ia dizer das demais formas de conhecimento situadas fora do espectro científico: as artes não possuem nem método, nem objeto próprios, e por isso mais facilmente se subordinam ao método histórico.

Note-se, além disso, que se pode entender a História (assim como a Sociologia) como *foco*, *perspectiva*, *sentido*: a pesquisa histórica pressupõe que se adote um foco, perspectiva, sentido, inerente à sua função. O inverso, ou seja, assumir a Literatura, a Física, etc., como método, foco ou perspectiva, de que a História e a Sociologia se tornem objeto, – não parece viável, a não ser, quem sabe, em determinados pontos. De onde, pensar-se numa Literatura Médica constitui um duplo equívoco: primeiro, como se observa entre os que militam no espaço da Medicina ao empregar o vocábulo "literatura" como sinônimo de "bibliografia", o que significa desqualificar-lhe o sentido original e ainda vigente; segundo, como admitir que uma atividade que não possui método próprio seja posta a serviço de um específico conhecimento científico?

Por outro lado, a História da Física não é a mesma coisa que Física da História, a Sociologia da Arte não é o mesmo que Arte da Sociologia. Tanto a Física da História como a Arte da Sociologia somente seriam admissíveis em certos casos, a título de metáfora, ou exercício de análise, para designar uma composição imprevista dos saberes em causa. Acrescente-se que a relação do método histórico com o seu objeto varia conforme seja este: a História das Ciências distingue-se da História das Artes, ou, mais especificamente, a História da Física difere da História da Química, assim como a História da Pintura difere da História da Literatura. Num caso e noutro, o método leva em conta que o seu objeto pode ter, ou pode não ter, nem método, nem objeto próprios.

2. A História da Literatura corresponde à aplicação do método histórico à série de obras literárias escritas ou publicadas no curso do tempo, em determinado país ou região. Por outros termos, o método histórico volta-se para as obras escritas ou publicadas sob a égide da imaginação ou da ficção, o que significa que recorrem às figuras de linguagem, nomeadamente a metáfora, como instrumento de eleição. Contrariamente à documentação histórica, o documento literário é de natureza verbal: a palavra constitui a sua forma praticamente única de expressão. A Literatura define-se como a arte da palavra. É a única, no universo das artes, que tem o privilégio dessa forma de manifestação: o que torna a Literatura diferente da Pintura, da Música, da Arquitetura, da Coreografia, do Teatro, é essa exclusividade no terreno da expressão. Documento literário equivale a documento escrito com o olhar voltado para a beleza e o conhecimento da realidade, ou seja, o romance, a novela, o conto, a crônica, assim como os poemas, a dramaturgia, a Oratória (na fase histórica em que se deixava permear pela Literatura), etc.

Em contrapartida, o documento histórico define-se pelo montante de informações acerca do povo no tempo em que foi elaborado e, portanto, pela cota de veracidade que exibe. Vamos a ele para conhecer um período histórico com o máximo de precisão e verossimilhança, com vistas a reconstituí-lo para os leitores e pesquisadores futuros. Mas sabemos que o documento está sujeito a não poucas vicissitudes e contingências que podem alterar-lhe o grau de espelho fiel dos acontecimentos e das correntes de pensamento de uma época determinada. Por outro lado, está sujeito à competência, ao preparo e às idiossincrasias de quem o examina. O mesmo documento pode dar margem a divergências entre os historiadores, dado que nem todos eles se guiam pelos mesmos princípios e pelo mesmo gosto da objetividade como alvo absoluto.

O modo de leitura do documento condiciona a visão do historiador (ou a denuncia). Sabe-se que não há leitura inocente, nem leitura de absoluta objetividade, movida que é por "interesses propriamente intelectuais ou, como diz Kant, 'interesse da razão no conflito com ela mesma'" (Ricoeur 1964: 23). A subjetividade do historiador, – da qual faz parte não só a erudição acumulada e a ideologia (política, religiosa, filosófica) adotada, como também o seu caráter, vale dizer, o seu grau de consciência ética, – está presente o tempo todo, não na descrição superficial do documento, fruto de um positivismo estreito, mas nas análises que visam a uma síntese (idem: 27). Ainda que sem o querer, os historiadores acabam vendo as coisas e os fatos à sua maneira, como se não pudessem escapar ao cerco dos preconceitos, crenças, convicções ideológicas, conhecimentos adquiridos, motivações psicológicas, etc., razão por que a síntese é sempre provisória, uma etapa na direção do horizonte que se afasta quanto mais se aproximam dele (idem: 79-80).

Tirante estes fatores, pode-se dizer com relativa segurança que a maioria dos historiadores consideram que os dados essenciais do documento colaboram para retratar com fidelidade uma determinada situação ou acontecimento. Do contrário, a História perderia o respeito à veracidade que ostenta, dominada pela impostura, a falsidade, a mentira, deliberada ou não. Cabe ao pesquisador colocar em alerta a sua consciência crítica e repudiar toda sorte de manipulação dos fatos, esforçando-se por impedir que o seu trabalho analítico e interpretativo assimile imposturas, distorções ou mentiras. Embora nem sempre lhe seja possível esquivar-se dessas armadilhas, cumpre-lhe estar atento, exercer o seu direito à dúvida metódica, seja para descobrir o embuste aninhado nos documentos, seja para detectá-lo na sua síntese, bem como nas sínteses compostas pelos seus confrades. Em suma, deve equipar-se para exercer o seu ofício com o máximo de lisura.

Até certo ponto, o documento literário pode apresentar essas mesmas fragilidades, tudo na dependência das convicções e das habilidades de cada historiador. No geral, o cenário em que o historiador da Literatura executa a sua tarefa obedece a dois vetores. Enquanto o documento do historiador, seja o seu objeto a Física ou a Economia, a Química ou a Biologia, é suscetível de controvérsia analítica ou interpretativa, o discurso literário é intrinsecamente ambíguo, e não só porque metafórico. Bastaria este aspecto para o distinguir do documento propriamente histórico, mas a sua natureza é ainda mais complexa por um outro fator. Quem lê o texto com um cuidado tão "científico" quanto é possível, descobre que ali pulsam dois níveis de conhecimento da realidade: 1) o que se diria mais propriamente documental, 2) e o que revela a presença de um testemunho. Este vocábulo deriva da forma latina *testimonium*, por sua vez proveniente de *testis*, testemunha. Ali, acedemos ao *conhecimento*, que se pretende "objetivo"; aqui, acompanhamos o *testemunho*, que se caracteriza pela subjetividade.

Note-se, antes de passar adiante, que os historiadores não-literários tendem a empregar os dois vocábulos como sinônimos. Um deles, todavia, após muitas páginas em que assim procede, parece suspeitar de que não se trata de palavras semanticamente equivalentes. Ao longo do seu estudo, refere-se aos "testemunhos do tempo", aos "relatos das testemunhas", chegando mesmo a deter-se numa dialética do testemunho, até o momento em que parece inclinado a distingui-los, ao admitir que "o vocabulário dos documentos não passa, à sua maneira, de um testemunho" (Bloch, 1965: 50, 54, 98, 145). É evidente que, se ele enveredasse pelos aspectos lingüísticos do documento, acabaria provavelmente desembocando na distinção que se observa com facilidade no texto literário, quando examinado desse ponto de vista.

Entre os dois pólos oscila o texto literário, seja ele poético ou em prosa, embora em graus diversos, de modo a permitir que se pense numa série de níveis, marcados pelos extremos da objetividade, de um lado, e da subjetividade, de outro. Lemos uma página de um romance de Eça de Queirós, por exemplo, *Os Maias* (1888), e vemos que os dois vetores estão presentes o tempo todo: de um lado, damo-nos conta de que não poucos pormenores textuais refletem com objetividade quase jornalística o estado de coisas reinante em Portugal (ou mais precisamente) em Lisboa nos fins do século XIX. As personagens vestem-se de acordo com os figurinos da época, expressam-se numa linguagem comum naqueles anos, formulando pensamentos e sentimentos que parecem espelhar os modismos vigentes no meio social requintado em que a trama se desenvolve.

O interior do mundo aristocrático é devassado para o leitor, mostrando-nos em curso o seu declínio: os homens de letras que convivem com a aristocracia exibem tendências à beira da extinção, puxadas ao Romantismo mais piegas ou teatral, ou as "modernas", assinaladas pelas teorias realistas que vinham de França. Um historiador não voltado para a Literatura ali encontraria farto material analítico para erguer a sua síntese da História de Portugal na segunda metade do século XIX. Claro, teria de confrontar, talvez por vezes associando-os, os dados colhidos com os que lhe transmitissem outras fontes, na vária gama documental em que estriba as suas análises. Mas um trabalho mais amplo e exigente não dispensaria o auxílio dos textos literários, notadamente os de Eça de Queirós.

O historiador não-literário lida com documentos em que a subjetividade está presente, mas a ênfase repousa, via de regra, na sua própria subjetividade. No curso da empresa investigativa, o historiador da Literatura certamente apela para a sua subjetividade, com a diferença de que não pode esquecer a subjetividade presente no documento, devida à intervenção constante do seu autor. Claro, o historiador não-literário pode depreender a subjetividade do criador do documento que manuseia, mas não à maneira do historiador da Literatura, que não leva a bom termo a sua tarefa se não levar em conta o quanto há de subjetividade, necessariamente, no documento que analisa. Marc Bloch chega a considerar, com razão, que "os fatos históricos são, por essência, fatos psicológicos" (1965: 167), mas não tem como sondar esse aspecto textual senão tangencialmente, ao contrário do historiador da Literatura, que trabalha obrigatoriamente com documentos em que o aspecto psicológico é estrutural.

É ainda possível que nas duas perspectivas epistemológicas se invoque a mesma forma de subjetividade: "a subjetividade do historiador, como toda subjetividade científica, representa a vitória de uma boa subjetividade sobre uma má subjetividade". Por outras palavras, e à guisa de conclusão, "a objetividade aparecia-nos anteriormente como intenção *científica;* agora, assinala a distância entre a boa e a má subjetividade do historiador: de 'lógica' a definição de objetividade torna-se 'ética'" (Ricoeur 1954: 33, 34). De todo modo, trata-se da subjetividade/objetividade do historiador, não do documento, e isto faz muita diferença entre o historiador em geral e o historiador da Literatura.

No romance de Eça de Queirós acima referido, cada situação dramática, cada fala das personagens, cada descrição de ambiente, cada capítulo, cada parágrafo ou mesmo cada vocábulo, – é um ser de dupla face. É dessa dualidade, persistente ao longo da narrativa, que provém toda a dificuldade do historiador. Como se sabe, o seu ofício não dispensa em momento algum o concurso da crítica e da teoria literária. Ao enfrentar a história de uma família aristocrática em crise ao fim do século XIX, cabe-lhe distinguir o que faz parte do equipamento documental e o que decorre da cosmovisão do autor. Saber em que medida *Os Maias* é um reflexo do seu tempo, constitui um aspecto da questão: para uma resposta plausível, é preciso ter em conta o que já se sabe da história de Portugal no último quartel do século XIX, sem perder de vista, obviamente, que o texto pode também ser empregado como documento auxiliar do conhecimento de época. De outro lado, convém saber em que medida a visão de Eça de Queirós distorceu os fatos, ou em que medida o panorama social do tempo (ou contexto), entrevisto da sua perspectiva, suscitou-lhe a idéia de uma ação romanesca fidedigna, original e dotada de sentido e valor estético.

Ali, tem-se em mira o documento, aqui, o testemunho; ali, o alcance do texto é ultrapessoal, busca valer como fiel retratação da época; o narrador assume as funções de um repórter ou de um historiador de formação científica; a sua ideologia não oculta a dívida com as idéias de Taine e Zola. Aqui, a verossimilhança é interior ao romance, deflagrada por fatores pessoais e/ou estéticos, postos em funcionamento pelo narrador no seu papel de testemunha, eventualmente oriundos das correntes anti-realistas que iriam coagular-se no Simbolismo e no Decadentismo. Ali, o registro frio dos fatos; aqui, a liberdade da fantasia e do idealismo, que acabariam predominando em *O Mandarim* (1879), *A Correspondência de Fradique Mendes* (1900), *A Cidade e as Serras* (1901), entre outros. Para abreviar, *Os Maias* vale mais como documento de época do que como testemunho: o incesto que articula a trama parece menos resultante da conjuntura social portuguesa daquela época que das características estéticas e individuais de Eça de Queirós como autor de ficção. O historiador da Literatura que observar com rigor uma e outra dimensão do texto, distinguindo em cada uma das microestruturas a percentagem documental e a testemunhal, estará certamente mais apto a proferir um julgamento isento, equilibrado e convincente.

Bibliografia

BAUER, Wilhelm – *Introducción al Estudio de la Historia*, trad. Luis G. de Valdeavellano, Barcelona: Bosch, 1944.

BLOCH, Marc – *Introdução à História*, trad. Maria Manuel Miguel e Rui Grácio, Lisboa: Publicações Europa-América, 1965.
BRAUDEL, Fernand – *Écrits sur l'Histoire*, Paris: Flammarion, 1969.
COELHO, Jacinto do Prado – *Problemática da História Literária*, 2.ª edição revista e ampliada, Lisboa: Ática, [1972].
RICOEUR, Paul – *Histoire et Vérité*, Paris: Seuil, 1964.
TACCA, Oscar – *La Historia Literaria*, Madrid: Gredos, 1968.
WELLEK, René e WARREN, Austin – *Theory of Literature*, Great Britain: Penguin, 1976.

HISTORIOGRAFIA (LITERÁRIA) À FLOR DA PELE

HEIDRUN KRIEGER OLINTO
Pontifícia Universidade Católica do Rio de Janeiro

O título de minha exposição, *Historiografia (literária) à flor da pele,* circunscreve um tipo de historiografia autobiográfica produzida por historiadores e teóricos da literatura no final dos anos 80 e disseminada durante a década subseqüente que permite sinalizar – timidamente pelo menos – complexas articulações entre uma história da vida privada, as convicções profissionais explicitadas em comunidades científicas no espaço da academia e comprometimentos e atitudes tácitas ou expostas em determinados contextos histórico-políticos "interessantes". Esses experimentos devem a sua configuração a certos fatores interligados e traduzíveis, na esfera das ciências humanas, como *despertar epistemológico.* O termo, usado com especial ênfase pela chamada *nouvelle histoire* francesa nos anos 70, marcou o campo disciplinar da história afetando os pressupostos de sua teorização, de sua investigação prática e de sua escrita, motivando uma série de reflexões sobre modelos de explicação e as formas de sua tradução historiográfica, tornando visível o envolvimento pessoal do historiador em seu ofício profissional, praticado na esfera institucional da academia.

A ressonância desta revolução paradigmática de ordem epistemológica, com efeitos políticos, percebe-se no crescente interesse pela reflexão teórica aliada a experimentos práticos de historiografia, sintetizada pelo historiador francês Michel de Certeau (1982) na expressão de *opération historique*. Essa bela fórmula relacionada ao conjunto de ações implicadas nesta empreitada pela combinação de um lugar social, de práticas científicas e da escolha de uma forma de representação, deu margem especial a experimentos de historiografia (auto)biográfica colocando no centro da investigação o historiador auto-reflexivo e as suas estratégias de produção de conhecimento, fruto de sua adesão a determinadas teorias privilegiadas, de sua inserção em espaços institucionais acadêmicos, de suas convicções e atitudes *extramuros*, seja na esfera de sua vida particular, seja na esfera pública, a partir de determinados comprometimentos e posicionamentos políticos tácitos ou declarados e exibidos.

1. Quando o historiador francês Pierre Nora publicou em 1987 uma coletânea com o título *Essais d'ego-histoire*, um experimento historiográfico baseado em depoimentos de sete entre os mais representativos novos historiadores franceses, responsáveis em parte por este "despertar epistemológico", ele não só transforma convicções teóricas e epistemológicas em prática, mas torna pública uma discussão até então encerrada no espaço restrito de uma comunidade científica unida por compromissos institucionais, de modo geral mantidos fora do alcance de possíveis engajamentos políticos (Nora, 1987). Naquele volume o autor recolhe "autobiografias intelectuais" desses historiadores – entre os muitos chamados que declinaram do convite – que, assumindo expressamente a primeira pessoa do singular, expõem aspectos de sua vida pessoal, tentando vinculá-los com a sua experiência profissional e acadêmico-institucional em diversas fases de sua existência. Tratando-se de integrantes de um grupo que nasceu nas primeiras décadas do século XX e que ingressou na comunidade científica dos historiadores após a Segunda Guerra Mundial, fica patente que a sua vida se inscreve na história contemporânea marcada por momentos políticos de extrema gravidade e complexidade.

A publicação destes ensaios de ego-história abalou ainda uma espécie de tabu profissional que René Rémond, um dos autobiógrafos do volume, formulava no subtítulo da sua contribuição, do seguinte modo: "Os historiadores não se confessam" (Rémond, 1989: 287). Um tabu que, de certo modo, funcionava como álibi conveniente para que um historiador – testemunho da história contemporânea de 1933 a 1945, participante ou não da Resistência, colaborador ou não de Vichy, defensor ou crítico da guerra da Argélia – pudesse esquivar-se de tomar uma posição explícita em questões políticas tão candentes capazes de queimar o próprio corpo. Os historiadores – em função dos compromissos de sua profissão com a realidade objetiva pressupondo isenção, imparcialidade, neutralidade em seus processos de observação e produção científica – assim, não precisavam submeter-se ao rito da confissão (ou da inquisição). O historiador britânico Peter Burke cita na introdução do livro *A escrita da história* uma carta famosa de 1902, em que o editor da *Cambridge Modern History* insiste com o seu grupo de colaboradores internacionais que "a nossa história de Waterloo deve ser tal que satisfaça do mesmo modo a franceses e a ingleses, alemães e holandeses" deixando os leitores incapazes de perceber a passagem da caneta de uma mão para a outra (Burke, 1992: 15). O libelo a favor da visibilidade do historiador e de suas estratégias de profissão é uma conquista muito posterior e, hoje, o produto de seu trabalho científico não se legitima tão somente em função do seu conhecimento específico, cultural e social, mas igualmente pela circunscrição de seu próprio lugar social histórico evidenciando, deste modo, a função participativa e seletiva de sua atuação. O que se impôs foi, assim, uma consciência aguda da posição do observador de segunda ordem no processo de investigação, o que confere à história como ciência um estatuto singular. Ela não corresponde à ressurreição ou reconstrução de um real passado, mas a um arranjo seletivo, que, ao comportar aspectos de subjetividade, deixa de ser uma construção definitiva, trocando-se essa qualificação pela honestidade intelectual. Se, nesta perspectiva, fatos não são dados, mas construídos a partir de escolhas do historiador, que com elas constitui um corpus de fontes privilegiadas de acordo com suas possibilidades, competências e preferências, o papel do historiador como observador e construtor ganha uma nova dimensão e precisa ser explicitado. Além da busca do conhecimento histórico – legitimada pelo consenso intersubjetivo dos pares que formam um grupo corporativo institucional –, infiltram-se, entre outros, interesses pessoais, interesses ideológicos, ambições em relação à carreira e posturas face a demandas sociais e políticas que dão perfil às suas escolhas, escapando, via de regra, ao olhar do leitor, porque assumidamente os historiadores se sentiam avessos à confissão, justificando essa atitude, até bem pouco, pelo álibi da neutralidade científica (Olinto, 2003).

É no âmbito destas questões que se pode compreender o interesse despertado pelas ego-histórias de um grupo profissional, a partir da possibilidade de entender a tarefa do historiador e as suas realizações historiográficas no contexto da extensa rede de pressupostos que exibem igualmente os seus compromissos com uma comunidade científica que funda a sua objetividade na intersubjetividade – a avaliação por seus pares – acentuando, deste modo, o caráter público do empreendimento científico do historiador. Nesta ótica, sublinha-se que pesquisas são guiadas por pressupostos filosóficos e pelo ambiente sociocultural político do historiador. Por outro lado, a semi-distância – entre extremidades polares subjetivas e objetivas – permite conferir contornos ao seu objeto de investigação e torna desejável, para a elaboração de métodos de análise, a contribuição desse projeto ego-histórico inovador, porque nesse tipo de construção do conhecimento histórico emergem simultaneamente aspectos relativos ao mundo privado, profissional e público, numa co-presença que escapa à capacidade explicativa de modelos dicotômicos e processos fundados sobre relações de causa e efeito. Além do mais, quando se trata da história do presente – e os ego-escritos inserem-se sempre na dimensão da história atual vivida – ela é inevitavelmente cruel, como diria Pierre Nora no ensaio "O historiador e o acontecimento do presente", porque ela rema quase fatalmente contra a corrente da imagem que um indivíduo, ou uma sociedade, tem vontade ou necessidade de construir acerca de si mesmo para sobreviver e, por isso, ela fere e deixa a sensibilidade à flor da pele. "Quando se trabalha com carne viva, ela reage e sangra. Imagine que, em vez de ter descoberto os registros da Inquisição, Le Roy Ladurie tinha descoberto registros da Gestapo com o interrogatório de todos os habitantes de Montaillou." (Nora, 1984: 53).

Ainda que Pierre Nora inicie a "Conclusão" de *Ensaios de ego--história* com a constatação de que as sete contribuições testemunham uma "abertura brutal", evidenciando que uma "bulimia tenaz" apodera-se dos historiadores (Nora, 1988: 343), ele termina decepcionado diante de "certa timidez perante o exercício proposto", justificando-a com as hesitações e inquietações que marcaram a aceitação do convite, mesmo que este não deixasse de mostrar "um entusiasmo e uma coragem que é preciso aplaudir." (p. 360).

Jacques Le Goff, por exemplo, é explícito ao avisar que só falaria de sua vida privada se ela pudesse esclarecer a sua vida de historiador. "O meu empenho num meio de historiador e na compreensão do meu tempo, numa perspectiva histórica, foi grande. A minha vida não se reduzia a isso e do resto não falarei". As suas reticências são justificadas pelo caminho delicado da transformação por vezes errônea e ilusória da memória – "aquilo que procuro lembrar e lembrar-me." (Le Goff, 1989: 177). Essa contenção manifesta-se de modo proporcional quando ele se refere às lembranças familiares da infância dando destaque, além do contraste entre o caráter do pai e o da mãe – taciturno o primeiro, expansiva a última – à clivagem essencial que "me marcou profundamente tanto na minha individualidade como na minha reflexão histórica."

Le Goff refere-se à religiosidade da mãe que era cristã, "do cristianismo do medo, do sofrimento e do sacrifício", em conflito com "o meu pai, de modesta família bretã, crente e praticante sem problemas." (p. 179). Uma incompatibilidade que fez com que "o casamento corresse o risco de se afundar." (p. 182). Segundo o autor, a força de sua própria fé lhe permite enfrentar experiências difíceis vividas durante a ocupação. "Tive à frente dos meus olhos o horror da perseguição anti-semita (...). Tudo isto compõe este sentimento de aversão muito poderoso que guardo relativamente à ignonímia do regime de Vichy, o sentimento de uma humilhação inesquecível, imperdoável." (p. 202). Essa sensação de impotência encontra consolo na religião, porque a sua militância política "corresponde a uma necessidade constrangida", que em todo caso cessa no final de 1962 por uma razão inteiramente de ordem pessoal: "Acabava de me casar. Minha mulher chegava da Polônia, eu devia-lhe – e era uma felicidade – uma boa parte do meu tempo." (p. 218). O testemunho autobiográfico termina sintomaticamente com a reiteração dessa felicidade: "Um casamento feliz trouxe-me estabilidade e felicidade enriquecidas pelo nascimento de dois filhos..." (p. 253).

O depoimento ego-histórico de Maurice Agulhon, em contrapartida, alia o seu envolvimento com a esfera política expressamente com a esfera de sua vida privada. "Todo o meu ambiente familiar social era de esquerda". (p. 24). O autor assume, então, explicitamente a sua opção comunista. "Atirei-me efetivamente para a militância (...), sacrificando a vida privada por espírito de verdadeiro sacrifício, do que por profunda incapacidade de assumir uma vida privada. Há uma patologia no fanatismo. Talvez eu me tenha aproximado dele". (p. 28).

De um modo geral, são brandas as confissões capazes de contrariar uma auto-representação que frustra as expectativas de um eventual leitor, sobretudo quando as atitudes dos envolvidos não se alinham com um ideário de esquerda positivamente avaliado pela opinião pública. Pierre Chaunu é uma inesperada exceção ao declarar a sua enfática oposição à contestação estudantil de Maio de 68 colocando-se convictamente "daí em diante à direita." (p. 92). As suas razões deixam transparecer questionamentos morais, raramente confessados com tanta ênfase: "se 1968 foi um choque, a legalização do aborto que é, a meu ver, o homicídio absoluto, e a campanha de manipulação ou de desinformação que preparou o terreno para a destruição de toda ética, foram um choque infinitamente maior." (p. 94).

2. O papel do observador, como articulador auto-reflexivo, nesta configuração de escritos (auto)biográficos, terá portanto um destaque significativo. Quando Hans Ulrich Gumbrecht, na qualidade de teórico, crítico e historiador da literatura e da cultura, publica no início da década de 90, na Alemanha, o livro *Uma história da literatura espanhola*, ele inaugura um novo estilo de historiografia. No lugar de um subtítulo eventual surge, na própria capa, a seguinte explicação: "O título desse livro sublinha tão somente o que hoje, de qualquer modo, deveria ser evidente, portanto quase uma tautologia: que não pode haver observação sem observadores" (Gumbrecht, 1990). Em outras palavras, não pode haver histórias independentes de seu autor. Essa afirmativa questiona pela ótica da plausibilidade epistemológica o tabu antes preservado, também, pela necessidade de assegurar uma distância crítica entre o investigador e o objeto de sua investigação. O texto introdutório é atravessado por aspectos biográficos do autor, mesclados com reflexões acerca dos motivos pessoais da escolha de estudos romanísticos em 1968, por exemplo, e convicções atuais em relação ao campo disciplinar e os pressupostos que, em 1990, orientam a investigação de seus objetos de interesse. Naquele momento, Gumbrecht assume explicitamente uma postura de observador nervoso, móvel, ou flexível, adjetivos que sublinham a consciência de que o próprio observador faz parte do objeto observado, ainda que as suas observações autobiográficas, naquele momento, limitem-se à zona profissional. De resto, ainda diria o seguinte: "Mas a resposta à pergunta sobre os motivos da minha escrita da história da literatura espanhola tornaria pública nas páginas do livro uma parte da minha esfera privada que deve continuar privada e que não pode interessar a um leitor que o comprou para conhecer algo sobre a história da literatura espanhola" (Gumbrecht, 1990: 14). Uma década depois, no entanto, é precisamente esse espaço íntimo e delicado do autobiográfico escandalosamente presente na sua escrita das biografias de Karl Vossler, Ernst Robert Curtius, Leo Spitzer, Erich Auerbach e Werner Krauss, no livro *Vom Leben und Sterben der grossen Romanisten*, que inaugura um novo gênero híbrido nos entre-espaços da história-memória-biografia e autobiografia (Gumbrecht, 2002), ostentando escancaradamente simpatias oscilantes, críticas, condescendências, ironias, obsessões e perplexidades, sobretudo em relação aos seus próprios pares, ao espaço institucional da academia e ao problemático contexto histórico-político como horizonte de sua própria iniciação nos estudos de literatura, como calouro em 68.

É no horizonte destas reflexões que emergem, assim, como alternativas eventuais e significativas, mas não como substituições, as ego-histórias centradas sobre experiências particulares e simultaneamente compartilhadas. Não como fragmentos da história do sistema literário, mas como possíveis experimentos de escritos em primeira pessoa do singular que, em lugar de totalizar essa história, preservam o seu estatuto de exemplo.

3. Aos ensaios de ego-história de Pierre Nora corresponde, de certo modo, na área dos estudos literários, o trabalho de Hans Robert Jauss, "Historia calamitatum et fortunarum mearum or: A Paradigm Shift in Literary Study", originalmente encomendado por um órgão oficial, o instituto alemão de fomento à pesquisa Deutsche Forschungsgemeinschaft. Este ensaio foi, assim, idealizado pelo autor como "piece of scholarly autobiography" (Jauss, 1989: 113) e não como análise objetiva do estado-da-arte no território disciplinar da ciência da literatura, entendendo-se, portanto, como depoimento pessoal acerca das atividades de um teórico da literatura envolvido numa mudança paradigmática de impacto radical sobre os processos de investigação teórica e metodológica. A configuração desta autobiografia historiográfica – ou historiografia autobiográfica – escrita como um capítulo da história da ciência da literatura, foi publicada em 1989 na coletânea *Future Literary Theory*, editada por Ralph Cohen, como documento acerca do seu envolvimento pessoal nas transformações ocorridas no campo dos estudos de literatura. O próprio título, em latim, traduz essa intenção pela perspectiva escolhida – história de minhas desventuras e venturas. Centrado sobre o advento da Estética da Recepção, em fins dos anos 60, o autor oferece, portanto, a *sua* visão sobre as razões de abandono dos caminhos das distintas filologias de cunho histórico-positivista a favor de uma ciência da literatura construída como processo de comunicação literária. O problema enfrentado por Jauss dizia, então, respeito ao modo de transformar experiências subjetivas em prognósticos objetivos sem violar a regra básica da comunidade científica tradicional: "a scientist should never attempt to judge his own contributions whether significant or not, but specially when not." (p. 112). Nesta situação, a sua opção pela focalização do futuro passado da disciplina permite-lhe esboçar um segmento da história de "scholarship" do qual ele participou pessoalmente, tanto na qualidade de líder e testemunha ativa quanto de objeto passivo. Uma opção que o livra, ao mesmo tempo, da lógica do desenvolvimento linear como conseqüência teleológica de início, meio e fim obedecendo a uma ótica retrospectiva e lhe permite ensaiar uma história a partir da descontinuidade de sua vivência pessoal articulada com as experiências e o horizonte de expectativa do seu grupo de pesquisa. Esta pequena comunidade científica então emergente, conhecida como Escola de Konstanz, tornou-se a primeira geração pós-guerra empenhada na renovação dos estudos de literatura no espaço institucional da recém criada universidade como reflexo das reformas de 68 a favor da democratização do ensino acoplado ao próprio projeto da democratização da Alemanha pós-guerra. Enquanto durante a reconstrução das universidades alemãs – "após os excessos das histórias nacionalistas da literatura no período hitleriano" (p. 114) – as filologias modernas se voltaram para os campos convencionais dos estudos literários baseados no historicismo neo-positivista, na análise formal do texto e de sua interpretação imanente, afastadas de quaisquer controvérsias políticas e sociais, o projeto de Jauss acentuava e defendia a relevância científica e social de sua disciplina. É neste sentido que ele vincula a sua trajetória pessoal, por um lado, com o bem sucedido projeto científico por ele incentivado, naqueles anos iniciais, e por outro, com um projeto político maior após o interregno nazista: a democratização da Alemanha.

Mesmo assim, o ensaio termina com sentimentos de frustração porque, na visão de Jauss, o projeto da Estética Recepcional, tendo ganhado inquestionável prestígio internacional, na Alemanha não se transformou em programa modelar para os estudos de literatura na própria Alemanha, em função de um alegado "controle oficial exercido sobre a educação e por causa de uma política universitária restritiva nos anos 70." (p. 124).

Se o objetivo da coletânea idealizada por Ralph Cohen como revisão da história da teoria da literatura e de seus vínculos com movimentos políticos inclui o oferecimento de perspectivas ocultas acerca dos pressupostos de teorias da literatura e suas transformações nas últimas décadas, a historiografia autobiográfica de Hans Robert Jauss permanece, obviamente, no limbo das expectativas – e promessas – do organizador e contrasta com a abertura franca de outros ensaios da mesma coletânea frustrando todas as expectativas. A dimensão pessoal dada ao seu ego-escrito não vai muito além do possível gesto de auto-representação de todo um pequeno grupo científico, como a Escola de Konstanz. Neste sentido, a *historia calamitatum et fortunarum mearum* de Hans Robert Jauss se entende simultaneamente como exemplo singular e como história exemplar. Não porque, escrita em primeira pessoa, ela traduz uma experiência única, mas porque esta experiência se (re)constrói interativamente com a experiência de uma comunidade acadêmica que habita o espaço institucional da construção de um saber. Que, por seu lado, não flutua no vácuo social e político.

4. Se compararmos essa autobiografia intelectual com as ego-histórias publicadas na mesma época pelos historiadores franceses, chama atenção o acento sobre a vida de Jauss enquanto teórico integrado em uma comunidade científica que enfrentou controvérsias institucionais internas aliadas a dificuldades e desinteresse por parte dos órgãos de administração governamental externa responsáveis pelos programas curriculares oficiais do ensino escolar. As frustrações, pequenas alegrias e orgulhos perceptíveis em suas manifestações localizam-se neste âmbito que não abre brechas para a esfera da vida privada e tampouco para reflexões vinculadas com a sua inserção na esfera pública em momentos tão significativos e excepcionais da história política alemã. Os excessos do "período hitleriano" são computados por ele tão somente na qualidade de acentos exagerados sobre histórias "nacionalistas" da literatura. Estas ausências (voluntárias?) são cobradas e investigadas posteriormente por seus biógrafos, entre eles Hans Ulrich Gumbrecht e Christa Bürger, por exemplo, que insinuam hipóteses sobre as suas nebulosas condutas nos tempos do Nacional Socialismo e sobre as razões do significativo e obstinado ocultamento por parte de Jauss.

A publicação, em 2003, de *Mein Weg durch die Literaturwissenschaft* (Minha trajetória na ciência da literatura), de Christa Bürger, em que a renomada teórica da literatura esboça uma história da teoria da literatura dos anos 60 até hoje, a partir de suas experiências e lembranças pessoais – entre outras, até 1998 como professora na Universidade de Frankfurt – oferece algumas pistas. A teórica da literatura sequer menciona o projeto da Estética Recepcional, e o nome de Jauss comparece uma única vez enterrado em pequena nota de rodapé. As razões desse esquecimento intencional nos permitem entrar novamente nos meandros intransparentes de um campo disciplinar institucional em que se cruzam as preferências por certas propostas teóricas com determinados projetos políticos (Bürger, 2003).

"A Bürger vermelha", assim passou a ser conhecida, durante certo tempo, a jovem professora de língua e literatura alemãs, que iniciou a sua docência junto com a sua militância política, na época conturbada dos movimentos estudantis e da reforma do ensino em 68. O seu gesto manifesto naquela nota – sem uma palavra sequer sobre o inquestionável lugar na história da ciência da literatura daquele que reclama para si o mérito de ter encadeado uma mudança paradigmática de alcance internacional – pode ser lido como revide tardio da autora, por ter ele mesmo marginalizado (e também em nota de rodapé) um teórico da literatura como Werner Krauss. Com o seu ensaio "Literaturgeschichte als geschichtlicher Auftrag" (História da literatura como tarefa histórica), de 1950, esse injustiçado intelectual de esquerda – que não tinha sucumbido à cooptação pelo regime nazista, nem dentro, nem fora do espaço institucional da universidade, e que fazia parte do grupo de resistência *Rote Kapelle* tendo a sua condenação à morte transformada em cinco anos de prisão – teria sido, não só segundo Christa Bürger, o precursor e mentor das idéias de autocrítica presentes no famoso manifesto-programa de Jauss, merecendo um reconhecimento explícito que lhe foi negado pelo silêncio. A indignação de Bürger e o seu distanciamento irreconciliável do teórico de Konstanz – numa época em que já faziam parte do domínio público as suas insuspeitas simpatias com o Nacional-Socialismo – expressam-se neste singelo desabafo que alia motivos de ordem metodológica com convicções morais e políticas: "Eu teria desejado não ser justamente Hans Robert Jauss a escrever o prefácio para a edição das anotações de Werner Krauss em *Vor gefallenem Vorhang*" (Bürger, 2003: 80). Mesmo se neste prefácio da obra póstuma, publicada vinte anos após a morte do autor, o teórico, finalmente, o destaca como "testemunha-chave do século" e reconhece explicitamente o seu próprio débito a Krauss.

Hans Robert Jauss morreu em 1997. Em Maio daquele mesmo ano se realiza um congresso em Düsseldorf com o seguinte tema central: o caso do antigo membro da SS, Hans Ernst Schneider, que iniciou uma notável carreira universitária após 1945, como Hans Schwerte, cuja falsa identidade foi descoberta em 1995 por ocasião das rememorações dos cinqüenta anos do fim da guerra (Loth & Rusinek, 1998). Os debates giraram em torno do clima social, cultural e político no início da década de 50 quando os estudos germanísticos se encontravam ainda em mãos de antigos membros do NSDAP, em torno do tratamento – ou do silenciamento – do passado nazista e dos crimes de guerra na esfera pública, inclusive nas posturas das universidades, sublinhando-se a auto-estilização de muitos intelectuais, ora como vítimas ou como participantes da resistência a Hitler, ora ocultando ou negando qualquer afinidade com o Nacional-Socialismo.

Deslocando as discussões para o campo das ciências humanas, e mais especificamente para os estudos literários, o germanista Jochen Hörisch apresentou neste congresso uma palestra explosiva acerca do território politicamente problemático dos estudos literários, na Alemanha, ao comparar o caso Schneider-Schwerte com o caso de dois teóricos da literatura, Paul de Man e Hans Robert Jauss. Comum aos dois últimos o destaque que ganharam na ciência da literatura como intelectuais engajados em mudanças paradigmáticas e, no caso de Jauss, como participante ativo da reforma universitária integrada ao projeto da democratização da Alemanha pós-guerra, e comum aos três o perfil ostentado de liberais de esquerda, ainda que simpatizantes do nazismo até 1945, além do ocultamento voluntário dessa parte de sua biografia passada.

Em todo caso, um silenciamento misterioso e compartilhado, porque muitas pessoas devem ter conhecido e acompanhado, no caso dos três, a passagem de uma ideologia nazista para uma ideologia liberal de esquerda. Possivelmente um ocultamento menos incompreensível porque segundo teses oportunistas prevalecia uma vontade irresistível entre os intelectuais acadêmicos de pertencer à elite, seja no tempo 33-45, seja no tempo das manifestações estudantis e nas reformas de 68. No espaço universitário e no projeto democrático na esfera pública, Paul de Man e Jauss traduzem duas figuras paradigmáticas de duas teorias da literatura paradigmáticas, tendo ambos um passado político complicado. Jauss, com formação hermenêutica de esquerda, teve importância significativa nos anos da reforma universitária, com o seu modelo da Estética da Recepção, disseminado em escala internacional durante a década de 70. E Paul de Man, nos anos 80-90 com o seu projeto fundador para novos estudos de literatura.

Como justamente esses porta-vozes da conscientização e da modernização do ensino podiam estar envolvidos no maior desastre moral do século XX?

A pergunta que se impõe no caso de Paul de Man, é como o mais importante teórico da chamada desconstrução, de inquestionável repercussão em toda a esfera das ciências humanas e sociais e de grande sucesso nas universidades americanas da costa leste, também tradicionais territórios liberais de esquerda, podia ter sido articulista de um jornal belga colaboracionista, escrevendo ensaios de nítido impulso anti-semita quando o seu projeto teórico acentuava justamente a necessidade de uma conscientização ética – e política – radical? Para os biógrafos esta circunstância transformou-se em fato incontornável, sublinhado ironicamente na esfera moral da vida privada, no caso de Hans Schwerte – por seu casamento posterior com a própria viúva e, no caso de Paul de Man, por sua fuga da Bélgica por causa de dívidas, pelo abandono de sua mulher no Brasil e por seu casamento posterior nos Estados Unidos já com identidade modificada como renomado professor da Universidade de Yale. A referência a Jauss como atual líder da Estética da Recepção, em ocasiões posteriores à descoberta de sua adesão ao partido nazista, é acompanhada pelo teórico da literatura Tzvetan Todorov, por exemplo, pela qualificação de "antigo membro da Waffen SS". O próprio Jauss, sob o peso do ostracismo por causa do passado marrom, ensaiou algumas explicações pouco antes de morrer, desculpando a sua adesão como equivocada avaliação de um sinal de modernidade progressista. O seu distanciamento de comprometedoras cartas descobertas do jovem SS, justificado por ele pela falta de coragem de lê-las por ter se tornado estranho a si mesmo.

O Decano da Faculdade de Filosofia da Universidade de Erlangen-Nürnberg, quando se tornou pública em 28.04.95 a verdadeira identidade de Hans Schwerte, incentivou um debate político-moral sobre a posição das universidades durante o Terceiro Reich, a partir da seguinte afirmação polêmica inicial: não temos o direito de julgar moralmente uma geração anterior só porque somos posteriores, escapando ao dilema daquela geração. A sua observação vinculada com a apatia das elites intelectuais mesmo após 45 – ou com as simpatias sobreviventes com o passado nazista – acrescentada pela convicção de que o currículo de Schwerte se assemelha em muitos aspectos à transformação da própria Alemanha, empenhada, igualmente, em adotar uma nova identidade, sublinha a situação das universidades alemãs que, de forma alguma, tinham se transformado em fortalezas de resistência a Hitler e mesmo nos anos do pós-guerra, não se destacaram como espaços de um pensamento anti-conformista.

Os argumentos oferecidos por Jochen Hörisch situam-se a favor do abandono do esquema tradicional da relação causal entre vida e obra, segundo o qual uma boa teoria deveria fundar-se numa boa biografia – politicamente correta e íntegra – porque a desqualificação moral de seus autores, em nada altera qualquer linha de seus textos. Hans Ulrich Gumbrecht em suas últimas reflexões acerca da função do intelectual como catalisador de complexidades – o que ele chama de pensamento de risco – aventa uma hipótese mais complexa e sobretudo mais ousada. Para ilustrar os seus argumentos, o autor cita Jaques Derrida que se aproveitava da liberdade específica do intelectual acadêmico ao considerar que, na análise da obra de Heidegger, o problema não seria meramente a indagação se o filósofo era fascinado pela ideologia do nazismo mas, antes, se a sua filosofia *sem* esta fascinação poderia ter atingido as questões mais importantes e significativas para nós (Gumbrecht, 2002: 145).

Um último exemplo que sinaliza essa complexa rede associativa entre vida e obra, em *Vom Leben und Sterben der grossen Romanisten*, levanta a seguinte indagação: em que sentido a experiência da literatura foi uma ajuda na superação de desafios existenciais, porque para o romanista Karl Vossler, por exemplo, a experiência da literatura fazia tão profundamente parte de sua vida que se possa apostar na fusão entre as duas dimensões. A resposta da mulher de Vossler a uma carta de condolências recebida por ocasião do seu falecimento, em 1949, permite ilustrar a questão: "O seu maior desejo tinha sido poder deixar este mundo porque considerava o seu trabalho terminado". Uma carta que Hans Ulrich Gumbrecht comenta nestes termos: "Pessoalmente eu me sentiria aliviado se para um homem como Vossler após 1945 não teria sido apenas uma realização pessoal o motivo de desejar a morte, mas também a idéia de que o colapso coletivo tivesse colocado em questão, de forma definitiva, a própria realização pessoal. E eu digo isso precisamente porque, para mim, Karl Vossler faz parte das figuras veneradas da história da minha disciplina". (Gumbrecht, 2002: 47).

5. Os exemplos comentados tiveram por finalidade destacar nesta encenação de ego-história intelectual a importância dada ao inescapável cruzamento de linhas que conectam a auto-expressão subjetiva de intelectuais de Letras com as idéias do seu tempo, com as mudanças provocadas pela emergência de novas propostas, plausibilidades e preferências que ultrapassam não só a esfera dos debates em seu campo disciplinar e de sua comunidade cientifica em direção a interesses transdisciplinares, mas abrangem igualmente o espaço público de dimensões políticas e relações que atravessam as fronteiras nacionais. Essas articulações não se explicam por meras relações de causa e efeito, mas como vinculações complexas que se entendem como heterárquicas e contingentes e, por isso, em permanente mudança.

O meu olhar sobre estas novas práticas historiográficas (auto)biográficas – e, por extensão, sobre memórias e histórias pessoais – a partir da leitura crítica de seus pressupostos teve, assim, por objetivo avaliar o seu potencial sugestivo para redimensionar possibilidades de escrever histórias de literatura. No caso, ego-histórias sobre os próprios estudos de literatura. Neste âmbito, parece-me justo deixar a palavra final a Gumbrecht, que circunscreve assim essa *sua* história de uma geração de teóricos da literatura: foi como um último tango, mas foi difícil sincronizar o ritmo dos dançarinos, porque no tango a complementaridade da seqüência dos passos não é garantida previamente. Os pares desta dança idealizados pelo autor: Vossler com Auerbach, Curtius com Spitzer e Krauss – o único intelectual de esquerda – obviamente, com o próprio autor, revelando com este gesto o zelo com a auto-imagem.

Dito de outro modo, nesta coreografia proposta, o observador se funde explicitamente com o objeto de sua observação e os processos biográfico e historiográfico se cruzam com a autobiografia, numa clara sinalização de que, hoje, os historiadores querem assumir a sua presença nas histórias que oferecem, arruinando o abismo entre a primeira e a terceira pessoa. Deixando as próprias sensibilidades à flor da pele. Não descuidando, no entanto, da simultânea estilização da auto-representação correspondente à imagem que pretendem projetar para os outros.

Referências Bibliográficas

AGULHON, Maurice. "Visão dos bastidores". *In*: Nora, P. *Ensaios de ego-história*. Lisboa: Edições 70, 1989, pp. 13-62.
BÜRGER, C. *Mein Weg durch die Literaturwissenschaft*. Frankfurt: Suhrkamp, 2003.
BURKE, P. (org.). *A escrita da história. Novas perspectivas*. São Paulo: Unesp, 1992.
CERTEAU, M. de. *A escrita da história*. Rio de Janeiro: Forense Universitária, 1982.
CHAUNU, Pierre. "O filho da morta". *In*: NORA, P. *Ensaios de ego-história*. Lisboa: Edições 70, 1989, pp. 63-107.
GUMBRECHT, H. U. *Vom Leben und Sterben der grossen Romanisten*. München: Carl Hanser Verlag, 2002.
GUMBRECHT, H. U. *Eine Geschichte der Spanischen Literatur*. Frankfurt: Suhrkamp, 1990.
GUMBRECHT, H. U. "Riskantes Denken". *In*: WENZEL, Uwe Justus (Org.). *Der kritische Blick*. Frankfurt: Fischer, 2002, pp. 140-147.
JAUSS, H.R. 1989. "Historia calamitatum et fortunarum mearum or: Paradigm Shift in Literary Study". *In*: R. Cohen (ed.). *Future Literary Theory*. New York & London: Routledge, 1989.

LOTH, W. & RUSINEK, B-A., *Verwandlungspolitik. NS-Eliten in der Westdeutschen Nachkriegsgesell-schaft*. Frankfurt/New York: Campus, 1998.

NORA, P. *Essais d'ego-histoire*. Paris: Gallimard, 1987.

NORA, P. *Ensaios de ego-história*. Lisboa: Edições 70, 1989.

NORA, P. "O acontecimento e o historiador do presente". *In*:___ et alii. *A nova história*. Lisboa: Edições 70, 1984, pp. 45-56.

LE GOFF, Jacques. "O desejo pela história". *In*: NORA, P. *Ensaios de ego-história*. Lisboa: Edições 70, 1989, pp. 171-235.

OLINTO, H.K. "Pequenos ego-escritos intelectuais". *Palavra*, 7, 2003, pp. 24-44.

RÉMOND, R. "O contemporâneo do contemporâneo". *In*: PIERRE NORA. *Ensaios de ego-história*. Lisboa: Edições 70, 1989, pp. 287-341.

FIGURAS DA MODERNIDADE: INDIVIDUALISMO, 'ESTETICISMO', HISTORICISMO E OUTRAS COISAS MAIS...

FERNANDO VIEIRA PIMENTEL
Universidade dos Açores

0. A história da literatura nasce com o romantismo, que corresponde a um tempo de ruptura, a um momento seminal no seio da cultura e da civilização ocidental; nele culmina (em termos complexos, que mais adiante veremos) o longo e acidentado processo da chamada modernidade. Ora, a modernidade é uma daquelas categorias de índole periodológica acerca da qual, talvez pela sua amplitude e fluidez, todos temos opiniões; mas é igualmente uma daquelas que nos oferece maior resistência quando procuramos defini-la adequadamente. Dada a sua crucial importância para a compreensão da especificidade cultural do Ocidente – logo para a compreensão da génese e dos fundamentos da história da literatura –, acho que valerá a pena deter-me nela. Não com a pretensão de ser original, pois a bibliografia, oriunda de vários campos conhecimento, sobre a modernidade é vasta, de grande qualidade e dela naturalmente me servi. Ocasiões há, todavia, em que retomar 'lugares' conhecidos – e mais ainda quando na assistência há alunos de mestrado, jovens professores em começo de carreira – pode não significar perda de tempo.

Permitam-me, entretanto, que faça duas breves observações preliminares. A primeira prende-se com o termo 'esteticismo', que integra o subtítulo e, ao contrário dos outros, está marcado. Hesitei muito em utilizá-lo pois não queria que fosse entendido no sentido hiper-formalista adquirido no âmbito do decadentismo ou das teorias da 'arte pela arte'. Cheguei a pensar nos alternativos 'estetismo' e 'esteticidade', convicto de que o decurso da reflexão lhes conferiria sentido e legitimidade.

De qualquer modo, o que eu pretendo aqui vincar é o forte impacto que, directa ou indirectamente, e desde os seus primórdios setecentistas, a filosofia estética teve entre os homens de pensamento e os artistas em geral. De resto, a estética, no específico sentido que lhe deram os seus criadores, é inconcebível fora da modernidade, e vice-versa, como também veremos. A segunda questão reporta-se à natureza da comunicação que vão ouvir. Trata-se de um trabalho – noto-o bem agora... – menos estruturado do que fragmentário e mais extensivo do que intensivo. A intenção inicial foi boa: dar-vos uma panorâmica de um tema que acho fundamental para a compreensão do que ainda hoje somos feitos. Acerca do resultado conseguido, já não estou tão seguro, até porque há personalidades, domínios e momentos que nem aflorados foram.

1. Antes de mais, a modernidade – cujo étimo (*modernus*: "algo que está a acontecer", "o que é do nosso tempo") se gera no século V da nossa era – é indissociável da mudança na percepção do tempo operada pelo Cristianismo. Ao oporem-se à ideia do eterno retorno, aos modelos cíclicos que os Antigos propugnavam, o Cristianismo opta por uma concepção linear e teleológica do tempo, o que traz consigo importantes consequências, de que destaco: o reconhecimento da alteridade do passado e do presente, a decorrente possibilidade de valorização do binómio presente-futuro e a criação de uma história inteligível e impregnada de sentido. Se nos lembrarmos de que, para gregos e romanos, os *exempla* vinham dos seus maiores, dos homens ilustres de antanho – não foi por acaso que a chamada 'imitação' teve o prestígio que teve... –, logo perceberemos por que razão o aparecimento do tempo irreversível[1] não pôde deixar de conduzir a uma mundividência muito diferente.

Mas as profundas implicações do Cristianismo não se ficam por aqui. Ao encarnar em Cristo, Deus fez-se homem, inoculando no íntimo de cada indivíduo não apenas a consciência da sua dignidade como pessoa inconfundível, mas de igual modo a consciência da sua pertença a uma mesma e mais vasta humanidade – pondo assim cobro, pelo menos em sede teórica, à divisão entre gregos e bárbaros, judeus e gentios, senhores e escravos, etc., etc. Evidentemente, um processo destes, onde se misturam individualismo e universalismo, não é linear, nem se faz de um dia para o outro, ou está isento de contradições e dualismos. Basta

---

[1] Cf. Matei Calinescu, *As cinco faces da modernidade*, Lisboa, Vega, 1999, p. 25.

dizer que o referido individualismo, indiscutível pedra de toque dos tempos modernos, só virá a conhecer um significativo incremento vários séculos depois, sob a acção conjugada do Renascimento e da Reforma protestante. Neste último caso – que Hegel viu como o primeiro grande acontecimento do "nosso tempo moderno"[2] –, tal significa que é ainda no interior do Cristianismo, agora irreversivelmente cismático, que se vai proceder a uma efectiva clarificação sobre qual o efectivo peso de cada um de nós, pessoas específicas, nas relações entre o homem e Deus.

Inconformados com a mediação da Igreja Católica, tida por autoritária e corrupta, os protestantes pugnam pela necessidade de remontarem ao Cristianismo primitivo de base bíblica e de serem eles próprios, sob a inspiração do Espírito Santo, os intérpretes directos e insubstituíveis da palavra divina. Há qualquer coisa de paradoxal na atitude dos protestantes (mas até nisso anunciam a modernidade...): por um lado, defendem que a liberdade do homem reside primordialmente na completa obediência à vontade imperscrutável de Deus; por outro rebelam-se contra a teologia escolástica, incentivam a autonomia dos crentes, dinamizam as nossas faculdades críticas, tornam irreversível a abertura à interpretação e ao conhecimento. Mercê, aliás, da sua célebre trindade principial ("Só Deus"; "Só a Graça"; "Só as Escrituras") e do abismo cavado entre Deus e o Homem, o protestantismo elimina a maior parte dos elos existentes entre o céu e a terra, abrindo assim o caminho para o secular "trabalho no mundo" – agora, portanto, "desencantado" – e o consequente advento da ciência moderna.

2. O desafio à autoridade da Igreja tem como correlato, no plano secular, o desafio ao rigorismo das 'verdades eternas', estas profundamente enredadas nas subtilezas da escolástica medieval. Com o Renascimento – cujos historiadores engendram, pela primeira vez, uma estrutura tripartida da história (antiga, medieval e moderna) –, assiste-se a uma forte afirmação do homem ocidental, que se vê a si mesmo como um outro Deus, capaz de conquistar o mundo e de penetrar nos segredos

---

[2] Acerca desta questão, que surge tratada na *Introdução à filosofia da história*, vd. Michael Inwood, *Dicionário de Hegel*, Rio de Janeiro, Jorge Zahar Editor, 1997, pp. 185-188; Peter Singer, *Hegel*, Lisboa, Dom Quixote, 1986, pp. 33-61; Jürgen Habermas, *O discurso filosófico da modernidade*, Lisboa, Dom Quixote, 1990, p. 16 e ss.; Miguel Baptista Pereira, *Modernidade e tempo*, Coimbra, Minerva, 1990, p. 18 e ss.

da natureza. Estamos na época do heliocentrismo, das descobertas, do início do capitalismo, da recuperação crítico-emuladora dos Antigos; em suma, num tempo novo, revolucionário e progressivo, gerado pela vontade e pela acção do homem. Não admira, assim, que o fim do Renascimento e o período que lhe sucede se particularizem por uma paradigmática e dupla revolução: a) primeiro, a 'científica' (a qual, mediante o consórcio fecundo da matemática com a experiência, origina a substituição do antigo modelo biológico-finalista pelo novo modelo mecanicista-causalista); b) e, logo de seguida, a 'filosófica', realizada complementar e brilhantemente por Bacon (1561-1626) e Descartes (1596-1650), nomes a que não podemos deixar de prestar alguma atenção.

No caso de Bacon, por razões conhecidas e outras porventura menos conhecidas. As conhecidas são evidentemente a sua crença na aurora de uma nova civilização assente no progresso científico, a formulação e a defesa do método empírico-indutivo e a polémica denúncia daquilo que ele chama os *idola*, leia-se, os antigos modelos de pensamento, as distorções de carácter individual, as confusões silogístico-verbais e a passividade intelectual generalizada. As menos conhecidas são as que mais interesses têm para nós e foram relembradas pelo Professor Carlos Cunha na sua valiosa tese de doutoramento[3]. Trata-se do facto de se ter ficado a dever a Bacon a criação do conceito de "história literária" como uma espécie de "história profunda" da humanidade, diferente da "história político-militar" e da "história eclesiástica". Ao contemplar e distinguir, como seu objecto primordial, "as letras", "os saberes escritos" e "as ciências", a história literária baconiana sacode a tutela da Igreja, tornando-se, assim, civil, secular e eminentemente moderna, como se manterá, embora em termos distintos, aquando do seu efectivo nascimento dois séculos depois.

A acção de Descartes no seio da filosofia ocidental será, por seu lado, ainda mais relevante. É ele quem ousa colher implicações radicais do crescente individualismo que temos referido, fazendo tábua rasa da tradição aristotélico-escolástica, conferindo dignidade nuclear à dúvida generalizada e construindo sobre a sua própria subjectividade (a consciência de si) todo um completo sistema de conhecimento. O centro de

---

[3] Carlos Cunha, *A construção do discurso da história literária portuguesa do século XIX*, Braga, Centro de Estudos Humanísticos, Universidade do Minho, 2002, pp. 26-29.

gravidade da filosofia e da ciência, desde sempre assente no 'objecto' (no mundo, na realidade envolvente...), passa a situar-se no outro lado, no lado do sujeito que pensa. É certo que Descartes não porá ainda em causa o conhecimento e a existência de Deus, mas também é certo que agora é a razão humana que estabelece tal conhecimento e tal existência, e não o contrário, como era uso. Em alta crescente, nos meios mais ousados da inteligência europeia, estão a emancipação, o progresso, a crítica, a secularização; com a teologia, as Sagradas Escrituras, a autoridade papal acontece precisamente o contrário... Mas não só com elas: tempos difíceis igualmente se avizinham para a mimese, em resultado da lógica 'objectivista' que a sustenta. O primeiro passo já foi dado, com a primazia conferida ao sujeito pensante no processo cognitivo. Por enquanto, todavia, esse sujeito é demasiado racional. Falta-lhe o fulgor da imaginação, a veemência das emoções e da sensibilidade...

3. O século XVIII tornar-se-á no século da expansão e consolidação da modernidade a todos os níveis da actividade humana. O seu início é, desde logo, marcado pela urgência de novas conquistas, nomeadamente as relativas àquela parte do homem – constituída pela imaginação, pelo sentimento, pela corporeidade, etc. – que a nova razão cartesiana, triunfante, havia excluído de qualquer contributo cognoscitivo válido. Tais conquistas serão superiormente protagonizadas por Kant (1724-1804), na sequência do fecundo e prolongado debate que, quanto à questão da origem do conhecimento, opôs os racionalistas (defensores da existência no sujeito de ideias inatas, de 'verdades de razão') aos empiristas (que, ao invés, punham a tónica nos sentidos antes tão maltratados, e nas representações *a posteriori*). Personalidade conciliadora e original, o filósofo de Koinisberg consagra a supremacia das recentes 'filosofias do sujeito' sobre as velhas 'filosofias do objecto'; torna-se no representante maior da acção libertadora das Luzes, ao mesmo tempo que, em contraste com o seu formalismo e sobriedade, franqueia as portas aos grandes teóricos do romantismo europeu. De entre os múltiplos aspectos susceptíveis de ser evidenciados em obra tão multifacetada, permitir-me-ia salientar os que reputo fulcrais para o cabal entendimento dos 'novos tempos' (leia-se, como sempre, modernidade...).

Em primeiro lugar, a afirmação central de que todo o saber é relativo à estrutura do homem. Não é este que se adapta às coisas, mas estas que se adaptam às estruturas fundamentais da nossa mente. Sobre o que essas coisas são 'em si' nada podemos conhecer; como nada podemos conhecer sobre Deus ou até sobre aquilo a que chamamos mundo. É bem de ver que ao 'ocaso do mundo' – agora fruto da nossa construção, a partir das formas da sensibilidade em conjugação com as categorias do entendimento – vai corresponder o ocaso das tradicionais teorias miméticas e de todo o aparato que as suporta. Por outras palavras, está em curso a maior revolução que a poética ocidental conheceu até então: a que se vai traduzir na substituição da imitação pela invenção, das poéticas prescritivas pelas poéticas descritivas, do paradigma clássico pelo paradigma moderno.

Em segundo lugar, a necessidade que o espírito humano tem de se elevar para além das coisas efectivamente conhecidas; há nele uma estrutural exigência de absoluto, uma busca incessante dos fundamentos últimos e supremos. Essa tarefa é atribuída à razão, faculdade cuja vocação é o infinito – algo que, na lógica profunda do sistema crítico, jamais poderá ser alcançado ou demonstrado, mas apenas pensado. Atenção, todavia. Embora incapaz de alcançar cognoscitivamente o Absoluto – vamos chamar-lhe Deus –, a razão desempenha um papel regulador, o qual consiste na capacidade de dar a seguinte regra ao entendimento: "Age como se fosse possível conhecer tudo, como se fosse possível encontrar a causa última que explique a totalidade dos fenómenos". É óbvia a cautela que rodeia estas destrinças, como é óbvio o flanco que elas dão a contemporâneos e herdeiros, ao potenciarem (naturalmente que num contexto radical, como sucederá...) a reformulação dos grandes sistemas metafísicos do Ocidente.

Por último, a irreversível conquista da autonomia da arte, particularmente favorecida pela recente criação de uma disciplina, a estética, a qual vai desempenhar um papel fundamental no entrosamento das três *Críticas*. Há aqui dois elementos interrelacionados que importará salientar: 1) o primeiro é que o nascimento da estética só foi exequível depois do reconhecimento da sensibilidade como um domínio específico, passível de ampliar significativamente o conhecimento do homem pelo homem; 2) o segundo é que a autonomia ou independência da arte, em relação à moral, ao conhecimento, à política e à religião, se inscreve na progressiva erosão, que temos vindo a acentuar, da complexa teia da tradição. Ao contrário do belo clássico – indissociável do Ser ou de Deus, logo articulável com a Verdade e o Bem (pelo menos nas versões mais puras) –, o belo 'crítico' depende do juízo de gosto, a um tempo particular e universal, emitido por um sujeito singular. Um juízo que se caracteriza por reclamar a adesão dos outros, que sugere a hipótese da existência de um "senso comum" em todos nós, é um juízo talhado para unir e relacionar, para estimular a comunicação e provocar um acordo geral entre os homens.

4. A autonomia da arte vai, deste modo, sofrer posteriores 'variações', uma mais "secularizadora", outra mais "sacralizadora", porém ambas com o mesmo objectivo: oferecer uma resposta actualizada ao 'esgotamento' do Cristianismo – ele próprio, recordemo-lo, uma grande narrativa não isenta de cruciais elementos modernos, nomeadamente os relacionados com a visão finalística da história universal e com a legitimação do conhecimento em termos não do passado mas do futuro. Ora bem: cortados que foram os laços, de índole heterónoma, com as fontes religiosas reveladas, era urgente encontrar no homem e para o homem, na sociedade e para a sociedade, um sucedâneo à altura dos destronados. E esse sucedâneo aí estava – no sentimento do Belo, nas potencialidades comunicativo-unificadoras da Arte.

O primeiro, e mais ponderado, seguidor de Kant a laborar neste sentido seria Schiller (1759-1805). Para ele, a liberdade do homem era inseparável da educação, e esta por seu lado inseparável da arte. Tão importante, por conseguinte, se tornava a beleza, núcleo por excelência da Arte, que era ela quem forjava a liberdade, e não o contrário. Daí o celebrado título da série de cartas em que Schiller trata destes problemas: *Sobre a educação estética do ser humano* (1795). Aliás, ele não se ocupa apenas da 'elevação' das pessoas em particular e da humanidade em geral: o seu projecto inclui igualmente a própria "estetização" do Estado (o chamado "Estado estético"), o que levará um Habermas a falar do "papel francamente social-revolucionário" de Schiller[4]. Neste aspecto, a sua filosofia estética dá continuidade, embora em clave pós-kantiana, a grandes objectivos das Luzes, como sejam, a educação e a perfectibilidade do homem, a confiança na civilização e o elogio do futuro, a igualdade e a livre cidadania, etc.[5]). Antigo *Sturmer*, Schiller não é facilmente classificável. Tomando, todavia, em linha de conta a sua crença na voca-

---

[4] J. Habermas, *op. cit.*, pp. 51-55.

[5] "O estado estético é, em síntese, a esfera pública burguesa e utópica da liberdade, igualdade e democracia, na qual todos são cidadãos livres, 'tendo direitos iguais aos dos mais nobres'" (Terry Eagleton *A ideologia da estética*, Rio de Janeiro, 1993, p. 84.

ção da Arte para transformar a sociedade, parece-me não lhe assentar mal, pelo menos com as devidas cautelas, o rótulo de "secularizador" (entenda-se: 'iluminista' ou, noutra perspectiva, 'neoclássico'[6]...).

Em contrapartida, no âmbito da reflexão estética pós-kantiana, torna--se muito difícil não falar pura e simplesmente em sacralização da arte, quando nos queremos referir ao primeiro romantismo alemão (o romantismo teórico do círculo de Iena), que envolve pensadores como os irmãos Schlegel (1772-1829), Schelling (1775-1854) e Novalis (1772--1801). Neste caso, a questão da autonomia estética está já muito longe de corresponder, como em Kant, à autonomia do sujeito, à sua faculdade de apreciar e julgar livremente o belo da natureza ou da arte. Insatisfeitos com todo o complexo de cautelas criadas pelo sistema crítico em torno das potencialidades cognoscitivas do homem, os fundadores da revista *Athenaeum* não hesitarão em intervir no seio de duas 'velhas' relações – a da Verdade com a Beleza e a da Filosofia com a Poesia – com explícitos objectivos 'revolucionários'. Ao invés do que sucedia com o classicismo, agora é a Beleza que exprime a Verdade e a Poesia que acolhe a Ontologia, o mesmo é dizer, que o discurso filosófico deixou de ter primazia sobre o discurso poético[7]. Como se depreende, estamos em pleno coração do idealismo; ao abrigo da nova supremacia, amparado pela criação que o cria, o criador cria a criação (e reorienta, como veremos, os rumos da modernidade...).

5. O que vimos dá para perceber até que ponto as coisas estão diferentes nos finais do século XVIII, princípios do século XIX. Intrinsecamente arraigadas nos elementos *genéricos* da natureza humana, as venerandas poéticas normativas vacilam perante a rápida expansão da estética. A ruptura parece consumada ou prestes a consumar-se: à imitação prefere-se a originalidade; à permanência, a mudança; à *auctoritas*, a

---

[6] Na sua utilíssima exposição do pensamento schilleriano, conclui R. Wellek: "Schiller oferece uma teoria da literatura que adere firmemente à verdade essencial do neoclassicismo, sem a inconveniência da adesão às 'regras', [d]as falácias didácticas e [d]os pedantismos do neoclassicismo oficial" (*História da crítica moderna*, I, São Paulo, Herder, 1967).

[7] Quem não conhece a lapidar afirmação de uma das mais representativas personalidades poéticas da *Athenaeum*: "A poesia é o autêntico real absoluto. Isto é a essência da minha filosofia. Quanto mais poético, mais verdadeiro" (*Fragmentos de Novalis*, trad. de Rui Chafes, Lisboa, Assírio e Alvim, 1992, p. 65)?

liberdade; e, obviamente, à 'genericidade' a singularidade. Tais eventos não passam despercebidos a alguns dos seus protagonistas maiores, que procuram entendê-los inclusive à luz da velha e polémica oposição entre o "antigo e o "moderno" – oposição essa a evoluir entretanto no sentido de significar dois hemisférios distintos, cada qual dotado de específicos critérios e provido da sua própria legitimidade histórica. Já em 1762, Richard Hurd, nas suas *Letters on chivalry and romance*, se referia ao *clássico* e ao *gótico* como "dois mundos perfeitamente autónomos, nenhum dos quais pode ser considerado superior ao outro"[8].

Mas os contributos mais produtivos e bem sustentados em ordem a detectar a génese do que hoje chamamos 'modernidade estética' vão ser dados por Schiller e Schlegel: o primeiro através do contraste, no fundo mais 'tipológico' do que histórico, entre "poesia ingénua" e "poesia sentimental"[9]; o segundo através da distinção, esta fundamentalmente histórica, entre a Antiguidade e a Idade moderna (ou então entre o "antigo" e o "moderno"). Segundo Schiller, a "poesia ingénua" emana da unidade, da harmonia existente entre o poeta e a natureza, entre o espírito e a realidade exterior. È uma poesia limitada, plástica, fixada no objecto, expressão imediata de um homem ele próprio natureza. A "poesia sentimental", ao invés, brota da cisão entre o homem e a natureza, da ruptura entre o real e o ideal. Consciente desta perda, o poeta tende a fixar-se nas suas impressões; a tornar-se 'subjectivo', insatisfeito, anelante do infinito (este anelo é, como se sabe, um traço marcante da modernidade). Embora consciente da clara dissociação entre a poesia da sua época e a da Grécia antiga, Schiller acabará por "insistir no facto de que a distinção entre o ingénuo e o sentimental não é primordialmente uma oposição entre épocas históricas, mas entre 'maneiras' poéticas"[10]. Assim, Eurípides, que viveu numa época dominada pela poesia ingénua, é um

---

[8] Vd. Calinescu, *op. cit.*, p. 44.

[9] A obra *Sobre poesia ingénua e sentimental* está editada entre nós (trad., introd., comentário e glossário de Teresa Rodrigues Cadete, Lisboa, Imprensa Nacional – Casa da Moeda, 1993). Trata-se de uma publicação fundamental para quem queira aprofundar um pensamento que aqui foi apenas aflorado.

[10] Jean-Marie Schaeffer, *El arte de la edad moderna. La estética y la filosofia del arte desde el siglo XVIII hasta nuestros días*, Caracas, Monte Ávila Editores, 1999, p. 185. Para a resumida compreensão das implicações resultantes do emprego das perspectivas diacrónica e sincrónica em Schiller, vd. Manuel Asensi Pérez, *Historia de la teoría de la literatura*, I, Valencia, Tirant lo Blanch, 1998, pp. 334-340.

poeta sentimental, enquanto Shakespeare, Molière e até Goethe são considerados ingénuos modernos. De resto, Schiller chega a pensar na possibilidade (dever dos poetas modernos...) de uma fusão dessas duas "maneiras" naquilo que ele denomina poesia "ideal", amadurecido fruto da aliança entre o espontâneo e o reflexivo, a mimese e a expressão do ideal"[11].

Pensador complexo e multifacetado – basta dizer que há o de Iena e o de depois de Iena... –, Schlegel 'trabalha' permanentemente os conceitos, sendo muito difícil, ou até mesmo impossível, esquematizar as suas ideias de modo satisfatório e isento de reparos. Penso, no entanto, que será útil atentarmos criticamente em alguns dos pontos onde, na perspectiva da dicotomia em apreço, a intervenção de Schlegel mais se faz sentir[12]. A) Primeiro ponto, em que está próximo de Schiller: o da clara oposição entre "a antiguidade" e a "idade romântica", oposição que viria a tornar-se num "lugar comum" do romantismo e do idealismo objectivo. Assim, a "antiguidade" corresponde à era da união entre o subjectivo e o objectivo, ao tempo em que o homem vivia imerso na natureza, dela não se havendo separado ainda. Como é óbvio, a "idade romântica" corresponderá, então, à saída do homem dessa mesma natureza, à separação do subjectivo e do objectivo. De onde a possibilidade de ela ser lida como a narrativa infinita da subjectivização do mundo.

B) Segundo ponto, que o afasta de Schiller: o do surgimento do Cristianismo e suas relevantes consequências para o futuro. Ao assumir-se como a única verdadeira religião, o Cristianismo propugna a descontinuidade, a ruptura total com o passado, facto que o teórico Schlegel saúda vivamente por razões óbvias: a) porque fica livre para realçar a diferença entre os pólos da já referida dicotomia e lhes emprestar uma fundamentação teológica; b) porque vê confirmar-se a dinâmica transformadora do segundo pólo (não nos esqueçamos da celebrada afirmação de que "a poesia romântica é uma poesia universal progressiva"[13]); c) porque pode responder produtivamente ao desafio de procurar uma solução ("uma síntese"...) para o problema das "duas poesias" (e é desta

---

[11] Asensi Pérez, *ibid.*, p. 339.
[12] Acerca desta matéria, vd. o importante livro de Jean-Marie Schaeffer atrás citado, pp. 177-189.
[13] Fragmento 116 da *Athenaeum* (apud *L'absolu littéraire. Théorie de la littérature du romantisme allemand*, de Philippe Lacoue-Labarte e Jean-Luc Nancy, Paris, Seuil, 1978, p. 112).

forma que ambas, a "moderna" e a "antiga", se convertem em etapas necessárias "na auto-realização da unidade poético-histórica absoluta"[14])
d) finalmente, porque tem a oportunidade de dar o relevo devido à noção do chamado "instante decisivo"(leia-se, por um lado, o nascimento de Cristo, por outro, o momento em que Schlegel escreve). Trata-se de um instante que, pela sua natureza, só pode conduzir a intervenções originais (e aí está, para o confirmar, a já referida sacralização da arte pelos jovens de Iena...).

C) Terceiro ponto, indissolúvel, aliás, dos anteriores: o da obrigatória elaboração de uma teorização estética capaz de legitimar a recuperação de Deus encetada pela Arte pós-kantiana. O cerne dessa teorização especulativa será logicamente a Poesia / Literatura, entendida como o lugar onde o Ser se apresenta (daí ambiciosas afirmações como esta: "a literatura é a revelação da *coisa em si*"). Para que, porém, a criação poético-literária se renove incessantemente, torna-se indispensável que o Ser – a Unidade, o Todo, o Infinito, consabidos sucedâneos daquele e privilegiados objectos de culto romântico – tenha um carácter aberto. Só assim, por via deste inacabamento constitutivo, a Literatura pode ser considerada como: a) "lugar da totalização histórica da experiência humana"[15]; b) ou actividade que "expressa ou realiza as tendências inerentes à sua época"[16]; c) ou ainda domínio cuja "natureza" profunda é a sua própria "evolução" (e falar de "evolução" aqui não é outra coisa senão falar de "história"[17]....). Independentemente dos contextos que sustentam estas ilações de um dos maiores estudiosos actuais de Schlegel, uma coisa permanece indiscutível: em todas se postula o valor nuclear dessa dimensão intrínseca a todo o romantismo que é a 'história'.

Não é por acaso que 1815, ano da publicação da *História da literatura antiga e moderna*, costuma ser escolhido para data simbólica do nascimento de mais uma 'figura' da modernidade, a história literária. Trata-se de uma escolha acertada, posto o vínculo existente entre a teoria especulativa da Arte (que em Schlegel é ao mesmo tempo uma teoria da literatura e uma história da literatura...) e o chamado historicismo. Historicismo e não 'historicidade', porquê? Porque se propugna que os

---

[14] Jean-Marie Schaeffer, *op. cit.*, p. 187.
[15] *Ibid.*, p. 141.
[16] *Ibid.*, p. 183.
[17] *Ibid.*, p. 143.

factos e acontecimentos registados ao longo do tempo não são fruto do acaso: resultam de um processo necessário, estão sujeitos a um desenvolvimento orgânico, emanam de forças que os transcendem e explicam. Torna-se patente que a literatura, romanticamente concebida, e o historicismo foram feitos para se compaginarem: em ambos o todo prevalece sobre as partes, o uno sobre o diverso, o constitutivo sobre o regulador, a finalidade sobre a contingência. Por outras palavras: os factos literários – quer na variante mais 'nacional', quer seja na mais 'universal' – só verdadeiramente se compreendem se forem lidos e interpretados à luz de uma grande e moderna narrativa. Esta narrativa, que por natureza constitui uma totalidade – um grande e dinâmico organismo –, abrange naturalmente múltiplas unidades orgânicas, elas próprias hierarquizadas e hierarquizáveis, isto é, susceptíveis, segundo o nível de análise adoptado, ora de serem consideradas como tal, ora de se tornarem elementos de outras mais amplas. Uma obra literária, por exemplo, constitui um todo plenamente autónomo se considerada como obra literária, mas logo se converte em elemento de um todo maior se captada na perspectiva de um género ou de um período ou das demais obras de um autor...

No fundo, o que Schlegel pretende é recuperar a harmonia perdida, sem que isso implique abandono da revolução estética, das virtualidades emancipatórias da criação artístico-literária. Será bom não esquecer que, quando ele escreve a sua tão celebrada obra de 1815, já se havia convertido ao catolicismo; já o núcleo duro da sua teoria havia claramente deslizado da Arte para a Religião. Agora o seu objectivo maior era fazer da literatura universal – sob impulso dos traços que lhe são inerentes (autonomia, capacidade autodiferenciadora, essencialismo, teleologia interna) – a expansão progressiva da revelação divina[18]. Nada de surpreendente para quem conhece quer a lógica histórico-evolutiva reinante entre os grandes pensadores da altura, quer o variável papel por eles atribuído à Arte, á Religião e à Filosofia. O caso de Hegel (1770-1831) é exemplar: convicto da supremacia hierárquica da filosofia no seio do seu sistema, não se inibe de acentuar a "débil bagagem filosófica" dos jovens irmãos Schlegel, ou de aludir às "suas naturezas menos filosóficas do que *críticas*"[19]. Razão tem J. G. Merquior quando, acerca deste

---

[18] *Ibid.*, pp. 164-177.
[19] Hegel, *Estética*, Lisboa, Guimarães Editores, p. 42 (extraído do ponto dedicado à "Ironia e Romantismo", pp. 42-47).

assunto, fala com óbvia ironia em "querela interna", em "guerra civil no país da Totalidade"[20]...

6. As expressões "querela interna" e "guerra civil" não podiam ter vindo mais a propósito. Se bem repararam, a partir das referências ao 'nascimento da estética', operou-se uma visível mudança na minha própria exposição. Tornou-se menos extensiva quanto ao respectivo objecto de abordagem; concentrou-se com alguma detença em matérias que – tendo em conta o movimento global das ideias desde o Renascimento, e em particular desde as 'revoluções' científica e filosófica – pareciam não constar do programa emancipatório e até colidir com ele. Com efeito, o que prometia ser simples e linear acabara por se transformar em qualquer coisa de muito mais complexo, com profundas raízes na mentalidade ocidental. Tal facto agudizou-se quando entrevimos no 'secularismo' e na 'sacralização' manifestações antagónicas da recém inaugurada autonomia estética[21]. Esses conceitos nada mais são, afinal, do que sinédoques do iluminismo e do romantismo, correntes culturais distintas, amiúde opostas, mas ambas filhas legítimas dos tempos novos. Ora bem: como descrever e compreender o funcionamento daquilo que nascera dual e contraditório, que durante cerca de dois séculos não pára de se desenvolver, cujas vertentes amiúde colidem, outras vezes colaboram, sem nunca deixar nada ficar como dantes? Colocar esta pergunta é trazer à colação o tema das 'duas modernidades': a sociológica, de cariz iluminista, e a estética, de ascendência romântica. O que é que, por um lado, as aproxima e, por outro, as separa?

Aproxima-as naturalmente a sua comum recusa da heteronomia multissecular, das velhas cosmologias, das tutelas que vêm 'de fora' para 'dentro', das hierarquias jurídico-políticas inamovíveis ou de um universo concebido *sub specie aeterni*. Digamos que ao binómio Deus-Homem, paradigma da Tradição, se substitui, como diria Luc Ferry, o binómio Homem-Deus, eixo da Modernidade. Em suma, e ainda que de modo muito diverso, ambas são sensíveis à emancipação do homem e à subjectivização do mundo; estão possuídas pela necessidade de conhecer,

---

[20] Merquior, *Arte e sociedade em Marcuse, Adorno e Benjamin*, Rio de Janeiro, Tempo Brasileiro, 1969, p. 194.

[21] O que não impede que elas às vezes se patenteiem num mesmo autor, caso de Schiller (cf. Marc Jiménez, *Qu'est-ce que l'esthétique?*, Paris, Gallimard, 1997, pp. 167-168).

agir e transformar; mantêm viva a ideia de presente-futuro herdada do Cristianismo; rendem culto à crítica e à novidade; e não temem a decepção que, naturalmente, decorre de um universo em permanente transformação. Ambas, pelo contrário, se separam, e muito, no que toca aos valores escolhidos para concretizar a mudança. As Luzes, como o indica o nome, fazem do combate às trevas e à ignorância um dos seus objectivos principais. Do lado delas perfilam-se: a razão (entretanto tornada 'crítica'), a liminar recusa da metafísica, o fim do teológico-político, a ruptura com o passado, a exaltação da ciência e da tecnologia, o controlo sistemático da natureza, a fundação do moderno espaço público, o incremento da chamada República das Letras, etc. Do lado do romantismo estão a criação original e demiúrgica, o antropocosmorfismo, a subversão de padrões, o retorno crítico das tradições, a afirmação das línguas vernaculares, a fundação das nações e das literaturas modernas, a consagração do poeta como novo vate, etc.

Assim concebidas, estas modernidades estão, de um modo geral – e sublinho 'de um modo geral', pois há entre elas vários e relevantes exemplos de "misturas", "articulações", "justaposições"...[22] –, destinadas a manter-se separadas e a hostilizar-se. A primeira, porque pretende transformar o mundo, a sociedade e o homem de acordo com os padrões optimistas e confiantes da razão ilustrada; a segunda, porque se arvorou em *ersatz* da antiga Transcendência – lugar de incessante produção de novos valores e atitudes, espaço feito para fundamentar, legitimar e enquadrar a actividade do homem moderno. Em breve, como se calcula, a modernidade estética estava transformada num dos mais poderosos focos críticos da sociedade e da civilização burguesas. Eis porque mais atrás nos apoderámos das expressões "querela interna" e "guerra civil": quebrada que fora a antiga ordem, nada podia voltar a ser como dantes. Em cena vão passar a estar novos eventos e novos protagonistas, todos eles marcados pela tensão e pela conflitualidade: a 'tradição de ruptura', a sucessão de estilos, a autonomização do campo literário, a recuperação do artista maldito, a reorientação da crítica, a mudança paradigmática, a indústria cultural, etc. Mas esta é uma história de que não me ocuparei por ora...

Ponta Delgada, 22 de Novembro de 2004

---

[22] Caso do nosso Garrett cuja obra conserva uma forte pulsão iluminista. Os vocábulos entre aspas foram retirados da obra de Michael Löwy e Robert Sayre, *Révolte et mélancolie. Le romantisme à contre-courant de la modernité*, Paris, Payot, 1992, p. 81.

A CONSTRUÇÃO DA MEMÓRIA:
A HISTÓRIA LITERÁRIA
COMO DUALIDADE E CONFLITO

CARLOS REIS
Universidade de Coimbra

1. Começo, como tantas vezes (e porque tantas vezes me é conveniente), por um testemunho de Eça. No volume *Notas Contemporâneas,* encontra-se um texto de 1889, texto que é uma carta pública a Carlos Lobo de Ávila, director do jornal *Tempo,* a propósito d'*Os Maias,* da personagem Tomás de Alencar e do seu suposto modelo vivo, o poeta Bulhão Pato. É o início da carta que me interessa aqui e os termos em que nela se fala do par Eça-Bulhão Pato:

Esta manhã, recebi um jornal do Rio de Janeiro, o *País,* onde destacava um artigo de Pinheiro Chagas, (sempre este homem fatal!) cujo título – *Bulhão Pato e Eça de Queirós* – logo me causou confusão e assombro! Imaginei ao princípio que se tratava dum desses Paralelos Literários, dados outrora como temas nas aulas de retórica, e em que se comparava, com sonora facúndia, o génio de César ao génio de Pompeu, as virtudes de Catão às virtudes de Séneca...[1]

Sugere-se neste *incipit* algo que está de certa forma aquém daquilo que no texto se debate e que agora não importa. O que importa agora e aqui se insinua é o par de circunstância Eça-Pato, par bem estranho, aliás, sob vários pontos de vista. Vergílio Ferreira – que por certo muito

---

[1] Eça de Queirós, *Notas Contemporâneas,* Porto, Liv. Lello & Irmão, 1947, pp. 221-222.

gostaria de fazer par com Eça, nesta e noutras matérias – glosa o tema de forma desenvolvida, num dos volumes da sua *Conta Corrente:*

> 10 – Abril (quarta). Curiosa coisa – mas não sei se já o disse – é que a nossa literatura é feita largamente aos pares. Alguns serão absurdos, mas aos pares é que estão bem. Serão efeito das velas de um altar? ou de um defunto, que pode também ter 4? das leis de oposição? das leis do encosto? de uma lei metafísica dos números? O corpo humano tem órgãos pares mas também ímpares. Enfim, não entendo. A verdade é que o número par na literatura é abundante. Plutarco deu o exemplo e nós foi só copiar. Assim, logo já para trás, o Fernão Lopes e o Zurara. Depois o Gil Vicente e o Bernardim, que se emparelhou decerto pelo contraste como o preto e o branco. Depois Bocage e Filinto, Herculano e Garrett, Camilo e Eça, Cesário e Nobre, Pessoa e Sá-Carneiro, Aquilino e Ferreira de Castro, Régio e Torga, Redol e Soeiro, e hoje, enfim, ao que já ouvi a Agustina e eu. Mas há os ímpares também, naturalmente, a começar no Camões. Assim o Padre António Vieira ao qual, em todo o caso, se contrapõe ainda o Frei António das Chagas ou o Bernardes, o D. Francisco Manuel de Meio, o Pascoaes. Na poesia trovadoresca, é ao monte. Mas onde o ímpar abunda mais é nos autores menores. Tudo isto deve ter um significado. A ver se o descubro.[2]

Vejamos, desde já, algumas hipóteses de trabalho formuladas por Vergílio Ferreira ou, nos termos que o romancista prefere, tentemos descobrir o significado. Uma hipótese: uma certa configuração histórico--literária, subordinada ao princípio da paridade (ou do par) pré-determina o nosso imaginário cultural e pode mesmo condicionar a escrita literária, desde que nesta instância se assuma a consciência da tal paridade. Outra hipótese: a dualidade do par instaura uma dinâmica de oposição e mesmo de conflitualidade que pode ser entendida também (mais pacificamente) como princípio de complementaridade: a referida "lei do encosto". Mais: uma espécie de metafísica dos números ou, neste caso, do número dois favorece a gestão da memória, sobretudo quando ela incide sobre um legado de certa forma *sacralizado,* quando o par parece ser "efeito das velas de um altar". Note-se, aliás, que ao próprio Vergílio não desagrada esse gesto de sacralização, em assumida auto-consciência da paridade com Agustina Bessa-Luís, estimulada pela condição de romancistas que é a de ambos e até pela condição feminina da escritora em causa – o que vem reforçar o estabelecimento do par.

---

[2] Vergílio Ferreira, *Conta-corrente,* nova série, III, Lisboa, Bertrand, 1994, p. 90.

Uma pergunta provinda também do texto que citei: que fazer ou como explicar, nesta história, os ímpares? Serão sobretudo (*et pour cause*) os escritores menores? Também isto "deve ter um significado. A ver se o descubro."

2. Evidentemente que esta simbólica do par não é casual nem inocente. As histórias literárias que, com maior ou menor expressividade, ajudaram a instaurá-la[3] reforçaram desse modo um *efeito memorial* que é propósito ético do seu discurso e da sua metodologia e que resulta da articulação de vários factores: factores institucionais, decorrentes de uma política (em sentido lato) de valorização do património cultural, segundo a qual a literatura era (parece que está a deixar de ser) um legado com significado e alcance colectivo; factores simbólico-imaginários, que incentivam a utilização do par como "argumento" plausível (voltarei a isto); factores epistemológicos e metodológicos, se pensarmos na relação entre a dinâmica do par e o seu potencial de análise de um devir *em progresso*, consagrado por uma concepção hegeliana da História e em particular da história literária, a partir do romantismo.

A simbólica do par não é destituída de fundamento e deve ser relacionada com imagens mítico-culturais que estruturam arquétipos que, por várias vezes e por razões de ordem latamente civilizacional, têm feito sentido. O par é semelhança e parecença, mas é também dualidade e instabilidade; a oposição que ele pode instaurar envolve uma inegável sugestão maniqueísta; e se a divisão que o par estabelece insinua uma situação de equilíbrio instável entre extremos, então esse equilíbrio pode facilmente conduzir do antagonismo latente ao conflito manifesto, motivando uma dinâmica de oposição que, de um certo ponto de vista já aqui aludido, é factor de evolução, pela superação dos opostos.

A este propósito, convém recordar brevemente o que é sabido, ou seja, que o imaginário da nossa civilização está directamente relacionado com *relatos fundadores* em que o motivo do conflito entre irmãos (entre pares) é decisivo: o conflito entre Caim e Abel, instaurando uma síndrome de inveja e de agressividade na relação de paridade; o conflito

---

[3] Obras consultadas: F. de Figueiredo, *História da literatura romântica (1825- -1870)*, Lisboa, Liv. Clássica Ed., 1923; T. Braga, *História da literatura portuguesa VI. O Ultra-Romantismo*, Lisboa, Pub. Europa-América, 1986; T. Braga, *História da literatura portuguesa. Renascença*, Lisboa, Imprensa Nacional-Casa da Moeda, 1984, 2.º vol.

entre Esaú e Jacob, relacionando a geminação (uma forma quase perfeita de paridade) com a decorrente inimizade que a sucessão inevitavelmente parece implicar; o conflito entre Rómulo e Remo, ligando directamente o potencial fundador do par à inevitável tensão que, neste caso como no primeiro, leva à morte de um dos elementos do par.

Se, como parece, existe de facto um *imaginário do par*, ele ilustra-se também, na história das artes em geral, com o culto da antinomia como motivo (ou seja: aquilo que *põe em movimento*) de criação artística. Com efeito, convém recordar muito sumariamente que as antinomias têm preenchido grandes momentos da literatura e da arte ocidental, nos quais se antagonizam o material e o espiritual, o belo e o hediondo, o terreno e o divino, o trágico e o cómico, a realidade e a fantasia, o singular e o universal, o presente e o passado, o efémero e o infinito. E já num plano diferente, de ordem histórico-cultural e pensando em episódios famosos, a querela dos Antigos e dos Modernos vem a ser, até pela sua designação, uma outra forma de reiterar, nesta e noutras polémicas menos conhecidas, a oposição da paridade, como factor de problematização da evolução artística em geral e do seu *progresso* em particular.

Por hábito adquirido ou por bem fundado método, habituámo-nos a observar a história literária como uma *continuidade,* em certos momentos perturbada pela emergência de momentos de *descontinuidade.* A imagem da *corrente literária* favorece uma tal postulação, com mais razão quando se procura analisar o processo histórico-literário em função de etapas definidas; e assim, já foi possível distinguir cinco fases na evolução de uma corrente literária: "a fase preliminar (das primeiras manifestações); a fase de expansão – quando a corrente se expande na literatura; o apogeu – quando os seus resultados são mais notórios e o seu alcance mais extenso; a fase do declínio; e finalmente a fase do enfraquecimento (a data terminal da corrente literária é difícil de estabelecer por causa da actividade persistente de certos dos seus representantes, dos retardatários e dos epígonos)"[4].

Com ou seu razão (mas decerto com uma rigidez que só a teorização *a anteriori* justifica), o princípio da continuidade que assim se postula conjuga-se com um discreto critério qualitativo e até, num sentido

---

[4] H. Markiewiecz, « Technique de la périodisation littéraire », *in* Milan V. Dimic e Eva Kushner (eds.), *Actes du VIIe Congrès de l'Association Internationale de Littérature Comparée*, Stuttgart, Kunst und Wiessen/E. Bieber, 1979, vol. 2, p. 52.

quase biológico, evolucionista, uma vez que naquela descrição parece evidente um trajecto que vai do nascimento à morte. Com a lucidez que lhe é habitual, Claudio Guillén, sem pôr em causa o princípio da continuidade, chamou a atenção para a sua singularidade: a continuidade não é linear, sequencial ou serial; trata-se, antes, de "um *processo complexo e selectivo de acrescentamento*. Os sistemas literários evoluem de uma maneira muito especial, que se caracteriza pela continuidade de certos componentes, pelo desaparecimento de outros, pelo despertar de possibilidades esquecidas, pela veloz irrupção de umas inovações ou pelo impacto retardado de outras"[5].

Com maiores ou menores cautelas operatórias, uma certa leitura comparatística da evolução literária aprofunda esta dinâmica de sucessividade, acrescentando-lhe a lógica do par que aqui está em causa, bem como os efeitos dualistas que ela desencadeia. Em certos casos, estabelece-se mesmo um desígnio de *confrontação,* numa dupla acepção do termo, tendo que ver com uma qualquer *contiguidade* (histórica, geocultural, periodológica, etc.) e também com alguma *conflitualidade*, expressa ou latente, entre escritores; trata-se aqui quase sempre de um tipo de abordagem muito individualizada, não raro tendo no horizonte a aceitação da *ansiedade* de que falou Harold Bloom e das suas figuras dominantes[6]. No caso da literatura portuguesa – caso a que aqui recorrerei quase sempre – a confrontação entre escritores completa-se com a consabida (e muitas vezes justa, reconheça-se) noção da dependência, quer dizer, com a aceitação da precedência estrangeira, no culto de formas literárias, de temas ou de estilos de época, relativamente à decorrente prática portuguesa. É então sob o signo da importação que são lidas as relações entre, por exemplo, Juan del Enzina e Gil Vicente, Lord Byron e Garrett, Walter Scott e Herculano, Balzac e Camilo Castelo Branco, Flaubert e Eça de Queirós, Walt Whitman e Fernando Pessoa.

Acrescente-se ao que fica dito que uma história literária hoje ultrapassada – nos métodos, que não nas consequências que deixou – era muito fértil e expedita no que a este culto do par diz respeito, fora do quadro comparatístico. O modelo lansoniano de história literária convive

---

[5] C. Guillén, *Teorías de la Historia Literaria,* Madrid, Espasa-Calpe, 1989, pp. 264-265.

[6] Cf. Harold Bloom, *The Anxiety of Influence. A Theory of Poetry,* New York, Oxford Univ. Press, 1973.

muito bem com este modelo descritivo, a avaliar pelos emparelhamentos que, nessa historiografia ou nos seus herdeiros, se provilegiavam: Ronsard a par de Du Bellay, Corneille e Racine, Mme de Stäel e Chateaubriand, Flaubert e Zola e outros mais[7]. Em Espanha e mesmo já para além das limitações da metodologia lansoniana[8], parece sobreviver a comodidade do regime da paridade que, sob diversos prismas e paradigmas de análise, associa Cervantes a Mateo Alemán, Góngora a Quevedo, Calderón de la Barca a Lope de Veja, Larra a Espronceda, Becquer a Rosalía de Castro, Clarín a Pérez Galdós ou Valle-Inclán a Antonio Machado.

4. A literatura portuguesa não escapa, evidentemente, a estes impulsos de configuração dualista da história literária, conduzindo quase a uma mnemónica, não raro com efeitos perversos, quer no que toca ao reducionismo das análises, quer no que toca à omissão de quem não tem (literalmente) par. O que significa que esta construção dualista, quase sempre em tom conflitual, da memória literária deve ser olhada com as cautelas necessárias, sem se confiar excessivamente no seu potencial heurístico. Além do mais, a experiência mostra que se há "casamentos" estáveis e felizes para sempre (na nossa memória, bem entendido), também os há por interesse: é talvez o caso de Vergílio Ferreira "apropriando-se" de Agustina que, evidentemente, não é um qualquer nome. Isto sem esquecer que, com o tempo, algumas uniões mal fundadas acabam por se romper.

Retomando o texto de Vergílio Ferreira, podemos reconhecer a firmeza dos pares Fernão Lopes-Zurara, Bocage-Filinto Elísio, Garrett-Alexandre Herculano, Camilo-Eça, Cesário Verde-António Nobre, Pessoa-Sá-Carneiro, Aquilino Ribeiro-Ferreira de Castro ou José Régio-Miguel Torga. Voltarei a alguns deles, para tentar mostrar aquilo que, por efeito de complementaridade ou por fecunda confrontação, legitima a paridade. Noutros casos – e já para além do que afirma o autor de *Aparição* – certos pares que, por força de uma qualquer conveniência (quase sempre

---

[7] Cf. Gustave Lanson, *Histoire de la littérature française*; remaniée et complétée pour la période 1850-1950 par Paul Tuffrau; Paris, Hachette, 1951.

[8] Cf. C. Blanco Aguinaga, J. Rodríguez Puértolas e Iris M. Zavala, *Historia Social de la Literatura Española*, 2ª ed., Madrid, Castalia, 1983-84; F. Rico. (org.), *Historia y Crítica de la Literatura Española,* Barcelona, Ed. Crítica, 1984.

meramente epocal), chegaram a esboçar-se acabam por se desfazer, sobretudo porque a própria história literária, aguçando critérios de análise, vem a reconhecer o desequilíbrio ou a incompatibilidade dos temperamentos (por assim dizer). Não faltam os exemplos: Gil Vicente, algumas vezes associado a Bernardim Ribeiro, acabou por se afastar dele, até por ser mais apelativa (e mesmo mais estimulante, tanto no plano exegético como no idiossincrático), a sua associação contrastiva com o misantropo Sá de Miranda; Pero de Andrade Caminha manifestamente não tinha estatura para aspirar a fazer par com Camões, a não ser por contingentes episódios de biografia e *petite histoire* literária; o velho Castilho só pôde juntar-se ao jovem Antero por causa de um episódio (a Questão Coimbrã), posto o que a tendência para a morte do pai (para mais, antigo professor) anula o par; coisa semelhante acontece com o par Eça de Queirós-Pinheiro Chagas: só mesmo o vezo polémico queirosiano foi capaz, por breve tempo, de viabilizar uma tal e fugaz união, que o próprio Eça de certa forma estimulou, com o seu famoso desabafo: "sempre este homem fatal!"

Note-se, entretanto, que, conforme alguns exemplos terão sugerido, na literatura como na vida (ou na vida como na literatura, se for certo que aquela imita esta e não o contrário) a conflitualidade pode ser, para o imaginário literário e para a memória que dele se nutre, um agente de perseverança na união, mais do que factor de divórcio. A prova evidente disso mesmo é, nos nossos dias, a já estabelecida (ou quase) paridade José Saramago-António Lobo Antunes, um "casamento" recente, atravessado por tensões e "ciúmes" vários, alimentados pelos factores de notoriedade de que carece a voracidade da instituição literária: prestígio internacional, fortuna crítica, consagração no mundo académico, prémios, etc. A tudo isto, que já não é pouco, acaba por sobrepor-se, por razões óbvias, a *síndrome do Nobel* – que entre nós não é nova, diga-se de passagem: por causa dela, o final dos anos 50 e o início dos anos 60 foram marcados pela momentânea formação do par Aquilino Ribeiro-Miguel Torga. O tempo dirá (como disse neste caso) se o par faz sentido – ou, parafraseando Vergílio Ferreira, se ele tem algum significado pertinente, para além daqueles que lhe são atribuídos pela humana vaidade e por tudo o que a incentiva.

5. Já ficou sugerido, mas convém agora lembrar o seguinte: a história literária aceita quase sempre, no quadro metodológico em que se move, uma lógica de continuidade e a pressuposição da conflitualidade como factores que determinam o avanço qualitativo de uma literatura. Reforçando-se eventualmente pela aceitação de critérios de análise de índole evolucionista, uma história literária assim estabelecida envolve um pensamento implícita ou explicitamente teleológico, privilegiando a noção de que a sucessão de estádios de "crescimento" de uma literatura nacional aponta para um final – final feliz ou próximo disso.

De certa forma, é um tal pensamento que subjaz à análise do devir das gerações literárias, com mais razão quando ele é marcado por episódios de enfrentamento: isso mesmo é o que se encontra na já remota, mas ainda elucidativa deste ponto de vista, caracterização das gerações literárias e da sua dinâmica, levada a cabo por Julius Petersen num texto hoje clássico[9]. Na nossa história literária, a chamada Questão Coimbrã ilustra quase na perfeição o que fica dito, designadamente no que toca ao confronto de ideias literárias e de líderes (Castilho e Antero) que, formando o par de circunstância de que já falei, representavam as ditas ideias literárias. Mais tarde, as controvérsias que tiveram lugar entre a geração da *Presença* e a geração neo-realista reafirmam a possibilidade de uma história literária concebida em regime de debate entre posições opostas; não se ignora, antes importa realçar de novo, que uma história literária assim praticada remete para uma matriz epistemológica hegeliana, entendendo a História como progresso e a dialéctica como motor da evolução do pensamento e da criação artística, almejando uma verdade surgida do vigoroso desenvolvimento de contradições *in praesentia*.

Um imaginário de inspiração dialéctica age difusamente no sentido de consagrar imagens que, fixando redutoramente certas propriedades e tendendo a simplificar o que é complexo, emergem a partir do potencial opositivo que um tal imaginário favorece. E mesmo quando nos elementos histórico-literários privilegiados se percebe a lição metodológica de um novo historicismo distanciado das elucubrações biografistas e às vezes anedóticas da história literária de inspiração lansoniana, mesmo nesses casos é tentador o apelo daquele impulso opositivo; tentador e, diga-se de passagem, capaz de legitimar, com alguma pertinência exegética, relações de paridade que não são raras. E assim, aceitamos que Gil Vicente e Sá de Miranda *façam par,* porque lemos nas suas obras e nas respectivas cosmovisões respectivamente uma dominante de comi-

---

[9] Cf. J. Petersen, "Las generaciones literarias", *in* E. Ermatinger (ed.), *Filosofía de la ciencia literaria*, México, Fondo de Cultura Económica, 1946, pp. 164-188.

cidade e a austera severidade de uma mundividência quase pessimista que se lhe opõe; do mesmo modo, o dandismo de Garrett e tudo o que psicológica, sociológica e culturalmente lhe é inerente divergem da austeridade quase sombria de Herculano e das referências ideológicas que a sustentam; em Camilo lemos as dominantes de casticismo às vezes truculento e de autenticidade humana de um universo literário que contrasta com a vocação cosmopolita, elegante, "moderna" e mesmo, para alguns, estrangeirada que rege a obra e o pensamento estético queirosianos; por fim (mas sem que assim se esgotem os pares que na nossa literatura aceitam um convite à valsa) é conhecida a feição predominantemente labiríntica que parece ser imagem de marca da literatura pessoana, imagem dissonante da propensão ascencional e suicida que caracteriza um Mário de Sá-Carneiro *doublé* de Ícaro.[10]

6. Vale a pena ir um pouco mais longe, sobretudo tendo em vista alguns casos marcantes. Tentar-se-á mostrar que a formação de pares literários, por muito discutível que seja (e é) e por muito reducionista que se revele, pode não ser construção arbitrária, antes decorrendo da consolidada estruturação, no nosso imaginário colectivo, de atitudes autorais e também de dominantes que ressaltam, nos planos temático, estilístico-compositivo e ideológico, de obras literárias canonizadas e daquilo que os seus autores significam.

Fixemo-nos, então, no par Garrett-Herculano, para reconhecermos nele, antes de mais, afinidades que apontariam no sentido de uma união feliz. Como quem diz: de um par perfeito. A formação do romantismo português, a configuração nele de uma primeira geração, a experiência do exílio com as respectivas mais-valias culturais e a vivência do liberalismo, das suas origens à sua institucionalização, são processos em boa parte solidariamente vividos por ambos, nalguns momentos com claro protagonismo garrettiano, até por motivos de idade. Mas a esta visão um tanto *por grosso* pode contrapor-se uma outra, que aponta no sentido da tensão que entre Garrett e Herculano se instalou, uma tensão que, por razões próprias, também explica a persistência de uma abordagem em regime de paridade. A diferença legitima, então, uma tal abordagem, pelo efeito da atracção dos opostos ou até pela conveniência de encon-

---

[10] Cf. David Mourão-Ferreira, "Ícaro e Dédalo: Mário de Sá-Carneiro e Fernando Pessoa", in *Hospital das Letras,* Lisboa, Guimarães Ed., 1966, pp. 181-192.

trarmos complementaridades que tornem o panorama (romântico) mais composto e equilibrado.

A diferença é, antes de mais, a das imagens físicas, aspecto que, evidentemente, não sendo decisivo, também não pode ser escamoteado, se pensarmos que aqui está em causa, *et pour cause,* um certo *imaginário*. E assim, o que a escassa iconografia mostra (nunca melhor termo) é um Garrett jovem, elegante e mesmo dândi, bem distinto de um Herculano maduro, austero e até de aspecto severo[11]. Depois, ressaltam outras diferenças, por certo mais importantes: se ambos tematizam literariamente a História, bem de acordo com o *ethos* romântico que os movia, Garrett fá-lo com criativa desenvoltura, às vezes mesmo derrogando a verdade histórica, tendo em vista projectá-la (ou o que dela restava) sobre o presente; por sua vez, o Herculano também historiador não se liberta da feição de erudito e de exigente medievalista: a apreciação crítica que consagrou à *Dona Branca* de Garrett e aos seus deslizes históricos confirma-o de forma expressiva[12]. As diferenças (ou melhor: divergências) alargam-se até à polémica, mesmo que, como foi o caso, ela tenha decorrido em tom civilizado; e assim, no debate sobre propriedade literária, antagonizam-se as posições de Garrett (a favor) e de Herculano (contra) acerca do reconhecimento da dita propriedade, por força, afinal, de fracturas ideológicas que haviam de condicionar a fortuna crítica de um e de outro.

Essa fortuna crítica e os seus vectores de fixação consagraram, desde muito cedo, um Garrett subversivo, inovador, estilisticamente muito criativo, bem diverso de um Herculano conservador, vernaculizante e às vezes marcado pelas tonalidades sombrias que o fantasma do *Eurico* carrega, a ponto de num ensaio famoso se ter falado do *complexo de Eurico*[13]. Para essa imagem conservadora e mesmo algo obsoleta de Her-

---

[11] As imagens enganam, evidentemente, sobretudo no que à idade se refere, dado que Herculano era 11 anos mais jovem do que Garrett. Na história brasileira há um exemplo em tudo semelhante a este, uma vez que o jovem (nos retratos) D. Pedro I parece filho de D. Pedro II, aparentemente bem mais idoso, mas de facto filho daquele e (por coincidência) admirador de Alexandre Herculano.

[12] Veja-se uma carta de Herculano a Garrett sobre a *Dona Branca*, no vol. V dos *Opúsculos;* organização, introdução e notas de Jorge Custódio e José Manuel Garcia; Lisboa, Presença, 1986, pp. 204-205.

[13] Trata-se do extenso estudo de Vitorino Nemésio introdutório à edição Bertrand (1944) do *Eurico o presbítero,* estudo que nalguns aspectos é, além do mais, um precursor do que muito depois se chamaria sociologia da recepção literária.

culano muito contribuiu a geração de 70, ao estigmatizar e figura do presbítero de Carteia e das suas mágoas, efectivamente prolongadas na sensibilidade doentia da segunda geração romântica. É conhecido o sarcástico soneto de Guerra Junqueiro, inserto n'*A Velhice do Padre Eterno* ("Eurico, Eurico, ó pálida figura/lastimoso, romântico levita..."); e não menos o é aquele passo d'*Os Maias,* em que, de forma mais subtil, os amores futricas de Carlos por uma senhora de Coimbra são denegridos por conta de uma embaraçosa, mas não casual coincidência onomástica: "Infelizmente a rapariga tinha o nome bárbaro de Hermengarda; e os amigos de Carlos, descoberto o segredo, chamavam-lhe já *Eurico o Presbítero*, dirigiam para Celas missivas pelo correio com este nome odioso"[14].

7. O segundo par famoso do século XIX português é, evidentemente, a dupla Camilo-Eça, responsável por comparações às vezes inflamadas e por rivalidades quase de sentido clubista[15]. A conflitualidade latente ou expressa inerente àquela dupla famosa não é destituída de fundamento e já foram aqui aflorados os seus principais vectores constitutivos, determinados por elementos de ordem sociocultural e estilístico-literária: se Camilo Castelo Branco representa a vertente *castiça* da nossa língua literária, Eça cultiva um estilo *estrangeirado,* até mesmo, segundo alguns, *afrancesado.* A partir daqui, *les jeux son faits* e cada um toma o seu partido, inspirado também no que se sabe serem os divergentes trajectos pessoais e culturais de ambos os escritores: Camilo solidamente agarrado a Portugal, privilegiando mesmo aquilo a que chamamos o *Portugal profundo;* Eça vivendo no estrangeiro, viajando por vários continentes, para acabar em Paris, centro do mundo "civilizado" e cosmopolita do século XIX.

---

[14] Eça de Queirós, *Os Maias,* Porto, Liv. Lello & Irmão, 1945, I, p. 120.

[15] A expressão não é excessiva. Recorde-se que Eça tem dado lugar a fenómenos efectivamente de índole clubista. O Círculo Eça de Queirós, fundado em Lisboa por António Ferro e selectivamente cingido aos 202 sócios que correspondem ao número de porta da casa de Jacinto, nos Campos Elísios, é disso mesmo um exemplo flagrante; não menos o é o chamado Clube do Eça, constituído em 1963 no Brasil, inevitavelmente por ocasião de um jantar com ementa queirosiana. O contributo que tais agremiações oferecem aos estudos literários e aos queirosianos em particular é, naturalmente, outra história. Não conheço agremiações similares de motivação camiliana, o que certamente fica a dever-se ao défice de integração mundana que atinge Camilo e o seu universo ficcional.

Recorde-se, entretanto, que a questão idiomática (porque também é disso que se trata) é um elemento nuclear, na bipolaridade entre Eça e Camilo. E se este não foi parco em intervenções pugnando por uma autenticidade idiomática que batia certo com o universo ficcional que construiu, já Eça não poucas vezes tratou de contrariar (sem grande sucesso, note-se) a imagem de afrancesamento estilístico que lhe era atribuída[16]; ao mesmo tempo e por outro lado, denegria, de forma algo enviesada, os excessos puristas que uma concepção conservadora da língua literária arrastava: sabemo-lo pela carta de Fradique Mendes a E... (Eça de Queirós, por certo), carta que ficou inédita, mas que, além da sátira do purista, trata também de fazer o elogio de quem fora um grande inovador (e também *estrangeirado...*) da nossa língua literária: Almeida Garrett[17].

Podemos ir um pouco mais longe e lembrar que a "rivalidade" Camilo-Eça não é uma pura invenção, na posteridade de ambos. Convém ter presente que, quando Eça chega à notoriedade, no fim dos anos 70 do século XIX, Camilo é uma figura respeitável, mas já, por assim dizer, perto de atingir o prazo de validade: Eça impusera-se pela adesão, nem sempre isenta de acidentes de percurso, ao realismo e ao naturalismo que um Camilo de proveniência romântica só tardiamente e mesmo algo constrangidamente acolhe e cultiva. Também por isso, na época acabou por se impor a imagem antiquada do segundo, em contraste com a feição "moderna" de um Eça contestatário da sentimentalidade romântica: a sucessão que conduz de um protagonista a outro é aqui, manifestamente, um episódio melindroso, passando pela possibilidade de polémicas que

---

[16] Sem mais comentários, recordo apenas a parte final de uma carta pública de Eça a Fialho de Almeida, sobre *Os Maias*: "O Carlos Valbom acusa-me de escrever à francesa, e com *galicismos* que o *arrepiam*: e diz isto em períodos absolutamente construídos à francesa, e metendo em cada dez palavras cinco galicismos! V., por outro lado, nunca tomou a pena que não fosse para cair sobre os homens e as coisas do seu tempo, com um vigor, uma veia, um espírito, um *éclat* que fazem sempre a minha delícia. E quando eu faço o mesmo, com mais moderação, infinitas cautelas, *et une touche très juste* – você aparece-me, e grita, «aqui d'el-rei patriotas!» É escandaloso. Para Vocês tudo é permitido: galicismos à farta, pilhérias à pátria, à *bouche que veux-tu*? A mim, nada me é permitido! Ora sebo!" (*Notas Contemporâneas*, ed. cit., pp. 478-479).

[17] A referida carta só foi publicada em 1929, no volume *Cartas Inéditas de Fradique Mendes e mais Páginas Esquecidas*.

acabaram por ficar em suspenso ou apenas esboçadas[18]. Dessa possibilidade ficaram remoques de Eça e ressentimentos de Camilo que, quando comparados com outros enfrentamentos que ambos protagonizaram, parecem coisa pouca[19]; em última instância, a crispação que caracteriza, de parte a parte, este par não anulava o respeito artístico, talvez até mais evidente de Camilo por Eça do que ao invés[20]. A este propósito, não deixa de ser significativo que um Eça sempre atento ao desaparecimento de figuras literárias destacadas – como aconteceu, em tons diversos, quando da morte de Júlio Dinis, de Flaubert, de Victor Hugo ou, evidentemente, de Antero – não tenha consagrado, que se saiba, uma só linha a Camilo, quando o grande escritor morreu, em 1890. O silêncio aqui vale o que vale – mas não deixa de o ser.

8. Já foi acima sugerido, mas repito agora, quase para terminar: para além da componente de exercício intelectual que envolvem, as análises esboçadas recomendam uma discreta relativização epistemológica do critério da paridade, tal como ele se manifesta na nossa memória literária. Sendo uma construção *a posteriori*, não faltam àquelas análises componentes incidentais ou circunstanciais que fragilizam a dimensão crítico-hermenêutica que à história literária também se exige. No limite, as classificações que radicalizam a paridade como princípio construtivo podem ser entendidas como resultado de um quase primário labor provindo de historiadores da literatura que trabalham "naively and *ad hoc*,

---

[18] Não me deterei aqui na questão das relações pessoais entre os dois escritores, questão condicionada pela dívida de gratidão que Camilo tinha para com o pai de Eça, magistrado que pedira escusa, quando foi designdo para julgar o caso de adultério com Ana Plácido.

[19] A este assunto consagrei um ensaio intitulado "Camilo e Eça ou a polémica a haver" (in *Camilo Castelo Branco. Perspectivas*; Actas de las Jornadas Internacionales sobre Camilo; Salamanca, Universidad de Salamanca, 1991, pp. 153-162), sendo inevitável que, no dito ensaio, a carta pública que Eça escreveu a Camilo constitui uma peça-chave; a carta e o facto de Eça a ter deixado inédita. Há não muito tempo, pude analisar a referida carta em função do aparecimento do respectivo manuscrito; cf. "Nótula sobre três manuscritos queirosianos", in *Leituras. Revista da Biblioteca Nacional*, s. 3, n.º 7, 2000, pp. 131-139.

[20] Recorde-se a este respeito o breve mas expressivo comentário manuscrito que Camilo apôs ao seu exemplar d'*O Crime do Padre Amaro*, transcrito e comentado na introdução à edição crítica daquele romance (ed. Imprensa Nacional-Casa da Moeda, 2000, p. 78).

often without a distinct consciousness of the basis of their classification, whether it was reccived opinion, readings of the texts, narrative or aesthetic necessity, their own interests or a combination of these and others"[21]. Isto para além de se poder sempre dizer, se quiséssemos insistir no princípio da paridade, que os pares podem provocar solidões irreparáveis. Como quem diz: casos de irresolvido e quase cruel celibato. Exemplos? Júlio Dinis (isolado entre Eça e Camilo), Almada-Negreiros (entre Pessoa e Sá-Carneiro), José Cardoso Pires (entre Saramago e Lobo Antunes), etc. Numa posição distinta destas, afirmam-se incompatibilidades que os visados por putativas paridades trataram, em devido tempo, de ir sugerindo, por acção ou por silenciamento. E assim, Eça silenciou Garrett, Pessoa tratou de neutralizar Eça (a muito batida acusação de provincianismo...) e o mesmo Pessoa fingiu ignorar um Camões que, no fundo, ele se achava capaz de superar.

Relativize-se, então, uma história literária elaborada como construção sistemática e quase obsessiva de conflitualidades. Ou, por outras palavras: se é verdade que sem par não se dança o tango (it takes two to tango...), também é verdade que nem todo o convite à valsa é um convite aceitável.

---

[21] David Perkins, "Literary Classifications: How They Have been Made?", *in* D. Perkins (ed.), *Theoretical Issues in Literary History,* Cambridge, Mass., Harvard Univ. Press, 1991.

ESTÓRIAS DA LITERATURA: DOS ROMANCES DE ALENCAR AOS FOLHETOS DE CORDEL

Maria Aparecida Ribeiro
Universidade de Coimbra

1. Quando Quaderna, personagem de *A Pedra do Reino*, de Ariano Suassuna, menciona um dos exercícios propostos por seu padrinho, João Melquíades Ferreira, Mestre de Cantoria, – "pegar um romance desrimado qualquer e 'versá-lo', contando em verso o que era contado em prosa" (Suassuna, ⁴1976: 56) –, dá-nos conta de uma das características da literatura de cordel: ser repositório da tradição oral e escrita. O objectivo de tal prática não é certamente a criação, mas a imitação já que o que está em jogo em primeiro lugar é a capacidade de metrificar e de encontrar rimas.

Longe do mero exercício para principiantes, porém, temos encontrado, numa investigação que vimos fazendo, muitos casos de famosos romances em prosa pertencentes à alta cultura passados a verso por compositores populares de renome. O que preside a essa leitura passa por outras instâncias, entre as quais a de dar a conhecer a um público não letrado (pelo contar ou pelo cantar) o que, de outra forma não estaria ao seu alcance (embora já se possa hoje considerar também a telenovela como meio de divulgação). Ora isso aponta direcções diferentes daquela referida pela personagem de Suassuna: a da história de uma obra literária como uma história de recepção e a de que "a história da recepção não pode ser escrita como a história das diferentes recepções de um texto; deve mostrar também, de modo bem claro, as mudanças sócio-culturais como causa primeira para as concretizações das leituras do texto-matriz" (Grimm, 1977: 101 e tb. Kayser, 1989: 290).

Até o presente momento de nossa pesquisa, José de Alencar[1] foi o escritor cuja obra maior receptividade encontrou entre os cordelistas. *Iracema*, *O Guarani* e *Ubirajara* foram recontados em diferentes versões, o que nos despertou uma grande curiosidade. *Iracema* e *O Guarani*, glosados em filmes, óperas e marchinhas carnavalescas, são tentativas de Alencar em compor uma epopeia nacional: "romance histórico" e "epopeia do coração" (Alencar, 1994a: 40) o primeiro, "lenda do Ceará" o segundo, teriam sido percebidos como tal cem anos depois e por poetas populares? Nesse caso, porque também *Ubirajara*, romance com outra finalidade e pouco conhecido?

2. Severino Borges Silva publicou em Pernambuco *As Bravuras do Grande Índio Peri*. De *Iracema*, conheço *Romance de Iracema, a Virgem dos Lábios de Mel*, escrito por João Martins de Athayde, famoso autor e editor de folhetos[2], *Iracema*, da autoria do cantador potiguar Inocêncio Gato, e ainda *Iracema, a Virgem dos Lábios de Mel, resumo do romance e biografia do seu escritor, José de Alencar*, folheto em prosa da autoria de José Rogério Brito Ribeiro. Há também *A Iracema Paraibana (Lenda de Potyra)*, criada por um padre, Heliodoro Pires, membro dos Institutos Históricos da Paraíba, do Ceará e de Pernambuco, mas que não será aqui tomada como objecto de estudo, dada a extracção social de seu autor. Já *Ubirajara*, foi reescrito em, pelo menos, dois folhetos: a *História do Índio Ubirajara e a Batalha do Índio Pojucan*, de José Bernardo da Silva, datado de Juazeiro, 15/05/1964, e *O Guerreiro Ubirajara*, assinado por F. Sales e de propriedade do editor João José Silva, com data de 20/07/1976.

2.1. No texto de Severino Borges Silva, a valorização que Alencar procurou dar ao índio brasileiro em geral, "tão injustamente caluniado pelos historiadores" (cf. Alencar, 1994a: 111) parece ter sido apagada do título. As qualidades de Peri – coragem, força, destreza, sabedoria, argúcia, beleza etc – são tomadas no cordel como singularizadoras daquele

---

[1] Rodolfo Coelho Cavalcanti, *José de Alencar, o imortal romancista brasileiro*, Salvador, s.d., 1985.

[2] Mas atribuída a Alfredo Pessoa de Lima, estudante de Direito e seu amigo no *Dicionário Bio-Bibliográfico de Repentistas* e que, em algumas edições mais recentes, aparece como de José Bernardo da Silva, a quem Athayde vendeu seus direitos de propriedade.

índio – o "grande índio" – e não como da nação guarani que ele representa. Por outro lado, as situações em que surgem essas qualidades acabam lidas como peripécia – *As Bravuras do Grande Índio Peri*. É isso que os versos iniciais sublinham, apesar da invocação às musas, típica da epopeia, mas que não é nova na poesia popular (e que, no caso, mistura mitologia pagã e cristã): "Vinde ó! Musa dos poetas / com as ordens do Rabi / inspirar meu pensamento / que vou contar os martírios e as aventuras de Peri" (Silva, s.d.: 1). Uma outra estrofe também regista essa singularidade: "Peri era um indio moço / da gran tribu [*sic*] goitacaz / forte, valente e voraz [*sic*] / que da qualidade dele / hoje já não existe mais" (Silva, s.d.: 3).

A abertura de O *Guarani*, bastante circunstanciada no romance de Alencar, encontrou abrigo nos versos de Severino Borges Silva, que, embora de forma abreviada, não esquece de mencionar a imponência do Paquequer. Mas o empobrecimento da paisagem natural brasileira no século XIX, que Alencar anota como fruto da civilização quando a compara com a do século XVII, vem referido no folheto apenas como um "antigamente" que parece referir-se apenas a um tempo passado, o tempo em que decorrerá o que se vai narrar (Silva, s.d.: 1). Também é retomada a riqueza da casa dos Marizes, mas o poeta ignora, logo de saída, a marca medievista ao serviço da ideia de fundação existente no romance alencarino. É verdade que D. António de Mariz, apesar de perder a sua "casa-castelo" e o perfil de cavaleiro fiel ao seu rei, é "um grande português" (o que o predisporia a ser um bom ancestral), mas é "um grande português [...] que veio explorar as terras / deste sublime país" (Silva, s.d.: 2), o que revela o traço de colono cujos contornos Alencar tentou esmaecer[3]. Cecília guarda os olhos azuis com que o escritor cearense assinala os portugueses, mas não surge com suas características de donzelinha medieval. Isabel é figura descartada[4] e, com ela, a ideia de mestiçagem e dor rascunhada em O *Guarani* e que irá aparecer de forma explícita em *Iracema*. Dos aventureiros não se fala, assim como do escudeiro Aires Gomes, de D. Laureana e de Álvaro, o que faz que o enredo fique mesmo restrito às aventuras de Peri. Estas, por seu turno, também são reduzidas em número e na espectaculosidade das cenas.

---

[3] Nessa caracterização é de notar a mesclagem feita pelo cordelista: de um lado, o "grande português", recebido de Alencar; doutro, a redução à condição de colono que explora o "sublime país", influência talvez das últimas releituras da história brasileira.

[4] O texto refere mesmo que D. António só tem uma filha.

Tais alterações acabam por apagar diálogos existentes no texto alencarino. Por exemplo, o episódio em que o autor transporta para dentro do romance a descrição da caça da onça feita por Baltazar da Silva Lisboa, com o objectivo de dar a conhecer de forma dinâmica e justificada na própria acção do romance as actividades dos índios, como preconizara Alencar nas Cartas sobre A Confederação dos Tamoios, deixa de ser derivado de um capricho de Ceci. No cordel, a peripécia com a onça substitui a cena que motiva a residência de Peri no solar de D. António, ou seja, a da pedra que ia rolar sobre a menina e que o índio sustenta com o ombro. O cordelista une, na sua versão, caçada e salvamento, criando uma situação com elementos bem mais plausíveis dentro da lógica popular que a derivada dos caprichos de uma donzela medieval-pré-sinhazinha: Cecília, "numa tarde fagueira", perdeu-se na floresta. De madrugada, viu "um tigre grande e voraz / de olhos fitos pra ela / procurando o melhor meio / para pegar a donzela"; Peri, que andava à caça de "paca ou veado", salvou-a (Silva, s.d.: 4).

Também o ataque dos aimorés surge despido de dados etnográficos e de algumas cenas e ganha em sabor popular: o cordelista ignora o ritual antropofágico, a noiva do sepulcro e sua paixão por Peri, o plano do índio de envenenar-se para matar o inimigo, e cria este acesíssimo diálogo entre ele e os "duzentos aimorés"[5] que enfrenta: "Você[s] não sabem quem sou / sou um índio Goitacaz / que nunca se as[s]ombrou. // O Pajé lhe respondeu / assim nós somos iguais / pois eu nunca tive medo / de um índio Goitacaz / brigo com você um ano / nem corro nem peço paz// Porém Peri retrucou-lhe / você hoje se atrapalha / eu sou o rei da floresta / quem m'enfrentar se escangalha / meu braço nunca cansou / na mais tremenda batalha." (Silva, s.d.:9). Longe vai a linguagem figurada dos índios alencarinos! O Peri de cordel fala como um sertanejo nordestino, o que não representa um acontecimento excepcional nos folhetos.

Como foram eliminados os aventureiros e o seu plano, a solução do poeta é não falar no incêndio que devora o solar do Paquequer e fazer desabar o dilúvio no exacto momento em que Peri trava a luta com os aimorés. D. António e a mulher – que, como na "Quadrilha" de Drummond, não havia entrado na estória – são levados pela força do rio. Com isso, vai também por "água abaixo" o baptismo de Peri e sua iniciação

---

[5] Veja-se que a indicação do número é um dado comum e importante na literatura de cordel.

como cavaleiro, outros dados medievistas do texto. A religiosidade própria dos poetas populares apaga o perfil inteligente que Alencar quis imprimir a Peri: é Deus quem o ilumina para subir, com Ceci nos braços, numa palmeira. Esta cede à força das águas, não aos braços do guarani, o que acaba por apagar os contornos de força e persistência que, no romance, constróem o super-índio. E, uma vez que o texto não foi percebido como narrativa do nascimento de um povo, não é citada a lenda de Tamandaré, *mise-en-abime* da estória vivida pela branca e o selvagem.

Mais interessado, como já se disse, nas peripécias que na criação de um mito cosmogónico, Severino Borges Silva cria um novo desfecho: a palmeira não navega para o infinito, com Peri revelando simbolicamente à moça, – com o "Tu viverás!" – que a raça branca subsistiria; vai dar a uma serra habitada por aimorés. Estes prendem Ceci, e Peri vai procurar auxílio dos goitacás e de seu pai, Ararê (na versão de Borges Silva ele não morreu). O guarani ganha, então, a guerra e liberta Ceci, com quem vai viver entre os seus. O que é deixado à imaginação do leitor, no romance de Alencar, concretiza-se no folheto: quando Peri chegou com a moça à "sua querida aldeia / mandou preparar comida / ceiaram [*sic*] e depois da ceia / Peri casou com Ceci / na hora da lua cheia // Assim ficaram gozando / por ordem do criador / naquela floresta virgem / o sol lhe[s] dava calor / a brisa lhe[s] refrescava /cupido [*sic*] dava o amor" (Silva, s.d.: 16).

Mas o texto não acaba aí; a religiosidade nordestina que havia descartado outro traço medievizante de Peri – o seu baptismo e iniciação como cavaleiro – motiva um novo dado: uma prece "milagrosa" do índio. Este assim reza ao fim de tudo: "Bondoso pai soberano / [...] / resisti com vosso auxílio / ganhei a batalha enfim / E viverei satisfeito / se não desprezares a mim." (Silva, s.d.: 16). Dessa forma, o que primitivamente era uma narrativa de fundação, acaba por constituir – como na marchinha de carnaval que antecipa o "Samba do Crioulo Doido"[6] e fala em Peri beijando Ceci "ao som do *Guarani*"[7] – apenas uma história de amor.

---

[6] Trata-se da composição de Sérgio Porto (Stanislaw Ponte Preta) satirizando a produção de samba-enredo, gravada pelo Quarteto em Cy, em 1968, pela Elenco.

[7] Referimo-nos aqui à marchinha do Carnaval de 1934, da autoria de Lamartine Babo, "História do Brasil".

2.2. *Iracema*, a terceira tentativa de Alencar em escrever um texto épico (a segunda foi "Os Filhos de Tupã"), resultou, como se disse, em pelo menos quatro textos de cordel.

O de João Martins de Athayde procura seguir de perto o romance que lhe serve de mote. Há, no entanto, interessantes transformações semânticas a considerar.

As palavras do "Argumento Histórico" colocado por Alencar como nota à *Iracema* são retomadas no texto do cordel e ajudam a caracterizar Martim: ele aparece, logo de início, como acompanhante de "um fidalgo luso" que chefiava uma expedição "vinda da Paraíba / e perto de Muritiba fundou uma povoação" (Athayde, 1946: 3), guardando, assim, mais proximidade com a personagem histórica que com a do romance. Sem a subtileza da perífrase "em cuja face não cora o sangue americano" (Alencar, 1994b: 39) utilizada pelo romancista (que evita falar abertamente nos portugueses), ele é apresentado de saída como "moço português", "homem de muita coragem" que logo se fez "amigo de Poti" (Athayde, 1946: 3). Sem os epítetos "guerreiro branco" e "guerreiro do mar" (embora possua olhos "cor das águas" e face "cor das areias", Athayde, 1946: 6), o Martim do folheto perde o reforço ao significado de seu próprio nome e tem esbatidos o seu perfil medievo e a sua origem longínqua e lendária de descendente de um povo de navegadores. Athayde (1946: 7) beira o grotesco (Martim aparece com "a pele rosada / cor do fruto do café") e volta ao documental, não só porque explicita a origem da personagem: ele chega a referir as datas que Alencar cita no "Argumento", mas abole no romance para melhor apagar os contornos históricos e tornar o seu texto uma lenda.

Porém, ainda assim, citando datas, o cordelista parece não ter percebido a personagem como um conquistador do Norte. As referências históricas subjacentes à explicação fornecida por Martim ao pajé, no romance[8], dão lugar, no folheto, a esta justificativa do narrador, que mais parece referir-se a um soldado qualquer que se diverte nas horas de folga: "Um dia numa caçada / que fez pra se divertir [...] perdeu-se no mato [...] ficou no mato sozinho / sem ter por onde sair" (Athayde, 1946: 3). A mesma óptica popular que determina a substituição da pala-

---

[8] O texto histórico subjacente ao romance foi por nós analisado em "O Gavião e a Narceja: a Transfiguração da Hstória em *Iracema*", *Biblos*, 70, Coimbra, 1995, p. 339-366.

vra "floresta", do romance original, por "mato", na versão em cordel, enseja ainda outra troca vocabular que despoja a narrativa de Athayde do sentido épico imposto por Alencar: ao contrário do Martim do romance, a personagem do folheto não refere a Iracema a perda da posse da terra pelos índios; apenas lhe diz que veio de "terras distantes / que o teu povo [*sic*] já morou" (Athayde, 1946: 6)[9].

Apesar de reafirmar o "horror" de Martim em trair os que o hospedavam amando a virgem, Athayde faz que seja ele a declarar-se. É verdade que o guerreiro reconhece que este amor "só lhe trazia /do pranto o triste amargor" e pede à índia para "amar em sonhos". Porém, com essa alteração, o aproveitamento da cena alencarina que desculpabiliza o branco não reitera sua nobreza com a mesma intensidade do romance. E até ocorrem situações, em que esse traço positivo do carácter do herói fica reduzido a um acto informado pelo machismo da sociedade nordestina e não mais o medievismo: não é por ser um cristão que Martim não atira na índia, mas porque sua mãe lhe disse "uma mulher ruim ou honesta / na cidade ou na floresta / se trata com cortesia"[10] (Athayde, 1946: 3) – o que, evidentemente, despe a personagem da aura medievizante com que Alencar assinala as raízes da nacionalidade brasileira. Em algumas cenas, a nobreza desaparece pelo grotesco da situação: tendo pedido abrigo aos tabajaras (o que apaga o traço da hospitalidade indígena recortado por Alencar dos textos de cronistas e viajantes e, mais uma vez, abole do novo texto a concretização da necessidade de dar a conhecer de forma romanesca os hábitos indígenas que o cearense preconizara nas *Cartas* contra Magalhães), Martim, "que estava necessitado /comeu com muito apetite / uma perna de veado / bebendo muito cauim" (Athayde, 1946: 9). Como se isso não bastasse, o guerreiro resolve ficar entre os tabajaras não, como no romance, porque Iracema, num artifício para retê-lo, lhe sugere que espere por Caubi, mas por vontade própria, para "passar alguns dias descansando" (Athayde, 1946: 11).

A coragem que a personagem de Alencar demonstra toma em Athayde feições de valentia num desafio ao gosto popular; Martim dirige--se a Irapuã nos seguintes termos: "houve [*sic*] chefe Tabajara, / os guer-

---

[9] Compare-se: "Venho de bem longe, filha das florestas. Venho das terras que teus irmãos já possuíram e hoje pertencem aos meus" (Alencar, 1994b: 41)

[10] Note-se que até a palavra cortesia foi semanticamente esvaziada de sua inicial relação com a corte.

reiros do meu sangue / não briga [sic] assim de coivara / enfrenta teus inimigos / rodeiado [sic] de sem [sic] amigos / não me enfrentas cara a cara..." (Athayde, 1946: 24) [11]. Por outro lado, o guerreiro branco, que no romance nunca é ferido, chega a desmaiar na narrativa do folheto, com um golpe "dado a traição" por Irapuã. Iracema tem até de reanimá--lo, "levantando-o do chão" (Athayde, 1946: 40).

O episódio da pintura do corpo e do nome Coatiabo é retomado; mas aparece mais como uma decorrência do facto de o guerreiro branco ter ido morar entre os potiguaras que como forma de sublinhar a capacidade de adaptação do português a novos mundos e a sua miscibilidade. Tão pouco se retoma o que está na *Jornada* de Diogo de Campos Moreno, possivelmente uma das leituras de Alencar. O texto do cordel informa que "ficou sendo o português / um selvagem desta vez / totalmente transformado" (Athayde, 1946: 44).

A luta contra os franceses desaparece; por amor, Martim não sobe mais ao monte à procura de navios e são os pitiguaras que guerreiam, tendo o branco a seu lado, contra os tabajaras, no momento em que nasce Moacir. Tal leitura por parte de Athayde vem mais uma vez eliminar o carácter medievista de Martim, que não mais guerreia para servir ao seu rei nem defende o espírito de cruzada. Assim, perde ele definitivamente a sinalização épica que Alencar lhe imprimiu, tirando-o do secundário papel que a historiografia brasileira lhe confere.

E Iracema? Mais uma vez, ela surge ao leitor saída do banho. E embora não seja pintada através dos tantos símiles que dão conta de sua beleza e sensualidade, o narrador não se cansa de declarar que é "uma índia muito bela", "estátua de bronze vivo", "figura de admirável beleza". Da Iracema de Alencar a do cordel conserva os cabelos "cor de asa de graúna", mas suas medidas aparecem de acordo com novos padrões estéticos – os do poeta nordestino certamente: "rosto redondo" e "corpo roliço". O pé, porém, se não é "grácil" e, "mal roçando", não alisa "a verde pelúcia" dos primeiros capins (Alencar, 1994: 40-41), toca a terra "tão leve como o do gato" (Athayde, 1946: 4-5), num símile bem ao gosto popular.

---

[11] Numa outra versão do folheto, impressa em 1974, onde os filhos de José Bernardo da Silva aparecem como proprietários, Martim dirige-se a Iracema, mas diz as mesmas palavras.

As atitudes da índia do folheto são mais ou menos as mesmas da personagem original. Ela permanece corajosa (embora desapareçam algumas cenas em que essa coragem é demonstrada), esposa fiel e boa mãe, apesar de serem suprimidos vários passos que avivam esses contornos. Há, porém, momentos curiosos na transposição do romance para cordel. Consistem eles sobretudo na substituição do símile por uma explicação do narrador. No episódio da posse da virgem pelo guerreiro, não é a imagem do saí atraído pela serpente que o cordelista vai buscar para atenuar os contornos da transgressão às normas operada pelo hóspede, sublinhar a inocência ou a fragilidade de Iracema e tornar menos "viciosa" a sua entrega; moralista, Athayde culpa a juventude e justifica o casamento de acordo apenas com as leis da natureza citando os hábitos indígenas. Martim, "embriagado / pelo licor da jurema / chamava por Iracema / que estava ali a seu lado." A filha de Araquém vendo que ele "lhe [sic] amava sinceramente / pois quem está embriagado / muito embora inconsciente / só cita o nome de alguém / dizendo que lhe quer bem / se no íntimo ele sente" percebeu "que a paixão ardente / seu coração dominava" E, como "aquela noite era a última [...] que ela via seu guerreiro / e o amor na mocidade / sempre foi mau conselheiro [...] entregou-se apaixonada / ao homem que amou primeiro. // Também entre os nossos índios / não havia casamento / uniam-se quando amavam / sem luxo nem paramento" (Athayde, 1946: 32-33).

O ponto mais importante, porém, nessa leitura de Athayde, consiste no desaparecimento do sentido épico e fundacionista que Alencar imprimiu ao seu romance, marcando-o pela expansão da fé e do império português (embora bastante transfigurado) e pelo surgimento de uma nova raça (verdadeiro objectivo de seu texto). A própria forma adoptada pelo cordelista mostra a desvinculação da epopeia. A narração não começa *in medias res*, mas segue a ordem natural da coisas. O nascimento de Moacir, com "os olhos azuis do pai" e tendo na pele "a cor / da raça de seus avós", não coincide com a vitória dos portugueses sobre os franceses; tão pouco Martim volta ao Ceará para fundar a "mairi" dos cristãos e baptizar Poti, que troca de nome, língua, rei e religião; esbatem-se os contornos da dor de Iracema, que já nem oferece o seio às iraras pequeninas para alimentar o filho, que passa a ser amamentado por uma corça selvagem (uma versão tropical da loba romana?); Moacir é filho "do amor que me causou tanta dor", numa frase que liga os dois sentimentos ao projecto romântico em geral, não ao desaparecimento da raça indígena e ao nascimento do povo brasileiro, particularizando o projecto nacionalista de Alencar; o cordel não repete que a jandaia deixou de cantar o nome da virgem tabajara ou o "tudo passa sobre a terra" do romance.

Se Alencar pretendeu criar a verdadeira epopeia nacional como se depreende de suas cartas sobre o poema de Magalhães e seus posteriores romances[12], o autor do folhetim, embora dizendo que o Ceará é terra "onde outrora [...] brotaram as lendas da raça", desejou, traduzindo "em trovas / o que ele em prosa falou", prestar seu "tributo à raça brava e selvagem / que o tempo a correr levou" (Athayde, 1946: 1). Mas, talvez, nem isso tenha ocorrido. Se essa breve alusão à extinção da raça indígena poderia levar a uma exploração mais demorada da face escatológica de Martim, tal não acontece (até porque ela é motivada pelo "tempo"). Depois de sair das poucas páginas que a História lhe dedicou, e passar, no romance-lenda, a "guerreiro branco"; "guerreiro do mar"; "guerreiro cristão"; "pai do primeiro filho que a raça branca gerou nessa terra de liberdade"; medievamente fiel a seu rei e sequioso de aventura; "Coatiabo" ("guerreiro pintado"; "guerreiro da esposa e do amigo"); aquele que não é filho da terra selvagem, mas que a ela se adapta e que ama os seus habitantes, além de, também, embora subtilmente, ser elemento de destruição, Martim deixa de ter, no cordel, um contorno definido. O fim do folheto rompe o silêncio a que a jandaia votou sua senhora no romance de Alencar: "o nome de Iracema / está gravado em seu emblema, 'virgem dos lábios de mel'" (Athayde, 1946: 48). A tabajara desconhecida pela História surge na lenda e sobrevive no folheto, mostrando que o mito é mais forte que o documento; que a concepção épica de Alencar é, na leitura de João Martins de Athayde, um "drama de amor santo e fiel" (Athayde, 1946: 48).

A *Iracema* escrita por Inocêncio Alves da Costa, mais conhecido por Inocêncio Gato, cantador que exerceu a sua actividade por aproximadamente sessenta anos, segue de perto as palavras de Alencar, quando descreve a Virgem neste momento do romance. Assinalada pelos "cabelos mais pretos / que a asa da graúna" (Gato, 1996: 2), ela tem também sua ligeireza comparada à da ema selvagem. Sua nudez ao sair do banho, mais uma vez "ao pino do sol", é agora coberta pela "rama", que se

---

[12] A este respeito v. Maria Aparecida Ribeiro, "Projecto e Realização Épica em de José de Alencar", in Saulo Neiva (org.) *Déclin et confins de l'épopée au XIXe siècle: sur le 'vieillir' d'une forme poétique*, Université Blaise-Pascal (Clermont II) / Centre de Recherches sur les Littératures Modernes et Contemporaines (CRLMC), a sair em 2005.

comporta como "um lençol". Se ela não concerta com o sabiá da mata, como no texto-matriz, "preocupa-se", isto é, concentra-se no canto dele, enquanto a ará continua a brincar junto dela. O surgimento de Martim de "face branca e bonita", mas sem as marcas marinhas que Alencar lhe impôs – e, agora, não mais "guerreiro estranho", mas "grosseiro estranho", por um erro tipográfico – origina, mais uma vez, uma flechada certeira, a mão que procura a espada, a mão que estanca o sangue que provocou e a quebra da flecha da paz. E, se dessa, vez é Martim, quem atribui o facto de se haver perdido a algum espírito da floresta[13], fazendo do guerreiro, desde então, um candidato a índio, a hospitalidade dos selvgens continua: Iracema conduz o guerreiro branco à cabana de Araquém que o convida a fumar o cachimbo da paz. Chega, porém, a noite, anunciada pelo pio da acauã, e, com o pajé convidando Martim a dormir, "pois de Tupã há [sic] de vir / sonhos de felicidade." (Gato, 1996: 7), a história, pura e simplesmente, acaba. Selecção feita propositadamente pelo cantador, achando que esse era o melhor trecho do romance? Gosto pelo *suspense*? Má interpretação do texto de Alencar ou incapacidade do cantador de narrar a "lenda do ceará" no seu todo? A verdade é que Irapuã, apresentado logo no princípio, como "ciclone em figura humana", em cuja mesa "não faltava um cururu" (Gato, 1996: 1) fica sem nenhuma função neste folheto, onde, aliás, também a capa causa estranheza: a xilogravura de Pedro Pereira apresenta uma Iracema vestida à maneira do cangaço, parenta próxima de Maria Bonita. Confusão do artista? Anúncio de uma história de amor, luta e morte que acaba truncada?

O autor do folheto mais recente, *Iracema, a Virgem dos Lábios de Mel, resumo do romance e biografia do seu escritor, José de Alencar*, José Rogério Brito Ribeiro, é homem de mais escolaridade que Inocêncio Gato e representa também a subida de *status* que a literatura de cordel vem tendo ultimamente: o texto apresenta-se em prosa, surge como resultado de pesquisa e tem nítidos fins didácticos, uma vez que opta pelas frases curtas, elimina os símiles[14], e ainda contém uma expli-

---

[13] No romance estas palavras pertencem a Araquém, pai de Iracema.
[14] Além de ser necessário ao resumo, esse corte elimina também os tropeços do leitor num vocabulário que lhe pode ser desconhecido, pois os símiles utilizados por Alencar (apesar de a aproximação entre leitor e o que é narrado ser conhecido objectivo da utilização deste recurso), têm geralmente como comparantes elementos da flora e da fauna cearenses, cujos nomes nem sempre são do domínio popular.

cação sobre a função e simbologia das personagens e um glossário. No entanto, como no já mencionado cordel de Athayde, o contexto histórico que fala da relação entre Martim e os potiguaras, bem como da fracassada expedição de Pero Coelho desaparece[15], surgindo novamente apenas "uma caçada", como motivo de ele se haver separado dos companheiros.

Se a flechada continua a assinalar a surpresa da virgem, Martim perde a sua marca medieval e cristã. Não há nenhuma menção ao facto de ele não haver revidado, por ter aprendido "na religião de sua mãe" a perceber a mulher como símbolo de "ternura e amor" (cf. Alencar, 1994b: 40). Assim, toda a cordialidade deste primeiro encontro, fica com Iracema que, "arrependida [...] correu até Martim e ofereceu-lhe hospitalidade, quebrando com ele a flecha da paz" (Ribeiro, s.d.: 1).

A inocência do guerreiro, porém, na perda da virgindade de Iracema é preservada. É certo que o guerreiro pede à filha de Araquém o licor, agora popularmente transformado em vinho. Mas – sem o recurso ao símile do saí atraído pela serpente, onde Martim, apesar de desculpabilizado, é figurado por um animal perigoso e relacionado ao pecado desde tempos imemoriais, enquanto a índia tem por comparante um frágil passarinho – é Iracema quem toma a iniciativa da relação sexual, camuflada no cordel pela expressão "abraço".

Uma curiosa actualização ajuda a apagar ainda mais os traços medievais com que o guerreiro branco é assinalado. No romance de Alencar, o coração do guerreiro branco estava saturado da felicidade que representava a companhia de Poti, as carícias de Iracema e a vida selvagem; por isso, seu "coração ressonava". Era um tédio romântico, pois seu verdadeiro perfil era o do cruzado com desejos de guerrear os infiéis e de servir a seu rei (cf. Alencar, 1994b: 82). No cordel, o tédio passa a chamar-se "depressão" e o que se insinua é que ela deriva da inadaptação à máscara de Coatiabo (cf. Ribeiro, s.d.: 12) que Martim adopta.

Apesar de esmaecidas, a fundação de uma nação nova e de uma nova raça marcam esta última adaptação do romance, pois Martim implanta a fé cristã e, com Poti, ajuda Jerónimo de Albuquerque a vencer os tupinambás e a expulsar o "branco tapuia" (a expressão de Alencar é repescada pelo adaptador). Brito Ribeiro, cuja escolaridade é por certo diferente da dos outros cordelistas, escapa de contar apenas uma história de amor.

---

[15] Veja-se a obra citada na nota 8.

3. Não foi com certeza pela fama da obra, mas de seu autor, que *Ubirajara*, datada de 1874 e última obra de Alencar, encontrou eco entre os poetas de cordel. Rodolfo Coelho Cavalcanti, por exemplo, não chega a citá-la, como acontece a *Iracema* e *O Guarani*, entre o grande rol de títulos mencionados no folheto que editou sobre o escritor, em 1985 (cf. nota 1). Tão pouco *Ubirajara* recebeu as atenções do cinema ou do Carnaval ou o centenário de sua edição foi comemorado. Assim, sua glosa por F. Sales e José Bernardo da Silva, deve ter sido feita por arrastamento.

O primeiro, em *O Guerreiro Ubirajara*, anuncia dessa maneira a obra, onde, em momento algum, figura o nome de Alencar: "romance trágico de amor selvagem onde se vê [*sic*] os episódios cruentos entre 3 corações que disputavam um só amor; a vida nas selvas brasileiras entre duas potentes nações perigosas; onde deram-se [*sic*] os duelos de amor contra um guerreiro invencível que conquistou a nação inimiga e apaixonou-se pela deusa adversária fazendo esquecer sua primitiva amada." (Silva, s.d.: 1). Se o projecto parece contemplar o desejo de Alencar de situar a sua lenda no período proto-histórico brasileiro, o fim da história de amor não é anunciado com o mesmo *"happy-end"* da história original, onde o protagonista acaba tomando por esposas as duas índias que por ele se apaixonaram e se torna simultaneamente cacique de tocantins e araguaias, dando origem a uma nova nação que leva o seu nome.

O título do folheto saído das oficinas de José Bernardo da Silva – *História do Índio Ubirajara e a Batalha do Índio Pojucan* – que também em nenhum momento refere o nome de Alencar, mas aconselha ao leitor que se quiser saber a história "a miúdo / compre o livro e leia tudo" (Silva, 1964: 32) – pode induzir quem não conhece o romance a pensar que o texto contém duas narrativas; quem já o leu, imagina que só a luta entre o araguaia e o tocantim foi aproveitada.

Nem por isso. Comparando o texto de Alencar e as duas versões em cordel, é possível verificar que a caracterização do herói, de Araci e de Jandira, assim como a da Pojucã, guarda grande relação de semelhança com a que é feita no romance-matriz[16], o mesmo acontecendo com as

---

[16] No texto de José Bernardo da Silva um traço de nobreza é, nesse momento, acrescentado a Ubirajara, enquanto se mostra uma certa covardia em Pojucã (cf. Silva, 1964: 10), o que talvez decorra da necessidade maniqueísta da literatura popular, pois, no romance original, Alencar, cujo objectivo era sempre o de valorizar o índio não lança mão desse tipo de oposição.

sequências narrativas. Num e noutro folheto, com pequenas diferenças de pormenor[17], o caçador transforma-se em guerreiro, recebendo a luta entre o filho de Itaquê e o de Camacã cores tão fortes quanto as da publicação de 1874, retomando-se até, em ambos os cordéis, sob um registo mais popular, o acalorado diálogo entre os dois contendores e a rememoração que Ubirajara e Pojucã, prisioneiro dos araguaias, fazem de seus feitos. Nas duas versões, por amor de Araci, Ubirajara dá provas de coragem entre os Tocantins, vencendo todos os guerreiros.

A dor de Jandira, cujo canto F. Sales e José Bernardo da Silva transpõem para os seus versos, recebe algumas diferenças de contorno: no folheto de José Bernardo não é Ubirajara que destina a filha de Magé ao prisioneiro, como noiva do túmulo, à semelhança do romance de Alencar, mas o conselho de guerra; também nessa versão vêm suprimidos os encontros entre a virgem desprezada e Araci. Assim é que, depois de fazer desaparecer as cenas de rivalidade entre as duas e a complacência da filha de Itaquê para com a sua rival, o final de José Bernardo surpreende: Ubirajara dizima a tribo tapuia que invadiu os campos tocantins, vingando-se de Pojucã; ao invés de, como no romance, haver uma união de nações, por sugestão de Itaquê, dando origem aos ubirajaras e ficando o filho de Camacã, com uma esposa araguaia e outra tocantim, por ideia de Araci, casam-se "Araci com Ubirajara / Jandira com Pojucan", "formando duas nações / pra governarem o deserto" (Silva, 1964: 32). Mais uma vez, a ideia de fundação conciliadora proposta por Alencar passa despercebida quando da apropriação de seu texto por um autor popular.

4. Quando Alencar lançava ao Visconde de Taunay uma pergunta que é conhecida de todos aqueles que estudam sua produção literária – "Você acha que chegarei à posteridade?" (Taunay) – sua dúvida certamente se restringia ao tempo de vitalidade de sua obra; longe estava ele de imaginar que seus romances atingiriam um público bem mais largo que o letrado, através da novela de rádio, do cinema, de marchinhas de Carnaval e do cordel, fundamentando os versos de Manuel Bandeira

---

[17] No texto de F. Sales é o facto de ouvir falar em Pojucã e a paixão por Araci que levam Ubirajara a querer mostra seu valor, lutando com o tocantim; no de José Bernardo da Silva é, como em Alencar, o desejo de passar de caçador a guerreiro, tomando um novo nome, que leva o araguaia ao desafio.

"– Verdes mares bravios! Cita um sujeito que jamais leu Alencar!" – e que seriam lidos de acordo com as ideias de cada um e as necessidades de cada época. Aquilo que o escritor cearense não exigia de Gonçalves de Magalhães – escrever uma epopeia que se tornasse "o livro popular de uma nação" (Alencar, 1994b: 209) – acontecia-lhe a si.

Mais de um século depois da Independência, quase um século depois de sua criação, *O Guarani*, *Iracema* e *Ubirajara* deixariam de manter na leitura dos cordelistas os principais traços que lhes quis imprimir seu autor – valorizar os índios e falar na formação do Brasil em seus primórdios num estilo épico que fugisse do verso em que Homero cantou os gregos ou contar estórias de um Brasil pré-cabralino. Transmodalizados (cf. Genette, 1986) eles seriam recebidos de forma produtiva (cf. Grimm, 1977: 147-148) e falariam do índio, como muitos outros folhetos[18]; fixariam e alargariam as cenas de guerra, luta, peripécias, discussão, típicas das narrativas orais e que o folheto contém em larga escala nas narrativas cavaleirescas que herdou da Europa[19]; explorariam o diálogo – caro ao folheto em geral e à peleja, forma típica do cordel, em particular; deixariam a linguagem figurada dos índios e o símile por um registo mais popular; recortariam algumas cenas, motivos, acções, figuras, epítetos dos textos-matrizes[20], tudo convergindo para configurar histórias românticas, mas com o carácter épico, caro à poesia popular nordestina – as *epopeias de amor* de que falava Alencar (1994a: 40) usando a expressão *en passant,* sem jamais alçá-la a título ou mencioná-la em suas famosas polémicas que eram, afinal, textos programáticos. Afinal, a literatura contém sentidos em potencial que o leitor descodifica de acordo com sua formação e com o contexto histórico-cultural em que está inserido. Por isso, como lembra Jauss (cf. 1993), a História da Literatura deve ser constantemente reelaborada e só se pode fazer de acordo com a estética da recepção.

---

[18] Como o negro, que já mereceu um ensaio (Olga de Jesus Santos e Marilena Vianna, *O Negro na Literatura de Cordel,* Rio de Janeiro, Fundação Casa de Rui Barbosa, 1989), o índio, ainda não estudado sistematicamente, é personagem de vários textos de cordel.

[19] Consulte-se a esse respeito Jerusa Pires Ferreira, *Cavalaria em Cordel* – o passo das águas mortais, São Paulo, HUICITEC, 1979.

[20] A este repeito, v. o que diz Grimm, 1977: 148.

Bibliografia

ALENCAR, José de (1994a) *O Guarani*, de José de Alencar (ed. e introd. de Maria Aparecida Ribeiro), Coimbra, Almedina.
ALENCAR, José de (1994b) *Iracema* e *Cartas* sobre "A Confederação dos Tamoios", de José de Alencar (ed. e introd. de Maria Aparecida Ribeiro), Coimbra, Almedina,
ATHAYDE, João Martins (1946) *Romance de Iracema, a virgem dos lábios de mel*, Recife, s.ed.
ATHAYDE, João Martins (1974) *Romance de Iracema, a virgem dos lábios de mel*, Recife, s.ed.
GENETTE, Gérard (1986) *Palimpsestes. La littèrature au second degré*. Paris, Édtions du Seuil.
GRIMM, Gunter (1977) *Rezeptionsgeschichte, Munchen*, Wilhelm Fink Verlag, 1977.
GATO, Inocêncio (1996) *Iracema*, Fundação José Augusto e Universidade Federal do Rio Grande do Norte (Projeto Chico Traíra, 19)
JAUSS, Hans Robert (1993) "A Literatura como Provocação", *A História da Literatura como provocação literária*, Lisboa, Vega.
KAYSER, Gherard R. (1989), *Introdução à Literatura Comparada*, Lisboa, Fundação Calouste Gulbenkian (Einfuhrung indie Vergleichende Literaturwissenschaft, Darmstadt, Wissenschaftliche, 1980)
MORENO, Diogo de Campos (1812) 'Jornada do Maranhão por ordem de S. Magestade feita no anno de 1614', "Memórias para a História da Capitania do Maranhão", *Colleção de Noticias para A História e Geografia das Nações Ultramarinas que Vivem Nos Domínios Portugueses, ou Lhe São Vizinhas*, Lisboa, Academia Real das Ciências.
RIBEIRO, José Rogério de Brito, *Iracema, a Virgem dos Lábios de Mel. Resumo do romance e biografia do seu autor, José de Alencar*, Cabine Ceará – apoio turístico (s.d.)
SALES, F (s.d.) *O Guerreiro Ubirajara*, Fortaleza, João José Silva ed. proprietário.
SOUTO-MAIOR, Mário (2000) *João Martins de Athayde*, São Paulo, Hedra.
SILVA, José Bernardo da (1964) *História do Índio Ubirajara e a Batalha do Índio Pojucan*, Juazeiro (Ceará), ed. José Bernardo da Silva (na capa: *História do Índio Ubirajara e o Índio Pojucan*)
SILVA, Minelvino Francisco (s.d.) *Vida, Profissão e Morte de João Martins de Athayde*, Salvador, s.e.
SILVA, Severino Borges (s.d.) *As Bravuras do Grande Índio Peri*, s.n.t.
SUASSUNA, Ariano (^{4}1976) *Romance d'A Pedra do Reino e o Príncipe do Sangue do Vai-e-Volta. Romance Armorial Popular Brasileiro*, Rio de Janeiro, José Olympio.
ALMEIDA, Átila Augusto F. de & ALVES SOBRINHO, José (1978) *Dicionário Bio-Bibliográfico de Repentistase Poetas de Bancada*, João Pessoa-Campina Grande, Editora Universitária-Centro de Ciências e Tecnologia, 2 vols.

UMA LITERATURA ANFÍBIA

SILVIANO SANTIAGO[*]
Universidade Federal Fluminense (Brasil)

Alguns dos que estão aqui presentes vêm de países onde um segmento considerável da população ainda é composto de analfabetos fonéticos. Isso traz conseqüências para a literatura e as demais artes da linguagem ali produzidas. Nós, escritores brasileiros, temos considerado que a publicação em livro das obras literárias que imaginamos é tão importante quanto a ação persuasiva que esse livro pode exercer no plano político, caso seja lido pelo restritíssimo grupo social letrado que o consome, ou se noticiado ou comentado pelos meios de comunicação de massa, em particular pela televisão.

Na falta de melhor explicação descritiva do que seja uma obra literária para nós, valho-me de uma metáfora: o nosso sistema literário se assemelha a um rio subterrâneo, que corre da fonte até a foz sem tocar nas margens que, no entanto, o conformam. Descodificada, a metáfora diz que o livro de literatura se assemelha a algo imperceptível pelo grosso da população, que é entregue pelo autor ao leitor de maneira quase silenciosa. Esse algo imperceptível e silencioso o é em virtude da condição de extrema miséria cultural em que vivem muitos dos nossos concidadãos. Apesar de eles serem cegos e surdos ao livro de literatura, tramas e personagens literários acabam, no entanto, sendo por eles conformados.

Uma segunda conseqüência do analfabetismo fonético que grassa entre os desprivilegiados, agora associado ao êxito extraordinário da mídia eletrônica entre nós, transcende o campo propriamente literário.

---

[*] Escritor e crítico literário. Professor aposentado.

Da noite para o dia, a sua imagem televisiva pode transformá-lo em intelectual de plantão. Alcança o livro que o seu livro não tem. O maior drama do analfabetismo fonético no Brasil é o de ter ele servido de adubo ultra-eficiente para a mídia eletrônica do entretenimento, com o conseqüente desenraizamento cultural da imprensa escrita. O brasileiro aprendeu a escutar rádio e a ver televisão; poucos sabem ou querem ler. Essa afirmativa desconcertante não recobre apenas a camada dos desprivilegiados, ela virou consenso nacional a partir da ditadura militar de 1964.

Se num país de quase duzentos milhões de habitantes é baixíssima a taxa de consumo *per capita* do livro, já a fala de quem exerce o ofício literário pode ser sintonizada sem graves empecilhos na mídia eletrônica – em especial na duas televisões educativas (TVE, sediada no Rio de Janeiro, e TVCultura, sediada em São Paulo) e nos múltiplos canais de televisão a cabo, como os nacionais Globo News e Futura e os numerosos canais universitários e comunitários. Concedida aos profissionais da mídia eletrônica, a entrevista serve muitas vezes ao escritor de trampolim para discussões públicas sobre idéias herméticas e implícitas na obra literária. Por outro lado, há um perigoso culto da personalidade a rondar o aprendiz de escritor. Muitos jovens artistas se sentem tão contentes com a imagem pública de intelectual, que logo se descuidam do artesanato literário, ou o abandonam de vez para trabalharem nas artes da imagem. Portanto, o livro é raramente apreciado pela leitura. Consome-se, antes, a imagem do intelectual; assimilam-se suas idéias, por complexas que sejam pela sua fala que se dá ao lado do livro.

Valho-me agora de uma comparação. As idéias desenvolvidas na entrevista televisiva pelo autor de livro funcionam como um motor civilizacional de baixíssima rotação, que impele o espectador comum (e muitas vezes quase analfabeto foneticamente) a tomar conhecimento e enfrentar problemas nacionais, sem ter de apoiar apenas nas agruras do seu cotidiano como alicerce para a revolta. Pela atenção muitas vezes delirante e por essa brecha é que ele entra no chamado mundo das idéias.

Se as margens do rio metafórico, o povão, a que nos referimos acima, passam ao largo do livro, elas acabam por se aproximarem indiretamente dele pelo viés da entrevista. Ela é o modo que o escritor brasileiro encontrou para poder comunicar-se com um público mais amplo sem perder as prerrogativas estéticas, por natureza excludentes, do ofício que abraçou. Ao contrário do que sucede em sociedade com maior taxa de alfabetização fonética a escolaridade, o livro de boa qualidade pode ser o *móvel* cultural da entrevista midiática, mas nunca é o seu *fim* comercial. (Penso, por exemplo, nos famosos programas de Bernard Pivot na televisão francesa, que na manhã seguinte eram responsáveis por verdadeiras correrias às livrarias.) Em palavras mais contundentes: a programação de venda de livros de boa qualidade no Brasil não passa, ou passa muito pouco, pela mídia eletrônica. Em compensação, idéias de teor vanguardista e revolucionário circulam com mais freqüência entre telespectadores brasileiros do que entre telespectadores do Primeiro mundo.

Como conseqüência desse estado de coisas, surgiram vários casais disparatados na cena cultural brasileira. O livro se casou com a entrevista, a folha de papel com a tela e a escrita literária com a fala casual. Aparentemente, estamos diante de comparsas que são excludentes, mas que são vistos de maneira dupla. São cúmplices nas mãos do escritor doublé de intelectual, são irreconciliáveis aos olhos do grosso da população.

Com o correr das décadas que foram dominadas pela cultura da imagem, a prática da literatura no Brasil foi-se revestindo duma capa forasteira, ou seja, deixou-se recobrir por uma dupla meta ideológica. Primeira meta. Ao explorar os meandros da observação direta dos acontecimentos cotidianos ou históricos, nossa literatura configura a carência sócio-econômica e educacional da maioria da população do país. Segunda meta. Ao incentivar a reflexão político-social por parte dos poucos e privilegiados que a lêem, ela define, ataca e critica, pelo exercício impiedoso da auto-crítica, o grupo reduzido e singular que tem exercido de uma forma ou de outra as formas clássicas de mando e governabilidade nas nações da América Latina.

Por um lado, o trabalho literário procura dramatizar objetivamente a necessidade do resgate dos miseráveis a fim de elevá-los à condição de seres humanos (já não digo à condição de cidadãos) e, por outro lado, procura avançar – pela escolha para personagens da literatura de pessoas do círculo social dos autores – uma análise da burguesia econômica nos seus desacertos e injustiças já seculares.

Dessa dupla e antípoda tônica ideológica – de que os escritores não conseguem desvencilhar-se em virtudes do papel que eles, como vimos, ainda ocupam na esfera pública e política da sociedade brasileira – advém o caráter anfíbio da nossa produção literária.

No século passado, os nossos melhores livros de literatura apontavam para a Arte, ao observar os princípios estéticos individualizantes, libertadores e rigorosos da vanguarda artística européia, e ao mesmo tempo apontavam para a Política, ao querer denunciar pelos sofisticados recursos literários não só as mazelas oriundas do passado colonial e escravocrata da sociedade brasileira, mas também os regimes ditatoriais que assolam a relativamente curta vida republicana. A atividade artística do escritor não se descola da sua influência política; a influência política sobre o cidadão (seu leitor e/ou telespectador) não se descola da sua atividade artística. O todo se completa numa forma meio que manca na aparência, apenas na aparência. Ao dramatizar os graves problemas da sociedade brasileira no contexto global e os impasses que a nação atravessou e atravessa no plano nacional, o escritor foi sendo obrigado a dialogar, em evidente paradoxo, só com o cidadão brasileiro responsável, seu leitor. Não são muitos, infelizmente.

Como conseqüência daquela dupla e antípoda tônica ideológica surge um vazio temático na nossa literatura que, a meu ver, acabou e continua sendo preenchido pela grande quantidade de livros das literaturas estrangeiras que são traduzidos e consumidos no Brasil. Se as livrarias pouco vendem os grandes autores nacionais, temos, no entanto, uma indústria editorial ágil e atualizada e um mercado do livro restrito e cosmopolita, guloso de novidades estrangeiras. Na singularidade da nossa indústria editorial e do nosso mercado do livro estão duas razões que justificam a importância que ainda se dá ao artesanato literário entre escritores que, sem a concorrência maciça das literaturas estrangeiras, há muito teriam abandonado a pretensão de fazer arte.

O vazio temático a que estamos nos referindo se refere à parca dramatização na literatura brasileira dos problemas dominantes na classe média. Esta fica espremida e silenciosa entre os dois extremos da sociedade. A literatura brasileira tem feito caricatura, tem passado por cima da complexidade existencial, social e econômica da pequena burguesia urbana. Não é por coincidência que, na nossa literatura, a classe média só toma consciência da sua situação específica sob a forma de desclassificação social. Não é por coincidência que o tema da decadência das grandes famílias rurais percorre o grosso da nossa literatura novecentista, levando alguns críticos a tomarem o título dum romance de Lúcio Cardoso – *A crônica da casa assassinada* – como metáfora e emblema do processo constitutivo da classe média urbana do país.

Quem são os personagens da casa assassinada? São os ricos oligarcas, despossuídos do poder econômico pela industrialização e transformados em funcionários públicos ou profissionais liberais pelo Estado nacional em busca de modernização. São eles que encontram, nas ruas das metrópoles, os ambiciosos estrangeiros e filhos de estrangeiros, firmes na alavancagem do Brasil industrial. Ex-oligarcas e imigrantes novos-ricos, todos associados direta ou indiretamente ao capital estrangeiro, acabam por compor um matizado segmento social médio nas grandes cidades, infelizmente pouco presente na nossa melhor literatura.

2. Quando transcende as fronteiras nacionais pela tradução para outros e diversos idiomas, o livro brasileiro sai em busca de novos leitores, diferentes dos que foram configurados por décadas de prática literária espúria e legítima. O caráter anfíbio da nossa literatura pode parecer – e muitas vezes parece – pouco sedutor aos olhos exigentes dos cidadãos do mundo. O olhar cosmopolita se relaciona com o romance ou o poema pelo viés da notável tradição literária ocidental, e não pelo viés da percepção política da realidade nacional em que se insere o autor brasileiro e da realidade global em que nos terminamos por inserir em tempos de mundialização.

O público estrangeiro (e por público estrangeiro estou tentando caracterizar talvez de maneira canhestra os leitores que vivem nos países considerados como pertencentes ao Primeiro mundo) costuma ser radical na sua escolha do livro de literatura que vai comprar, levando-o a passar de maneira prazerosa algumas horas de lazer. Por isso, o leitor é pouco propenso a acatar, por um lado, a discussão política na estética e, por outro, os floreios estéticos na política. O leitor estrangeiro cosmopolita, repetimos, costuma ser radical na sua definição dos campos disciplinares.

No seu radicalismo generoso, o leitor estrangeiro tem sido duplamente infeliz na avaliação da produção literária brasileira. Ele rejeita a priori as obras literárias que se definem pelo caráter anfíbio. Não servem nem de exemplo de arte nem de exemplo de política. Opta por desmembrar os elementos ambivalentes, constituintes da duplicidade ideológica e temática da literatura brasileira, em elementos isolados, autônomos, com vida própria. Ou Arte ou Política – define a direção do interesse na hora da compra do livro. Nunca as duas ao mesmo tempo e no mesmo lugar.

Arte e Política. O híbrido parece-lhe um fantasma. Fantasma que certamente o assombrará – caso seja menos respeitoso das fronteiras nacionais e das convenções disciplinares – no seu próprio cotidiano de habitante do Primeiro mundo. Como em Hamlet, o fantasma do híbrido sussurra-lhe ao ouvido que "time is out of joint. Oh cursed spight, / That ever borne to set it right" [O mundo está fora dos eixos. Oh! Maldita sorte... / Por que nasci para colocá-lo em ordem!]

O leitor estrangeiro não quer compreender as razões pelas quais, na Literatura brasileira, o legítimo se apresenta como espúrio a fim de que o espúrio, por sua vez, possa ser legítimo. Sua vontade de leitor estrangeiro não se alicerça na vontade do texto literário com tonalidades nacionais. Desta quer distância nas horas de lazer. Ele quer enxergar o estético na Arte e o político na Política. Ele quer o que o texto não quer. Ele não deseja o texto que não o deseja. Cada macaco no seu galho, como diz o ditado. Não compreende que o movimento duplo de contaminação que se encontra na boa literatura brasileira não é razão para lamúrias esteticizantes e muito menos para críticas pragmáticas. A contaminação é antes a *forma* literária pela qual a lucidez do artista se afirma duplamente. A forma literária anfíbia requer a lucidez do criador e também a do leitor, ambos impregnados pela condição precária de cidadãos numa nação desde sempre dominada pela injustiça.

Por um lado, o leitor estrangeiro tende a buscar entre os livros de literatura que pretende ler aqueles que denunciam despudoradamente a condição miserável de grande parte da população brasileira. São em geral livros de literatura que pouco (ou nada) se preocupam em satisfazer os mínimos requisitos que transformariam em obra de arte o fato bruto sócio-econômico. Estão mais próximos da reportagem jornalística (não confundir esta com a linguagem jornalística, que pode ser notável recurso estilístico na contemporaneidade) do que da literatura. A brutalidade em si do material representado no livro é motivo para o interesse *sentimental* pelo Brasil (país das desgraças humanas e das catástrofes civis), para a *admiração* pelo escritor (a coragem e o destemor na denúncia) e os *elogios* rasgados ao livro.

Não tenhamos ilusão, a brutalidade nua e crua transposta sentimentalmente para as páginas do livro é também motivo para a comiseração do leitor estrangeiro.

Antes de tudo, o leitor estrangeiro tem sido um ser de sentimentos cristãos. Isso é bom. Isso passa a ser mau quando ele confunde os bons sentimentos com uma mescla de altruismo abstrato e filantropia remota, ou quando se deixa confundir pela própria bondade, sentindo-se mais desatento aos apelos objetivos do mundo e menos deplorável no seu conforto. Sente-se de tal forma imerso nas águas empolgantes da denúncia explorada pelo livro, que se esquece – durante o processo de leitura – de refletir sobre o seu papel, mínimo que seja ele, nessa história que, caso tivesse sido dramatizada com recursos artísticos menos lastimáveis, poderia ter colocado a hipocrisia contra a parede. O leitor de bons sentimentos se alimenta da brutalidade dos fatos que lhe são transmitidos e perde o norte de si mesmo na contundência dela. A brutalidade é o território onde os bons sentimentos do leitor exorcizam o feitiço armado pelo seu outro subdesenvolvido. A brutalidade não faz parte da dura realidade sua de todos os dias. Se o faz, ele prefere enxergá-la com binóculos: lá longe, num país marginal, entre as capas dum livro. Fechado o livro, os bons sentimentos exalam o último suspiro.

Por outro lado, há entre nós escritores que são indiferentes à dupla camada ideológica a que nos referimos no início. Seus livros são literatura, pura literatura. Curiosamente, é pela indiferença aos problemas da miséria nacional que chegam a encontrar um público cativo no estrangeiro. Não há como criticar os companheiros de letras que optaram pelo caminho da pureza artística num país onde, por esse ou aquele motivo, não teriam os livros comprados pelos conterrâneos. Vestem-se de anacoretas ou ascetas. Sentem-se tentados pela realidade cruel que os assombra a cada dobrar de esquina e buscam, no entanto, a pureza artística. Quem a reencarnação, na obra literária que realizam a duras penas e poucas recompensas financeiras, de uma ética platônica (o belo, o bem, o bom, a luz...).

O leitor estrangeiro, no seu radicalismo disciplinar, tende a comprar e ler – em complemento à obra exclusivamente política, às vezes de teor demagógico – a obra literária pura. Esta dramatiza os pequenos grandes dramas humanos com rigor estilístico e delicadeza psicológica. No seu universalismo e aristocratismos confessos, essa obra é desprovida de qualquer vínculo originário com a cultura onde brota. Transcende territórios geográficos para se instalar na pseudo-eternidade do trabalho artístico. Uma cumplicidade de sensibilidade e casta une autor brasileiro e leitor estrangeiro pelo exercício da leitura de livro totalmente comprometido com os valores fortes e tradicionais da literatura ocidental.

Por desconhecer o seu outro – a política nacional –, o território especificamente literário é amplo e não tem fronteiras estilísticas nem barreiras ideológicas. Escritores brasileiros e estrangeiros, leitores brasileiros e estrangeiros – vivem todos numa *comunidade* de eleitos, onde domina a pureza dos princípios e valores artísticos. A obra de arte é objeto de comoção e deleite por parte dos iniciados. Isso não é mau para a literatura brasileira, uma literatura que se quer nossa contemporânea e tão sofisticada quanto as demais literaturas desta parte do mundo a que pertencemos. Isso não é mau para os escritores que, tendo feito a opção pela literatura anfíbia, nunca se descuidam do eterno aprendizado do ofício literário.

SOBRE OBJECTIVOS, SERVIÇOS E SERVENTIAS DA HISTORIOGRAFIA LITERÁRIA. ALGUMHAS PROPOSTAS.

ELIAS J. TORRES FEIJÓ
Grupo GALABRA – Universidade de Santiago de Compostela

Num trabalho inserido no volume de Homenagem ao Prof. Aguiar e Silva (Torres, 2004c), e que utilizarei como base deste texto, comecei por enunciar o que julgo foi a principal labor dos historiadores da literatura, em geral, no mundo ocidental desde, polo menos, o século XVIII, na esfera dos campos culturais e no ensino: o de, juntamente com o estudo da língua, das 'artes' e, também, doutras disciplinas como a história e a geografia, inscrever, primeiro em determinadas elites da comunidade, depois no conjunto da mesma regida polo estado, um repertório de imaginários e, também, de normas, modelos e materiais que alicercem a sua coesom, normalmente a 'nacional' (resultado da construçom das disputas e domínios exercidos no campo do poder) inserindo um sentido de pertença a um mesmo grupo, fornecendo determinados instrumentos de reconhecimento mútuo e constituindo-os em modos privilegiados de comunicaçom intra e extra-comunitária, referencial e simbólica. A renovada presença do passado que muitas destas disciplinas portam (e cujo conhecimento, em si, apareceria como desnecessário quanto saber nom-útil e nom-prático) e que conhece formulaçons como a falsamente denominada 'memória colectiva' (a tal 'memória' é a desejada e imposta por alguns; colectiva nem o é à partida nem para todos, nem todos beneficiam dela por igual), foi um dos alimentos imprescindíveis da ideia de Naçom legitimada polos grupos dominantes na sua auto-afirmaçom, delimitaçom e distinçom de outros. Isto nom significa que sempre esses grupos fossem homogéneos nem exercessem pacífica e totalizadoramente o seu domínio, senom que este é resultado, nom linear mas complexo e dialéctico, da sua sistemática tensom com outros interesses de evasom e/ou imposiçom por parte dos diferentes sectores dominados dessa comunidade, o que pode produzir instáveis níveis de representaçom e hierarquia identitárias; baste analisar, para o caso europeu actual, as diferentes delimitaçons que se produzem num Estado como espanhol, em que diferentes grupos postulam identidades primárias de diferente nível e hierarquia que colidem entre si.

Frente a outras dimensons culturais como as denominadas 'seis/sete artes', o estudo da literatura constituiu-se como um fenómeno privilegiado, polo seu fácil acesso (um texto é mais facilmente reproduzível que umha escultura, por exemplo), por estar composto por palavras, constituintes, por sua vez, da língua nacional – o alicerce da coesom nacional –, e por a ela (à sua produçom, compra-venda, estudo, ensino, etc.), e sobretudo desde o século XIX, dedicar-se a maior parte dos agentes intervenientes no campo cultural, e os acumuladores de maior poder no mesmo, o que o alargamento do mercado e o aparecimento de novos meios de comunicaçom nom fijo mais que retroalimentar e acrescentar. Deste modo, e para o caso que nos ocupa, forom utilizadas e progressivamente concebidas as histórias das literaturas *nacionais* e desta maneira passarom à formalizaçom do ensino regrado em forma de manuais e programas de aprendizagem e leitura passíveis de serem avaliados. Nesses programas, como nessas histórias literárias, procurou-se a coerência dos elementos identificadores, delimitadores e ligantes do presente da comunidade (língua, território, origem, etc.) com o passado reconstruído, daí resultando os conteúdos e limites das literaturas nacionais, os seus critérios de inclusom e exclusom. E neles e como conseqüência, assumiu-se a necessidade dumha hierarquia de autores e/ou obras representativas (também etimologicamente) da reconfiguraçom simbólica dessas balizas e dos valores, crenças e modelos considerados superiores e totalizadores por parte daqueles que conseguiam impor os seus princípios e categorias. Supeditados a esas práticas e objectivos, os textos e os autores forom carregados dumha importante projecçom do que era invocado e aceite nas elites dominantes como o *Volkgeist*, o presumível espírito criador do povo que estaria na base de todas as suas manifestaçons e elaboraçons culturais e regras comunitárias, como queria Savigny, e, naturalmente, na literatura como expressom sublime da Naçom. O possível paradoxo entre o autor, individual, e o colectivo 'espírito do Povo' (que nom "popular") como 'criadores' do texto foi solucionado normalmente considerando aquele como o melhor e mais profundo 'intérprete' e, alimentado polo Romantismo, cantor da presumível essência ou do Povo ou dum período da sua história. Isto permitiu até alargar o paradoxo ao extremo de que quanto mais a obra fosse elevada à categoria de emblemática e singular, maior era essa projecçom do *Volkgeist*. Textos como *Os Lusíadas*, autores como Camões, forom e ainda som particularmente propícios a esse exalçamento sistematicamente reproduzido; neles melhor se apreenderia o génio e o espírito nacional portugueses, daí também sendo interpretados como importantes modos de conhecimento e isto explicando parte das polémicas que nos inícios do novo século se produzirom sobre a sua presença nos estudos de secundária lusos.

Essa unificaçom tem como base as necessidades do campo do poder, quer na vertente da 'memória da Naçom', quer, menos, na de aprendizagem da língua. Nas figuras cimeiras do cánone (ou dos cánones, em ocasions reflectindo homologamente interesses de diferentes grupos no campo do poder, ou fórmulas de autonomizaçom do campo e de imposiçom das próprias legitimidades) projectam-se os valores e princípios dos grupos que conseguem impô-los e definem, igualmente, o alargamento que pretendem. Igualmente produzem-se identificaçons entre o que se projecta (aquilo que se quer fazer significar) e essas obras e autores, que podem mudar, até extremos contraditórios, consoante ao grau de importáncia e pertinência que tenham para os agentes actuantes nos processos de canonizaçom. Cervantes, Camões ou Rosalia de Castro já forom utilizados para representar mui diversos e até contraditórios valores. De resto, tende-se a mostrar as diferentes dimensons concentradas na historiografia literária como interrelacionadas e produto dumha 'natural' interdependência. Para o caso da dimensom do prazer estético, por exemplo, certamente o cánone aparece também, e primeiramente, como o modelo do 'belo', do que tem *qualidade*, no fundo bebendo da equiparaçom ilustrada do belo e o verdadeiro, em que os textos que transportam a verdade da língua e a verdade da naçom, necessariamente devem coadunar-se com a beleza. Essa dimensom, a esfera de animaçom à leitura e a necessidade invocada de fazer e ganhar leitores, obrigou recentemente em vários espaços sociais a umha maior abertura do leque de leituras, sobretodo nas primeiras fases do ensino escolar, ficando a aprendizagem do cánone para etapas mais avançadas do ensino (Torres, 2004c).

Conformar e estudar um cánone, determinar nele os nutrientes fundamentais do mesmo, elaborado sobre a base de parámetros entendidos como beleza, verdade, representatividade estética e/ou nacional, qualidade, forom e em boa medida som, todos juntos, ou singularizados alguns, os objectivos fundamentais da historiografia literária. E isto, sem esquecer um dos mais poderosos instrumentos de conceptualizaçom (e reconstruçom *pro domo* dos conceptualizadores) do passado (e, assim, de elaborador da 'memória colectiva'), a periodizaçom, que talvez seja umha das formulaçons que com maior prioridade devem ser revistas, à luz dos parámetros com que se conformar o objecto de estudo: a classificaçom do passado, muitas vezes realizada em funçom dos interesses dos grupos com maior domínio no sistema, ou o estabelecimento de determinados conceitos (modernidade e Pós-modernidade, por exemplo), precisa umha urgente revisom. E essa historiografia literária, convertida em matéria de aprendizagem escolar, alicerçada na crença dos seus elaboradores e transmissores, no sentido de estes entenderem realizar umha missom boa *per se* e sublime, acaba, por sublimaçom, em serventia aos detentores do poder político. Instaurou-se, assim, em muitas dessas actividades, um aparente paradoxo poucas vezes desvendado: o de haver professores e historiadores, estudantes de literatura, etc. que julgam trabalhar para a defesa da estética, a beleza e/ou o conhecimento histórico como actividade autónoma (em que explicariam *a literatura*), enquanto, umha vez fixado um cánone resultado das projecçons interessadas dos construtores de determinada ideia nacional, estes nom vem ameaçada essa construçom, por mais que em muitas ocasions aqueles utilizem autores e textos como armas de arremesso contra *o poder*. O acordo fundamental sustenta-se na existência dum cánone, mantido, com poucas variaçons e com alto grau de anuência, polos que imponhem as suas normas tanto nos campos culturais como no do poder, e que conhece na instituiçom escolar o pacto de manutençom e transmissom mais poderoso. Todas as interpretaçons e actividades que se realizem com esse cánone (por exemplo, digamo-lo burdamente, utilizá-los como pró– ou anti-sistema político em ocasions), é um fenómeno claramente secundário e de outra índole a respeito dessa funçom primordial, que se mantém oculta, a de manter e projectar determinada identidade nacional ao conjunto da populaçom, a quem lhe é imposta, certamente, mas que aceita em muitos casos, dado o alto grau de violência simbólica que porta e o seu co--relato com as imposiçons de índole político-jurídica e económica em que se inserem. O alto grau de subjectividade que, habitualmente, os estudos literários historicamente comportam, em que a recepçom individual se mixtifica com a análise literária [e em que professores, teóricos e críticos (se) constroem socialmente como especializados leitores por antonomásia], secundariza ainda mais a sua actividade.

Ou melhor, todas as interpretaçons e actividades que se realizem com esse cánone, menos umha: a que evidencie o seu carácter radicalmente histórico, impositivo e construído, dependente dos detentores de poder. Nom a que persiga alargar o cánone, 'abri-lo' como tantas vezes se tem dito, porque a esse alargamento subjaz idêntico propósito de imposiçom e domínio, de 'representatividade' dos interesses dos seus proponentes. A pura existência dum cánone, transmitido através da instituiçom escolar e doutros meios de educaçom formal, informal ou nom formal, é um dos exemplos mais expressivos do carácter dominado que o campo literário, como os campos culturais em geral, tenhem a respeito do campo do poder. Mesmo que a sua formulaçom fosse resultado da radical autonomia do campo literário (que nom o é), em que os membros do mesmo impugessem as suas regras, a existência de hierarquias sustentadas no carácter (mais) legítimo duns textos e autores sobre outros, implica sempre o domínio e o poder. Como também, a imposiçom de determinados autores e textos de determinados países mais poderosos[1]. E necessita das redes comerciais, das plataformas transmissoras educativas, do ensino, etc. para impor-se no espaço social em que se desenvolva.

Toda a pesquisa e todo o ensino regrados e remunerados, de qualquer disciplina, devem ter um componente heterónomo importante, entendido como serviço ao progresso da comunidade. Devem produzir conhecimento para as pessoas poderem beneficiar dele e aumentarem a sua qualidade de vida. Na verdade, esta formulaçom pode ser plausível para qualquer leitor ou leitora. Ora, a questom está ainda por resolver, no caso que nos ocupa, porque o entendimento dessa produçom de conheci-

---

[1] Por exemplo, notemos que cada vez será maior o fenómeno da emigraçom e do fluxo de pessoas deslocadas dos seus lugares de origem: a historiografia literária pode contribuir para o conhecimento e deconstruçom dos processos de canonizaçom, e, no que eles tenhem de projecçom de valores, evidenciar umha importante reveváncia para a integraçom e a coesom sociais.

Isto conduz, igualmente e ao lado doutras precisons feitas, a umha tomada em consireraçom do objecto de estudo em espaços supra-comunitários ou nacionais, focando e comparando estes aspectos, para umha melhor consecuçom dos objectivos historiográficos.

mento e dessa qualidade de vida, pode ser diverso. Cabe indicar que a questom nom é, à partida, método ou quadro teórico, nem de abordagem. É de objectivos e interesses.

Os estudos literários vam a caminho dum menor peso nas esferas do ensino e do espaço social em que se inserem. A doxa própria do campo do ensino e a investigaçom da literatura fai com que seja difícil surgirem meninos que apontem que o estudo da literatura vai nu, e que nom fagamos caso dos meninos que o apontam, por considerarmos esses meninos ou impuros ou pouco sábios, e nom paradoxalmente. Talvez isto contribua para reformular o objecto de estudo do ensino e a investigaçom da literatura, certamente em crise na actualidade. Essa crise provém, entre outros factores (vid. Torres 2004c), da perda de importáncia que a literatura tem como actividade cultural na sociedade e na perda de funcionalidade que a literatura tem na conformaçom da identidade. A *Antiga Aliança*, entre o poder (Torres, 2004b) e os agentes da literatura, quebrou, mostrando o carácter instrumental que estes tiveram a respeito desse poder, agora substituídos por outras muitas fórmulas identitárias, de manutençom da identidade. Como tivem oportunidade de indicar (Torres, 2004c) a crise na investigaçom da história da literatura, interrelacionada com esse vazio que a perda de funcionalidade deixou, era já constatada em 1993, polos editores dumha revista de referência no nosso ámbito, *Neohelicon*, Miklós Szabolcsi y György M. Vadja, indicando que esta vivia umha "particular internal crisis or we could say, is in search of its identity" (1993, XX/2: 9-10), que concretizavam na eventual perda da funçom nacionalitária consolidada no século XIX, na concorrência padecida por novos e mais desenvolvidos meios, na ausência de progressos na disciplina e na posta em causa da metodologia e da delimitaçom do objecto de estudo.

De todas as formas, a certeira caracterizaçom da crise dos estudos literários enunciada por Szabolcsi e Vadja nom deve fazer perder de vista que, precisamente, é a doxa inscrita no próprio campo dos estudos literários a que impediu, e ameaça com impedir no futuro, a necessária reconversom para a qual fago aqui algumhas propostas. O sociólogo Pierre Bourdieu definia nas suas *Meditations Pascaliennes* (1997: 67), o centro dessa situaçom recorrendo ao conceito de *epistémocentrisme scolastique*, na linha da sua análise sobre a disposiçom escolástica, sobre as projecçons, metadiscursos e metapráticas gerados polos participantes desse epistemocentrismo.

Essa esclerose no campo dos estudos literários, obedece, assim, em boa medida, ao tipo de investigaçom que nele se considera *o pertinente*, e à incapacidade que os estudiosos temos de explicar como funcionam as actividades literárias nos espaços sociais que as acolhem.

Desvendar esta doxa e aqueles mecanismos impositivos historicamente parece-me umha tarefa primordial do estudo da literatura e da cultura, da historiografia literária. Um desses mecanismos radica na própria imposiçom da actividade literária de determinadas elites culturais como actividade legítima a respeito de muitas outras e em contraposiçom com as de outras classes e grupos sociais. Essas elites, com independência das suas ideias e interesses internamente contrapostos, sustentam o seu poder simbólico nessa legitimidade. A pugna existente entre "románticos" e "realistas" na segunda metade do século XIX português, baseia, antes de mais, a sua importáncia social em ser a actividade cultural de maior legitimidade da época entre as elites em disputa. Nengum dos interesses em jogo pujo em causa a actividade literária porque ela constituiu umha estrutura de poder. Precisamente, o surgimento doutras actividades culturais, legitimadas por grupos sociais homólogos, que o eram (ou som) também da actividade literária, na pugna por alcançar posiçons legítimas, coloca os campos literários, na actualidade, numha situaçom de menor privilégio que a que detinha quando nom apareceram o cinema ou a fotografia como actividade artística, por exemplo; e quando outras actividades de lazer nom passaram a ocupar posiçons mais relevantes (e legítimas) nos grupos sociais que a sustentavam. O fluxo de produtores entre os diferentes campos (do romance ao roteiro cinematográfico, v. gr.) manifestam esta situaçom. À historiografia literária/cultural abre-se assim um campo de investigaçom importante, na detecçom da construçom dessas hierarquias, das suas invariantes e modificaçons, ao longo da história, pondo-as em relaçom com as circunstáncias do campo do poder e do espaço social em que tenhem lugar. E, do mesmo modo, cabe a análise da construçom do gosto através da literatura; das modificaçons (ou nom) do gosto que se operarom historicamente nos grupos que ocuparom posiçons dominantes no campo do poder e no campo literário, nas eventuais variaçons que tiverom lugar na natureza e composiçom desses grupos, como também nos gostos das diferentes grupos que conformam um espaço social determinado.

Esta vertente da literatura e do seu estudo deve conectar-se com outra focagem, ainda, como no caso anterior, nos inícios da sua construçom metodológica e da sua prática. Refiro-me à perspectiva que analisa a produçom literária como fabricadora de ideias, e que tem em Itamar Even-Zohar (2000, 2002, 2003a, 2005) o mais relevante investigador que conheço. Assim considerada, a literatura é passível de ser entendida como umha actividade que influi na atitude e comportamento das pessoas, na conformaçom do seu *habitus*, que contribui para elaborar, promover, reforçar ou nom determinadas fórmulas vitais que funcionam ou podem vir a funcionar num espaço social, e onde, outra vez, a consideraçom das suas relaçons com o campo do poder devem estar presentes. Els Andringa e Margrit Schreier (2004), sintetizam algumhas análises feitas neste sentido, num trabalho-resumo francamente interessante e que abre várias perspectivas, entre elas a do volume de título já ilustrativo: *The Relationship of Fiction and Life*, editado por R. M. Polhemus e R. B. Henkle em 1994, cujo conteúdo principal explicam assim Andringa e Schreier (2004: 161): "In many of chapters, questions of representation and interpretation of the (historical) world constitute the point of departure: how, for example, the composition of a work may reflect social reality or the author's struggle for life. '"Life' in this book", esclarecem, "is the historical or personal world from which a work derives or to which ite refers". Com umha orientaçom diferente, mais virada para a elaboraçom de ideias das elites para as suas comunidades, o próprio Even-Zohar tem estudado alguns casos (por exemplo, 1996a, 1996b e 2003b). No Grupo GALABRA da Universidade de Santiago de Compostela, a Equipa Poluliga trabalha sobre o processo vivido polo protosistema literário galego entre 1968 e 2000, analisando, entre outros factores, o seu relacionamento com o Portugal e o restante mundo lusófono, as ideias que se forom construindo nesses anos (sobre Galiza, a língua, a identidade, etc.) e o seu grau de triunfo e proeminência no campo literário da actualidade, comparando os resultados com os princípios programáticos dos grupos políticos em causa e com as consideraçons e usos que funcionam na sociedade galega actual. E nessa análise, tentando determinar o grau de importáncia que a actividade literária tivo na construçom das ideias indicadas circulantes na Galiza. Doutro ponto de vista, mas sempre nesta linha de investigaçom enunciada, no ano 2006 começará a desenvolver-se um projecto de investigaçom sobre o ensino da língua e literatura galega no nível secundário na Galiza, que nos permita conhecer em que medida esse ensino (considerando todos os factores e agentes intervenientes) incide na vida das pessoas, na sua visom da Galiza, nos seus usos lingüísticos, etc. E isto, pondo em relaçom com a formaçom recebida polos docentes. Entre outros, serám factores importantes no objecto de estudo desta pesquisa, cruzando-os com as ideias investigadas, a extracçom e a trajectória sociais das pessoas, a sua consecuçom de posiçons exitosas (subjectiva e objectivamente consideradas), a sua escala de valores, o meio e a povoaçom em que estudarom ou mora(-ro)m e os seus hábitos de ócio que tenham a ver directa ou indirectamente com as ideias visadas. Porque a instituiçom escolar é o principal veículo de canalizaçom dos trabalhos historiográficos no campo da literatura, entendo que a investigaçom neste campo deve ser um dos núcleos fundamentais de pesquisa. Na análise de programas, leituras, perspctivas didácticas, naturalmente; mas também na análise de qual a concepçom historiográfica utilizada, como ela interacciona e é feita interaccionar com os interesses do estudantes ou se através dela se tenta produzir novos interesses, quais os objectivos perseguidos e em que medida eles tenhem a ver com a escala de valores posta em prática polos estudantes em todos os níveis do ensino e na consideraçom da sua trajectória vital. A comparaçom com outras disciplinas docentes, como a história e a geografia, e, no caso descrito, com a docência da língua e a literatura espanhola, fai-se extremamente pertinente, para poder situar e contrastar as ideias fabricadas desde a docência da língua e a literatura galega.

Esta classe de análise da actividade literária como fabricadora de ideias pode igualmente auxiliar o conhecimento dos processos sociais ao longo da história dumha comunidade, dos valores e actuaçons dos seus diferentes grupos. De igual maneira que a literatura contribuiu e contribui para a coesom e imaginário dum agregado humano, também através dela forom elaboradas e promovidas formas de lazer, variadas atitudes vitais, transformaçons sociais. Por voltar ao exemplo dado de "románticos" e "realistas", por trás de assuntos vistos como epitelialmente estéticos, assomam modos diversos de entender a sociedade, as relaçons amorosas ou o progresso científico; conceber e promover umha literatura para "entreter" ou "transformar" (aceitando agora este esquematismo), conleva igualmente umha maneira de entender(-se) a respeito do campo do poder, umha diferente funcionalidade a respeito das lutas que nele se produzem e, também, um determinado modo de entender o que seja a literatura e a 'boa' literatura. Umha esfera de pesquisa especialmente importante para a historiografia literária pode radicar-se na elucidaçom das eventuais mudanças surgidas em determinados grupos sociais através da produçom literária/cultural: de que forma, por exemplo, o tratamento das relaçons amorosas interclasses promovido por determinadas obras románticas, contribuiu/inteactuou para modificar ou fomentar essas relaçons e para por sua vez promover medidas políticas, programáticas ou legislativas, no campo do poder; ou como textos e cançons de intervençom alargarom o número de activistas e opositores a regimes ditatoriais ou coloniais e perfilarom umha auto-imagem da comunidade, como também determinarom os seus gostos e consideraçons da (boa) literatura e da (boa) cançom.

A crise dos estudos literários e, em geral, de 'Humanidades', que radica na interrelaçom entre factores inscritos na história do campo e às transformaçons existentes em – as lutas em – o campo do poder e no espaço social dam como resultado umha importante diminuiçom dos estudantes 'de letras' e da sua motivaçom e, mesmo da sua qualificaçom (os Cursos de Letras estám nutridos, na sua maior parte, por estudantes com as piores qualificaçons ao longo do seu historial escolar, que já nom aspiram ou nom conseguirom entrar, em muitas ocasions, a Cursos universitários onde era requisito nom ter abaixo dumha determinada qualificaçom de acesso[2]). Polo que conhecemos, em ámbitos como o galego, o portugués, o europeu, o brasileiro, os estudos literários (sobretodo aqueles em que estes nom fam parte complementar doutros Cursos) apresentam, quer seja no ensino secundário quer seja no universitário, umha perda progressiva de estudantes e de peso relativo a respeito doutras disciplinas. Certamente, cada caso aludido apresenta razons particulares e exclusivas, mas é comum a todos eles o desinteresse crescente que este tipo de estudos gera. A situaçom mudou de maneira extraordinária em pouco tempo. Trinta, ou, inclusive, quinze anos antes em alguns casos, os estudos literários pareciam manter um vigor importante. Em Torres, 2004c, tentei expor alguns dos factores, tanto de carácter endógeno como exógeno que me parecem aumentar esta perda progressiva.

---

[2] Os perfis de estudo desenhados pola legislaçom para aceder à educaçom superior indicam que, na Galiza e durante o ano 2002-2003, das cinco áreas de estudo em que se dividem as vias de acesso à Universidade os estudantes que escolherom a via das Humanidades nom ultrapassarom 15 %, enquanto os que tomarom a via Científico-tecnológica e das Ciências Sociais supunham 25 % cada um, nom chegando a de Arte a 10%. A via de Humanidades é a única que dá acesso aos estudos universitários de Filologia, mas, juntamente com outras, permite aceder a estudos que suponhem 50% do total de estudantes matriculados no campus compostelano, por exemplo. Mas os seus conteúdos específicos (História da Filosofia e Latim) nom pareciam ser de grande atractivo para os estudantes.

Nom conheço monografias relevantes e específicas sobre este assunto, mas consultas e práticas avulsas e algumha observaçom podem conduzir-nos a indicar que esse comum desinteresse está motivado polo atractivo e as expectativas laborais que produzem outros estudos que se mostram, ao mesmo tempo, melhor inseridos na dinámica social e profissional (nom, estritamente, no 'mercado') de cada ámbito. Para o caso espanhol, um importante inquérito realizado pola "Fundación BBVA" (2003), considerando o universo de estudantes do espaço social espanhol, revelava que os estudantes de Humanidades (que inclui estudos de Humanidades. Filosofia, Educaçom, Belas Artes, Filologia, Geografia, História e Pedagogia) eram os menos satisfeitos com o Curso que realizavam (55,9%), situando-se em mais de 6 pontos abaixo da média (62,1), que atinge perto de 70% nos Cursos denominados Técnicos e nas Ciências da Saúde: À pergunta "¿Hasta qué punto estás contento con la carrera que estás estudiando?", manifestavam satisfaçom com ela 55'9% dos estudantes de Humanidades, 69% das Ciências Técnicas, 59'1% das Ciências Sociais e Jurídicas, 65% das CC. Experimentais e 69'5% das Ciências da Saúde. Nas respostas dos estudantes, nom parece que a carga lectiva seja determinante no ámbito das Humanidades, comparativamente, porque som os que menos tempo dedicam a estudar (11'3% horas/semana frente a umha média de 12'9 no conjunto dos universitários) e mais parecem salientar-se razons de insatisfaçom com os conteúdos ministrados, que os convertem nos estudantes que enfrentam o seu futuro com maior desesperança. Os estudantes de Humanidades que consideravam que a formaçom que se lhes proporcionava em relaçom ao vínculo laboral que podiam vir a ter era insatisfatória se situava em 70'1%, quando a média de insatisfaçom do conjunto estava no 63'8%, enquanto só 25'1% a interpretava como satisfatória numha média global de 29'8 % de satisfaçom do conjunto.

O inquérito nom oferece dados sobre as suas expectativas prévias mas perfila um tipo de estudante de Humanidades o mais interessado, de entre todos os universitários, nos assuntos públicos e na dinámica social; é o estudante que manifesta atitudes mais críticas a respeito do sistema, o que mais participa nas associaçons e organiza o maior número de actividades culturais, e cujo objectivo fundamental é ser competente na sua profissom face aos colegas das Ciências Sociais e Jurídicas, Experimentais, da Saúde ou Técnicas, cujas prioridades som formar família ou ter sucesso profissional.

Todo parece indicar que as Humanidades nom respondem na actualidade às expectativas dos estudantes. Sempre no ámbito espanhol, do que temos mais dados, um trabalho de Felipe Sáez Fernández y Ramón Rey Boullón (2000), revelava que os formados em Filologia, considerando a relaçom entre conhecimentos e tarefas, oferecem umha valorizaçom média desses estudos, dentro do conjunto universitário, por cima dos formados em Direito, Biologia, Químicas, Filosofia e Geografia e História. Mas o que salienta como mais importante para nós desse estudo é que, sendo a principal dedicaçom dos filólogos a docência, esta nom ultrapassava a metade do conjunto, ficando em 44%; 23% está dedicado a "actividades de asesoría y consultoría, e som outros ámbitos profissionais dos filólogos os de "servicios personales", "ocio", "hostelería", "gestión y administración", "comercio", "distribución y comunicación".

E que tem a ver a reorientaçom da historiografia literária em isto todo? Umha análise dos dados antes anotados, a respeito das possibilidades laborais dos formados em Humanidades, e das novas procuras profissionais e sociais, reflectidas em parte na emergência e ascenso dos índices de profissionalizaçom em actividades nom docentes por parte de pessoas com formaçom lingüístico/literária/cultural, mostra a necessidade de responder à formaçom ou reciclagem de profissionais presentes ou futuros em ámbitos como o desenvolvimento de actividades dedicadas ao património cultural, tanto imaterial como material (e aos seus processos de mercantilizaçom e hierarquizaçom, vid Mc Crone et alli, 1995), turísticas[3], de animaçom sócio-cultural, de técnicos de cultura, de jornalismo especializado, de consultor de empresas públicas ou privadas, ou do mundo editorial. Para isto, devem reorientar-se os estudos sobre a base de análises rigorosas do ponto de vista sociológico (com auxílio da sócio-crítica[4]), que tornem possível umha historiografia literária tendente

---

[3] Note-se, para ilustrar com um exemplo, que o turismo na Galiza é crescente fonte de ingressos, que o turismo cultural joga um papel de importante magnitude nele, sendo, aliás, Portugal, com mais de 20%, o país que acarreta o maior número de visitantes: um conhecimento das potencialidades da elaboraçom de imagens da Galiza através da literatura e dos interesses e valores culturais dos portugueses, pode colocar-se ao serviço dumha actividade destas características

[4] Recomendo, por exemplo, e como mostra de possibilidades, as consideraçons teóricas e aplicaçons de alguns trabalhos inseridos nos Vols. XVIII 2 e XIX da revista *Sociocriticism*, 2003, 2004, particularmente, os de Antonio Chicharro e Sonia Marta Mora Escalante, para o caso que nos ocupa.

a um maior conhecimento da construçom de valores em cada comunidade. A consideraçom da literatura como património, como actividade cultural, como rede sócio-económica (Torres, 2004c), permitirá promover, ao mesmo tempo, umha investigaçom destinada a actividades e acçons de desenvolvimento económico e cultural, vinculando-as a actividades de defesa e promoçom do património, turismo cultural e integraçom social, no quadro da globalizaçom e do fluxo de pessoas, na medida em que umha historiografia deste tipo desvenda o carácter construído e impositivo dos cánones em curso, assim como as ideias e valores por eles elaborados ou neles projectados.

Necessariamente, este tipo de orientaçons dos estudos literários implica reformulaçons e prevençons fortes. Entre estas, a mais importante passa por nom converter a actividade investigadora em subserviente dos interesses lineares dos agentes intervenientes no campo do poder (para umha proposta da "universidade sem condiçom", pode ver-se Derrida, 2002; tb.Torres, 2004 c). As reformulaçons passam, em minha opiniom, pola aplicaçom de metodologias adequadas para a consecuçom desse fim, algumha das quais mostrei em Torres, 2004a. Exigem trabalhos em equipa, projectos bem concretizados e delimitados, consideraçons alargadas do objecto de estudo (nom reduzido ao 'puro literário' mas perspectivando os fenómenos do ponto de vista da cultura) exaustivos trabalhos de campo, importante cooperaçom com outras disciplinas, como a sociologia, a antropologia, a geografia, a história ou a economia, e recursos materiais e humanos que, certamente, muitos dos nossos centros de investigaçom nom estám em disposiçom de fornecer. Em boa medida, está todo por fazer, mas começa a haver reorientaçons, mesmo de revistas especializadas no ámbito 'literário', que visam já estes objectivos, caso da citada *Poetics Today* ou da *Poetics* (vid. para este caso o volume 32, número 2 de 2004). Mas, o que me parece mais pertinente, é que os próprios investigadores reflictamos sobre a situaçom actual e comecemos a construir novas fórmulas de análise e intervençom, que permitam superar as carências, insuficiências e perversons que no nosso campo se foi elaborando ao longo do tempo, para conseguir a emancipaçom e, sim, a utilidade, da nossa actividade.

Bibliografia Citada

ANDRINGA, Els e SCHREIER, Margrit (2004): "How Literature Enters Life: An Introduction", *Poetics Today*, 25: 2, 161-169.

BOURDIEU, Pierre (1997): *Méditations pascaliennes*. Paris, Editions du Seuil.
CHICHARRO, Antonio (2003): "Una Introducción al estudio de las teorías sociocríticas y sus relaciones con los estudios sociológicos y sociales de la literatura o el 'problema fundamental'", *Sociocriticism*, 2003, 2004, Vol. XVIII 2, XIX 1, pp. 15-29.
DERRIDA, Jacques (2002): *La universidad sin condición*. Trad. del francés de Cristina de Peretti y Paco Vidarte, Madrid, Trotta.
EVEN-ZOHAR, Itamar (1996a): «The Emergence of a Native Hebrew Culture in Palestine 1882-1948». *Essential Papers on Zionism*, Reinharz, Jehuda & Shapira, Anita eds. (New York & London: New York University Press), pp. 727-744.
EVEN-ZOHAR, Itamar (1996b): "The Role of Literature in the Making of the Nations of Europe: A Socio-Semiotic Study." *Applied Semiotics/Sémiotique Appliquée* 1 (1996 March), pp. 20-30. A WWW refereed e-journal.
EVEN-ZOHAR, Itamar (2000): The making of Repertoire, Survival and Success under Heterogeneity". www.tau.ac.il/~itamarez/. Último acceso en 28/01/2005.
EVEN-ZOHAR, Itamar (2002a): "Literature as Goods, Literature as Tools". www.tau.ac.il/~itamarez/. Último acceso en 28/10/2004.
EVEN-ZOHAR, Itamar (2002b): "Solucións anticuadas e a industria de ideas". *Anuario de estudios literarios galegos*, pp. 39-53
EVEN-ZOHAR, Itamar (2003): "Idea markers, Culture Entrepeneurs, Makers of Life Images, and The Prospects of Success". www.tau.ac.il/~itamarez/. Último acceso en 28/01/2005.
EVEN-ZOHAR, Itamar (2005): *Papers in Culture Research*, www.tau.ac.il/~itamarez/. Último acesso, 2/04/2005.
Fundación BBVA (2003): "Encuesta a estudiantes universitarios españoles" https://w3.grupobbva.com/ TLFB/dat/ presentacionencuestauniversitarios.ppt. Último acesso 23/04/2005.
HENKLE, Roger B.e POLHEMUS, Robert M., eds (1994): Critical Reconstructions. The Relationships of Fiction and Life, Stanford, CA: Stanford University Press.
MC CRONE, David (et alii), realizado en 1995: Scotland – *the Brand: The making of Scottish Heritage*, Edinburgh, Edinburgh University Press.
MORA ESCALANTE, Sonia Marta (2003): (2003): "Sociedad, literatura y renovación educativa", *Sociocriticism*, 2003, 2004, Vol. XVIII 2, XIX 1, pp. 139-154
SÁEZ FERNÁNDEZ, Felipe e Rey Boullón, Ramón (2000), "La inserción laboral de los universitarios", *Papeles de Economía Española*, 86: 99-110.
SZABOLCSI, Miklós e VADJA, György M., eds. (1993): *Neohelicon*, XX/2.
TORRES FEIJÓ, Elias J. (2004a): "Contributos sobre o objecto de estudo e metodologia sistémica. Sistemas literários e literaturas nacionais", in *Bases metodolóxicas para unha historia comparada das literaturas da Península*

Ibérica. Anxo Tarrío Varela e Anxo Abuín González (Eds.), Santiago de Compostela, Universidade de Santiago de Compostela, pp. 419-440.

TORRES FEIJÓ, Elias J. (2004b): "Roma locuta, causa finita? Sobre docência e crítica da literatura e da cultura", in *VII Congreso Internacional de la Sociedad Española de Didáctica de la Lengua y la Literatura*, in *Actas del VII Congreso Internacional de la Sociedad Española de Didáctica de la Lengua y la Literatura*. Aurora Marco, Pilar Couto Cantero, Elva Aradas Carollo, Fernando Vieito Liñares (Eds.), Coruña, Deputación Provincial da Coruña, pp. 527-539.

TORRES FEIJÓ, Elias J. (2004c) "Sobre objectivos do ensino na investigaçom em Literatura", in *Largo mundo alumiado. Estudos em Homenagem a Vítor Aguiar e Silva*. Carlos Mendes de Sousa e Rita Patrício (Orgs.), Braga, Centro de Estudos Humanísticos – Universidade do Minho, Vol. I, pp. 221-249.

DOS PRÉ(S)- E DOS PÓS-.
A PROPÓSITO DO CHAMADO PRÉ-MODERNISMO BRASILEIRO

M. Carmen Villarino Pardo
Grupo GALABRA – Universidade de Santiago de Compostela

> "Ser moderno é fazer parte de um universo no qual, como disse Marx, *'tudo o que é sólido desmancha no ar'*" (Marshall Berman, *Tudo que é sólido desmancha no ar. A aventura da modernidade*)

A epígrafe de Marshall Berman corresponde-se com a sua proposta de entender a modernidade de modo que, "ser moderno é encontrar-se em um ambiente que promete aventura, poder, alegria, crescimento, autotransformação e transformação das coisas em redor -mas ao mesmo tempo ameaça destruir tudo o que temos, tudo o que sabemos, tudo o que somos" (Berman, 1987: 15).

A sua é, como bem sabemos, umha das muitas possíveis definiçons da 'modernidade' ou do também chamado 'ser moderno'. Ora, nem esta nem outras (cfr. por exemplo W. Benjamin, 1975) som 'a definiçom', porque é impossível consegui-la apesar de *mui perseguida ou procurada*. Habituados como estamos, em geral, a etiquetar, a baptizar para sabermos o território que pisamos ou que analisamos, também como estudiosos da historiografia literária queremos respostas para encaixar textos, autores, dinâmicas e outros macro-factores ou movimentos que se produzem num dado momento num sistema literário. E, herdeiros de muitos hábitos românticos, este é também um deles. Renascimento, Barroco, Arcadismo, Romantismo, Realismo-Naturalismo e... Modernismo. A partir daí, o quê? o caos, as nebulosas de nomes, movimentos, correntes....ou o *pós-*?

A questom da periodizaçom literária, como bem tentou explicar o professor e mestre Aguiar e Silva (1999[8], 11.ª reimp.: 403) implica, entre outras questons, "identificar, delimitar e caracterizar fenómenos de *homeostase* e de *homeorrese,* de *continuidade* e de *mudança* na literatura como sistema semiótico, como instituição, como processo de produção e de recepção de textos e, obviamente, como *corpus* textual". Ele próprio lembra que, desde os anos sessenta, a questom da periodizaçom literária converteu-se num objecto de estudo que interessou e interessa, de modo especial, historiógrafos da literatura e teóricos ou comparatistas.

Definiçons de período literário ou distinçons entre período/movimento/ corrente/época/era/século... e outro tipo de etiquetas encontramo--las em diferentes estudos[1] e, como parece óbvio, sempre com diferenças e matizes. Para René Wellek, por exemplo, e num repasse que fai às diferentes concepçons de período literário, no livro *Historia literaria. Problemas y conceptos* (1983: 47),

> Un período, por lo tanto, no es ni una entidad metafísica ni un corte transversal arbitrario, sino un tramo temporal dominado por un sistema de normas literarias, cuya introducción, desarrollo, diversificación, integración y desaparición pueden esbozarse.

Um sistema de normas, explica, encaixado num processo histórico, mas sem que se entenda que se trata de umha simples divisom cronológica; apesar de considerarmos que a cronologia é útil a efeitos práticos para estabelecer balizas de referência, como bem observa Aguiar e Silva ao lembrar que "cada sincronia é um construto teorético" (1995: 138). Ou, em palavras de Eduardo Portella, "evitar a prisão cronológica – (...) – não significa prescindir do sentido do tempo. Tôda periodização é radicalmente histórica" (Portella, 1971[2]: 73).

Se atendermos portanto a essa definiçom de R. Wellek, os macrofactores sistémicos que contempla Itamar Even-Zohar na sua proposta polissistémica (1990, 2005) contribuem de um modo fundamental para entender a 'dinámica periodológica', se assim podemos falar. Trata-se, considero, de modo geral de umha questom de repertório e de priorizaçom de determinados materiais repertoriais por parte de alguns agentes do sistema e das dinâmicas que nele se estabelecem em diversos momentos das relaçons no interior de um sistema literário.

---

[1] Aguiar e Silva, 1999[8]: 420-430, Wellek/Warren, 1962: 335; Cláudio Guillén, 1985: 362-432, etc.

De acordo com Aguiar e Silva (1999[8]: 424-425),

> Segundo uma concepção organicista, o período literário tem uma fase de 'gestação' -designada, em geral, por termos periodológicos aos quais se antepõe o prefixo *pré-: pré-classicismo, pré-romantismo* –, uma fase de maturidade[2] e uma fase de envelhecimento. Da concepção organicista dos períodos literários procede também a ideia de que um período pode renascer, reemergindo no fluxo da história (*neogótico, neobarroco, neoclassicismo,* etc.).

Assim, e se continuarmos com algumhas metáforas ou modelos que se tenhem trasladado da biologia para os estudos literários, oposiçons como novos/velhos explicam-se mais por questons de idade do que de escolhas repertoriais e posiçons ocupadas por uns e outros, mutáveis segundo as linhas-de-força dominantes em cada momento no campo literário. Mas nom é exactamente assim que explicamos, por exemplo, o conceito de 'novos' e/ou 'modernos' como se denominavam ou nalguns casos auto-nominavam alguns dos produtores literários e artísticos que participárom do chamado *modernismo brasileiro*. A posiçom de prestígio ocupada por determinados autores como Olavo Bilac, Cruz e Sousa, Graça Aranha, Manuel Bandeira, Lima Barreto, Coelho Neto, Júlia Lopes de Almeida, etc. depende nom tanto da idade (novo/velho) e sim da selecçom de materiais de repertório feita e das tomadas de posiçom adoptadas e do poder que tenhan no interior do sistema literário. Para além de casos como Graça Aranha ou Bandeira que fôrom prestigiados, *a posteriori*, polos 'modernos' para estes se apropriarem do poder simbólico daqueles e prestigiarem, ao mesmo tempo, o movimento de vanguarda que propunham através da *Semana de Arte Moderna* (1922)[3].

O uso dessa perspectiva organicista aplicada, como se sabe, em bastantes casos (mas à qual nom adiro) justifica umha ideia de 'evoluçom' que nom é estrictamente real e que resulta enganosa. No volume

---

[2] Ao lado desta palavra (maturidade), como também de 'envelhecimento', Aguiar e Silva coloca duas notas-de-rodapé que nom reproduzimos. Vid. Aguiar e Silva, 1999[8]: 425, notas 35 e 36.

[3] "Para atrair espectadores e a simpatia da mídia, Monteiro Lobato, um nome de prestígio, foi convidado por Oswald de Andrade. (...). Com sua recusa, quem sabe por 'receio de se encantar no movimento modernista', como insinuou Oswald, chamaram Graça Aranha, recém-chegado da França com 'pruridos de mentor das novas gerações de intelectuais" (Camargos, 2002: 77). Cfr. Mendonça Telles (1994).

Sobre Pré-Modernismo elaborado pola Fundação Casa de Rui Barbosa, em 1988(9), na síntese dos objectivos perseguidos polos trabalhos que integram o volume, lemos que,

> procura-se relacionar a produção cultural do período ao processo de modernização por que passam então as grandes cidades brasileiras e tenta-se definir a literatura brasileira da última década do século XIX e dos dois primeiros decênios do XX não em função do Modernismo vindouro, nem em função da simples diluição de tendências estéticas da segunda metade do século passado, mas com base em características peculiares a este período comumente denominado de Pré-Modernista.

Concordo com a ideia sugerida de vida cultural e literária num determinado momento do espaço social brasileiro, que nom deve ser definido em termos de 'precursor' nem de 'epígono', com dinâmicas próprias da confluência de diversos elementos que partilham esse mesmo espaço social[4] e que convertem o período num momento importante para os estudos literários e culturais brasileiros. E a etiqueta justamente escolhida como termo aparentemente "neutro", a de 'pré-modernismo' nom o é pola própria filosofia que dela se depreende.

No caso do Modernismo brasileiro, como no do Romantismo, por citarmos algum outro exemplo, som as próprias dinâmicas que se vivem no interior do sistema, aquelas que marcam, se é que assim o podemos denominar, o 'ponto alto', o momento de maior intensidade que define aquilo que os críticos ou outros produtores chamam de 'período literário' (e a que nos referímos). Ao falar do Modernismo brasileiro os próprios protagonistas se denominavam de 'novos' ou de 'modernos' em relaçom a umha série de questons que consideravam passadistas. Nom se opom aqui tanto a questom mais genérica de novo/velho, mas de passadista/moderno-modernista.

Hoje parece cada vez mais evidente que a História (nem sequer a história literária) nom se define apenas como tarefa de acumulaçom de datas e dados e que resulta fundamental aprender os processos e as linhas-de-força que funcionam e dominam em cada momento. Assim,

---

[4] "L'espace social tend à se retraduire, de manière plus ou moins déformée, dans l'espace physique, sous la forme d'un certain arrangement des agents et des propriétés. Il s'ensuit que toutes les divisions et les distinctions de l'espace social (haut/bas, gauche/droite, etc.) s'expriment réellement et symboliquement dans l'espace physique approprié comme espace social réifié (…) (Bourdieu, 1997: 162).

entendo que som mais importantes os processos de construçom e de revisom da ideia de literatura brasileira e de sistema literário do que os nomes/etiquetas dos períodos.

Desta perspectiva, falar de **pré–** ou de **pós–** nom explica praticamente nada na reconstruçom da historiografia literária, porque, como é bem sabido, estas etiquetas só podem ser construídas e colocadas *a posteriori*. Ora, quem define o que é pré-modernista e o diferencia do modernista se há diversas formas de ser modernista no Brasil? Falamos de autores mais ou menos modernistas? Tem sentido falar disso? Entendo que nom o tem. É importante, sim, ver quais eram os/as produtores/as literários/as ou culturais que ocupavam posiçons mais ou menos centrais e mais ou menos periféricas e as idéias que fabricavam e/ou divulgavam. Nessa conjuntura, de centro e periferia, é talvez onde podamos encontrar mais vias para entendermos melhor este tipo de questons, e nom em etiquetas como pré– ou pós-. Ou, se quigermos usar outros termos, com os quais também nom concordo (polos mesmos motivos) *precursores* e *epígonos*.

Em palavras da crítica Márcia Camargos (2002: 22),

> Elegendo a Semana de 22 como ápice de uma linha ascendente, aqueles investidos do poder simbólico traduzido em autoridade intelectual rotularam a década precedente de 'pré-modernista'. Tal abordagem escamoteou o fato de que inúmeros autores da primeira geração modernista deram os passos iniciais na literatura bem antes de 1922.

De maneira freqüente, a imagem que determinados integrantes do sistema divulgam é a de que anteriormente a esse 'movimento' houvo um vazio, um terreno de nebulosas, e, no fundo, resultou bastante estéril em termos de produçom. De modo que os produtos e produtores existentes só adquirem sentido a partir do momento em que falamos de Modernismo (no caso) e, só em funçom de existir este movimento mais ou menos definido no tempo e com umhas características dadas (retomando a definiçom de R. Wellek). E assim também a partir do momento em que este movimento perde força ou é substituído por outro. Esses, por vezes, denominados 'períodos de transiçom' entendo que tem sentido estudá--los, como se observa, nas lutas que decorrem no interior do campo literário onde os produtores literários ocupam posiçons mais ou menos centrais ou periféricas e som substituídos por outros num dinamismo inerente à própria concepçom sistémica.

Portanto, quando agentes do sistema literário (produtores, membros da instituiçom, consumidores...) nom conseguem *detectar e determinar* esta concepçom projecta-se essa visom para atrás e para a frente no tempo indicado pola baliza cronológica escolhida para definir 'o período literário'.

No caso do que vários críticos e historiógrafos da literatura brasileira denominam 'Pré-Modernismo' acontece também isto mesmo. O termo *Pré-Modernismo* foi criado no Brasil por Triatão de Ataíde[5] para designar o período cultural brasileiro que vai do princípio do século XX à Semana de Arte Moderna[6].

Outro problema está em que, mesmo quando se critica o uso desta ideia, se aceita a etiqueta (por pragmatismo, por hábito...), como acontece no livro organizado pola Fundação Casa de Rui Barbosa. O texto de Flora Süssekind (1988: 32-33) é bastante claro neste sentido,

> Trata-se do período 'pré-modernista', normalmente analisado como simples diluição de tendências estéticas anteriores ao fim do século – daí dizer-se das obras produzidas então ora que são pós-românticas ora pós-naturalistas, ora neoparnasianas e assim por diante – ou como prefiguração de um modernismo vindouro. É como se desde a última década do século XIX aos anos 20 deste século a literatura brasileira apresentasse uma estranha suspensão de sentido por três decênios. Ou melhor, como se só fosse possível compreendê-la, neste período, enquanto pré ou pós alguma coisa. Enquanto vampirização diluidora de marcas e estilos anteriores ou 'embrião' de traços modernistas futuros.

Podíamos sintetizar indicando que nem 'diluiçom' nem 'prefiguraçom', trata-se de um momento determinado do sistema literário brasileiro em que se vivem intensas mudanças no espaço social, que se manifestam também nos diferentes campos.

Se ampliarmos o modo de olhar para estes chamados 'períodos literários' e entendermos melhor o conceito de sistema literário acho que os denominados por alguns historiógrafos da literatura 'momentos de transiçom' (como o "Pré-Modernismo" ou "Pós-Romantismo"... ou mesmo aqueles que decorrem num período de ditadura política) perceberemos que os 'vazios culturais' ou 'décadas obscuras' nom tenham sentido como

---

[5] *Contribuição à História do Modernismo. O Pré-Modernismo,* Rio de Janeiro, José Olympio, 1939.

[6] Vid. Bosi, 5.ª edição.

tais denominaçons, e que, no fundo, se trata de continuar utilizando um modelo baseado em questons essencialistas e ancilares que as dinámicas sistémicas podem contribuir para que expliquemos de outros modos.

E mesmo a dança de etiquetas atribuídas a alguns dos produtores literários mostra bem as dificuldades de 'encaixar' ou de 'colocar' tal ou qual produtor numha determinada tendência estética. Por isso, João do Rio aparece denominado (dependendo dos autores) como pré-modernista ou como decadentista; Manuel Bandeira, como autor pré-modernista nos primeiros livros e modernista a partir do quarto, *Libertinagem;* como também acontece noutros casos. E de modo parecido, questiona-se nesses momentos se géneros como a caricatura, a crónica literária no jornal[7] ou se outro tipo de manifestaçons culturais som ou nom produtos literários[8].

O conceito de 'os novos' (termo que usa Araripe Júnior em 1896; vid. Cara, 1988: 65), e sobretudo o nome mais estendido 'ser moderno'[9] circulárom durante esses anos, nom só no Rio de Janeiro como também em São Paulo. Se bem que na capital também funcionasse de modo bastante geral o de 'boémia dourada'[10] e mesmo o de dandis, em relaçom ao movimento 'Belle Époque' que viveu a cidade carioca entre, aproximadamente, 1898 e 1914 prolongando-se para além desse período.

---

[7] Coincidimos com Orna Messer Levin ao considerar que, "é o caráter fantasioso do luxo mundano que estava invadindo os livros e inaugurando um novo gênero – a crônica mundana. Aspirante à categoria de texto literário, esta crônica se fez publicar em volumes que reuniam uma série de escritos já publicados nas redações dos jornais e revistas. Eram textos curtos redigidos segundo uma fórmula fixa que combinava o registro social com a reprodução dos maneirismos do estilo *Art Nouveau*. Despontavam assim como um benefício para os escritores que, estando na situação de jornalistas por circunstâncias econômicas, postulavam seu lugar na série literária. Os escritores aplicavam seu engenho fantasista sobre as matérias de antemão consumidas pelo público leitor, ao qual procuravam seguir nas preferências e no gosto". (Levin, 1996: 74).

[8] Entendo que este tipo de problemas podem – da perspectiva metodológica adoptada aqui – se nom encontrar umha soluçom satisfactória para todos, quando menos ajudar a explicar determinados processos de canonizaçom, o funcionamento de modelos, trajectórias de produtores literários cujas posiçons no sistema literário mudam dependendo das escolhas repertoriais feitas e daquelas priorizadas em momentos concretos.

[9] Como se percebe, por exemplo, numha crónica de Olavo Bilac (apud Raimundo Magalhães Jr., *Olavo Bilac e sua época,* Rio de Janeiro, Edra. Americana, 1974, p. 256) e em Süssekind (1988: 38).

[10] Elísio de Carvalho, que nom ocupava umha posiçom mui central no sistema, deixou interessantes referências a esses aspectos e figuras da "boémia dourada" na primeira década do século no seu livro *Five o'clock*.

Em palavras de Massaud Moisés (*História da Literatura Brasileira, vol. 4, Simbolismo, cap. IV, "Belle époque (1902-1922)"*, 165-277):

> A crítica, no intuito de alcançar o máximo de abrangência, tem procurado em vão um designativo adequado aos dois decénios inaugurais deste século. Ora os rotula de período 'nacionalista' ou 'eclético', ou 'pré--modernista'[11], ora de 'sincrético' (ou 'sincretista') ou de 'transição'[12], ora de *art nouveau*. Quanto a nós {indica Massaud Moisés}, preferimos nomeá-lo *belle époque* pelas razões adiante expostas. Evidentemente, trata-se de rubricas provisórias, à espera de uma que, abarcando as principais linhas de força dessa trepidante vintena, satisfaça a gregos e troianos (1984: 165).

Concordo com a opçom de Massaud Moisés, a mesma que, entre outros, partilha Jeffrey Needell no seu trabalho de 1996 (usando umha etiqueta que é uma imitaçom daquilo que acontece também na França finissecular), estabelecendo como balizas cronológicas aproximadas o período compreendido entre 1898 (com a chegada de Campos Sales ao poder) e 1914 – com o início da Primeira Guerra Mundial –, se bem, esta última indicaçom seja discutível, pois é cada vez mais estendida a ideia de que no Brasil a *belle époque* atravessa a guerra – que nom atinge tanto como a Europa – e só terá o seu fim com o advento do Modernismo nos anos 20[13].

O certo é que a importância sócio-política do naturalismo e o significado nacionalista do romantismo continuárom a atrair a atençom, de algum modo "solidária", dos estudiosos posteriores à grande linha divisória do movimento modernista de 1922. O período intermédio, por isso, foi em geral negligenciado e pouco estudado até finais da década de 1980. Herdeiros do modernismo, leitores e críticos recentes normalmente

---

[11] Alceu de Amoroso Lima, *Quadro sintético da Literatura Brasileira*, Rio de Janeiro, Agir, 1956, p. 58; *Contribuição à História do Modernismo*, vol. 1, "O Pré--Modernismo", Rio de Janeiro, José Olympio, 1939. Alfredo Bosi em *O Pré-Modernismo* (vol. V, São Paulo, Cultrix) opta pola denominaçom de Tristão de Ataíde.

[12] Tasso da Silveira, "50 anos de literatura" in *Modernismo. Estudos Críticos,* org. por Saldanha Coelho, Rio de Janeiro, *Revista Branca,* 1954, pp. 9-21; "Variações sobre a Poesia Brasileira", *Revista Brasileira,* Rio de Janeiro, ano 1, n.º 1, Jun. 1941, p. 147.

[13] M. Moisés, por exemplo, estabelece como datas de referência 1902-1922: "A belle époque tem início, entre nós, com a publicação do *Canaã* – 1902 –, de Graça Aranha, momento de ruptura com o Realismo oitocentista, e termina com a Semana de Arte Moderna, em 1922, com que principia o Modernismo", p. 167.

aceitam a condenaçom modernista do "*fin de século* brasileiro como um período 'afectado e superficial', apesar de alguns (Antônio Cândido, Afrânio Coutinho, Alfredo Bosi, Brito Broca...) registrarem, ocasionalmente a sua importáncia antecipatória. E precisamente essa é a visom que queremos desfazer, a de considerar que hai umha antecipaçom.

Como se pode depreender desta apresentaçom, nom se trata de mudar umha etiqueta (Pré-Modernismo) por outra (Belle Époque) de modo caprichoso. Trata-se de entendermos doutro modo as dinámicas de periodizaçom da história da literatura e considerarmos com maior atençom todos os factores que funcionam no espaço social e que integram ou interagem com o campo literário e o campo cultural.

Sendo assim, a leitura desse período como 'Belle Époque' permite--nos entender as linhas-de-força que funcionavam no sistema literário brasileiro até que alguns dos seus agentes favorecêrom a priorizaçom do Modernismo que simboliza a Semana de Arte Moderna de 1922.

É importante, entendo, para compreendermos boa parte desse complexo de 'orientaçons estéticas' e dessa confusom que os livros de história literária repetem e perpetuam, considerar a atracçom que instituiçons legitimadoras no campo literário como a Academia Brasileira de Letras (e as diversas lutas que provocou para quem queria entrar entre o número de imortais) ou editoras novas que se criárom (como a de Monteiro Lobato) ou outras que se instalárom no Brasil em finais do século XIX (e que permitírom que textos de Graça Aranha – *Canaã* – ou Coelho Neto tivessem grande sucesso de vendas no escasso mercado brasileiro)[14], ou o papel de divulgaçom que a imprensa[15] conseguiu alargando

---

[14] Na verdade, nom era fácil para um escritor ter um original aceite polos grandes editores do Rio; circunstáncia que levava muitos deles, principalmente aqueles que queriam entrar no campo literário ou que acabavam de entrar nele, a enviar os seus textos para editores de Portugal, e a cederem muitas vezes os manuscritos de graça, polo simples prazer de os ver editados. Foi o que aconteceu por exemplo com Lima Barreto, em 1907, que enviou para um editor português os originais de *Recordações do escrivão Isaías Caminha*.

Pesquisas das obras publicadas em Portugal entre 1890 e 1910 mostram que fôrom bastantes os autores brasileiros que optárom por esta via, e o caso de Coelho Neto é dos mais evidentes, pois praticamente toda a sua obra foi editada na Livraria Chardron do Porto. Diferente foi a situaçom de Graça Aranha, escritor que mostrara alguns capítulos do seu livro a Joaquim Nabuco e este actuou de intermediário para que a Garnier publicasse em 1902 o texto do novo produtor literário, *Canaã*. Mas nele influia sobretudo a posiçom que lhe conferia no campo o facto de ser académico da ABL – vemos como

as secçons e o número de autores que apareciam nas suas páginas (humoristas, cronistas, publicitários...) para compreendermos boa parte desse complexo de 'orientaçons estéticas' e dessa confusom que os livros de história literária repetem e perpetuam[16].

---

umha instituiçom recentemente criada já funciona como elemento legitimador no sistema e favorece a consagraçom de determinados autores. *Canaã* tivo um grande sucesso e várias ediçons em pouco tempo.

Também no caso de Euclides da Cunha foi possível que a sua obra *Os Sertões* encontrara editor no Brasil, Laemmert & Cia, outra editora com prestígio no sistema literário, e nesse momento querendo lançar umha linha de obras de carácter científico. O escritor era novo no campo, mas o tema tratado no livro era de muita actualidade (a Guerra de Canudos) e despertou grande interesse dos editores e dos consumidores. O livro e o autor contárom com a crítica favorável de José Veríssimo, que, sem conhecer o autor, fijo um elogio mui importante nesse momento para a divulgaçom do texto.

Se de algum modo podemos considerar estas duas obras os 'best-sellers' da primeira década do século, e da *belle époque,* também é preciso incluir *A Esfinge* (1911), do académico Afrânio Peixoto, com enorme sucesso, editada pola Francisco Alves. Foi esta editora, que tivo grande actividade editorial até inícios dos anos 20, que publicou alguns volumes de Medeiros e Albuquerque, apresentou as *Conferências literárias* de Olavo Bilac, editou romances de Júlia Lopes de Almeida, alguns volumes de João do Rio e a *História da Literatura Brasileira* de José Veríssimo; alguns dos quais fôrom lançados previamente pola Garnier.

[15] Em palavras de Sérgio Miceli (1977: 56), com quem concordamos: "Toda a vida intelectual era dominada pela grande imprensa, que constituía a principal instância de produção cultural da época e que fornecia a maioria das gratificações e posições intelectuais".

[16] O contacto dessas revistas com a demanda do público foi, nas suas devidas proporçons, muito mais directo e, nalguns casos, mais mercadológico do que o livro, que participava de um circuito de consumo mais lento, mais restrito (o número de exemplares impressos era habitualmente de 1000; e pouco definido, sobretudo no Rio de Janeiro). Em São Paulo, a *Revista do Brasil* constituiu um caso mui especial no sentido de possibilitar, através da sua secçom editorial, a ediçom de autores novos no campo literário; num tempo em que esta era umha prática pouco habitual. A nova editora, ligada à revista, estabelece um canal de distribuiçom eficaz e entra no mercado publicando livros em escala crescente, atingindo 60.000 volumes, nas "edições Revista do Brasil". O sucesso deveu-se nom só à escolha de títulos como à empresa criada em torno, e inédita no Brasil da altura: vendedores autónomos, empresas de distribuiçom para o interior...

Jornais e revistas, com esse espaço no mercado da virada do século brasileiro, procurárom, aos poucos, incorporar às suas páginas nomes de produtores literários consagrados no sistema, e secçons que, de diferentes perspectivas, atendiam para o quotidiano de umha sociedade em transformaçons, e que deixava poucos indiferentes. A crónica e o humor (a caricatura) fôrom talvez os exemplos mais visíveis.

É a partir do trabalho de Flora Süssekind de 1987 (*Cinematógrafo de letras*) que observamos como, de facto, na ficçom brasileira da última década do século XIX e das duas primeiras do século seguinte se percebe um diálogo entre a forma literária e imagens técnicas, registros sonoros, movimentos mecánicos, novos processos de impressom. Diálogo em várias versons entre as letras e os *media* (sobretodo através dos jornais e revistas). Os textos de João do Rio som umha boa amostra, como se pode ver em *A profissão de Jacques Pedreira,* 1911 ou "O dia de um homem em 1920" (texto de 1910 incluído em *Vida vertiginosa,* 1911).

Perplexidade, *nonsense* e humor. Várias forom as reacçons aos inventos tecnológicos que surgem na virada do século XIX para o XX. O certo é que determinadas inovaçons aparecêrom como corpo estranho, tornando-se um verdadeiro desafio para o imaginário da época. E o automóvel foi umha delas. A banalizaçom do moderno chegou a fazer rir, aliviando as tensons sociais perante um universo em constante processo de mutaçom. Era umha forma de familiarizar os leitores com as novas coordenadas de espaço e tempo. Som balizas que começam a vigorar com a chamada "cultura do modernismo", que se instaura no final do século XIX, traduzindo um mundo marcado, entre outras, pola mudança dos sentidos e das sensaçons.

Nesse *guarda-chuvas terminológico* ('pré-modernismo') ocultam-se produtores literários, materiais repertoriais, consumidores e instituiçons (e agentes das mesmas) que promovem, de diverso modo, correntes como o Parnasianismo, o Simbolismo, o Decadentismo, o Art-Nouveau, o Futurismo, o Surrealismo, o Regionalismo, a 'Belle époque'... Sobretodo no que diz respeito ao sistema literário brasileiro no Rio de Janeiro.

Um dos estudiosos do período, Brito Broca, observou (Broca, 1956: 20) que "o estilo da vida e da produção literária da época era, com freqüência, mais importante do que a própria literatura". E acrescenta, sobre esta questão Jefrey Needell (1996: 215) que "o mundanismo, traduzido no modo de vida europeizado, na moda e enfatizado nos textos, saturou o mundo literário e dominou a literatura".

Por isso, desta perspectiva de revisom historiográfica, interessam--nos as crises económicas, as estratégias políticas derivadas da instauraçom da República, as modas incorporadas da França, as transformaçons que vive a imprensa, a reestruturaçom quase obsessiva da capital e como nessa altura se insiste em que o Rio de Janeiro vive a euforia de '1900', no tempo do "bota abaixo" (obras do Prefeito Passos); que "o Rio civiliza-se", com umha nova geografia urbana, os dandis 'estreando a nova cidade'[17]... Porque afinal é aí onde desenvolvem as suas trajectórias Olavo Bilac, João do Rio, Machado de Assis, Júlia Lopes de Almeida, Coelho Neto, Lima Barreto, e onde se organizam conferências, discussons que aparecem em crónicas de jornais e depois em livros, onde se criam círculos ou 'panelinhas-capelinhas' de poder que influem na consagraçom de uns autores ou de outros... A Academia Literária de Letras surge nessas coordenadas; entre outros, para estender a ideia de um processo de institucionalizaçom da produçom literária e cultural e de umha possível profissionalizaçom dos produtores. A ABL nom é alheia aos planos alternativos organizados por outros agentes do sistema (que ocupam, na altura, posiçons mais periféricas) nos cafés da Rua do Ouvidor, ou na Uruguaiana: o Papagaio, o Café Central (vid. Gomes, 1989); nem nos serons nos palacetes[18].

As conferências, por exemplo, fôrom um elemento dinamizador da actividade cultural da época. Decorriam, sobretudo, nos salons dos palácios de Júlia L. de Almeida, de Coelho Neto e de Laurinda Santos (os três no Rio de Janeiro). Aí concentravam-se boa parte dos principais agentes do campo literário e cultural da *belle époque* carioca. Mas tam-

---

[17] Os jornalistas, em particular, destacavam a importância cultural das reformas, nom esqueciam o caminho aberto para a reabilitaçom do país e de um futuro "civilizado" (isto é, europeu), e o caminho de afrancesamento que estavam a viver. As crónicas de João do Rio, sobretodo em *A alma encantadora das Ruas* (de 1908, editado na Kosmos por Olavo Bilac) falam bem destes temas. Neste texto descobre, como *flâneur* (funcionando como foco móvel, que fragmenta com o seu passeio a estrutura da cidade) a cidade do Rio nas diferentes caras e disfarces que se ocultam, e todos eles funcionam como materiais de trabalho para este produtor literário que é sobretodo polemista.

[18] Nos cafés costumam reunir-se basicamente os boémios, porque nos finais do século XIX, as linhas-de-força mais visíveis do campo literário brasileiro podemos indicar que eram: – o grupo da livraria Garnier, que se polariza em torno da figura de Machado de Assis; – os nefelibatas ou simbolistas, liderados por Cruz e Sousa, – e o grupo boémio, reunido sob a liderança de Paula Nei e José do Patrocínio. Este grupo, em concreto, foi o mais atingido pela repressão do Marechal Floriano antes da estabilidade política de Campos Sales, e talvez aqueles que ocupavam posições mais centrais no campo literário, é claro que bem diferentes daquela outra centralidade que ocupava Machado de Assis ou Cruz e Sousa.

Em opinião de Brito Broca (1975³: 7), "por volta de 1900 as principais figuras da chamada geração boêmia de 89 já se haviam aburguesado" (e cita o exemplo de Aluísio Azevedo na carreira diplomática). Dois factores, em sua opinião (e concordamos com ele) concorreram para a decadência dessa boémia: o desenvolvimento e a remodelação da cidade e a fundação da Academia Brasileira de Letras em 1896-97.

bém este tipo de activitades, ao serem misturadas com o toque de refinamento, com o 'acto social' mais mundano fôrom lidas a posteriori por alguns críticos, entre os quais Beatriz Resende (1994: 42), como um "mero centro de mundanismo aliteratado e parnasianismo oficial", em clara referência às actividades no salão de Laurinda Lobo.

Estas reunions funcionam como elemento da afirmaçom do indivíduo e de reforço na divisom da sociedade em classes. Mais um elemento simbólico das mudanças que atravessa a sociedade e que diferencia aqueles que som expulsos do centro do Rio de Janeiro para embelezar a cidade com as reformas doutros que vam para bairros como Santa Teresa (morar num dos palacetes), lugar privilegiado da cidade nesses momentos. E nom só, entre aqueles escolhidos como convidados para freqüentar os salons também encontramos produtores que ocupam posiçons centrais no sistema literário e outros que estam nas periferias, mas que, através desses actos procuram umha posiçom de destaque social, na idéia de quem procura na vestimenta – o exemplo dos próprios dandis – umha marca de distinçom. Ou simplesmente, alguns desses produtores se mantenhem críticos com esse tipo de opçons para desenvolver as suas trajetórias no sistema, caso de Lima Barreto.

De todos esses cenários foi o salom de Laurinda Santos o mais importante no período, porque praticamente funcionou como um sistema dentro do polissistema literário brasileiro, sem esquecer que existe umha homologia enorme entre os produtores que o freqüentam, os produtos que publicam, os materiais repertoriais escolhidos e a instituiçom com que se relacionam (o próprio salom, membros da Academia que participam das sessons, representantes importantes do poder político e económico, os críticos que depois escrevem as crónicas de jornais, alguns editores, a própria dona Laurinda como mecenas... e alguns dos consumidores, quando menos os pares de ofício).

Durante os Anos Vinte, o salom de Laurinda Santos continuou a ser um ponto de encontro (dos poucos) daquilo que hoje se procura chamar de Modernismo carioca, e que continua, em boa medida, as principais linhas-de-força que funcionam no Rio na década anterior. A partir da abertura do salom a senhora Santos consolida a sua posiçom social, e com o dinheiro de algumhas das empresas herdadas do tio apoia artistas (pintores, caricaturistas, escritores, escultores, músicos...) e torna-se umha das mulheres mais procuradas por aqueles que querem entrar no campo literário e cultural ou simplesmente aparecer entre a elite carioca.

Outro eixo dinamizador dessa actividade cultural carioca na *belle époque* e ponto importante de encontro de produtores literários forom as livrarias, herdando umha prática que tivera grande actividade no Romantismo. O editor mais importante da *belle époque* é o responsável da Garnier, aonde assistia Machado de Assis e outros escritores do seu grupo. A propósito dela e do papel como instituiçom da recém fundada ABL (1897) é mui esclarecedor um artigo de João Luso publicado na revista *Kosmos* em novembro de 1908, "A sublime porta" (referido à porta da livraria Garnier), de que seleccionamos um trecho:

> A Academia por ser exclusivamente de letras, não pode dar, no seu seio restrito, lugar a todos os imortalizáveis; além disso, dispõe apenas de quarenta cadeiras, em cada uma das quais se pode sentar apenas um gênio; ao passo que a porta da Garnier, onde os vultos se podem continuamente revezar, correspondente a um espaço ilimitado, independente de eleições, sem poltronas embaraçosas, sem as insígnias do Sr. Rodrigo Otávio atravancando a apoteose dos eleitos. A porta da Garnier amplia a Academia, ao mesmo tempo que repara as injustiças devidas à sua insuficiência.

Na capital estam a maior parte das instituiçons culturais desse período e é onde as dinámicas que tratamos tenhem maior desenvolvimento e repercusom; por isso costuma falar-se nas Histórias da Literatura Brasileira, insisto, de Pré-Modernismo para tratar dos campos literário e cultural e a relaçom entre eles e o campo do poder no Rio de Janeiro. Mas também a cidade paulista viveu a incorporaçom de símbolos monumentais, de origem ou inspiraçom européia, sob umha atmosfera densamente cosmopolita, que culminou na devoçom e conseqüente multiplicaçom dos signos máximos da modernidade, os edifícios, os veículos automotores, os avions, o cinema, os desportos... Enquanto que do Rio sabemos, em palavras de N. Sevcenko (2000: 6) que "a capital foi um dos primeiros alvos do furor modernizante. Os problemas eram muitos". Como prova o facto de a cidade ser foco de várias doenças importantes (tuberculose, febre amarela e varíola) que a tornárom famosa como "túmulo dos estrangeiros", fazendo com que os imigrantes e visitantes a evitassem, e alguns fossem para São Paulo[19].

---

[19] Tem isto a ver, como bem estudou, entre outros, Murilo de Carvalho (1988: 20-21) com o tipo de cidades que encontramos naquela época no Rio de Janeiro e São Paulo, as transformaçons que vivem em termos urbanísticos e de identidade umha e outra, a configuraçom das camadas sociais e o relacionamento entre o campo literário e o campo cultural com o campo do poder nas duas urbes.

Da cidade paulista as referências som outras: o núcleo urbano cresce nesses anos, 'independiza-se' com o processo de industrializaçom e o crescimento da economia, a chegada de grandes levas de imigrantes europeus e o activismo de umha classe de elite intelectual, autênticos promotores da Semana de Arte Moderna.

São Paulo também tivo a sua *belle époque* mas foi vivida com outros matizes, e é pouco considerada, polo facto mais evidente ainda do efeito do Modernismo de 22. Carente de umha política de planificaçom cultural, como no caso carioca, a vida cultural desta cidade ficou nas maos de particulares que a incentivárom economicamente e em termos de vitalidade. De novo encontramos conferências (até as famosas da Semana de Arte Moderna, com Graça Aranha e Menotti del Picchia), serons musicais, encontros sócio-culturais... e um anfitriom que exerceu como mecenas, como homem público e como líder cultural: José Freitas do Valle (Camargos, 2001). Ele converteu a famosa Villa Kyrial onde morava num espaço que terminou sendo praticamente um centro cultural por onde passárom intelectuais e artistas, de modo que se tornou um factor de civilizaçom na cidade ainda provinciana daquele tempo.

A Villa Kyrial, em opiniom de Márcia Camargos (2001: 12), foi o mais completo exemplo que houvo em São Paulo de um traço característico da *Belle Époque*: a estetizaçom da vida, baseada na concepçom segundo a qual o quotidiano deve transformar-se em obra de arte. Por esse espaço circulárom autores mais ligados ao ambiente mundano da primeira década e os principais protagonistas da Semana de 22, alguns também como conferencistas (caso de Mário de Andrade).

A partir da exposiçom de Anita Malfatti em 1917 em São Paulo e das reacçons provocadas, sobretodo por Monteiro Lobato, manifestam-se novas linhas-de-força no sistema literário brasileiro e novos produtores que, com outros materiais de repertório, ocupam posiçons centrais no sistema literário brasileiro que até entom tinha a referência de Euclides da Cunha, Olavo Bilac...e, sobretodo, conseguem através de determinados agentes do sistema (também revistas, manifestos...) que se mostrem e triunfem novas dinámicas que conhecemos, em termos genéricos, por 'modernismo' brasileiro de 1922.

Nesta pespectiva e considerando alguns dos macro-factores que funcionam no sistema, como acabámos de ver, é como considero que se podem e se devem entender as 'dinámicas periodológicas', evitando ter que denominar e/ou etiquetar aqueles momentos 'cronologicamente falando' em que nom estám presentes modelos repertoriais priorizados ou tomadas de posiçom que de 'algum modo' homogeinizem um dado momento temporal. Aceitando ou discutindo a proposta de R. Wellek já indicada. Mas isso é um tecido mui delicado e cumprido para poder costurar aqui e agora.

Bibliografia Citada

AGUIAR E SILVA (1967), *Teoria da literatura,* Coimbra, Almedina, 1999 (8.ª ed., 11.ª reimpressão).
AGUIAR E SILVA (1995), "A constituição da categoria periodológica do *Modernismo* na literatura portuguesa", *Diacrítica* 10, pp. 137-164.
BENJAMIN, Walter (1975), *A modernidade e os modernos,* trad. H.K. Mendes da Silva/A. de Brito/T. Jatoba, Rio de Janeiro, Tempo Brasileiro.
BERMAN, Marshall (1987), *Tudo que é sólido desmancha no ar: a aventura da modernidade,* Trad. Carlos F. Moisés/Ana M. L. Ioriatti, São Paulo, Companhia das Letras, 1987 (2.ª reimpressão).
BOSI, Alfredo, *A Literatura Brasileira. O Pré-Modernismo,* vol. V, São Paulo, Cultrix, 5.ª edição.
BOURDIEU, Pierre (1997), *Méditations Pascaliennes,* Paris, Seuil.
BROCA, Brito (1956), *A vida literária no Brasil – 1900,* Rio de Janeiro, Ministério da Educação e Cultura – Serviço de Documentação.
CAMARGOS, Márcia (2002), *Semana de 22: entre vaias e aplausos,* São Paulo, Boitempo.
CARA, S. de Almeida (1988), "Pré-Modernismo: Poesia e Crítica Literária", *Sobre o Pré-Modernismo,* Rio de Janeiro, Fundação Casa de Rui Barbosa, pp. 65-74.
CARVALHO, J. Murilo de (1988), "Aspectos históricos do Pré-Modernismo Brasileiro", *Sobre o Pré-Modernismo,* Rio de Janeiro, Fundação Casa de Rui Barbosa, pp. 13-22.
EVEN-ZOHAR, Itamar (1990), "Polysystem Theory", *Poetics Today* 1, I, pp. 9-94.
EVEN-ZOHAR, Itamar (2005), *Papers in Culture Research* in http://www.tau.ac.il/~itamarez.htm (última consulta: 23/05/05)
GUILLÉN, Claudio (1985), *Entre lo uno y lo diverso.* Introducción a la literatura comparada, Barcelona, Crítica, pp. 362-432.
LEITE, L. Chiappini Moraes (1988), "Sobre João Simões Lopes Neto", *Sobre o Pré-Modernismo,* Rio de Janeiro, Fundação Casa de Rui Barbosa, pp. 143-154.
LEVIN, Orna Messer (1996), *As figuras do dândi.* Um estudo sobre a obra de João do Rio, Campinas, Edra. Da Unicamp.
MICELI, Sérgio (1977) *Poder, sexo e letras na República Velha,* São Paulo, Perspectiva.
MOISÉS, Massaud (org. e dir.), *Pequeno Dicionário de Literatura Brasileira,* S. Paulo, Cultrix, 5.ª edição, atualizada.

NEEDELL, Jeffrey (1993), *Belle époque tropical: sociedade e cultura de elite no Rio de Janeiro na virada do século,* trad. Celso Nogueira, São Paulo, Companhia das Letras.

PORTELLA, Eduardo (1963), *Literatura e realidade nacional,* Rio de Janeiro, Tempo Brasileiro-INL/MEC, 1971 (2ª edição, revista).

RESENDE, Beatriz (1994), "Rio de Janeiro, cidade de modernismos" in *Olhares sobre a cidade,* RJ, Eduerj.

SEVCENKO, Nicolau (2000), *Pindorama revisitada.* Cultura e sociedade em tempos de virada, São Paulo, Peirópolis, 2000[2].

SÜSSEKIND, Flora (1987), *Cinematógrafo de letras: literatura, técnica e modernização no Brasil,* São Paulo, Companhia das Letras.

TELES, Gilberto Mendonça (1972), *Vanguarda Européia e Modernismo Brasileiro,* Petrópolis, Vozes, 1994[12].

WELLEK, René / WARREN (1962), *Teoria da Literatura,* Lisboa, Europa-América.

WELLEK, René (1983), *Historia literaria. Problemas y conceptos,* selección de Sergio Beser, trad. Luis López Oliver, Barcelona, Editorial Laia.

LITERATURA TIMORENSE
– RELAÇÃO COM O PASSADO E VISÃO DE FUTURO

RICARDO ANTUNES
Escola Superior de Educação da Guarda (Portugal)

Em boa hora me chegaram, pela mão do autor, dois textos acerca da literatura timorense, ou, como o próprio faz questão de destacar, de literatura de Timor, publicados no jornal Semanário, um jornal em Língua Portuguesa, publicado em Timor Lorosa'e. O autor é João Paulo Esperança, e este meu texto não pode deixar de lhe seguir as pisadas. Afinal, trata-se tão só de um dos mais dedicados estudiosos das línguas, cultura e literatura da mais jovem nação do século XXI.

O objectivo do meu trabalho é questionar a Didáctica da Literatura, enquadrada no contexto do problema linguístico de Timor Lorosa'e.

O trabalho, em si, tem por base uma investigação realizada no âmbito do Mestrado em Didáctica de Línguas, na Universidade de Aveiro, orientada pela Professora Doutora Maria Helena Ançã. Nessa investigação o foco centrou-se no ensino da Língua Portuguesa em Timor Lorosa'e. (Antunes, 2003) Através deste trabalho de investigação, fui confrontado com a necessidade de conhecer bem todo o modelo do sistema de ensino, nomeadamente nas áreas da língua e da literatura.

Nesse texto procurei percorrer os caminhos da presença da língua portuguesa em Timor Lorosa'e, desde o séc. XVI até aos nossos dias, não esquecendo a sua relação com outras línguas vernáculas[1]. Só desse modo poderemos equacionar a situação actual da literatura timorense.

---

[1] Naturalmente que para uma tentativa de resposta, precisámos de conhecer de perto a realidade. Assim, procurei algumas respostas para as questões seguintes:
• Que imagem têm os timorenses da língua portuguesa?

Mais do que informação, aquilo que temos, hoje, são muitas questões:
• Existirá uma literatura timorense?
• Que características possui a essa literatura?
• Que literatura foi ensinada em Timor Lorosa'e ao longo dos tempos?
• Que literatura deve ser ensinada, hoje, aos timorenses?

Estas questões, como benevolentemente entenderão os leitores, circulam em torno de três grandes áreas fundamentais: a história da literatura, a teoria da literatura e a didáctica da literatura. Não posso, como é óbvio, neste exíguo espaço, referir-me com profundidade a todas elas.

E para que não me acusem da ambição de propósitos, refiro apenas que, dadas as circunstâncias[2], o objectivo deste texto não é mais do que apelar às consciências e ao conhecimento dos especialistas, para que olhem este problema de frente e possam ajudar a resolvê-lo. Pela minha parte, procurarei apresentar aqui algumas referências da literatura que se relaciona com Timor Lorosa'e, para depois tecer algumas considerações sobre a sua didáctica.

• Como foi constituída esta imagem?
• Que reflexos tem essa imagem na tomada de decisão de escolher a língua portuguesa como língua oficial?
• Que mecanismos podem ser activados para auxiliar e apoiar esta tomada de posição?
• Como optimizar o ensino da língua portuguesa na realidade física, social, política e económica de Timor Lorosa'e? Quais devem ser as estratégias de intervenção?
• Será que a língua portuguesa esperava que lhe fosse atribuído este papel? Como reagirá ela a esta situação?

Os timorenses escolheram a língua portuguesa como oficial. Mas esta escolha, além de não ser pacífica, e denotar desde logo uma das mais importantes clivagens na sociedade timorense contemporânea, levanta questões técnicas e, porventura, filosóficas que convém apreciar: como se implementa no terreno uma opção política desta envergadura? Que lugar ocupará, de facto, a língua portuguesa no espectro linguístico timorense? Como se introduz uma língua estrangeira (para cerca de 95-97% da população) como língua oficial, de administração e, acima de tudo, de ensino? A estas, juntam-se agora as relacionadas com a literatura: o que ensinar e como ensinar. (Antunes, 2003).

[2] Essas circunstâncias são que, depois de quase seis anos passados sobre os acontecimentos de 1999 em Timor, e depois de todas as declarações de intenções feitas, continuamos sem um Currículo escolar elaborado em definitivo, o que provoca uma grande dispersão resultante da escolha aleatória de conteúdos. Em relação à literatura, a verdade é que, ou não é ensinada, ou se é, não sabemos o quê nem como.

1. Uma literatura timorense, ou uma literatura de Timor?

ESPERANÇA (2004a) no seu *Brevíssimo olhar sobre a Literatura de Timor – primeira parte* afirma que tomou este título porque *não pretendo limitar-me aqui aos autores nacionais, mas sim incluir também um pouco daquilo que há para ler de naturais de outras paragens, que tenham tomado Timor como tema literário.* Esta tomada de posição naquele que é, porventura, o mais completo texto actual sobre literatura timorese, demonstra bem a dificuldade do nosso objecto. E a explicação é simples: com existência formal desde Maio de 2002, este pequeno território esteve, desde o século XVI, sob dominação estrangeira. Sendo altamente periférico, só em finais do século XIX sentiu a real presença da administração portuguesa, que se manteve até 1975, apenas com uma interrupção, provocada pela ocupação japonesa, no decorrer da 2.ª Guerra Mundial. De 1975 a 1999, a ocupação portuguesa deu lugar à indonésia. Assim, com uma administração externa, os sistemas de ensino foram canais privilegiados para a difusão de uma literatura estrangeira (portuguesa ou indonésia) que, tanto em tema como em forma se apresentava [quase] completamente estranha aos timorenses. A esta situação junta-se a natural falta de produção literária escrita própria, resultado das altíssimas taxas de analfabetismo da população. Por estas razões, quando procuramos a literatura timorense, sentimos, como Esperança, a necessidade de incluir outras obras que não apenas as produzidas por autores timorenses. Para facilitar o entendimento, optamos pelas designações – de *Timor* para aquela produzida por estrangeiros e – *timorense*, para aquela produzida por naturais (mesmo que no exílio).

Esta contextualização não pode, contudo, esconder a imensidão da literatura oral/tradicional timorense. Trata-se de um espólio de grande valor, que nem mesmo a situação de dominação externa de séculos pôde apagar ou diminuir na sua energia. A prová-lo estão, não só as colectâneas que foram sendo produzidas, mas, acima de tudo, o fascínio que ela exerce sobre todos quantos se aproximam dela. Da minha experiência, enquanto investigador, e pelos contactos mantidos como muitos professores portugueses que se deslocaram a Timor Lorosa'e neste período pós-independência, posso garantir que a esmagadora maioria acabou, mais tarde, ou mais cedo, por fazer pequenas recolhas deste manancial, embora sem o evidente rigor científico, necessário para que pudessem dar à estampa tais compilações. A este respeito, alerta ESPERANÇA (2004a): *não quero (...) deixar de chamar a atenção para o facto de que muito poucas das que foram até hoje publicadas são realmente merecedoras desse rótulo. Uma recolha feita com critérios científicos tem como um dos seus princípios base o reconhecimento da existência de múltiplas versões do mesmo "texto", as quais devem ser registadas da forma mais fiel possível ao que foi realmente enunciado pelos informantes. O registo na língua original é condição absolutamente essencial. Só depois se pode partir para uma análise minimamente credível.* Este rigor científico, aqui referido, torna-se fundamental em especial no que diz respeito a esta literatura de cariz oral. A obra de literatura oral/tradicional timorense que melhor se aproxima deste rigor de fixação é, sem dúvida, a recolha do P.e Artur Basílio de Sá, *Textos em Teto da Literatura Oral Timorense*, onde se apresentam várias lendas timorenses. Apesar de um certo pendor didactizante da obra [como provam as duas traduções, uma livre e outra literal, em que *aquela poderá bastar ao leitor curioso, mas não a quem deseje informar-se um pouco mais da estrutura e construção do texto* (Sá, 1961: XXVII)], a verdade é que esta é uma obra fundamental para se estabelecerem os fundamentos da literatura de Timor. Acerca deste tipo de literatura, de tradição oral, ESPERANÇA (2004a) refere ainda *a compilação (sem aparato crítico)* The Book of the Story Teller *dado à estampa na Austrália, em 1995, na qual apenas o título e algumas notas introdutórias estão em inglês, mantendo-se nos textos em tétum as expressões e repetições características da performance oral do contador de histórias.*

2. A Literatura de Timor

A destacar, no campo da produção escrita, estão algumas monografias[3] sobre Timor. Apesar de, normalmente, a monografia não se enquadrar no âmbito da criação literária, há alguns casos em que a produção do texto se aproxima da literatura de viagens. Voltando às palavras de ESPERANÇA (2004a), a propósito deste tipo de textos, o investigador refere que *um dos mais conhecidos é* A ilha Verde e Vermelha de Timor, *de Alberto Osório de Castro, primeiro publicado na Revista Seara Nova,*

---

[3] A principal Monografia sobre o território timorense intitula-se *Timor Português*, de Hélio A. Esteves Felgas, publicada em 1956, pela Agência Geral do Ultramar, na Colecção *Monografias dos Territórios do Ultramar*.

em Junho de 1928 e Junho de 1929, e depois, em livro pela Agência Geral das Colónias, em 1943. Recentemente foi reeditado pela Cotovia. Trata-se de um peculiar livro de viagens, escrito em prosa poética, cheio de informações exaustivas sobre a ilha, a sua natureza e as suas gentes. Além deste, é ainda referido um outro: um pequeno volume de Paulo Braga, A Ilha dos Homens Nus, *é digno de nota pela forma como o autor faz a descrição do Ataúro visto (recriado?) pelos seus olhos idealistas: uma sociedade tradicional libertária, sem exploração do homem pelo homem, onde impera o amor livre.* (ESPERANÇA, 2004a)

Em situações de colonização, é comum que surjam fenómenos literários mais ou menos exóticos, com preconceitos raciais e colonialistas. A essa literatura dá-se, normalmente, a designação de literatura colonial. ESPERANÇA (2004a) afirma que *em Timor um bom representante desse género é* Caiúru, *de Grácio Ribeiro. Novela de pendor autobiográfico, conta-nos as aventuras e desventuras de um jovem comunista deportado por actividades políticas contra o regime fascista em Portugal, que aqui vive um idílio amoroso com uma nona de nome Caiúru.*

A esta modalidade de escrita, segue-se uma literatura de cariz pós--colonial, que se apresenta fortemente crítica dos males do colonialismo. Neste grupo, aparecem referências como *Corpo Colonial,* de Joana Ruas, e *A nona do Pinto Brás,* de Filipe Ferreira[4]. Estas duas obras mantêm-se no ambiente colonial, da presença portuguesa em Timor, embora manifestem algumas preocupações mais filosóficas.

Outro modelo literário deste período (a designação é de Esperança) é a literatura de remorso. *Um livro de sinal completamente oposto ao da literatura colonial é* Uma Deusa no "Inferno" de Timor, *de Francisco A. Gomes. Este livro pertence ao que poderíamos chamar de "literatura de remorso", cheio de referências depreciativas a tudo o que seja português e de personagens timorenses (principalmente mulheres) revolucionárias cheias de seguidores, completamente anacrónicas, fantasistas e desenquadradas do que era a realidade histórica e social local nas épocas em que se situa a acção.* (ESPERANÇA, 2004a)

Neste grupo, de literatura produzida por estrangeiros, há ainda a referir aquilo que ESPERANÇA designa por "literatura de denúncia", que

---

[4] ESPERANÇA (2004a) afirma que *o livro é assinado por Filipe Ferreira, mas o estilo da escrita leva-me a formular a hipótese de que seja o nome literário escolhido pelo grande historiador de Timor e da presença portuguesa na Ásia, Luís Filipe F. R. Thomaz.*

mais não é do que a manifestação por escrito da repulsa causada pela situação vivida em Timor nas últimas três décadas do século XX. Aqui destacam-se duas obras: *Saksi Mata (testemunha ocular) é um conjunto de contos ambientados no Timor da época da repressão Indonésia, escritos por Seno Gumira Ajidarma, um dos autores mais significativos da geração mais recente da literatura indonésia. (...) um outro volume digno de atenção é* A redundância da coragem *de Timothy Mo, publicado originalmente em inglês, em 1991. O autor, filho de mãe inglesa e pai cantonês, consegue descrever admiravelmente a sociedade timorense dos últimos tempo da administração portuguesa, os primeiros anos da guerra no mato, e a vida dos que depois se renderam ou foram capturados, tudo isto pela boca sarcástica do narrador Adoph Ng, um chinês timorense.* (ESPERANÇA, 2004b)

Para finalizar este ponto, falta referir aquele que, sendo português, foi talvez um dos mais timorenses, pelo modo como se irmanou com o espaço, as gentes e o simbolismo de Timor. Refiro-me a Ruy Cinatti[5]. Agrónomo, Botânico e Antropólogo, é, acima de tudo, Poeta por vocação. Por falta de espaço, referem-se apenas os títulos mais representativos da sua obra literária dedicada a Timor e às suas gentes: *O Livro do Nómada meu Amigo (1958), Um Cancioneiro para Timor (1968), Uma sequência Timorense (1970), Paisagem Timorense com Vultos (1974) e Timor-Amor (1974).*

3. A Literatura timorense[6]

Depois de uma viagem, superficial, sobre a literatura escrita com influência em Timor Lorosa'e, vejamos agora com alguma atenção a literatura de produção nacional. Desde logo há que fazer uma chamada

---

[5] Sobre a magnífica obra deste autor existe um estudo exaustivo de Peter Stilwell, *A condição humana em Ruy Cinatti*, publicado em 1995 pela Editorial Presença.

[6] Se nas referências anteriores já foi notória a influência do texto de ESPERANÇA (2004a, b), aqui ela vai manter-se, já que muitas das referências nem sequer têm publicações em Portugal, ou se têm, são edições de baixíssima divulgação, excepção feita a dois ou três nomes. Este investigador, em Timor desde o ano lectivo 2000/2001, tem constituído uma vasta base de dados sobre a literatura e cultura timorense, quer a publicada em Portugal, quer a publicada em outros países, que vão do Canadá à Austrália, passando pela Holanda e Indonésia.

de atenção: oficialmente, o país só existe desde 2002, mas aqui vamos considerar todos os escritores que se destacaram de algum modo, tomando como critério o terem nascido em Timor. Acredito que nem sempre este critério possa funcionar na perfeição para delimitar a literatura de um país, mas neste momento é o que me parece mais adequado.

Neste deambular pela literatura escrita por timorenses, e sem preocupações de ordem cronológica, vamos, em primeiro lugar, à prosa, já que é aí que encontramos um dos nomes mais proeminentes: Luis Cardoso. ESPERANÇA (2004b) apelida-o de *o mais genial dos autores timorenses*. Com três romances publicados, é sem dúvida o escritor timorense com mais livros vendidos. Nascido em Timor, vem para Portugal em 1974, e é daqui que assiste à guerra civil e invasão indonésia. Estudante de Silvicultura, bebeu em Ruy Cinatti (também ele dedicado à natureza) algumas imagens do mundo físico e sobrenatural de Timor. No primeiro romance, intitulado *Crónica de uma Travessia – A época do ai-dik-funam* (1997), e pela voz de José Eduardo Agualusa, que o prefacia, Luis Cardoso *acrescenta uma dimensão inédita ao combate pela liberdade de Timor: o resgate da memória. Num país quase sem literatura escrita, o passado é um tempo em combustão, frágil, volátil, que rapidamente se consome. (...) combina o registo memorialista – este é um texto assumidamente autobiográfico, portanto realista – com o exuberante universo mágico em que se move o povo timorense e que em grande medida alimenta a sua literatura oral.* (Cardoso, 1997: 9-10) No segundo romance, *Olhos de Coruja, Olhos de Gato Bravo* (2001), Luis Cardoso *entra mais fundo nesse mundo do fantástico, e vai à procura de mitos fundamentais do imaginário colectivo timorense, como os que rodeiam a revolta de Manufahi.* (Esperança, 2004b) Por fim, no terceiro romance, *A última morte do Coronel Santiago* (2003), manifesta uma fusão entre o maravilhoso e o fantástico do sobrenatural timorense com uma ironia própria e *com alusões abundantes aos ambientes, obras e referências de uma certa intelectualidade de esquerda europeia e moderna.* (Esperança, 2004b) Além dos romances, podemos ainda encontrar participações de Luis Cardoso em jornais e revistas diversos.

Apesar deste aparente sucesso na prosa, a verdade é que Luis Cardoso aparece praticamente isolado neste modo de escrita. Refiro apenas um outro autor timorense em destaque nesta área: Ponte Pedrinha, pseudónimo literário de Henrique Borges. A obra chama-se *Andanças de um Timorense* (1998). Trata-se de um relato cujo centro diegético gira em torno do *desrespeito por parte do jovem casal Kotená e Kêti-Kia, de uma antiga tradição[7] dos ataúros, segundo a qual a noiva na noite de núpcias devia partilhar o leito não do seu marido mas de um tio deste.* (Esperança, 2004b)

Em relação à poesia, o leque de autores timorenses alarga-se um pouco mais. Embora nos dias de hoje o nome não seja talvez o mais conhecido (por razões que adiante se perceberão claramente), Fernando Sylvan, pseudónimo literário de Abílio Leopoldo Motta-Ferreira é, provavelmente o mais representativo poeta timorense. *Tendo sido levado para Portugal ainda criança, jamais perdeu a identificação afectiva com a sua terra natal, motivo constante da sua poesia (...). Intelectual empenhado, ocupou durante bastantes anos o cargo de presidente da Sociedade de Língua Portuguesa.* (Esperança, 2004a) No essencial, a sua obra encontra-se publicada na colectânea *A Voz Fagueira de Oan Tímor* (1993).

Deste autor, e de vários outros poetas timorenses, podemos ainda encontrar alguns textos na colectânea *Enterrem o meu coração no Ramelau*, publicada pela União dos Escritores Angolanos, em 1982. Nesta colectânea aparecem outros nomes, dos quais, pelo reconhecimento público, merece destaque José Alexandre Gusmão. Mais conhecido por Xanana Gusmão, hoje Presidente da República, publicou um livro intitulado *Mar Meu*, com poesia e pintura produzidas na prisão. Apesar da qualidade do seu texto, as funções que abraçou, no comando da nação timorense, não lhe têm permitido continuar, de forma constante, a sua produção literária. Ainda assim, será para muitos (por desconhecimento da realidade) o principal escritor/poeta timorense.

ESPERANÇA (2004a) refere que *João Aparício é outro nome a reter, com dois livros de poemas publicados pela Caminho,* A Janela de Timor e Uma casa e duas vacas. *Um outro, sob o pseudónimo Kay Shaly Rakmabean, foi publicado pela Real Associação de Braga, com o título* Versos do Oprimido.

Com a produção a manter raízes ainda no período da ocupação indonésia, e ligado ao acontecimento mediático que despoletou a tomada de consciência internacional para o caso de Timor, o Massacre de Santa Cruz, encontramos um poeta/cantor, Abé Barreto. *Na sequência do Massacre de Santa cruz, aproveitou a presença no Canadá, num programa*

---

[7] Esta tradição vem referida no livro *Timor – Ritos e Mitos Ataúros*, do P.e Jorge Barros Duarte.

de intercâmbio de estudantes universitários para pedir asilo político e veio a distinguir-se como cantor de intervenção. (Esperança, 2004a) Publicou na Holanda, em 1995, *Menari Mengelilingi Planet Bumi* ('Dançando à volta do Planeta'), um volume de poesia em língua indonésia e, em 1996, na Austrália, *Come with me singing in a choir.*

Numa nova vaga de escritores/poetas timorenses, podemos encontrar nomes como Crisódio Araújo e Celso Oliveira, que vão aparecendo discretamente em publicações diversas.

4. Conclusão

Depois deste percurso, em procurámos dar a conhecer um pouco mais aquilo que é a realidade da literatura timorense, voltamos às nossas questões iniciais:
- Existirá uma literatura timorense?
- Que características possui a essa literatura?
- Que literatura foi ensinada em Timor Lorosa'e ao longo dos tempos?
- Que literatura deve ser ensinada, hoje, aos timorenses?

Quanto à primeira e segunda questões, fica claro que existe uma literatura timorense, e que as suas características fundamentais são as que derivam do percurso histórico dos povos que constituem hoje Timor Lorosa'e. Com um magnífico fundo de magia, e um universo fantástico, povoado de mitos e rituais, a poesia oral/tradicional manifesta-se a cada passo na literatura contemporânea timorense. Simultaneamente, as circunstâncias da colonização portuguesa, desde o século XVI, e a ocupação indonésia, no último quartel do século XX, não deixam de aparecer como marca fundamental nas referências histórico-culturais daquela que é a literatura de timor e timorense. Outro aspecto importante é o facto de a grande maioria da literatura escrita, aparecer quase toda em língua portuguesa. Um dos casos mais excepcionais é talvez o de Xanana Gusmão, que questionado, em 2004, sobre esta matéria afirmou ser essa a língua em que pensa e, naturalmente, aquela em que a poesia flui com mais facilidade.

Quanto à terceira pergunta, apesar de não termos, por falta de espaço, abordado a questão neste texto, sabemos que foi, até 1975, ensinada alguma literatura portuguesa, e depois disso, até 1999, literatura em língua indonésia[8]. Em qualquer dos casos, nunca, até 1999, se ensinou literatura timorense (nem sequer sobre Timor) neste espaço, o que ajudará a explicar uma certa falta de produção interna. Além disso, os baixíssimos níveis de escolaridade e de frequência escolar também não davam lugar ao desenvolvimento natural de escritores.

Finalmente, em relação à última (e, na prática, a mais importante) questão colocada, parece-me que fica claro que há literatura timorense em quantidade e qualidade suficientes para se elaborar um currículo e se introduzir nos manuais escolares a adoptar. Não significa isto que se elimine em absoluto a literatura em língua portuguesa, de outras origens. O que não pode manter-se é a situação actual, em que milhares de alunos timorenses aprendem rudimentos de literatura portuguesa ou brasileira, sem conhecerem um único autor do seu próprio país. Este problema cruza-se, a meu ver com dois outros, mais localizados nas áreas da Didáctica da Língua e da Didáctica da Literatura. O primeiro prende-se com uma certa indefinição do estatuto que a língua portuguesa deve assumir nos *curricula* timorenses: apesar de, formalmente, se tratar de uma situação de ensino do português como língua segunda, a verdade é que na prática, a esmagadora maioria dos alunos timorenses a aprende na qualidade de língua estrangeira em absoluto. E se os docentes não estiverem bem conscientes disso, cairão facilmente na falácia de ensinar a língua e a cultura portuguesas. Ora, aquilo que os timorenses buscam na língua portuguesa é a sua própria cultura, a sua identidade. O segundo problema, na área da Didáctica da Literatura, tem a ver com a ideia, com os seus méritos, de que o ensino da literatura serve, entre outras coisas, para melhorar o domínio da língua portuguesa. O problema nasce quando se acrescenta a este "ensino da literatura" a caracterização de *portuguesa*. Julgo que a maleabilidade que a língua portuguesa vai apresentando noutros contextos, nomeadamente nos escritores africanos de expressão portuguesa e brasileiros é, sem sombra de dúvida, um dos factores que pode facilitar o ensino da língua, já que a liberta e a recria, exactamente como o seu uso diário permitiu, ao longo de séculos, nas terras do sol nascente.

Quanto ao futuro, embora muitos questionem a possibilidade de permanência da língua portuguesa em Timor Lorosa'e, julgo que essa é uma falsa questão, já que um contacto permanente, de séculos, entre o tétum e o português não eliminou nenhuma das duas, antes as fortaleceu. O mesmo sucederá com a literatura.

---

[8] Para melhor se compreenderem estas conclusões, veja-se ANTUNES (2003).

Termino com as palavras proféticas de um verdadeiro missionário nas terras de Lorosa'e: *A literatura escrita por timorenses tem sido, com poucas excepções, fundamentalmente em língua portuguesa, veículo de afirmação de resistência, identidade e nacionalidade. Creio que a geração actual, que se vai libertando da pressão cultural dos anos passados a decorar o* Pancasila *em indonésio, não tardará a fazer nascer também uma literatura pujante de vida e de novidade em tétum. Vamos lendo e vendo...* (Esperança, 2004b)

Bibliografia

AJIDARMA, Seno Gumira. (2002). *Saksi Mata – cetakan keempat*. Yogyakarta: Yayasan Bentag Budaya.
ANTUNES, Ricardo Jorge S. Ferreira. (2003). *A Língua Portuguesa em Timor Lorosa'e – Contributos para a sua Didáctica*. Dissertação apresentada à Universidade de Aveiro para a obtenção do grau de Mestre em Didáctica de Línguas. Aveiro: Universidade de Aveiro.
APARÍCIO, João. (1999). *A Janela de Timor*. Lisboa: Caminho.
BRAGA, Paulo. (1936). *A Ilha dos Homens Nus*. Lisboa: Editorial Cosmos.
CARDOSO, Luis. (1997). *Crónica de uma Travessia – A época do ai-dik-funam*. Lisboa: Publicações D. Quixote.
CARDOSO, Luis. (2001). *Olhos de Coruja, Olhos de Gato Bravo*. Lisboa: Publicações D. Quixote.
CARDOSO, Luis. (2003). *A última morte do Coronel Santiago*. Lisboa: Publicações D. Quixote.
CARDOSO, Alberto Osório. (1943). *A ilha verde e vermelha de Timor*. (reedição de 1996). Lisboa: Edições Cotovia.
DUARTE, Jorge Barros. (1984). *Timor – Ritos e Mitos Ataúros*. Lisboa: ICALP.
ESPERANÇA, João Paulo T. (2001). *Estudos de Linguística Timorense*. Aveiro: SUL – Associação de Cooperação para o Desenvolvimento.
ESPERANÇA, João Paulo T. (2004[a]). "Um brevíssimo olhar sobre a Literatura de Timor – primeira parte". In *Várzea de Letras*. Edição 003. Junho 2004. Suplemento Literário do *Semanário*. Ano 0. N.º 0023. 12 de Junho de 2004.
ESPERANÇA, João Paulo T. (2004[b]). "Um brevíssimo olhar sobre a Literatura de Timor – segunda parte". In *Várzea de Letras*. Edição 004. Julho 2004. Suplemento Literário do *Semanário*. Ano 0. n.º 0026. 03 de Julho de 2004.
FELGAS, Hélio A. Esteves. (1956). *Timor Português*. Lisboa: Agência Geral do Ultramar.
FERREIRA, Filipe. (1992). *A nona do Pinto Brás (novela timorense)*. Lisboa: ERL-Editora de Revistas e Livros.

GOMES, Francisco A. (1980). *Uma deusa no "inferno" de Timor*. Braga: edição de Autor.
MO, Thimothy. (1992). *A redundância da coragem*. Lisboa: Puma Editora.
PEDRINHA, Ponte. (1998). *Andanças de um timorense*. Lisboa: Colibri.
RAKMABEAN, Kay Shaly. (1995). *Versos do Oprimido*. Braga: Real Associação de Braga.
RIBEIRO, Grácio. (1939). *Caiúru*. Lisboa: colecção «Amanhã».
RUAS, Joana. (1981). *Corpo Colonial*. Coimbra: Centelha.
SÁ, Artur Basílio de. (1961). *Textos em Teto da Literatura Oral Timorense*. Vol. I. Estudos de Ciências Políticas e Sociais. N.º 45. Centro de Estudos Políticos e Sociais. Lisboa: Junta de Investigações do Ultramar.
STILWELL, Peter. (1997). *A condição humana em Ruy Cinatti*. Lisboa: Editorial Presença.
STILWELL, Peter. (2001). «O Timor de Ruy Cinatti» In *Camões – Revista de Letras e Culturas Lusófonas*. N.º 14. Jul-Set 2001. Lisboa: Instituto Camões.
SYLVAN, Fernando. (1993). *A voz fagueira de Oan Tímor*. Lisboa: Colibri.
UNIÃO DOS ESCRITORES ANGOLANOS. (1982). *Enterrem o meu coração no Ramelau – Poesia de Timor-Leste*. Luanda: UEA.
XANANA GUSMÃO. (1998). *Mar Meu – poemas e pinturas*. Porto: Granito Editores e Livreiros.

CARTOGRAFIAS DA LITERATURA DE RECEPÇÃO INFANTIL E JUVENIL: ACERCA DA POSSIBILIDADE/NECESSIDADE DA DEFINIÇÃO DE UM CÂNONE

FERNANDO J. FRAGA DE AZEVEDO
Universidade do Minho

Partilhando com a literatura códigos e convenções que, dependentes do mesmo sistema semiótico literário, definem e avalizam os seus usos da linguagem (Wittgenstein, 1995: 207), a literatura de recepção infantil e juvenil[1] possui, todavia, uma especificidade decorrente da natureza do seu processo receptivo. De facto, lida ou objecto de interacção por sujeitos com reduzida experiência vital, sujeitos que se encontram ainda em processo de desenvolvimento e formação e cujos saberes acerca dos textos e dos seus processos de funcionamento não são idênticos aos de um leitor adulto e experiente, esta literatura tem vivido frequentemente e, por vezes, naturalmente tutelada por preocupações de natureza educativa, ao ponto de uma das questões que especial relevância assume neste âmbito ser a da determinação / definição de um bom texto, em termos de *adequação* simbólica e factual, ao seu público-leitor.

Todavia esta questão da adequação é sempre perspectivada na óptica dos mediadores (Cerrillo, Larrañaga e Yubero, 2002) que asseguram a interacção da criança com os textos. Retratando mundos e culturas da

---

[1] Revelando-se, em larga medida, como uma "literatura gañada" (Cervera, 1991), não nos parece pertinente designá-la por um termo que possa remeter para o critério de uma certa intencionalidade autoral, como parece acontecer, por exemplo, com a designação de literatura para a infância, nem tão pouco por outro que possa indicar a existência de marcas estilísticas e/ou estruturais que, exibidas pelos seus textos, os diferenciariam da literatura dita canónica, como parece acontecer na expressão literatura infantil.

infância, os textos da literatura infantil são, em termos de uma autoria empírica e histórico-factual, produzidos pela voz, gestos e olhares dos adultos, considerando-os, em concomitância aos leitores mais jovens, igualmente como potenciais receptores destes textos. Esta sua natureza ambivalente (Shavit, 1986) acarreta, como é óbvio, uma complexificação da questão[2], uma vez que os seus textos prevêem simultaneamente dois tipos de leitores-modelo diferenciados, em termos de capacidades de leitura e de interpretação.

Ainda que à luz das teorias pragmáticas textuais a literatura de recepção infantil e juvenil suponha, para uma sua apropriada definição, a consideração dos diversos elementos do processo comunicativo – o contexto, os produtores e os receptores –, compartilhamos com Harold Bloom (2002: 15-16) a opinião de que ela não pode legitimamente ser identificada com tudo aquilo que comercialmente se produz sob essa designação. Uma plena aceitação de um tal pressuposto acarretaria um necessário deslocamento da sua esfera do chamado núcleo canónico da literatura e uma sua aproximação às margens ou à periferia do sistema semiótico literário, co-fundindo-a indubitavelmente com a chamada paraliteratura (Lluch, 2003)[3].

A recente publicação da obra *Stories and Poems for Extremely Intelligent Children of All Ages* (Bloom, 2002), na qual o conhecido e polémico autor de *O Cânone Ocidental* (Bloom, 1997) explicita os textos que, no seu entender, constituirão as metanarrativas de uma literatura que tem, entre o seu público leitor, "crianças extremamente inteligentes de todas as idades", veio relançar o debate nos estudos literários acerca da necessidade, funções e modos de existência dos cânones literários, agora perspectivados na óptica da recepção infanto-juvenil.

---

[2] Para uma explicação detalhada dos múltiplos níveis de leitura envolvidos na interacção do adulto com os textos de recepção infantil e juvenil, cf. Peter Hunt (1999: 1-14) e Peter Hunt (2003: 21).

[3] De facto, têm surgido, no mercado editorial, numerosas versões condensadas, do tipo *digest*, que, pretendendo oferecer um objecto de leitura materialmente reduzido e estilisticamente simplificado, conduzem frequentemente ao surgimento de textos caracterizáveis por uma fortíssima anulação dos matizes simbólico, polissémico e pluri-isotópico que caracterizam a linguagem com a marca do estético e são estes textos que, destituídos da capacidade de fomento e desenvolvimento de uma competência literária, têm, em larga medida, contribuído para uma marginalização e um parco reconhecimento da literatura de recepção infantil e juvenil junto das comunidades de crítica académica.

Se a delimitação do público-alvo desta obra já anuncia, com incisiva ironia, a recusa veemente de um certo conceito de literatura infantil e, particularmente, determinadas práticas que comercialmente lhe parecem ser comummente associadas[4], ela relaciona-se igualmente com o pressuposto de que o texto literário, independentemente dos seus receptores potenciais, constitui um objecto semiótico com uma natureza primordialmente estética e, nessa óptica, não parece ser concebível a possibilidade de existência de diferenças qualitativas entre textos literários objecto de interacção por sujeitos com reduzida experiência de diálogo textual e textos literários lidos por sujeitos experientes.

Na nota introdutória que acompanha a selecção de textos apresentada, o autor explicita alguns dos critérios que presidiram a esta organização, e através dos quais é possível inferir funções e papéis atribuídos a uma literatura de recepção infantil e juvenil: (1) a dimensão não muito alargada das composições, (2) a ênfase em textos do século XIX e séculos anteriores e (3) a recusa explícita de textos modernistas, dado que, no seu entender, estes abalariam definitivamente uma certa visão do mundo com as características da especulação visionária e maravilhosa, e, nesse sentido, seriam incapazes de suscitar encantamento e sedução entre os seus leitores mais jovens. O autor acrescenta que a função destes textos é primordialmente a de iluminar e a de entreter, permitindo que o leitor se conheça melhor a si e ao outro.

Quanto à modalidade de recriação destes textos pelo receptor, eles destinam-se a ser lidos em voz alta, recitados ou ouvidos.

Se alguns deles podem, para certos leitores, revelar-se difíceis, torna-se necessário o esforço e a preserverança, já que eles funcionarão, como assinala Harold Bloom (2002: 21), como uma espécie de amigo invisível capaz de presentificar, perante cada leitor, o desejo e o saber-fazer de uma arte típica da memória, originando um novo poeta ou um novo contador de histórias.

Assim explicitada, a literatura objecto de recepção infantil e juvenil desempenharia uma função primordialmente gnoseológica e heurística,

---

[4] "Anyone, of any age, reading this volume will see quickly that I do not accept the category of "Children's Literature", which had some use and distinction a century ago, but nowall too often is a mask for the dumbingdown that is destroying our literary culture. Most of what is now commercially offered as children's literature would be inadequate fare for any reader of any age at any time." (Bloom, 2002: 15-16).

encontrando em algumas marcas formais e em aspectos periodológicos a sua especificidade.

Se este empreendimento de Harold Bloom não é imune a determinadas objecções, nomeadamente às implicações elitistas das selecções operadas e ao facto de assumir na definição daquilo que é a literatura de recepção infantil e juvenil uma exotopia que não parece ser compaginável com os contextos socioculturais em que os fenómenos estéticos têm lugar, bem como com a dinâmica das transformações que os códigos e convenções do sistema semiótico literário, em articulação com os períodos literários, têm exibido ao longo dos tempos, ele possui todavia o mérito de, pela sua iniciativa, ter concretizado um acto simbólico capaz de estabelecer uma ordem gnoseológica, na acepção que lhe atribui Pierre Bourdieu (1994: 9).

De facto, a elaboração de um cânone, precisamente porque explicita e decreta uma fronteira topológica entre textos e autores que, promovidos ao estatuto de legítimos e objecto de ratificação social, merecem ser rememorados pelas gerações mais jovens, em detrimento dos que, não merecendo esse culto da memória, são excluídos, configura uma acção instituidora do *sagrado*. Objecto de atenção e de leitura pelas comunidades interpretativas, que lhe outorgam valor, reconhecimento e importância, o texto passa a gozar de prestígio, transformando-se, como enfatizou Frank Kermode (1998), numa espécie de valor trans-histórico, que se vê continuamente confirmado e intensificado pelos estudos e juízos de valor dessas comunidades. Deste modo, a inclusão de um texto no âmbito do cânone, pela sua natureza de capital cultural (Guillory, 1993) intencionalmente partilhável, permite-lhe adquirir uma importância e uma autoridade sobre os textos subsequentes: são os textos, que fazem parte do cânone, que fornecem os critérios, por processos de aproximação e/ou de distanciamento, para avaliar outros textos (Szégédy-Moszák, 1991:378); é a partir deles e por referência a eles que os textos subsequentes serão objecto de leitura e de interpretação, as quais assinalarão ora a recuperação de vozes e matizes de natureza intertextual, que se inserem numa linha de confirmação dos códigos e convenções dos textos pertencentes ao cânone, ora a sua derrogação ou contestação mais ou menos violenta.

Funcionando frequentemente como veículos de partilha dos lugares, gestos e dizeres de uma cultura[295], particularmente naquilo que, de forma

---

[5] Se, por definição, os cânones são constituídos por textos, na realidade, eles constroem-se sempre, como sublinhou Wendell V. Harris (1998: 56), a partir do modo

exponencialmente elevada, sintetizaria a sua excelência, os cânones literários possibilitam constituir marcos de referência comuns para um profícuo estabelecimento da comunicação, seja a um nível intersubjectivo, seja a um nível de uma polifonia intradiscursiva.

De facto, perante a acentuada defectividade de referentes socioculturais e simbólicos imprescindíveis para o agir e o interagir comunitários – referimo-nos ao conhecimento das metanarrativas fundacionais de uma cultura e à fertilização de quadros de referência intertextuais, fundamentais para a funcionalidade semiótica da competência literária (Cervera Borras, 1997; Colomer, 1995; Colomer, 1998; Mendoza Fillola, 1999; Sánchez Corral, 2003) e para a possibilidade de exercitação, com sucesso, de uma literacia cultural (Hirsch, 1998) –, a definição explícita e assumida de um cânone literário de recepção infantil e juvenil poderia ser lida como um acto simbólico capaz de contrariar alguma marginalização de que esta literatura e, principalmente, os seus estudos críticos têm padecido[6].

Além disso, à luz da uniformidade sincrónica e temática que, relacionada com o fenómeno mais lato da globalização, tende a homogeneizar os produtos culturais que, nos últimos anos, vêm sendo oferecidos pela cultura dos adultos às crianças (Colomer, 2000; Lluch, 2000; Lluch, 2003), a determinação de um conjunto de textos, com reconhecido e inequívoco valor literário e cultural[7], poderia potenciar a manifestação de um efectivo espaço pluricultural, contrariando essa ausência de referentes compartilhados.

---

como esses textos são lidos. Neste sentido, eles são sempre construções convencionais: a preservação de certos textos e a sua promoção a objectos explícitos de rememoração faz-se segundo os paradigmas dominantes na memória do sistema semiótico literário, isto é, em função do valor e da ideologia de uma dada cultura e de acordo com a pervivência desses textos no âmbito de uma memória colectiva, para a qual contribuem, em larga medida, as práticas interpretativas das comunidades de leitores e das comunidades de críticos, responsáveis pelos diversos discursos de natureza metatextual. Esta sua natureza torna os cânones igualmente objectos passíveis de indagação em termos das condições de legibilidade e ilegibilidade simbólicas que fixam as regras e os limites da arte (Cella, 1998: 14).

[6] Para uma avaliação dos paradoxos de que tem sido alvo esta literatura, cf. Peter Hunt (2003: 23-30).

[7] Esses *núcleos de textualidade canónica*, para utilizarmos as palavras de Vítor Manuel de Aguiar e Silva (1999: 181), corresponderão a textos cuja capacidade de irradiação criadora e relevância estético-literária e linguístico-cultural sejam inequivocamente reconhecidas pelas comunidades interpretativas, traduzindo o melhor que uma sociedade, percebida numa concepção não restrita, produziu.

Se é verdade que as crianças, pela sua ainda reduzida experiência de interacção com textos, parecem encontrar na literatura infantil, independentemente do grau de inovação que ela manifeste, os lugares para uma iniciação à ludicidade do estranhamento e da surpresa, espera-se que esses textos as auxiliem a desenvolver e a aprofundar a sua competência literária, facto que só poderá ser adequadamente conseguido se eles, não reiterando excessivamente experiências semióticas já conhecidas dos seus leitores, contribuírem, de facto, para um alargamento do conhecimento dos seus quadros de referência intertextuais.

Neste sentido, é nossa opinião que um cânone literário de recepção infantil deveria incluir não só os textos aos quais as comunidades interpretativas sincrónica e diacronicamente existentes outorgaram valor[8], e que coincidem, aliás, com aqueles que constituem, no fundo, o património de uma memória colectiva[9], mas também todos os outros que, concretizando mecanismos geradores de linguagens sempre novas, mantêm a sua capacidade de modelizar os *realia*. São aliás estes textos que, partindo frequentemente do magma seminal representado pelos temas, motivos e estilemas do património da memória colectiva e recontextualizando-os ou transformando-os, por meio de processos de reapropriação e manipulação/diálogo intertextual, actuam, em larga medida, como catalisadores dos sistemas semióticos culturais, incentivando uma renovação criativa dos mesmos.

Nesta perspectiva, um cânone literário de recepção infantil seria constituído pelos clássicos, na acepção que lhe atribui José María Pozuelo Yvancos (2000: 69)[10] ou Italo Calvino (1994), sendo que, pelas razões supra enunciadas, em particular a sua relação de conexão directa com o próprio funcionamento semiótico da cultura (Even-Zohar, 1999),

---

[8] O conhecimento da tradição é fundamental para que a possibilidade de gozar e de fruir com a inovação – mesmo que esta, frequentemente, seja representada apenas por uma recontextualização do já dito ou do já conhecido – possa ter lugar sem rupturas na comunicação. Neste sentido, partilhamos com Jonathan Culler (1998: 154-155) a opinião de que as humanidades não devem prescindir dos textos canónicos, uma vez que, quando objecto, por exemplo, de leituras críticas, estes se podem revelar poderosos desmistificadores das ideologias vigentes.

[9] A este propósito, cf. Teresa Colomer (2002: 175).

[10] "La naturaleza del clásico coincide con la apertura de un problema hermenéutico y no con su cierre. (...) Un clásico sería el que opone resistencia, con *su energeia* a ser reducido al ergon de su canonicidad como elemento estable de su lectura." (Pozuelo Yvancos, 2000: 69).

ele jamais poderia ser assimilado a uma entidade definitivamente conclusa e encerrada à entrada nele de novos textos ressemantizadores, em termos de forma de expressão e/ou em termos de forma de conteúdo[11], dos códigos e convenções já instituídas (McGillis, 2003).

Mas será que a instituição de um cânone literário de recepção infantil e juvenil é absolutamente imprescindível?

Roderick McGillis (2003) opina que, dada a natureza predominantemente elitista e exclusionária dos cânones e, principalmente, o seu carácter eminentemente local e temporário, é preferível encontrar na Teoria o campo para a fundamentação e as práticas hermenêuticas. Esta opção metodológica permitiria abrir o campo dos estudos literários a novas formas de textualidade que, relevantes no campo artístico e especificamente no contexto da recepção infantil, são, pelo seu carácter mais híbrido e/ou de contacto com outras linguagens, por vezes recusadas pelos estudos da crítica dominante na academia.

Referências Bibliográficas

BLOOM, Harold (1997) *O cânone ocidental. Os livros e a escola das idades,* s/l: Temas e Debates. [Edição Original: (1994) *The western canon. The books and school of the ages,* New York: Harcourt Brace].

BLOOM, Harold (Sel.) (2002) *Stories and poems for extremely intelligent children of all ages,* New York – London – Toronto – Sidney – Singapore: Simon & Schuster.

BOURDIEU, Pierre (1994) *O poder simbólico,* Lisboa: Difel. [Edição Original: (1989)].

CALVINO, Italo (1994) *Porquê ler os clássicos?,* Tradução de José Colaço Barreiros, Lisboa: Teorema. [Edição Original: (1991) *Perché leggere i classici,* Milano: Palomar & Arnoldo Mondadori].

CELLA, Susana (1998) "Canon y otras cuestiones", *in* Susana Cella (Comp.) *Dominios de la literatura acerca del canon,* Buenos Aires: Losada, pp. 7-16.

---

[11] Veja-se, a este propósito, todo o movimento de renovação, em termos ideológico-temáticos, que caracteriza a literatura infantil contemporânea (Hourihan, 1997; Colomer, 1999: 107-158; Hunt, 2003) e que diversos números de revistas especializadas de literatura de recepção infantil têm vindo a dar conta (cf., por exemplo, *Bookbird – A Journal of International Children's Literature,* publicada pelo International Board on Books for Young People (IBBY) ou o *Anuario de Investigación en Literatura Infantil y Juvenil,* publicado pela ANILIJ, em Espanha).

CERRILLO, Pedro; LARRAÑAGA, Elisa e YUBERO, Santiago (2002) *Libros, lectores y mediadores. La formación de los hábitos lectores como proceso de aprendizaje*, Cuenca: Ediciones de la Universidad de Castilla-La Mancha.

CERVERA, Juan (1991) *Teoría de la literatura infantil*, Bilbao: Mensajero.

CERVERA, Juan (1997) *La creación literaria para niños*, Bilbao: Mensajero.

COLOMER, Teresa (1995) "La adquisición de la competencia literaria", in *Textos*, 4, Barcelona: Graó Educación.

COLOMER, Teresa (1998) *La formación del lector literario. Narrativa infantil y juvenil actual*, Madrid: Fundación Germán Sanchez Ruipérez.

COLOMER, Teresa (1999) *Introducción a la literatura infantil y juvenil*, Madrid: Síntesis.

COLOMER, Teresa (2000) "La década de los noventa: el valor de lo seguro en la literatura infantil y juvenil", in Eloy Martos Núñez (Coord.) *Puertas a la lectura*, Cáceres: Universidad de Extremadura – Vicerrectorado de Acción cultural – Seminario Interfacultativo de Lectura, pp. 34-39.

COLOMER, Teresa (Dir.) (2002) *Siete llaves para valorar las historias infantiles*, Madrid: Fundación Sánchez Ruipérez.

CULLER, Jonathan (1998) "El futuro de las humanidades", in Enric Sullà (Org.) *El canon literario*, Madrid: Arco Libros, pp. 139-160. [Edição Original: (1988) "The humanities tomorrow", in *Framing the sign*, Oxford: Basil Blackwell, pp. 41-56].

EVEN-ZOHAR, Itamar (1999) "Factores y dependencias en la cultura. Una revisión de la teoría de los polisistemas", in Montserrat Iglesias Santos (Org.) *Teoría de los polisistemas*, Madrid: Arco Libros, pp. 23-52. [Edição Original: (1997) "Factors and dependencies: a revised outline for polysystem culture research", in *Canadian review of comparative literature / Revue canadienne de littérature comparée*, março, pp. 15-34].

GUILLORY, John (1993) *Cultural capital – the problem of literary canon formation*, Chicago: The University of Chicago Press.

HARRIS, Wendell V. (1998) "La canonicidad", in *Enric* Sullà (Org.) *El canon literario*, Madrid: Arco Libros, pp. 37-60. [Edição Original: (1991) "Canonicity", in *PMLA*, 106: 1, pp. 110-121].

HIRSCH Jr., E. D. (1988) *Cultural literacy. What every american needs to know*, New York: Random House.

HOURIHAN, Margery (1997) *Deconstructing the hero. Literary theory and children's literature*, London – New York: Routledge.

HUNT, Peter (1999) *Understanding children's literature*, London and New York: Routledge.

HUNT, Peter (2003) "Exploding the canon: children's literature and the revolution in criticism", in *Ángel* Cano Vela e Cristina Pérez Valverde (Coord.) *Canon, literatura infantil y juvenil y otras literaturas*, Cuenca: Ediciones de la Universidad de Castilla-La Mancha, pp. 21-30.

KERMODE, Frank (1998) "El control institucional de la interpretación", in Enric Sullà (Org.) *El canon literario*, Madrid: Arco Libros, pp. 91-112. [Edição Original: (1979) "Institutional control of interpretation", in *Salmagundi*, 43].

LLUCH, Gemma (Ed.) (2000) *De la narrativa oral a la literatura per a infants. Invención d'una tradició literaria*, Alzira: Bromera.

LLUCH, Gemma (2003) *Análisis de narrativas infantiles y juveniles*, Cuenca: Ediciones de la Universidad de Castilla-La Mancha.

MCGILLIS, Roderick (2003) "What literature was: the canon becomes ploughshare", in Ángel Cano Vela e Cristina Pérez Valverde (Coord.) *Canon, literatura infantil y juvenil y otras literaturas*, Cuenca: Ediciones de la Universidad de Castilla-La Mancha, pp. 31-42.

MENDOZA FILLOLA, Antonio (1999) "Función de la literatura infantil y juvenil en la formación de la competencia literaria", in Pedro C. Cerrillo e Jaime García Padrino (Coord.) *Literatura infantil y su didáctica*, Cuenca: Ediciones de la Universidad de Castilla-La Mancha, pp. 11-53.

POZUELO YVANCOS, José María (2000) "Capítulo III. La retórica de la crisis. Identidades y diferencias", in José María Pozuelo Yvancos e Rosa María Aradra Sánchez, *Teoría del canon y literatura española*, Madrid: Cátedra, pp. 63-76.

SÁNCHEZ CORRAL, Luis (2003) "El texto y la competencia literaria infantil y juvenil", in Pedro Cerrillo & Santiago Yubero (Coord.) *La formación de mediadores para la promoción de la lectura. Contenidos de referencia del Máster de Promoción de la Lectura y Literatura Infantil*, Cuenca: Centro de Estudios de Promoción de la Lectura y Literatura Infantil (CEPLI) de la Universidad de Castilla-La Mancha, pp. 171-182.

SHAVIT, Zohar (1986) *Poetics of children's literature*, Athens & London: The University of Georgia Press.

SILVA, Vítor Manuel de Aguiar e (1999) "Reflexões sobre os programas de literatura portuguesa do ensino secundário", in *Aprendendo a ensinar português. Actas do II Encontro Nacional da APP*, Lisboa: Associação de Professores de Português, pp. 173-183.

SZÉGÉDY-MOSZÁK, Mihály (1991) "The illusion of (un)certainty. Canon formation in a postmodern age", in *Dedalus. Revista Portuguesa de Literatura Comparada*, Lisboa: Associação Portuguesa de Literatura Comparada – Edições Cosmos, pp. 377-402.

WITTGENSTEIN, Ludwig (1995) *Tratado lógico-filosófico. Investigações filosóficas*, Tradução e prefácio de M. S. Lourenço, Lisboa: Fundação Calouste Gulbenkian. [Edições originais: (1961) *Tractatus logico-philosophicus*, Routledge & Kegan Paul; (1985) *Philosophical investigations*, Basil Blackwell & Mott].

UMA OUTRA HISTÓRIA: ESTÉTICA DA RECEPÇÃO, RUPTURA, FILTRO ILUMINISTA E MIMESE POÉTICA

MARIA DA PENHA CAMPOS FERNANDES
Universidade do Minho

1. *O que é e com que fim se estuda História da Literatura?*
A partir desta pergunta, no dia 13 de Abril de 1967, Hans Robert Jauss lançava um repto a favor de uma nova historiografia, considerando o declínio da História Literária desde princípios do século XIX[1]. No cerne desta proposta, posteriormente ampliada e publicada com o título A *história literária como desafio à ciência literária* (1970)[2], instalava-se uma

---

[1] «Was ist und zu welchen Ende studiert man Literaturgeschichte?» (1967), este fora o título original da Lição comemorativa do aniversário do Reitor da Universidade de Konstanz, Gerhard Hess, conforme o regista Jauss em nota apensa ao título da versão revista e ampliada deste seu trabalho – *Literaturgeschichte als Provokation der Literaturwissenschaft,* Suhrkamp Verlag, Frankfurt a. Main, 1970; cf.: «La historia literaria como provocación de la ciencia literaria», *in* Hans Ulrich Gumbrecht *et alii, La actual ciencia literaria alemana*, Salamanca: Anaya, 1971, ou a versão portuguesa, A *história literária como desafio à ciência literária,* ed. José Soares Martins, trad. Ferreira de Brito, Porto: Livros Zero, 1974, cuja página 7 é referida. Para efeito de citação no corpo do texto, utilizar-se-á, sempre que possível, esta versão portuguesa, indicando-se a data original da Lição (1967: 7).
O recurso à pergunta corresponde ao princípio hermenêutico, defendido por H.G. Gadamer (*Wahrheit und Methode*, Tubingen 1960:289) na sequência de Collingwood. O entendimento de um texto (a interpretação) consiste numa resposta (re)construída pelo receptor à indagação que o texto é: «Entender [é] sempre o acto da fusão de dois horizontes que parecem separados» – cf.: H.R.Jauss, A *história literária* (...), *op. cit.*: 56.

[2] Cf.: *Id., Literaturgeschichte als Provokation der Literaturwissenschaft,* Suhrkamp Verlag, Francfort-sur le Main, 1974, *in Pour une esthétique de la réception,* [ed. revista por Jauss], trad. Claude Maillard, «Préface» de Jean Starobinski, Paris: Gallimard, 1978: 21-80, cita-se a pág. 29. Numa outra tradução em língua portuguesa, o título da Lição é

incisiva crítica à ideia de *mimese* artística (*imitação* ou *representação*), ilustrada pela tradicional metáfora do «espelho da obra», entretanto interpretada como uma «reprodução» passiva do passado. Atento à necessidade de *ruptura* com um conceito de tempo estatizado, fixado que parecia estar sobre a figura de um mundo prévio à configuração da obra pelo autor, Jauss reivindicava um outro modelo de História Literária, alicerçando-o no impacto dialéctico do discurso literário sobre a percepção do receptor, de modo a realçar a força social do literário, como é possível ler-se quase ao fim deste seu trabalho:

> «De todas estas considerações se conclui que temos que indagar o papel particular da literatura na vida social, precisamente nos pontos onde não se esgota na mera *função de representação artística* (...). A distância entre literatura e história, entre conhecimento estético e histórico, pode superar-se se a história da literatura não escrever outra *história geral contemplada no espelho das obras*, mas revelar, no processo da «evolução literária», aquela função verdadeiramente determinante para a sociedade que, na emancipação do horizonte do homem dos seus laços naturais, religiosos e sociais, possuía a literatura, junto com outras artes e outras forças sociais» (*Id.*, 1967:82, itálicos nossos).

Ao vincar a importância histórica e social do projecto de Jauss na mutação dos parâmetros substancialistas dos Estudos Literários no século XX, comprometidos com a 'estética'[3] do produto acabado, encerrado na acção do autor, ou com a 'estética' da imanência, caracterizada pela descrição de estruturas textuais, é objectivo do presente trabalho problematizar o uso redutor da noção *mimese* no âmbito da *Estética da recepção e do efeito*[4], construído e difundido, por extensão, também em prejuízo

---

A história da literatura como provocação à teoria literária, S.Paulo: Ática, 1994; e noutra, *A literatura como provocação*, 2.ª ed., Lisboa: Vega, 2003.

[3] Cf.: Rainer Warning, «La estética de la recepción en cuanto pragmática en las ciencias de la literatura», *in* Rainer Warning, org., *Estética de la recepción*, trad. Ricardo Sánchez Ortiz de Urbina, Madrid: Visor, 1989:13 (O original: *Rezephonsästhetik. Theorie und Praxis* (1975), 2.ª ed., München/ West-Germany: Wilhelm Fink Verlag, 1979).

[4] Na sequência das críticas que foram feitas à sua posição teórica de 1967, Jauss afirma que, na análise da relação texto-leitor, devem ser consideradas dois horizontes: o do *efeito*, «momento da concretização do sentido condicionado pelo texto», ou seja, o horizonte implicado na obra (*horizonte literário interno*) e o da *recepção*, «momento condicionado pelo destinatário», mais exactamente pelo «leitor de uma sociedade determinada» (*horizonte de expectativa social ou «mundivivencial»*) – *Id.*, «Prólogo», *in Ästhetische Erfahrung und literarishe,* München: Wilhelm Fink Verlag, 1977, trad. Jaime

do entendimento alargado da *mimese poética*, enquanto fenómeno dinâmico, tecido na encruzilhada dos tempos, dos universos histórico-culturais, dos interesses, dos sujeitos, dos textos: um fenómeno *híbrido* por excelência desde os primórdios da Literatura Ocidental na mais remota Grécia, e não só, a este tempo da hipertextualidade, passando por manifestações coloniais. Vista agora a partir de uma perspectiva comunicativa, mas desde sempre concretizada pela diversidade de modulações locais e temporais, a *mimese poética* interdita o seu fechamento circular sobre o mundo de ontem, no qual a desejara e deseja cercar o uso dogmático do sintagma *imitação dos modelos antigos*, bem como o da metáfora *do espelho*, frequentemente interpretada como *espelho fiel* – mesmo a despeito da antiga e muito difundida censura de Platão à imperícia enganadora e sedutora do poeta para copiar[5]. Nas interpretações

---

Siles – Ela M.ª Fernández-Palacios, *Experiencia estética y hermenéutica literaria*, Madrid: Taurus, 1986:17. Como o título «A estética de recepção: colocações gerais», o prólogo desta obra, traduzido por Luiz Costa Lima – Peter Naumann (revisão Heidrun Krieger – Uwe Schmelter), encontra-se *in* Luiz Costa Lima, org., *A Literatura e o leitor – textos de estética da recepção* (1979), 2.ª ed. revista e ampliada, 2001: 67-84, veja-se a pág. 73.

Na Lição de 1967, Jauss, crítico dos formalistas e devedor da teorização destes, privilegia o primeiro horizonte da obra como um «sistema verificável das expectativas» que é determinado «para cada obra no momento histórico da sua publicação, pela tradição do seu género, pela forma e matéria das obras anteriores mais conhecidas e pela oposição entre as linguagens poética e prática» (1967:44). Num ensaio posterior, em que traça uma retrospectiva crítica do seu percurso, afirma a necessidade de aprofundar a distinção entre «o horizonte de expectativas literário – implicado na nova obra – e o social – prescrito por um mundo determinado». Explicita então que, para o leitor converter o texto em *fala*, este deve introduzir «en el marco de referencia de los antecedentes literarios de la recepción su comprensión previa del mundo» (*Id.*, «Des Leser als Instanz einer neuen Geschichte der Literatur, *in Poetica*, 7, 1975: 325-344, trad. Adelino Álvarez, «El lector como instância de una nueva Historia de la Literatura», *in* José Antonio Mayoral, org., *Estética de la recepción*, Madrid: Arco/Libros, 1987: 59-85, cita-se a pág. 77).

[5] Cf.: Platão, *República*, trad. – org. M.ª Helena da Rocha Pereira, 6.ª ed., Lisboa: Fundação Calouste Gulbenkian, 1990: «[...] quanto à ideia propriamente, não há artista que possa executá-la» e «a arte de imitar está bem longe da verdade, e se executa tudo, ao que parece, é pelo facto de atingir apenas uma pequena fracção que não passa de uma aparição» (*Livro X, 596 b*, pág. 453; *598 b*, pág. 457).

Veja-se também H.R. Jauss, «Ambigüedad y rebeldía de lo bello. Visión retrospectiva de una herencia platónica», onde se lê que «El rechazo implícito de la metafísica platónica de lo bello es lo que produce, en la experiencia artística de la época moderna, la emancipación de la experiencia estética (*in Experiencia estética y hermenéutica literaria*, trad. Jaime Siles – Ela M.ª Fernández-Palacios, Madrid: Taurus, 1986: 79-91.

mais correntes, a pressuposição de um antes enrijecido, uma natureza ou uma realidade já vista.

É no estreitamento conceptual da *mimese*, pretensamente universalizante, que se encontra o fundamento da sua rejeição categórica também por outros teorizadores novecentistas, dentre os quais também se distingue Wolfgang Iser, autor de «O jogo do texto» (1989), um elucidativo ensaio no qual a noção de *jogo* é precisamente contraposta a esta noção vulgar *mimese* – embora neste trabalho já se perceba a consciência explícita da diferença (ou do incómodo) da teorização de Aristóteles face à versão ortodoxa da mimese[6]. É, no entanto, a esta versão que Iser continua a recorrer, tanto para contraditar como para delinear a sua própria perspectiva: «É sensato pressupor que o autor, o texto e o leitor são intimamente interconectados em uma relação a ser concebida como um processo em andamento que produz algo que antes inexistia. Esta concepção do texto está em conflito directo com a noção tradicional de representação, à medida que a mímesis envolve a referência a uma "realidade" pré-dada, que se pretende estar representada»[7].

Elevada esta visão da *mimese* a padrão crítico-teórico, um padrão ortodoxo pelo qual estes autores, além de outros, abalizam a distância da sua própria perspectiva face ao passado – e melhor e mais facilmente a valorizam –, não abdicam do cordão umbilical que os ata ao que entendem ou querem entender por *mimese*:

Original: *Ästhetische Erfahrung und literarische Hermeneutike*, Munich, Wilhelm Fink Verlag, 1977). Contudo, a noção do belo em Platão prende-se à questão da utilidade, em nome da qual a obra mimética de Homero – que, segundo Sócrates, não fez melhor nenhuma cidade – é fortemente criticada; o belo situa-se, por isso, no pólo oposto do que era compreendido como mimese poética.

[6] Efectivamente, neste ensaio datado de 1989, já Iser parece sugerir de passagem que se ressalve a posição de Aristóteles, embora não a aprofunde: «No sentido aristotélico, a função da representação é dupla: tornar perceptíveis as formas constitutivas da natureza; completar o que a natureza deixara incompleto. Em nenhum dos casos, a mímesis, embora de importância fundamental, não se pode restringir à imitação do que é, pois os processos de elucidação e de complementação exigem uma atividade performativa […] [que] as ausências aparentes hão de transformar em presença» – *Id.*, «The Play of the Text», in Sanford Budick – Wolfgang Iser, orgs., *Languages of the unsayable. The Play of Negativity in Literature and Literary Theory*, New York: Columbia University Press, 1989: 325-339, ensaio traduzido por L.C. Lima, in Luiz Costa Lima, org., 1979, *op.cit.*, 2.ª ed. rev. ampl., 2001: *105-201*, cita-se a pág.105.

[7] *Id., ibidem.*

«É uma das ingenuidades mais arraigadas da consideração literária pensar que os textos retratam a realidade» (Wolfgang Iser, 1970: 232)[8].

Efectivamente, os textos não retratam nem espelham a realidade e a natureza. Questão que é agravada quando se destituem as imagens visuais do «retrato» e do «espelho» do sentido metafórico que as fluidifica e lhes permite acolher concretizações semânticas multiplamente graduadas e deslocadas para os territórios interiores da imaginação simbólica, que a literatura, pelo seu carácter discursivo accionado por ampla gama de possíveis enunciativos em devir, exige. Isto sem olvidar que o enredamento conceptual das noções de «realidade» e de «natureza» ao longo da História Humana também impede a fixação dos respectivos lexemas num sentido uniforme e estático.

Por que então pretender estruturar uma *Estética da recepção e do efeito* – e, por arrastão, uma Poética contemporânea da História da Literatura ou uma Poética Histórica da Literatura –, sobre uma «ingenuidade», i.e., sobre uma equívoca, e até bem pouco tempo canónica, noção de *mimese poética*? Apenas para dilatar a dimensão da *ruptura* teórica, construindo mais facilmente a popularidade da nova proposta?

Ainda que o acento semântico nesta restrição da *mimese poética* possa ter ilusoriamente alargado a *distância teórica* entre o projecto de Jauss/ Iser e a noção de *mimese*, proveniente da complexa e multívoca Poética Antiga, favorecendo o sucesso imediato da *Estética da recepção e do efeito*, cumprirá ao investigador de hoje, ainda interessado no conhecimento possível da Literatura, assentir com a canonização de um equívoco crítico-teórico vinculado à *mimese poética*, que é indubitavelmente uma questão fundadora dos Estudos Literários no Ocidente?

2. No *horizonte de expectativas* da Europa de pós-guerra[9], o impacto da reflexão de Jauss advém do seu compromisso com um paradigma

---

[8] «Die Appelstruktur der Texte», republicado em Warning, *op.cit., apud* Luiz Costa Lima, «Prefácio à segunda edição», *in* Luiz Costa Lima, org., *op.cit.*, 2.ª ed.: 24.

[9] O conceito de *horizonte de expectativas* pode ser substituído, com o acordo de Jauss, pela noção de «antecedentes da recepção», desde que estes, no campo da Literatura, careçam de teor prescritivo. A determinação do *horizonte de expectativas intraliterárias* e do *horizonte mundivivencial* deve considerar a *fusão* dos mesmos e superar a pseudo-antinomia empirismo/ hermenêutica, «investigando el proceso de la experiencia estética a la luz de la reflexión sobre las condiciones hermenéuticas de estas experiencias» – cf.: H.R.Jauss, «Des Leser als Instanz einer neuen Geschite der Literatur», *Poetica, 7,*1975,

hermenêutico de carácter pluralista, que, ao acentuar a força plasmadora dos diferentes olhares leitores sobre o texto escrito pelo autor, conflui com o desejo de liberdade, então generalizado, sobretudo entre a juventude e a intelectualidade de meados do século XX, sobretudo dos anos sessenta e seguintes[10], através do qual o momento presente, impondo as suas vozes no delineamento do passado, inclusive o teórico, projecta-as no curso do devir.

Na lição de 1967, antes de o autor apresentar as suas sete teses sobre a *Estética da recepção* – cujo comentário excede os objectivos do presente trabalho –, ressalta-se a importância do marxismo e do formalismo russo pelo abandono do 'empirismo cego', caracterizador do pensamento positivista, e da metafísica estética, tal como praticada pela 'Geistesgeschichte', que subordinava a História da Literatura à História Geral. O conferencista não se exime, contudo, de criticar, no mesmo discurso, a 'aporia' teórica decorrente dos 'métodos exclusivistas' de ambas as 'escolas', impeditivos de um melhor tratamento das relações entre a História e a Estética. E é quando revê criticamente o desafio marxista, nos debates da década de 30 entre Lukacs e Brecht, que aponta o privilégio do tema do *realismo literário* nessa polémica e denuncia a dívida conceptual da categoria marxista do *reflexo* relativamente à tradição metafísica da *imitatio naturae* (*imitação da natureza*):

«A teoria realista da arte do século XIX, dirigida como provocação contra o irrealismo romântico por letrados hoje esquecidos (Champfleury, Durant), atribuída «post factum» aos grandes novelistas como Sthendal, Balzac e Flaubert pela historiografia literária e aceite como dogma pelo realismo socialista, formulava-se como uma dependência notável da estética clássica da **imitatio naturae.** Na mesma época em que o conceito moderno de arte se impunha [...], a estética marxista julgava-se porém (ou melhor, de novo) obrigada a considerar-se legítima mediante uma teoria do reflexo. Substituindo «natureza por realidade» na sua definição de arte,

---

trad. Adelino Álvarez, «El lector como instancia de una nueva Historia de la Literatura», in José Antonio Mayoral, org., *Estética de la recepción*, Madrid: Arco/Libros S.A., 1987: 58-85, citam-se 69-70.

[10] Veja-se Luís Costa Lima, «Prefácio à segunda edição», *in* Luiz Costa Lima, org., *A Literatura e o leitor (...), op.cit.:* 9-36. Lembrem-se ainda os movimentos estudantis em vários países e, em França, por exemplo, o Maio de 1968, o novo romance, o existencialismo, a semiologia, a concentração do cosmopolita estruturalismo, a desconstrução e respectiva exportação para o resto do mundo.

atribuía contudo à arte as características de uma natureza que já parecia ter sido superada: exemplaridade normativa e perfeição essencial. Comparada com a posição anti-naturista que a teoria marxista possuía a princípio, esta redução ao ideal da mimesis do realismo burguês só se pode valorizar como recaída no materialismo substancialista» *(Id., op.cit.*: 23-24).

Modelizada a consonância substancialista entre três categorias tão distintas, como a da *representação* no realismo burguês, a do *reflexo* marxista e a da *imitação da natureza* da estética clássica, a noção de *mimese*, ao invés de alargar-se, estreita-se e distingue-se da plurivalência conceptual da *mimese* já na Poética da Antiguidade, passível de ser comprovada pela comparação das posições de Sócrates-Platão, Aristóteles, Górgias e Longino, tanto entre si como face à de poetas como Hesíodo, Homero, Ésquilo, Eurípides e Aristófanes, e isto sem esquecer Safo[11]. Questão meramente aludida por Jauss ao registar que quem «limita a arte ao reflexo limita também o seu efeito a um mero reaparecer do conhecido», o que implica «o abandono da herança da mimesis platónica» *(Id., op.cit.*: 30).

A consciência deste abandono também não impede que Jauss continue a utilizar com rigidez a noção de *mimese*, acantonando-a seja na passividade do receptor, cuja percepção não seria afectada pela obra, o que é, sem dúvida, contraditório face ao privilégio da práxis no marxismo[12], e não só, seja na metacronicidade ou a-historicidade do conceito lukacsiano de «clássico», acusado de comprometer-se com a «unidade clássico-idealista entre conteúdo e forma, realidade e aparência» e com a ideia de «reprodução do processo económico dentro de um paralelismo harmónico» *(Id., op.cit.*: 28-30)[13].

---

[11] Esta questão tem sido tratada por nós em trabalhos anteriores, principalmente, *Mimese irónica e metaficção – para uma poética pragmática do romance (contemporâneo)*, Braga: Universidade do Minho, 1995 (tese de doutoramento) e «*Ut pictura poesis?* O sublime e a mimese em Longino, Burke e outros mais», in AAVV., *Inquérito à modernidade*, org. Ma. Filomena Louro, Universidade do Minho, 1999:35-60.

[12] Lembrem-se os laços ancestrais da Poética com a Retórica, que nunca permitiram o esquecimento do efeito do texto sobre o receptor.

[13] Segundo György Lukács (*apud* Jauss, *nota 51*, p. 28), «o carácter clássico» não resulta das observação das regras formais, mas da mesma capacidade da obra para significar, individualizar, da maneira mais lúcida, as condições essenciais mais típicas da vida humana». Mostra-se necessário observar aqui o afastamento, proporcionado pela reflexão de Lukács, entre esta noção de «clássico» e a estética 'clássica', prisioneira da prescritividade das regras. Seria interessante comparar esta posição de Lukács com a de Erich

O núcleo da teorização de Jauss está na ênfase estético-hermenêutica do carácter histórico da obra artística, alicerçado também na historicidade da compreensão ou da «reprodução activa do passado» pelo receptor. Por isso, depois de ainda agrilhoar a *representação* e a *expressão* no espaço petrificado do que entende por *mimese*, assevera que a função processual da arte só se mostra quando «o esforço específico da forma artística não estiver definido unicamente pela mimesis, mas de um modo dialéctico, como meio que forma e modifica a percepção» (*Id., op.cit.*: 32-33).

Neste ponto, já a *mimese* parece ter ficado estagnada numa utópica e absoluta estabilização da História, que, a ter pertinência, por um lado, teria impedido qualquer relacionamento criativo/produtivo de um escritor clássico, na sua qualidade de receptor crítico da tradição cultural, com as obras dos seus antecessores, dentre as quais o *mito*, frequentes vezes refundido e diferentemente redinamizado na diversidade dos contextos histórico-sociais; e, por outro, não permitiria que se pudesse compreender satisfatoriamente a existência de autores e períodos com estilos artísticos e visões do mundo tão diversos. A redução do conceito de *mimese* a uma versão estática e ortodoxa em que se opera a colagem das três modulações, acima designadas, continua, porém, a ser reiterada: «A sociologia literária convencional explica a correspondência funcional da literatura com a sociedade nos limites amplos de um método que só superficialmente substituiu o princípio clássico da *imitatio naturae* pela definição: a literatura é a reprodução de uma realidade pré-existente; e, consequentemente, apresentou como categoria literária superior um conceito de estilo de época: o realismo do século XIX. Também o «estruturalismo» de tendências iniciadas por Northrop Frye e Claude Lévi-Strauss – agora muito em moda – combate esta estética da reprodução – a qual é, no fundo, classicista – e os seus esquemas do «reflexo» e «representação típica» (*Id., op.cit.*: 73).

Como a esquecer o contributo formalista de Tynianov[14] para o conhecimento da problemática da *evolução literária* no seu relacionamento

---

Auerbach, [*in Mimesis. Dargestelle Wirklichkeit in der abendländischen Literatur*, Berna: Franke, 1946], que, flexibilizando a categoria do realismo, encontra-a em obras literárias desde Homero a Virginia Woolf. A questão da mimese, porém, não se restringe à do realismo, pois avança sobre o mítico e o maravilhoso e, por extensão, sobre a construção de *mundos possíveis* vários, sobretudo fantásticos e lidos de modo alegórico.

[14] Jurij Tynianov, «Da evolução literária» (1927), *in* Tzvetan Todorov, org., *Théorie de la Littérature. Textes des Formalistes Russes*, Paris, Seuil, 1965, trad. Isabel Pascoal, *Teoria da Literatura*, I, Lisboa: Ed. 70, 1978: 149-169.

com os demais sistemas (que o teórico russo designa por «séries») culturais, Jauss sustenta que a forma artística não deve ser percepcionada apenas pelo seu relacionamento com outras obras, como exigido pelos formalistas, e que esta «famosa proposição, que faz parte do credo formalista», se mostra pertinente em oposição «ao preconceito da estética classicista, que, na sua defesa do belo como **harmonia entre forma e conteúdo**, reduzia a forma nova à função secundária de configurar um conteúdo já existente. Não é a única função da forma nova 'substituir a forma antiquada que deixou já de ser artística'. Pode também iniciar uma nova visão das coisas, quando cria o conteúdo de uma experiência, que aparece na literatura pela primeira vez. (...) A obra literária nova percepciona-se não só pelo contraste com as outras formas artísticas, mas também frente à experiência da vida diária» (*Id., op.cit.*: 77).

Construída a proposta de Jauss no cruzamento crítico de teorizações literárias anteriores, que integram o horizonte de expectativa no seio do qual e a partir do qual a mesma proposta se erige em novidade com sucesso, observe-se o relacionamento teórico de Jauss com dois dos seus antecessores, Wellek e Curtius: o primeiro, inquestionavelmente, um precursor da Lição de 1967; o segundo, um estudioso preocupado com a construção da memória do sistema literário, mais exactamente com a *Tópica*.

Como a sugerir que a palavra do homem é como a semente que só germina na estação propícia, o projecto apresentado por Jauss fora de certa forma entrevisto por René Wellek – no capítulo «A História Literária» da *Theory Literary* (1942), em que este teórico busca responder à sua questão de abertura: «É possível escrever história literária, isto é, algo que seja literário e história?» –, sem que esta importante reflexão teórica tivesse alcançado a ressonância revolucionária da perspectiva do seu sucessor. Já na década de quarenta, Wellek, considerara a inclinação das Histórias da Literatura para se transformarem em «história social, história do pensamento ilustrado pela literatura ou impressões e críticas sobre obras específicas, colocadas em ordem mais ou menos cronológica»[15], preconizando a construção de uma História da Literatura que atendesse ao dinamismo da obra de arte, ainda que não duvidasse da existência de um núcleo estático no âmago desta:

---

[15] *In* René Wellek – Austin Warren, *Theory Literary* (1942), trad. Luís Carlos Borges [revisão da trad. Silvana Vieira e revisão técnica Valter L. Siqueira], *Teoria da literatura e metodologia dos estudos literários*, S. Paulo: Martins Fontes, 2003:344.

«Como demonstramos antes, uma obra de arte individual não permanece inalterada ao longo da história. Há com certeza uma unidade de estrutura substancial que permaneceu a mesma ao longo dos tempos, mas essa estrutura é dinâmica; ela muda ao longo de todo o processo da história, à medida que passa pela mente dos leitores, crítico, e outros artistas. O processo de interpretação, crítica e apreciação nunca foi completamente interrompido e é provável que continue indefinidamente ou, pelo menos, enquanto não houver nenhuma interrupção completa da tradição cultural. Uma das tarefas do historiador literário é a descrição deste processo» (René Wellek, *in op.cit.*: 348).

Diferentes que sejam as posições – nomeadamente no que respeita às questões do tempo literário e da originalidade, conforme pode ser constatado através do tratamento que cada um deles dá à investigação de Curtius sobre a Tópica Literária –, ambas ressaltam a da abertura da obra pela actuação do receptor[16]. A vontade de instaurar um novo tempo teórico-literário e social faz que Jauss, nessa fase do seu trabalho, assinale a sua produção com um pronunciado desejo de *ruptura*, em larga medida contraditório face à dialéctica temporal pressuposta pela noção de *horizonte de expectativa*, que ele próprio rentabilizou: como se em busca programática de uma pura modernidade, Jauss faz por romper com o que possa manifestar-se como permanência[17], o que não o impede de dar

---

[16] Os comentários se reportam à magistral obra de Ernst Robert Curtius, *Europaische Literatur und lateinisches Mittelalter* (Berne, 1948), *Literatura Europeia e Idade Média Latina*. Segundo Wellek (1942, *op.cit.*: 354), esse autor «demonstrou de modo convincente o enorme papel, na história literária, do que ele chama de lugares-comuns (*topoi*), temas e imagens recorrentes, que foram transmitidos da Antiguidade pela Idade Média latina e que permeiam todas as literaturas modernas. Nenhum autor se sentia destituído de originalidade por usar, adaptar e modificar temas e imagens herdados (...)». Segundo Jauss (*op.cit*, 1967, trad. fr. 1978: 30), «dans l'oeuvre monumentale d'Ernst Robert Curtius (...) la permanence de l'héritage antique est érigée en principe suprême et détermine l'opposition, immanente à la tradition littéraire et que jamais l'histoire ne voit se résoudre, entre création et l'imitation, le grand art et la simple littérature: au-dessus de ce que Curtius appelle "l'indestructible chaîne d'une tradition de médiocrité" s'élève le classicisme intemporel des chefs-d'oeuvre, transcendent à la réalité d'une histoire qui demeure *terra incognita*».

[17] A questão da Tópica é perspectivada por Jauss em termos de «imitação dos antigos», vista como uma tradição essencialista que «ne voit en fin de compte dans l'histoire que l'incessante alternance entre l'abandon et la reprise des modèles classiques et des valeurs permanente» (H.R.Jauss, «Histoire et histoire de l'art», 1974, *in Id., Pour une esthétique de la réception*, 1978, *op.cit.*: 81-122, cita-se a pág.105).

continuidade ao projecto de Wellek –, mas sem que a singularidade da *provocação* da conferência de Constança neste seja diluída e desapareça. É interessante registar que o autor da Lição, embora muito distanciado do estudioso da *tópica literária*, aceite como pertinente a aplicação da antítese *criação/ imitação* à literatura da Época Humanística, tanto defendendo que esta oposição é inapta para compreender as produções modernas, além das medievais (*Id.*, 1967, *op.cit.*: 31), como não deixando de a ela recorrer para melhor formatar a sua proposta teórica numa Época que já não é a Humanística. Mesmo que o autor de *Literatura como provocação* tenha modulado posteriormente alguns dos argumentos iniciais, é facto que a circunscrição estática do conceito de *mimese poética* à *imitação* restrita[18] funcionou como trampolim para o grande êxito das suas teses, favorecido, segundo o próprio investigador, «pela insuficiência geral do cânone tradicional da formação filológica» e pela atmosfera propiciada pela crítica estudantil ao 'ideal da ciência burguesa': «A teoria da recepção logo entrou no fogo cruzado do debate entre a crítica ideológica e hermenêutica»[19].

No curso das consequências deste debate, Jauss não se libertou do pano de fundo da noção restrita de *mimese,* ainda que chegasse a mostrar alguma consciência dos limites do uso que privilegiava. Desta consciência mostra-se indício tanto o facto de ter-se dedicado posteriormente a temas como o das querelas entre *antigos e modernos*, até registando em nota o uso plural da *mimese* no século XII[20], como ainda o ter afinado a

---

[18] Reconheça-se a abertura de Aristóteles, ao liberar os poetas da restrita *imitação aos antigos*: «não é necessário seguir à risca os mitos tradicionais (...); pois seria ridícula fidelidade tal, quando é certo que ainda as coisas conhecidas são conhecidas de poucos, e contudo agradam elas a todos igualmente» (Id., *Poética, IX, 1451b, 19-27,* trad. – org. Eudoro de Sousa, Porto Alegre: Globo, 1966:79; cf. 2.ª ed., [Lisboa]: Imprensa Nacional – Casa da Moeda, 1990:116.

[19] H.R.Jauss, «A estética de recepção: colocações gerais», *in* L. Costa Lima, org., *A Literatura e o leitor [...] (1979)*, 2.ª ed., 2001, *op.cit.*: 71. Este texto constitui o «Prólogo» da obra *Experiencia estética y hermenéutica literaria*, trad.Jaime Siles – Ela M.ª Fernández-Palacios, Madrid: Taurus, 1986:79-91 [Original: *Ästhetische Erfahrung und literarische Hermeneutique*, Munich, Wilhelm Fink Verlag, 1977].

[20] No referido ensaio de 1970, Jauss regista, na quadragésima-primeira nota, o consenso generalizado dos participantes nos anais do Colóquio, realizado em Estrasburgo, *L'Humanisme médiéval dans les littératures romanes du XIIe. au XIVe.* (Paris: Anthime Fourrier, 1964), no que respeita à amplitude semântica da expressão *imitations des anciens* no 'Renascimento do século XII', caracterizado por «uma espantosa liberdade»

sua teorização com o recurso a conhecidos termos gregos, para designar as três *funções da acção humana* ou as três *categorias básicas da experiência estética*:
- *Poiesis*: a <u>técnica</u>: construir e conhecer, converter o mundo em obra própria;
- *Aisthesis*: a <u>comunicação</u>: comover e conciliar, liberar;
- *Katharsis*: a <u>imagem do mundo</u>: «voir plus de choses qu'on n'en sait»[21].

Nesta triplicidade funcional da experiência estética e da acção humana, uma omissão altissonante, justamente a da *Mimesis*. Da *mimesis* que é tradicionalmente um produto híbrido em que todos estes ingredientes convergem: a técnica, a comunicação, a imagem do mundo, independentemente dos nomes que lhes sejam atribuídos, mais a manipulação retórica dos signos, símbolos e paixões. Da *mimesis*, que é, numa outra perspectiva – a do Roland Barthes maduro, exemplarmente retratando-se do seu radicalismo estruturalista –, uma das *três forças da literatura*, juntamente com a *mathesis* (a literatura é uma enciclopédia de saberes, aos quais desvaira) e a *semiosis* (a literatura é um jogar com os signos):

«Desde a Antiguidade, até às tentativas da vanguarda, a literatura preocupa-se em representar alguma coisa. O quê? Direi brutalmente: o real. O real não é representável, e é por os homens quererem continuamente representá-lo com palavras que existe uma história da literatura. (...). Por não existir nenhum paralelismo entre o real e a linguagem e os homens não aceitarem essa impossibilidade, tal recusa dá origem, num afã incessante à literatura. Poderíamos imaginar uma história da literatura, ou melhor dizendo, produções da linguagem, que fosse a história dos expedientes verbais, por vezes extravagantes, que os homens usaram para refrear, conter, negar, ou pelo contrário assumir o que é sempre um delírio, a inadequação da fundamental da linguagem ao real. (...) a literatura é categori-

---

de criação, manifesta em romances pseudo-antigos, romances em versos não alexandrinos, na inversão do mito de Narciso no *Roman de la Rose*, em traduções que são adaptações livres (*Id.*, «Tradição literária e consciência atual da modernidade» (1970), trad. Heidrun Krieger Olinto, *in* Heidrun Krieger Olinto, org., *Histórias da Literatura – as novas teorias alemãs*, S. Paulo: Ática, 1996: 47-100, refiro a pág. 91).

[21] *Ästhetische Erfahrung und literarische Hermeneutique* (1977), trad. *Experiencia estética y hermenéutica literaria*, 1986, *op.cit.*:7 e 19, 93-115 (*poiesis*), 117-158 (*aisthesis*), 159-184 (*katharsis*).

camente realista, por não desejar senão o real; e direi agora, sem me contradizer, (...) que é também obstinadamente irrealista; julga sensato o desejo do impossível.

Esta função, talvez perversa mas no entanto feliz, tem um nome: é a função utópica. Aqui deparamos com a História (...): tantas verdades quantos os desejos»[22].

Em nossa perspectiva, a *mimesis poética* é um estuário em que se condensam todos os rios em cujas águas a Literatura se faz tecer e perceber. Mas é também um eixo da Literatura, e não saturável pela diversidade figural do mundo. É uma sintaxe-matrix de modulações multívocas: um eixo plurilogicamente actualizável entre

produçãorealizaçãodemundosdentrodomundo-comunicaçãorecepçãodiferição e vice-versa

Não se trata de um círculo fechado, pois o discurso poético mobilizou, desde os primórdios do Ocidente literário, e em diferentes graus, a emulação, um dos aspectos possíveis da diferição, aliada à busca de uma linguagem que não a ordinária ou a ortodoxa. A *mimesis* é, por isso, uma sintaxe-matrix, passível de traduzir-se em ilusões-construções de substância comunicadas e redimensionadas – imagens dos mundos multivocamente configuradas e graduadas. Na História. A transitar pelas H/histórias, nas quais se modelizam pela interacção da imaginação desejante e do conhecimento.

Sem reduzir o seu tempo ao de Aristóteles, Jauss constrói habilmente um elo entre a poética da modernidade e a antiga poética grega. E, fundindo horizontes teóricos, evita com perspicácia designar «a visão do mundo» por *Mimesis*, que seria o caminho mais canónico, o mais cómodo. Estaria Jauss, com esta tentativa de ocultamento da *mimesis* sob o manto da *experiência catártica, a Katharsis,* a tentar mascarar o seu modo de compreender e explorar a problemática da *imitação* ou *representação poética* na Lição inaugural? Tendo logrado articular, com acentuada acuidade teórica, a perspectiva formalista, defensora da amplificação

---

[22] Roland Barthes, *Leçon*, Paris: Seuil, 1978, trad. Ana Mafalda Leite, *Lição*, Lisboa: Edições 70: 22-23. Esta foi a Lição inaugural de Semiologia Literária, no Colégio de França, 07 de Janeiro de 1977.

perceptual do receptor pela obra artística estranha, e a perspectiva marxista, directamente vocacionada para a observação e a produção do efeito social da arte na metamorfose do mundo, o que teria levado Jauss a fixar-se na vulgata da *mimese*, eri-gindo-a em pano de fundo contra o qual se foi construindo a *Estética da recepção e do efeito*? Apenas o desejo de dilatar a dimensão da *ruptura* teórica e construir mais facilmente a popularidade da sua nova proposta?

3. Se o projecto teórico-crítico da *Estética da recepção e do efeito* possui indiscutível validade literária e social, fragiliza-o a pressuposição da universalidade de uma das mais estreitas formulações do conceito de *mimese*, apesar de traduzida em termos de rejeição explícita: o ideal neoclássico da *Naturnachahmung* (*imitação da natureza*), a «doutrina da mimese», conforme a designa Lubomir Doležel, asseverando que a mesma «facultou ao cânone normativo alemão o seu requisito fundamental: as obras de arte têm de assemelhar-se ou corresponder à natureza. Tanto a produção de arte como a prática da sua crítica deviam obedecer à norma da semelhança»[23].

O peso teórico desta exigência, historicamente muito localizada, sobre as formulações subversoras da *Estética da recepção e do efeito*, além de outras, é notório. Nem os alemães Jauss e Iser, nem o checoslovaco Doležel (1990), mesmo com a melhor das consciências, se puderam furtar à *Naturnachahmung*, dela querendo descartar-se. E isto faz da *mimese* não uma «ingenuidade»[24], mas sim uma peça-chave ou um eixo condutor da Literatura e da História da Literatura, o qual, vertido na cultura alemã para o resto do mundo, chega a ser apresentado sob o título universalizante de *Poética Ocidental*[25].

---

[23] Lubomír Doležel, *Occidental Poetics. Tradition and* Progress (1990), trad. Vivina de Campos Figueiredo, *A Poética Ocidental. Tradição e inovação*, «Prefácio à edição portuguesa» de Carlos Reis, Lisboa: Fundação Calouste Gulbenkian, 1990. O professor checoslovaco percebe explicitamente, na sequência dos estudos de Weinberg (1965) e Else (1957), que os teorizadores do século XVII recorreram à autoridade de Aristóteles, mas a produzir uma «distorção» da sua poética, seja no que respeita aos objectivos gerais, seja aos princípios específicos, daí o «carácter pseudo-aristotélico das chamadas quatro unidades dramáticas» (*op.cit.*: 60-1). Apesar disso, Doležel não se exime de apresentar a *teoria dos mundos possíveis*, como «radicalmente nova da relação entre literatura e realidade, um esboço de alternativa coerente à poética mimética» (*op.cit.*: 64). Já sabemos, porém, que é a *Naturnachahmung* o foco central da sua atenção.

[24] *Vide* nota 7: Wolfgang Iser, 1970: 232.

[25] *Vide* nota 21:Lubomir Dole_el, 1990.

Vale a pena, por isso, o esforço de procurar uma aproximação crítica a esta questão central da Teoria da Literatura, até porque implica um jogo de poderes entre culturas (no âmago das quais a literatura) autoapresentadas como universalmente canónicas[26] e outras que acriticamente as acompanham em procissão, por vezes bastante alienadas face à complexidade do hibridismo constitutivo da sua identidade, dita «nacional» – a Teoria da Literatura, por exemplo, tem sido um manancial científico de hibridismos accionados pelo desejo de 'objectividade' (neo)positivista, que o sujeito tece ou pelas operações da moda internacional. No alto desta prateleira da Biblioteca de Babel em que nos encontramos, a episteme se complexificou, sem deixar de projectar sobre o resto do mundo histórico e geográfico o nosso conhecimento deste. Acontece, porém, que os sujeitos pertencentes a culturas diversas, canónicas ou não, se deixam, com frequência, comodamente encastelar na aparente simplicidade de uma percepção dual de base antinómica (eu x outro), popularizada tanto pelo comodismo das etiquetas, como ilustrada pela racionalidade das 'ideias claras e distintas', por tão longo prazo acriticamente dominante. Dela são vestígios algumas pseudo-alternativas puristas, tais como *antigos* (objectividade – mimese – realidade – natureza – imitação estática – ingenuidade poética e crítica) X *modernos* (subjectividade – semiose – cultura – invenção – consciência poética e técnico--retórica). Acrescente-se a este rol a oposição muito pós-moderna entre sexo/«*gender*», que não deixa de ser uma outra versão da velha dicotomia natureza/cultura.

O espaço ortodoxo da mimese normativa no século XVIII tem sido explorado no âmbito de uma articulação cultural de teor dualista bastante redutora, como se verá adiante, estando nós, na estrada do século XXI, ainda a colher as suas repercussões teórico-literárias. Distinga-se, contudo, a História daquela época da História do nosso tempo, com uma consciência alerta para o facto incontornável de a historicidade dos discursos não poder reduzir-se à dialéctica de apenas «dois horizontes de expectativas»[27], já que os horizontes culturais do autor e dos receptores, ainda que identificáveis cronológica e contextualmente, são um composto de vozes nem sempre discerníveis e cognoscíveis no âmago de um

---

[26] Outra obra de ampla repercussão é a de Harold Bloom, *The Western Canon* (1994), trad. M. Frias Martins, *O Cânone Ocidental*, Lisboa: Temas e Debates, 1997. Nesta, a língua do cânone «ocidental» é principalmente o inglês.

[27] Veja-se a nota 1.

processo cultural *in fieri*, onde as leituras e sínteses possíveis não eliminam pontos de fuga e nódulos imbricados de sentido diversamente penetráveis. A obra artística, «integrada na origem a um horizonte, vai-se apropriando dos horizontes dos novos contextos temporais onde circula»[28], mas isto depois de ter incorporado sentidos prévios ao horizonte cultural do autor, pré-figuradores, numa lógica irónica de apropriação-
-deformação ou repetição-inovação de elementos pretéritos, que, por intervenção da obra lida, serão reescritos em devir.

A identidade da obra, vista como um processo, é um tecido híbrido de sentidos nem sempre estáveis, construídos entre fronteiras semântico-
-pragmáticas por vezes bastante movediças, cuja nota dominante emerge também por intervenção das potencialidades e restrições do olhar modelizador do intérprete. Objecto híbrido, identidade mutável, a obra artística expande-se em sentidos horizontais e verticais, passíveis de assumir uma condição hegemónica mais adiante, pela incorporação de dados não activados ou ausentes anteriormente, o que tem sido agravado pela efemeridade das modas teóricas de diversa proveniência, que vão contribuindo para a valorização e a articulação de camadas de sentido e/ou de elementos estruturais diversos, sem impedir a reciclagem do conhecimento e das leituras prévias.

A *mimese poética* manifestou-se desde muito cedo como *epistemologicamente irónica*, ainda que nem todos os receptores assim a pudessem realizar e perspectivar. Tomemos Aristóteles como protótipo do receptor-crítico-teórico, consciente da complexidade ficcional-produtiva da obra poética em sua diferença intersticial: entre o Mito e a História, entre a Sofística e a Filosofia Metafísica, entre a Retórica e a Poética, entre a Emoção e a Razão, entre o Prazer e a Dor, entre o Ver-Ouvir e o Iludir, entre o Corpo e a Transcendência, entre a Doxa e o Enigma, entre o Hábito como segunda natureza e a Natureza produtiva do poeta, entre a Linguagem e a Paixão, entre o Exaltar e o Denegrir, entre a Palavra e o Silêncio, entre o Memorar e o Esquecer, entre o Necessário e o Impossível, entre o Repetir e o Estruturar, entre o Imaginar e o mostrar Possível, entre Receptores que podem interpretar a obra como mimética e Receptores que só podem apreciar a composição. Quanto ao receptor ingénuo, entretanto em processo de consciencialização do artifício artís-

---

[28] Regina Zilberman, *Estética da recepção e História da literatura*, São Paulo: Ática, 1989:113.

tico pela própria obra de que é personagem, o deus Dionisos, tal como modelado por Aristófanes em *As Rãs*, é um precioso exemplo. E, dentre os milhares de receptores incultos que tornavam repleto o antigo teatro grego, qual deles não terá visto a *máscara* do actor a ostentar a ficção no próprio processo de verter-se em materialidade e "engano poético"?

A situação intersticial, potencialmente permissiva da oscilação entre pólos múltiplos, individualiza a concretização da obra, mas torna-a relativa e complexa, uma hibridação, por vezes mesmo paradoxal. Penso não falsear demasiado a questão se disser que, se o dogmatismo privilegiou, na visão polar da estrutura cultural, o estar aqui completamente na segurança desta margem ou o estar ali no pólo oposto, é próprio do pensamento complexo da actualidade o saber-se introduzido no caudal dos rios, embora com algum direito de hospedagem na segurança das margens ou dos barcos. O universo acelerou-se e expandiu-se em redes ostensivas ou subjacentes de relações discursivas, acentuando na conquista do conhecimento tanto a construção histórico-social por incontáveis mãos – autores vários, alguns anónimos, e nem sempre os de menor importância – quanto a sintaxe das peças que se encaixam e funcionam, e não a doação divina de uma natureza substancial, absoluta e imutável, a cujo conhecimento, profano ou não, era facilitado o acesso de apenas algumas figuras privilegiadas.

É preciso, porém, reconhecer que ortodoxia normativa do século XVIII modelizou a questão da *mimese* segundo uma perspectiva bipolar cuja exiguidade ainda hoje, como temos visto, afecta o tratamento teórico da literatura. Para ilustrar este facto, no que diz respeito principalmente à vertente germânica, em que Jauss[29] e outros teóricos se integram, será esclarecedor o recurso ao trabalho de um especialista em Literatura Alemã que, tentando captar o essencial do pensamento desta centúria, entre a *Aufklärung* (Iluminismo) e o Romantismo, muito bem o esquematizou, tendo, contudo, o cuidado de não ocultar o risco de uma sinopse[30]. Assim, João Barrento distingue, no século XVIII alemão, duas

---

[29] Note-se que é também investigador da Literatura Francesa.

[30] João Barrento, «Introdução: Prolegómenos a uma História da Literatura Alemã, da *Aufklärung ao Fim-de-século*», in *Literatura Alemã – textos e contextos (1700-1900), o século XVIII*, vol. I, Lisboa: Presença, 1989: 10-51, referem-se as páginas 19-22. Na concepção kantiana, a *Aufklärung* é «a saída do homem da menoridade mental de que ele próprio é culpado», «Sapere aude» («Ousa saber») é o lema, cf.: Immanuel Kant, «Resposta à questão: o que é a *Aufklärung?*» (1784), in J.Barrento, *op.cit.*: 63.

ordens opostas – que, adverte, poderão ser desconstruídas por obras e autores multifacetados, como o *Fausto* de Goethe ou o *Der Sandmann* de Hoffmann ou *Effi Briest* de Fontane, e pelo próprio carácter contraditório da época (*Aufklärung*, Romantismo de Iena, Realismo Burguês, «Fim de século») –, ocupando a *mimese artística*, conforme se verifica, um lugar na margem menos exuberante do caudal que entre ambas corre, a complexificar e embaralhar os dados:

> «tendências e posturas de teor racionalista, progressista, optimista, didáctico, cosmopolita, crítico, empenhado, politicamente «revolucionário»: *mimese, normatividade, poéticas*, poesia didáctica, fábula, poesia filosófica, tragédia burguesa, comédia de costumes, drama clássico, romance (de formação), ensaio
>
> X
>
> «posições individualistas e «irracionalistas», pessimistas, regressivas-utópicas, expressivas, «nacionalistas», (re)conciliadoras, esteticamente «revolucionárias»: autonomia, originalidade, estéticas, [poesia] lírica expressiva/subjectiva, drama lírico, comédia «irónica», conto maravilhoso/fantástico, fragmento.

Aceitando que se apontam nesta sinopse as linhas-mestras do contexto cultural em que se impõe o *cânone normativo germânico* do século XVIII, percebem-se as razões da insistência dos teóricos da *Estética da recepção e do efeito* no conceito restrito de *mimese*, que era pressuposto como universal, bem como da vontade de *ruptura* com um passado cultural repressor. Questão de grande importância, já que as suas repercussões também retroagem e atingem a visão-construção das épocas anteriores ao século XVIII, o que, por exemplo, recobre com um véu de preconceitos a noção de *mimese poética* que, investigada e sistematizada por Aristóteles, não se mostra tão prescritiva quanto se faz crer[31].

A «doutrina» da *Naturnachahmung* e similares ainda hoje efectivamente afectam o conhecimento da Poética Histórica no Ocidente, facto que o título da *Poética Ocidental* (1990), de L. Doležel, não deixa de indiciar.

---

[31] Também João Barrento, talvez projectando a prescritividade de Gottsched e Horácio sobre Aristóteles, apresenta a *Critische Dichtkunst* (1730) desse autor alemão como uma obra surgida «na tradição das poéticas neoclássicas modernas, de inspiração horaciana (Scaliger, Boileau), dominadas por um espírito normativo que já era o de Aristóteles, e que aqui se mantém», sendo «o princípio aristotélico da arte como imitação da natureza» a primeira das três ideias fundamentais deste discurso (J.Barrento, *op.cit.*: 92, nota 1).

Para tentar compreender em que consistiu este cânone, observe-se ainda que, na primeira metade do século XVIII, a rivalidade dos dois centros intelectuais da *Germanistik*, Leipzig e Zurique, não impediu que os respectivos doutrinadores, Gottsched e Bodmer, convergissem na prescrição da necessidade de *semelhança entre a arte e a natureza: uma natureza*, porém, que Gottsched circunscrevia à beleza das formas nítidas, enquanto que Bodmer, em conformidade com a tradição, a projectava sobre os mundos divino, humano e material. Acrescente-se que, para o primeiro, a beleza da arte não advinha «da escuridão vazia»; que «o desvio do modelo (*Muster*)» conduzia «sempre a algo informe e fátuo»; que a carência do original comprometia a obra, o que provocara a sua rejeição da ópera: «Onde está o protótipo (*Vorbild*) destas imitações?». E que, para Bodmer, tanto o pintor, o escultor, como poeta deviam fazer da natureza a sua mestra, pois que o melhor artista «pinta com tal perícia a natureza que a sua cópia (*Nachbild*) se confunde com o protótipo (*Urbild*)»[32].

Condensará, contudo, a doutrina da Naturnachahmung *todas as poéticas miméticas no Ocidente?*
Na tentativa de amplificar este questionamento, outras indagações poderão ser colocadas a seguir, de modo a subsidiar a análise deste assunto teórico no que respeita a um feixe de obras representativas da Literatura Ocidental, auto-concebidas ou recebidas regularmente como *miméticas*:
– Terá sido a *Teogonia* de Hesíodo idêntica à suposta realidade de deuses eternos, mas hoje desaparecidos do horizonte religioso do humano? Até que ponto a concretização da obra como mimética é autónoma face aos sistemas de crença através dos quais os diferentes receptores modelizam o que *entendem por realidade ou natureza*? Até que ponto a concretização da *mimese* difere de um jogo de espelhos simbólicos que aproximam e distanciam os mundos imaginários, as suas imagens e os seus sentidos, dos seus diferentes receptores, propiciando leituras menos «infiéis» ao universo cultural do autor ou mais distanciadas (mais irónicas) numa escala graduada de configurações? Até que ponto o poema de Hesíodo não corresponde àquilo que Jauss considera uma «provocação», ao contrapor-se ao horizonte cultural do seu primeiro público, constituído por pastores rudes e estranhos às veleidades poéticas e religiosas:

---

[32] Lubomir Doležel, 1990, *op. cit.*: 61-62.

«Eis o que me disseram, dirigindo-se a mim, as deusas,
Musas do Olimpo, filhas de Zeus, detentor da égide:
«Pastores que habitais os campos, triste vergonha, que só tendes estômago!»[33]?

– Terá sido a guerra de Tróia idêntica aos factos referidos e imaginados na *Ilíada* por Homero como sendo parte do mesmo conflito, aliás ocorrido muitos séculos antes da data provável da sua modelização épica pelo possível poeta? Por que teria parecido a Aristóteles que Homero se elevara «maravilhosamente acima de todos os outros poetas», justamente por não ter querido «poetar toda a guerra de Tróia, se bem que ela» tivesse «princípio e fim»[34]? Não será a perícia de Homero segundo Aristóteles uma imperícia para Bodmer, uma das vozes da *Naturnachahmung*, já que *a suposta «cópia» difere artisticamente do suposto protótipo*? E, se assim o é, por que tratar a «doutrina mimética» de parte do século XVIII como um imperativo a que todo e qualquer regime epocal de *mimese* teria que ser reduzido?

– Terá sido a tragédia de Ésquilo idêntica à de Eurípides, quando o célebre metateatro cómico de Aristófanes em *As rãs*, parodisticamente trabalha justamente a diferença entre os universos ideológicos e estilístico de ambos os tragediógrafos? Não estaremos aqui, com Aristófanes, diante daquele caso de desfiguração [comédia] dos esquemas originais [tragédia tipo A *versus* tragédia tipo B], que, realçando a mudança de função destes, impõe aquilo que Iser considera uma das manifestações do «jogo do texto», fenómeno que julga diverso da «representação mimética» tradicional, que estaria presa uma «realidade pré-dada»[35]?

– Terá sido a epopeia de Vergílio idêntica à do seu mestre grego?

---

[33] Hesíodo, «Abertura da Teogonia», in M.ª Helena da Rocha Pereira, org., *Hélade – Antologia da Cultura Grega,* trad. M.ª Helena da Rocha Pereira, 4.ª ed., Coimbra: Faculdade de Letras da Universidade de Coimbra – Instituto de Estudos Clássicos, 1982: 81.

[34] Aristóteles, *Poética*, XXIII, 1459b, pág. 96.

[35] «É sensato pressupor que o autor, o texto e o leitor são intimamente interconectados em uma relação a ser concebida como um processo em andamento que produz algo que antes inexistia. Esta concepção do texto está em conflito directo com a noção tradicional de representação, à medida que a mímesis envolve a referência a uma realidade pré-dada que se pretende estar representada» – Wolfgang Iser, «The Play of the Text», *in* Sanford Budick – W. Iser, orgs, *Languages of the Unsayable. ThePlay of Negativity in Literature and Literary Theory*, New York: Columbia University Press, 1989: 325-339, cita-se: *Id.*, «O jogo do texto», *in* Luiz Costa Lima, org. *A literatura e o leitor – textos da estética da recepção* (1979), trad. L.C.Lima, 2.ª ed. rev. ampl., São Paulo: Paz e Terra, 2002: 105-118 (referem-se as págs. 111-112, 105).

– Terão os milhares de espectadores, em grande maioria analfabetos, que se deslocavam ao antigo Teatro de Epidauro, para assistir aos concursos dramáticos, interpretado as representações de forma idêntica, concretizando a *mimese poética* de modo uniformemente massivo?
– Terá o (neo)platonismo de Camões repetido na íntegra o de Platão?
– Terá sido o «aristotelismo clássico» idêntico ao de Avicena ou ao do próprio Aristóteles, que jamais obrigou o escritor a repetir os modelos antigos?
– Terá sido o romance realista de Machado de Assis idêntico ao de Balzac? Terá sido a Lisboa de Carlos, em *Os Maias*, idêntica à Lisboa fabril que lhe era contemporânea?
Como se não bastasse a expectativa de uma resposta negativa unânime a todo este rol de perguntas, será ainda possível complementar este inquérito, indagando se obras modernas e vanguardistas, tidas como de ruptura face aos padrões ortodoxos da mimese poética, lograram absoluta opacidade face à realidade culturalizada, e evidentemente semiotizada:
– Será a descoberta e a ostensão da pluralidade do sujeito por Pessoa, disperso em manifestações heteronímicas, muito diferente de um processo de autognose, em que o conhecimento daquilo que será suposto ao sujeito ser se apresenta no desenrolar-se de um processo poético de autodiferimento produtivo, que o poema revela? Qual a função das biografias dos heterónimos na obra de Pessoa? Apenas afirmar a força lúdica da linguagem? Ou, além disso, também denunciar a força mimética da linguagem na construção de mundos ficcionais possíveis?
– Terá sido a desorganização estrutural do discurso artístico dadaísta completamente autónoma da desorganização sintáctica, semântica e pragmática de um universo da experiência dessacramentado pelo medo ou pela ameaça e destruição bélicas?
Nestes dois casos, não se trata, com certeza de os poetas repetirem o lugar comum do que, no horizonte das expectativas de então, o da primeira recepção da obra, era maioritariamente tido como real ou como literário, pois há uma profunda *alteração do regime de mimese*: já não se trata da mimese do Realismo oitocentista, que fora superada, tal como se põe de lado a roupa velha que espartilha o corpo alargado do mundo.
A arte literária não é neste ponto diferente das outras. É uma busca intermitente da linguagem que, de modo mais intenso (representativo? expressivo? orgânico? inorgânico?), manifeste a linguagem outrificada do mundo modelado, *compreendido e interpretado como real*. E não será mesmo por isso que a boa obra de arte é sempre criação ou produção, por alterar os padrões convencionais pré-existentes, por fazer da pedra

do poema um foco de luz interior a derramar-se pelo corpo do mundo a alterar-se? E não será neste *sentido dilatado de mimese* que Hesíodo fantasiou com a magia das suas palavras musicais as bailarinas musas, concedendo ao nossos cegos olhares a possibilidade de acompanhá-lo imaginariamente e à distância de séculos, um coro de olhares e vozes congregados em torno das pautas simbólico-imagéticas traçadas pelo seu poema? Sem dúvida, foi Hesíodo um poeta inovador no horizonte cultural da sua primeira recepção.

Em plena era do hipertexto – em que o mundo se reafirma como uma extensa e complexa rede de conexões tecnológicas, culturais e pessoais, diante dos olhos e das mãos de um público de utentes solitários muito diferenciados, mas em processos miméticos dialogicamente produtivos –, reescrever a História da Literatura para lá das limitações e prescrições iluministas implica uma nova forma de pensar a problemática da *mimese*. E, neste ponto, o contributo da *Estética da recepção e do efeito* tem sido fundamental: não só porque os seus teóricos mais representativos se opuseram com tanta insistência ao cânone germânico da *mimese*, confundindo o nacional com o universal, mas também porque, na sua proposta de uma nova História da Literatura e uma nova visão da obra literária, é possível ao seu receptor ler também a necessidade de escrever ainda uma outra nova História da Literatura, na qual uma noção dessubstancializada e comunicativa de *mimese* funcione como uma *sintaxe-matrix*, um *processo gerador de imagens multívocas e de modulações várias, historicamente localizáveis no devir do mundo escrito-lido*. E ainda como um processo arquivístico destas imagens híbridas.

Conhecer melhor o funcionamento da Literatura Ocidental, pelo menos desde a Grécia Antiga, com o interesse de também integrar o processo das Literaturas não canónicas, como o exemplificam com variedade as Literaturas Lusófonas, impõe a necessidade de uma epistemologia literária propícia à superação do litígio entre empirismo e hermenêutica, em cujo centro estará uma concepção amplificada de *Mimesis*, de teor epistemologicamente irónico e caracterizada pela interacção dinâmica entre *Poiesis, Aisthesis, Katharsis, Mathesis* e *Semiosis*.

Segundo esta matriz plurilógica, o *jogo do texto* de Iser pode ser ainda o *jogo do mundo escrito-lido* e *vice-versa*, já que a imagem-constructo-universo fica sujeita à interpretação comprometida e distanciada do receptor. Se o texto é, porém, para este um enigma indecifrável, em que nada do universo se deixe perceber, a *mimese poética*, conforme Aristóteles o percebera, não se opera. Mas se não o é, o *jogo do texto* é ainda o *jogo do mundo*. E isto é ainda *mimese poética*.

PARA UMA LEITURA DA HISTORIOGRAFIA DA LITERATURA BRASILEIRA: ENTRE O INTRÍNSECO E O CONTEMPORÂNEO

Maria do Carmo Campos
Universidade Federal do Rio Grande do Sul (Brasil)

> *Nessas belas paragens, tão favorecidas pela natureza, o pensamento deve alargar-se com o espetáculo que se lhe oferece; majestoso, graças às obras primas do passado, tal pensamento deve permanecer independente, não procurando outro guia que a observação. Enfim, a América deve ser livre tanto na sua poesia como no seu governo.*
> Ferdinand Denis

    Entre os requisitos para falar com alguma justeza de historiografia literária estariam, junto à memória das obras lidas, a consciência da sua historicidade, as tendências e os contextos envolvidos. Falar de historiografia exigiria também considerar pontos de vista, métodos, postulados e ideologias subjacentes à produção e à historicização das mesmas obras. Falar de historiografia traz ainda os riscos da análise, não só precária como talvez precoce, de um processo ainda recente no Brasil, onde os primeiros esforços de dizer alguma coisa sobre a nossa literatura podem ser atribuídos a brasileiros e a estrangeiros, que se dedicaram a compor descrições e florilégios sobre algo que começava a pulsar do outro lado do mar. Falar de historiografia leva também à estranha percepção de se estar diante de algo menos concreto, menos palpável do que as chamadas obras literárias: trata-se de um campo que, com menor concretude e vitalidade, tem exercido funções de selecionar, ordenar, hierarquizar e historiar a literatura legitimando, interpretando e costurando os supostos fios existentes entre obras e conjunto de obras nos diferentes períodos.

E aí cabe perguntar, tem sido a historiografia literária determinante para a formação de patamares de leitura, de crítica e de interpretação? Especificando um pouco em direção ao tema previsto, olhar para questões contemporâneas concernentes à historiografia literária brasileira exige também uma certa consciência do presente que nos cerca e de algumas de suas idiossincrasias, nem todas evidentes. Os impasses enfrentados a partir do século XIX por consideráveis esforços de síntese historiográfica – cujos exemplos unem, de certo modo, as perspectivas romântica e naturalista – nos remetem a outros, como a atual complexificação das relações entre a literatura brasileira, a sociedade e a história. Qualquer intenção de adotar um olhar ao mesmo tempo atual e distanciado determina, pois, uma exposição aos limites inerentes às tentativas de síntese, secundados, no caso, pelos limites e equívocos das tentativas de percepção do contemporâneo. Um recuo levaria a buscar, na esteira de Ferdinand Denis, algum ponto de observação de onde não se perca de vista o acúmulo com que o passado nos contempla nem o vislumbre de alguns movimentos que contribuem para a continuidade transformada do processo. Admitidos os riscos e esboçado um olhar sobre a problemática da história literária brasileira, pode-se tentar alguma leitura de sobrevôo.

Ao pôr em tela a historiografia literária no Brasil, Benedito Nunes vê a literatura filosoficamente como uma "dúbia existência do que está antes e depois dos conceitos que a tornam pensável como realidade", sublinhando o descompasso entre a linguagem e os objetos, mesmo os simbólicos.[1] Durante o século XIX, depois da criação da Imprensa Régia, de estabelecimentos científicos, tipografias, bibliotecas e cursos superiores, o Brasil passa a ser visitado por diferentes notabilidades estrangeiras, entre as quais sábios, pintores, naturalistas, artistas e letrados, muitos no desempenho de missões oficiais da França, da Rússia, da Áustria. Entre esses pré-românticos, o francês Ferdinand Denis (1798-1890), revelador da natureza brasileira como paisagem arrebatadora, a ser explorada pela literatura como fonte de uma nova tradição. Embora outros europeus, como Bouterwek e Sismonde de Sismondi, já incluíssem nas suas obras autores brasileiros, devemos a percepção da literatura brasileira como diferença ao autor do *Resumé de l'histoire littéraire du Portugal suivi du Resumé de l'histoire littéraire du Brésil*, obra de 1826, que

---

[1] NUNES, Benedito. "Historiografia literária do Brasil". *Crivo de papel*. 2.ª ed., São Paulo: Ática, 1998.

sublinha a conquista de uma autonomia literária inspirada no rompimento político com a Metrópole. Entre os motivos fundadores de uma literatura brasileira, o autor de *Scènes de la nature sous les tropiques et de leur influence sur la poésie* (1824) registra a natureza, a liberdade, a "infância" dos povos indígenas, uma "disposição natural" e a mestiçagem.

Para Alfredo Bosi, o historicismo nacionalista é uma criação romântica e, no seu cerne já se contém o historicismo sociológico que o século XX herdou do positivismo e do evolucionismo. E se "os românticos substituíram o critério formal de beleza do ideal clássico pelo critério histórico, do valor representativo dos autores e obras"[2], atentando para as bases românticas de cá e de lá (Brasil e Portugal) chegamos à visão de um nacionalismo literário continuado, afeito ao estabelecimento da diferença, como o próprio da literatura no Brasil. Entre as marcas da diferença, pensemos no nosso peculiar amálgama de culturas, raças e regiões, eixos inseparáveis das condições específicas de colonização e mestiçagem, associadas essas a fatores como natureza, americanidade, tropicalidade e outras designações relacionadas ao que se convencionou chamar de *cor local*.

Admitindo o vigor historiográfico das direções nacionalista e historicista, Benedito Nunes localiza nos anos trinta do século XX uma viragem correspondente ao enfraquecimento, no campo das Ciências Sociais renovadas, "da hesitação entre o determinismo étnico e a causalidade histórico – cultural". Nessa perspectiva, as Ciências Sociais passaram a subsidiar a Historiografia em geral, através de uma Antropologia Cultural (Gilberto Freyre), de uma Sociologia da Cultura (Sérgio Buarque de Holanda) e de uma Sociologia marxista (Caio Prado Júnior), que representariam um "feliz desvio ao pendor para as generalidades da mentalidade bacharelesca..."[3]

Não é novidade o ponto de vista do que se chamou de "naturalismo literário", caldeado num determinismo científico, ambos constitutivos de um historicismo de ampla voga e evidente perduração no Brasil. Todavia,

---

[2] BOSI, Alfredo. "Por um historicismo renovado: reflexo e reflexão na história literária." *Literatura e resistência*. São Paulo: Companhia das Letras, 2002, pp. 10-11.

[3] Para o mesmo autor, em grande parte, a historiografia literária brasileira das últimas três décadas do século XX, por força da historicização dos cânones passados, é ativada pela dinâmica das redescobertas e reavaliações, como as de Manuel Antonio de Almeida, Augusto dos Anjos e Lima Barreto. Cf. NUNES, p. 244.

supostas bases científicas e/ou históricas tendem a convencionar o que Alfredo Bosi denomina de "penosa disjunção axiológica", disjunção própria de muitos discursos sobre a literatura brasileira e responsável pela separação entre formalismo e historicismo, entre critério estético e critério nacional, entre métodos imanentes e circunstância histórica, no limite, entre texto e contexto. Tal disjunção vem sendo fundamentada numa concepção mais restrita de historicidade, segundo a qual seria "histórico" o que espelha a ideologia e os modos típicos de pensar, sentir e dizer, e seria "estético" o que representa as operações de construção e expressão da obra que transcendem o seu tempo (cronológico) e que não se reduzem à recolha dos dados do presente imediato.[4]

Em texto de 1986, João Alexandre Barbosa já expunha e analisava o que já foi chamado de um consistente hiato entre forma e história, salientando a necessidade de que o pensamento crítico brasileiro viesse a cobrir um fosso – de certo modo identificado por Leo Spitzer entre a lingüística e a história – pela instauração de uma "linguagem crítica capaz de dar conta da correlação entre literatura e história sem perder os elementos de tensão que vinculam criação artística e representação." Em *Paixão crítica; forma e história na crítica brasileira*, o ensaísta propõe a crítica como leitura integradora da forma e da historicidade da obra literária, questionando tanto positivismos quanto individualismos exacerbados. [5]

Segundo Bosi, haveria para a historiografia uma dificuldade maior do que para a crítica de obter uma imbricação entre texto e contexto, entre a apreensão da literatura como forma e como história: "esta, como se sabe, deve enfrentar o desafio de reunir e articular no tempo o que a crítica individualizante separa no seu trabalho de análise".[6] O autor refere-se a uma "malha grossa" correspondente a um ponto de vista que conhecemos e que defende uma conexão estrutural entre esquemas rigidamente nacionalistas e a produção da obra artística e literária.

---

[4] BOSI, Alfredo, p. 25.
[5] BARBOSA, João Alexandre. Introdução a *Textos críticos: Augusto Meyer*. Seleção e Introdução de João Alexandre Barbosa. São Paulo: Perspectiva; Brasília: INL/ Fundação Nacional Pró-Memória, 1986. O mesmo texto integra o livro do autor *A leitura do intervalo*. São Paulo: Iluminuras, 1990.
[6] "A melhor crítica literária egressa do Modernismo avançava nos ensaios monográficos de Augusto Meyer e Álvaro Lins mas a mesma felicidade de imbricação do texto no contexto não encontrava correspondência na historiografia " (BOSI, p. 27)

Mas como nem tudo é fixo na vida ou nos livros, bem percebia Machado de Assis, essa conexão é posta à prova (e com maior insistência) pelas vanguardas do século XX, pelas novas técnicas da ficção, pelas transformações na subjetividade, pelas novas poéticas, pela ampliação dos gêneros literários, pelos desafios aos discursos sobre a literatura.

Especificando, parece existir na melhor historiografia tradicional da Literatura brasileira um princípio organizacional que reconhece o Modernismo de 1922 como um marco ou referência, antecedido por obras heterogêneas que foram agrupadas em torno de um Pré-Modernismo. Costuma-se arrolar a produção subseqüente sob a classificação de "Romance de 30", designação concentrada num único gênero literário, mas suficiente para comportar uma larga produção ficcional que, deslocada do eixo Rio-São Paulo, começa a representar com maior abrangência a extensão continental do país. A partir da produção literária dos anos 30, pode-se localizar uma série de tentativas de agrupar e ordenar a literatura, que convergem em 1945 para a poesia, sob o rótulo de "geração de 45". O que significa centralizar numa determinada geração de poetas a literatura da década de 40, geradora de obras como Sentimento *do mundo* de Drummond (1940), *Fogo morto* de J. L. do Rego (1943), *Perto do coração selvagem* de Clarice Lispector (1944), *Sagarana* de Guimarães Rosa (1946) e *O ex-mágico* de Murilo Rubião (1947), sem contar com *José* e com *A Rosa do Povo* de Drummond e com o início da publicação no Rio Grande do Sul de *O tempo e o vento* de Erico Veríssimo, *O Continente* (1949) abrindo a trilogia que se completará em 1961-62? E depois? Há que tomar como critério outras décadas, ou períodos da própria história do país (como a Ditadura Militar, pós-ditadura, etc), ou novamente, o critério das gerações, bastante utilizado para a poesia nos anos cinqüenta, sessenta, além da classificação ou identificação de grupos de vanguarda, que podem se estender de 1956 até 1968, quando eclode o tropicalismo? (...) Mais atualmente, outras classificações se apresentam, como poesia erótica, poesia dos homossexuais, poesia dos negros e poesia das mulheres, respondendo a critérios temáticos, de enunciação ou de segmentação social, sexual e racial dos autores. Para além das releituras e realocações do Modernismo de 1922, que se reiteram na crítica e na ensaística brasileiras, há que pensar também em questões que devem ser consideradas face ao modo de historiar a produção literária brasileira do século findo. Como narrar a literatura brasileira do século XX, tendo (ou não) o Modernismo como referência? Ordená-la em décadas, em gêneros, por critérios de agrupamento dos autores? Classificar pela diversificação dos leitores, multiplicada cada vez mais pelas injunções de mercado?[7]

Sob o enfoque de Benedito Nunes, entre 1960 e 1990, "avolumam-se a historiografia setorial, à conta de diferentes autores, e a dos Gêneros, a que se juntam Panoramas, Antologias e sínteses de caráter ensaístico, que ampliam e refinam o enquadramento crítico, estético e ideológico da história literária. No entanto, essa pletora de produção chega junto com a crise teórica da Historiografia literária, erguida quanto ao vínculo permanente que a tem ligado à História geral, talvez prejudicando a determinação de seu objeto específico, possivelmente o estudo das mudanças nas formas de discurso, através de distintas famílias e gêneros de obras. (G. M. Teles, 1978). O que se argúi, ainda, são os pressupostos – também históricos – de sua escrita, direcionada por metáforas orgânicas, tendendo a ordenar a seqüência de obras em escala evolutiva, mesmo quando não expressamente evolucionista, e a utilizar a periodologia como escala cronológica de aperfeiçoamento literário (Fábio Lucas, 1982)."[8]

Se os escritos de ficção, objetos por excelência de uma história da literatura, são individuações descontínuas do processo cultural, sabemos que tais escritos "podem exprimir tanto reflexos (espelhamentos) quanto variações, diferenças, distanciamentos, problematizações e, no limite, negações das convenções dominantes no seu tempo."[9] Tal descontinuidade, isto é, a diferenciação dos olhares, das ênfases e dos tons, "se é espinho para o sociologismo compactante, não constitui problema para o *historiador* das produções imaginárias familiarizado com a multiplicidade dos processos simbólicos", entende Bosi, ao referir-se ao método de Antonio Candido que se fundamenta numa dupla concepção de historicidade, entre a sociologia positiva e a visão dialética.[10]

Referindo-se à historiografia de Antonio Candido e de Otto Maria Carpeaux, o autor de *Literatura e resistência* declara que "o objetivo é o conhecimento das várias mediações graças às quais as categorias de sociedade e de nação jamais penetram no tecido nervoso da linguagem

---

[7] CF. CAMPOS, Maria do Carmo. "Sob o signo da impureza: a fatura do poema entre modernismo e modernidade". *A matéria prismada; o Brasil de longe e de perto & outros ensaios*. Porto Alegre: Mercado Aberto / São Paulo: EDUSP, 1999, p. 90.
[8] Cf. NUNES, p. 245.
[9] BOSI, p. 10.
[10] pp. 41 e 42.

artística em estado bruto de causalidade mecânica."[11] Bosi valoriza da *História da Literatura Ocidental* o "cerne da dialética da historiografia de Carpeaux precisamente na sua capacidade de identificar nos grandes textos não só a *mímesis* da cultura hegemônica, mas também o seu contraponto que assinala o momento de viragem, o gesto resistente da diferença e da contradição."[12] Já no autor de *Formação da Literatura Brasileira* destaca a atenção ao particular, ao lado da tendência para a análise das mediações e do cuidado em evitar sobredeterminações ou reduções quer sociológicas quer psicológicas.

Ao abordar a obra de Antonio Candido, Roberto Schwarz atualiza a questão: "Num país culturalmente a reboque... onde as novidades dos centros prestigiosos têm efeito ofuscante, a existência de um conjunto de obras entrelaçadas, confrontadas entre si, lastreadas de experiência social específica, ajuda a barrar a ilusão universalista que é da natureza da situação de leitura, ilusão a que é levado todo leitor especialmente quando, com toda a razão, busca fugir à estreiteza ambiente."[13] A ilusão universalista traria em si a perda do olhar localizado e seria responsável pelo historicamente inespecífico, mortal para a literatura: segundo Schwarz, o "historicamente inespecífico" estaria expresso em mecanismos universais da linguagem e do ser humano ou outras generalidades sem objeto.

E se a moda é a da aldeia global, por oposição às aldeias locais, o tempo das formações nacionais teria passado, pois o mundo "interligado pelas novas formas de comunicação, vive um só e mesmo presente", constata com evidente ironia o autor do ensaio *Ao vencedor as batatas*.[14]

Direcionando o pensamento para outro ponto inarredável em relação aos métodos ou esquemas literários reducionistas, quaisquer que eles sejam, *Schwarz* constata que "se houve um progresso em crítica neste século, ele com certeza esteve na "descoberta", sob rótulos de escolas diversos, da incrível complexidade interna da literatura, da natureza

---

[11] p. 34.
[12] p. 36.
[13] SCHWARZ, Roberto. *Seqüências brasileiras*. S. P: Companhia das letras, 1999, p. 20.
[14] "A grande aceitação dessa tese no Brasil talvez não se deva apenas ao seu acerto, relativo, mas também à decisão medíocre e muito compreensível de não se dar por achado, de não se dar por implicado na iniquidade das relações sociais locais, o que permitiria entrar para o primeiro mundo sem mais perda de tempo." SCHWARZ, Roberto. *Seqüências brasileiras*. São Paulo: Companhia das Letras, 1999, p. 23.

proteica da forma e, sobretudo, do papel decisivo desta última. Quanto maior a intimidade com as obras e a sua força, mais claro é o erro do conteudismo simples, e mais estrito o veto à consideração independente das matérias, apartadas de sua especificação formal".

Ao formular um dos pontos mais problemáticos da atitude crítica e historiográfica, Schwartz também afasta a prática simplista e autoritária de esquematismos interpretativos, pretensamente sabedores, *a priori*, daquilo que a obra expressa ou contém: contesta a redução de uma estrutura a outra, em favor da reflexão histórica sobre a constelação que as obras formam. "Estamos na linha estereoscópica de Walter Benjamin, com a sua acuidade, por exemplo, para a importância do mecanismo de mercado para a compleição da poesia de Baudelaire."[15]

E se a incrível complexidade interna da literatura é irreconciliável com qualquer predeterminação de sentido, seja ele mais ingênuo ou ideologicamente cunhado, ela é irreconciliável também, acrescento, com algumas modas culturais, hoje partidárias da banalização, do achatamento (abafamento) do sentido, da rarefação da complexidade histórica dos fatos e das coisas, modas essas afeitas à uniformização interpretativa, por adesão aos atuais efeitos da globalização. Além das modas culturais, há que se refletir também sobre algumas das modas teóricas institucionalizadas, a título de via preferencial de acesso ao objeto literatura, no caso em pauta, a brasileira.

Seria arriscado não perceber diferenças mais atuais: no Brasil, há muito vem emergindo consistentes resultados de esforços teóricos e críticos voltados para a compreensão tanto da coisa literária quando da nossa correlata historicidade; em paralelo, e de modo crescente, a importação direta de discursos que vem e vão por aí. Sob o pretexto de colocarmo-nos *up to date,* corremos o risco de adotar sem critério pontos de vista produzidos em outras culturas, em outras ideologias, muitos dos quais direcionados para a revisão generalizante das estruturas históricas da colonização. Temas como raças, gêneros (este na sua mais nova acepção), cultura e processos de colonização podem estar sendo tratados a partir de paradigmas interpretativos cuja história está *ab initio* descolada da nossa própria ordem. Não se trata de diminuir a importância das questões, mas de apontar para a importação do discurso, que parece não nos fazer avançar muito sobre, por exemplo, a voga estruturalista no

---

[15] *Ibidem*, p. 28.

Brasil de algumas décadas atrás. A democrática ampliação para os "excluídos" pode carregar uma benevolente simpatia sobre a necessária e urgente revisão da sociedade brasileira. Contudo, traz o risco de – em nome da revisão discursiva do que está posto e, principalmente, pela importação acrítica de perspectivas que não pensaram a nossa memória, desconsideram a nossa língua e as peculiaridades deste país – contribuir para aumentar o que já foi chamado educadamente de a nossa tenuidade cultural ou, sem eufemismos, o atraso brasileiro.

Benedito Nunes referia a crise do modelo temporal de encadeamento da escrita, esteado no princípio da sucessão uniforme, abalado depois da concepção fragmental da História em Walter Benjamin e do desconstrucionismo de Jacques Derrida. Assinala também a permanência da função genealógica na formulação da identidade da literatura e do país, ambas interligadas por um mesmo campo metafórico: "Tal campo metafórico, espraiado no Indianismo, no Regionalismo e em outras variantes, localistas e particularistas, do nacional, pertence ao conjunto simbólico e valorativo de alcance ideológico e político chamado de Cultura Brasileira, com o qual confina a História literária, mas que a própria Historiografia literária contribuiu para formar."[16]

Garantidas historicamente a independência e a autonomia da literatura brasileira – pelo avesso e pelo direito –, nos perguntamos se os impasses de hoje seriam os mesmos que já foram formulados: uma conjunção tensa e necessária entre a representação do intrínseco, do que é (ou foi) brasileiro, e o esforço para superar o atraso, o descompasso histórico, desdobrando-se este esforço também em termos de forma e resultados estéticos? Ou, nas formulações dos ensaístas referidos, o desafio de abrigar no discurso historiográfico as múltiplas tensões entre forma e história?

Estaríamos nós, brasileiros, ameaçados de perder a percepção das diferenças relacionadas à nossa própria feição e os elos (mais ou menos visíveis) dessa fisionomia, senão com o futuro, com algum tipo de memória que nos antecede? Até que ponto aceitamos a repetição de um palavrório que não nos concerne, acossados que somos pela predominância de discursos embalados e enviados – não mais, como no período da formação literária, em nome de um ajuste da literatura a alguns consensos

---

[16] *Ibidem*, p. 246.

ou convenções "universais" – mas em nome de um englobamento econômico planetário interessado em "remover" diferenças ao pretexto da falsa promessa da inclusão de todos em tudo?

Do ponto de vista teórico, os atuais impasses historiográficos passam, nesta era globalizante, pela queda paradoxal na cotação das grandes sínteses e pela correlata dificuldade de proposição de novas obras ou modelos de historiografia. Ao lado disso, a perda de uma certa inocência narrativa, que antes garantia a possibilidade de iniciar iniciando, sem a interferência de um horizonte de possibilidades, entre elas a auto-consciência e a consciência da linguagem ou, ainda, a necessidade de explicitação de um ponto de observação, o *locus enunciativo*. Isso sem mencionar a perda de uma relação mais ingênua com a temporalidade, talvez não mais captável pela consciência contemporânea, cada vez mais cindida entre vários tempos e espacialidades. Ainda, o apagamento da evidência de conceitos literários como o de *gênero*, que passou a exigir explicitações de sentido entre a antiga e a nova acepção, esta apresentada agora como mais justa e mais necessária na história.

Sobre tudo isso, os novos projetos historiográficos, ao que parece, não poderão destinar-se apenas a virar de cabeça para baixo a balança das inclusões e exclusões, fazendo o expurgo de uma hierarquia canônica para dar voz a todos e a todas. Terão pela frente outras complexidades, entre as quais, além das já citadas, o estabelecimento axiológico dos objetos literários, o enfrentamento da chamada crise do conceito de história, sem perder de vista, na atual conjuntura, a riqueza da memória coletiva acumulada no Brasil.

A REESCRITA HIPERTEXTUAL DA HISTÓRIA NO ROMANCE PÓS-MODERNO

CARLOS CEIA
Universidade Nova de Lisboa

O romance histórico, porque se constrói com uma relação íntima com o real, veiculando uma verdade demonstrável no tempo, raramente usa o que chamo de *ficcionismo*, isto é, não ficciona a própria ficção histórica, interrogando-a, ou simulando a historicidade dos factos narrados, por exemplo. O romance histórico tradicional está preso a um padrão estético rígido, que não o deixa reflectir sobre as relações entre a ficção e ela própria, entre a matéria romanceada e a sua adequação ao género a que pertence. As excepções a esta regra encontramo-las já esboçada no romantismo e em pleno desenvolvimento no espaço cultural do pós-modernismo. A diferença entre a ficção do romance histórico convencional praticada por Walter Scott, por exemplo, e o romance histórico *ficcionista* – a expressão não é satisfatória, mas serve para indicar o elemento diferenciador – pode ser ilustrada pelas reflexões paratextuais de Alexandre Herculano em *Eurico, o Presbítero* (1844) e pelo romance *História do Cerco de Lisboa* (1989), de José Saramago. Nas notas de Autor, escreve Herculano, rejeitando desde logo qualquer semelhança do seu livro com o romance histórico convencional:

> Sou eu o primeiro que não sei classificar este livro; nem isso me aflige demasiado. Sem ambicionar para ele a qualificação de poema em prosa – que não o é por certo – também vejo, como todos hão-de ver, que não é um romance histórico, ao menos conforme o criou o modelo e a desesperação de todos os romancistas, o imortal Scott. Pretendendo fixar a acção que imaginei numa época de transição – a da morte do império gótico, e do nascimento das sociedades modernas da Península – tive de

lutar com a dificuldade de descrever sucessos e de retratar homens que, se, por um lado, pertenciam a eras que nas recordações da Espanha tenho por análogas aos tempos heróicos da Grécia, precediam imediatamente, por outro, a época a que, em rigor, podemos chamar histórica, ao menos em relação ao romance.[1]

No início de *História do Cerco de Lisboa*, do diálogo inicial entre um revisor, revendo um livro do mesmo título, mas de História, e um historiador resultam estas observações sobre a própria escrita da História no espaço da ficção (espaço virtual ou real?):

Recordo-lhe que os revisores são gente sóbria, já viram muito de literatura e vida, O meu livro, recordo-lhe eu, é de história, (...) não sendo propósito meu apontar outras contradições, em minha discreta opinião, senhor doutor, tudo quanto não for vida é literatura, A história também, A história sobretudo, sem querer ofender, E a pintura, e a música, A música anda a resistir desde que nasceu, ora vai, ora vem, quer livrar-se da palavra, suponho que por inveja, mas regressa sempre à obediência, E a pintura, Ora, a pintura não é mais do que literatura feita com pincéis, Espero que não esteja esquecido de que a humanidade começou a pintar muito antes de saber escrever, Conhece o rifão, se não tens cão caça com o gato, ou, por outras palavras, quem não pode escrever, pinta, ou desenha, é o que fazem as crianças, O que você quer dizer, por outras palavras, é que a literatura já existia antes de ter nascido, Sim senhor, como o homem, por outras palavras, antes de o ser já o era, (...) Quer-me parecer que você errou a vocação, devia era ser historiador, (...) Falta-me o preparo, senhor doutor, que pode um simples homem fazer sem o preparo, muita sorte já foi ter vindo ao mundo com a genética arrumada, mas, por assim dizer, em estado bruto, e depois não mais polimento que primeiras letras que ficaram únicas, Podia apresentar-se como autodidacta, produto do seu próprio e digno esforço, não é vergonha nenhuma, antigamente a sociedade tinha orgulho nos seus autodidactas, Isso acabou, veio o desenvolvimento e acabou, os autodidactas são vistos com maus olhos, só os que escrevem versos e histórias para distrair é que estão autorizados a ser autodidactas, sorte deles, mas eu, confesso-lhe, para a criação literária nunca tive jeito, Meta-se a filósofo, homem, O senhor doutor é um humorista de finíssimo espírito, cultiva magistralmente a ironia, chego a perguntar-me como se dedicou à história, sendo ela grave e profunda ciência, Sou irónico apenas na vida real, Bem me queria a mim parecer que a história não é a vida

---

[1] *Obras Completas, Eurico, O Presbíero*, com introd. de Vitorino Nemésio, Bertrand, Venda Nova, 1972, p. 279.

real, literatura, sim, e nada mais, Mas a história foi vida real no tempo em que ainda não se lhe poderia chamar história, (...) Então o senhor doutor acha que a história e a vida real, Acho, sim, Que a história foi vida real, quero dizer, Não tenho a menor dúvida, Que seria de nós se não existisse o *deleatur*, suspirou o revisor".[2]

Há, portanto, uma postura auto-reflexiva na abordagem da História que é nova na ficção da segunda metade do século XX. Os exemplos atrás provam que a narração da História tem exactamente o valor da narração de uma história, confundindo propositamente ambos os termos da equação. A esta simultaneidade puramente literária também convém o nome de *ficcionismo*.

A postura metaficcionista começa na resistência ao género literário com o qual mais se aproxima o texto de ficção. Estes exemplos de *ficcionismo*, retirados daquele tipo de textos de ficção que mais resiste a falar de si próprio pela obediência a um padrão estético com o qual está tradicionalmente comprometido, mostram como o discurso da ficção da História também pode ser escrito como uma metanarrativa, na qual os elementos imaginados são tão válidos para a construção do romance como os elementos retirados da História factual. O romance britânico da segunda metade do século XX conheceu exemplos de narrativas historiográficas produzidas no tom pós-moderno da imaginação crítica da História dada em texto de ficção: Anthony Burgess, *Nothing Like the Sun: A Story of Shakespeare's Love-Life* (1964), John Fowles, *The French Lieutenant's Woman* (1969), John Berger, *G.* (1972), Angela Carter, *The Infernal Desire Machines of Doctor Hoffaman* (1972), Salman Rushdie, *Midnight's Children* (1981), Graham Swift, *Waterland* (1983), Julian Barnes, *Flaubert's Parrot* (1984), Peter Ackroyd, *Hawksmoor* (1985) e *Chatterton* (1987). Na ficção portuguesa mais recente, ressaltam, entre outros, José Saramago, *Memorial do Convento* (1982), *História do Cerco de Lisboa* (1989), *O Evangelho Segundo Jesus Cristo* (1992), António Lobo Antunes, *As Naus* (1988), Fernando Campos, *A Casa do Pó* (1984), Mário Cláudio, *Tocata para Dois Clarins* (1992), João Aguiar, *A Hora de Sertório* (1994), ou Luís Filipe de Castro Mendes, *Correspondência Secreta* (1999). O tipo de abordagem ficcional da matéria histórica ilustrado nestes romances permite-nos enunciar já um Axioma da Ficção nos seguintes termos: *tudo o que é imaginado existe como ficção*. Este Axioma

---

[2] *História do Cerco de Lisboa,* Círculo de Leitores, Lisboa, 1999, pp. 13-14.

serve a teoria do *ficcionismo* se incluir a crença na imaginação como uma espécie de problema literário, isto é, como algo que fica sempre aberto à sua própria crítica. O que se afirma como ficção resulta, assim, em um género de uso da linguagem que é susceptível de ser interrogado.

Para apoiar este Axioma da Ficção, há um tipo de narrativa contemporânea que usa a História como forma de crítica do conhecimento que os acontecimentos passados nos podem dar para compreender o que acontece no presente. Estas narrativas, de que são exemplos maiores *Hawksmoor* e *Chatterton*, de Peter Ackroyd, *Waterland*, de Graham Swift, e *Midnight's Children*, de Salman Rushdie, usam uma certa forma de meta-historicidade para produzir obras de ficção. Falamos de obras capazes de revitalizar o poder da ficção quando combinada com a metodologia da pesquisa histórica dos acontecimentos passados. A ficção também pode servir para reconstituir o passado e, para isso, não precisa de eliminar o que aconteceu verdadeiramente, sendo crível que o que pode/podia ter acontecido também importa à revisão do passado. O romancista pós-moderno pode não ter descoberto a pólvora da imaginação livre, mas o uso que faz das palavras para representar o mundo concede-lhe o privilégio de ter descoberto um novo filão para o romance histórico: a invenção de um novo tempo dentro da História conhecida. É o que acontece, por exemplo, em *Chatterton* de Peter Ackroyd:

> There is nothing more letal than words. They are reality... I said that the words were real, Henry, I did not say that what they depicted was real. Our dear dead poet created the monk Rowley out of thin air, and yet he has more life in him than any medieval priest who actually existed. The invention is always more real.... Chatterton did not create an individual simply. He invented an entire period and made its imagination his own: no one had properly understood the medieval world until Chatterton summoned it into existence. The poet does not merely recreate or describe the world. He actually creates it. And that is why he is feared.[3] (p. 157)

Waterland, de Graham Swift, também usa os factos da História, a teoria da História e a ficção biográfica para voltar à questão da reescrita da História. Contrariando o percurso linear que caracteriza o estudo e a descrição dos factos passados recorrendo à ciência história, Swift criou um romance anti-linear, com sucessivas desconstruções do tempo (geo-

---

[3] *Chatterton*, Hamish Hamilton, Londres, 1987, reprint. Penguin, Londres, 1993, p. 157.

lógico, histórico, biográfico, etc.). A abertura do romance adverte-nos que o mundo para onde vamos entrar não pode ser percorrido de forma ortodoxa: "Fairy-tale worlds; fairy-tale advice. But we lived in a fairy-tale place." (p. 1).[4] Esta circunstância permite anular o próprio tempo, porque todos os acontecimentos do romance são, ficcionalmente, vividos em instantes simultâneos. Se todos os acontecimentos são sincrónicos, não há qualquer possibilidade de narração historiográfica nem qualquer possibilidade de preservação dos factos passados. A História contada metaficcionalmente deixa de ter valor pedagógico intrínseco, porque o narrador da História está demasiado empenhado em construir um discurso (romance) sobre um discurso previamente estabelecido por uma tradição (História). Qual é então o propósito da narração não-linear da História através das metaficções? Graham Swift coloca o problema diversas vezes no seu romance.[5] O momento mais significativo é a reprodução de uma discussão (auto-) reflexiva entre um professor de História e os seus estudantes incrédulos sobre o valor do estudo da História.

> And when you asked, as all history classes ask, as all history classes should ask, What is the point of history? Why history? Why the past? I used to say (...): But your 'Why?' gives the answer. Your demand for

---

[4] *Waterland*, Picador, Londres, 1992.
[5] É também importante o comentário que o próprio Swift faz acerca do seu método narrativo, na entrevista a Lidia Vianu, onde destaca o modo como o romancista pode trabalhar de forma disciplinada uma trama narrativa aparentemente desconexa: "LV: You build what a Desperado critic might call delayed plots. Your main device is the constant interruption. It brings suspense and ensures the quality of breathtaking reality. You break chronology (which is an old trick), but you also break the point of view, as the story comes from an "I", a "he", or many such voices (this is much more recent). It happens a lot in *The Sweet-Shop Owner*. Do you value the tricks you use, or are they just means to an end? How much store do you set by innovating the narrative technique? GS: I don't feel at home with straight, sequential narrative. This partly because I think that moving around in time, having interruptions and delays, is more exciting and has more dramatic potential, but I also think it's more truthful to the way our minds actually deal with time. Memory doesn't work in sequence, it can leap to and fro and there's no predicting what it might suddenly seize on. It doesn't have a chronological plan. Nor does life, otherwise the most recent events would always be the most important. I'd hate to think that any narrative technique I use is merely a trick, and I don't believe in technical innovation for its own sake. Novels shouldn't be novelties. I think I have quite a strong sense of form, but form for me is governed by feeling, by the shaping and timing of emotion.(...) (entrevista publicada na *Românita Literară*, 21-27 February, 7/2001, disponível em: http://www.lidiavianu.go.ro/ graham_swift.htm).

explanation provides an explanation. Isn't this seeking of reasons itself inevitably an historical process, since it must always work backwards from what came after to what came before? And so long as we have this itch for explanations, must we not always carry round with us this cumbersorne but precious bag of clues called History? (p. 106)

A questão não é retórica, porque a impassibilidade dos estudantes de Tom Crick perante o interesse do estudo da Revolução Francesa atinge a própria consciência do professor que o jovem Price resume assim: o processo da História sofre de excesso de empenho hermenêutico, porque pensamos que temos sempre necessariamente uma solução descritiva para todos os factos passados, esquecendo-nos, muitas vezes, de que o presente também urge ser explicado para melhor compreender o que já passou; o professor de História é o próprio processo da História que se nutre de um excesso de especulação sacrificando os factos a que se devia ater: "You know what your trouble is, sir? You're hooked on explanation. Explain, explain. Everything's got to have an explanation. ... Explaining's a way of avoiding facts while you pretend to get near to them" (p. 166). Os movimentos da História em Swift não são lineares, porque pretende encontrar o lugar do homem no passado, no presente e no futuro, mas a História contém um movimento oculto de auto-reflexividade que parece anular a história que se conta. A História é hipertextual, porque cada facto passado abre para um momento de reflexividade. Um facto explica-se pela versão que o pensamento nos dá desse facto, aqui, agora, ali, ontem. Nada se fixa, nada se explica em definitivo, porque a ideia que temos do que passou nunca se resolve como verdade. É singular neste romance este movimento contraditório que faz vacilar qualquer teoria fundacionalista sobre a História: estamos tão entretidos no pensamento a tentar explicar da melhor forma possível o que se passou que nos afastamos da descrição objectiva dos factos, que devia a nossa única tarefa. O professor de História defende-se das suas próprias limitações epistemológicas:

> I taught you that by for ever attempting to explain we may come, not to an Explanation, but to a knowledge of the limits of our power to explain. (...) what history teaches us is to avoid illusion and make-believe, to lay aside dreams, moonshine, cure-alls, wonder-workins, pie-in-the-sky – to be realistic." (p. 108).

A História não é uma tábua de salvação da humanidade, por isso não tem que estar a salvo de qualquer ficcionalização. No mundo ficcional, não se fecha a porta ao movimento da História só porque deixamos interferir a imaginação. Se o conhecimento do passado é sempre incompleto, também o é o conhecimento dado ficcionalmente. Este movimento introspectivo e relativo da abordagem da História, qualquer que seja o nome que lhe vamos dar, pode até ser purgativo, para eliminar o medo, por exemplo, quando, embrigado de álcool e incertezas, Tom Crick confessa ao jovem Price que não interessa definir o objecto da História mais do que apenas saber que nos ajuda a compreender e a ultrapassar os nossos mais íntimos receios:

> It helps to drive out fear. I don't care what you call it– explaining, evading the facts, making up meanings, taking a larger view, putting things into perspective, dodging the here and now, education, history, fairy tales,– it helps to eliminate fear" (p. 241)

Price não se interessa pela validade da História, a não ser que se trata de um conjunto de factos que necessitam de ser explicados. Demasiada reflexão sobre o que seja a História conduz ao afastamento do pragmatismo cruel que motiva o estudante: a História tem que estar próxima da vida das pessoas no presente. Foi talvez Oliveira Martins quem, entre nós, primeiro entendeu esta dimensão subjectiva da História, não nos termos que os romancistas pós-modernos trabalham os acontecimentos do passado, mas na exacta medida em que também o historiador português soube acrescentar-se como autor à narrativa dos acontecimentos passados. O estilo da sua *História de Portugal* não difere muito do estilo de uma narrativa de ficção, porque usa os mesmos verbos de acção, as mesmas técnicas do *storytelling* que lemos nos romances históricos contemporâneos. Veja-se o seguinte exemplo, o retrato de Carlota Joaquina:

> Carlota Joaquina, megera horrenda e desdentada, criatura devassa e abominável em cujas veias corria toda a podridão de sangue bourbon, viciado por três séculos de casamentos contra a natureza, atiçava essa chama, como a hórrida feiticeira, no fundo do seu antro, assopra o lume da sua cozinha diabólica. Ficara, na ausência do infante, para lhe preparar a volta a ele, e ao pobre rei um morrer desgraçado, sem amigos, sem mulher, sem filhos, sem povo, sem nada![6]

---

[6] *História de Portugal*, Guimarães Editores, Lisboa, 1991, p. 415.

O historiador não hesita em recorrer a metáforas, repetições estilísticas, juízos de valor sem fundamento histórico e conclusões ditadas unicamente pela sua imaginação. A teoria da História de Oliveira Martins funda-se na ideia de que "a história é sobretudo uma lição moral", como afirma na abertura do seu livro, mas com o resultado final de que essa lição é dada pelo historiador, não pela própria História. Sem o afirmar, Oliveira Martins narra os acontecimentos da História de Portugal como se fosse necessário acrescentar a sua própria voz, para que esses acontecimentos façam sentido no presente da escrita. É uma outra forma de escrita hipertextual da história, aquela escrita que não dispensa a emoção do historiador que confia mais na metáfora criativa ("como a hórrida feiticeira, no fundo do seu antro, assopra o lume da sua cozinha diabólica") do que na verdade dos documentos antigos. O historiador de Swift, Tom Crick, também acaba por seguir esta filosofia: o que interessa é dar uma visão *realista* da vida realmente vivida em Fenland. As lições morais a extrair de *Waterland* são da responsabilidade do leitor, porque as histórias pessoais recontadas não pertencem apenas a um passado estranho, uma vez que ainda são capazes de afectar o presente vivido. Tom Crick reconhece esta espécie de falácia do objectivo pedagógico e purgativo do *storytelling* quando não consegue encontrar o equilíbrio necessário à sua própria vida presente e pergunta: "What is a history teacher? He's someone who teaches mistakes. (...) He's a self-contradiction (since everyone knows that what you learn from history is that nobody-)" (pp. 235-236). A frase fica suspensa, porque a lição moral é da responsabilidade de quem lê o romance ou de quem está a vivê-lo por fora. Ao contrário de Oliveira Martins, Tom Crick entende que a História não serve para fazer julgamentos de carácteres, porque podemos não ser capazes de julgar o nosso próprio carácter. A História reduz-se, assim, a uma biografia instável, onde se abrem, hipertextualmente, todas as vidas em redor. Esta dessacralização da História faz-se porque se aceita que o desenrolar do tempo também é feito de rupturas. O *ficcionismo* da História é essa abertura para as conjecturas auto-reflexivas sobre o passado que revemos no presente, sem saber à partida o que vamos encontrar. Nunca existe um só começo para uma narrativa temporal, por isso o próprio romance de Swift parodia a tradição dos começos esperados de uma narrativa tradicional de acontecimentos de natureza historiográfica:

> So we closed our textbooks. Put aside the French Revolution. So we said goodbye to that old and hack-neyed fairy-tale with its Rights of Man,

liberty caps, cockades, tricolours, not to mention hissing guillotines, and its quaint notion that it had bestowed on the world a New Beginning.

I began, having recognized in my young but by no means carefree class the contagious symptoms of fear: 'Once upon a time...' (p. 7)

Em 1840, na revista *Panorama*, Alexandre Herculano, cujos romances históricos excluem a auto-reflexividade sobre o valor indeterminado da História, escreveu, no entanto, este testemunho que confirma aquilo que hoje procuram os autores pós-modernos:

> Novela ou História, qual destas duas cousas é a mais verdadeira? Nenhuma, se o afirmarmos absolutamente de qualquer delas. Quando o carácter dos indivíduos ou das nações é suficientemente conhecido, quando os monumentos, as tradições e as crónicas desenharam esse carácter com pincel firme, o noveleiro pode ser mais verídico do que o historiador; porque está mais habituado a recompor o coração do que é morto pelo coração do que vive, o génio do povo que passou pelo do povo que passa. Então de um dito ou de muitos ditos ele deduz um pensamento ou muitos pensamentos, não reduzidos à lembrança positiva, não traduzidos, até, materialmente; de um facto ou de muitos factos deduz um afecto ou muitos afectos, que se revelaram. Essa é a história íntima dos homens que já não são; esta é a novela do passado. Quem sabe fazer isto chama-se Scott, Hugo ou De Vigny, e vale mais e conta mais verdades que boa meia dúzia de bons historiadores.[7]

O que Herculano antecipa aqui, mesmo que a sua obra o não tenha confirmado, é que a História é uma subsidiária da narrativa ficcional (o inverso também é válido, nas teorias pós-modernas da História). Oliveira Martins vai chegar a esta conclusão de forma mais crua, no *Portugal Contemporâneo*, quando afirma que, depois da invenção romântica da historiografia portuguesa, que apenas produziu "dissertações eruditas" e "crónicas verídicas", ficava a História de Herculano como um monumento de erudição, mas falhada, no fundo, enquanto texto literário[8]. Ora, talvez seja esta exactamente a missão do romancista pós-moderno: eliminar tanto quanto possível a fronteira entre a História e o texto literário,

---

[7] Alexandre Herculano: "A Velhice" (1840). *Apud* Vitorino Nemésio: "Eurico – história de um livro", in *Eurico, o Presbítero*, 37.ª ed., Livraria Bertrand, Venda Nova, s/d. pp. xxi-xxii.

[8] *Portugal Contemporâneo*, vol. II, Lello & Irmão, Porto, 1981, p. 321.

qualquer que seja a hierarquia em que os coloquemos. A verdade não existe em nenhum texto em particular – está antes na nossa competência de leitores privilegiados, que participamos neste jogo hipertextual.

O *ficcionismo* também existe na paródia ou desafio aos códigos auxiliares da ficção – "qualquer semelhança entre os acontecimentos e personagens deste livro/filme e acontecimentos ou pessoas reais é pura coincidência"; "Era uma vez,...". São enunciados auxiliares da identificação do discurso ficcional, mas não são sua condição necessária. A crença do leitor sobre a ficção raramente o faz pensar sobre os modos que o autor pode utilizar para dissimular o real, para criar as condições necessárias àquilo que Coleridge chamava "predisposição para suspender a descrença". Eis um enunciado que provém da poética e que interessa muito à teoria da ficção, porque nos diz que existe um trabalho autoral que obriga a esconder a relação dos factos proclamados/narrados com os factos reais; essa dissimulação é muitas vezes o próprio motor da ficção (*Tristram Shandy*, de Sterne, ou *G.* de Berger, ou os contos de *Lost in the Funhouse*, de John Barth, se analisados como paródias pós-modernas, de *A Portrait of the Artist as a Young Man* e de *Finnegan's Wake*, de Joyce, ou a paródia de mitos nacionalistas como exemplificado em *Midnight Children's*, de Salman Rushdie, etc.). A crença do leitor sobre as regras da ficção está sempre em jogo e é sempre provocada nas obras em que se faz uso do *ficcionismo*. Os vários exemplos que temos vindo a estudar mostram sempre que a estratégia de diálogo com o leitor pode indicar um desejo de nos levar a acreditar na ilusão ficcional do romance.[9] Contudo, julgo que o que se passa é precisamente o contrário: a ilusão aumenta porque o leitor julga ter chegado à consciência de que possui a verdade sobre o texto de ficção – que não passará de um texto de ficção, precisamente –, quando, de facto, essa ilusão também faz parte do jogo ficcional, também não passa de mais uma construção planeada do processo de livre criação romanesca.

---

[9] Esta é a leitura que, por exemplo, Brian Stonehill, faz a partir dos mesmos e de outros exemplos de dialogismo entre leitor e autor (cf. *The Self-Conscious Novel: Artifice in Fiction from Joyce to Pynchon*, University of Pennsylvania Press, Philadelphia, 1988, p. 6).

RUY DUARTE DE CARVALHO: LITERATURA E IDENTIDADE PARA ALÉM DO "MUNDO DO TINO COMUM"

RITA CHAVES
Universidade de São Paulo

Minha primeira providência é definir o lugar de que falo, pois fico mais sossegada se esclareço que, a despeito da paixão que Angola me desperta, tenho a firme convicção de que o meu olhar sobre a sua literatura é um olhar estrangeiro, o que significa dizer que o uso da língua portuguesa e uma certa afinidade histórico-cultural não bastam para assegurar uma adesão total a um universo que, sendo familiar em muitos aspectos, não é o mesmo que está na base da minha formação como pessoa e como pesquisadora. Recordar sempre essa minha condição é um modo de me defender de certos comportamentos tentadores que nos levam a ver analogias em fenômenos que os contextos tornam distintos.

Por outro lado, não posso fechar os olhos a algumas veredas que o conhecimento da história da literatura brasileira me abre ajudando-me a compreender certas dominantes da produção literária angolana. E não falo aqui da importância que os escritores brasileiros tiveram na formação dos escritores das ex-colônias portuguesas na África. A relevância de autores como Jorge Amado, Graciliano Ramos ou Manuel Bandeira é referida em entrevistas e pode ser confirmada na análise de muitas obras de escritores de Angola, Cabo Verde e Moçambique. E à lista poderíamos acrescentar os nomes de Carlos Drummond de Andrade, Manuel Bandeira, Ribeiro Couto, Jorge de Lima e Guimarães Rosa se fossem as relações literárias entre Angola e Brasil o objeto dessa comunicação. Refiro-me aqui, na verdade, à experiência da periferia com que se confrontaram os nossos escritores e está na origem de alguns procedimentos que podemos encontrar na constituição do sistema literário angolano.

Produzida em língua portuguesa, a literatura angolana é, sem dúvida, um manancial de questões afeitas ao terreno tensionado das discussões acerca da(s) identidade(s). A própria questão da língua em que escrevem e/ou deveriam escrever os escritores de Angola, após tantos anos, volta e meia mobiliza principalmente entre os estudiosos estrangeiros posturas apaixonadas na defesa de diferentes posições, mesmo se entre os autores este problema já nos pareça equacionado. Discutido e avaliado sobretudo fora do espaço de origem, este repertório literário não deixa de refletir o fato de que é produzido num clima de convulsão, caracterizado por uma injunção de fatores que se projetam sobre o processo criativo com evidentes repercussões em seu resultado.

Pelas questões históricas que conhecemos, as indagações a respeito da nacionalidade e da identidade nos países africanos fermenta tentativas de respostas por parte dos mais diversos campos do conhecimento, sem falar nas ações políticas, inclusive muitas baseadas em equívocos evidentes, que tentaram resolver, minimizar, adiar ou mesmo ocultar a extraordinária dimensão dos fenômenos que envolvem, por exemplo, os debates em torno da relação entre unidade política e diversidade cultural. Considerando algumas singularidades da atividade literária e as características de que ela se revestiu em Angola, pelos caminhos da literatura, podemos seguir uma espécie de roteiro que nos permita compreender, de modo vivo, os impasses e as sugestões dessa longa trajetória que tem sido o processo de constituição do que podemos melhor chamar de identidades angolanas. O uso do plural exprime, pois, a convicção de que a noção de identidades parcelares, utilizada por alguns estudiosos, no caso angolano é mesmo um conceito que se impõe.

Com maior ou menor ênfase, de um modo geral a literatura angolana procurou enfrentar as relações entre consciência nacional e identidade cultural, entre estado nacional e diferenças culturais, ou seja, aqueles problemas que decorrem da delimitação de uma geografia que, também por muito recente, afirma-se carregada de conflitos de natureza vária. Com maior ou menor sucesso, muitos escritores detiveram-se sobre esses problemas, buscando oferecer formas de interpretação desses elementos que apresentam uma indiscutível força no cenário de preocupações que ultrapassa Angola, ultrapassa até mesmo o continente africano, para ser encontrado nos quatro cantos do mundo. Com injunções religiosas, étnicas, sexuais, ideológicas, políticas, culturais, o debate acerca das identidades multiplica-se no centro e na periferia estimulando freqüentemente novos discursos sobre a história dos povos e das pessoas que os constituem.

Quando, entretanto, pensamos naqueles casos em que o quadro foi delineado de modo mais completo, um nome é incontornável: trata-se de Ruy Duarte de Carvalho, cuja obra é, sem dúvida, um excelente ponto de partida para a abordagem de alguns dos tantos aspectos que a própria relação entre literatura e sociedade levanta.

Antes de mais nada, o nome de Ruy Duarte de Carvalho prende-nos a atenção pelo carácter plural e diversificado que caracteriza sua obra. Poeta, cineasta, antropólogo, ficcionista, desenhador, o autor tem se esgrimado com a realidade em que vive na busca de expressões aptas a falar daquilo que a um só tempo é motivo de angústia e inspiração: Angola dos últimos trinta anos. Trata-se de um percurso instigante, "por vezes pouco ortodoxo, dentro de um contexto á de si muito diferenciado, marcado e incômodo", segundo o próprio autor, em seminário realizado na USP, em Maio último.

Em tal itinerário, podemos notar o empenho na elaboração de um instrumental que, embora tributário da chamada cultura ocidental, assume um compromisso de fundo no tratamento de questões que o mesmo ocidente tem dificuldade em perceber. Em meio a tantos problemas, que se renovam e/ou se repetem, um parece se eternizar na reivindicação de novos e novos olhares: a relação entre a tradição e a modernidade, aí incluindo-se os jogos que se armam entre os espaços internacionalizados e os códigos que regulam a vida das sociedades não completamente inserida nos terrenos do que já se convencionou reconhecer como globalização. Tem sido esse espaço intervalar a arena em que os angolanos se debatem na construção de uma identidade cultural. E tem sido fundamentalmente essa a preocupação do nosso autor, seja qual for o campo do conhecimento que seleciona para exercitar sua reflexão. No campo da Antropologia, seus trabalhos não se detêm sobre outro objeto; no terreno da literatura, seja na poesia ou na ficção, o escritor também afia o seu verbo procurando exprimir os diversos mundos que, fora dos setores mais ocidentalizados, são, via de regra, excluídos ou abordados segundo paradigmas que vêm aumentar a carga de equívocos que cercam suas existências desde o tempo colonial.

Desde *Chão de oferta*, volume de poesias editado em 1972, Ruy Duarte não se deu mais trégua, lançando-se num saudável ainda que obcecado exercício de compreender e interpretar o real com as armas que a poesia oferece. Nos primeiros poemas revela-se já o sentido de autonomia de sua produção. Cultivando certas linhas, ele demarca-se da atmosfera dominante que se respirava em Angola no início dos anos 70, quando eclodiam os apelos a uma literatura votada à celebração do canto coletivo. Eram os tempos das noites grávidas de punhais e do canto armado, para lembrar as belas expressões com que Mário de Andrade nomeou suas antologias.

No citado *Chão de oferta* e em *A decisão da idade*, de 1976, outras veredas são percorridas. Apontar a diferença não implica, entretanto, estabelecer hierarquia. Ao contrário, o reconhecimento de certas dissonâncias pode ajudar a desfazer um dos equívocos que cercam a literatura angolana, qual seja a sua uniformidade. Já nos anos 70, Ruy Duarte e David Mestre atestavam essa saudável diversidade que muitos discursos tentam obliterar. O lugar que lhes era reservado pelo discurso crítico dominante naqueles anos é ponto para outra pauta.

Retornando à produção de Ruy Duarte, como já aludimos, singulariza-a o recurso a variadas formas de linguagem. E ele mesmo auxilia-nos na observação de seu trabalho:

> Foi de alguma forma a poesia que me fez passar pelo cinema e foi a partir do cinema que me tornei antropólogo. Por outro lado, se no meu caso a expressão escrita, através da poesia precedeu, e influenciou a expressão cinematográfica, o que na realidade me levou a fundir a minha própria expressão escrita aos recursos, às expressões e aos registos da oralidade que tenho frequentado, foram em grande parte as experiências e as diligências a que a demarche cinematográfica me terá conduzido.

As pistas estão dadas e conduzem-nos a uma característica ainda mais instigante de seu repertório: a sua capacidade de misturar gêneros, mesclando procedimentos, misturando concepções, formulando aproximações, reinventando o seu modo de ver o mundo e a dicção que ele exige.

Mesmo se nos restringimos à escrita, seu trabalho desenvolve-se numa extensa produção. São nove os livros de poemas, sem contar as antologias. *Como se o mundo não tivesse leste*, volume de contos, editado inicialmente em 1977, ganhou nova versão em 2003, três anos depois da edição de seu primeiro romance, *Os papéis do inglês*. No domínio ensaístico, temos *Ana a manda – os filhos da rede*, *O camarada e a câmera*, *Aviso à nevegação*, *A câmara, a escrita e a coisa dita* e *Os kuvale na história, nas guerras e nas crises*. Duas coisas chamam a atenção nesses textos: por um lado a densidade de sua elaboração, por outro lado uma certa dificuldade de classificação encontrada pelo leitor.

Em *Ondula, savana branca*, por exemplo, o subtítulo do volume já adverte para a particularidade do gênero de escrita que ali se concretiza:

"versões, derivações, reconversões". Criativamente, o autor, diante do terreno que, como cineasta e antropólogo, freqüenta, elege como matriz a tradição oral, com a qual ele estabelece um diálogo produtivo cujo resultado é o conjunto de manifestações que o próprio material sugere. São versões dessa sabedoria acumulada por produtores culturais à margem do processo de inclusão que consideram apenas camadas hegemônicas da população angolana, são textos poeticamente trabalhados, são cantos que decorrem da capacidade de leitura de um poeta que articula as referências com a invenção que a poesia exige. Ou seja, não temos ali um exercício de mimetização de uma modalidade discursiva e sim um modo de mediar a relação do leitor com um universo centrado em valores muito diversos dos seus.

Essa maneira de fazer poesia refazendo deliberadamente as referências do lugar que pisa será uma constante na obra de Ruy Duarte. Esse refazer, todavia, não significa diluir as redes de sentidos que ele examina, mas tão-somente conferir-lhes um outro enquadramento, explorando a sua potencialidade significativa. De certo modo, ele reencarna o papel do narrador da tradição oral ao qual é facultado o direito de recontar as estórias, como bem indicam Denise Paulme, Paul Zumthor e Walter Benjamin, entre outros. E, vale assinalar, com cautela, evitando enfaticamente as malhas do pitoresco que, por vezes, envolve até mesmo autores bem--intencionados.

A lucidez do escritor, manifesta num evidente domínio das convenções poéticas, inclusive aquelas que desfaz e/ou refaz, combina-se a uma inquietação criativa que o tempo só vem acentuando. Embora ainda pouco visitada pelos críticos, sua obra é reconhecida pelas singularidades que funda no domínio da poética. Segundo Cláudia Márcia Vasconcellos, num dos raros artigos publicados no Brasil sobre o autor, "Ruy Duarte promove o percurso de uma poética de sedução. Sua escrita permite o acesso a uma noção, a mais depurada possível do que seja a poesia." (p. 322). O caráter da sedução aqui não se confunde com o uso de processos facilitadores para atrair a atenção do leitor. O mais preciso seria dizer que seu texto desafia o leitor, exige seu investimento para acompanhar as linhas sinuosas abissais de sua escrita.

Dominantes em sua poesia, essas características estão presentes em sua ficção, radicalizando-se nos últimos textos, e especialmente em *Vou lá visitar pastores*, de 1999, e *Actas da Maianga*, publicado em 2003. Em ambas, as narrativas, também elas diversas entre si, o leitor depara--se com uma escrita que escapa aos rótulos a que, normalmente, o crítico recorre em seu ofício de classificar para melhor entender.

São, efetivamente, dois livros de Ruy que nos obrigam ao exercício de confrontação com a obra ao mesmo tempo em que nos empenhamos em encontrar os elementos que possam mediar a nossa relação com o escrito. Para nós, ocidentais e/ou ocidentalizados, a matéria é nova. Conhecemos pouco ou nada dos temas e precisamos nos adaptar às formas que o autor engendra para refletir sobre eles. Nesse mergulho que somos levados a fazer, de certo modo, desautomatizamos nosso olhar e temos a oportunidade de ver, com uma acuidade maior, os fenômenos que vivem as personagens em foco.

Vejamos, por exemplo, *Vou lá visitar pastores*, que os catálogos das livrarias situam na rubrica da antropologia. É certo que temos que um ensaio antropológico, acurado, rigoroso, responsável. No entanto, uma leitura mais atenta nota que ao lado de um olhar etnográfico atento, detectamos a preocupação de alguém que pretende mais que descrever o outro, este ser que se abre e se fecha ao nosso esforço de decifração. Desses pastores que têm sido objeto de pesquisa do autor do livro, a narrativa tenta chegar mais perto, num movimento de aproximação, no entanto, diferente daquele que comumente se surpreende nos documentos produzidos pelas ciências sociais.

A situação narrativa compõe-se apelando à imaginação e evocando elementos da tradição oral – matriz essencial da cultura desses povos com quem vamos travar contato. Em síntese, a obra teria nascido de um acaso: em mais uma viagem pelo Sul do país, o autor seria acompanhado por um amigo jornalista que, entretanto atrasa-se e não pode partir com ele; a possibilidade de sua vinda leva-o a gravar umas cassetes com dados que, de certo modo, poderiam compor uma espécie de apresentação ao amigo desse universo a ser visitado. De todo o texto estão ausentes as notas, tornando a sua leitura um exercício fluente, como se de um relato se tratasse, uma espécie de diário de uma viagem a ser realizada, pois que o autor escreve antes que essa se concretize, com base na memória das anteriores. A extensa listagem de referências bibliográficas no post-scriptum que integra o livro mostra ainda que a sua memória está povoada não só das lembranças de suas "rondas" anteriores mas também das leituras que fez e nas quais se apoiou no prolongado estudo que desenvolve sobre os kuvales.

Ao lermos os primeiros parágrafos, constatamos que o deslocamento físico seria acompanhado pela viagem orientada pela palavra na qual também nós podemos embarcar a partir da transcrição dessas cassetes e sua conversão no livro editado em 99. Se uma não se pôde realizar, a segunda abre-se a um número maior de participantes. Fundidos na destinação das informações que o texto reúne, nós, os leitores, participamos dessa viagem, percorremos o acidentado dos terrenos, partilhamos de certa forma a experiência que seria dividida com o amigo, "fixado em Londres, repórter da BBC" (p. 11) que se atrasara para a viagem. Empenhado em preparar o suposto destinatário das cassetes, o narrador aguça sua capacidade descritiva, cultivando uma fidelidade aos aspectos físicos da terra a ser visitada. Destaca-se essa mesma vocação no que se refere às gentes que ali vivem. E tudo envolto numa tonalidade que guarda firme sua ligação com a oralidade, sugerindo um tom de conversa muito adequada à função primeira do texto. No fundo, o narrador parece querer retomar aquela função primordial da palavra como fonte de conhecimento e como força mediadora do intercâmbio de experiência.

É preciso, porém, não esquecer que metonimizada nas cassetes (a substituírem a voz direta), a modernidade indicia sua presença e impede que se reviva integralmente a situação tradicional da transmissão do conhecimento. O quadro ali é mesclado, pois temos um sujeito que se projeta no texto, que nele exprime suas angústias e perplexidades, temos um poeta que se funde ao antropólogo e envereda por outros caminhos:

> De projectos que se urdem mas é para não cumprir, do meu arsenal consta um longo poema para desenvolver paralelo a esta sinfonia. Ao primeiro acorde do primeiro andamento corresponde o acordar do poeta no meio de tal paisagem, naquela exacta encosta. O poeta acorda, possui-se do que vê. As frases musicais constituem-se como referências sólidas, concretas, palpáveis, volumes, acidentes, aquela pedra que eu sei que guarda água, ao longe aquele declive que eu sei que leva ao sal, aquela escassa sombra que me abrigou na infância, essa remota dobra, na distância, que me ensinou a desdobrar o ser, a experimentar sem estar, ubíquo, perdido para o mundo do tino comum. (...) (pp. 106-7).

"Perdido para o mundo do tino comum" inscreve-se como uma espécie de senha também para a leitura desse seu texto em que de maneira desabrida surge o recurso à imaginação poética para percorrer aqueles espaços que não se deixam desvendar apenas pela racionalidade objetiva. E leva com ele o leitor, convocado para ver as coisas de outro modo, colocando em jogo o discurso racionalista que tem dificuldade em perscrutar a lógica daqueles grupos que não o têm como paradigma. Ao mesmo tempo põe-se em cheque a dicção exotizante alimentada por outros discursos, inclusive daqueles que pugnam por uma visão nacionalista orientada pelos esquemas ocidentalizados ou ocidentalizantes que predominam em tantos países africanos.

Essa distância existente entre os modos de estar no mundo não é apenas tematizada, ela se projeta na construção do texto que em sua fatura incorpora estranhamentos impedindo que o leitor ganhe uma familiaridade que só aprofundaria os equívocos que cercam a matéria tratada. Coerente com a dimensão literária que conjuga, o narrador recorda-nos a todo momento que a palavra não é transparente, que querendo comunicar, muitas e muitas vezes, ela turva o objeto que pretendemos conhecer. A crise de que se ocupa neste, como em diversos outros textos, é funda e ele recusa-se a abordá-la numa linguagem que lhe obscureça a profundidade. Considerar a crise pressupõe não ignorar às astúcias do verbo, escancarando as dúvidas, as hesitações, as buscas que cercam a sua formulação, preocupação muito bem elaborada em *Hábito da Terra*, de 1988:

> "Atento, desde sempre, às falas do lugar, nada sei dos sinais se os não confirmo no encontro da memória com a matriz, quando a carência impõe esforços de equilíbrio não entre o corpo e as formas que o sustêm mas entre as margens de uma paragem breve. Registo acasos que desmentem as datas e só as não confundem porque é mesmo assim; regularmente e a confirmar a história. Que se constrói, a vida, um texto? Em busca das coordenadas recorro diligente à pauta de um compasso para saber no texto em que me inscrevo o que se sabe do que havia já, as leis que alguma angústia desvendasse, o legado da argúcia, a vocação da pausa."

Enfrentada e bem pensada, a "vocação da pausa" é fértil na abordagem da crise que é funda, repito, e não se restringe àquele pedaço de Angola. Ao contrário as tensões por ele focalizadas exprimem o quadro revolto em torno dos problemas que envolvem o debate sobre o sentimento nacional e, conseqüentemente, a discussão a respeito da identidade em Angola, considerando-se a relação entre os vários mundos que compõem o país, ou que deveriam compor.

Enfocado pela literatura desde que o sentido de nação começou a inquietar os angolanos, tal problema ganha no verbo de Ruy Duarte de Carvalho contornos diferenciados. Diferentemente do que era corrente nos anos 50 e 60, e que se estendeu nos anos seguintes à independência, ao fixar outra base de onde se vêem as coisas, o intelectual traz uma nova proposta que é a de inverter-se o ângulo de onde se vêem as coisas para se rearticular a dinâmica que o presente exige. Não é na capital ou da capital que se ancora o olhar que observa aqueles que estão inseridos no mapa que o colonialismo fundou e foi legitimado pela independência. Já na abertura, o escritor anuncia:

> Em Agosto de 1997 fiz mais uma ronda pela província do Namibe, sudoeste de Angola, onde desde 1992 mantenho um contacto frequente com alguns pastores kuvale. Estava previsto acompanhar-me, para se inteirar da terra e das gentes, e olhar para Angola a partir dali um amigo meu, fixado em Londres e repórter da BBC.

"(...) para se inteirar da terra e das gentes, e olhar Angola a partir dali (...)". A noção parece clara: é fundamental incorporar outros postos de observação. A atividade literária que ajudou a fazer de Luanda um espaço de resistência pode e deve multiplicar os locais de cultura, para usar a expressão de Homi Bhabha. Se a História participou numa concepção de romance valorizada pelo desenvolvimento do sistema literário, comprometido com a idéia de elaborar um projeto de identidade, a Antropologia integra-se à Literatura, formando uma espécie de cadeia multidisciplinar mais apta a melhor flagrar alguns dos movimentos da dinâmica cultural encenada nesse cenário particular que segue semeando perplexidades e impondo a necessidade de novas formas de abordagem. Deslocar o ponto de onde se mira o país e, com isso, e com a constituição de novas linguagens perseguir outros sinais de identidade assomam como marcas que a obra de Ruy Duarte de Carvalho traz às discussões que devemos continuar travando a respeito das sociedades angolanas.

REFERÊNCIAS BIBLIOGRÁFICAS

BHABHA, Homi. *O local da cultura*. Belo Horizonte: Editora da UFMG, 1998.
CARVALHO, Ruy Duarte de. *A decisão da idade*. Luanda: UEA, 1976.
_____. *Actas da Maianga*. Lisboa: Cotovia, 2003.
_____. *Chão de oferta*. Luanda: 1972.
_____. *Hábito da terra*. Luanda: UEA, 1988.
_____. *Ondula, savana branca*. Luanda: UEA, 1982.
_____. *Os papéis do inglês*. Lisboa: Cotovia, 2000.
_____. *Vou lá visitar pastores*. Lisboa: Cotovia, 1999.
ROCHA, Cláudia Máricia. "A construção do texto e de (muitos) percursos." In SALGADO, Maria Teresa & SEPÚLVEDA, Maria do Carmo. *África/ Brasil: letras em laços*. Rio de Janeiro: Atlântica, 2000.

A HISTÓRIA LITERÁRIA
E A (DES)NACIONALIZAÇÃO DA LITERATURA

Carlos M. F. da Cunha
Universidade do Minho

A concepção histórica e nacional da literatura, a partir da ideia dos irmãos Schlegel, bebida em Vico e Herder, de que a diferenciação nacional acarreta necessariamente uma diferenciação estética, traduziu-se na consideração da literatura como manifestação do espírito dos povos e de uma identidade nacional específica. Assim, a perspectivação nacional da literatura aplicou-se em termos globais (a procura das características de uma literatura nacional) ou particulares (em relação a um autor ou a uma obra), num vai-vém dedutivo e indutivo, que conduz à busca dos escritores representativos da nação ou do "espírito nacional". Porém, predomina neste tipo de abordagens um critério extrínseco à literatura (o nacional, a língua nacional, factores geográficos e etnológicos) e não uma análise intrínseca (relativa aos géneros literários, formas, temas, motivos), e muitas vezes aquele critério externo absorve este, como se verifica pela dedução de que a predominância de certos géneros literários se deve a uma espécie de modo de ser colectivo. No capítulo de Robert Ricard sobre a literatura portuguesa, incluído na obra enciclopédica editada por Raymond Queneau, ecoa um tópico já antigo, que assenta nesta lógica: "La tradition portugaise est principalement lyrique, et l' on peut dire que c' est le seul genre qui s' accorde pleinement au tempérament national." (1958: 751)[1].

---

[1] Em termos nacionais, parece-nos ter sido A. Herculano o primeiro a elaborar tal formulação (s/d, t. II: 238-40). No entanto, R. Ricard inspira-se certamente em Fidelino de Figueiredo, na medida em que refere praticamente todos os traços da sua caracteriologia da literatura portuguesa (Figueiredo, 1923).

Deste modo, a história geral e a história literária, como a literatura, estão em grande medida centradas no âmbito nacional, com a função social e pedagógica de difundirem uma certa permanência identitária, uma certa memória nacional. Esta é para Paul Veyne uma das convenções que mutila a história e a transforma numa espécie de "biografia de uma individualidade nacional", através da instauração de uma continuidade espácio-temporal, como na história literária, "onde reina a óptica das literaturas nacionais" (1987: 314). Esta "necessidade" de a história literária ser a história do espírito da nação e a sua motivação identitária é uma das principais razões que conduziu à questionação da sua "possibilidade" como disciplina[2].

Como sublinha Edward Said, as culturas nacionais, são híbridas, incluem muitos elementos estrangeiros, alteridades e diferenças que conscientemente se excluem (1993: 15). Nenhuma cultura "is single and pure, all are hybrid, heterogeneous, extraordinarily differentiated, and unmonolithic." (*id*.: XXIX)[3]. Algo semelhante pode ser dito em relação às literaturas nacionais. Nas palavras de Pierre Pénisson, "L'étranger est consubstantiel au national et il n'y a de littérature national qu'à proportion des transplantations et des changements qu'elles induisent." (1994: 117). As fronteiras culturais e literárias são por isso resultantes daquilo que H. Bhabha denomina como uma "geografia imaginativa", que produz uma homogeneização das culturas nacionais ao serviço de uma hegemonia interna (do poder dominante) ou externa (em termos imperialistas) (1990: 318).

---

[2] Para Edward Baker, "Es obligación de los historiadores de la literatura dar un golpe de negatividad que ponga al descubierto la taxonomía de aquello que llamamos literatura y de los cánones nacionales." (1990: 12); "Quienes pretendan hacer una historia literaria con plena consciencia de la historicidad de la literatura y de la suya propria tendrán que confrontar la historiografía tradicional e insistir en la rigurosa impossibilidad de pensar *eso*." (id.: 18).

[3] A comprovar esta realidade está, como observa E. Said, o constante realinhamento pós-colonial das nações e do *mappa mundi* (*id*.: xxxviii). A não coincidência entre as fronteiras políticas e as fronteiras culturais é evidente nos países do leste europeu, com constantes justaposições de etnias, religiões e línguas (cf. Karnoouh, 1990: 12).

Mas a própria cultura, na perspectiva sistémica de Niklas Luhman, é uma construção cultural, uma realidade que implica vários níveis inter-relacionados (nacional, regional, étnico, religioso, linguístico, de género, de geração, classe social, etc.) (cf. Segers, 1996: 204).

É por isso que Jacques Lambert defende a necessidade de uma nova cartografia mundial da literatura (1990) que não identifique as noções de país/nação e comunidade linguística, na medida em que o modelo eurocêntrico da "literatura nacional" continua a dominar o campo dos estudos literários:

> "Il continue à représenter le schéma dominant des programmes d'enseignement et de recherche du monde entier (en particulier dès qu'il s'agit des traditions littéraires de l'Europe occidentale, restées le prototype des littératures) et, de façon plus voilée, des théories littéraires, en dépit de l'internationalisation évidente des communications contemporaines – notamment littéraires. Même les théoriciens et les comparatistes restent globalement fidèles au principe des littératures nationales." (1990: 109-110; cf. 115).

Com efeito, todos os critérios de delimitação da literatura a uma esfera nacional revelam inúmeras insuficiências, em grande parte devido ao facto de o conceito de literatura nacional ser uma construção retrospectiva, aplicada a épocas em que a própria nacionalidade não existia, nem tão pouco o conceito de literatura. Por outro lado, porque concebida em termos nacionais, está sujeita, como a história nacional, a fortes disputas políticas e simbólicas, a interpretações divergentes.

O principal problema da delimitação das fronteiras das literaturas nacionais resulta em grande parte da sua variabilidade histórica, dos intercâmbios que entretecem com outras literaturas e da aplicação à literatura de critérios extrínsecos ou heterónomos (de natureza sócio-política, geográfica, étnica, etc.)[4], a começar pela própria ideia de nação (étnica ou moral, etc.). Numa Europa em que as fronteiras dos Estados-nação rara-

---

[4] O Quarto Congresso da Associação Internacional de Literatura Comparada, realizado em 1966, problematizou os critérios de natureza geográfica, política e linguística habitualmente adoptados.

O. Tacca destaca que o critério geográfico perde valor devido à a variação histórica dos territórios "nacionais" e ao facto de muitas vezes os escritores pertencerem a um espaço literário e cultural não coincidente com o do seu país de origem. Por outro lado, afirma, as fronteiras linguísticas raramente coincidem com as fronteiras políticas. Por fim, observa que os critérios de natureza histórica tendem a ser extrínsecos à literatura e envolvem vários factores (políticos, sociológicos, culturais, psicológicos, etc.):

> "He aquí el dilema: los criterios históricos, en rigor son extraños a la literatura, y los literarios (sean semánticos, lingüísticos o estilísticos) difícilmente alcanzan suficiente autonomía o resultan separables de los históricos." (1968: 89; cf. 78-89).

mente coincidem com delimitações linguístico-etnológicas ou com "fronteiras naturais"[5], a noção de literatura "nacional" torna-se assim problemática.

Como sublinha Jacques Beyrie, a escrita não se deixa aprisionar em termos de territorialidade, a literatura é o domínio por excelência do relacional e do intertextual, prestando-se mal às exigências da fixação de um *corpus* textual rigorosamente circunscrito (1994: 152). Por outro lado, se é inegável a articulação da literatura com o seu meio histórico--cultural, não pode ser ignorado, como sublinha Aguiar e Silva, o carácter dialógico das culturas nacionais:

"A identidade nacional não é uma ilha, uma cidadela ou uma prisão. Tal como a identidade individual se constrói no diálogo com o(s) outro(s), assim a identidade de um povo e de uma nação se vai plasmando, num processo interminável, no diálogo com as culturas de outros povos e de outras nações. (...) Os grandes textos literários nunca nos clausuraram num nacionalismo míope e bafiento: religam-nos à Europa e ao mundo." (1998/ /99: 30).

Por estas razões, não se pode transferir para a literatura o conceito territorial da geografia, funcionando o espaço literário com a sua própria cartografia, com os seus centros e periferias, numa dimensão inter-nacional e de acordo com uma certa "geografia temporal" (Casanova, 1999: 148) [6].

---

[5] Os Estados-nação modernos implicam, segundo "o princípio das nacionalidades", a coincidência do Estado e da nação numa unidade política: "L' idée national, avant la Révolution française, n' avait guère d' existence en face de la notion d' État." (Baggioni, 1997: 253). Mas, como observa Anne-Marie Thiesse, esta justaposição do estado à nação implica constantes antinomias:

"La coïncidence entre État et nation est *a priori* impossible." (1999: 233); "la nation est un principe, l'État une réalité concrète." (*id*.: 227).

[6] Esta «cartografia temporal» é, segundo P. Casanova, aferida pelo «méridien de Greenwich littéraire, par rapport auquel on peut dessiner la carte esthétique du monde, la place de chacun pouvant s'évaluer à la distance temporelle par rapport au centre» (1999: 474-5), em termos de modernidade ou atraso, de que se isentam os «clássicos», definidos como atemporais e sempre modernos. Por outro lado, a antiguidade de uma literatura funciona nesta geografia temporal como um capital cultural e simbólico importante (*id*.: 35-6).

É esta não coincidência entre a "geografia espacial" e a "geografia temporal" que conduzem o autor a desacreditar a ideia de literatura nacional:

O critério linguístico, por exemplo, revela-se insuficiente e precário, não só porque a língua varia diacronicamente, mas devido à existência de Estados plurilinguísticos e mesmo plurinacionais, resultando com frequência a imposição de uma língua oficial "nacional" na marginalização de outros idiomas[7]. Em Portugal, por exemplo, o critério linguístico conduz à exclusão da literatura portuguesa dos textos escritos em Latim e em castelhano. José Maria da Costa e Silva, no seu *Ensaio Biographico-Critico sobre os melhores Poetas Portuguezes* (1850-5), declara expressamente que não se ocuparia dos poetas que escreveram em Latim ou castelhano, pois considera que "naõ sam Poetas Portuguezes." (1850, I: 6).

Assim, um *mappa mundi* das literaturas nacionais em que as línguas e as nações coincidam, não teria qualquer validade em termos diacrónicos e é mesmo discutível numa lógica sincrónica, na medida em que se revelará atomista (não dá conta das interferências e dos reagrupamentos), ecléctico (*v.g.* Suíça, Bélgica, Península Ibérica, etc.) e anacrónico (Lambert, 1990: 112-5), para além de escamotear a pluralidade interna das tradições literárias, porque a "literatura nacional", equivalente à língua oficial, tenta homogeneizar a representação das unidades espácio-temporais e implica uma "normalização", com base num cânone e no estabelecimento de períodos canónicos:

"L' institutionnalisation (politique) entraîne une hiérarchisation des oeuvres, des auteurs, des habitudes, des circuits de distribution, voire

---

"Cet éclatement géographique des espaces littéraires les plus éloignés des centres et le système de leurs dépendances multiples est peut-être l' un des signes majeurs de la non-coïncidence de l' espace littéraire et de la nation politique, c' est-à-dire de l' autonomie relative de l' espace littéraire mondial." (*id*.: 285).

[7] Daniel Baggioni põe a claro o plurilinguismo europeu, que considera a regra e não a excepção: «Le monolinguisme étatique est cependant un projet qui n' a jamais été complètement réalisé, et si on est attentif aux réalités des pratiques langagières, en Europe comme dans le reste du monde on peut dire que le plurilinguisme est la règle et le monolinguisme l' exception.» (1997: 38). Cf. Eva Kushner (1989: 110) e Claudio Guillén (1998: 301).

José Lambert destaca que, em rigor, não há sociedades monolingues: «Siguiendo a los sociolingüistas, podemos afirmar que la homogeneidad lingüística de las sociedades es ante todo una idea.» (1999: 55).

souvent des genres et des thèmes, que les chercheurs prennent souvent pour leur propre compte, confondant ainsi les positions normatives de l' objet à étudier avec leurs critères de description." (*id.*: 115).

A rejeição definitiva do critério nacional aplicado à literatura deu-se em nome da dimensão estética e da autonomização do sistema literário, conduzindo a um certo cosmopolitismo, a uma espécie de "desnacionalização" do fenómeno literário, que se deu sobretudo nas literaturas com maior capital simbólico e cultural:

> "Leurs ressources littéraires mêmes leur donnent le moyen d'élaborer, contre la nation et ses intérêts strictement politiques ou politico--nationalistes, une histoire spécifique, une logique propre, irréductibles au politique." (Casanova, 1999: 124).

As reacções ao nacionalismo literário são, aliás, em certa medida, concomitantes com a sua emergência. A literatura nacional interroga e descreve o passado do seu povo-nação (indissociáveis desde Herder), exalta o amor da pátria e incita às diversas empresas nacionais. Mas muitos escritores não aceitam que a literatura tenha estas funções, porque têm uma visão cosmopolita ou porque defendem a autonomização da arte. Goethe, fiel às Luzes, por exemplo, prefere a *Weltliteratur*, Victor Hugo defende uma "nacionalidade europeia" e Lord Byron considera-se escritor europeu. Stendhal chegou mesmo a afirmar que o sentimento nacional é *contra natura*, e Pushkin declarou que a nacionalidade vista de fora parecia um vício. Por seu turno, Flaubert, em nome da autonomização estética, diz que a obra de arte não tem pátria. Aliás, este elemento está presente nas relações entre a vanguarda política e artística. O aparecimento da arte pela arte na Europa tem a ver, entre outras razões, com a recusa das funções utilitárias da literatura no quadro de uma cultura nacional ou de um Estado-nação, não obstante essa função ter sido dominante nas épocas de luta pela independência ou pela autonomia nacionais (cf. P. Matvejevic, 1991: 32-3).

Neste âmbito, a autonomização do campo literário relativamente ao campo do poder implica a sua "despolitização" e a constituição das "regras da arte" (Bourdieu, 1992), da "estética pura" e mesmo da "arte pela arte". Como observa Pascale Casanova, a literatura inventa-se como um progressivo aumentar de capital literário, numa autonomização face à servidão política e nacional, com a "invenção de uma língua literária"

(1999: 116-118), na medida em que a língua, enquanto sistema modelizante primário, é também um instrumento político (*id*.: 466-7)[8].

Já Benedetto Croce observara que o conceito unitário de literatura nacional não é uma categoria crítica válida, pois a arte manifesta o individual e o geralmente humano, mas não a nação[9]. No seu entender, a "heresia espiritual" da Alemanha foi a introdução desta cisão no conceito de beleza, pragmatizando os seus conceitos "pseudo-estéticos":

> "La bellezza non solo non è più unica e indivisible, ma le sue divisioni non sono più quelle, arbitrarie bensì ma nell' intenzione universalemente umane, di drammatica e lirica, di ingenua e sentimentale, di classica e romantica. Le sue divisioni sono ora i popoli stessi e le classi, con le cui faccende l' opera della poesia s' identifica, onde la categoria del giudizio è a volta 'Germania', Francia', 'Inghilterra', 'Russia', 'Italia', o 'borghesia', 'democrazia', 'falce e martello', 'croce uncinata', e via.
> Tanto più energicamente conviene, dunque, riaffermare l' indivisibilità della bellezza, unica categoria del giudizio, in quanto le divisioni che ora se ne fanno non spezzano solamente, come le più antiche, l' unità estetica del genere umano, ma distruggono l' umanità stessa, chiudendola in circoli stranieri l' uno all' altro e nemici inconciliabili e perpetui." (1994 [1936]: 126)[10].

---

[8] Segundo este autor, é devido a esta dependência original perante as instâncias políticas e nacionais que muitos escritores dizem que a sua pátria é a língua, de modo negar o nacionalismo político sem negar a nação, e para vincar a sua autonomia estética (Casanova, 1999: 467). Em termos mais gerais, este desejo de autonomia pode estender-se a toda a esfera cultural: "José Luis Aranguren, por ejemplo, ha pedido la 'desamortización' o liberación de la cultura establecida de que hablamos" (Fox, 1995: 13).

[9] "Anche allora, per il nuovo valore attribuito alle nazioni, oltre la storia letterario-artistica generale dell' humanità, furono foggiate le storie letterario-artistiche nazionali, non più comprese nella prima come suoi stadi o epoche particolari, con nascita, vita e morte senza resurrezione, ma indipendenti in certa misura dalla prima, e perciò perduranti ciascuna col su carattere originale, sebbene passanti, nel corso dei secoli, per fasi di grandezze, decadenze e palingenesi." (Croce, 1996 [1919]: 403).

[10] "Ma ora, e senza passare attraverso l' intermedio di quelle forme ideali, popoli, razze e classi sociali sono stati dotati di forme, a ciascuno affato proprie, di poesia, devise profondamente l' una dall' altra, sconoscenti l' una dall' altra, combattenti l' una contro l' altra al pari di quei popoli e razze e di quelle classi stesse nella sfera della realtà pratica. Così ci sarebbe ora, tra le altre, una poesia 'germanica' che si farebbe dai puri germani e solo da essi potrebbe esser sentita e da essi soli giudicata" (*id*.: 125; cf. 123 e 146).

Para além de negligenciarem a dimensão estética do fenómeno literário, as "falsas histórias da poesia", como lhes chama, com a sua metafísica idealista ou materialista, ao centrarem-se na dimensão nacional, abeiravam-se perigosamente do chauvinismo e do racismo:

"...e assai spesso si corre ai vaneggiamenti del nazionalismo, del razismo e dell' antisemitismo, e si trascina fra questi la poesia, gridando che, per il tedeschi, unica misura deve essere la 'deutsche Dichtung' e la 'deutsche Kunst', e che essi cercano non il 'bello', come i corrotti i fiachi latini, ma il 'titanico' (...). Lontanissimo è il concetto della storia della poesia coincidente col giudizio della poesia" (*id.*: 149); "e ai giorni nostri s' imbarbariscono in odiose storie nazionalistiche e razzistiche, per fortuna non italiane." (Croce, 1996 [1919]: 418) [11].

Por outro lado, ao tomar a história "extrapoética" (política, moral ou filosófica) como critério judicativo, a "falsa" história da poesia e da literatura, sujeitava a poesia ao papel de documento das lutas da história:

"riducendo la poesia a rappresentante di popoli e di partiti, a polemica, a grido di revolta o di guerra, a industria ed astuzia, ad arma di combattimento, e poi anche a esposizione d' idee e di sisteme di credenze; e riducendo i poeti a filosofi, politici, guerrieri, apostoli, predicatori, assegnandoli a faccende a loro estranee, prestando loro un viso aceso dalla passine o contratto nello sforzo dell' indagine, che nessun poeta ha mai avuto" (Croce, 1994 [1936]: 142).

A literatura comparada surgiu em grande parte como uma reacção ao insulamento nacional, para recompor a unidade perdida da República das Letras, que Goethe, já em 1827, projectou numa futura literatura mundial[12]. Mas o comparatismo literário pode ser compreendido como

---

[11] B. Croce refere-se de modo particular à concepção de F. Schlegel e critica o facto de a história literária privilegiar uma dimensão extra-estética e o estudo dos *minores* (1996 [1919]: 407).

[12] Se bem que desde os seus inícios a literatura comparada visasse superar as limitações nacionalistas da história literária, não é menos verdade que foi, como denunciou Étiemble (1963), motivo de constantes chauvinismos, e por isso René Wellek apontava como um dos motivos da crise da disciplina o paradoxo subjacente à sua motivação psicológica e social: um patriotismo que afirma a sua superioridade comparando, num jogo de deve e haver (s/d: 248-50).

O próprio conceito de literatura mundial, enunciado por Goethe em 1827, a propósito de uma adaptação francesa do seu *Tasso*, tem uma conotação germanocêntrica: "Se está formando una *Weltliteratur* general, en la que a nosotros los alemanes nos está

um momento fundamental da transição de uma filosofia da história iluminista para uma história literária nacional. Franca Sinopoli considera que a literatura comparada e a ideia de literatura universal foram coevas, senão mesmo antecedentes, da noção de literatura nacional (1996: 16, 19, 51), na medida em que partem de uma concepção global do que é a literatura (*id*.: 22). A literatura nacional impôs-se depois devido ao nacionalismo e à noção de que há uma literatura particular na esfera de cada nação, o que impulsionou à indagação dessa história literária nacional, reduzindo-se nesta fase o comparatismo a um modo de melhor acentuar as especificidades de cada literatura nacional relativamente às outras (*id*.: 56)[13].

Com a teoria da literatura triunfou a apologia do conceito de literatura universal. R. Wellek preconiza a necessidade de conceber "a literatura como um todo", para além das diferenças linguísticas (s/d: 57), perante "a evidente falsidade da ideia de uma literatura nacional contida em si própria. A literatura ocidental, pelo menos, constitui uma unidade, um todo." (*id*.: 58); "a literatura é só uma, como uma é a arte ou a humanidade – e nesta concepção reside o futuro dos estudos literários histó-

---

reservado un papel honroso." (*apud* Guillén, 1985: 54). Há, no entanto, outras implicações filosóficas e político-morais neste ecumenismo goethiano, como a sua apreensão perante as forças do nacionalismo e do chauvinismo militante que grassavam na Europa, especialmente na Alemanha, que o induzem a uma abertura cosmopolita a outros povos e tradições, para evitar um isolacionismo que, na sua óptica, poderia conduziria à ruína (Steiner, 1995: 5-6). Segundo R. Wellek, o ideal da "literatura universal" resultou em grande parte do cansaço das guerras napoleónicas (1989: 255).
Para as raízes e sentidos de *Weltliteratur* em Goethe cf. Curtius (1989: 45-7), C. Guillén (1985: 56-7) e R. Wellek (1989: 255).

[13] O comparatismo europeu nasceu, como salienta Susan Bassnett, "in an age of national struggles, when new boundaries were being erected and the whole question of national culture and national identity was under discussion throughout Europe and the expanding United States of America." (1993: 8-9); "In Europe, as nations struggle for independance – from the Ottoman Empire, from the Austro-Hungarian Empire, from France, from Russia – and new nation states came into being, national identity (whatever that was) was inextricably bound up with national culture (however that was defined)." (*id*.: 20).
Só depois, observa, é que a literatura comparada passou também a funcionar como um antídoto do nacionalismo, embora desde o último quartel do século XX volte a fazer "part of the process of reconstructing and reasserting cultural and national identity in the post-colonial period." (*id*.: 39).

ricos." (*id*.: 59). Consagra assim uma perspectiva que tem os seus expoentes em T. S. Eliot (1917), Curtius (1948) e Auerbach (1946), em nome de um certo universalismo antropológico, que retoma em parte os ideais do classicismo[14] e reflecte uma certa atmosfera intelectual motivada pela Segunda Guerra Mundial, estreitamente vinculada à experência do exílio, por motivos políticos, como sucedeu com Auerbach, Curtius, Leo Spitzer e R. Wellek[15]. A vocação da Literatura Comparada parece ser assim a afirmação de um cosmopolitismo militante, como para Étiemble (1963), para quem ela é sobretudo um modo de abertura política ao universalismo histórico, linguístico e intelectual. Este objectivo realiza-se porque em muitos casos o próprio comparatista se encontra situado numa encruzilhada de duas ou mais nações, de que pretende ser mediador e conciliador (Wellek, s/d: 248), habitando *Múltiples Moradas* (Guillén, 1998). Por isso, em última instância, "Comparative literature listens and reads after Babel."; "Jubilant at the intractable diversity of Babel" (Steiner, 1995: 9-10).

---

[14] "Uma vez que captemos a natureza da arte e da poesia, a sua vitória sobre a mortalidade e o destino humanos, a sua criação de um novo mundo da imaginação, as vaidades nacionais desaparecerão. Surge o homem, o homem universal, o homem de toda a parte e de qualquer tempo, em toda a sua variedade"; a erudição literária torna-se um acto da imaginação "e assim preservará e criará os mais altos valores da humanidade." (Wellek, s/d: 255).

[15] Não é mera coincidência o facto de as obras destes autores (exilados) terem sido motivadas e publicadas (em 1946, 1948 e 1949, respectivamente) como reacção à ideologia Nazi e à Segunda Guerra Mundial, que os conduziu ao exílio. É o caso dos grandes expoentes da tradição filológica alemã, Curtius, Auerbach (cf. Lerer, 1996) e Spitzer.

Curtius, alemão/alsaciano, viu-se envolvido *in loco* pelo confronto franco-alemão. A sua obra foi motivada pela "capitulación de la intelectualidad alemana, el odio a la civilización occidental" (1976: 9) e pela desagregação da cultura europeia após a Segunda Grande Guerra, como ele próprio refere no prefácio da *Literatura Europea y Edad Media Latina* (1976: 10). Daí a sua recusa da história literária nacional, de matriz romântica, e o abandono da geografia real em nome de um lugar simbólico (Roma), fundador de um espaço europeu e de uma cultura comum (latina) (cf. Antonelli, 1995: 183-91).

George Steiner realça a importância que a experiência do exílio sempre teve no desenvolvimento da Literatura Comparada, como na questão alsaciana do passado e no facto de os professores judeus exilados nos E.U.A. não terem tido acolhimento nos tradicionais departamentos de Inglês: "Thus much of what became comparative literature programmes or departments in American academy arose from marginalization, from partial social and ethnic exclusion." (1995: 7).

No entanto, de acordo com a lição de Claudio Guillén, a dificuldade primacial da Poética comparativa é a de dar conta da alteridade do diverso na identidade do uno. A maior objecção que se coloca à Poética Comparativa é justamente a sua impossibilidade de encontrar um denominador comum em todas as literaturas sem sacrificar algumas literaturas nacionais, por não se enquadrarem na síntese global[16]. A perspectiva comparatista de tipo universalista e teórico é devedora de uma visão "eurocêntrica" dos fenómenos literário e cultural, denunciada em particular no seio dos "post-colonial studies". Mas esta nova área de estudos não se isenta de fortes críticas, mesmo por parte dos seus fundadores, como Gayatri Spivak, em *A Critique of Postcolonial Reason* (1999). O conceito de "literatura universal", quando considerado equivalente a "cultura ocidental", implica uma hegemonização similar à que se propõe evitar, como salienta Edward Said:

"it is nevertheless evident that when most European thinkers celebrated humanity or culture they were principally celebrating ideas and values they ascribed to their own national culture, or to Europe as distinct from the Orient, Africa, and even the Americas. What partly animated my study of Orientalism was my critique of the way in wich the alleged universalism of fields such as the classics (not to mention historiography, anthropology, and sociology) was Eurocentric in the extreme, as if other literatures and societies had either an inferior or a transcended value." (1993: 51).

Assim, para E. Said, a ideia de "literatura mundial" é inevitavelmente imperial e eurocêntrica: "now both empire and actual geographical space collaborate to produce a 'world-empire' commanded by Europe."; "the imperial map *did* license the cultural vision." (*id*.: 55)[17].

---

[16] Por outro lado, como sublinha A. Marino, tornar-se-ia inútil se se limitasse à constatação de elementos universais, caso existam, em todas as obras (1988: 307). Recorde-se, a propósito, que a polémica norte-americana das duas últimas décadas do século XX em torno do cânone literário ocidental começou no seio de um Curso de Civilização Ocidental (cf. Lindenberger, 1990: 148-62).

[17] E. Said fala mesmo numa "relationship between the development of comparative literature and the emergence of imperial geography" (*id*.: 58). Denuncia igualmente a presença da literatura românica como centro do projecto da *Weltliteratur*: "The speak of comparative literature therefore was to speak of the interaction of world literatures with one another, but the field was epistemologically organized as a sort of hierarchy, with Europe and its Latin Christian literatures at its centre and top." (*id*.: 52). Se o trabalho dos grandes filólogos do pós-guerra era a preservação da cultura europeia, isso revelaria

Este novo aprisionamento espacial e histórico-político da literatura que lhe pode retirar um conjunto de potencialidades semântico-pragmáticas enquanto expressão da vida e da experiência humana parece conduzir-nos à impossibilidade de autonomizar o fenómeno literário, mas a literatura mostra-nos simultaneamente a sua capacidade intemporal, ao transcender e ultrapassar as suas circunstâncias, transformando o seu carácter documental em relação a um determinado contexto numa dimensão monumental, onde se sente o pulsar do tempo e se ouve o testemunho dos homens e das mulheres que nos precederam. Parafraseando um título de um estudo de Stephen Greenblatt (1990), diríamos que as obras literárias nos trazem a ressonância de outras eras e o fascínio do presente perante as vivências do passado[18].

Referências Bibliográficas

AGUIAR E SILVA, Vítor Manuel de
(1998/99) "Teses sobre o ensino do texto literário na aula de Português", *Diacrítica*, 13-4: 23-31.
ANTONELLI, Roberto
(1995) "Tempo e Spazio nella Storiografia Letteraria", *in* ROSA, Alberto Asor (ed.) (1995) *La Scrittura e la Storia. Problemi di Storiografia Letteraria*. Firenze: La Nuova Italia, pp. 161-95.
BAGGIONI, Daniel
(1997) *Langues et nations en Europe*. Paris: Éditions Payot & Rivages.

---

a ideologia comparatista, a sua missão de conservar uma representação uniforme da civilização europeia (*id*.: 54-5).

A tendência hegemónica do "universal" conduz, segundo P. Casanova, à anexação sistemática (e consequente "desterritorialização") das obras de diversas culturas aos critérios impostos pelos centros literários que se crêem detentores dos valores estéticos considerados universais (1999: 226), de que resultam muitas distorções e mal-entendidos interpretativos: "L' universel est, en quelque sorte, l' une des inventions les plus diaboliques du centre: au nom d' un déni de la structure antagoniste et hiérarchique du monde, sous couvert d' égalité de tous en littérature, les détenteurs du monopole de l' universel convoquent l' humanité tout entière à se plier à leur loi. L'universel est ce qu'ils déclarent acquis et accessible à tous à condition qu'il leur resemble." (*id*.: 215).

[18] "it is the function of new historicism continually to renew the marvellous at the heart of the resonant." (1990: 89).

BAKER, Edward
(1990) «La problemática de la historia literaria», in ALDARACA, Bridget; BAKER, Edward e BEVERLY, John (ed.s) (1990) *Texto y Sociedad: Problemas de Historia Literaria*. Amsterdam/Atlanta: Ed. Rodopi B. V., pp. 11-8.

BASSNETT, Susan
(1993) *Comparative Literature. A Critical Introduction*. Oxford/Cambridge: Blackwell.

BEYRIE, Jacques
(1994) *Qu'est-ce qu'une littérature nationale? Écriture, Identité, Pouvoir en Espagne*. Toulouse: P. U. du Mirail.

BHABHA, Homi K.
(ed.) (1990) *Nation as Narration*. London/New York: Routledge.

BORDIEU, Pierre
(1992) *Les règles de l'art. Genèse et structure du champ littéraire*. Paris: Seuil.

CASANOVA, Pascale
(1999) *La République Mondiale des Lettres*. Paris: Seuil.

CROCE, Benedetto
(1994) *La Poesia. Introduzioni alla Critica e Storia della Poesia e della Letteratura*, org. G. Galasso Milano: Adelphi Edizioni [1936].
(1996) *Filosofia – Poesia – Storia*, org. G. Galasso. Adelphi Edizioni

CURTIUS, Ernst Robert
(1976) *Literatura Europea y Edad Media Latina – I*. Mexico/Madrid/Buenos Aires: Fondo de Cultura Economica [1948].
(1989) *Ensayos críticos sobre la literatura europea*. Madrid: Visor.

ELIOT, T. S.
(1962) *Ensaios de Doutrina Crítica*. Lisboa: Guimarães Editores [1919].

ÉTIEMBLE, René
(1963) *Comparaison n'est pas raison. La crise de la littérature comparée*. Paris: Gallimard.

FIGUEIREDO, Fidelino de
(1923) *Caracteristicas da Litteratura portuguesa*, 3.ª ed. revista, Lisboa: Livraria Clássica Editora [1914].

FOX, E. Inman
(1995) "La invención de España: literatura y nacionalismo", in FLITTER, Derek W. (ed.) – *Actas del XII Congreso de la Asociación Internacional de Hispanistas*, t. IV, pp. 1-16.

GREENBLATT, Stephen
(1990) "Resonance and Wonder", in COLLIER, Peter e GEYER-RYAN, Helga (ed.s) (1990) *Literary Theory Today*. Oxford/Cambridge: Polity Press & Basil Blackwell, pp. 74-90.

GUILLÉN, Claudio
(1985) *Entre lo Uno y lo Diverso. Introducción a la Literatura Comparada*. Barcelona: Editorial Crítica.
(1998) *Múltiples Moradas. Ensayo de Literatura Comparada*. Barcelona: Tusquets Editores.
HENDRIX, Harald *et alii*
(ed.s) (1996) *The Search For a New Alphabet. Literary Studies in a Changing World*. Amsterdam/Philadelphia: John Benjamins.
HERCULANO, Alexandre
(s/d) *Cartas*, t. II. Lisboa: Aillaud e Bertrand.
KAISER, David Aram
(1999) *Romanticism, Aesthetics, and Nationalism*. Cambridge/New York/ Melbourne: Cambridge U. P.
KARNOOUH, Claude
(1990) *L'Invention du Peuple. Chroniques de Roumanie*. Paris: Arcantère.
KUSHNER, Eva
(1989) «Articulation historique de la littérature», *in* ANGENOT *et alii* (ed.s) (1989) *Théorie Littéraire. Problèmes et Perspectives*. Paris: P.U.F., pp. 109-125.
LAMBERT, José
(1990) «A la Recherche de Cartes Mondiales des Littératures», *in* RIESZ, János e RICARD, Alain (1999) *Semper Aliquid Novi. Littérature Comparée et Littératures d'Afrique*. Tübingen: Gunter Narr Verlag, pp. 109-21.
(1999) «Aproximaciones sistémicas y la Literatura en las Sociedades Multilingües», *in* IGLESIAS SANTOS (ed.) (1999) *Teoría de los Polisistemas*. Madrid: Arcos/Livros, pp. 53-70.
LERER, Seth
(ed.) (1996) *Literary History and the Challenge of Philology. The Legacy of Erich Auerbach*. Stanford/ California: Stanford U. P.
LINDENBERGER, Herbert
(1990) *The History in Literature: On Value, Genre, Institutions*. New York: Columbia U. P.
MARINO, Adrian
(1988) *Comparatisme et théorie de la littérature*. Paris: P.U.F.
MATVEJEVIC, Predrag
(1991) "Cultures et Litteratures Nationales en Europe (Concepts et Pratiques)", *in* GILLESPIE, Gerald (ed.) (1991), *Littérature comparée/Littérature mondiale (Actes du XI.e Congrès de l'Association Internationale de Littérature Comparée, Paris, 1985)*, vol. 5. New York-Bern-Frankfurt and Main-Paris: Peter Lang, pp. 29-38.
PÉNISSON, Pierre
(1994) «La Notion de Littérature Nationale chez Gottfried Herder», *in* ESPAGNE, Michel e WERNER, Michael (ed.s) (1994 *Philologiques III*.

Qu'est-ce qu'une littérature nationale? Approches pour une théorie interculturelle du champ littéraire. Paris: Maison des Sciences de l'Homme, pp. 108-19.

PERKINS, David

(1992) *Is Literary History Possible?* Baltimore/London: The Johns Hopkins U. P.

RICARD, Robert

(1958) «Littérature portugaise», *in* QUENEAU, Raymond (ed.) (1958) *Histoire des Littératures*. Paris: Gallimard, Coll. «La Pléiade», t. II, pp. 731-50.

SAID, Edward W.

(1993) *Culture & Imperialism*. London: Chatto & Windus.

SEGERS, Rien T.

(1996) "Cultural and Literary Identity: Disease or Medicine? A Dialogue with Douwe Fokkema", *in* HENDRIX, Arald *et alii* (ed.s) (1996), pp. 7-12; 202-7.

SILVA, José Maria da Costa e

(1850-5) *Ensaio Biographico-Critico sobre os melhores Poetas Portuguezes*. Lisboa: Imprensa Silviana.

SINOPOLI, Franca

(1996) *Storiografia e Comparazioni. Le origini della storia comparata della letteratura in Europa tra Settecento e Ottocento*. Roma: Bulzoni.

SPIVAK, Gayatri Chakravorty

(1999) *A Critique of Postcolonial Reason. Toward a History of the Vanishing Present*. Cambridge, Massachussets, London: Harvard U. P.

STEINER, George

(1995) *What is Comparative Literature? An inaugural Lecture delivered before the University of Oxford on 11 October 1994*. Oxford: Clarendon Press.

TACCA, Óscar

(1968) *La Historia Literaria*. Madrid: Gredos.

TOMLINSON, John

(1991) *Cultural Imperialism. A Critical Intoduction* London: Printer Publishers.

THIESSE, Anne-Marie

(1999) *La Création des Identités Nationales. Europe XVIIIe-XXe siècle*. Paris: Seuil.

VEYNE, Paul

(1987) *Como se Escreve a História*. Lisboa: Edições 70 [1971].

WELLEK, René

(1989) *Historia de la Crítica Moderna (1750-1950). La Segunda Mitad del Siglo XVIII*. Madrid: Gredos [1959].

WELLEK, René e WARREN, Austin

(s/d) *Teoria da Literatura*, 5.ª ed., Lisboa: Publicações Europa-América [1949].

"ACTRATIVOS, INSTRUÇÃO CONSELHO": A FUNÇÃO PEDAGÓGICA DA LITERATURA, NO ROMANCE DE JÚLIO DINIS

M. IVONE P. M. FEDELI
Universidade de São Paulo/
Universidade de Guarulhos

1. Introdução

Neste artigo, que se inclui num conjunto de pesquisas sobre o século XIX português centrado no estudo das relações entre literatura e sociedade, examinaremos especificamente a questão das funções da literatura segundo Júlio Dinis. Como se verá, para o autor de *As Pupilas do Senhor Reitor*, a tarefa maior do texto literário é de cunho pedagógico e de caráter moralizador. Se, como afirma França, "um facto cultural *reflecte* ao mesmo tempo valores sociais e *propõe* valores à sociedade", para Dinis essa proposição é voluntária e primordial.

Os romances de Júlio Dinis abordam freqüentemente, por trás da aparente ingenuidade de suas tramas centradas em uma pouca dramática intriga amorosa, alguns dos mais momentosos debates da sociedade portuguesa de então. É caso da questão dos enterros nas igrejas, do papel social das ordens religiosas, das leis sobre o morgadio, da introdução da instrução feminina e das relações entre a antiga aristocracia e os novos proprietários, para só falar das mais evidentes.

Em torno desses problemas organizam-se todos os enredos de seus romances. A nova sociedade liberal é, por assim dizer, a protagonista real dos textos de Dinis e os conflitos, quase sempre de ordem social, em que se debatem seus protagonistas figurativos não são mais do que projeções – mais ou menos elaboradas – dos conflitos com que se deparava no tempo a sociedade portuguesa, cindida entre os novos e os antigos valores.

Essas referências constantes, mais do que puro reflexo da sociedade retratada nos romances, provêm da existência, por parte do narrador, de seu desígnio pedagógico, do oferecimento de um modelo a cuja aceitação deseja conduzir o leitor.

Os temas abordados, sempre em estreita conexão com os fatos político-sociais vividos pelos leitores; as características de seus narradores heterodiegéticos, cuja "internalização intermitente" cria, segundo Maria Lucia Lepecki, um "*Eu* condutor da leitura (...) condicionando imperceptivelmente no leitor a aceitação não apenas dos fatos, mas das teses (políticas, ideológicas econômicas ou psicológicas) propostas pela ficção"; o modo de construção das personagens e, mesmo, a elaboração dos tempos e dos espaços, tudo contribui para a criação de um paradigma doutrinário e comportamental que deve funcionar como uma espécie de lição moral, apta a conduzir uma sociedade que se percebia como dilacerada e hesitante.

Sem dúvida, Júlio Dinis é um dos maiores expoentes daquela literatura que "criará um universo de situações e de formas que reflecte a conjuntura social e contribui para a formação duma consciência burguesa conveniente ao período final do fontismo".

2. Literatura e sociedade no século XIX português

Numa obra já clássica, Paul Bénichou mostra como, a partir do Romantismo e, fundamentando-se em teorias que radicavam num misticismo de fundo esotérico esposado pelos chamados pensadores de direita, os literatos – primeiro os poetas e depois, com ainda maior força, os romancistas – vão assumir, na nova sociedade liberal, um papel que as sociedades tradicionais reservavam ao clero: o de iluminadores e de guias. Ou seja, a partir do final do século XVIII, na França, os intelectuais ou – ainda melhor – os ficcionistas, assumem-se como aqueles que detêm o conhecimento sobre os verdadeiros fins que a sociedade deve buscar e o sobre os meios pelos quais pode chegar a alcançá-los.

Embora Bénichou trate exclusivamente do caso francês, nem por isso suas teses deixam de ser igualmente verificáveis no que tange o Romantismo português. Tanto porque são francesas e alemãs as raízes do Romantismo luso, como também porque os mesmos homens que implantaram as idéias românticas, enquanto escola literária, nas letras portuguesas, também as implantaram, como sistema político-econômico, nessa sociedade.

No dizer do próprio Herculano, os mesmos princípios que geraram e levaram ao triunfo a revolução liberal, deviam gerar uma arte que lhe fosse correspondente, pois, como explica, "a revolução literária que a geração actual intentou e concluiu, não foi instinto: foi resultado de largas e profundas cogitações; veio com as revoluções sociais e explica-se pelo mesmo pensamento destas."

Nada mais natural, portanto, que a literatura fosse encarada por estes românticos da primeira hora como meio – e meio por excelência – de executar a mesma tarefa em que estavam socialmente empenhados: a tarefa de implantação e de manutenção do liberalismo, em uma sociedade que lhe era profundamente avessa e majoritariamente contrária.

Tanto mais que essa sociedade, pouco interessada, em sua maioria, na literatura que oficialmente privilegia o debate filosófico ou político, abria-se, contudo, de forma notável para a literatura de ficção, pois, segundo Oliveira Marques, "um dos aspectos mais interessantes do Portugal oitocentista foi o seu surto cultural", durante o qual "o número de publicações" e, portanto, o de leitores, "multiplicou-se até limites insuspeitados."

Não é, portanto de estranhar, que o romance fosse, antes de qualquer coisa, arma de combate. São, nesse sentido, bem conhecidas as palavras de Garrett em sua Introdução ao *Arco de Sant'Ana*:

"Com romances e com versos fez Chateaubriand, fez Walter Scott, fez Lamartine, fez Schiller, e fizeram os nossos também, esse movimento reacionário que hoje querem sofismar e granjear para si os prosistas e calculistas da oligarquia.

Com romances e com versos lhe havemos de desfazer, pois, o vilão artifício."

Esse programa de utilização do texto ficcional como modo de intervenção social, o uso de discutir os problemas do presente através de histórias modelares, verdadeiras parábolas, quer se ambientem na história ou na contemporaneidade, será recorrente no primeiro Romantismo português. Herculano e Garrett serão, nessa época, seus maiores e melhores utilizadores. Mas não estarão sozinhos.

3. Júlio Dinis

Quanto a Júlio Dinis, a expressão daquilo a que poderíamos chamar – e com alguma impropriedade – de sua "teoria da literatura", embora apareça em um diferente momento político social, já na época da Regeneração, radica profundamente na mesma ordem de princípios.

Princípios que, curiosamente, expressa a maior parte das vezes utilizando uma voz feminina, já que é sob o pseudônimo de Diana de Aveleda que esse autor publica no *Jornal do Porto* entre 21 de Janeiro e 25 de Fevereiro de 1863, a maioria dos textos em que trata das funções que atribui à literatura e que, em seus romances, concretizará.

Curiosamente, pois ao assumir para isso uma identidade feminina (e abro aqui um parêntese para comentar como, por menos que se queiram fazer aportes biográficos ao comentar os textos de um autor, é de notar que assuma uma identidade feminina para teorizar em um autor órfão de mãe desde os quatro anos, que iniciou seu contato com o mundo literário representando papéis femininos no teatro e que, por outro lado, atribui a todos os protagonistas de seus romances, sem exceção, uma universal "ausência materna") mas, dizia, ao assumir essa identidade feminina, é dentro de um contexto marcadamente ficcional e, por interposta voz, que elaborará suas considerações teóricas.

O texto apresenta-se em forma de carta ao editor. Diana de Aveleda – "heterônimo" quase, mais que pseudônimo de Júlio Dinis –, após apresentar o relato de uma estada no campo, para a qual levara os livros que estava acostumada a ler na cidade, introduzirá assim a questão de que quer tratar:

> "Quer saber? Não me foi possível apreciar a leitura de Notre Dame, por exemplo: o Chatterton do A. de Vigny, também o não compreendia; Ponsard, achava-o de gelo; o monge de Cister não me satisfez como dantes; Byron, parecia-me falso; Balzac raras vezes correspondia aos meus desejos. Falava-se tão pouco de árvores e de campinas em quase todos aqueles livros; tantas vezes me apareciam edifícios, praças e salões em vez de choupanas, florestas e lares, que eu não me dava bem com eles. Achava-os deslocados. Que querem?"

Eis como, em primeiro lugar, se coloca uma questão das que mais tem preocupado a moderna teoria literária: a da recepção do texto. De modo bastante inesperado, começa Dinis a por os elementos com que elaborará a postulação de uma literatura centrada no receptor. Para isso, dentro do contexto ficcional que elabora, justifica com uma mudança de ambiente o afastamento em que a narradora subitamente se colocara em relação a obras que, até então, lhe tinham parecido amplamente satisfatórias. É uma estadia no campo a responsável pelo fenômeno. Segundo Diana de Aveleda, pois, uma literatura ambientada na cidade só pode ser compreendida, sentida, amada, pelos habitantes das cidades. Convém lembrar que, nessa época, uma percentagem mínima da população portuguesa vivia em ambiente urbano e, assim, as reflexões da narradora alargam-se do particular para o geral:

> Pus-me então a refletir.
> Isto que era em mim apenas uma feição passageira do gosto, feição acidental, como o novo sistema de vida que levava, para quantos não seria permanente? Quantos, desejando ler, teriam procurado sempre em vão, como eu somente procurava agora, um livro que pudessem compreender, ao alcance de sua inteligência, à altura do seu sentimento, que não saísse da esfera dos seus hábitos?

Quais são, pois, os elementos que, segundo Diana de Aveleda, devem estar presentes na obra literária que advoga?

Em primeiro lugar, como acabamos de ouvir, aqueles que lhe garantam características de inteligibilidade: "um livro que pudessem compreender".

Evidentemente, essa "compreensão" tomada como objetivo, condicionará as escolhas que se referem não só aos temas romanescos, mas também aos tempos, aos espaços e, de modo especial, à linguagem utilizada.

Bastariam esses critérios – ainda que não houvesse a justificá-lo a adesão aos novos princípios estéticos do realismo que se insinuava – para explicar-nos os temas, os espaços e a linguagem que Dinis emprega em seus romances.

Mas, não querendo, restringir-se a razões puramente psicológicas, como as que apresentara, procura universalizar seu juízo, citando o Prefácio da *Genoveva* de Lamartine. E passa agora da questão do "gosto" do leitor para a questão de sua "necessidade". Ou seja, mais que agradar o leitor, o autor deve procurar ser-lhe útil. Esse leitor hipotético percebe-se como alguém que ignora e que é dever do literato ensinar:

> Quantos poderiam repetir aquela sublime exclamação de Reine Garde, a simpática costureira para quem Lamartine escreveu o seu romance Genoveva: Quem nos dará a esmola de um livro?! Que expressiva frase! Sempre

que a recordo me sinto comovida até às lágrimas. Quem me dera poder satisfazer aquela sede de espírito! Aflige-me então a minha incapacidade, como quando, em criança, um velho mendigo se chegava a mim, pedindo-me esmola, que eu não tinha para lhe dar.

Ora, se o povo francês, pela boca de Reine Garde ou pela boca de Lamartine, pedia assim a esmola de um livro, que fará o nosso povo, coitado, para o qual escasseiam muito mais ainda os elementos intelectuais.

Como os nossos escritores se lembram pouco dele!

Eis-nos, de novo, conectados – e por via das supostas necessidades do público – à função de *pedagogo*, de condutor, de iluminador e de guia, que é dever do romancista assumir. E essa função pedagógica que Dinis atribui à literatura aparece bem formulada, claramente explicitada, nos adjetivos com que elogia a obra de Rodrigo Paganino, hoje bem esquecido autor que, então, acabava de falecer:

"Ora quando eu li o livro de Paganino pareceu-me encontrar nele justamente tudo o que debalde os críticos procuravam nos outros. Aquele, sim, era um livro verdadeiramente escrito para o povo e para as crianças! Livro em que a atenção se prende pela verdade, em que o gosto se educa pelo estilo, em que o sentimento se cultiva por uma moral sem liga, porque é a moral do decálogo e do evangelho: livro escrito segundo o programa escrito por Lamartine naquele belo prefácio de Genoveva e talvez mais fielmente observado ainda por o nosso romancista do que por o próprio legislador".

Em primeiro lugar, pois, a espinhosa questão da *verdade*, sobretudo quando se explica em referência à elaboração ficcional, tratada aqui sem conflitos nem ressalvas.

Forte de sua posição supra-humana, o intelectual dessa época – e Eça é, ao menos em sua primeira fase, um exemplo tão bom quanto Dinis dessa postura – não se põe sequer o problema do subjetivismo autoral, da interpretação ideológica, ou de qualquer outro com esse conectado. Não duvida Dinis – como não duvidavam Garrett, Herculano ou Eça – de que a "verdade" que é necessário dar ao povo é aquela "verdade" que o escritor possui como coisa própria.

Em seguida, e com a mesma conotação de uma instância que fornece, prontos, os parâmetros que não há senão a aceitar, a questão estética, uma vez que a obra literária deve "educar o gosto". Gosto que o público, por definição, não possui e que é, portanto, dever do romancista formar.

Em outro texto, no entanto, agrupado com outros sob o nome genérico de *Idéias que me ocorrem*, datado este do Funchal em novembro de

1869, ainda mais se acentua a defesa do caráter pedagógico que a literatura deve assumir, uma vez que é aos "espíritos cultivados", e só a eles, que se dirigem "os dotes literários" da obra ficcional. Diz ele nesse texto:

> "O romance é um gênero de literatura essencialmente popular. É necessário que na leitura dele as inteligências menos cultas encontrem atrativos, instrução e conselho e que, ao mesmo tempo, os espíritos cultivados lhe descubram alguns dotes literários para que se possa dizer que ele satisfez à sua missão."

E, acentuando ainda mais, a função pedagógica do texto literário, conclui:

> "Romances exclusivamente apreciados por eruditos não realizam o seu fim, romance que pela contextura literária revolta a crítica ilustrada, embora fascine o povo por certas qualidades prestigiosas, é um instrumento perigoso que deprava o gosto e ás vezes a moral".

Nada mais natural, pois, do que a atribuição, feita por Dinis de um valor moral ao ato da escritura:

> " (...) aquele livro [é ainda o livro de Paganino que se refere], como disse não sei quem a respeito de não sei que obra, era alguma coisa mais do que um bom livro, era uma boa ação!"

Que o objetivo que tinha ao escrever era, justamente, a criação de uma obra em que a função educadora sobressaísse à estética, fica claro ainda em outro texto, datado ainda do Funchal em fevereiro de 1870.

Presta, primeira, a devida honras às obras literárias – que chama de "monumentos" que servem a "perpetuar a memória de uma literatura, ainda mesmo que se extinga a nacionalidade a que pertencia", embora observe que "é antes para o futuro que eles (tais livros) se erigem do que para os contemporâneos, cuja maioria nem sempre os compreende".

Mas todo o seu interesse concentra-se naquilo a que chama "livro instrumento". Ao considerar o modo de elaboração desse tipo de obra e, ao mesmo tempo, as relações que com ela deve manter a crítica, é quase uma autodefesa que o vemos elaborar. De fato, Castilho, em carta que lhe escrevera quando do lançamento de *Uma Família Inglesa*, recomendava-lhe, entre inúmeros elogios, maiores vernaculidade e sobriedade de composição em seus romances. Sua tese sobre os livros-instrumento bem poderia ser uma resposta àquelas observações.

Depois de afirmar que o livro-instrumento tem o dever de "ser popular, escrito na linguagem do dia, ao alcance das inteligências da época, de fácil trato, em suma", conclui que "à crítica compete ter isto em vista para que lhe não suceda instaurar processo a um livro que se destina a instrumento, como se na mente do autor estivesse a idéia de levantar com ele um monumento à posteridade".

E conclui afirmando que a sociedade humana é mais devedora de seu progresso aos autores que elaboram livros-instrumento do que àqueles que constroem os livros-monumento, pois "um povo pode viver sem monumentos; mas não sem as construções que as primeiras necessidades exigem".

Vemos assim, esboçada uma – digo-o entre aspas – "teoria das funções da literatura" que só ganha interesse ao verificarmos que foi rigorosamente adotada em seus romances por aquele que a elaborou.

E é talvez o sucesso com que executa seu labor pedagógico o que explica a imediata e geral aceitação que receberam seus romances. Aceitação que se prolongou até à década de 70 do século XX, pois, como mostra Tengarrinha em *A novela e o leitor português*, a obra de Dinis só era ultrapassada, em número de empréstimos nas bibliotecas itinerantes portuguesas, pela de Camilo, superando, inclusive, a de Eça.

Bibliografia

BÉNICHOU, Paul. *Le sacre de l'écrivain – 1750-1830*. Paris: Gallimard, 1996. 1.ª edição: 1973.
COELHO, Jacinto Prado. *O monólogo interior em Júlio Dinis*.
CRUZ, Liberto. *Júlio Dinis – biografia*. Lisboa: Quetzal Editores, 2002.
DINIS, Júlio. *Obras de Júlio Dinis*. Porto: Lello e irmãos, s/d.
FRANÇA, José-Augusto. *O Romantismo em Portugal*. Lisboa: Livros Horizonte, 1999.
HALSALL, Albert W. *L'Art de convaincre*. Toronto: Paratexte, 1988.
HERCULANO, Alexandre. *Opúsculos*. Organização, introdução e notas de CUSTÓDIO, Jorge e GARCIA, José Manuel. Lisboa: Editorial Presença, 1983. 8 volumes.
LEPECKI, Maria Lúcia. *Romantismo e realismo na obra de Júlio Dinis*. Lisboa: Instituto de Cultura Portuguesa, 1979.
LOPES, Óscar. De *O Arco de Sant'Ana* a *Uma Família Inglesa* in *Álbum de Família. Ensaios sobre Autores Portugueses do Século XIX*. Lisboa: Editorial Caminho, 1984.

MAINGUENEAU, Dominique. *O contexto da obra literária*. Tradução: Marina Appenzeller, *Le contexte dans l'oeuvre litéraire – énonciation, écrivain, société*, 1993. 2.ª edição. São Paulo: Martins Fontes, 2001.

———. *Pragmática para o discurso literário*. Tradução: Marina Appenzeller, *Pragmatique pour le discours litéraire, 1990*. São Paulo: Martins Fontes, 1996.

TENGARRINHA, José. *A novela e o leitor português: estudo de sociologia da leitura*. Lisboa: Prelo, 1973.

A DIMENSÃO METALITERÁRIA NOS ROMANCES *LA FIESTA DEL CHIVO* E *EL PARAÍSO EN LA OTRA ESQUINA* DE MARIO VARGAS LLOSA

ADRIANA APARECIDA DE FIGUEIREDO FIÚZA
Universidade Estadual do Oeste do Paraná (UNIOESTE), Brasil

Introdução

O romance histórico contemporâneo apresenta algumas características que se sobrepõem à definição de romance histórico tradicional do século XIX. Uma das diferenças desta forma romanesca é a percepção, na arquitetura narrativa, de recursos estéticos relacionados aos conceitos bakhtinianos de carnavalização, paródia, intertextualidade e dialogismo.

Um dos aspectos dialógicos dos romances *La fiesta del chivo* (2000) e *El paraíso en la otra esquina* (2003) é a sua dimensão metaliterária apresentada, não por meio da interferência do narrador sobre o processo de fabulação, mas sim pela existência de personagens que dominam o artifício da escritura, ou seja, personagens que normalmente são escritores ou que pelo menos simpatizam-se com a escritura.

A inserção dos personagens escritores parece ser algo constante na ficção de Mario Vargas Llosa, como bem examinou Angela Gutiérrez, ao analisar algumas das obras do autor. Segundo a autora,

> "...ao visualizar a obra de Mario Vargas Llosa na totalidade de seu processo evolutivo, percebemos a insistência na criação de personagens-escritores, escrivinhadores, escribas, jornalistas, radialistas, *hommes-plummes*, na expressão flaubertiana, e seus afins, os contadores de histórias." (1996, p. 48)

O trabalho de Gutiérrez estuda a obra do escritor apenas até a publicação de *Lituma en los Andes* em 1993. Contudo, em seus dois últimos romances o autor peruano demonstra ainda uma predileção pelos personagens-escritores. Assim, Flora Tristán e Paul Gauguin em *El paraíso en la otra esquina* são também os autores respectivamente de *Peregrinações de uma pária* (1833-4) e *Noa Noa* (1929), textos que dialogam com o romance e desempenham um papel relevante à sua tessitura. Em *La Fiesta del chivo* não é diferente, pois, personagens como María Martínez também valorizam a escritura, chegando a usurpar as obras de autoria de José Almoina, antigo colaborador do ditador Trujillo, também conhecido como "el Chivo".

Os personagens-escritores de *La fiesta del chivo*

Em *La fiesta del chivo*, os personagens-escritores são tanto fictícios como históricos. Entre os primeiros encontramos o senador Henry Chirinos, poeta menor que participava dos saraus literários organizados pela mulher de Trujillo, María Martínez, como percebe o ditador ao ouvir as declamações poéticas do encontro:

"...en la noche clara llegaba hasta él, a ratos, el parloteo de esas viejas trasnochadoras, declamando poesías de Juan de Dios Peza, de Amado Nervo, de Rubén Darío (lo que le hizo sospechar que se hallaba entre ellas la Imundicia Viviente [Henry Chirinos], que sabía de memoria a Darío), los *Veinte poemas de amor* de Pablo Neruda y las décimas picantes de Juan Antonio Alix. Y, por supuesto, los versos de Doña María, escritora y moralista dominicana." (Vargas Llosa, 2001, p. 30)

O narrador evidencia para o leitor os nomes dos autores que eram citados nos saraus de poesia. Essa citação configura-se em um intertexto com as obras destes autores, na medida em que é possível para o leitor a recuperação dos conhecimentos que possui dos escritores mencionados, como no caso de *Veinte poemas de amor* de Pablo Neruda, obra que é diretamente citada pelo tirano. Há no discurso do monólogo de Trujillo um tom irônico, quase de desprezo ao que se refere à escritura em geral, como, por exemplo, em "el parloteo de esas viejas trasnochadoras". O verbo "parlotear" possui aqui um tom pejorativo e no contexto do discurso do ditador significa que essas mulheres eram muito faladeiras, no sentido de que afirmavam idéias sem nenhuma importância.

María Martínez, nestes saraus e em outras celebrações se faz passar por autora das obras *Falsa amistad*, uma peça de teatro e *Meditaciones morales*, de cunho filosófico e moralista. Contudo, a autoria literária não passa de uma farsa, já que tais livros foram escritos por outros autores que ficaram no anonimato. Por isso, em algumas passagens do romance, a esposa de *el Jefe* é motivo de pilhéria, porque Doña María faz um grande esforço para transformar-se em escritora de sucesso na República Dominicana, ainda que à custa de outros autores, como assevera o próprio ditador em uma discussão com a esposa:

> "...olvidas que esas pendejadas no las escribiste tú, que no sabes escribir tu nombre sin faltas gramaticales, sino el gallego traidor de José Almoina, pagado por mí. ¿No sabes lo que dice la gente? Que las iniciales de *Falsa amistad*, F y A, quieren decir: Fue Almoina". Tuvo otro acceso de risa, franca, alegre. (Vargas Llosa, 2001, p. 31)

Neste fragmento percebe-se a voz sarcástica do ditador, que ri de sua mulher, em um tom irônico, por esta quase acreditar que era uma escritora importante de seu país. O tirano dirige-se a Doña María com o intuito de humilhá-la diante de sua condição de semi-analfabeta "no sabes escribir tu nombre sin faltas gramaticales" e de falsa escritora "olvidas que esas pendejadas no las escribiste tú". Além disso, é possível reforçarmos a idéia de desprezo do personagem para com o trabalho escritural, já que para ele discursar sobre tal atividade utiliza o adjetivo "pendejadas", demonstrando assim o valor medíocre que dispensava ao artifício da escritura.

Por outro lado, percebe-se com isso que a primeira-dama valoriza a escritura, visto que ela, mesmo sem ter as condições mínimas, esforça-se em ser reconhecida como escritora e moralista para a sociedade. A organização dos saraus literários com o intuito de cultivar a literatura tanto dos clássicos como a sua própria, é motivo de riso no romance, na medida em que o personagem nada mais é que a paródia do escritor espanhol José Almoina, quem escreve ocultamente em seu lugar.

Historicamente, José Almoina foi um colaborador próximo de Trujillo, já que trabalhou como seu secretário. Fazia o jogo duplo ao apresentar-se como *antitrujillista* e como *trujillista* ao mesmo tempo. Publicou a obra *Una satrapía en el Caribe*, com o pseudônimo de Gregorio Bustamente, em que denunciava os abusos de poder do ditador. Almoina foi descoberto, e para retratar-se de seu "erro", publicou um outro livro, que enaltecia as qualidades do déspota: *Yo fui secretario de Trujillo*. De nada adiantou a retratação pública do escritor basco, que foi assassinado em 1960 a mando do tirano.

Observa-se que Trujillo não perde a oportunidade para humilhar a esposa, e com isso, divertir-se. Em outro momento do romance, o tirano consegue ser mais cruel ainda ao refletir sobre o intuito de Doña María apresentar-se para a sociedade como escritora e também acreditar nesse embuste:

> "...y, su mujer pues esa vieja gorda y pendeja, la Prestante Dama, era su mujer, después de todo – se había tomado en serio lo de escritora y moralista. Por qué no. ¿No lo decían los periódicos, las radios, la televisión? No era libro de lectura obligatoria en las escuelas, esas *Meditaciones morales*, prologadas por el mexicano José Vasconcelos, que se reimprimían a cada dos meses? ¿No había sido *Falsa amistad* éxito teatral de los treinta y un años de la Era de Trujillo?" (Vargas Llosa, 2001, pp. 30-1)

Neste extrato, como no anterior analisado, também está presente a voz do ditador em um tom irônico, um pouco mais agressivo ao tratar a mulher por "vieja gorda y pendeja", demonstrando com essas palavras a aversão que sentia pela primeira dama do país. Também nota-se que o discurso criado sob a perspectiva do tirano revela um traço mítico do protagonista quando é exaltado seu poder de transformação. Neste caso, a transformação refere-se à elevação da primeira dama ao posto de escritora de sucesso e moralista do país, ou seja, alguém que disciplina as atitudes de seu povo. A vida pública de Doña María é na realidade uma mentira.

Outros escritores são arrolados na obra, a exemplo de Joaquín Balaguer, o presidente fantoche de Trujillo que, no romance, soube como se transformar de presidente de fachada em autoridade política, usando suas habilidades diplomáticas, traduzidas em sua facilidade em manejar o discurso. Após o assassinato de Trujillo, Balaguer assume a Presidência da República porque o ditador o considera um homem sem ambições e, portanto, inofensivo para o regime. Contudo, quando foi pressionado por Johnny Abbes García, chefe do SIM (Serviço de Inteligência Militar) e pelos irmãos do ditador para renunciar ao cargo, com seu talento de orador, conseguiu convencer a mulher do déspota de que era necessário esperar a chegada do filho mais velho Ramfis para que depois fosse tomada alguma decisão importante quanto ao destino do país. Com sua artimanha discursiva, convence o próprio Ramfis Trujillo, filho mais velho do ditador e herdeiro direto do poder que pertencia ao tirano, de que o melhor para o país era que ele continuasse como presidente para evitar uma possível invasão dos Estados Unidos, a fim de impedir uma guerra civil de caráter comunista.

É pelo domínio da palavra, qualidade que o tirano não possuía, que Joaquín Balaguer adquiriu o respeito de Trujillo, principalmente, após ter escrito o discurso *Dios y Trujillo: una interpretación realista*, texto em que iguala o ditador a Deus, como pode-se observar:

"...voy a decirle algo que le va a complacer, Presidente – dijo, de pronto. Yo no tengo tiempo para leer las pendejadas que escriben los intelectuales. Las poesías, las novelas. Las cuestiones de Estado son demasiado absorbentes. De Marrero Aristy, pese a trabajar tantos años conmigo, nunca leí nada. Ni *Over*, ni los artículos que escribió sobre mí, ni la *Historia dominicana*. Tampoco he leído las centenas de libros que me han dedicado los poetas, dramaturgos, los novelistas. Ni siquiera las boberías de mi mujer he leído. Yo no tengo tiempo para eso, ni para ver películas, oír música, ir al ballet o a las galleras. Además, nunca me he fiado de los artistas. Son deshuesados, sin sentido del honor, propensos a la traición y muy serviles. Tampoco he leído sus diversos versos ni sus ensayos. Apenas he hojeado su libro sobre Duarte, *El Cristo de la libertad*, que me envió con dedicatoria tan cariñosa. Pero hay una excepción. Un discurso suyo, hace siete años." (Vargas Llosa, 2001, pp. 319-20)

Neste discurso, Balaguer desenvolveu uma tese sobre o governo da República Dominicana, afirmando que durante 438 anos, desde o início em que Cristóvão Colombo pisou em terras dominicanas, o país tinha sido dirigido por Deus. Não obstante, "a partir de 1930, Rafael Leonidas Trujillo Molina relevó a Dios en esta ímproba misión" (Vargas Llosa, 2001, p. 321). Essas palavras do presidente fantoche calariam no coração do déspota, fazendo-o estremecer de prazer, ao ver seu governo e a si próprio comparado ao poder divino. Balaguer tinha atingido o ponto vulnerável do ditador, sua vaidade pessoal, e com isso, conquistado seu respeito e sua admiração.

Assim, pelo poder de manipular as palavras, o enigmático Balaguer mostrava-se impenetrável ao escrutínio que Trujillo submetia os seus colaboradores, manifestando-se de modo diferente do que imaginava o ditador, ao refletir sobre sua condição:

"...su cargo era decorativo, cierto. Pero, muerto Trujillo, se cargaba de realidad. Dependía de su conducta que pasara, de mero embeleco, a auténtico Jefe de Estado de la República Dominicana. Tal vez, sin saberlo, desde que nació, en 1906, esperaba este momento. Una vez más repitió la divisa de su vida: ni un instante, por ninguna razón, perder la calma." (Vargas Llosa, 2001, p. 490)

Com uma grande agilidade intelectual Balaguer apresentou-se como o substituto de Trujillo e tomou o poder. No romance, quando os irmãos do ditador tentaram resgatar o poder para a família do ditador já era tarde, posto que o ex-presidente fantoche lhes apontasse da janela do escritório, cuja vista dava para o mar, os navios americanos que legitimavam seu governo. Se algo lhe acontecesse, ocorreria a segunda invasão dos norte-americanos no país. Logo, contando com o apoio dos Estados Unidos, Balaguer venceu a disputa.

É importante ressaltar que, nos trechos analisados anteriormente, Trujillo expressa seu desprezo pelas artes, principalmente, pela literatura. Além disso, a intertextualidade com outros escritores que não fazem parte do romance como personagens atuantes, mas que estão inseridos na narrativa quando suas obras são citadas, é um fenômeno presente em *La fiesta del chivo*.

Um exemplo que poderíamos examinar é o do autor dominicano Ramón Marrero Aristy, colaborador de Trujillo que, depois de um longo período no governo, "caiu em desgraça" e foi assassinado em 1959. O romance *Over* (1939) de Marrero Aristy, que o ditador comenta no romance, é uma obra de cunho realista, publicada em 1939 e que retrata o drama dos trabalhadores na companhia açucareira, de posse dos Estados Unidos.

Há outros autores citados no romance como Jesús de Galíndez, autor do livro *La Era de Trujillo* (1955), uma tese de doutorado que expõe os problemas do governo *trujillista* e coloca em dúvida a paternidade do primogênito do ditador, motivo suficiente para mandar eliminar o professor universitário basco[1]. Um outro escritor que é referência intertextual no romance é José Antonio Osorio Lizarazo, um dos biógrafos oficiais de Trujillo e autor de *Así es Trujillo* (1958), obra que constrói uma imagem mítica do ditador, ao ressaltar suas qualidades físicas, intelectuais e morais, elevando-o à categoria de semi-deus. Por todos eles, o déspota demonstra sentir um imenso ódio devido à ingratidão recebida, como é possível identificar no trecho abaixo:

"...una recua de canallas. Los que más favores recibieron y los que más daño han hecho al régimen que los alimentó, vistió y llenó de honores.

---

[1] O escritor espanhol Manuel Vázquez Montalbán tratou do tema do desaparecimento de Jesús de Galíndez no romance *Galíndez*, publicado em 1990. Tal obra deu origem ao filme: *El misterio Galíndez*. Dir. Gerardo Herrero. Espanha/Reino Unido/Portugal/Itália /Cuba /França, COR, 130 min., 2003.

Los chapetones, por ejemplo, José Almoina o Jesús de Galíndez. Les demos asilo, trabajo. Y de adular y mendigar pasaron a calumniar y escribir vilezas. ¿Y Osorio Lizarazo, el cojo colombiano que usted trajo? Vino a escribir mi biografía, a ponerme por las nubes, a vivir como rey, regresó a Colombia con los bolsillos repletos y se volvió antitrujillista." (Vargas Llosa, 2001, p. 323)

Por fim, o tom irônico do narrador, que se desdobra na voz interior de Trujillo, matiza o valor que a escritura possui para o ditador. Por isso, entre tantos personagens, os mais desprezados e perseguidos por ele são aqueles que se expressam pelo gesto escritural. Neste caso, o desdém de "el Chivo" é explicado por sua incapacidade de domínio e compreensão da escrita, que se traduz na incapacidade de governar por meio da intelectualidade. Em uma tirania em que o déspota tem o controle absoluto de todos os segmentos da sociedade, o campo intelectual, o único que foge de seu poder, só poderia ser ridicularizado, porém, neste caso o feitiço volta-se contra o feiticeiro porque Trujillo ao ridicularizar a escritura acaba sendo satirizado pela ficção.

Os personagens-escritores de *El paraíso en la otra esquina*

Em *El paraíso en la otra esquina* apesar de haver um menor número de personagens imbricados na narrativa, se comparado com *La fiesta del chivo* onde é possível visualizar uma enorme gama de personagens e histórias que se cruzam, também há personagens escritores-leitores, intimamente relacionados às letras como Flora Tristán, autora de várias obras arroladas no romance de Mario Vargas Llosa e Paul Gauguin que além de dialogar com a linguagem poética de textos escritos, também dialoga com a linguagem da pintura, da escultura e da fotografia presentes em sua arte.

No caso de Flora Tristán, nos onze capítulos dedicados à personagem encontramos referências a obra de Pierre-Joseph Proudhon, Jean Jacques Rousseau, Étienne Cabet, além de seus próprios livros como *Nécessité de faire un bon accueil aux femmes etrangères* (1835), *Péregrinations d'une Paria* (1833-34), *Méphis* (1838), *Promenades dans Londres* (1840) e *Union ouvrière* (1843). Paul Gauguin também possui onze capítulos que narram as suas aventuras em vários espaços como Paris, a Bretanha, o Taiti e as Ilhas Marquesas, além disso, há várias referências à criação de telas do pintor como *Manao tupapau*[2] (1892), *Annah, a Javanesa ou Aita tamari vahine Judith te parari*[3] (1893), *Nevermore* (1897) e *D'où venons-nous? Que sommes-nous? Où allons--nous?* (1897).

Assim como se observa em *La fiesta del chivo*, este diálogo que se promove no romance parece ser um roteiro de documentação do próprio autor tanto sobre a biografia destes personagens quanto a recepção de sua obra pelo público e pela crítica especializada. A necessidade de documentação de Vargas Llosa traduz-se na re-escritura destes mesmos documentos em ficção, o que também parece ser uma atividade fascinante para o autor, uma vez que demonstra uma predileção por temas históricos, relacionados à sociedade peruana, brasileira[4], dominicana ou francesa.

A questão da re-escritura encontra-se até mesmo na estrutura dos capítulos dos romances, como por exemplo, em *El paraíso en la otra esquina*, cujos capítulos que enfocam Flora Tristán encontram-se organizados tal como seus escritos de *Le tour de France. Journal 1843-1844: état actuel de la classe ouvrière sons l'aspect moral, intellectuel, matériel* (1980), editado em dois volumes. Nele, a escritora narra suas experiências e impressões de cada cidade francesa por que passou, divulgando sua obra *A união operária* e tentando criar uma organização que pudesse contemplar os interesses dos trabalhadores. Depois de estar em posse de várias pessoas, *Le tour de France* só pôde ser publicado em 1980. Curiosamente, diferente tanto *Le tour de France* como *Lettres* (1980) e *La Paria et son rêve* (1995) não estão citados diretamente no romance de Mario Vargas Llosa.

El paraíso en la otra esquina apresenta indícios de ser a fusão e a re-escritura de *Le tour de France* e *Peregrinações de uma pária*, publicado em dois volumes e que relata a estadia do personagem no Peru, junto a sua família paterna, na tentativa de recuperar a herança perdida do pai. Os capítulos do romance oscilam entre a narrativa da viagem pela França e as lembranças de sua estada no Peru em 1834.

---

[2] *O espírito do morto vigia*, tradução do maori, a partir de WALTHER (1993).
[3] *A pequena Judith ainda virgem*, tradução do maori, a partir de WALTHER (1993).
[4] Em *La guerra del fin del mundo* (1981) Mario Vargas Llosa romanceou a Guerra de Canudos no sertão baiano e o personagem mítico de Antônio Conselheiro.

"Desde el primer día, en Nîmes todo le salió mal. El Hotel du Gard era sucio e inhóspito y la comida malísima. Tú, Florita, que nunca habías dado importancia a los alimentos, ahora te decubrías soñando con una mesa casera, de sopa espesa, huevos frescos y mantequilla recién batida). Los cólicos, las diarreas y los dolores a la matriz, unidos al calor insoportable, tornaban cada jornada un calvario, agravado por la sensación de que este sacrificio sería inútil, porque en esta gigantesca sacristía no encontrarías un solo obrero inteligente que sirviera de piedra militar a la Unión Obrera." (Vargas Llosa, 2004, pp. 347-8)

Observa-se aqui, como também já identificado em *La fiesta del chivo*, a presença do "narrador-ambiguo" do qual comenta Vargas Llosa em *Cartas a un jovem novelista* (1997, p. 53), aquela "voz de un narrador-personaje, implicado en la acción, que, presa de timidez, astucia, esquizofrenia o mero capricho, se desdobla y se habla a sí mismo a la vez que habla al lector". No trecho que se encontra entre parênteses o narrador dirige-se a Flora no diminutivo, acercándose do personagem para criar o efeito de sua voz interior na expressão de seus desejos mais prosaicos, também implicados no capítulo XVI de *Le tour de France*, intitulado "Nîmes (14-16 août 1844)":

"Que je souffre moralement et physiquement depuis que je suis ici! Je suis dans un hôtel horrible (du Gard), sale, pas de sonnettes, des garçons ignobles comme je n'en ai pas encore vus. Quelle martyre que de vivre ainsi dans les hôtels! – Je souffre de l'estomac, des coliques, de la diarrhée, je ne puis rien manger et je suis obligée de courir, de parler, d'écrire, je tombe de faiblesse! (...) Je donnerais dans ce moment-ci 6 francs par jour pour avoir une nourriture bourgeoise, une bonne soupe grasse, des oeufs frais, des pommes de terre et du beurre frais – le tout fait proprement!" (Tristán, 2001, p. 91)

No fragmento quem se mostra insatisfeita com a hospedagem e a alimentação em Nîmes é a própria Flora Tristán, que narra suas dificuldades de viagem de uma maneira muito emotiva. Observa-se também o agravamento da saúde da autora, ocasionada pela viagem pela França e que culminaria em sua morte na cidade de Bordeaux em 1844, quatro anos antes do nascimento de seu neto Paul Gauguin.

Já o texto de *Peregrinações de uma pária* surge no romance nas lembranças de Flora Tristán enquanto está em Nîmes. Assim, ao mesmo tempo em que tenta promover a União Operária e perceber sua empresa frustrada por não encontrar nenhuma pessoa interessada na causa operária, sua memória é imediatamente ativada pela similitude da situação em Nîmes e a "batalla de Cangallo" que havia presenciado no Peru:

> "Sólo durante aquella farsa tragicómica, la batalla de Cangallo, en la última etapa de su estancia en Arequipa, diez años atrás había visto tanta idiotez y confusión acumuladas, como aquí en Nîmes. Con una diferencia, Florita. Hace dos lustros, cuando, en las afueras de Arequipa, gamarristas y orbegosistas perpetraban esa pantomina con sangre y muertos, tú, espectadora privilegiada, estudiabas aquello con emoción, tristeza, ironía, compasión, tratando de entender por qué esos indios, zambos, mestizos, arrastrados a una guerra civil sin principios, ni ideas, ni moral, cruda exposición de las ambiciones de los caudillos, se prestaban a ser carne de cañón, instrumento de luchas de facciones que no tenían nada que ver con su suerte." (Vargas Llosa, 2004, pp. 348-9)

É relevante destacar aqui que o narrador além de estabelecer o elo entre Nîmes, o presente de Flora no romance, e Arequipa, o seu passado, também faz um julgamento do episódio de Cangallo, revelando uma visão mais crítica do acontecimento histórico. O distanciamento temporal permite que o narrador, novamente acercando-se ao personagem como sua voz interior, faça uma síntese deste relato em *Peregrinações de uma pária*.

O nono capítulo, cujo foco está centrado em Flora Tristán, intitulado "Palabras para cambiar el mundo" é crucial para o entendimento de suas idéias revolucionárias e feministas, uma vez que nele encontramos uma espécie de síntese da obra da escritora. De seus primeiros escritos temos a seguinte referência no romance:

> "En ese estado de ánimo escribiste, a poco de llegar a Francia, tu primer libro. Mejor dicho, librito, o folleto de pocas páginas: *Sobre la necesidad de dar una buena acogida a las extranjeras*. Ahora, ese texto romántico, sentimental, lleno de buenas intenciones acerca de la nula o mala acogida que recibían las forasteras en Francia, te avergonzaba por su ingenuidad. ¡Proponer la creación de una sociedad para ayudar a las extranjeras a instalarse en París, encontrarles alojamiento, presentarles gente y ofrecer consuelo a las necesitadas!" (Vargas Llosa, 2004, p. 408)

Aqui o narrador toma a palavra como se fosse a voz da consciência do personagem e emite um juízo de valor sobre o primeiro texto de Flora. Com isso, cria-se o efeito da sensação da própria personagem analisar o que havia escrito como um texto romântico, sentimental e com boas intenções. Com esta estratégia narrativa ocorre uma aproximação entre o leitor e o personagem, ocasionado pela ilusão da possibilidade de leitura dos pensamentos e sentimentos da feminista.

Ainda no mesmo capítulo encontra-se uma referência ao romance *Méphis* também publicado em Paris em dois volumes, no ano de 1838. Trata-se de uma obra que denuncia as injustiças sociais contra as mulheres e os trabalhadores, como o próprio narrador afirma, explicando a obra para o leitor:

> "Y escribiste *Méphis*, una novela sobre la opresión social de la mujer y la explotación del obrero, que poca gente leyó y la crítica consideró malísima. (Tal vez lo era. No importaba: lo fundamental no era la estética que adormecía a la gente en un sueño placentero sino la reforma de la sociedad)." (Vargas Llosa, 2004, p. 424)

O mesmo narrador que expõe o romance também informa sobre a sua recepção crítica negativa e entre parênteses defende as boas intenções da romancista e o caráter político da obra de Flora Tristán. A referência ao trabalho de Flora Tristán pode ser vista como uma maneira de valorizar e recuperar a sua escritura, talvez esquecida ou vista pela crítica da época como obra menor, uma vez que para esta os textos de Tristán possuíam um caráter mais social e "panfletário" e menos literário.

Na realidade, Vargas Llosa possibilita uma redescoberta da obra de Flora. Os leitores, agora munidos de toda a informação bibliográfica necessária, podem recorrer à leitura e à apreciação dos textos de Tristán. Além disso, com outras indicações que possibilitam a leitura de Charles Fourier e Pierre-Joseph Proudhon é possível uma melhor compreensão dos matizes ideológicos presentes no pensamento utópico do século XIX e, consequentemente, na obra da feminista.

Assim como em Flora Tristán, em Paul Gauguin também há uma série de referências a livros e obras de arte, posto que Gauguin dedicou-se à pintura e à escultura. Curiosamente, apesar de ter escrito *Noa-Noa* (1929), no romance não há referências diretas a este texto[5]. O que encontramos são passagens similares nas duas obras, como o episódio em que Gauguin vai a um povoado com a finalidade de encontrar uma compa-

---

[5] Um outro escrito considerado importante de Gauguin e que também não está citado em *El paraíso en la otra esquina* é *Avant et Après*, redigido entre 1901 e 1902, entretanto, publicado como livro na França apenas em 1923.

nheira para si e estabelece diálogo primeiro com a mãe e depois com a futura esposa, como nos seguintes fragmentos em que Gauguin interpela Teha'amana:

– ¿No me tienes miedo, a pesar de no conocerme?
Teha'amana negó con la cabeza.
– ¿Has tenido enfermedades?
– No.
– ¿Sabes cocinar? (Vargas Llosa, 2004, p. 33)

– Tens medo de mim?
– *Aitá* ("não").
– Queres ficar a viver na minha cabana?
– *Ehá*.
– Nunca estiveste doente?
– *Aitá*. (Gauguin[6], 1985, p. 61)

Analisando os dois trechos fica evidente a relação intertextual das obras, apesar de *Noa-Noa* não aparecer citado textualmente como as obras de Flora Tristán. É de conhecimento geral a existência de duas versões de *Noa-Noa*, uma editada pelo poeta simbolista Charles Morice em 1901, onde se verifica tanto as alterações no caráter estético da obra quanto a introdução de textos alheios a Gauguin. A outra versão, trazida das Ilhas Marquesas por Victor Segalen, que regressa a Paris em 1904 de sua viagem ao Taiti com o texto de *Noa-Noa*, publicado em edição francesa apenas em 1929, não possui uma data específica de sua escritura, criando desta maneira uma aura de imprecisão no tocante a verdadeira autoria da obra e suas possíveis versões, o que talvez possa ter influído na decisão de Vargas Llosa não citar este trabalho de Paul Gauguin no romance.

Outras obras são arroladas no romance, como por exemplo, o texto de Gauguin intitulado "El espíritu y el catolicismo" (1902), *Los miserables* (1862) de Victor Hugo, *Rarahu o Le mariage de Loti* (1882) de Pierre Loti. Entretanto, o que mais se destaca nos capítulos destinados a Gauguin são as narrações das criações de suas telas.

No capítulo "Um demônio vigia a menina" é relatada a situação que dá origem ao quadro *Manao tupapau* (*O espírito do morto vigia,*

---

[6] Tradução portuguesa de Aníbal Fernandes.

1892), um dos mais conhecidos do pintor. À noite, Gauguin entra em sua casa escura e ao acender um fósforo tem a visão de sua esposa taitiana em um profundo estado de terror. No escuro, a menina tinha medo que entrasse na cabana o "tupapau", uma espécie de demônio ancestral da cultura maori:

> "Entró a la cabaña, y, cruzando el umbral, buscó en sus bolsillos la caja de fósforos. Encendió uno y, en la llamita amarillo azulada que chisporreaba en sus dedos, vio aquella imagen que nunca olvidaría, que los días y semanas siguientes trataría de rescatar, trabajando en ese estado febril, de trance, en el que había pintado siempre sus mejores cuadros. (...) Sobre el colchón, a ras de tierra, desnuda, bocabajo, con las redondas nalgas levantadas y la espalda algo curva, media cara vuelta hacia él, Teha'amana lo miraba con una expresión de infinito espanto, los ojos, la boca y la nariz fruncidos en una mueca de terror animal." (Vargas Llosa, 2004, p. 36)

A partir da visão de Teha'amana, Gauguin consegue materializar o mundo primitivo que buscava no Taiti e que primeiro havia procurado na Bretanha e na Martinica, e os sentimentos puros que, segundo ele, a civilização havia apagado de sua memória.

Em "Annah, a javanesa" relata-se a criação de *Aita tamari vahine Judith te parari* (*A pequena Judith ainda virgem*, 1893) ou Annah, a javanesa. Esta tela surge da impossibilidade de Gauguin pintar a adolescente Judith Molard, filha do casal William e Ida, ele compositor e ela escultora. Como não tinha conseguido a autorização dos pais de Judith para posar como modelo, Paul decide pintar, por cima do já iniciado esboço de Judith, o exotismo de Annah, a javanesa que havia recebido em sua casa como empregada e que havia se convertido em sua amante e modelo. Para Gauguin a pintura deste quadro nada mais era que uma resposta às críticas que recebia por seu trabalho, como se pode confirmar nos argumentos do narrador:

> Los refinados artistas parisinos, sus relamidos críticos, sus educados coleccionistas, se sentirían agraviados en su sensibilidad, su moral, sus gustos, con este desnudo frontal de una muchacha, que, además de no ser francesa, europea ni blanca, tenía la insolencia de lucir sus tetas, su ombligo, su monte de Venus y el mechón de vellos de su pubis, como desafiando a los seres humanos a venir a cotejarse con ella, a ver si alguien podía enfrentarle una fuerza brutal, una exuberancia y sensualidad comparables. (Vargas Llosa, 2004, p. 133)

Portanto, exibir o quadro com a imagem criada da javanesa poderia significar em termos metafóricos uma exposição de si próprio, um desnudamento de seu mundo primitivo interior, o que poderia ser traduzido por uma afronta à sociedade parisiense. Na realidade, a força vital, a exuberância e a sensualidade que Gauguin percebia em Annah era o reflexo de como ele mesmo via e sentia que deveria ser a sua vida.

Como ocorre com Flora Tristán, o nono capítulo cujo foco está centrado em Paul Gauguin, "O vício tardio", é relevante porque faz uma síntese da carreira do pintor, desde quando era empregado na Bolsa de Valores de Paris até a descoberta paulatina da pintura e a partida para o Taiti, abandonando a família e a França, em busca do paraíso primitivo e perdido[7]. Afinal, para Gauguin não importava pintar o primitivo, mas sim como um primitivo, ser livre para viver com autenticidade, isto é, desvencilhado dos valores da sociedade burguesa, por isso, admirava o medo religioso de Teha'amana, os gestos caricaturais de Annah, a javanesa e a vida na Polinésia.

Conclusão

Apesar de não haver nos romances narradores ou outros personagens que expliquem o processo de escritura da narrativa ficcional, a existência de personagens escritores-leitores e a citação direta de várias obras, de certa maneira, propiciam uma reflexão em torno do gesto escritural. Além disso, podemos considerar que estas referências bibliográficas são pistas que nos mostram o caminho de leitura que Vargas Llosa percorreu para "conhecer" a história oficial da República Dominicana, as biografias encomendadas do ditador Rafael Leónidas Trujillo e sua família e as de Flora Tristán e Paul Gauguin.

A leitura de todos os textos narrativos citados possibilitou a construção poética dos romances por parte de Vargas Llosa. É por meio deste processo e da relação dos personagens com outros textos, literários ou não, que se estabelece a construção poética dos romances citados. Deste

---

[7] Em *Los Mares del Sur* (1979), Vázquez Montálban também explora a busca deste paraíso por Gauguin para construir seu personagem Stuart Pedrell. As obras de Vargas Llosa e Montálban novamente se cruzam desta vez no tema do ditador, a exemplo de *La fiesta del chivo* (2000) do primeiro e de *Autobiografía del general Franco* (1992), do segundo.

cruzamento de discursos o autor cria textos narrativos que, apesar de estarem na categoria da ficção, iludem o leitor ao aproximarem-se, por exemplo, do discurso histórico sem, contudo, poderem sê-lo. Tais textos ultrapassam os limites do discurso histórico oficial porque colocam em destaque o que está interdito nestas obras históricas, quando apresentam uma multiplicidade de perspectivas e de vozes narrativas, possibilitando um amplo panorama do todo narrativo.

Por fim, não se pode deixar de ressaltar o trabalho de investigador do escritor peruano que recuperou tanto a história trágica do poder do ditador Trujillo na República Dominicana e a vida revolucionária de Flora Tristán e Paul Gauguin, quanto os próprios textos que foram escritos sobre estes personagens da história e da ficção. Com *La fiesta del chivo* relembrou a violência das ditaduras latino-americanas e com *El paraíso en la otra esquina* os ideais que poderiam fazer uma sociedade mais justa para homens e mulheres e a ruptura com os valores burgueses com a finalidade de encontrar uma arte mais próxima dos sentimentos humanos.

Referências Bibliográficas

BAKHTIN, Mikhail. *Problemas da poética de Dostoiévski*. Rio de Janeiro: Forense--Universitária, 2002.
BOUDAILLE, Georges. *Gauguin*. London: Thames and Hudson, 1969.
GAUGUIN, Paul. *Noa-Noa*. Tradução de Aníbal Fernandes. Lisboa: Assírio e Alvim, 1985.
GUTIÉRREZ, Angela. *Vargas Llosa e o romance possível da América Latina*. Rio de Janeiro: Sette Letras, 1996.
TRISTÁN, Flora. *Le tour de France. Journal 1843-1844: état actuel de la classe ouvrière sons l'aspect moral, intellectuel, matériel*. Paris: Indigo et Côté--femmes, 2001.
_____. *Peregrinações de uma pária*. Tradução de Maria Nilda Pessoa e Paula Berinson. Florianópolis: Mulheres; Santa Cruz do Sul: EDUNISC, 2000.
VARGAS LLOSA, Mario. *El paraíso en la otra esquina*. Madrid: Suma de Letras, 2004.
_____. *La fiesta del chivo*. Madrid: Suma de Letras, 2001.
_____. *Cartas a un joven novelista*. Madrid: Círculo de Lectores, 1997.
WALTHER, Ingo F. *Paul Gauguin 1848-1903: quadros de um inconformado*. Tradução de Etelvina Rocha Gaspar. Köln: Benedikt Taschen, 1993.

CENSURA LITERÁRIA NA DÉCADA DE 1970: O OLHAR DO CENSOR SOBRE AS LETRAS DAS CANÇÕES NAS DITADURAS DE PORTUGAL, BRASIL E ESPANHA

ALEXANDRE FELIPE FIÚZA[1]
Universidade Estadual do Oeste do Paraná (UNIOESTE), Brasil

Quando algumas críticas são feitas à influência da música internacional na canção nacional, muitos músicos respondem-nas com a clássica frase: "para a música, não há fronteiras". Esta comunicação parte desta mesma máxima. Durante as décadas de 1960 e 1970 circularam por inúmeros países canções que criticavam um *estado de coisas* de então: as ditaduras, o autoritarismo, a violência, o imperialismo, o anticomunismo, a repressão sexual e política, o conservadorismo, o moralismo, a miséria, a fome, a desigualdade social, o atraso econômico, as guerras, as armas. Nos países em que havia censura, tais temas eram abordados também por meio de metáforas, dando origem a alguns semas comuns em diferentes países. Os mais diversos termos surgiram para denominar esta modalidade de canção: política, de intervenção, de protesto, de réplica, de circunstância, de testemunho, contestatória, *nueva canción, nueva trova, nova cançó, nova canción galega,* participativa. Tal estudo parte do princípio de que uma história comparativa destes movimentos musicais contribui sobremaneira para o entendimento da história destes países no âmbito da cultura e de suas implicações sociais.

---

[1] Doutorando em História pela UNESP/Assis. Durante o ano de 2004, em Portugal, Bolsista Sanduíche do CNPq/ Brasil.

A censura e a repressão à canção engajada, de crítica social, não foram comuns somente no Brasil, Espanha e Portugal, experiências semelhantes surgiram também em inúmeros países governados por regimes autoritários e de diferentes matizes ideológicos. Como boa parte dos países latino-americanos também vivia sob ditaduras militares, tal política era uma constante em quase todo o continente. Esta rede de compositores de oposição era alvo tão freqüente das ditaduras que, por exemplo, no arquivo brasileiro do Fundo DCDP – Divisão de Censura de Diversões Públicas, de Brasília, um dos informes do Ministério da Justiça, datado de 27 de Abril de 1973, alertava sobre a existência de uma organização de esquerda internacional sediada em Cuba, que visava promover a "canção de protesto", aproveitando-se da "facilidade de compreensão pelas massas não alfabetizadas e carentes de contato freqüente com outras manifestações culturais".

Apesar de abordarmos a censura em três países que viveram experiências com governos ditatoriais, é relevante destacar que nos chamados países democráticos, neste mesmo período, ocorreram exemplos de censura em relação à canção popular. Marcadamente tal controle censório foi mais incisivo no tocante às questões morais, a exemplo do que denunciou o músico francês Léo Ferré quanto ao papel obscuro dos comitês de escuta franceses, inicialmente criados para retirar de circulação discos com problemas técnicos, mas que se transformaram em órgãos de censura, embora não institucionais, como afirma o músico: "Diz-se que não há censura porque não se pode proibir uma canção desde que ela não atente contra os bons costumes" (Gomes, 1984: 29).

Ainda que a censura na França não tenha sido tão ampla, comparada aos regimes autoritários, não significou que algumas canções francesas não viessem a ser objetos de proibições em outros países, como na Espanha. Em 1971, a canção de George Brassens "Le Gorille" foi proibida pela censura espanhola sob a justificativa: "contiene un fondo, no solo erótico sino homosexual y es, por tanto, deneglabe". [2] Vale ressaltar que nestes mesmos documentos são proibidas ainda, do mesmo músico, *Hecatombe, La Chasse aux Papillons, Corne d'Aurochs, Il Suffit de Passer le Pont*, todas elas consideradas "inmorales".

---

[2] Archivo General de la Administración de España, Sección: Cultura, Cajas: 63589 e 67381. Tal arquivo encontra-se sediado na cidade de Alcalá de Henares.

A temática do homossexualismo foi também um tabu nos pareceres dos censores brasileiros. Em 1977, quando os músicos portugueses e espanhóis já não estavam presos à censura, no Brasil continuavam recorrentes proibições a canções que abordassem este tema, como se observa neste parecer existente nos arquivos da DCDP: "(...) enfoca o homossexualismo e o lesbianismo de maneira vulgar, maliciosa e inadequada. Por entendermos que tal assunto não deva ser tratado muito menos decantado de tal maneira e sim através do ponto de vista médico-científico, opinamos pela NÃO LIBERAÇÃO da composição". Portanto, baseado na "ofensa ao decoro público", tal veto inicia-se com uma aparente defesa dos direitos e do respeito para com a temática. Contudo, logo na seqüência, temos as premissas que bem caracterizavam o debate de então em torno da homossexualidade e sua relação com a tese de desvios biológicos.

Uma das possíveis relações existentes entre as justificativas em que se baseiam países tão distintos, como Brasil, Espanha e Portugal, talvez seja uma cultura conservadora cristã aliada a uma cultura da caserna e certa moral militar. Afinal, na formação militar há uma freqüente crítica a uma pretensa politização da vida social e uma relação estabelecida entre limitação e fraqueza como traços identificadores da homossexualidade. Este binômio, juntamente com outros preconceitos e com o racismo, provavelmente construiu uma base para tais controles censórios e para a repressão em outras esferas. Assim, em nome dos "bons costumes", uma vasta produção artística foi proibida nos países observados.

Tal similitude entre a realidade "luso-brasileira" está expressa, também, na "crise" por que passou a produção musical engajada nos dois países ao final das ditaduras. Apesar das tímidas relações entre músicos brasileiros e espanhóis, o mesmo não se verifica entre portugueses e espanhóis. As razões para tais contatos podem ser explicadas pelos movimentos estéticos no campo musical, a proximidade territorial e de realidade política, pelos canais de comunicação advindos do movimento universitário e do partidário, entre outras.

Embora similares, há de se destacar que as fontes documentais de Brasil e Portugal, presentes nos arquivos da Direcção-Geral de Espectáculos, em Lisboa e na DCDP, em Brasília, não constituem um material sistematizado e com uma periodicidade regular, afinal, como resultado de regimes autoritários, guardam a especificidade da destruição de parte destes documentos ao final das respectivas ditaduras, bem como sua fragmentação em outros arquivos regionais. Outro dado é que tais fontes são expressões da documentação oficial produzida pelo Estado e, como tais, devem ser balizadas a partir dos debates políticos e culturais atinentes ao período.

Na Espanha, a Censura esteve ligada à Dirección General de Cultura Popular y Espectáculos e esta, por sua vez, ao Ministerio de Información y Turismo. A exemplo dos casos brasileiro e português, encontramos processos de censura de canções no Archivo General de la Administración de España relativo aos primeiros anos da década de 1970. Da década de 1960, localizamos até o momento um único documento[3] com a proibição do disco de flamenco *La Perla de Cadiz*, da gravadora Hispavox, de 1961. Segundo este documento a retirada do mercado do disco se dá com base na Ordem Ministerial de 25 de novembro de 1959.

O endurecimento da censura em relação à canção inicia-se em meados da década de 1960 e corresponde ao crescimento da indústria fonográfica e à complexificação e expansão dos meios de comunicação por onde eram veiculadas estas canções. Em resposta a esta modernização e à popularização das canções contestatórias, os Estados criaram ou, também modernizaram, repartições encarregadas da censura prévia dos discos e programações das rádios e televisões. Vale ressaltar ainda que este complexo esteve pautado numa legislação bem anterior ao período em questão.

Outro dado que aproxima os casos nacionais abordados é que uma significativa parte das informações presentes nos arquivos da Censura e da repressão advém da Imprensa. Por exemplo, um documento do arquivo espanhol originado da Europa Press, datado de 11 de Junho de 1976, anunciava os preparativos do *Festival de Música de Nou Camp: Cançons del mon per a un poble*, organizado pelo Congresso de Cultura Catalã, de Barcelona. Contava com a participação dos músicos "Angel y Isabel Parra, José Alfonso [sic!], Léo Ferré, Lluis Llach, Pete Seeger y Raimon"[4]. Um mês antes de este documento ser processado pelo serviço de repressão espanhol, um outro datado de 10 de Maio de 1976, da mesma agência de notícias, registrava a sua preocupação com um espetáculo musical no campus de Cantoblanco da Universidad Autonoma de Madrid, com a participação dos portugueses Fausto e Vitorino, entre outros espanhóis.

---

[3] Archivo General de la Administración de España, Sección: Cultura, Caja: 64948.
[4] Idem, Caja 581, MIT/ 00.582.

A censura à canção em Portugal não nasce, certamente, no século XX, antes disso a censura religiosa era manifesta. Contudo, o controle foi freqüente ao longo de toda a ditadura salazarista. Num dossiê[5] sobre o fado, os pesquisadores encontraram uma letra de uma canção, *A Canção do Sul*, visionada pela Comissão de Censura já em 25 de dezembro de 1926, apenas sete meses após o golpe de 28 de Maio daquele ano.

Apesar do controle, até o início de 1972, não havia a censura prévia dos discos em Portugal, o que se traduzia na apreensão pela polícia dos discos considerados subversivos, bem como na pressão junto aos editores das gravadoras para que estes não investissem em trabalhos que atentassem à moral e à política divulgadas pela ditadura portuguesa. Tal pressão levou a uma auto-censura dos compositores e também das gravadoras, estas últimas movidas ainda pelo risco financeiro de terem seus discos apreendidos e seu investimento perdido. O governo português, frente a forte inserção social dos cantores portugueses, potencializou seus serviços de censura junto à produção discográfica.

Curiosamente, para a sociedade civil, o governo de Marcelo Caetano utilizava o eufemismo de "exame prévio", entretanto, nos documentos internos e/ou confidenciais deixava muito claro sua atividade, como se vê na Circular 26-DGI (Direcção-Geral da Informação), de 19 de Fevereiro de 1972, enviada à Rádio Triunfo e Discos Alvorada: Enviei "a V. Exa. o ofício confidencial n. 36-DGI/G, em que dava conta de que 'resulta expressamente das leis em que deve ser vedada a edição ou radiodifusão de canções ou outras formas musicais que, pelo seu conteúdo e objectivos (...) possam pôr em causa interesses legalmente protegidos' (...)".

Na continuidade desta circular, novamente o eufemismo de uma conversa quase informal e uma repreensão num tom paterno em relação ao "desgosto" causado pelos editores à senhora Censura: "(...) Decorrido um ano, verifica-se com desgosto que algumas casas editoras voltaram a desrespeitar a lei de forma ostensiva". Assim, a Censura ameaça: "Nestes termos, foram transmitidas superiormente instruções às autoridades competentes para perseguir criminalmente os infractores, começando a sua intervenção pela apreensão preventiva dos discos em causa".

Caberia ainda uma pesquisa nos países em análise para discutir quais as relações entre a Censura e a indústria fonográfica, afinal, estavam

---

[5] *Fado: Vozes e Sombras*. Lisboa: Electa, 1994, p. 146.

em jogo interesses das grandes empresas, justamente um dos setores salvaguardados pelas ditaduras que, por sua vez, possibilitaram o desenvolvimento capitalista nestes países em que pairavam o "perigo comunista". E num exercício de uma "simpática" retórica, continua o ultimato do censor:

> "(...) Numa última tentativa, deseja ainda esta Secretaria de Estado evitar males maiores aos editores, pelo que por este meio convida V. Exa. a remeter, préviamente, à Direcção-Geral da Informação a letra das músicas antes de sua gravação (...) Não me sendo possível já dilatar mais a intervenção policial, lembro a V. Exa. a conveniência que tem em acautelar a sua actividade futura com a medida de preocupação aqui sugerida (...)".[6]

Novamente chamam a atenção os eufemismos aqui empregados, como: "convida", "deseja", "conveniência", "evitar males maiores". Tal modo de tratamento revela a tônica do Governo de Marcelo Caetano, ou seja, ao invés da abertura política gradual, uma reconfiguração dos órgãos de repressão e de Censura e uma nova linguagem da comunicação social. Apesar de longa, a citação deste documento permite identificar a pressão exercida sobre as editoras musicais e as rádios, bem como revela o processo empregado pela ditadura. Por fim, neste mesmo documento, o Director-Geral da Informação reproduz as proibições em relação às canções:

"a) as que contenham, ainda que veladamente, ultrajes às instituições ou injúria, difamação ou ameaça contra as autoridades ou os seus agentes ou contra os poderes constituídos, e bem assim as que se proponham ridicularizá-los;

b) as que aconselhem, instiguem ou provoquem os ouvintes a faltar ao cumprimento dos deveres militares ou ao cometimento de actos atentatórios da integridade e independência da Pátria;

c) as que contenham palavras ou idéias ofensivas da dignidade e do decoro nacional;

d) as que contenham expressões obscenas ou ofensivas das leis, da moral e dos bons costumes;

e) as que incitem à depravação e ao vício ou exaltem formas de conduta ou comportamento imorais ou anti-sociais;

f) as que, por qualquer modo, incitem ao crime ou exaltem actividades criminosas e concitem os cidadãos a impedirem a acção da justiça na investigação de crimes ou na perseguição de criminosos;

---

[6] Instituto dos Arquivos Nacionais/ Torre do Tombo, SNI/ Censura, cx. 4610.

g) as que, contendo alusões a factos da vida nacional, os deturpem no seu significado, por forma a estabelecer confusão ou desorientar os espíritos;
h) as que se propuserem divulgar factos ou acontecimentos manifestamente falsos, com ou sem comentários;
i) as que em geral, não pudessem ser apresentadas em espetáculos públicos sem risco do decoro, da moral, do respeito devido às instituições autoridades e ao bom nome e prestígio do País"[7].

Tais preceitos guardam profundas semelhanças com seus similares espanhóis e brasileiros, abarcando um universo tão amplo que possibilitavam um leque ainda maior de casos passíveis de veto. Nos países abordados, ao censor cabia uma tarefa subjetiva, apesar dos preceitos legais a que estava submetido, afinal bastava citar o artigo que impedia a canção e cabia-lhe fornecer a sua interpretação da mensagem, seja ela, na visão do censor, explícita ou subliminar. Por outro lado, vale ressaltar que, caso aprovasse uma letra muito ofensiva ao poder e que esta viesse a se configurar num "sucesso", o censor corria o risco de até mesmo ser alvo de um processo interno ou mesmo de demissão.

A obra *La represión cultural en el franquismo* (1977), embora tratar da censura à literatura, aponta uma possível premissa da Censura espanhola: "Cuando el censor no entendía alguna frase, pero sospechaba que era comprometida, la cortaba" (Cisquella, 1977: 125). Traz ainda uma interessante reflexão de José Cardoso Pires sobre a representação que o censor fazia de seu próprio trabalho: "que son los gestores de un bien común inalienable y desean ante todo que su actividad se integre a la moral corriente, como un servicio público normal y que, por consiguiente, se le atribuya un carácter burocrático y, en la medida de lo posible, despolitizado" (p. 47).

Semelhante parâmetro é observado na documentação censória portuguesa. Um dado curioso é que os próprios censores ressaltavam a subjetividade e a necessidade de ter como preceito o corte, no caso da dúvida. Por exemplo, o censor, ao analisar oito poemas enviados pela gravadora Sassetti, em 1973, disserta: "O critério adotado na apreciação destes textos, tem oscilado entre uma quase liberalização e um rigorismo difícil de definir, dado o carácter subjectivo destas apreciações, na falta de critérios objetivos". Este documento também marca a transição de

---

[7] Idem.

uma política salazarista para marcelista, ou seja, como afirmamos anteriormente, atingir os mesmos fins (barrar as críticas ao regime e seu ideário), porém com uma outra inserção junto às empresas discográficas e aos músicos. Neste mesmo documento, o censor confirma as teses do caso espanhol, já citadas, de corte em caso de suspeição: "todas as expressões, susceptíveis de se avolumarem no espírito dos ouvintes e que possam conduzir a especulações desorientadoras de uma opinião pública sã, devem ser banidas".[8]

Num outro documento do mesmo ano, e de autoria do mesmo censor, a opinião pública é novamente referenciada ao explicitar a preocupação com os músicos: "quase todos de intencionalidade política contestatária [sic!] e desorientadora de opinião pública". E sobre os poemas desta mesma produção musical, prossegue: "no seu conjunto, deixam bem transparecer uma forma de subversão que devemos combater". Enfatiza ainda uma preocupação que também era comum aos governos espanhol e brasileiro, ou seja, o trabalho sistemático destes grupos de cantores de oposição, cuja produção: "inspirada em doutrinas de outros países [sic!] já causaram muitos danos apreciados por sociólogos, não serve de forma alguma a organização do Estado".[9]

Quanto ao Brasil, até 1968 a Censura era regida pelo Decreto n.º 20.493 de 1946, que criou o Serviço de Censura de Diversões Públicas, ligado ao Ministério da Justiça. Contudo, somente com a Constituição imposta ao país em 1967 foi criada uma Censura Federal, com um método único para todo o país. Apesar desta mudança, o artigo 41 do referido Decreto n.º 20.493 continuou sendo a referência para os censores durante toda a década de 1970:

"Será negada a autorização sempre que a representação, exibição ou transmissão radiotelefônica:
    a) contiver qualquer ofensa ao decoro público;
    b) contiver cenas de ferocidade ou for capaz de sugerir a prática de crimes;
    c) divulgar ou induzir os maus costumes;
    d) for capaz de provocar incitamento contra o regime vigente, a ordem pública, as autoridades constituídas e seus agentes;
    e) puder prejudicar a cordialidade das relações com outros povos;

---

[8] Instituto dos Arquivos Nacionais/ Torre do Tombo, SNI/ Censura, cx. 457.
[9] Idem, datado de 19.04.1973.

f) for ofensivo às coletividades ou às religiões;
g) ferir, por qualquer forma, a dignidade ou o interesse nacional;
h) induzir ao desprestígio das forças armadas."[10]

Segundo Creuza Berg (2002), as lacunas que estes itens não atingissem eram resolvidas pelo arbitrário artigo 136: "os casos omissos serão resolvidos pelo chefe do Serviço de Censura de Diversões Públicas, ouvido o chefe de polícia" (p. 89). No tocante à censura à música popular, a autora enfatiza o papel da Doutrina de Segurança Nacional na aplicação da Censura, para tanto, analisa os debates que permeiam a Escola Superior de Guerra e, a partir da consulta do Arquivo do DCDP/ Distrito Federal, os embates entre os músicos e a Censura. Com o Artigo Institucional n.º 5, de 13 de Dezembro de 1968, a censura política tornou-se a razão de ser dos censores. Vale ressaltar que, nos seus dez anos de existência, *o ato deixou um saldo de cerca de 500 filmes e 450 peças interditadas, 200 livros proibidos, dezenas de programas de rádio e televisão e mais de mil letras de música censuradas* (Souza, 1984: 142).

Creuza Berg aponta, ainda, dois níveis de ação da Censura: "um preventivo (censura prévia) e outro punitivo (processos judiciais). Ao lado desta, havia ainda uma outra censura de caráter coercitivo, exercida por terroristas de extrema direita ligados à ala radical do Exército e pela polícia, sobretudo civil, ligada ao DOPS" (Berg, 2002: 121). Em Portugal, também esta vertente punitiva foi recorrente como se vê nos processos da PIDE – DGS em que figuram músicos como José Afonso, Adriano Correia de Oliveira, Francisco Fanhais, entre outros.

Nesse sentido, um outro caminho passível de mapear o controle estatal da produção artística no Brasil são os arquivos do DOPS – Departamento de Ordem Política e Social, digamos, a PIDE brasileira. No arquivo do DOPS/Paraná, nos fichários individuais, também aparecem outros músicos como Milton Nascimento (n.º 34.058), Fernando Brant (n.º 34.054), Chico Buarque (n.º 33.108), David Tygel (n.º 44.857), Maurício Tapajós (n.º 36.379) e até o músico português Sérgio Godinho (n.º 18.294). No arquivo do DEOPS / São Paulo foram encontrados também registros sobre os músicos portugueses José Afonso e José Jorge Letria.

---

[10] Ver *Brasil: Coleção de Leis e Decretos da República*, 1946, citada por: BERG, Creuza. *Mecanismos do Silêncio: expressões artísticas e censura no Regime Militar (1964-1984)*. São Carlos: Edufscar, 2002, p.88-9.

Nas consultas feitas nos DOPS do Rio Grande do Sul, São Paulo, Paraná e Pernambuco uma recorrência é a ficha de Chico Buarque. No Paraná, por exemplo, registra-se a preocupação com sua participação na 5.ª Festa do Avante, do Partido Comunista Português.[11] Em maio de 1972, em Recife, Chico Buarque foi intimado a prestar depoimento no DOPS por ter silenciado (segundo seu depoimento em Pernambuco) nas duas palavras censuradas de sua canção *Partido Alto*: "titica" e "brasileiro" durante um show em Recife.[12] No depoimento anexo a ficha de Chico Buarque[13], o músico responde com ironia as perguntas do policial, afirmando que não tem problemas com a Censura e que até toma cafezinho com os censores e que eles sempre comparecem aos seus shows.[14] Chico foi novamente intimado[15], em Julho do mesmo ano, no Rio de Janeiro, e alegou ter cantado a letra aprovada.

Notadamente, para que a letra de *Partido Alto* fosse aprovada foram necessárias substituições das palavras "brasileiro" por "batuqueiro" e "titica" por "coisica." A Censura do Rio de Janeiro pronunciou-se[16]: "A TCDP da DR/GB, examinando o primitivo texto da música Partido Alto, achou por bem vetá-la, pelo sentido depreciativo ao brasileiro apresentado em um de seus versos e também devido ao uso de expressão grosseira." A Censura cumpria desta forma seu papel de preservadora da nova imagem do Brasil dos militares: desenvolvimento econômico, modernidade, além de todo um clima festivo. Além da crítica política, estava abolida do cancioneiro qualquer referência à pobreza, à fome, à desigualdade social, nesse sentido, ao levantar tais questões, a canção de Chico Buarque contradizia o ideário da ditadura.

Contudo, tal relação entre os órgãos de repressão e de Censura também existiu no caso espanhol. Além das pesadas multas cobradas dos

---

[11] Fichário Individual, n.º 33.108, datado de 14.07.1981, Arquivo do DOPS, Arquivo Público do Paraná, p. 03.

[12] Arquivo do DOPS / Pernambuco.

[13] Prontuário SSP/DOPS – 4795, intitulado *Circuito Universitário*.

[14] Nesta passagem Chico Buarque refere-se às suas idas às delegacias de polícia e aos censores que compareciam aos seus shows, visto que as entidades promotoras eram obrigadas a fornecer ingressos para a Censura.

[15] Protocolo n.º 07.692/72, de 28.07.72, Seção Censura Prévia, Fundo DCDP, Arquivo Nacional/ DF.

[16] Sem identificação de protocolo e respondido a mão no próprio ofício da Phonogram que pedia a liberação da canção, de 05.04.72, Seção Censura Prévia, Fundo DCDP, Arquivo Nacional/ DF.

músicos e organizadores dos shows considerados "subversivos" pela ditadura, a prisão também foi usada para fazer frente aos cantautores. Por exemplo, o músico andaluz Carlos Cano também descreve em suas memórias tal ligação: "Tuvimos problemas de censura, como todo el mundo en este país. Una vez, me detuvieron por emplear la palabra 'obrero'. Decían que esa expresión sólo utilizaban los rojos, los demás usaban 'trabajador'. Me llevaron al cuartelillo." Como no Brasil, a dita "subversão" podia transformar-se em prisão: "En el calabozo escribí una canción que, en el disco *A Duras Penas*, canta conmigo Enrique Morente. Se llama *Anochece*. En ella está presente el escalofrío de aquella noche. Me llevaron una manta y la Brigada Político-Social me fichó" (Cano, 1996: 16). Esta experiência da prisão de Carlos Cano foi compartilhada por inúmeros músicos de diferentes países pelos mesmos motivos.

Curiosamente, no Brasil, a canção *Grândola, Vila Morena*, de José Afonso foi gravada por Roberto Leal em 1974[17], sendo gravada no mesmo ano por Nara Leão[18], o que provocou a indignação expressa num documento[19] do III Exército, pois: "esta música vem sendo tocada com insistência, diariamente na Rádio Continental de Porto Alegre, no horário das 12.00 às 13.00 horas". Em resposta[20] a uma consulta ao DOPS sobre a situação da canção, o Diretor da Divisão de Censura e Diversões Públicas, Romero Lago, afirma que esta estava liberada desde 20.05.1974 para a gravação de Roberto Leal. Curiosamente, *Grândola*, uma das senhas que avisava os capitães para a saída dos quartéis para a chamada Revolução dos Cravos, não foi censurada pelas ditaduras do Brasil, Espanha e Portugal.

Na Espanha, três meses após a 25 de Abril de Portugal, o disco *Cantigas de Maio* (1971), de José Afonso, foi enviado à Censura espanhola pela Ariola Eurodisc. Neste disco estava presente *Grândola, Vila Morena*, além de, como diria o jornalista Viriato Teles: "belíssimos temas de inspiração popular, como *Maio Maduro Maio*, *A mulher da erva* ou *Cantigas do Maio* e de óbvios cantos de resistência, como o *Cantar Alentejano*, dedicado a Catarina Eufémia, camponesa assassinada pela

---

[17] LEAL, Roberto. *Roberto Leal*. São Paulo: RGE/ Fermata, 1974. 33 rpm, stereomono, n. 303.0028. (LP)
[18] LEÃO, Nara. *A senha do novo Portugal*. Portugal: Philips, 1974, 33 rpm, n. 6069111. (compacto simples).
[19] Datado de 09.11.1974, Fundo Divisão de Censura de Diversões Públicas/ Brasília.
[20] Datado de 13.01.1975, Fundo Divisão de Censura de Diversões Públicas/ Brasília.

GNR, ou *Coro da Primavera*" (Teles, 2000: 183). E foi esta última canção a única a ser censurada: "Coro de Primavera: DENEGLABE – de contenido subversivo. Las restantes son AUTORIZABLES. Madrid, 10-7-74." Esta canção foi proibida um ano antes da morte de *El Generalísimo* Franco e, talvez, servisse de fundo sonoro para tal acontecimento, pelo menos na visão da oposição ao regime: "Cúbrete chusma/ en la mortaja/ hoy el rey va desnudo/ Los viejos tiranos/ de hace mil años/ mueren como tú".

A letra de *Coro da Primavera*[21] segue em seu alento à luta contra o poder e ainda abre uma senha do papel dos cantores: "Ergue-te ó sol de verão/ Somos nós os teus cantores/ Da matinal canção (...) Livra-te do medo/ Que bem cedo/ Há-de o sol queimar". No tocante ao aspecto musical desta canção não houve qualquer opinião do censor, como era característico destes pareceres, mas, é possível observar que a acidez crítica de seu texto é potencializada pelo arranjo musical, bem percussivo, afinal "ouve-se já os tambores"; utiliza um coro, o que provoca um efeito de coletividade à canção, por outro lado o som de um órgão ao fundo contrasta com os tambores; uma segunda parte soa mais melodiosa, com guitarra, flauta e novamente a canção retoma a base da primeira parte. O fato é que este disco, gravado na Inglaterra (inclusive contando num dos dias com a presença do então exilado Gilberto Gil), traz experiências estéticas raramente vistas na música popular portuguesa de início da década de 1970 e influiu decisivamente nos rumos da canção a partir de então.

Voltando ao tema da primavera, parece que a Censura espanhola não era simpática à estação das flores. Em 1971, a censura proibiu a canção *Sucedió en Primavera*, de Ary dos Santos e Fernando Tordo, com tradução de Tito Iglesias, em razão do censor não concordar com o que entendeu como uma palavra de cunho erótico: "cama". Afirma o censor: "Podría autorizarse 'Sucedió en Primavera' suprimiendo el verso 'era una cama' en el segundo párrafo. 22-IX-71". Em resposta, a Fonogram Madrid, expôs a dificuldade em realizar tal mudança na medida em que não conseguiria localizar Fernando Tordo e, além disso, questionava o veto e relativizava a inserção do disco no mercado fonográfico espanhol.

---

[21] Viria a ser gravada por Luis Pastor, em 1976, numa versão da letra para o espanhol.

É de se notar ainda que, na década de 1960, ingressaram nos Serviços de Censura brasileiros, por concurso ou por transferência interna da administração federal, muitos censores sem formação superior o que se traduziu em alguns pareceres em que abundam erros gramaticais e interpretações um tanto confusas. Mais tarde, os concursos de acesso aos departamentos de Censura passaram a exigir curso superior. Contudo, há que se ressaltar que a atividade censória é, em qualquer amplitude, abominável, seja com censores letrados e versados em sua língua materna ou não. Se foram recorrentes os pareceres primários, foram também freqüentes os pareceres com verdadeiros exercícios de retórica, seja por convicção, seja como possível meio de obtenção de respeito e de ascensão na hierarquia dos serviços de Censura. Por exemplo, no parecer 16182, de 1974, são visadas quatro canções do músico brasileiro Sérgio Sampaio em que o censor faz-se de verdadeiro crítico literário.

Em relação às canções de Sérgio Sampaio, *O Bloco do Funil* ("A noite então desceu e a gente não dormiu/ Este é o primeiro grande carnaval do Rio/ Esta é a primeira grande ponte que caiu/ Este é o primeiro grande coração do Rio/ Este é o primeiro grande primeiro de abril..."), *Vá tomar banho* ("Não me encha o saco que eu não sou da sua escola, / cuide da sua vida pois a barra está pesada..."), *O que será de nós* ("Ando tão cansado e 26 anos é muito pouco, meu amor/ Pra ter que suportar um quarto escuro como se eu fosse uma fera ou um vampiro...") e *Sweet melo* ("Luís Melodia, dias melhores virão... com seus blues de brasileiro e americano, meu irmão!... Quem pode, pode/ Quem tem medo chupa cana/ Quem não tem, come banana..."), afirma o censor: "Inegavelmente, as letras musicais acima citadas observam o mais alto padrão literário, tendo sido elaborado no mais puro estilo lingüístico. Entretanto, a perfeição das construções não elimina os agravantes de ordem política, social e moral (...)". Para concluir o veto, afirma o censor: "Em geral, as letras obedecem à mesma linha o que impossibilita, a meu ver, a sua liberação".

Neste parecer ficam claras, além de certo pernosticismo, as linhas gerais do que era passível de censura: crítica política e social; idéias contrárias a uma certa moral; críticas ao regime e às suas realizações. Falar em noite, por si só, já era passível de atenção do censor visto sua freqüente metáfora com a longa noite iniciada no dia primeiro de abril de 1964, data nunca reconhecida pelos militares como o dia do Golpe, dada a sua perfeita relação com o chamado "dia da mentira".

Até mesmo o formato dos pareceres é semelhante nos três países abordados. No Brasil, contudo, havia um modelo mais técnico deste parecer. Havia, além de dados sobre a gravadora, a canção e o compositor, também um item curioso intitulado "linguagem". Para se ter uma idéia desta censura literária a que nos referimos ao longo deste texto, após a consulta aos pareceres existentes na DCDP – em Brasília, chegamos aos seguintes tipos de linguagem encontrados pelos censores brasileiros: protesto, romanesca, truncada, saudosista, poética, normal, lírica, tendenciosa, sentido dúbio, enaltecedora, estilo popular, poética sem muito apuro, descolorida, pobre, regionalista, de teor político, comum-maliciosa, irreverente, obscena, comum amorosa e épica, simples e doutrinária, de fundo religioso, pitoresca, subliminar, popular com dosagem de sublimação, caipira, indireta, simplória, errônea, perniciosa, grosseira, vulgar, mensagem negativa, entretenimento, positiva, com fundo educativo, indeterminada, entre outros termos.

Como se vê por estes exemplos, a base legal era consubstanciada por uma tarefa de "elucidação" do texto incorporada pelo censor. Tal empreitada rendeu inúmeros pareceres em que estão expostas a ideologia do censor, sua crença, seu gosto musical e, claro, sua leitura da letra da canção. Curiosamente, uma das etapas dos testes de seleção para o cargo de censor federal no Brasil, era a de um longo questionário que alternava questões simplistas com outras mais ideológicas, a exemplo de: "você acredita nas leis?" ou "Você acha que o pensamento universitário deve determinar a realidade?". Centenas de questões eram feitas invertendo a oração e o sentido, provocando certa confusão nos candidatos. Assim, alguns dos antigos censores tinham formação do ensino secundário enquanto estes novos concursados eram de nível superior. O fato é que tais níveis diferenciados traduziam-se em leituras eqüidistantes de uma mesma canção por diferentes censores.

Nos três países abordados, um dado perceptível é que os espaços de difusão e de divulgação das canções coincidiam com os espaços de debate e organização política da juventude universitária e de parte do ensino secundário das grandes cidades. Os arquivos destes três países guardam uma série de documentos e relatórios de shows observados pelos serviços de Censura e repressão. Logo, não bastaria refletir unicamente sobre a relação entre música e política apenas a partir dos músicos envolvidos nos movimentos de contestação política, afinal a ligação era bem mais complexa. O fundo sonoro destes estudantes secundaristas e universitários, dos trabalhadores organizados e não alinhados às ditaduras, de parte dos combatentes portugueses em África, dos exilados, de todos aqueles que foram tocados pelos temas da canção participativa, não era o som harmônico esperado pelas ditaduras. Foram canções que reafirmaram certezas de então ou que serviram de alento às mudanças e intervenções imediatas.

Contudo, uma outra ressalva, a máquina da Censura nestes três países era um dos componentes de uma complexa estrutura ditatorial e, certamente, não era a sua faceta mais trágica. Afinal, durante a ditadura franquista foram mortas centenas de milhares de pessoas e exiladas cerca de um milhão. Em Portugal e no Brasil foram centenas de mortos e outros milhares de torturados. No Brasil, a questão da abertura de parte dos arquivos da ditadura ainda é um tabu, visto que muitos dos envolvidos em casos de tortura e de assassinatos continuam na ativa, alguns até ocupando postos em diferentes instâncias de poder. É possível que estes arquivos também venham a revelar informações não muito louváveis de uma pequena parte da oposição à ditadura. Enquanto isso, inúmeras famílias de desaparecidos políticos aguardam informações para que possam ao menos localizar e enterrar os corpos de seus entes, mas deparam-se com aqueles que preferem enterrar o passado e junto dele páginas sombrias de nossa história.

Por fim, um exercício de imaginação: inúmeras canções censuradas não foram posteriormente gravadas pelos seus autores ou intérpretes. Nesse sentido, seria possível fazer um inventário deste cancioneiro interdito? Seria possível uma "história do que não foi" da música popular nestes países? O que provocou nestas sociedades esta "câmara de torturar palavras" que foi a Censura, no feliz termo de José Cardoso Pires? O que ficou nestes países e nas pessoas que aí viveram neste período em meio a décadas de censura, auto-censura e repressão? Vale lembrar ainda que as canções, equivocadamente intituladas de "brega", "cursi" ou "pimba", também foram objeto de censura freqüente pelos órgãos de censura dos países estudados. Por exemplo, no Brasil, mesmo a dupla Dom e Ravel, acusada de colaboracionismo com a ditadura devido à canção ufanista *Eu te amo meu Brasil*, também sofreu com os cortes dos censores. Tal caso não foi uma exceção, os arquivos brasileiros guardam outras centenas de casos semelhantes.

O fato é que hoje, com a configuração da indústria cultural e os interesses mercadológicos que lhe são fundantes e inerentes, ocorre uma fossilização de uma outra censura: a do mercado, que não é menos ou mais proibitiva que a anterior, é diferente. Afinal, ainda no ano 2000, 85 % dos discos comercializados no mundo advinham de apenas cinco grandes gravadoras. Tal controle também deve ser combatido, afinal, é mais uma política perniciosa à formação cultural dos compositores e dos ouvintes e também representa mais um dos resquícios destes mesmos anos de ditadura e do posterior esvaziamento da memória da "longa noite" que algumas "primaveras" não venceram de todo. Afinal, será que há "alguma semente perdida n'algum canto de jardim", como diria Chico Buarque? Se houver, que não seja transgênica.

Referências Bibliográficas

ALBIN, Ricardo Cravo. *Driblando a Censura: de como o cutelo vil incidiu na cultura*. Rio de Janeiro: Gryphus, 2002.
AZEVEDO, Cândido de. *A censura de Salazar e Marcelo Caetano – imprensa, teatro, cinema, televisão, radiodifusão, livro*. Lisboa: Caminho, 1999.
BERG, Creuza. *Mecanismos do Silêncio: expressões artísticas e censura no Regime Militar* (1964-1984). São Carlos: Edufscar, 2002.
CANO, Carlos. *El color de la vida*. Madrid: Ediciones Temas de Hoy, 1996.
CISQUELLA, Georgina (et. al.). *La represión cultural en el franquismo: diez años de censura de libros durante a Ley de Prensa*. 2.ª ed. Barcelona: Editorial Anagrama, 2002.
CLAUDÍN, Víctor. *Canción de autor en España: apuntes para su historia*. Madrid: Ediciones Júcar, 1981. (Série Los Juglares).
FIUZA, Alexandre. *Entre cantos e chibatas: a pobreza em rima rica nas canções de João Bosco e Aldir Blanc*. Campinas: UNICAMP/ Fac.de Educação, 2001 (Diss. de Mestrado).
GOMES, Manuel João (org.). *Léo Ferré*. Lisboa: Ulmeiro, 1984.
LETRIA, José Jorge. *A canção política em Portugal*. Porto, Almagráfica, 1978.
LUCINI, Fernando González. *Veinte años de canción en España (1963-1983). 1. Dela esperanza/ apéndices*. Madrid: Ediciones de la Torre, 1989. 422 p.
MOURA, José Barata. *Estética da canção política:* alguns problemas. Lisboa: Horizonte, 1977.
RAPOSO, Eduardo M. *Canto de Intervenção (1960-1974)*. Lisboa: Museu da República e Resistência, 2000.
SOUZA, Tárik de. Vinte anos de MPB: as principais tendências da discografia entre 1964 e 1984. In: *RETRATO do Brasil (Da Monarquia ao Estado Militar)*. São Paulo: Política Editora, vols. I e II, 1984.
TELES, Viriato. *Zeca Afonso: As voltas de um andarilho*. 3.ª ed., Lisboa: Ulmeiro, 2000.

A ARAGEM DOS ACASOS:
O CONCEITO DE DESTINO EM GUIMARÃES ROSA

SÍLVIO HOLANDA[1]
Universidade Federal do Pará, Brasil

Obviamente relacionada ao tema do trágico em Guimarães Rosa, a dimensão dramática de *Grande Sertão: Veredas* pode ser abordada sob vários aspectos (formais ou temáticos). A imagística, por exemplo, revela em diferentes situações do texto, a importância atribuída à representação teatral pelo narrador na tentativa de expressar suas mais profundas angústias. Já em *Sagarana*, pode-se encontrar, no conto "A volta do marido pródigo", exemplos em que a linguagem teatral organiza o enredo: "E aí com a partida de seu Waldemar, a cena se encerra completa, ao modo de um final de primeiro ato" (Rosa, 1988, 72). O mesmo ocorre em "Pirlimpsiquice" (*Primeiras Estórias*). Evelina Hoisel, abordando as metáforas teatrais presentes em Guimarães Rosa, enfatiza a diferença entre as metáforas rosianas e as do teatro barroco:

> Riobaldo circunscreve seu texto na metáfora do teatro, o qual passa a ser símbolo-escritura do mundo, onde tudo é máscara, disfarce, papéis a serem desempenhados. Com uma diferença: no palco do teatro, ao contrário do "teatral do mundo", há a alternativa de se escolher o papel a ser representado. Shakespeare e Calderón de la Barca e, de modo geral, todo o teatro barroco, deixaram a lição [...] Na travessia geográfica pelo sertão, todos cumprem um papel imposto pelo destino. É ele quem dita o caráter da representação. (Hoisel, 1991, p. 485)

---

[1] Doutor em Teoria Literária e Literatura Comparada pela Universidade de São Paulo com Tese sobre Guimarães Rosa. Entre outros textos publicados em periódicos regionais e nacionais, publicou, em co-autoria, *A letra e a voz de Guilhade* (São Paulo: EDUC/FAPESP, 1999) e *No mundo de Esopo* (Belém: UFPA, 2000).

Vejamos algumas dessas metáforas teatrais: "[Zé Bebelo] ministrava aquela brama de ordens: dez, vinte execuções, duma vez. O pessoal corria, cumpriam, aquilo semelhava um circo, bom teatro." (Rosa, 1987, p. 99); "Meu corpo gostava de Diadorim. [...] Meu corpo gostava dele, na sala do teatro." (Rosa, 1987, p. 140).

Tais metáforas se justificam em um texto que tem desafiado a crítica brasileira e estrangeira, colocada ante o problema de passar da admiração extasiada à exegese mais profunda, por aproximarem o narrativo do lírico e do dramático, fissurando a rigidez e o absoluto das classificações. Estamos diante de um texto em prosa ou de um texto poético? Desde de 1946, com *Sagarana*, Guimarães Rosa acostumou a crítica brasileira a rever seus conceitos, a relativizar teorias e métodos. O romance de 1956, retomando o espírito crítico de um Mário de Andrade e a invenção formal de um Oswald de Andrade, vale por um curso de Teoria Literária ou de Filosofia, tais os problemas colocados por esta obra.

Ao lado das metáforas teatrais, vale destacar também o "diálogo não diálogo", a particular situação de interlocução que se realiza em *Grande Sertão: Veredas*. É comum afirmar-se, na Teoria do Teatro, que o conflito que permeia toda ação dramática é veiculado pelo diálogo. Assim sendo, é ímpar a relação entre Riobaldo e um senhor não nomeado, em que este, embora não tenha voz, faz repercutir sua voz no discurso daquele, numa situação que lembra o recurso adotado em "Meu Tio o Iauaretê". O longo texto do romance, aliás, inicia por um travessão, como a marcar a fala de um ator em cena:

– Nonada. Tiros que o senhor ouviu foram de briga de homem não. Deus esteja. Alvejei mira em árvores no quintal, no baixo do córrego. Po meu acerto. Todo dia isso faço, gosto; desde mal em minha mocidade. Daí, vieram me chamar [...] (Rosa, 1987, p. 7)

Discutindo a importância da palavra para a caracterização de Riobaldo como um personagem dramático, afirma Hoisel:

Riobaldo, como todo personagem de drama, se constrói e cria pela palavra. Entretanto, se no drama o conhecimento de um personagem resulta de suas ações, do que ele fala e do que os outros personagens dizem a seu respeito, este procedimento desaparece em GS:V, já que a única voz que se dá a ouvir é a de Riobaldo... (Hoisel, 1991, p. 481)

Além desse diálogo/monólogo, *Grande Sertão: Veredas* encerra muitos outros: diálogo de Riobaldo-personagem, diálogo do romance com o drama e a poesia lírica, diálogo entre a literatura oral e a erudita, diálogo entre linguagens, etc. Todas essas formas de diálogo confluem no sentido de reforçar a dramaticidade do romance rosiano, entendendo-se o drama como uma representação eminentemente dialógica.

Se todo romance pode ser tomado como exemplo do que acabamos de afirmar, alguns episódios são particularmente assinalados pelo dialógico, como o do julgamento de Zé Bebelo, realizado na Fazenda Sempre-Verde. Como se sabe desse julgamento depende não só o destino de Zé Bebelo, como todo o desenvolvimento posterior da ação do romance:

> Joca Ramiro não reveio logo. Mexeu com as sobrancelhas. só, daí:
> – "O senhor veio querendo desnortear, desencaminhar os sertanejos de seu costume velho de lei..."
> – "Velho é o que já está de si desencaminhando, o velho valeu enquanto foi novo..."
> – "O senhor não é do sertão. Não é da terra."
> – "Sou do fogo? Sou do ar? Da terra é a galinha – que galinha come e cata" (Rosa, 1987, p. 200)

Cruzam-se discursos, argumentos contrários e favoráveis a Zé Bebelo, a gerar tensão e indagações quanto ao desfecho do julgamento:

> Naquela hora, o senhor reparasse, que é notava? Nada, mesmo. O senhor mal conhece esta gente sertaneja. Em tudo, eles gostam de alguns demora. Por mim, vi: assim serenados assim, os cabras estavam desejando querendo o sério divertimento. Mas, os chefes cabecilhas, esses, ao que menos: expunham um certo se aborrecer, segundo seja? Cada um conspirava suas idéias a respeito do prosseguir, e cumpriam seus manejos no geral, esses com suas responsabilidades. Uns combinavam dos outros, no sutil. Eles pensavam. (Rosa, 1987, p. 200)

O tenso diálogo instaurado pelo julgamento de Zé Bebelo divide o bando de Joca Ramiro em duas opiniões opostas. Uns, como Sô Candelário, Titão Passos e João Goanhá, posicionam-se pelo exílio de Zé Bebelo; outros, como Hermógenes e Ricardão, votam pela morte sumária. No final do julgamento, prevalece o primeiro posicionamento, que é acatado pelo chefe do bando, Joca Ramiro:

> – O julgamento é meu, sentença que dou vale em todo este norte. Meu povo me honra. Sou amigo dos meus amigos políticos [...] Se eu consentir o senhor ir-se embora para Goiás, o senhor põe a palavra, e vai? (Rosa, 1987, p. 215)

O diálogo e a metáfora do teatro, por si sós, poderiam conferir a *Grande sertão: veredas* características tradicionalmente atribuídas ao gênero dramático. Contudo, além desses elementos, a apropriação de temas da dramaturgia tradicional pelo romance rosiano estabelece um intenso diálogo deste com os principais textos dramáticos da literatura ocidental. O estudo de tais temas ainda não se esgotou, apesar da vasta produção crítica sobre Guimarães Rosa, destacando-se os estudos que abordam o tema fáustico.

Dados os limites de tempo, pretendo apenas uma primeira aproximação entre Guimarães Rosa e Eurípides, a partir da tematização do irracional. Lidos sob essa perspectiva, a tragédia *As Bacantes* e o romance *Grande sertão: veredas* ganham um enfoque capaz de relativizar as diferenças formais entre os gêneros em que têm sido incluídos.

Problematizando o irremediável como elemento do trágico, Albin Lesky, em *A tragédia grega*, defende a tese de que, em Eurípides, a ação, desvinculada do religioso, é praticada pelos homens, que devem responder por ela:

> O indivíduo confronta-se, não com uma ordem do todo, que apesar de seu caráter individualista, se lhe dá na fé mais profunda como dotada de sentido, mas se vê diante de um jogo caprichoso, uma confusa alternância de ascensão e queda. (Lesky, 1987, p. 252)

As Bacantes, texto de Eurípides de cerca 405 a. C., exemplifica a tese de Lesky, que nela se vê uma oposição entre o homem que se quer racional e o mundo do irracional. Do ponto de vista de Penteu, por exemplo, o castigo que Dioniso impõe a todas as mulheres tebanas para vingar a memória de Semele pertence a uma irracionalidade desafiadora dos deuses olímpicos:

> [...] Por isso compeli
> todas as mulheres de Tebas a deixarem
> seus lares sob o aguilhão do meu delírio
> E agora,, vítimas da mente transtornada,
> elas passaram a morar nos altos montes,
> usando apenas a roupagem orgiástica.
> Longe de suas casas e como dementes,
> elas misturam-se com as filhas de Cadmo. (Eurípides, 1993, p. 210)

O romance rosiano apresenta-nos um narrador em busca da "ratio" que comandaria a ação humana, boa ou má. Essa atitude racionalista, que se aproxima da de Penteu, não está presente apenas na caracterização de Riobaldo, mas se estende à narrativa declarada como não sendo a "vida de um sertanejo" na medida em que se problematiza a própria organização do narrar e a sua capacidade de dar sentido unificador à vida:

> Eu sei que isto que estou dizendo é dificultoso, muito entrançado. Mas o senhor vai avante. Invejo é a instrução que o senhor tem. Eu queria decifrar as coisas que são importantes. E estou contando não é uma vida de sertanejo, seja se for jagunço, mas a matéria vertente. Queria entender do medo e da coragem, e da gã que empurra a gente para fazer tantos atos, dar corpo ao suceder. O que induz a gente para más ações estranhas [...] (Rosa, 1987, p. 77)

Admitindo que é através de Diadorim que Riobaldo adquire a consciência trágica, Danielle Corpas, em artigo intitulado "Veredas de Diadorim – a visão trágica no Grande Sertão", identifica o conflito razão x irrazão com a visão trágica definida por Lucien Goldmann:

> A exigência da síntese dos contrários, a aspiração ao absoluto, a aposta na existência de Deus, a consciência dos limites do homem e o caráter paradoxal do mundo são alguns dos elementos que configuram aquilo que Lucien Goldmann chamou de visão trágica. É com esse olhar que Riobaldo mira seu passado. Mas a visão trágica não é um a priori em sua narrativa, ela vai-se constituindo com o desenrolar da ação e da reflexão no romance. (Corpas, 1996, p. 35)

Em *Grande sertão: veredas*, o irracional assume variadas formas, entre elas a da loucura, contra qual o narrador apela para a religião, na tentativa desesperada de manter as separações metafísicas entre bem e mal, entre tristeza e alegria, entre amor e amizade, etc. Tudo é e não é, mas deveria ser *ou* não ser:

> O que mais penso, isto e explico, todo-o-mundo é louco. O senhor, eu, nós, as pessoas todas. Por isso é que se carece principalmente de religião: para se desendoidecer. Reza é que sara de loucura. (Rosa, 1987, p. 13)

A guerra, com todas as suas formas de violência, é condenada pelo narrador, por instaurar a desordem – aliás esta é um tema essencial na obra de Ésquilo:

> Mas vieram as guerras e os desmandos de jagunços – tudo era morte e roubo, e desrespeito carnal das mulheres casadas e donzelas, foi possível qualquer sossego, desde em quando aquele imundo de loucura subiu as serras e se espraiou nos gerais. (Rosa, 1987, p. 35)

Condenada, sobretudo, por servir à maldade, a guerra é repudiada como prática do inimigo que se deleita sadicamente com a dor do outro (Hermógenes):

> À tala, eles, os hermógenes matavam conforme queriam, a matança, por arruinar. Atiravam até no gado, alheio, nos bois e vacas, tão mansos, que, desde o começo, tinham querido vir por se proteger mais perto da casa. (Rosa, 1987, p. 260)

Assim, em um primeiro momento, o narrador, ao rejeitar certas formas de guerra por questões "éticas", procura contrapor-se a Hermógenes. Contudo, ao avaliar a "desordem da vida" como uma força à ação humana, Riobaldo passa a relativizar a sua diferença em relação ao bando opositor:

> Surdo pensei: aquele hermógenes eram gente em tal com nós, até pouquinho tempo reunidos companheiros, se diz – irmãos; e agora se atracavam, naquela vontade de desigualar. Mas, por que? Então o mundo era muito doideira e pouca razão? (Rosa, 1987, p. 264)

Em relação a Diadorim, no que diz respeito à guerra, o narrador contrapõe a tristeza à alegria, o amor ao ódio:

> Diadorim queria sangues fora de veias. E eu não concordava com nenhuma tristeza. Só remontei um pasmo e um consolo expedito; porque a guerra era o constante mexer do sertão... (Rosa, 1987, p. 276)

Grande sertão: veredas aproxima-se de *As Bacantes* por tematizar o irracional. No texto de Eurípides, o grande problema é o próprio Dioniso como símbolo de uma polarização entre "logos" e toda forma de irracionalidade, conforme, em brilhante síntese, explica o tradutor Eudoro de Sousa:

> O problema das *Bacantes* é Dioniso. Mas Dioniso não é só uma obscura potência da alma; não é só uma fermentação periódica de forças abissais que ameaçam a tranquila vigência de normas instituídas pelo sufrágio da *polis* soberana; não é só a repetida irrupção de refreadas subculturas de marginais e oprimidos. Em suma, não é o caso de médico ou de polícia. O que as *Bacantes* nos apresentam na cena trágica é Dioniso como problema, como problema de Eurípides, como problema da Grécia clássica, que à hora crepuscular, revolvendo os olhos para dentro de si, estremece de espanto ao descobrir que o *espírito* – vontade disciplinadora e inteligência ordenadora – não poderia aniquilar toda a irracionalidade elementar sem que, no mesmo ato, destruísse a sua própria razão de ser. (Apud Eurípides, 1989, p. 85)

Em *Grande sertão: veredas*, um dos temas polares é a existência ou não do diabo. Como ocorre na tragédia euripidiana, a entidade transcendente desencadeia no narrador todo um processo reflexivo, que alguns críticos quiseram condenar em nome da verossimilhança. A tensão instaurada em Riobaldo percorre dramaticamente toda a narração, que vai sendo tecida de indagações quanto à presença do diabo como motivador da ação humana:

> [...] quem mói no asp'ro, não fantaseia. Mas, agora, feita a folga que me vem, e sem pequenos dessossegos, estou de range rede. E me inventei neste gosto, de especular idéia. O diabo existe e não existe? (Rosa, 1987, p. 9)

> E o demo – que é só assim o significado dum azougue maligno – tem ordem de seguir o caminho dele, tem licença para campear!? Arre, ele está misturado em tudo. (Rosa, 1987, p. 10)

Surge, assim, uma diferença entre a relação Riobaldo-diabo e a Penteu-Diôniso, uma vez que esta é marcada pela negação, plena de "hybris", e aquela é pautada por uma dúvida que a afasta do "ateísmo" de Penteu. No drama de Eurípides, o próprio Diôniso esclarece a atitude de Penteu:

> [Penteu] faz contra mim
> guerra constante à minha condição divina.
> Ele sempre me exclui de suas libações
> e nunca diz meu santo nome em suas preces.
> (Eurípides, 1993, p. 210-211)

Ainda segundo Penteu, Diôniso exerce uma ação pervertedora dos costumes da *polis*, a exercer seu poder sobre os homens pelo vinho e por danças consideradas excessivamente eróticas:

> Disseram-me que um forasteiro – um impostor
> e sedutor vindo da Lídia distante –
> com seus cabelos louros cheios de perfume
> arranjados em cachos cuidadosamente,
> a tez corada e os olhos cheios de encanto
> que emana de Afrodite, introduziu-se aqui
> e se mistura dia e noite à multidão
> de suas seguidoras. Ele está tentando
> as nossas virgens com um ótimo atrativo:
> o furor de seus ritos! Se eu tiver a sorte
> de o encontrar um dia em meu real palácio,
> garanto que ele nunca mais irá bater
> com seu tirso no chão tebano [...] (Eurípides, 1993, p. 218)

No romance rosiano, o diabo, embora seja negado pelo narrador em meio a um discurso que é, ao mesmo tempo, uma paráfrase e uma paródia do discurso teológico-metafísico, pode surgir como mediador do divino, divino este que é uma das garantias contra a "doideira" do mundo. A irracionalidade, que Penteu atribui a Diôniso e ao seu séquito de bacantes, irrompe no homem projetado no romance rosiano:

> [...] a gente criatura ainda é tão ruim, tão, que Deus só pode às vezes manobrar com os homens é mandando por intermédio do diá? Ou que Deus – quando o projeto que ele começa é para muito adiante, a ruindade nativa do homem só é capaz de ver o aproximo de Deus é em figura do Outro? (Rosa, 1987, p. 32)

Para explicar essa "maldade", Riobaldo recorre a todas as formas de explicação, sobretudo às de ordem religiosa. Irracionalidade é algo que desafia a compreensão de Riobaldo, por suspender qualquer limite ético da ação humana:

> A gente viemos do inferno – nós todos – compadre meu Quelemém instrui. [...] Repenso no acampo da Macaúba da Jaíba, soante que mesmo vi e assaz me contaram, e outros – as ruindades de regra que executavam em tantos pobrezinhos arraiais baleando, esfaqueando, estripando, furando os olhos, cortando línguas e orelhas, não economizando as crianças pequenas, atirando na inocência do gado, queimando pessoas ainda mais vivas, na beira de estrago de sangues... Esses não vieram do inferno? (Rosa, 1987, pp. 38-9)

Como se vê pelo último excerto do romance, o mal não é apenas um tema de "reflexão" para o narrador dado a assuntos metafísicos; ao contrário, percebe-se um narrador distante da onisciência romanesca, profundamente atormentado pelas questões levantadas. A violência rejeitada pelo narrador aproxima-se do conceito de *pathos* proposto pela reflexão pioneira de Aristóteles como o efeito violento produzido por cenas de morte ou de sofrimento.

Em *Grande sertão: veredas*, Deus surge como a garantia de ordem e de racionalidade em um mundo que, sem Ele, mergulharia no caos e no *pathos* trágico, cuja face mais visível é a dor que se abate sobre as crianças e os animais:

> Como não ter Deus?! Com Deus existindo, tudo dá esperança: sempre um milagre é possível, o mundo se resolve. Mas, se não tem Deus, há-de a genteperdidos no vaivém, e a vida é burra [...] Mas, se não tem Deus, então, a gente não tem licença de coisa nenhuma! Porque existe dor.

E a vida do homem está presa encantoada – erra rumo, dá em aleijões como esses, dos meninos sem pernas e braços. Dor não dói até em criancinhas e bichos, e nos doidos – não dói sem precisar de se ter razão nem conhecimento? (Rosa, 1987, p. 47)

Em *As Bacantes*, a racionalidade garantida pelos deuses olímpicos se contrapõe, na perspectiva carregada de "hybris" de Penteu, à ação de Diôniso. Convidado a prestar culto a Diôniso, o rei de Tebas reage violentamente:

Não toques em meu corpo! Afasta estas mãos!
Vai embora daqui para outro lugar
e se quiseres fica lá com as Bacantes!
Não me transmitas a loucura de que sofres!
Mas este mau profeta e mestre de tolices
terá de ser punido imediatamente! (Eurípides, 1993, p. 222)

Essa relação conflitiva entre Penteu e Diôniso tem um correspondente na relação Riobaldo x Hermógenes são marcadas por um rejeição ética, negando-se qualquer razoabilidade à conduta deste:

Mas o Hermógenes era fel dormido, flagelo com frieza.
Ele gostava de matar por seu miúdo regozijo. Nem contava valentias, vivia dizendo que não era mau. (Rosa, 1987, p. 131)

Esse Hermógenes – belzebu. [...] O Hermógenes, homem que tirava seu prazer do medo dos outros, do sofrimento dos outros. Aí arre, foi que de verdade eu acreditei que o inferno é mesmo possível. (Rosa, 1987, p. 139)

O Hermógenes: mal sem razão. Para poder matar o Hermógenes era que eu tinha conhecido Diadorim, e gostado dele, e segundo essas malaventuranças, por toda a parte? (Rosa, 1987, p. 414)

A tragédia euripidiana, segundo algumas leituras, tematiza o erotismo numa perspectiva subjetiva, em oposição à tragédia tradicional:

A tragédia euripidiana, que começava a captar novamente a imagem do ser humano fora das antigas relações religiosas, apresentava também novas facetas de Eros. Na trilogia das *Danaides*, vimos Eros com força cósmica da natureza, e tornamos a deparar a mesma concepção num dos cantos da Antígone de Sófocles. Agora em Eurípides, pelo contrário, Eros não é encarado como força objetiva e sim como paixão subjetiva. E como as tragédias do tempo de Medéia são principalmente movidas a partir das potências do "thymós", é sobretudo pelo poder do erótico elevado às raias do patológico que Eurípides se sente repetidamente atraído e, também aqui, o contrapõe como revolucionário à tragédia mais antiga. (Lesky, 1987, p. 209)

Exemplo da interpretação de Lesky é o seguinte trecho de *As Bacantes* em que Penteu descreve os rituais báquicos:

> Taças cheias de vinho, segundo os relatos,
> circulam incessantemente entre esses grupos.
> Vindas de todos os lugares, as mulheres
> procuram os recantos menos acessíveis
> para proporcionarem prazeres aos homens.
> São esses os chamados rituais das Mênades,
> mas antes de Diôniso todas cultuam
> Afrodite divina [...] (Eurípides, 1993, p. 216)

A importância do erotismo no teatro euripidiano revela que a tragédia grega apresenta um núcleo temático que vai além das relações conflitivas entre o homem e os deuses, problematizando, entre outros temas, a desordem, o sacrifício, o mito, etc. Ao se apropriar desses temas, Guimarães Rosa insere-se numa rica tradição dramatúrgica, conferindo ao romance de 1956 um nível artístico capaz de rivalizar com obras como *Ulisses* e *Em busca do tempo perdido*. Em *Grande sertão: veredas*, o amor, como nas tragédias de Eurípides, não é transcendente à subjetividade e à vontade humana apenas na sua forma mais comum, típica do "ramerrão":

> [...] sempre que se começa a ter amor a alguém, no ramerrão, o amor pega e cresce é porque, de certo jeito a gente quer que isso seja, e vai, na idéia, querendo e ajudando; mas, quando é destino dado, maior que o miúdo, a gente ama inteiriço fatal, carecendo de querer, e é só facear com as surpresas. (Rosa, 1987, p. 107)

O narrador situa-se longe do "amar no ramerrão", incluindo-se entre aqueles que amam por "destino dado" ("... tudo não é sina?"). Essa aproximação entre Eros e destino já estava presente em um texto de *Sagarana* – "Minha gente" –, devendo ser objeto de estudo de minha Tese de Doutorado a comparação temática entre tal conto e *Grande sertão: veredas*.

Como já se afirmou, a idéia de destino permeia a obra de Guimarães Rosa. Embora não possa por ora demonstrar, por meio de uma análise mais abrangente de *Grande Sertão: Veredas*, que tal conceito oscila entre uma concepção próxima de Ésquilo e uma outra, próxima de

Eurípides, penso que, no caso do romance, temos uma visão euripidiana de destino. O teórico Albin Lesky, conceituando essa noção no trágico grego, afirma:

> As ações humanas e as diretrizes divinas já não se unem, para ele, no mundo de irreconciliáveis contradições, para formar um cosmo ético, e justamente aí é que entra no maior contraste concebível face a Ésquilo. Se para este o destino humano era apenas o cenário da preservação paradigmática de uma ordem superior, para Eurípides, esse destino, em dramas como Medéia e Hipólito, nasce do próprio homem, do poder de suas paixões [...] (Lesky, 1987, p. 192)

Todo o texto do romance rosiano é pontuado por referências ao conceito de destino, quer individual, quer coletivo: "E se a Duzuza adivinhasse mesmo conhecesse por detrás o pano do destino" (Rosa, 1987, p. 28); "Olha Riobaldo – me disse – nossa destinação é de glória." (Rosa, 1987, p. 36). Essas referências precisam ser analisadas no contexto da obra de Guimarães Rosa como um todo, e não nos limites do romance, cuja análise e interpretação se enriquecerão com a consideração de outras obras do autor, mostrando que não há um único tratamento de temas como o destino, e sim multiplicidade de abordagens. A tensão – uma das marcas de tragicidade e/ou dramaticidade do texto literário – instaura-se também no tratamento que o autor dá aos temas tradicionais da dramaturgia.

O romance de Guimarães Rosa não dialoga apenas com a tragédia clássica – diálogo que procurei aqui apontar. Apenas a título de indicação, pode-se mencionar a inexplorada trilha shakespeariana do texto. Como não lembrar as falas de Hamlet diante de trechos como este?

> De tudo não falo. Não tenciono relatar ao senhor minha vida emm dobrados passos; servia para que? Quero é armar o ponto dum fato, para depois lhe pedir um conselho. Por daí, então, careço de que o senhor escute bem essas passagens: da vida de Riobaldo, o jagunço. Narrei miúdo, desse dia, dessa noite, que dela nunca posso achar o esquecimento. O jagunço Riobaldo. Fui eu? Fui e não fui. Não fui! – porque não sou, não quero ser. (Rosa, 1987, p. 166)

Projeto em curso, a pesquisa aqui exposta ainda caminha por veredas não totalmente exploradas, sobre as quais é difícil formular um juízo conclusivo. Faz-se necessário ir além desses autores, analisando e confrontando interpretações em busca de possíveis constantes hermenêuticas e relações entre as principais teorias da tragédia e/ou do trágico (Aristóteles, Schiller, Schopenhauer, Nietzsche, etc.) e a obra de Guimarães Rosa.

Os trechos de *Grande Sertão: Veredas*, aqui discutidos em sua relação com *As Bacantes* de Eurípides, foram comentados em relação aos seguintes aspectos: a ruptura dos gêneros tradicionais (épico, lírico e dramático); a metáfora do teatro; temática. Todos esses aspectos indiciam a presença de elementos dramáticos no referido romance, mesmo em momentos em que parece dominar o épico. Já em *Sagarana*, alguns contos, como "Conversa de bois" e "Duelo", apontam para o tema do erro/punição, tão caro ao teatro esquiliano, ressaltando, além dos pontos levantados no parágrafo anterior, que o trágico, em Guimarães Rosa, pode ser abordado em diferentes momentos da produção desse autor e que o conceito de destino apresenta modificações entre 46 e 56, datas de publicação, respectivamente, de *Sagarana* e *Grande sertão: veredas*.

Referências Bibliográficas

CORPAS, Danielle. Veredas de Diadorim – a visão trágica no Grande Sertão. *Range Rede*. Rio de Janeiro, n.º 2, pp. 33-41, inv. 1996.
EURÍPIDES. *As Bacantes*. Trad. Eudoro de Sousa. São Paulo: Círculo do Livro, 1989. 193 p.
EURÍPIDES. *As Bacantes*. Trad. Mário da Gama Kury. Rio de Janeiro: Jorge Zahar, 1993. 283 p.
HOISEL, Evelina de C. de Sá. Elementos dramáticos na estrutura de *Grande sertão: veredas*. In: COUTINHO, Eduardo F. (org.). *Guimarães Rosa*. 2.ª ed., Rio de Janeiro: Civilização Brasileira, 1991, pp. 478-490.
LESKY, Albin. *A tragédia grega*. Trad. J. Guinsburg. 3.ª ed., São Paulo: Perspectiva, 1987. 281 p.
ROSA, João Guimarães. *Grande Sertão: Veredas*. 2.ª ed., São Paulo: Círculo do Livro, 1987. 469 p.
ROSA, João Guimarães. *Sagarana*. 2.ª ed., São Paulo: Círculo do Livro, 1988. 337 p.

A INOCÊNCIA DA TRAIÇÃO: A TRADUÇÃO E A MANIPULAÇÃO DO CÂNONE LITERÁRIO

CARLOS MACHADO
*Mestre em Teoria da Literatura e Literatura Portuguesa,
Universidade do Minho.
Doutorando em Tradução, Universidade de Vigo.*

A consideração, hoje, da história das literaturas nacionais, no estreito âmbito das suas fronteiras geográficas, tornou-se um processo anacrónico e desajustado. Como diria Édouard Glissant, "nous n'écrivons plus aujourd'hui de manière monolingue, mais au contraire en présence de toutes les langues du monde" (Glissant, 1995: 25). A ideia monádica de histórias literárias encerradas sobre si mesmas perde sentido face à constante interacção estabelecida entre obras, autores, cânones e modelos literários num mundo em que o desenvolvimento dos meios de comunicação nos faz viver numa aldeia à escala global, em que os produtos culturais vêem as suas diferenças esbatidas. Este esbatimento resulta da mútua influência e constante interpenetração dos sistemas e subsistemas culturais. No que diz respeito ao âmbito estrito da literatura, conclui-se que "las reescrituras, sobre todo las traducciones, influyen profundamente en la interpenetración de los sistemas literarios, no sólo al proyectar la imagen de un escritor o de una obra en otra literatura, o al no hacerlo [...], sino también introduciendo nuevos recursos en el inventario de una poética y preparando el terreno para los cambios en su componente funcional" (Lefevere, 1997: 55).

As traduções contribuem para a mudança do sistema literário, permitindo o seu rejuvenescimento ou a sua estabilidade. Com efeito, "pode dizer-se que o objectivo das traduções não é tanto a reprodução de uma obra em língua estrangeira como a transformação e apropriação através da língua literária receptora" (Krauss, 1989: 139). Assim sendo, verifica-se que "*any adequately translated literary text becomes a material fact not only in the target language, but in the target literature as well: it exists in both. The fact of its existence and acceptability in the target language, however, does not necessarily imply that it is, or will be, immediately accepted in the target literature and culture.* This is a different matter altogether" (Zlateva, 1990: 29; itálicos do autor).

A tradução de uma obra estrangeira num determinado contexto nacional pode, portanto, proceder a uma renovação do cânone estabelecido e da poética dominante, pois, "si algunas reescrituras se inspiran en motivos ideológicos o se producen bajo coacciones ideológicas (dependiendo si los reescritores están o no de acuerdo con la ideología dominante de su tiempo), otras se inspiran en motivaciones poetológicas o se producen bajo presiones de índole poetológica" (Lefevere, 1997: 20). Quando tal sucede, é legítimo afirmar-se que "la reescritura manipula, y lo hace de un modo eficaz" (Lefevere, 1997: 22), na medida em que é observável o processo revolucionário e subversivo que se empreende. Considerando que "tanto si escriben traducciones, historias literarias o versiones reducidas de éstas, obras de consulta, antologías, críticas o ediciones, los reescritores adaptan, manipulan, en cierta medida, los originales con los que trabajan, para hacer que se ajusten a la o las corrientes ideológicas y poetológicas de su época" (Lefevere, 1997: 21), a realização e a divulgação de traduções nunca são processos neutros, isentos de consequências de foro ideológico, político ou literário.

Nessa medida, quer a ideologia e a intenção do tradutor, quer a poética dominante num determinado período são extremamente importantes na hora de se avaliar a recepção de uma obra, o seu relativo sucesso ou o seu inegável fracasso. A obra traduzida entra num diálogo com o seu contexto de origem, procurando o estabelecimento de um lugar próprio, que tanto poderá ser hegemónico, como marginal ou secundário. Daí que a obra traduzida seja recebida como qualquer outra obra dentro do *campo literário* (Bourdieu, 1991), cingindo-se às normas, constrangimentos, condicionalismos e opções impostos pela estrutura desse mesmo campo. Não será, portanto, de admirar que um paralelismo pode ser estabelecido entre a figura de um tradutor e a de um escritor, pois "ambos pueden decidir adaptarse al sistema, quedarse dentro de los parámetros trazados por sus limitaciones – y mucho de lo que se percibe como gran literatura he precisamente eso – o pueden preferir aponerse al sistema, intentar operar fuera de sus límites; por ejemplo, leyendo obras literarias en modos que atentan contra lo establecido o que no son los modos considerados aceptables en un momento concreto en un cierto lugar, o reescribiendo obras de la literatura de tal forma que no se ajusten a la poética o la ideología dominantes en un determinado tiempo y lugar" (Lefevere, 1997: 27-28). A reescrita de obras, resultante de leituras diferentes das que tradicionalmente se efectuavam, pode, portanto, ser um factor de renovação do cânone.

A tradução e o cânone

Antes de procurar dilucidar os mecanismos intervenientes na renovação do cânone literário, convirá definir este mesmo conceito, pois, como se sabe, a questão é a todos os títulos problemática. Com efeito, para além de os seus contornos e limites serem dificilmente mensuráveis, configurando-se o cânone literário como entidade imaterial, vaga e abstracta, isto é, como objecto conceptual e hipotético, este defronta-se ainda com a possibilidade da sua segmentação em múltiplos e inumeráveis cânones: desde o potencial ao acessível, passando pelo oficial, pessoal, selectivo e crítico, segundo a taxonomia de Alastair Fowler (1979); a estes poderiam acrescentar-se, no entender de Wendell V. Harris, o bíblico, o pedagógico, o sincrónico e o diacrónico (1991: 42-45). Deve salientar-se, contudo, que o objecto que nos interessa aqui é o do cânone acessível e a relação que este mantém com a actividade de tradução, sobretudo quando os tradutores são simultaneamente poetas ou elementos envolvidos no campo literário.

Parte-se, portanto, do princípio de que o cânone é "una lista o elenco de obras consideradas valiosas y dignas por ello de ser estudiadas y comentadas. Esta caracterización conlleva sobreentendidos y consecuencias. Entre aquéllos, que no todas las obras son lo bastante buenas para ser recordadas, es decir, unas son mejores, más dignas de memoria, que otras, y sólo las que muestran la necesaria calidad, estética o de otro tipo, deben ser conservadas, mientras que el resto cae en el olvido" (Sullá, 1998: 11).

Caracterizando-se a instituição literária pelo seu elevado grau de dissolução das esferas de poder e pela difusão de centros de decisão e influência – consubstanciando aquilo que Jacques Derrida denomina de "institutionless institution" (1992), a tentativa de descrever o processo de constituição do cânone é uma tarefa sempre falhada e logo à partida perdida, dado que as pegadas do caminho percorrido ou são apagadas ou nem sequer chegam a existir. Com efeito, o esquecimento das obras não incluídas no cânone é, frequentemente, acompanhado de um seu desconhecimento generalizado. Isto não evita, no entanto, que "tensions between canonized and non-canonized literature are universal" (Even-Zohar, 1991a: 16), visto que a entrada de novas obras (ou escritores) no cânone (ou no campo literário) é constante, constituindo a garantia de vitalidade dos (poli)sistemas literários.

O surgimento de novas traduções num determinado (poli)sistema literário desempenha, aqui, um papel importante, considerando-se que "translated literature would not be disconnected from original literature" (Even-Zohar, 1991a: 13), se bem que "«normal» position assumed by translated literature tends to be the peripheral one" (Even-Zohar, 1991b: 50). Assim, vê-se que o tradutor desempenha um papel extremamente importante no assegurar da vitalidade do fenómeno literário e percebe-se que haja um grande número de tradutores de poesia (a que servirá de exemplo pragmático da posição aqui expressa) que são simultaneamente poetas[1].

Assim, "estar dentro do cânone é estar protegido do desgaste normal, ser merecedor de um número infinitamente grande de possíveis relações internas e segredos, ser tratado como um heterocosmos, uma Tora em miniatura. É adquirir propriedades mágicas e ocultas que são de facto muito antigas" (Kermode, 1991: 89). Esta garantia de qualidade literária (e/ou de validade estética ou social, dependendo dos valores considerados pelo juízo crítico da entidade reguladora das admissões ou expulsões do cânone de autores ou obras a destacar) desempenha uma função primordial: "recordar y ordenar las lecturas de toda una vida" (Bloom, 1995: 49). O princípio de funcionamento do cânone é, então, indubitavelmente, o princípio de hierarquização, na medida em que se

---

[1] Este facto é consequência do carácter relativamente desinstitucionalizado da instituição literária, que permite a inexistência de estatutos de incompatibilidade, visto o princípio da especialização e distribuição do trabalho não existir aqui. Assim, "a instituição está tão bem adaptada à *concentração do poder técnico-económico que os seus agentes se tornam intermutáveis*: chamam-se escritores para fazer parte das comissões de literatura das grandes editoras ou até ocupar as funções de editor literário. Outros escritores – por vezes os mesmos – são simultaneamente críticos. Os jornalistas-críticos, por seu lado, ambicionam para si o estatuto de escritor e entram muito naturalmente na dança. E poucas incompatibilidades são conhecidas" (Santerres-Sarkany, 1991: 51).

procura a definição de posições relativas de todos os elementos integrados, desde o seu centro, até às margens de exclusão. O ponto fulcral da transformação canónica reside na mudança de pontos de vista hermenêuticos ou na transformação das "formas de atenção" (Kermode, 1991) dos objectos literários.

Releitura, reescrita das obras e limites da interpretação

Sendo a obra imutável ao longo dos tempos, a nova incidência interpretativa vem renovar a sua significação e importância. Isto ocorre porque "na arte, *verum ipsum factum*: não só o objecto está materialmente presente na sua materialidade ainda assemiósica, como diz justamente Nanni, antes que o nosso olhar o faça falar, mas também estão presentes, embora a um nível de materialidade diferente (o terceiro mundo das bibliotecas de que fala Popper, ou seja, a cadeia dos interpretantes e a enciclopédia), as convenções culturais à luz das quais se faz falar o objecto" (Eco, 1992: 155). Na medida em que as convenções culturais, que regem o comportamento (social, ético e valorativo) dos sujeitos individuais, se modificam, também a sua mundividência, o seu quadro de valores e o seu conjunto de conhecimentos prévios (a que Umberto Eco dá o nome sugestivo de *enciclopédia*) sofrerão alterações. O objecto artístico passará a ganhar, em resultado da cooperação interpretativa do leitor (Eco, 1993), retomando a metáfora empregada por Eco, uma nova voz e falará de forma diferente.

A nova voz resulta do facto de a obra literária não ser depositária de um significado imutável, eterno, mas estar sujeito à pluralidade das interpretações, que são, no entender de Eco e de Kermode, do domínio da opinião. Com efeito, "se o fenómeno da pluralidade das interpretações é um facto, o conteúdo de uma, duas ou mais interpretações não é um facto: é uma opinião, um comportamento proposicional, uma crença, uma esperança, um auspício, um desejo. E os conteúdos dos comportamentos proposicionais referidos a um objecto (o objecto artístico) devem ser discutidos precisamente a partir de uma conjectura acerca da natureza desse objecto. Não falsificam mais a conjectura do que a conjectura os falsifica a eles mesmos, porque se trata não de um conflito entre uma conjectura e um facto, mas sim entre duas conjecturas" (Eco, 1992: 148). Apesar de parecer navegarmos nas águas pantanosas de um relativismo gnoseológico absoluto, não devemos esquecer, contudo, que "face a esta riqueza de aspectos implícitos, de promessas argumentativas, de pressupostos remotos, o trabalho de interpretação impõe a escolha de limites, a delimitação de orientações interpretativas e, portanto, a projecção de universos do discurso" (Eco, 1993: 50). Assim se evitarão posições niilistas e se balizarão limites para a interpretação. Por outras palavras, "se a cadeia das interpretações pode ser infinita como nos mostrou Peirce, o universo do discurso intervém para limitar o formato da enciclopédia. E um texto não é mais do que a estratégia que constitui o universo das suas interpretações – se não «legítimas», pelo menos legitimáveis. Qualquer outra decisão de usar livremente um texto corresponde à decisão de alargar o universo do discurso." (Eco, 1993: 63)

A consequência mais visível deste tipo de pressuposto hermenêutico é a conclusão de que "o que devemos ter presente como condição desta liberdade de interpretação é que não disfrutamos de uma posição privilegiada, que avançamos as nossas interpretações sem qualquer certeza de estarmos a ver de modo definitivo as questões nas suas proporções e relações adequadas" (Kermode, 1991: 80). Esta ideia, em vez de ser encarada negativamente como a impossibilidade saudosa de definição de ontologias fortes (que tanta atenção tem merecido de um filósofo com Gianni Vattimo), deve ser perspectivada, à maneira desconstrucionista, como revalorização do papel da hermenêutica e do hermeneuta na sua acção de apreensão e compreensão do mundo e dos seus objectos (dentro dos quais se incluem os estéticos). No caso do texto literário, isto conduz a concluir que o crítico se reveste de uma importância acrescida e, nessa medida, leva a pensar que, "a respeito da acção da [sua] opinião sobre os destinos dos artistas e das obras de arte, pode dizer-se que tem tanto de conservação como de destruição" (Kermode, 1991: 72).

Conclui-se, "em suma, [que] a única regra comum a todos os jogos de interpretação, a única semelhança familiar entre eles, é que a obra canónica, discutida até à exaustão, deve ser assumida como de valor permanente e, o que vem a dar no mesmo, modernidade eterna" (Kermode, 1991: 67). Esta modernidade eterna resulta da flexibilidade do texto e da sua capacidade de adaptação a pressupostos de análise e de leitura diferentes, bem como da sua capacidade de adequação a leitores integrados em universos de discurso distintos. Na medida em que, quando isto sucede, as opiniões e conjecturas interpretativas, para além de díspares, são inclusivamente antagónicas, pode ficar-se com a impressão de que, quando tal conjunto de leituras está ao serviço da legitimação da obra de um autor ou conjunto de autores, tais exercícios hermenêuticos não se integram já no domínio da interpretação, mas sim no do uso de textos (Eco, 1993: 62-63). Nesse tipo de situação, tratando-se de escritores com uma obra de valor e importância incontestáveis, somos levados a repetir Harold Bloom quando afirma que "cualquier gran obra literaria lee de una manera errónea – y creativa –, y por tanto malinterpreta, un texto o textos precursores" (Bloom, 1995: 18).

O tradutor-poeta e a reapropriação da tradição

Considerando-se que "os quadros intertextuais [...] são esquemas retóricos ou narrativos que fazem parte de um repertório seleccionado e restrito de conhecimentos que nem todos os membros de uma dada cultura possuem" (Eco, 1993: 88), o que os poetas-tradutores tentarão encetar é uma renovação do cânone literário pela ampliação de textos disponíveis. Esta ampliação, reformulando os quadros intertextuais do público leitor, vai tentar a subversão das posições dos elementos em disputa pelos lugares centrais e hegemónicos dentro do campo literário.

Este tipo de estratégia é extremamente funcional, neste período pós-moderno (e pós-vanguardista) em que se assume a situação de crise da tradição, tal como o refere Frank Kermode, pois, também ele está "de acordo com aqueles que afirmam que a noção de tradição nunca esteve tão debilitada como agora, o sentido de um passado literário menos forte. [...] Se parece uma resignação demasiado fácil, acrescentarei que a canonicidade se me afigura ainda uma importante forma de preservação, e apesar dos sucessivos ataques, ainda poderosa. A opinião continua a manter os cânones" (Kermode, 1991: 88). As traduções desempenham, portanto, uma função primordial na criação de novos horizontes de expectativa junto do público leitor, bem como no seu apetrechamento de conhecimentos essenciais, capazes de lhes fornecer instrumentos indispensáveis para o exercício hermenêutico sobre os textos que os tradutores, como poetas, produzem. Nessa medida, a ampliação do repertório de textos disponíveis e, em consequência disso, a re-hierarquização dos elementos integrados no cânone, é a função essencial das traduções. Tal como o assume um poeta-tradutor de origem brasileira, integrado *de jure* na galeria dos notáveis da literatura mundial, esta "ampliação do repertório significa também saber recuperar o que há de vivo e ativo no passado, saber discernir, na mole abafante de estereótipos que é um acervo artístico visto de um enfoque simplesmente cumulativo, os veios de criação, patentes ou ocultos, sobretudo êstes, marginalizados por uma incompreensão historicizada. Todo presente de criação propõe uma leitura sincrônica do passado de cultura. A apreensão do nôvo representa a continuidade e a extensão da nossa experiência do que já foi feito, e nesse sentido "quanto mais nós compreendemos o passado, melhor nós entendemos o presente". Uma fórmula do teórico da comunicação Collin Cherry que casa com o lema poundiano: "Make it New"" (Campos, 1977: 154).

Por conseguinte, a selecção de obras e autores traduzidos por alguns dos nossos poetas contemporâneos não deve ser vista como aleatória e irrelevante, mas deve ser perspectivada como uma estratégia (mesmo que inconsciente) em que as indisfarçáveis afinidades electivas entre as obras traduzidas (isto é, reescritas) e as obras inicialmente produzidas por esses mesmos poetas camuflam diálogos intertextuais cujas funções são aquelas que descrevemos: tentativas de manipulação literária e reformulação da competência intertextual do grande público, de forma a legitimar uma produção poética autoral[2].

Artaud e os seus duplos

Uma demonstração paradigmática da capacidade da tradução (re)configurar os moldes da instância autoral encontra-se nas traduções do dramaturgo francês Antonin Artaud realizadas por Paulo da Costa Domingos e por Mário Cesariny de Vasconcelos. Estes tradutores reescrevem a obra de Artaud através da organização de antologias diferentes, provando que «lo fundamental es que una antología *crea* una tradición, la define y la conserva, pero al tiempo que pone de relieve una línea, deja en la sombra otras, es decir incluye y excluye, contribuyendo por lo tanto a la formación de un canon» (Sullá, 1998: 27). Assim, um tradutor de uma parcela de uma obra, quando a escolha dessa parcela depende de si, acaba por definir um cânone selectivo, já que «lo que un compilador considera que vale la pena preservar es ya una selección» (Sullá, 1998: 47).

---

[2] A eficácia desta estratégia é enorme se se considerar que "nenhum texto é lido independentemente da experiência que o leitor tem de outros textos. A *competência intertextual* representa um caso especial de hipercodificação e estabelece os seus próprios quadros" (Eco, 1993: 86).

Neste caso concreto, enquanto o primeiro tradutor decide publicar os célebres textos de Artaud em que este se insurge contra o despotismo bretoniano na condução do movimento surrealista (descrevendo-o como um *bluff*), o segundo decide apresentá-lo no posfácio à sua reescrita como o "homem que mais longe e mais temerariamente levou a aventura surrealista" (Artaud, 1991: 141), copiando textualmente as afirmações bretonianas de revalorização da obra de Artaud proferidas aquando da sua reconciliação, após longos anos de desentendimento. Vê-se, assim, que Artaud, nas suas versões portuguesas, desdobra-se aporeticamente na figura do anti-surrealista e do surrealista-mor. Refira-se que, no que respeita aos intuitos de Cesariny, também ele dramaturgo (e surrealista), a tradução de Artaud serve o propósito de legitimar a originalidade do surrealismo português, desvinculando-se (se bem que timidamente) da autoridade de Breton e, simultaneamente, valorizando toda a sua produção no domínio teatral.

Mallarmé jogado como um lance de dados

Esta desmultiplicação da figura autoral através da tradução, constituindo duas imagens antagónicas e diametralmente opostas da obra de um autor, sucede também com Stéphane Mallarmé. Este facto é facilmente verificável quando se procede à análise da forma como ele é dado a conhecer através das traduções levadas a cabo pelo escritor português Armando Silva Carvalho e pelas célebres "transcriações" operadas pelos irmãos Augusto e Haroldo de Campos, com a colaboração de Décio Pignatari.

Quanto à posição dos irmãos Campos muito já foi dito e não parece haver nada de novo a referir. A manipulação da tradição literária é global e posta ao serviço de intuitos poetológicos manifestos e declarados. Com efeito, a actividade de tradutor dos irmãos Campos é indissociável da sua vertente criativa e crítica, subordinando-se todas as traduções levadas a cabo ao programa poético do concretismo brasileiro e à defesa de uma teleologia da história da arte e da literatura, que culminaria com a produção vanguardista brasileira concretista[3]. O concretismo surge, nessa

---

[3] Assim, participando os irmãos Campos do estatuto dual de leitores e escritores, isto é, de co-produtores criativos de uma tradição nova e co-produtores interpretativos

medida, quer como consequência de uma tradição (o que é reiteradamente declarado pelos irmãos Campos desde o manifesto inicial do movimento e ao longo dos seus múltiplos artigos crítico-literários), quer como causa dessa tradição particular que os poetas concretistas não se cansam de apregoar como legitimação dos seus pressupostos estéticos. A estratégia de legitimação encetada passa, então, pela criação e divulgação de um cânone pessoal, sobre o qual assenta a sua visão particular da história e da tradição literárias, que facilitará a compreensão ao grande público dos seus postulados estéticos. Por outras palavras, a competência intertextual dos concretistas terá de ser também a do grande público, de forma a que as suas concepções sobre o que é e deve ser a literatura contemporânea seja mais facilmente explicável e compreensível[4].

Não causará espanto, portanto, que, em Mallarmé, se sobrevalorize um percurso poético evolutivo, que culminará com *Un Coup de Dés*, como expressão da maior atenção concedida ao significante material e à figura do leitor como operador textual, irremediavelmente preso nas malhas do acaso no momento da produção de sentido, concluindo-se que "a programação do acaso, sua integração na estrutura da obra, constitui hoje uma das preocupações dominantes da vanguarda internacional de artistas construtivos" (Campos, 1977: 25-26).

Ora, se no caso dos irmãos Campos, se sobrevaloriza *Un Coup de Dés*, concebendo-se a obra como precursora da estética concretista e do jogo visual com o aspecto gráfico das palavras, ao serviço da alegada função estética da mensagem poética, no caso de Armando Silva Carvalho, esta obra será desvalorizada para se dar preferência a *L'Après-Midi d'Un Faune*. Esta ideia é expressa no prefácio à obra da autoria do

---

(no sentido que Umberto Eco desenvolve daquilo que é o papel e a função de um leitor) de uma tradição anterior, ver-se-á que a leitura feita do passado surge como legitimação do presente, na medida em que se define a história da literatura como um *continuum* progressivo, de cariz teleológico.

[4] Nesta medida, as suas traduções são indissociáveis do seu labor no domínio da crítica literária, que, procurando rever leituras da tradição comummente aceites, vão tentar a subversão das posições dos elementos em disputa pelos lugares centrais e hegemónicos. Assim, os concretistas crítico-tradutores veicularão a sua interpretação que, no entender de Kermode, é sempre do domínio da opinião com uma intenção declaradamente canónica, não se esquecendo, portanto que "a opinião é a grande criadora de cânones, e não pode haver no seu interior privilegiados sem se criarem marginais, apócrifos" (Kermode, 1991: 76).

poeta-tradutor. Aí, Armando Silva Carvalho, para além da demonstração de um conjunto de conhecimentos sobre Mallarmé que tem a pretensão de legitimar o seu conhecimento da obra traduzida e, por conseguinte, o desempenho da sua função de tradutor, revela a metodologia adoptada, num excerto que importa citar:

> «A fechar, direi apenas que me foi gostosa e particularmente custosa a tradução do *Fauno* onde enveredei por liberdades formais e outras. Relativamente ao *Lance de Dados*, limitei-me praticamente a respeitar as palavras e os espaços vazios que entre elas existem» (Carvalho, *in* Mallarmé, 2001: 11)

Observa-se, então, que, enquanto na primeira obra a tradução pretende ser livre e regida pelo princípio do prazer do tradutor (o que será confirmado por outra afirmação de Armando Silva Carvalho, nesse mesmo prefácio, em que declara que «eu tive todo o prazer em trair ao traduzir [o Fauno]»), na segunda obra o princípio adoptado seria o da alegada e quimérica tradução literal, facilitada, aliás, supostamente, pelas próprias características do poema[5]. A perplexidade aumenta quando se conhece a posição paradoxal do tradutor face aos textos sobre os quais trabalhou, quando o mesmo classifica "o poema *O Fauno* ou *A Tarde dum Fauno* [como uma] poderosa estrutura verbal, em tudo superior ao *Lance de Dados*" (Carvalho, *in* Mallarmé, 2001: 8).

Conclui-se, portanto, aporeticamente, que o texto mais apreciado pelo tradutor foi o que, simultaneamente, foi mais traído, isto é, descaracterizado e alterado, enquanto que o texto menos apreciado foi o mais fidedignamente conservado. Por outro lado, o tradutor, ao contrário da generalidade da crítica, parece atribuir muito mais importância à criação de *L'Après-Midi d'Un Faune* do que a *Un Coup de Dés*, não reconhecendo o carácter inovador, de ruptura e de vanguarda do segundo texto[6].

---

[5] Parece, portanto, desde logo, muito discutível a pertinência da publicação das duas obras, (re)criadas segundo princípios diferentes, num só volume, em vez de em dois volumes distintos, não se definindo, afinal de contas, nenhuma norma concreta que defina os limites da acção do tradutor e a oriente, de forma a poder avaliar-se a qualidade do seu trabalho, em função do cumprimento ou não dos objectivos propostos.

[6] Isto parece dever-se a uma má tradução do prefácio da segunda obra e, consequentemente, a uma incorrecta interpretação da sua importância relativa no *corpus* poético mallarmaico. Analise-se, pois, o prefácio na língua de origem e confronte-se com o texto de chegada:

Após uma análise detalhada da reescrita da *Tarde de um Fauno* operada por Armando Silva Carvalho, percebe-se qual a razão efectiva do seu prazer na tarefa quando se verifica a liberdade assumida pelo tradutor no que diz respeito à tradução da palavra "grenade". Esta palavra, que no texto de partida assume o sentido de "romã", é transformada em "granada", o que vem literalmente estilhaçar o sentido do texto, destruindo aquilo que era a consequência normal da narrativa original: o sentimento de atracção entre a personagem Fauno e as Ninfas, que é substituído pelo de misogenia. Assim se explicará o facto de o tradutor ter assumido "liberdades formais *e outras*" (Mallarmé, 2001: 11; itálicos nossos), que ficaram por explicar, mas que passam pela exploração desta temática de índole homossexual que o tradutor expressamente revela na sua poesia em nome próprio e que não existia de facto no texto de partida. Teríamos, portanto, aqui, um Mallarmé versão *gay* que se opõe ao Mallarmé concretista dos irmãos Campos. Deve salientar-se, contudo, que estes dois processos de reescrita e o seu carácter marcadamente manipulatório se opõem pelo carácter camuflado do primeiro – o de Silva Carvalho – face à abertura e transparência radical do segundo – dos irmãos Campos.

A constelação Rimbaud

A demonstração da diferença de leituras de uma obra e de uma tradição revela, portanto, pragmaticamente, as consequências que daí

"J'aurai, toutefois, indiqué du Poème ci-joint, mieux que l'esquisse, un «état» qui ne rompe pas de tous points avec la tradition."	"Mas não posso deixar de dizer que este Poema, para lá da sua configuração, é sobretudo um «estado» que não rompe, em nenhum sentido, com a tradição."

Como se pode ver, da declaração de que nem todos os aspectos do poema rompem com a tradição (o que é facilmente depreendido pela delimitação do seu tema: o processo de criação poética e os seus constrangimentos, que constitui uma temática universal) passa-se para a afirmação de que não se rompe, em nenhum sentido, com a tradição, para além daquele factor referido anteriormente, que é a leitura espacejada. Esta recriação incorrecta do prefácio, pondo em causa a importância, o valor e o sentido do poema, afectará posteriormente a sua tradução, demonstrando quantos dos seus aspectos merecedores de uma atenção maior foram descurados. Não será de admirar, então, que os erros de interpretação sejam constantes e se verifiquem quer em *A Tarde dum Fauno*, quer em *Um Lance de Dados*.

advêm para o acto de tradução. Como se verá, a complexidade do caso pode ser maior quando se tenta lidar com uma obra tão polifacetada como a de Jean-Arthur Rimbaud.

Tal facto não causará estranheza quando se sabe que "posiblemente sea Rimbaud quien ha sufrido más intentos de apropiación. Existe un Rimbaud marxista, un Rimbaud surrealista y un Rimbaud cristiano, y no ha resultado difícil imaginar un Rimbaud psicoanalítico y un Rimbaud gay. Todos han intentado llevar a Rimbaud a su playa, íntima o ideológica, y es que su programa tenía un atractivo irresistible: el objetivo real de Rimbaud, en sus dos etapas, será la total desalienación. Desalienarse de todas las dependencias y ataduras, en su opinión, comporta soportar durante un tiempo todas las ataduras y dependencias" (Sanchez *apud* Osset, 1996: 68). Contudo, "bien des débats sont aujourd'hui dépassés: personne ne se laisse plus impressionner ni par le Rimbaud indhouiste de Roland de Renéville, ni par le Rimbaud hégeliano-occultiste de Jacques Gengoux, ni par l'alchimiste de miss Enid Starkie, pas plus que nous ne sommes convaincus par le kabbaliste que nous présente M. Jean Richer. L'énorme déblayage effectué par Étiemble a puissamment contribué à renverser ces idoles; encore ne faudrait-il pas que les milliers de pages de déblais qu'il a fini par accumuler devant Rimbaud deviennent un nouvel obstacle pour accéder au seul Rimbaud qui importe, celui des textes" (Vadé, 1990: 440-441).

O Rimbaud textual é, no entanto, também ele muito versátil e polivalente, permitindo um conjunto de leituras tão variado que possibilitará e justificará, apesar do trabalho de Charles Étiemble, muitas das apropriações levadas a cabo. O que se passa no caso surrealista, inicialmente no francês, através de André Breton e, posteriormente, no português graças a Cesariny, não é excepção. Com efeito, "il est vrai qu'il existe une certaine continuité de la poésie lyrique au dix-neuvième et au vingtième siècle, suivant laquelle il est possible de mettre en évidence ce qui relie les romantiques à Baudelaire et Rimbaud, voire à Mallarmé et aux surréalistes" (Poulet, 1980: 5). Assim, "o discurso literário de Rimbaud foi recuperado pelos surrealistas franceses devido a nele terem reconhecido a presença de «traços surrealizantes» – uso do experimentalismo linguístico, importância do sonho, reminiscências alquímicas, reconstrução do amor, por exemplo; porém, ao considerar Rimbaud um dos precursores do surrealismo, André Breton transforma o que terão sido influências em sinais antecipadores da escola surrealista, o que constitui «um modo de inverter o problema, não se apercebendo que a especificidade da escola que fundou reside, sobretudo, na teorização revolucionária que foi imprimida a conceitos já existentes» [como reconhece Fátima Marinho]" (Azevedo, 2001: 109-110).

Assim se percebe por que razão Cesariny ocupou tanto do seu tempo com a tradução da obra de Rimbaud. Com efeito, "a tradução procura responder às necessidades de afirmação, em Portugal, da poética surrealista, cuja produção era objecto de condicionamentos políticos. O tradutor opta, consequentemente, por acentuar a correlação entre os movimentos simbolista francês e surrealista português, mediados pela escola bretoniana" (Azevedo, 2001: 115). Assim, as suas traduções assumiram uma função claramente manipuladora de um passado literário, com vista à solidificação dos pressupostos teóricos e da legitimidade de uma corrente artística de vanguarda[7].

Nessa medida, percebe-se alguma da distância criada entre as traduções de Cesariny e as de Maria Gabriela Llansol. Enviesadamente, como forma de legitimação da sua actividade poética, esta poetisa procura justificar uma alegada comunhão entre o fazer poético rimbaldiano e o seu, afirmando:

"_____ apenas mais tarde reparei
que, enquanto traduzia Rimbaud – poema após poema –,
em certas páginas do meu *Diário*, eu escrevera o seu nome a lápis, com algumas palavras breves, fagulhas do seu texto a rodear o meu" (Rimbaud, 1998: 7).

Os textos de Rimbaud e de Llansol (con)fundem-se, tal como a tradutora o quer fazer crer, possibilitando, ao mesmo tempo, uma mudança do estatuto dos textos da autoria desta mesma poetisa, que supostamente partilharão da mesma essência dos do autor francês, visto serem incendiados pelas sua fagulhas.

---

[7] Este paradoxo aparentemente inexplicável (a legitimação de uma vanguarda num passado que se pretende ultrapassar) é, contudo, compreensível, pois "la présence du passé spécifique n'est jamais aussi visible que chez les producteurs d'avant-garde qui sont déterminés par le passé jusque dans leur intention de le dépasser" (Bourdieu, 1991: 26).

A inocência: entre a tradição e a traição

Conclui-se, portanto, que, consciente (tal como os irmãos Campos ou, de forma menos acentuada, Mário Cesariny) ou inconscientemente (como Llansol, que forja a equiparação da sua obra à do autor traduzido), tradutores-poetas se tornam manipuladores do cânone literário, quanto mais não seja pela disponibilização de um leque maior de obras, isto é, por um alargamento do cânone acessível e, por conseguinte, pela introdução de novas licenças poéticas no que diz respeito a estratégias de leitura e interpretação.

Este processo decorre do facto de que "le sens et la valeur d'une prise de position (genre artistique, oeuvre particulière, etc.) changent automatiquement, lors même qu'elle reste identique, lorsque change l'univers des options substituables qui sont simultanément offertes au choix des producteurs et des consommateurs" (Bourdieu, 1991:19). Por outras palavras, "la intrusión de una nueva obra en el canon comporta normalmente algún cambio en el saber usual de la institución en lo que se refiere a los procedimientos hermenéuticos posibles" (Kermode, 1979: 107). Assim, o acto supostamente inocente da tradução assume-se sempre como uma forma sofisticada de traição, capaz de reconfigurar à sua medida as fronteiras da tradição, provando de forma indubitável que "translation, like all (re)writings is never innocent" (Lefevere e Basnett, 1990: 11).

Bibliografia

Bibliografia activa

ARTAUD, Antonin
    (1991) *Heliogábalo ou o Anarquista Coroado*, tradução de Mário Cesariny, Lisboa: Colecção Documenta Poética, Assírio & Alvim.
    (2000) *Em Plena Noite ou o Bluff Surrealista – Seguido de 2 Cartas Sobre o Ópio e o Suicídio*, tradução e escolha de Paulo da Costa Domingos, 2.ª ed. (revista), Lisboa: Frenesi.
CAMPOS, Augusto de
    (1977) *A Arte no Horizonte do Provável*, 4.ª ed., São Paulo: Editora Perspectiva.
CAMPOS, Augusto de, CAMPOS, Haroldo de e PIGNATARI, Décio
    (1991) *Mallarmé*, 3.ª ed., São Paulo: Ed. Perspectiva

MALLARMÉ, Stéphane
(2001) *A Tarde Dum Fauno – Um Lance de Dados*, tradução e prefácio de Armando Silva Carvalho, Lisboa: Relógio D'Água Editores.
RIMBAUD, Jean-Arthur
(1998) *O Rapaz Raro – Iluminações e Poemas*, tradução de Maria Gabriela Llansol, Lisboa: Colecção Poesia, Relógio d'Água.
(1999) *Iluminações – Uma Cerveja no Inferno*, tradução de Mário Cesariny, Lisboa: Colecção Documenta Poética, Assírio & Alvim.

Bibliografia passiva

AZEVEDO, Orlanda
(2001) «De *Une Saison en Enfer* a *Uma Cerveja no Inferno*: resistência e apropriação», in DUARTE, João Ferreira (organização) *A Tradução nas Encruzilhadas da Cultura*, Lisboa: Colecção Voz de Babel, Edições Colibri.
BLOOM, Harold
(1995) *El Canon Occidental – La Escuela y los Libros de Todas las Épocas*, tradução espanhola de Damián Alou, Barcelona: Editorial Anagrama.
BOURDIEU, Pierre
(1991) «Le champ littéraire», in *Actes de la recherche en sciences sociales*, n.º 89, Septembre, Paris, École des Hautes Études en Sciences Sociales, Centre de Sociologie Européenne, pp. 3-46.
DERRIDA, Jacques
(1992) "A strange institution called literature", in ATTRIDGE, Derek (ed.), *Acts Of Literature*, New York: Routledge.
ECO, Umberto
(1992) *Os Limites da Interpretação*, tradução de José Colaço Barreiros, Lisboa, Difel.
(1993) *Leitura do Texto Literário (Lector in Fabula) – A Cooperação Interpretativa nos Textos Literários*, tradução de Mário Brito, 2.ª ed., Lisboa: Editorial Presença.
EVEN-Zohar
(1991a) «Polysystem Theory», in *Poetics Today*, vol. 11, number 1, Spring 1990, pp. 9-26.
(1991b) «The position of translated literature within the polysystem», in *Poetics Today*, vol. 11, number 1, Spring 1990, pp. 45-52.
FOWLER, Alastair
(1979) «Genre and the literary canon», in *New Literary History*, 11, pp. 97-119.
GLISSANT, Édouard
(1995) «Traduire: relier, relire», in *Onzièmes Assises de la Traduction Littéraire – Arles 1994*, Arles: ATLAS – Actes Sud.

HARRIS, Wendell V.
   (1991) "La Canonicidad", *in* SULLÁ, Enric (org.) (1998) *El Canon Literario*, Madrid: Bibliotheca Philologica, Serie Lecturas, Arco/Libros, S.L..
KERMODE, Frank
   (1979) «El control institucional de la interpretación», *in* SULLÁ, Enric (org.) (1998) *El Canon Literario*, Madrid: Bibliotheca Philologica, Serie Lecturas, Arco/Libros, S.L..
   (1991) *Formas de Atenção*, tradução de Maria Georgina Segurado, Lisboa: Colecção Signos 51, Edições 70.
KRAUSS, Werner
   (1989) *Problemas Fundamentais da Teoria da Literatura*, tradução de Manuela Ribeiro Sanches, Lisboa: Editorial Caminho.
LEFEVERE, André
   (1997) *Traducción, Reescritura e Manipulación del Canon Literario*, tradução de M.ª Carmen Africa Vidal e Román Álvarez, Salamanca: Biblioteca de Traducción, Ediciones Colégio de España.
LEFEVERE, André e BASNETT, Susan
   (1990) «Introduction: Proust's Grandmother and the Thousand and One Nights: The "Cultural Turn" in Translation Studies», *in* BASSNETT, Susan e LEFEVERE, André (org.), *Translation, History & Culture*, London – New York: Cassel.
OSSET, Miguel
   (1996) «Repensar a Rimbaud», *in Quimera* – Revista de Literatura, n.º 150, Setembro, pp. 67-70.
POULET, Georges
   (1980) *La Poésie Éclatée, Baudelaire/Rimbaud*, Paris: Collection Écriture, Presses Universitaires de France.
SANTERRES-SARKANY, Stéphane
   (1990) *Teoria da Literatura*, tradução de Maria do Anjo Figueiredo, Mem Martins: Colecção Saber, Edições Europa-América.
SULLÁ, Enric (org.)
   (1998) *El Canon Literario*, Madrid: Bibliotheca Philologica, Serie Lecturas, Arco/Libros, S.L..
VADÉ, Yves
   (1990) *L'Enchantement Littéraire – Écriture et Magie de Chateaubriand à Rimbaud*, Paris: Collection Bibliothèque des Idées, NRF, Editions Gallimard.
ZLATEVA, Palma
   (1990) «Translation: Text and Pre-Text, "Adequacy" and "Acceptability" in Crosscultural comunication», *in* BASSNETT, Susan e LEFEVERE, André (org.), *Translation, History & Culture*, London – New York: Cassell.

TRADUZIR PARA *CONCRETIZAR*:
A TRANSCRIAÇÃO BRASILEIRA DE MALLARMÉ

FILIPE ALVES MACHADO
*Mestre em Literaturas Românicas Modernas e Contemporâneas,
Universidade de Porto.
Doutorando em Tradução, Universidade de Vigo.*

1. *Mallarmé*

Mallarmé, da autoria dos irmãos Campos e Décio Pignatari, caracteriza-se por ser uma obra mista. Com efeito, tradução e crítica literária coabitam, o que, como veremos adiante, acontece por razões óbvias. Logo no início do livro, surge um texto ensaístico fundamental de Augusto de Campos. Preenchendo os requisitos de um prefácio, *Mallarmé: o Poeta em Greve* vai mais além: não se trata apenas de introduzir as traduções que seguidamente serão apresentadas, mas também (e sobretudo) explanar as razões que levaram à «re-visão» de Mallarmé, uma vez que este é visto como o «poeta-sustentáculo» da literatura do século XX. A esse propósito, Campos verifica que, no Brasil, «Mallarmé [...] continua a ser mal conhecido e mal consumido», diagnosticando para a produção literária um estado anacrónico, para não dizer ucrónico, «simultaneamente "pós-modernista" e "pré-mallarmaico"» (Campos, A., Campos, H. e Pignatari, D., 1991: 25). Para demonstrar este ponto de vista, são citados vários exemplos de poetas modernos de língua portuguesa de referência obrigatória (Fernando Pessoa, Mário de Sá-Carneiro, Pedro Kilkerry, Carlos Drummond de Andrade ou João Cabral), que não seriam compreensíveis sem Mallarmé (idem).

No mesmo texto, e citando Mário Justino, Augusto de Campos divide a obra mallarmaica em quatro fases. Uma primeira será a parnasiano--simbolista, onde as influências de Baudelaire, Gautier e Verlaine ainda se fazem sentir. A segunda corresponderá ao «Mallarmé que reconcilia a língua francesa com Racine e antecipa Valéry, onde se inclui *L'après--midi d'un faune*». No entanto, segundo Campos, a penúltima e última fases de Mallarmé é que serão fundamentais para o leitor actual. Na penúltima, poder-se-ão referir algumas obras como *Plusieurs Sonnets, Hommages, Tombeaux, Autres Poèmes ou Sonnets*; e na última, da obra inacabada e de *Un Coup de Dés*, Mallarmé revela-se, segundo Faustino e Campos, «como o maior poeta para poetas da língua francesa, um dos maiores de todos os tempos e sem dúvida alguma o maior destes cem – ou duzentos – anos» (*ibid.*: 26).

Sobre estas duas fases, ditas de maturidade, Campos mostra que são aquelas que «apontam para o futuro», pela introdução de «novo construtivismo», de um novo campo de relações e possibilidades no uso da linguagem, sobretudo em *Un Coup de Dés*. O próprio título do texto vai nesse sentido: *O Poeta em Greve* e a referência constante a Marx incidem numa militância poético-cultural de Mallarmé cultivada através de uma atitude marginal. Mas esta atitude não se realiza da "torre de marfim" decadentista, aristocrática e elitista, mas sim como o afirmou o poeta francês, na marginalidade «do poeta para uma época como esta, onde ele está em greve perante a sociedade», utilizando a linguagem como forma de luta. Esta ideia é rematada com uma citação de Jean Tardieu: *Le langage l'engage* (*ibid.*:28).

Através deste texto, à partida funcionando como introdução à tradução de poemas dispersos, poderemos constatar que pode ser entendido como um prefácio para *Mallarmé*, mostrando que esta obra se vai orientar por quatro ideias fundamentais:

1. A obra de Mallarmé é fundamental para uma explicação/abordagem da poesia moderna e pós-moderna, quer brasileira quer mundial. Esta é a razão pela qual urge re-ver a sua obra, dado que a penetração no sistema cultural brasileiro era, à data de publicação destas traduções, ainda reduzida.

2. Interessa abordar a obra de Mallarmé não como produto artístico ("poesia pura", "arte pela arte"), mas sim como um projecto com uma poética definida, alicerçada numa atitude marginal, tendo em vista um "engajamento" do poeta na procura de novos rumos para a poesia e para a linguagem.

3. Nesse sentido, é defendida uma evolução do poeta em quatro fases, numa divisão que não é consensual, para não dizer discutível, no seio da crítica especializada[1]. Aliás, Augusto Campos refere que «os poemas por

---

[1] Embora não tenha sido possível acedermos ao texto integral de Mário Faustino, existem indícios que, apesar de tudo, nos poderão fazer duvidar da profundidade da

mim traduzidos cobrem o percurso do primeiro ao penúltimo Mallarmé», e que «notará o leitor como o poeta, libertando-se progressivamente dos ornatos discursivos, caminha para uma extrema elipse e concisão» (*ibid.*). No entanto, nem existe a preocupação de ilustrar e confirmar essa libertação, nem, por outro lado, os poemas estão dispostos cronologicamente, o que poderia contribuir para se verificar esse percurso. Nessa medida, fica-se com a impressão de que se assiste a um fenómeno de sobreinterpretação, com vista à legitimação de uma perspectiva hermenêutica cuja legitimidade não pode deixar de ser posta em causa.

Em função do exposto, podemos ver que traduzir Mallarmé vai muito para além do que Even-Zohar descreveu como o enriquecimento dos sistemas literários através da tradução, cumprindo a sua função primária (1990: 49): mediante a introdução de uma obra de uma literatura «forte», esta ocupará o centro do sistema, provocando mudanças na literatura receptora com a criação de novos géneros e estilos. Todavia, a intenção dos irmãos Campos e Pignatari não se limita apenas à supressão de uma lacuna no mercado editorial brasileiro. As motivações ideológicas, nomeadamente de ordem poetológica, estão no cerne da actividade dos tradutores.

A este propósito será importante referir a quarta ideia veiculada em *Mallarmé o Poeta em Greve: Un Coup de Dés* é apresentado como poema-chave da poética mallarmeana. Como vimos, a evolução artística defendida culmina precisamente no poema em causa, visto como «porta para o futuro» da poesia, o que também se reflecte na estrutura de *Mallarmé*, que se define em função deste objectivo.

2. Da tridução à transcriação

Este é o caso da «tridução» de *L'après-midi D'un Faune*, que se segue às traduções de poemas dispersos, ilustrativos das anteriores fases de Mallarmé. Décio Pignatari, no texto intitulado *Mallarmé – A Conquista do Impreciso na Linguagem Poética: Uma Tradução de "L'après-*

---

análise. O primeiro prende-se com o facto de ser publicado num jornal de grande tiragem e ser, como o próprio Campos reconheceu, dirigido «ao leitor comum». Além do mais, Mário Justino considera o texto em causa uma «simples conversa em torno de alguns aspectos de Mallarmé», classificado por Augusto de Campos como uma «introdução didáctica», um tipo de texto que, regra geral, peca por ser simplista.

-Midi D'un Faune", procura, fazendo referência às várias versões de que este poema foi alvo, demonstrar como, ao longo de dez anos, o autor procurou «partir da determinação para a indeterminação, sendo esta a determinação final de sua luta pela conquista do impreciso: a determinação da indeterminação» (Campos, A., Campos, H. e Pignatari, D., 1991: 107).

Assim, este poema é visto apenas como um passo para *Un Coup de Dés*. A tridução, ou seja, as traduções de cada um dos autores apresentadas em simultâneo e sobrepostas graficamente, funcionarão como uma forma de homenagear o autor, mostrando as potencialidades expressivas da obra na língua de partida, onde a «determinação da indeterminação» será visível, como Pignatari o reconhece:

«A tradução pretende ser um prolongamento do mesmo objecto, melhor dizendo, uma sua projeção deformada naquela sutil abertura entre o preciso e o impreciso – um momento de uma série estocástica de uma tradução de *L'après-midi d'un faune*» (*id*.: 112).

Assim sendo, a tridução é prova cabal da matriz aberta do texto mallarmaico, na medida em que cada uma das traduções realizadas corresponde a uma leitura possível. Por outro lado, esta tridução é também uma forma de apologizar uma poética da tradução. Com efeito, em virtude da riqueza do texto de partida, mais do que transpor significados, será profícuo reconstituir uma nova obra na cultura receptora, recriando o valor estético do original e retomando as múltiplas hipóteses de leitura. É aqui que a influência de Walter Benjamin é assumida, que, no ensaio *A Tarefa do Tradutor* desenvolve o conceito de "língua pura", ou seja, a libertação de uma língua verdadeira e una[2], onde estão guardados os segredos do pensamento (Benjamin 1996: 342). Deste modo,

«Liberar a "língua pura", que está "desterrada" *(gebannt)* na língua estrangeira, resgatá-la na própria língua *(língua de chegada)*, através de uma "transpoetização" *(Umdichtung)* do original no qual ela está "cativa"

---

[2] A este propósito, será de realçar a circularidade deste raciocínio acerca da transcriação, uma vez que o conceito de «língua pura» de Benjamin é devedor do de «língua suprema», da autoria de Mallarmé, que é citado no famoso ensaio do filósofo alemão: «Les langues imparfaites en cela que plusieurs, manque la suprême: penser étant écrire sans accessoires, ni chuchotement mais tacite encore l'immortelle parole la diversité, sur terre, des idiomes empêche personne de proférer les mots qui, sinon se trouveraient, par une frappe unique, elle-même matériellement la vérité» (Mallarmé *apud* Benjamin 1996: 342).

(gefangene), eis a missão benjaminiana do tradutor. Isto se faz através de "remissão" *(Erloesung)*, no sentido "salvífico" do termo, do modo de intencionar *(Art der intentio)*, do "modo de significar" *(Art des Meinens)*, expressões que equivalem a um "modo de representar" ou de "encenar" *(Darstellungsmodus)* do original, liberando-o, assim, na língua do tradutor» (Campos H., 1996: 32).

Noutro texto, Haroldo de Campos indica as suas razões para a adopção da transcriação em detrimento de um conceito de tradução mais consensual e conservador:

> «No que concerne à tradução, ela pode ser extensiva, moderada e mediadora, propondo-se uma função auxiliar (digna, sem dúvida, do maior respeito), de viabilizar ou ampliar o acesso ao significado do original. Ou então, enquanto transcriação, será uma obra de "reinvenção", intensiva, fragmentária muitas vezes, preocupando-se antes com a forma semiótica do texto, com a sua "qualidade diferencial" enquanto dicção. Onde não houver uma tradução radical, realmente transcriadora de um grande original, a única maneira de não se contentar apenas com a "imagem do significado" desse texto, mas, para além disso, aceder à "imagem do seu significante" (ou de sua "forma significante", mais exatamente, uma vez que se trata de uma forma imantada, "irradiada", pela volátil componente semântica), será buscar essa "diferença qualitativa" na dicção de outro grande poeta, da língua do leitor, que, num certo sentido (não como tradutor direto, mas como transculturador de uma tradição viva), tenha reconfigurado os acentos mais marcantes dessa dicção "estranha", produzindo em sua língua o mesmo sob a espécie da diferença» (Campos, H. 1997: 50).

3. Uma tradição literária

Esta preocupação com o significante na tradução, que levou Haroldo de Campos a desenvolver o conceito de «tradução icónica»[3], prende-se

---

[3] «Assim, entre a informação estética do original e aquela reinventada na língua do tradutor, existiria uma "relação de isomorfia": seriam diferentes enquanto linguagem, mas, como corpos isomórficos, cristalizar-se-iam dentro de um mesmo sistema. Uma tradução isomórfica seria, por definição, uma tradução icônica. Lê-se no meu ensaio [«Da Tradução Como Criação e Como Crítica», 1962, in *Metalinguagem*]: "Numa tradução dessa natureza, não se traduz apenas o significado, *traduz-se o próprio signo*, ou seja, a sua fisicalidade, sua materialidade mesma (propriedades sonoras, de imagética visual, enfim tudo aquilo que forma, segundo Charles Morris, a *iconicidade* do signo

também com a apologia de *Un Coup de Dés*. Qualquer história da literatura francesa, ao abordar a poesia de Mallarmé, referir-se-á a este poema como uma das suas obras-primas. Para os irmãos Campos e Pignatari é a obra-prima. Deste modo, este propósito de reforço de canonização do texto literário não é inocente, pois vai ao encontro da leitura de Mallarmé à luz da poética concreta, onde o significante tem lugar de relevo. Com efeito, a actividade dos autores é de todos conhecida: Haroldo de Campos é um dos pioneiros deste movimento no Brasil, e, por outro lado, o seu irmão Augusto e Pignatari fundaram o grupo Noigandres. Em *Mallarmé: o Poeta em Greve*, é Augusto de Campos que assume uma relação de proximidade e complementaridade:

«Dessa re-visão de Mallarmé participou a poesia concreta desde os primeiros momentos, e não apenas com reflexões críticas, mas com a própria criação poética, pois que se propôs, inclusive, o desafio de tornar efetiva a hipótese lançada com os dados mallarmaicos: "sem presumir do futuro o que sairá daqui, NADA, ou quase uma arte"» (Campos, A., Campos, H. e Pignatari, D., 1991: 24).

Num texto seguinte, denominado *Poesia, Estrutura*, Augusto de Campos continua no memo sentido. Através de um percurso cronológico, procede a uma enumeração das experiências tipográficas funcionais que se seguiram a *Un Coup de Dés*. O Futurismo italiano, os *Caligrammes* de Apollinaire, e *The Cantos* de Pound, são citados e analisados em função da sua construção melódica. Através de várias abordagens críticas, o fio condutor estabelecido é a estrutura musical das obras, mediante uma analogia com a fuga e o contraponto. Isto leva Campos a e referir que «ainda que a configuração de *Un Coup de Dés* e de *The Cantos* seja especificamente diversa, pertencem os dois poemas estruturalmente a um mesmo género» (*id.*: 184). Seguidamente, Cummings, com o poema *No Thanks*, é incluído nesta linhagem, sendo o grande destaque dado a *Finnegans Wake* de Joyce, que «realiza, também, e de maneira especial, a proeza da estrutura». Para tal, Augusto de Campos baseia-se em Robert Greer-Cohn, para quem este romance-poema «teria

---

estético, entendido por *signo icônico* aquele «que é de certa maneira similar àquilo que ele denota». O significado, o parâmetro semântico, será apenas e tão-somente a baliza demarcatória do lugar da empresa recriadora. Está-se, pois, no avesso da chamada tradução literal.» (Campos H. 1997: 51-52).

mais em comum com *Finnegans Wake* do que qualquer outra criação literária [...]: unidade, dualidade, multiplicidade e novamente unidade» (*Ibid.*: 185).

Este ponto de vista é depois reforçado por Haroldo Campos que defende haver «um parentesco de cosmovisão entre os dois textos». Em *Lance de Olhos Sobre "Um Lance de Dados"*, preocupa-se em estabelecer uma rede de relações intertextuais entre *Un Coup de Dés*, Pound, Joyce e Cummings[4], o que o leva a afirmar que esta proximidade textual é «o indício de que, passado mais de meio século, um *Lance de Dados* continua a ser o vetor para o futuro» (*Ibid.*: 192). Note-se aqui a utilização do artigo definido («o vetor»), que indica um absoluto corporizado na obra-prima de Mallarmé.

Posto isto, será indiscutível afirmar que *Un Coup de Dés* é, para os autores de *Mallarmé*, muito mais do que um texto que importa fazer conhecer ao público brasileiro. Trata-se de um pretexto, ou mesmo um pré-texto, necessário e fundamental para a afirmação de uma nova forma de fazer poesia. Com efeito, através de toda a linha de pensamento subjacente a Mallarmé, os autores pretendem fixar bases teóricas credíveis para a implementação e reconhecimento da poesia concreta. Obviamente, não se trata de uma estratégia desenvolvida de modo subversivo, para "apanhar" um leitor desprevenido, mas, embora assumida, condiciona determinados factos a uma leitura muito individualizada, ou até demasiado personalizada dos textos. Com efeito, esta linha de raciocínio leva Haroldo de Campos a reclamar uma «tradição viva» num quadrante onde constam Mallarmé, Pound, Joyce e Cummings, da qual os poetas concretos brasileiros procuram assumir as consequências, o que não deixa de ser duplamente parcial: é apenas uma parte da obra de cada um dos autores que está em causa, por sua vez abordada numa perspectiva muito individualizada.

---

[4] «Já em 1955, em carta a Ferreira Gullar, Augusto Campos assumia esta linhagemao falar de poesia concreta: "Os arts.esclarecem bastante, acredito, os meus poemas e também os do Haroldo, e a posição estético-estratégica de todo o "grupo" Noigandres, ao estabelecer uma "aceitação de herança" que não é ou não pretende ser fruto de uma mera inclinação pessoal, mas uma observação objetiva (análise + comparação) da evolução histórica da poesia. MALLARMÉ (*Un Coup de Dés*) – POUND – JOYCE – CUMMINGS. (…) ESSES nomes são, segundo entendemos, MAIS imptantes da mesma forma q para o desenvolvimento das artes plásticas e visuais Malevitch, o "De Stijl", um Gabo ou um Calder podem ser mais imptantes q pintores de classe como Matisse, Chagall ou mesmo o genial Picasso, ou um escultor como Henry Moore. » (Campos, A. 1959: 59-60)

4. Traduzir para devorar

Esta forma de abordar *Un Coup de Dés*, incluindo-o numa determinada linhagem poética e utilizando-o num processo de legitimação de um movimento literário onde os tradutores se inserem, prende-se inequivocamente com a noção de antropofagia cultural. Criado por Oswald de Andrade no seu *Manifesto Antropófago*, que comemorava os 374 anos sobre a morte e devoração do bispo Sardinha pelos índios Tupinambá, este conceito assinala metaforicamente a síntese da cultura europeia com o elemento autóctone, afirmando a emergência brasileira. Assim, esta obra de Mallarmé irá ser devorada, tal como aconteceu ao clérigo português, de modo a que possam incarnar as suas qualidades nos seus predadores:

«A antropofagia oswaldiana [...] é o pensamento da devoração crítica do legado cultural universal. [...] Ela não envolve uma submissão (uma catequese), mas uma transculturação: melhor ainda, uma "transvaloração": uma visão crítica da história como função negativa (no sentido de Nietzsche), capaz tanto de apropriação como de expropriação, desierarquização, desconstrução. Todo passado que nos é "outro" merece ser negado. Vale dizer: merece ser comido, devorado. Com esta especificação elucidativa: o canibal era um "polemista" (do gr. *Pólemos* = luta, combate), mas também um "antologista": só devorava os inimigos que considerava bravos, para deles tirar proteína e tutano para o robustecimento e a renovação de suas próprias forças naturais» (Campos H. 1981: 11-12).

Isto implica, evidentemente, uma leitura pessoal assumida do texto, sendo a tradução o espelho dessa interpretação:

«Como ato crítico, a tradução poética não é uma atividade indiferente, neutra, mas – pelo menos segundo a concebo – supõe uma escolha, orienta-se por um projecto de leitura, a partir do presente de criação, do passado de cultura. [...] Assim é que só me proponho traduzir aquilo que para mim releva em termos de um projeto de militância cultural» (*Id.* 1996: 34-35).

Deste modo, estamos perante um caso de manipulação do cânone, que, como o apontou André Lefevere, é perpetuada por várias actividades de reescrita do texto, duas delas aqui presentes – a tradução e a crítica. Assim «[...] los reescritores adaptan, manipulan, en cierta medida, los originales con que trabajan, para hacer que se ajusten a las corrientes ideológicas y poetológicas de su época» (1997: 21). Neste caso, a reescrita obedeceu a um processo antropofágico. Mais do que necessidade fisiológica, trata-se de um ritual[5] indígena (nos dois sentidos do adjectivo) emancipador e inversor da hierarquia cultural, tal como Augusto de Campos o referiu a propósito da obra de Oswald de Andrade:

> «Conotação importante derivada do conceito de "antropofagia" oswaldiano é a ideia de "devoração cultural" das técnicas e informações dos países superdesenvolvidos, para reelaborá-las com autonomia, convertendo-as em "produto de exportação" (da mesma forma que o antropófago devorava o inimigo para adquirir as suas qualidades). Atitude crítica, posta em prática por Oswald, que se alimentou da cultura europeia para gerar as suas próprias e desconcertantes criações, contestadoras dessa mesma cultura» (Campos A 1978: 124).

Assim, antropofagizando *Un Coup de Dés*, os irmãos Campos e Pignatari usam a tradução numa perspectiva de legitimação da poesia concreta. Contudo, não se fica por aí: trata-se daquilo que se poderia chamar de entronização canónica do concretismo, na medida em que, reclama para si, e, por extensão, para a literatura brasileira, um estatuto emancipado e emancipador, visto que este sistema literário deixa de ser subserviente, e passa a afirmar-se com um carácter e uma personalidade próprias:

> «A poesia concreta, brasileiramente, pensou uma nova poética, nacional e universal. Um planetário de «signos em rotação», cujos pontos--eventos chamavam-se (quais índices topográficos) Mallarmé, Joyce, Apollinaire, Pound, cummings, ou Oswald de Andrade, João Cabral de Melo Neto e, mais para trás, retrospectivamente, Sousândrade [...]» (Campos H. 1981: 19).

---

[5] «Tratava-se de um rito que, encontrado também nas outras partes do globo, dá a ideia de exprimir um modo de pensar, uma visão do mundo, que caracterizou certa fase primitiva de toda a humanidade. Considerada assim, como *weltanschauung*, [a antropofagia] mal se presta à interpretação materialista e imoral que dela fizeram jesuítas e colonizadores. Antes pertence como ato religioso ao rico mundo espiritual do homem primitivo. Contrapõe-se, em seu sentido harmônico e comunial, ao canibalismo que vem a ser a antropofagia por gula e também a antropofagia por fome, conhecida através das crónicas das cidades sitiadas e dos viajantes perdidos. A operação metafísica que se liga ao rito antropofágico é a da transformação do tabu em totem. Do valor oposto, ao valor favorável. A vida é devoração pura. Nesse devorar que ameaça a cada minuto a existência humana, cabe ao homem totemizar o tabu"» (Andrade O. *apud* Campos, A.1978: 122).

Aliás, essa universalidade da poesia concreta e brasileira é apologizada por ambos os irmãos Campos. Se defendem que determinados autores brasileiros são precursores dos «pontos-eventos» citados – Guimarães Rosa (*Grande Sertão: Veredas*) em relação a *Finnegans Wake*[6], Sousândrade em relação a *The Cantos* de Ezra Pound[7] –, por outro lado postulam que há uma série de poetas que constituem uma linhagem devedora a Mallarmé: Oswald de Andrade, Carlos Drummond de Andrade, Murilo Mendes, João Cabral de Melo Neto e Manuel Bandeira (id. 1997: 263).

Todavia, esta universalidade não se fica por aqui. O contributo da poesia concreta foi uma espécie de culminar de um processo iniciado com *Un Coup de Dés*, que teve repercussões à escala mundial, com a inédita peculiaridade de abarcar todo o planeta e uni-lo à volta do mesmo vector, ultrapassando abissais diferenças culturais:

«A poesia concreta brasileira foi o momento de totalização desse processo. Em certo sentido, foi também o último movimento poético de vanguarda, coletivo e internacional (com ramificações inclusive no Japão,

---

[6] «A cogitação das consequências do romance de Guimarães Rosa para o futuro da prosa de ficção brasileira já nos levaria a um outro problema. E, "sem presumir do futuro", queremos acreditar que a obra de Guimarães Rosa se situe menos como início do que como termo de um ciclo, que, sem ela, ficaria em suspenso, imperfeito. Num certo sentido, ainda aí, a Guimarães Rosa parece reservado o destino de Joyce, de quem se disse ser o autor de "um romance para acabar com todos os romances". O fim do ciclo artesanal do romance. E o que se perguntaria, no limiar de uma nova fase, seria até que ponto é ainda possível fazer *um romance*, por maior extensão que se queira dar à palavra, em sua velha acepção» (Campos A. 1978: 37).

[7] «Numa perspectiva internacional, é preciso que se diga que a obra sousandradina recua bruscamente o marco da independência da literatura brasileira para a nossa segunda geração romântica (1857), marco este que estaria nominalmente com os modernistas de 22, assim mesmo atrasados de mais de uma década em relação ao futurismo italiano (1909). Sousândrade foi contemporâneo síncrono de Baudelaire. Sua obra, além disto, aporta uma contribuição original, que não se confunde com a do pai do simbolismo francês, cujas *Fleurs du Mal* (1857) estão na ponta da meada da poesia moderna. Realmente, os dois círculos infernais sousandradinos (o primeiro, no Canto II, datado de 1858), fazem-no credor de uma posição precursora de importantes linhas de pesquisa da poesia atual, e em particular, temática e estilisticamente, dos *Cantares* de Ezra Pound. Nenhum dos antecessores de Pound, nem mesmo Robert Browning, poderia exibir algo tão chegado à concepção do autor de *The Cantos* como o "Inferno de Wall Street" do poeta maranhense. Não temos dúvida de que, fosse o poeta brasileiro divulgado internacionalmente, este reconhecimento não tardaria tão flagrantes são as afinidades existentes». (Campos A., Campos H. 2002: 122-123)

através do Grupo VOU, de Kitasono Katue). Perfez, não só no plano do poema, mas ainda no da poética, a confluência Oriente/Ocidente: da ideografia poemática intentada em línguas alfabético-digitais, à reexportação das técnicas tipográficas do poema concreto para uma língua escrita em caracteres ideográficos (o Japonês), numa espécie de tropismo e reversão complementar. Esgotamento do campo do possível, radicalização "verbi-voco-visual" até a sensação do limite, a poesia concreta, num gesto grupal, anónimo e plúrimo, empenhou-se em levar até às últimas consequências o projeto mallarmeano» (*ibid.*: 263-264).

Deste modo, as traduções de Mallarmé constituem um meio e não um fim. Realçar *Un Coup de Dés* é um dos passos de uma demanda que visa colocar a poesia concreta no cânone, o que só será possível realizar mediante uma emancipação da cultura brasileira. É neste desiderato que se dá corpo à utopia de um novo Esperanto:

«Nos anos 50, a poesia concreta pôde entreter esse projeto de uma linguagem ecuménica: os novos bárbaros de um país periférico, repesando o legado da poesia universal e usurpando-o sob a bandeira "des-centrada" (porque "ex-cêntrica") da "razão antropofágica" (a analógica do "terceiro excluído"), desconstrutora e transconstrutora desse legado, agora assumido sob a espécie da devoração. Avocar a totalidade do código e reoperá-lo pela óptica expropriadora da circunstância evolutiva da poesia brasileira, que passaria, por sua vez, a formular os termos da nova *língua franca*, de trânsito universal» (Campos H. 1997: 266).

É a este propósito que apresentação de *Uma Profecia de Walter Benjamin* praticamente no final de *Mallarmé* faz sentido: os concretistas já estão a trabalhar para o fim do livro e contribuem activamente para «a fundação de uma escrita de âmbito universal», perto já da «língua pura», ou seja, o ponto culminante da escrita poética, a ser concretizada no Brasil. Assim, «os poetas renovarão sua autoridade na vida dos povos e assumirão um papel em comparação com o qual todas as aspirações de rejuvenescimento da retórica parecerão dessuetos devaneios góticos» (*apud* Campos, A, Campos, H. e Pignatari, D., 1991: 194).

5. Conclusão: *concretizar a tradução*

Em função do exposto, tudo aquilo que foi afirmado confirma o facto de que:

«Translation does not happen in a vacuum, but in a continuum; it is not an isolated act, it is part of an ongoing process of intercultural transfer. Moreover, translation is a highly manipulative activity that involves all kinds of stages in that process of transfer across linguistic and cultural boundaries. Translation is not an innocent, transparent activity but is highly charged with significance at every stage; it rarely, if ever, involves a relationship of equality between texts, authors or systems» (Bassnett e Trivedi 1999: 2).

Com efeito, a relação de desigualdade existente entre os textos e os sistemas culturais a que pertencem, conforme já Even-Zohar o tinha verificado, é um dos pontos que condiciona à partida a prática da tradução. No caso dos irmãos Campos e Pignatari, verifica-se uma tentativa de inversão desta situação, que, paradoxalmente, é efectuada através da tradução. No entanto, tudo isto não é feito de forma subversiva ou dissimulada. Trata-se de um projecto idealizado e cumprido de forma transparente, onde os tradutores assumem o seu papel de forma visível.

Sendo um acto protagonizado «na dicção de outro grande poeta, da língua do leitor», a transcriação vem reclamar uma voz autoral para o tradutor, corporizando aquilo que Susan Bassnett denominou de fase pós-estruturalista dos estudos de tradução, que concebe a tradução como um de entre uma variedade de processos de manipulação textual, onde o conceito de pluralidade substitui o dogma da fidelidade (2001: 298), o que Haroldo de Campos confirma, manifestando-se pela desmistificação da «ideologia da fidelidade» (1997: 46).

Assim, através da transcriação, à qual está assumidamente subjacente uma interpretação e um projecto de leitura, o tradutor reescreve o texto, *antropofagizando-o* de modo a que a cultura a que pertence absorva as suas melhores qualidades. Tal actividade é realizada reclamando uma identidade, afirmando a individualidade e a presença dos transcriadores. De facto, quer através de uma actividade crítica reflectida em textos teóricos, quer pela profusão de notas explicativas que acompanham as traduções, onde justificam as suas opções e interpretações, os irmãos Campos e Pignatari vão perfeitamente ao encontro das palavras da também brasileira Rosemary Arrojo:

«Furthermore, the validation of the translator's voice as a legitimate interference in the translated text will only be truly able to start making a difference when visibility begins to be marked by the signature of his or her own authorial name» (1992: 31).

Neste sentido, esta visibilidade do tradutor, que invoca o lado criativo da actividade, abre novas portas inclusive no que diz respeito ao seu estatuto profissional: o trabalho meramente técnico, invisível, será sempre subvalorizado, e consequentemente mal remunerado, uma vez que é à partida um projecto derrotado – a impossível fidelidade e a utopia da equivalência são as maldições de um tradutor que se apaga voluntariamente perante o texto.

Cortando com a tradição, os irmãos Campos e Pignatari assumem o papel transcultural do tradutor. O texto traduzido é um veículo de diálogo, mas é sobretudo um meio para a afirmação de uma individualidade e de uma identidade, com vista a uma emancipação cultural.

Contudo, em nossa opinião, não é lícito isolar o tradutor do escritor. A poética transcriadora decorre de uma poética literária que se constrói em torno da materialidade e fisicidade do significante. Deste modo, há uma relação intrínseca entre tradução e criação literária, em que a primeira antropofagiza a segunda, como o próprio Haroldo de Campos o reconhece num caso *concreto*:

> «Quanto à tradução, melhor dizendo, à "transcriação", além de não se poder separar o ato de escrever do de traduzir, naquele sentido essencial assinalado por Valéry nas *Variations sur les Bucoliques*, é ainda, na dimensão "luciferina" em que eu agora a teorizo, um ato "usurpatório", regido por aquela mesma lei de heresia que o autor da *Dialéctica Negativa* já havia enunciado em relação ao ensaio. Por outro lado, se você considerar o meu último livro de poemas, *Signantia: Quasi Coelum* (São Paulo: Perspectiva, 1979), verá que ele está todo percorrido, num jogo voluntariamente irónico, pela minha experiência de tradução de "textos-limite": Dante, Mallarmé, Hoelderlin, Novalis e mesmo, antecipadoramente, Goethe. No final da última parte desse meu livro tripartido, a descida aos Ínferos da linguagem, ou *Nékuia*, para a invocação dos poetas-inventores da tradição brasileira (Sousândrade, Kilkerry, Oswald, os "signos tempestuosos" opostos aos "sem-narinas"), na tentativa de resgate divinatório da poesia num "tempo de sufoco", os últimos lêmures", reminiscentes da cena do "Enterramento" do final do *Segundo Fausto*, "deconstroem" fonicamente, num lance paródico de "êxito ao revés", o *azul*, palavra-chave do universos mallarmaico, brasão da poesia pura... (*ul* sem *az* alusão a *as*/campeão/paladino e às primeiras sílabas de *Asas* e *Azar*)» (Campos H., 1997: 47-48).

Bibliografia

ARROJO, Rosemary, 1992, «The "Death" of the Author and the Limits of the Translator's Visibility», in L. Venuti (ed.), *Rethinking Translation: Discourse, Subjectivity, Ideology*. Londres / Nova Iorque, Routledge.

BASSNETT, Susan e TRIVEDI, Harish, 1999, «Introduction: of Colonies, Cannibals and Vernaculars», in S. Bassnett e H. Trivedi (eds.), *Post Colonial Translation – Theory and Practice*. Londres e Nova Iorque, Routledge.

BASSNETT, Susan, «Da Literatura Comparada aos Estudos de Tradução», trad. João Ferreira Duarte, in H. Buescu, J.F. Duarte e M. Gusmão (orgs.), *Floresta Encantada, Caminhos da Literatura Comparada*, Lisboa, Publicações Dom Quixote, pp. 289-310.

BENJAMIN, Walter, 1996, «La Tarea del Traductor», trad. Española de D. López Garcia, in D. López Garcia, *Teorías de la Traducción*, Cuenca, Ediciones Castilla-La Mancha, pp. 335-347.

CAMPOS, Augusto e CAMPOS, Haroldo, 2002, «Presença de Sousândrade», in *Re Visão de Sousândrade*, 3.ª edição revista e aumentada. (1ª edição 1964), São Paulo, Editora Perspectiva, pp. 121-124.

CAMPOS, Augusto, 1978, *Poesia, Antipoesia, Antropofagia*, São Paulo: Cortez & Moraes.

CAMPOS, Haroldo, 1981, «Da Razão Antropofágica: a Europa Sob o Signo da Devoração», in *Colóquio-Letras*, 62, pp. 10-25.

— 1996, «Das "Estruturas Dissipatórias" à Constelação: a Transcriação do *Lance de Dados* de Mallarmé», in L. Angélico da Costa (org.), *Limites da Traduzibilidade*. Salvador, Universidade Federal da Bahia, pp. 29-39.

— 1997, *O Arco-Íris Branco, Ensaios de Literatura e Cultura*, Rio de Janeiro, Imago.

CAMPOS, Haroldo, Campos, Augusto & Pignatari, Décio, 1991, *Mallarmé*, 3ª edição (1ª ed. 1972), São Paulo, Editora Perspectiva.

EVEN-ZOHAR, Itamar. 1990, «The Position of Translated Litterature Within the Literary System» in Poetics Today, *vol. 11, n.º 1, pp. 45-51.*

LEFEVERE, André, 1997, *Traducción, Reescritura y la Manipulación del Canon Literario*, trad. espanhola de Maria Carmen África Vidal e Román Álvarez, Salamanca, Ediciones del Colegio de España.

HERANÇAS DO BUCOLISMO
EM FIAMA HASSE PAIS BRANDÃO[*]

João Minhoto Marques
Universidade do Algarve, Portugal

> Vós, latinos,
> destes-me o sangue, e os motivos
> líricos e civis.
>
> **********
>
> Existimos sobre o anterior. O movimento da escrita e da leitura
> exerce-se a partir da menor mutabilidade aparente da pedra
> e da maior mutabilidade da grafia. O progresso dos textos
> é epigráfico. Lápide e versão, indistintamente.
>
> Fiama Hasse Pais Brandão

1. Numa entrevista, frequentemente citada, concedida em 1989, e reproduzida no número 15 de *A Phala*, a propósito da publicação de *Três rostos*, Fiama Hasse Pais Brandão afirmava: "Por diversas maneiras, tenho estado sempre a dizer o mesmo: da pequena vida e do conhecimento circunstancial ao Conhecimento."[1]. Talvez seja possível tomar este trânsito e esta emblemática forma de legendar a obra da Autora

---

[*] Trabalho elaborado no âmbito do projecto "Studies of Rhetoric, Criticism and Literary Theory", do CELL (Centro de Estudos Linguísticos e Literários), financiado pela F.C.T. e comparticipado pelo F.E.D.E.R..

[1] Cf. "*Três rostos*. Fiama Hasse Pais Brandão", *A phala*, n.º 15, Julho/Agosto/Setembro de 1989, p. 1.

como ponto de partida para a leitura de uma das suas linhas estruturantes: o entendimento que nela se projecta do bucolismo. Ou, dito de outra forma, a proposta de bucolismo em que se trabalha – invocando não apenas uma tradição identificável por referências concretas a textos e autores (como Virgílio, Camões, António Ferreira, Francisco Rodrigues Lobo...), tomados como sinais de uma *homenagemàliteratura*, mas igualmente construindo um pensamento sobre a literatura que procura apontar uma nova forma de interpretar essa herança, enquanto se configura como princípio de legibilidade[2]. Significa isto, por exemplo, que a conceituação do bucolismo em Fiama parece ser indissociável da sua concepção de literatura como linguagem[3] – o que, na verdade, nunca esteve muito longe da própria natureza da poesia bucólica, nomeadamente pelo facto de esta se instituir, primordialmente, como puro canto. Deste modo, a proposta contemporânea segundo a qual a literatura se encontra, em primeiro lugar, consigo própria e em si própria – dolorosa lição a que a obra de Alberto Caeiro, no que ao bucolismo diz respeito, vem trazer uma determinante agudeza –, é acompanhada, em Fiama, como lembra Maria de Lourdes Ferraz, de outro problema: "questiona-se o pressuposto de a linguagem *ser* comunicação"[4]. Somos, assim, inevitavelmente conduzidos ora a um lugar de silêncio, de suspensão da fala (lugar que se constrói, frequentemente, a partir da experiência deceptiva do tempo e inscrito no presente), ora a um diálogo com as instâncias textuais (e, mais latamente, culturais) constitutivas de um percurso fundador da voz que pedagogicamente[5] se afirma.

---

[2] Como afirma Pedro Eiras, "o limite aonde é preciso levar a escrita / homenagem não é o limite além, mas o limite aquém do qual não há qualquer escrita." (cf. "Poética das sequóias gigantes. Sobre a poesia de Fiama Hasse Pais Brandão", *Relâmpago. Revista de poesia*, n.º 15, Abril de 2001, p. 96).

[3] Cf. Maria de Lourdes Ferraz, "Três breves notas a propósito de 'Falar sobre o falado' de Fiama", *Colóquio/Letras*, n.º 131, Janeiro-Março de 1994, p. 191.

[4] *Idem*.

[5] Carlos Felipe Moisés, na recensão a *Novas visões do passado*, chamou já a atenção para o que designa por "didactismo", o qual é apontado como uma das tendências dominante naquela obra: "Alternam-se ao longo da colectânea, numa espécie de jogo dialéctico, duas tendências: uma, para o *hermetismo*, resultante de analogias inusitadas, imagens ousadas, certa desconexão aparentemente caótica e a criação de atmosferas oníricas – a evidenciar a afinidade que tem a poesia de Fiama com o Surrealismo, traço, de resto, comum ao grupo da *Poesia 61*, a que a A. pertenceu; outra, oposta, para o *didactismo*, visível no recurso a certos nomes do passado, português ou greco-romano (António Ferreira, Camões, Rodrigues Lobo, Diogo do Couto...; Ítaca, Euclides, Acrópole,

Neste sentido, não será estranho encontrarmos em *Cenas vivas* (obra onde conflui um olhar sobre o bucolismo especificamente ancorado numa certa forma de ligação à história humana, literária e pessoal[6]) um poema cujo título, "O bucolismo deixará de ser um canto"[7], anuncia desde logo um processo que conduzirá à interrupção do circuito comunicativo. O texto procura, em primeiro lugar, explicitar as razões dessa profecia, bem como os antecedentes daquilo a que chama "uma história no tempo": "Sempre vivi à beira da paisagem, / pensando-a como ser, vendo-a, / chamando-a para mim, na minha íris. / Reflectida, a paisagem estava / sempre em mim, nos olhos, na boca / com uma história no tempo, hora a hora. / Benigna ou mortal, era ela própria, / era mundo, antigo e breve, terrestre, / leito de homens, para viver pascendo / ou para morrer, como ela mesma era / morta e transformada eternamente." (pp. 40-41). Note-se como a paisagem funciona, no início, como possibilidade de leitura, não só do mundo, como do próprio sujeito: ela é "pensada", e, por isso, tomada como "ser"; ela é nomeada, vista, "reflectida", tornando-se quase parte integrante do eu[8] que, deste modo, a representa como

---

Quimera...), como ponto de partida para a elaboração de bem número de poemas." (cf. *Colóquio/Letras*, n.º 34, Novembro de 1976, p. 73). Noutro sentido, a propósito de *Barcas novas*, Eduardo Prado Coelho sugeriu ter a face dramatúrgica de Fiama um papel importante na constituição dessa característica da sua poesia: "Ela [a 'experiência de teatro'] ensinou-lhe a des-subjectivar o lirismo, apagando subtilmente a presença do eu (que apenas se manifesta no *lugar de rasura*), de forma a dar ao discurso poético uma exemplaridade didáctica." (cf. "Fiama Hasse Pais Brandão: poesia e escassez", in *O reino flutuante. Exercícios sobre a razão e o discurso*, Lisboa, Edições 70, 1972, p. 219).

[6] Adjectivos que são, em rigor, indissociáveis, prendendo-se com "uma pragmática da existência na sua perspectivação estética", na formulação de Maria Alzira Seixo (cf. "Fiama Hasse Pais Brandão. Cena poética", *Jornal de letras, artes e ideias*, 24 de Janeiro de 2001, p. 20). Por outro lado, dever-se-á sublinhar, como o faz Carlos Mendes de Sousa, que este livro "constitui um ponto de chegada na obra de Fiama e configura um ciclo juntamente com os dois livros de poesia que o antecedem" (cf. "Na sabedoria de uma quietude: *Três rostos* de Fiama", *Relâmpago. Revista de poesia*, n.º 15, Abril de 2001, p. 27). Acrescente-se que, apesar de publicada apenas em 2002, a obra *As fábulas* (Vila Nova de Famalicão, Quasi Edições) é composta por "poemas escritos ao longo dos anos 90, tais como todos os que constituem *Cenas vivas*", tendo igualmente começado por ser "uma primeira secção" deste último livro, como informa a "Nota sobre *As fábulas*", assinada por Gastão Cruz, a finalizar o volume (p. 73).

[7] Cf. Fiama Hasse Pais Brandão, *Cenas vivas*, Lisboa, Relógio d'Água, 2000, pp. 40-41.

[8] Como refere Rosa Maria Martelo, não se trata de "posse", evidenciando-se, antes, a "força do real como presença irredutível" (cf. "Fiama e a 'fala perfeita'", in *Em parte incerta. Estudos de poesia portuguesa moderna e contemporânea*, Porto, Campo das Letras, 2004, p. 181).

lugar de permanência e também de abertura ao tempo cíclico. Por outro lado, sublinhe-se que a existência humana aparece sinalizada *nela*, como vida e como morte, ou seja, como finalidade e, portanto, como virtualidade de sentido. A paisagem institui-se, desta forma, enquanto razão, cosmogonia: "E acreditei que só, para sempre, / o latejar natural dos astros, do ar, / das águas, da terra, a manteriam / entregada a mim, à minha beira, / tal como estava desde o nascimento." (p. 41). Por este motivo, ao narrar-se o processo de "depredação" de que é objecto "o corpo da matéria", não é apenas a consciência ecológica que se manifesta num verso como "O grande Minotauro hoje chama-se Chernobyl" (*idem*); ao estabelecer-se a transformação do mundo natural em outra coisa, ao povoar-se esse mundo de monstros, – ainda que se trate daqueles oriundos dos primórdios da cultura ("vindos da nossa antiga pátria, a Grécia" – *idem*) –, o que se está a fazer é a elidir a possibilidade de o verbo ser. Isto porque Chernobyl é um "demiurgo que expele um hálito / que gera crias das bestas e dos homens / oposto ao antigo sopro do Génesis" (*idem*). Na ausência do verbo, a paisagem "torna-se aparência, / somente simulacro e armadilha" (*idem*) – isto é, silêncio, com o qual, aliás, se chega ao fim do poema: "e o bucolismo deixará de ser um canto, / pois a flauta cala o seu trilo de esperança." (*idem*). Ausência de código, morte do canto; obliteração da literatura e da possibilidade de comunicar. O sujeito aparece-nos aqui como sede de um saber de experiência feito, desempenhando mais do que uma mera função testemunhal; ao apagar-se do discurso o confessionalismo, supera-se a transitoriedade da fala, abrindo-se a palavra à profecia, a qual provém, já não na voz dos deuses, mas da razão que decorre da funcionalidade da própria literatura.

Averiguar do âmbito deste conceito (de literatura) é igualmente, na obra de Fiama Hasse Pais Brandão, reflectir acerca das relações que se estabelecem – e que sempre se estabeleceram – entre bucolismo e natureza; é, por outro lado, no que se refere a esta, questionar certas evidências, nomeadamente as que decorrem de um saber que lhe conferiu o seu próprio estatuto; é ainda, finalmente, investigar até que ponto o mundo natural (ou assim lido, de acordo com a longa tradição ocidental de raízes greco-latinas) continua a desempenhar as funções que, no bucolismo, derivaram de circunstâncias pragmáticas bem definidas e que lhe configuraram o âmbito. Recusar à natureza, por exemplo, um mero papel de cenário é redimensionar, à luz da modernidade, as fronteiras de um saber que, do mesmo modo, se transfigura e amplia, não esquecendo nem o tempo, nem a literatura. De facto, como bem notou Luís Miguel

Nava, a Autora "é dos nossos poetas contemporâneos o único a retomar a referência à natureza (...), em relação à qual se posiciona em perspectiva idêntica à que adopta face a uma certa ideia da cultura e da História (cf. *Novas visões do passado*), por um lado, e da própria literatura (cf. *Homenagemàliteratura*), por outro"[9]. O olhar sobre a natureza obedece, portanto, a uma assumida mediatização[10], cultural ou literária. Já não se trata de representar um objecto, quer partindo de uma visão pretensa e ilusoriamente neutra, quer instituindo-o de acordo com o uso e partilha de um código; o que agora está em causa é a transparência de um conhecimento que toma por objecto o representado enquanto resultado de um processo, de uma usura da cultura e do tempo.

A sinalização do conhecimento (e, portanto, do sujeito) é, a este propósito, o registo de uma perda e de uma ausência. Lembremos, a título exemplar, dois poemas de *Cantos do canto*: "Canto do mocho" (pp. 37-38) e "Canto da inocência" (pp. 50-51)[11]. No primeiro, o eu encontra-se "na vigília / de quem copia do mundo a própria vida" (p. 38), reconhecendo, no entanto, a falência deste processo quando confrontado com uma tradição encarnada simbolicamente pelos nomes de Zeuxis e de Hesíodo; por isso, "O mocho é agora o meu cantor / que desde a infância me chama nos pinhais, / que me fez amar o campo negro" (*idem*). A aparente substituição do cantor, operada no poema (ao eu que copia parece suceder o mocho que canta – embora a enunciação continue a ser da responsabilidade do sujeito), é fruto de uma hipótese constitutiva não apenas do relacionamento do eu com o canto, mas também do próprio espaço: "como se no campo os corações / não temessem a angústia, a dor, o medo, / e as mentes dos bucolistas apenas / chorassem a eterna morte do Tempo." (*idem*). Assim, o mundo natural é construído de acordo com um saber, enunciado no presente, que procura, ficcionalmente, o reencontro afirmado impossível com um lugar (a natureza oferecendo-se

---

[9] Cf. Luís Miguel Nava, "Os poemas em branco de Fiama Hasse Pais Brandão", in *Ensaios reunidos*, prefácio de Carlos Mendes de Sousa, Lisboa, Assírio & Alvim, 2004, p. 221.

[10] Gastão Cruz refere uma "mediatização da natureza através das imagens" (cf. "*Três rostos* de Fiama Hasse Pais Brandão ou uma 'neofiguração do objecto sedutor'", in *A poesia portuguesa hoje*, 2.ª edição, corrigida e aumentada, Lisboa, Relógio d'Água, 1999, p. 170).

[11] Cf. Fiama Hasse Pais Brandão, *Cantos do canto*, Lisboa, Relógio d'Água, 1995. O segundo destes poemas foi igualmente recolhido, com ligeiras modificações, em *Cenas vivas* (cf. pp. 48-49).

como modelo), com um tempo (o passado remoto e mítico da infância) e com artes da representação (Zeuxis, Hesíodo) perdidos. Sendo a natureza ("o campo") sede do canto, compreende-se o desejo de convocar o modelo literário bucólico que a perpetuaria num ideal arcádico sem tempo. Não pode, no entanto, deixar de notar-se o discurso elegíaco atribuído a essa memória, facto que apenas enfatiza a distância que separa a natureza do presente, dita pelo acto fundador da escrita, de uma imagem produzida pela activação de um código do passado. Aliás, a explícita citação do bucolismo ("as mentes dos bucolistas") opera uma singularização semântica na leitura que dele se faz: o canto celebrador e, por vezes, elegíaco da poesia bucólica é, no texto de Fiama, reduzido a esta última dimensão. De facto, o lugar a partir do qual se convoca "o puro apelo do Som" (*idem*) não deixa de ser "o campo negro" – e nesta qualificação diz-se também a consciência da "angústia", da "dor", do "medo". Por um lado, o olhar sobre o campo não é o de um citadino que nele projecte imagens e valores substitutivos de uma vivência culturalmente saturada; por outro, a natureza que neste poema se constrói não é resultado de um transporte retórico escapista. O encontro com o mundo natural é, efectivamente, buscado, voluntariamente prosseguido, não para entorpecer a voz, mas para a recuperar[12]: "O pio do mocho afasta-me da cidade, / onde a grande falta e o silêncio / excedem o excesso e o ruído / e onde o movimento monótono / imobiliza os corpos e as coisas." (*idem*). Deste modo, o regresso ao campo inscreve-se no âmbito da memória de um passado infantil, mas institui-se igualmente na vinculação a um saber, de que não se abdica, colhido na vivência da cidade e actuante na voz que, face aos paradoxos engendrados pela vida citadina inconsciente, os desconstrói, porque os enuncia. Mais do que dizer uma eventual nostalgia ou um processo de desilusão, trata-se sobretudo de interpretar o lugar que o bucolismo tem na modernidade, configurando-o como recusa do silêncio e forma de convivência com a "grande falta".

No segundo poema que referimos, "Canto da inocência"[13], cruzam-se tradições bucólicas diferentes, nomeadamente a judaico-cristã e a

---

[12] Porque esta é uma "poesia *melómana* em que a sabedoria consiste na percepção de que entre os sons da cultura (...) e os da natureza (...) há-de estar sempre o trabalho dos poetas" (cf. Jorge Fernandes da Silveira, "*Cantos do canto* (1995). *Epístolas e memorandos* (1996), Fiama Hasse Pais Brandão", in *Verso com verso*, Coimbra, Angelus Novus, 2003, p. 389).

[13] As citações deste texto fazem-se a partir da versão publicada em *Cenas vivas*.

greco-latina, para dizer "o sentido da inocência" (p. 49) enquanto forma de vida e de saber. O trânsito complexo que o poema institui é o da passagem do campo para a cidade, funcionando em dois níveis: por um lado, é metáfora da transição do não-saber para o conhecimento; por outro, sinaliza o investimento de sentido operado pelo contacto com aquelas heranças: "O sentido da inocência só o soube / mais tarde na cidade, e então amei / o lugar-comum rural da minha vida, / escrita depois dos bíblicos pastores do Hebron / e dos idílios da Idade Clássica." (*idem*). Deste modo, o espaço campestre, evocado pela memória do passado, é povoado por "ovelhas atrozes que giravam / presas num olhal de ferro" (p. 48), por "gado perverso" (*idem*) e por pastores representados como "Ménades" (*idem*); este parece ser o tempo da irracionalidade, marcado pela morte, pelo sacrifício dos animais oferecidos aos deuses. Uma certa visão idílica do campo, que estava ausente quando o sujeito habitava esse lugar, só pode, desta forma, ser construída pela leitura. Sendo no espaço da cidade que se adquire a consciência, é também aí, num tempo necessariamente posterior ao do contacto directo com o campo, que se pode compreender o sentido que não habitava nele ("Eu não sabia nada" – p. 49). De facto, a sugerida imagem do presente (da escrita) institui-se por distanciamento das tradições invocadas, embora delas seja dependente, justamente por se constituir em confronto com a sua lição. A "inocência" para que o título do poema reenvia é, portanto, um referente literário e cultural, assinalado, não por um registo simuladamente ingénuo, mas pela assunção de uma perda – sobre a qual se institui o novo canto bucólico, testemunho, afinal, de amor ao conhecimento.

Talvez este seja um dos motivos do repetido encontro com Camilo Pessanha, de que se encontram sinais em diversos lugares da obra de Fiama. Em *Era*, de 1974, livro incluído em *O texto de João Zorro*[14], pode já ler-se, num poema como "Mortos latidos"[15] (p. 143), a ausência, a que nos referimos, relacionada com a reflexão acerca do tema do conhecimento. O intertexto remete-nos para a aprendizagem de *Clepsidra*: "Que região / vulnerável, órgão vivíssimo / do corpo o sol calcinou? Oh, o estar / nessa solidão (da matéria orgânica), sem o consciente / de uma consciência. Sem a pedra (da dor), a maxila fria.". Este desejo de sus-

---

[14] Cf. Fiama Hasse Pais Brandão, *O texto de João Zorro*, Porto, Editorial Inova, 1974, pp. 127 e ss.

[15] Citamos a versão publicada em *Obra breve*, Lisboa, Teorema, s/d. [1991].

pensão da dor (a qual é provocada pelo conhecimento, como acontece na obra de Camilo Pessanha), diz respeito à manifestação do saber, o qual é, por sua vez, associado, não só à experiência sensorial do mundo ("Há um saber dos sápidos ele– / mentos do mundo, memória pastoril. Que ausência / no-los revela agora?"), como igualmente à representação do espaço, visto enquanto uma natureza excessiva, grafada, aliás, com maiúscula ("Se a Natureza se expande como sentir o júbilo, / no interior da face, no subsolo?"). O bucolismo funciona, portanto, como a memória de um saber passado, legível pelo sujeito; é este quem o evoca, devido à constatação de uma falta, no presente. Face ao silêncio e à solidão, revela-se o canto de outrora, as imagens de um princípio identificador que reinscreve o homem numa história, cujas raízes são garante de compreensão de si próprio, dos outros e do mundo. A perda que o texto aponta ("Perdidas / ou jamais tacteadas em sua distância / afastam-se as vozes para que / ausente outro cantar?"), decorrendo da situação do eu, sugere uma referência (ao bucolismo) contrastiva com essa perda; assim, a emergência do canto bucólico valida um olhar potencialmente reparador sobre um discurso a que a sua recepção conferiu contornos tranquilizantes (os quais, no entanto, nem sempre se adequam à arte). Porém, tal olhar não pode omitir a sua natureza essencial e assumidamente figurada (por exemplo: "Vejo um sol remoto no verão"), porque resultado de uma operação gnosiológica. Aliás, o próprio tempo é constituído, na sua espessura, pela enumeração de um conjunto de representações cujo estatuto advém da consciência: "Cálida / solidão de propagados pensamentos, dores, / zonas vitais do tempo ou sono / e os latidos mortos.".

É ainda no interior da reflexão acerca desta problemática, em explícita interpretação da obra de Camilo Pessanha, que se encontra uma leitura do bucolismo similar à que é proposta no poema "Mortos latidos": o texto a que nos referimos ("In memoriam IV"[16]) figurava, aliás, em versão ligeiramente diferente, na secção designada "Mortalidade", pertencente ao volume *Era*[17]. Aqui se veicula, numa dicção auto-reflexiva, o processo constitutivo do real, pensado em termos de uma trans-

---

[16] Cf. Fiama Hasse Pais Brandão, *Falar sobre o falado*, Porto, Edições Afrontamento, 1989, pp. 15-16. Citamos por esta edição.

[17] Recorde-se que nesta secção estão incluídos os textos que a Autora reuniu posteriormente, com modificações, no já referido volume intitulado *Falar sobre o falado*.

parência que só da escrita pode advir: "Ia a dizer, sentindo a primavera, que era um idílio ou um tema pastoral, mas a proximidade da forca contradiz-me, e toda a realidade é essa zona tensa vista movendo-se por dentro (portanto sem resíduos) a ser descrita." (p. 16). A cena vista poderia ser considerada pastoral: dito, antes, encontrava-se "um extenso campo de verdura e olmos nórdicos" (p. 15), acrescentando-se, agora, a "primavera". No entanto, a notação da "força" funciona como uma interferência no acto de instituir o "tema pastoral" – pelo menos aquele que está de acordo com uma certa versão de bucolismo. Interessará, neste caso, sublinhar o confronto entre uma teoria ancorada numa certa tradição, constituída por um conjunto de elementos modelares, e aquilo a que o texto chama a "zona tensa (...) a ser descrita"[18]. A *contradição* referida é, em suma, produto de uma vontade interpretativa que não recusa o pensamento[19], discutindo o âmbito que o conceito (de bucolismo) pode alcançar.

Desta forma, não deixa de ser assinalável que um texto como "Poema"[20], de *Homenagemàliteratura*, faça daquele conflito o ponto axial de uma leitura do bucolismo que discute a sua própria representação literária em termos de verosimilhança[21]. A proposta que o texto faz não se cinge a um reinventar do género, trabalhando, pelo contrário, o alargamento da noção de que parte – ou o seu afastamento de um centro que lhe tinha vindo a determinar a natureza: "Se acrescento a forma do aprisco destruído / a sombra fantástica que grita – tudo na evidente / excentricidade do conceito de pastoreio aqui transposto // me fará con-

---

[18] Valerá a pena recordar o posicionamento de Fiama acerca do que significa descrever e do valor de um objecto descrito: "Trata-se do semeador, do narrador, ou do homem que *mostra*, não no sentido heideggeriano de mostrar o que por si, em si, se oculta, ou apresenta, mas que descreve ou usa o que vê, tendo em conta que no percurso da descrição é indissociável o conhecido do conhecimento e que, na narrativa ou pensamento, a natureza só existe como natureza descrita." (cf. "In memoriam IX", in *op. cit.*, pp. 25-26).

[19] Afirma Fiama, em nota, a propósito de Camilo Pessanha: "Em Pessanha a *falta de harmonia* (fundamentalmente na medida em que é carência) não é a discrepância entre os dados do real (essa seria a desarmonia) *conchas, pedrinhas, pedacinhos de ossos*, mas, em primeira instância, a não assunção do pensamento (pensamento = real conhecido) pelo sujeito." (p. 16).

[20] Cf. *Obra breve*, p. 240.

[21] "O leitor mostra-me que o rebanho ambíguo / se apresenta / no lugar onde sempre existe. (...) // (...) Porque quando / descrevo / que o rebanho ambíguo se apascenta no lugar / que sempre existe não é plausível que seja transcrito / e estranho." (*idem*).

tradizer esse que se associa à antiga passagem / dos balidos" (*idem*). Note-se como, quer o "aprisco destruído", quer a "sombra fantástica que grita" trazem para o bucolismo uma dimensão agónica que encontra na formulação do "rebanho ambíguo" a sua mais inquietante face. A ambiguidade dita, produto de leitura, transporta consigo uma faceta simultaneamente problemática e, até certo ponto, questionadora do território conceptual – modo de sugerir não só uma ampliação significativa, como também um transporte semântico que obedecem, na obra de Fiama, ao concretizar de um princípio de antibucolismo[22], coerente, aliás, com a componente pedagógica da obra da Autora.

Evoque-se, a este propósito, um pequeno texto do volume *Três rostos*, intitulado "A cria morta"[23]: "As ovelhas baliam ao longe / levadas pelo caseiro / até à outra margem do campo, / quando a verdura escorre mansamente / de socalco em socalco / e fica estagnada numa berma sombria. / Só a sombra / detém esse caudal verde. / E nada susteve a primavera inelutável, / nem a agonia / do cordeiro ante-pascal.". Nesta paisagem, o olhar centra-se num espaço amplo, preenchido pela "verdura [que] escorre mansamente / de socalco em socalco" (p. 515). A construção do típico *locus amoenus* é, porém, perturbada pela "sombra" que interrompe o quadro bucólico. O que emerge é o conhecimento do eu, inscrito nas margens desse núcleo verde: o som dos balidos das ovelhas, a narrativa do tempo, o símbolo do cordeiro. Note-se como o trânsito para o antibucólico não elide a Primavera (estação amena), transfigurando-a, antes, num tempo de morte. Esta mudança opera-se, por outro lado, pela inscrição, na paisagem, do peso de uma herança – neste caso, judaico-cristã[24]. Deslocado o olhar, o verde da paisagem torna-se verme-

---

[22] Empregamos este termo no sentido em que é entendido por Terry Gifford, na sua obra *Pastoral*: "Clearly the anti-pastoral tradition at its height displays a tension that will recur to the present: it is caught between notions of realism and poetic conventions, between authenticity of voice and the temptation to become 'Bard', and ultimately between attack and analysis." (cf. London, Routledge, 1999, p. 127). Acerca desta questão, veja-se particularmente o quinto capítulo, intitulado "The anti-pastoral tradition" (pp. 116-145).

[23] Cf. *Obra breve*, pp. 515-516.

[24] Trata-se, sobretudo, de sinalizar o tempo. Num outro poema do mesmo livro, "O meu gado", pode ler-se a confluência desta tradição com a greco-latina: "Nada mais bíblico do que a tela / viva da tosquia das minhas três ovelhas, / de Abraão, de Isaac, e de Jacob. / O pêlo escuro do esterco do curral / desdobra-se no velo de ouro que a tesoura / solta ritmadamente. E todos os milénios / o velo foi lavado e trabalhado. // Nem perco a memória da arte antiga de fiar" (cf. *Obra breve*, p. 516).

lho de sangue – consciência que não procura apaziguar, mas mostrar. Transfigurou-se o campo numa antiarcádia[25] ou descobriu-se o que sempre lá esteve? Afinal, o pastor (aqui figurado pelo caseiro) já não parece ser o protagonista do canto; ele tornou-se num habitante do espaço.

Este acentuado pendor realista, que é frequentemente atribuído ao antibucolismo, pode relacionar-se com uma atitude voluntária de distanciamento[26] do lugar, representado como agressivo para a vida, onde o homem se encontra ou onde trabalha, como veremos de seguida.

2. É ainda do trânsito entre a "pequena vida" ou o "conhecimento circunstancial" e o "Conhecimento" que se parece tratar, quando se considera o que é encenado num texto datado de 1963 e incluído no volume *A campanha*, de 1965, intitulado *Diálogo dos pastores*[27]. O lugar de que se parte é o *Auto da alma*, de Gil Vicente, invocado em intertexto epigráfico, com que se dialoga[28]. São duas as falas citadas nesta epígrafe: na primeira, da responsabilidade do Anjo (Custódio), não só se procede a uma caracterização da essência da "Alma humana" (p. 72), como também se lhe dirige um desafio: "Não durmais; / Hum ponto não esteis

---

[25] Por contraste, e como exemplo da problematização que na obra de Fiama é prosseguida, lembremos um poema em que a Arcádia é, se não habitada, no presente, pelo sujeito, pelo menos figurada, segundo uma leitura do tempo; referimo-nos a "Sed in Arcadia", de *Cenas vivas*, cujos últimos versos citamos: "Como vivi, ao chegar até mim o carro do petróleo, ou o passo / do carteiro junto ao portão de ferro, de abrir tão atrasado, / que a suave mão do carteiro vinda da feliz Arcádia, / que eu já amava, tocava tantas vezes o sino quantas / as pancadas do velho metrónomo da minha vida?" (p. 43).

[26] O distanciamento a que nos referimos é de tipo ideológico, mas pode levar a um afastamento concreto de um espaço físico. Uma questão relacionada com esta é a da existência de afinidades, na obra de Fiama, entre o poeta e o eremita. Acerca do que une estas duas figuras, veja-se o ensaio de Fernando J. B. Martinho, intitulado "A erma visão" (cf. *Relâmpago. Revista de poesia*, n.º 15, Abril de 2001, pp. 51-56).

[27] Cf. Fiama Hasse Pais Brandão, "Diálogo dos pastores", in *A campanha. O golpe de Estado. Diálogo dos pastores. Auto da família*, Lisboa, Portugália Editora, 1965, pp. 71-100. Todas as citações dizem respeito a esta edição.

[28] A presença de Gil Vicente na obra de Fiama não se limita a este texto. Para além do marcado recorte vicentino que caracteriza a peça *Auto da família*, lembremos o lugar importante que ocupa na poesia, nomeadamente na secção "Bestiário", de *Barcas novas*, cuja construção se erige em torno de epígrafes da *Farsa chamada auto das fadas* (cf. *Obra breve*, pp. 35-40); recordemos ainda o ensaio dedicado ao Autor, intitulado *Discretas releituras vicentinas* (cf. *Separata do Boletim de Filologia*, t. XXIX, Lisboa, Centro de Linguística da Universidade de Lisboa, 1984, pp. 205-213).

parada. / Que a jornada / Muito em breve he fenecida. / Se atentais."
(*idem*); na segunda, da responsabilidade do Diabo, a alma é caracterizada em termos sensoriais ("delicada / Alva pomba" – *idem*), procurando-se levá-la à consciencialização da inutilidade do esforço, bem como do engano em que estaria a incorrer por culpa de outrem.

À semelhança do que acontece no texto de Gil Vicente, no *Diálogo dos pastores*, de Fiama, procura-se determinar da possibilidade de salvação da alma humana. Porém, enquanto na primeira peça o bem leva a melhor ao mal, na segunda não é possível equacionar o problema de acordo com estes valores – até porque a luta, que já não se estabelece entre o bem e o mal, adquire contornos diferentes. Este facto, bem como a atenção votada ao espaço representado no diálogo dramático, tornam o texto de Fiama resistente a uma leitura unívoca. Acrescente-se ainda a natureza que, no *Diálogo dos pastores*, tem o principal actor do bucolismo: referimo-nos, claro, ao pastor. De facto, dever-se-á assinalar, em primeiro lugar, que a figura do pastor, no texto de Fiama, não é simples, mas complexa: tratando-se de duas personagens, estamos perante duas diferentes visões do mundo, a que correspondem, no plano enunciativo, duas diferentes linguagens e, até, dois diferentes processos de interpretação. Isto tem consequências no decurso da acção, bem como no modo como esta termina. Poder-se-ia até afirmar que ela se centra nessa problemática, embora suscite outras questões que dela decorrem.

O diálogo que se estabelece entre o Pastor de Ovelhas e o Pastor de Almas é configurado pelas informações que nos são veiculadas pela didascália inicial: "*(Entram, cada um de seu lado do palco, o Pastor de Ovelhas e o Pastor de Almas. Ambos trazem uma vara na mão. O Pastor de Ovelhas tange um rebanho de três ovelhas e o Pastor de Almas agita a sua vara no ar.)*" (p. 75). A distribuição espacial das personagens, como se pode verificar, inscreve uma marcada oposição entre elas, estabelecendo o espaço medial como uma zona de conflito programado. Por outro lado, institui-se um princípio de similitude entre os dois pastores, o qual funciona, igualmente, como sugestão de verosimilhança: ambos transportam nas mãos varas, que agitam no ar; estas são instrumentos que sinalizam a profissão, importantes na relação directa do pastor com os animais (e, genericamente, com o outro). Note-se, no entanto, que a utilização particular dada, por cada um dos pastores, às respectivas varas, institui uma dissemelhança: enquanto o Pastor de Ovelhas usa a sua para "tanger" um rebanho de três ovelhas, o Pastor de Almas, pelo contrário, limita-se a agitar o instrumento no ar – procedimento singular, que não parece servir qualquer propósito. Mas não é apenas isto que causa estranheza: não será comum também o facto de o Pastor de Ovelhas ter um rebanho constituído por apenas três animais (o número indicia o futuro apagamento da carga simbólica que lhe é tradicionalmente atribuída). A atenção dada a estes pormenores, numa das mais extensas didascálias da obra, parece sugerir a sua relevância ulterior – o que, aliás, se confirma com a leitura do texto.

A primeira personagem a falar é o Pastor de Ovelhas. O enunciado por ele produzido traça-lhe a genealogia, bem como o espaço em que se inscreve: "Meu avô era pastor, / Também meu pai foi pastor, / Minha mãe era pastora / E foi mulher de pastor. / Meus irmãos são como eu / De pastores pastor nasceu. / Numa terra como esta, / Onde haver fartura é festa, / Quem tem um rebanho herdado / Não arrisca pior fado." (*idem*). Uma das características do pastor, no âmbito do bucolismo, é o seu estatuto de solitário. O diálogo com o outro procura, juntamente com o canto, suprir a solidão, propiciando também o fértil *otium*. No caso particular deste Pastor de Ovelhas, essa condição pareceria ser reforçada pela marca de excepcionalidade que, aparentemente, o caracterizaria: ele seria vítima de um fado. Verifica-se, no entanto, que não se trata de um destino individual, mas sim colectivo. Aliás, este pastor (tal como sucede com o Pastor de Almas) nunca é nomeado; pelo contrário, ambos são designados pelo tipo de gado que apascentam. De facto, o Pastor de Ovelhas descende de uma linhagem de pastores, instituindo-se no âmbito de um tempo repetitivo e indistinto: neste sentido, para ele, não existe passado, presente e futuro, uma vez que a condição do passado é assimilada pelo presente, o qual, por sua vez, faz prever o mesmo no futuro ("De pastores pastor nasceu"). A tirania do tempo não se prende apenas com a herança de sangue, mas igualmente com a dos bens materiais – modo de programar a vida: "Quem tem um rebanho herdado / Não arrisca pior fado." (sublinhe-se, aliás, que estes dois versos, repetidos, funcionam como refrão). Desta forma, o destino do pastor (ou do homem) consiste na impossibilidade de quebrar a cadeia, condenado como está a apascentar ovelhas, "Numa terra como esta, / Onde haver fartura é festa".

O espaço (uma "terra como esta") estabelece a diferença de pontos de vista entre o Pastor de Almas e o Pastor de Ovelhas: este refere-se precisa e concretamente ao lugar onde está, onde vive e onde trabalha, convocando uma experiência de vida; aquele toma a terra como lugar simbólico, onde o homem está condenado a viver peregrinando: "O caminho é perdição!" (p. 76). De facto, neste sentido, poder-se-ia dizer que as diferenças nas caracterizações do espaço derivam de uma típica oposição que é estruturante no bucolismo: o conflito que se estabelece entre o ponto de vista de quem está de passagem e o de quem permanece no lugar que serve ao outro de interlúdio. O Pastor de Ovelhas é um produto da terra que habita, sendo por ela moldado na limitação do mundo conhecido: "Outra terra não conheço. / Do alto deste cabeço, / Se agora me ponho a ver, / Não vejo aonde vai ter / Este vale que daqui sai." (*idem*). O Pastor de Almas, pelo contrário, apesar de reconhecer que o percurso da vida do homem se faz por "uma via muito dura" (*idem*), não pertence àquele espaço e não permanece nele. O olhar bucólico é sempre, nesta acepção, um olhar exterior de um estrangeiro.

Por outro lado, estamos longe do *locus amoenus* que configura a tradição bucólica. A agressividade efectiva do mundo natural (aqui, da serra) – e não apenas dos seus espinhos simbólicos –, sentida pelo Pastor de Ovelhas, vai levá-lo, no final da acção, a partir, abandonando a ovelha que lhe restou após a morte das outras, fulminadas por um raio: "Eu me vou, e nestas lousas / Não tropece eu oxalá. / (...) / E amanhã já estarei eu / No outro cabo do vale. / Se aqui me governo mal, / Não há medo que me pare / De correr o mundo a andar. / Lá, pior não pode ser / (...) / Dou costas a este sítio / (...) / Tão daninho e tão agreste." (pp. 99-100). O abandono do espaço dos antepassados ("(...) este sítio / Onde de meus pais nasci" – *idem*) simboliza o romper do *status quo*, bem como a libertação imediata de uma vida dura.

Este acto inconformista, mas desencantado, conduz o Pastor de Ovelhas à demanda da Arcádia, a qual só pode estar em outro lugar. Procura-se, desta forma, substituir o presente doloroso por um futuro de esperança ("E, com a esperança a crescer, / Dou costas a este sítio" – p. 99). Curiosamente, esta é também a motivação do Pastor de Almas: estando encarregue da condução das almas dos justos ao Paraíso, ele procura o "divino / Banquete celestial" (p. 82). No entanto, a Arcádia está em locais diferentes, consoante o ponto de vista de cada uma das personagens. Para um, ela existirá – se existir – na terra; para outro, ela estará certamente no céu.

De facto, o texto de Fiama põe em cena dois discursos antagónicos, os quais são, por isso, geradores de equívocos. O Pastor de Ovelhas não compreende o que lhe diz o Pastor de Almas, uma vez que o seu reino é deste mundo; o Pastor de Almas não quer ouvir o que lhe diz o interlocutor, pois os seus interesses prendem-se com valores celestes. O conflito deriva de um ponto de vista antibucólico, relacionado com as motivações ideológicas da peça (a crítica social, a denúncia das injustiças, o propósito didáctico), as quais, por seu turno, advêm do âmbito em que ela se inscreve[29]. Neste sentido, a dimensão comunicativa torna-se central na tentativa de difundir o conhecimento; importará não esquecer que a génese de todos os mal-entendidos que o texto diz se prende com a incapacidade de identificar a metáfora como tal, o que conduz um dos pastores a fazer uma leitura literal de um discurso em que a literalidade está por natureza ausente.

Recorde-se, a este propósito, a já notada extensão, até certo ponto programática e indicial, da didascália com que se inicia *Diálogo dos pastores*; como referimos, aí, o uso peculiar da vara por parte de uma das personagens causava estranheza. Importa agora sublinhar ser justamente essa estranheza o elemento que despoleta a acção. Diz o Pastor de Ovelhas, dirigindo-se ao Pastor de Almas: "Eh, lá, eh, mais devagar! / Com essa vara no ar, / Neste monte, o que caçais?" (p. 77). A resposta a esta pergunta, porque vai ser mal interpretada pelo Pastor de Ovelhas, leva a sucessivas tentativas de definição do gado, e, consequentemente, do papel desempenhado pelo Pastor de Almas. Veja-se, por exemplo, esta sequência: "Pastor de Ovelhas – (...) Cabrito ou bezerro? / Pastor de Almas – Outro gado. / Pastor de Ovelhas – Então é cabra. / Pastor de almas – Outro é, muito mais alto. / Pastor de Ovelhas – Boi será! A sua perna / Faz duas das de uma ovelha." (p. 80).

Os juízos de valor que cada um dos pastores emite acerca do outro decorrem igualmente deste conflito que se institui no discurso. Assim, quando o Pastor de Almas considera ser o Pastor de Ovelhas um "Mau pecador!" (p. 83), estamos perante o funcionamento de um código moral; no entanto, e tomando este mesmo exemplo, esse juízo deriva, também, de uma certa forma de ouvir – ou de não ouvir, dado que afirmara imediatamente antes o Pastor de Ovelhas: "Que eu cá não cuido / De falar dessa maneira" (*idem*). O diálogo dos pastores torna-se, deste modo, num diálogo de surdos que tende, antes, para o monólogo ou para o silêncio. Sublinhe-se, aliás, que a decisão de abandonar o campo, tomada pelo Pastor de Ovelhas, decorre de um acontecimento que apenas pode ser dito em didascália: "*(Caem duas ovelhas fulminadas.)*" (p. 97). E é justamente no silêncio que é exibido o discurso do conhecimento, com que termina o texto.

---

[29] Nomeadamente o do "teatro militante", a que Luís Miguel Cintra se refere, no testemunho sobre a representação do *Auto da família* (cf. "Quando representámos o *Auto da família*", Relâmpago. Revista de Poesia, n.º 15, Abril de 2001, p. 131).

NARRATIVAS HISTÓRICAS E FICCIONAIS – BALANÇO(S) DE UM PROJECTO

MARIA DO CÉU DE MELO
Universidade do Minho

JOSÉ MANUEL LOPES
Universidade Lusófona

Este texto pretende apresentar o balanço de um projecto de investigação intitulado: «Narrativas Históricas e Ficcionais: Recepção e Produção por Professores e Alunos», que se encontra em implementação desde 2002. Este projecto tem elegido como objecto de estudo, e tal como o seu título indica, a recepção/produção de narrativas históricas e ficcionais por parte de alunos das Licenciaturas em Ensino da História e de Português, e alunos dos 2.º e 3.º ciclos do Ensino Básico. Esta linha de investigação insere-se na tendência crescente de estudos interdisciplinares, contemplando teorias e quadros de análise simultaneamente literários, históricos e pedagógicos. Ao discutir a especificidade destes dois tipos de narrativa tem-se pretendido focar como objectos: a recepção do texto historiográfico e do texto ficcional; o referente histórico e o referente ficcional, tendo em conta os seus modos de representação e as intertextualidades emergentes de narrativas históricas e ficcionais; e as narrativas produzidas em contextos de ensino-aprendizagem da História a partir da leitura e compreensão de narrativas históricas e ficcionais.

Este texto pretende fazer uma reflexão crítica sobre: a natureza dos estudos entretanto desenvolvidos e as suas limitações; e sobre as implicações nos contextos de formação, nas práticas pedagógicas dos professores, e nos alunos que neles se envolveram como sujeitos aprendentes.

1. Algumas reflexões teóricas

Já desde o início da década de 1970, como já observado em reflexões anteriores (Lopes & Melo, 2003), muitos autores se têm dedicado a discutir as semelhanças e as diferenças entre a História e a Ficção Histórica (Veyne, 1971). Tal debate tem-se centrado não apenas na especificidade das suas formas discursivas, mas também nos seus estatutos epistemológicos. Das complexidades destes estudos salientaremos apenas alguns pontos que Berkhopher (1988: 67) discute. Este autor denuncia algumas posições redutoras, que colocam a História e a Ficção como discursos antagónicos, afirmando que «os novelistas recentes apagam ou esbatem deliberadamente a distinção entre facto histórico e as suas invenções imaginativas, a fim de realçarem quer a ficcionalidade do facto quer a verdade das suas representações ficcionais.».

Todavia, a defesa da similitude entre estes dois discursos baseia-se apenas no facto de serem ambos construções do género narrativo. Haverá que convocar aqui a relatividade da noção de «verdade» já que, quer a escrita ficcional quer a historiográfica, se exercem ao longo de um *continuum* cujos pólos poderão oscilar entre «representações puramente factuais» e que Berkhopher designa de «fantasia histórica».

Um dos objectivos, no entanto, deste projecto não é tanto o de questionar as possíveis diferenças e/ou semelhanças entre texto historiográfico e texto de ficção, mas investigar até que ponto ambos os tipos de escrita poderão diferir ou aproximar-se em termos de recepção. Na ficção histórica, não importa os seus suportes (livros, filmes, banda desenhada, etc.), exige-se dos sujeitos não só a convocação da imaginação como instrumento necessário à sua interpretação e ao preenchimento das suas possíveis «lacunas» (isto é, das suspensão de conexões textuais que possam impedir a sua coerência geral), como também à reconstrução da organização temporal da narrativa. O texto historiográfico, por sua vez, apresenta geralmente uma narrativa mais linear enformada pela necessária contextualização espacio-temporal, havendo, contudo certas elipses obrigatórias, resultantes da incapacidade de se recriar num só texto uma época em todo o seu detalhe. Ambos os tipos de textos, não obstante, apelam para uma certa imaginação por parte de um leitor.

Como já foi discutido (Lopes & Melo, 2003: 1127) ambos os textos nos permitem aceder aos mundos que eles nos apresentam:

«É esta dimensão virtual que dá realidade ao texto, uma realidade que resulta da junção deste com a imaginação e com as experiências pessoais e sócio-culturais do leitor. O sentido de ambos os tipos de textos resulta da interacção que o leitor estabelece com os signos linguísticos através de múltiplos actos de compreensão. Não é, quer no caso da historiografia quer da literatura, uma entidade inteiramente definível, mas antes uma dinâmica e um processo. O sentido resulta sobretudo do jogo que se estabelece entre leitor e texto, um jogo através do qual se esbate, por sua vez, a clássica divisão entre sujeito e objecto. Assim, o sentido é algo que não é inerente ao texto, mas que tem que ser produzido pelo leitor com base nos materiais que lhe são dados.»

Se focarmos a situação do leitor perante um texto de ficção histórica ou uma narrativa historiográfica, poderemos dizer que ambos contêm, já em si, um «leitor implícito» cujo papel se poderá estruturar através de três componentes básicas: as diferentes perspectivas ou pontos de vista, apresentados no texto; o modo como este as faz convergir; e o lugar onde todas essas perspectivas se encontram. Para mais, não convém esquecer que a própria estrutura do texto, ficcional ou historiográfico, desencadeia por si mesmo uma série de imagens mentais que acabam por «traduzi-lo» em actividades ideacionais e em possíveis efeitos de visualização. Estes resultam sobretudo do facto da História e da Ficção recorrerem a convenções narrativas inerentes às suas especificidades discursivas e epistemológicas. É necessário vincar que as imagens que se produzem na mente do leitor, mesmo quando se trata da narrativa historiográfica, são objectos imaginários. Porém, enquanto num romance as personagens fictícias são composições baseadas numa vasta série de referentes concretos mas não identificáveis, a personagem histórica (pessoas, espaços, acontecimentos, instituições, etc.) do texto historiográfico possui uma referencialidade mais vívida, que se baseia principalmente nos nossos prévios conhecimentos de História. Neste caso, o referente condiciona o modo como construímos a sua imagem.

No caso da Literatura, tal tipo de imagem é quase sempre mais ténue, já que lhe falta essa «qualidade mais corpórea» que lhe advém da sua entidade física, daí a subjectividade do leitor ter um papel mais activo nas narrativas de natureza ficcional. No entanto, tal caracterização não poderá ser usada de uma forma dicotómica já que certas escolas historiográficas utilizam alguns indicadores que, até há pouco, se poderiam considerar como não cientificamente aceitáveis. Estamos a falar da capacidade de criar imagens mais intensas e sedutoras do passado que só podem ser fruídas, com prazer e consideradas relevantes, se apresentarem uma coerência e coesão a nível discursivo, uma sequência discursiva, e a presença de figuras de estilo. (George Duby, Marc Bloc, João Medina, Reis Torgal).

2. Reflexão crítica sobre os estudos realizados

Esta secção do texto dividir-se-á em dois momentos. No primeiro, abordaremos todos os estudos cujo objectivo foi estudar os modos de recepção de narrativas historiográficas e literárias. No segundo, serão incluídos os estudos sobre textos produzidos por alunos a partir de textos escritos ou imagens de temática histórica. Estes estudos foram já publicados (Melo & Lopes, 2004), sendo possível consultar mais em pormenor todos os procedimentos e a análise dos dados recolhidos.

2.1. *Estudos sobre a recepção de narrativas*

Num estudo intitulado: «*A Recepção do Texto Historiográfico e Ficcional*» procedeu-se à implementação de um inquérito junto de alunos universitários finalistas inscritos nas Licenciaturas em História e em Tradutores e Intérpretes. Pretendia-se identificar e caracterizar o modo de recepção e interpretação de dois textos historiográficos e dois de ficção histórica. Os resultados obtidos permitiram-nos chegar às seguintes conclusões:

– A recepção torna-se mais eficaz se a temática presente lhes for familiar, independentemente da natureza dos textos;
– Os alunos reconhecem que um texto historiográfico assume um modo de representação mais realista, condição necessária para a sua verosimilhança;
– Os alunos não dão relevância à voz narrativa do texto historiográfico, ou seja, como se este não possuísse um narrador/autor específico;
– Os alunos partem para a recepção do texto literário, pensando que este, à partida, contém sempre um maior número de figuras de estilo e/ou de efeitos estilísticos, situação que não ocorre, ou não poderá ocorrer, no texto historiográfico;
– Os alunos conseguiram identificar, sem dificuldade, as marcas ideológicas em ambos os tipos de textos.

Seria interessante considerar, num estudo futuro, um inquérito da mesma natureza, mais curto e simplificado, envolvendo alunos do Ensino Secundário, particularmente com aqueles que optam pelo grupo disciplinar que os encaminha para a futura docência de Português e Literatura Portuguesa. Poder-se-ia então identificar as concepções e conhecimentos prévios aquando do seu ingresso nas respectivas Licenciaturas.

Num estudo intitulado *«Çufo ou na Aventura de um Nome»*, foi objecto de análise uma banda desenhada de Fernando Relvas, que contava a vida do aventureiro quinhentista João Machado. O objectivo era realizar uma crítica histórica que contemplou os seguintes elementos: o enredo, as personagens e seus valores, as representações presentes sobre os portugueses e sobre os muçulmanos e a figura do herói ou anti--herói. Algumas das conclusões deste estudo poder-se-iam resumir do seguinte modo:

– A obra pode ser usada como auxiliar pedagógico na leccionação dos Descobrimentos Portugueses. Haverá, no entanto, e como resultado da análise feita, que ser trabalhada com o apoio do professor, elegendo o desenvolvimento de certas competências históricas, como o multi-perspectivismo, empatia e crítica de fontes. Estas convocam actos de desconstrução dos textos, equacionando-os em função de quadros de referências mentais das épocas, permitindo a identificação dos preconceitos, estereótipos e generalizações contemporâneas.

– A obra, pelas suas características gráficas (texto e imagens), pode facilitar a reconstrução quase vivencial de um determinado tempo histórico. Como referido no parágrafo anterior, também a fruição da banda desenhada deveria ser cruzada com outras fonte gráficas primárias, ou seja, que tivessem sido produzidas na época em estudo.

– A obra dá voz a um agente histórico «marginal» (um comerciante), tipo ausente na maioria das narrativas historiográficas. De facto, as narrativas históricas a que os alunos têm acesso, historiográficas ou dos manuais escolares, referem muito pouco outras vozes (crianças, mulheres, por exemplo), e ou estando mesmo ausentes.

O terceiro estudo: *«A Leitura de Romances e a Aprendizagem da História Contemporânea»* foi realizado com alunos da Licenciatura em História e enquadrado na leccionação da disciplina de História Contemporânea. Foi pedido aos alunos que lessem o romance *Tempos Difíceis* de Charles Dickens, considerado este como fonte histórica primária. Depois foi-lhes pedido a redacção de um pequeno ensaio crítico.

O objectivo deste estudo era identificar os temas que os alunos consideraram de maior significância histórica e que de algum modo estivessem ou pudessem ser cruzados com outras fontes históricas. As categorias emergentes da análise das narrativas dos alunos foram: as intenções políticas e ideológicas do escritor inglês, as ideias positivistas, os espaços ficcionais (a escola e a fábrica), as personagens (os dominados e os dominadores). Como conclusões gostaríamos de salientar as seguintes:

– Os alunos tenderam a construir um quadro fixo e generalista a partir do texto ficcional sem sentirem necessidade de procurar possíveis fontes corroborantes ou contraditórias;
– Os alunos aderem a narrativas historiográficas e ficcionais que valorizem vozes nem sempre ouvidas, como neste caso foram os operários e as crianças.

Seria de recomendar, que em futuros estudos desta natureza, aos alunos (universitários ou de outros graus de ensino) se propusesse um guião de perguntas mais sistemático, em vez de ser pedido apenas uma narrativa aberta (ensaio). Oferecer-se-ia, por exemplo, ou exigir-se-ia, o estudo de outras fontes alternativas de informação histórica ou literária, como por exemplo, cartas ou jornais.

O quarto estudo partiu de um excerto da crónica de Osberno e intitulou-se a «A conquista de Lisboa – E se eu tivesse estado lá?». Foi desenvolvido com alunos do 5.º ano de escolaridade cujas idades rondavam os 11 anos. O objectivo deste estudo era identificar se a natureza da narrativa era adequada à compreensão do acontecimento narrado e se ela contribuía para a compreensão do acontecimento. Após a leitura do texto, os alunos responderam a questões que pediam descrições (estratégia da conquista e de D. Afonso Henriques), juízos de valor sobre os comportamentos de Afonso Henriques e dos Mouros, a identificação dos elementos que determinavam o impacto da narrativa na sua leitura e compreensão, e uma que pedia uma adesão de natureza empática. A análise dos dados permitiu que se chegasse às seguintes conclusões:

– O professor, aquando da escolha de narrativas, deve como critério, encontrar um equilíbrio entre o nível de competência de leitura dos alunos e a apresentação de desafios interpretativos que promovam a sua progressão;
– As narrativas devem apresentar elementos que permitam a contextualização espacio-temporal do acontecimento, assim como a compreensão dos acontecimentos e suas consequências;

– As narrativas devem conter vários recursos literários que permitam a reconstrução da situação ou do contexto histórico em estudo.

Advoga-se que em estudos futuros, se esteja atento aos conhecimentos tácitos históricos dos alunos, que podem afectar uma verdadeira compreensão histórica contextualizada.

2.2. Estudos sobre produção de narrativas

Um dos estudos deste tipo foi a «*A Troca de Correspondência: A Imaginação e as Fontes Históricas*», que consistiu no pedido de escrita de cartas trocadas entre agentes históricos reconhecíveis ou «desconhecidos» (Joaquim Carneiro, soldado na 1.ª G. Mundial e Florinda sua noiva transmontana; Pedro I e D. Inês; Charles Darwin e o Prof. Henslow de Cambridge, e Van Gogh e o seu amigo Peter Van Woensel). Este estudo foi feito com alunos universitários finalistas de História. O objectivo era: identificar as fontes utilizadas, e avaliar a sua adequação histórica, relevância e suficiência como indutoras da escrita das cartas.

Este estudo, devido à especificidade da tarefa, permite apenas tirar algumas ilações sobre procedimentos pedagógicos futuros, sejam eles enquadrados na aula de História ou numa de Português:

– O professor deve orientar os alunos na definição dos "Bilhetes de Identidade" dos agentes históricos e a contextualização histórica específica que enformarão a selecção das datas e a criação dos conteúdos epistolares, e naturalmente a selecção das fontes indutoras da escrita;
– Os alunos devem familiarizar-se com a natureza da escrita epistolar através da leitura crítica de vários exemplos, já que este tipo de testemunhos é cada vez mais consultado pelos investigadores sociais.

No estudo intitulado «*A Vida Quotidiana em Roma na Época Imperial*» pretendeu-se encontrar respostas às seguintes questões: De que modo os recursos textuais e icónicos determinam o conteúdo substantivo das narrativas dos alunos, e que tipo de compreensão histórica os alunos de 12 anos apresentam através de uma narrativa de natureza reconstrutiva? A tarefa consistiu na leitura dos recursos fornecidos, tendo depois redigido um texto onde tinham que «Contar um dia da tua vida em Roma como...», assumindo o papel de um escravo doméstico, patrício (a) romano(a), criança e ou um comerciante. Conclui-se que:

– Os alunos demonstraram uma compreensão histórica adequada à sua idade, tendo sido capazes de apresentar uma sequência narrativa, recheada com pormenores sustentados pelas fontes históricas fornecidas;
– Estiveram também presentes informações oriundas do seu quotidiano vivencial contemporâneo (ideias tácitas), mas em menor frequência do que se esperaria em alunos tão jovens;
– As fontes icónicas foram as mais seleccionadas, facto que, cremos, se dever à sua riqueza informativa e à sua qualidade estética. No entanto, os textos foram também consultados, e largamente referenciados, já que o seu grau de legibilidade era adequado às idades dos alunos;
– Os alunos, no momento de auto-regulação da realização da tarefa, não referiram a ocorrência de dificuldades na escrita.

Apesar desta sua avaliação, os trabalhos apresentaram algumas deficiências ortográficas e as estruturas sintácticas utilizadas eram simples. No entanto, a adesão demonstrada esbateu as dificuldades encontradas, daí não terem sido por eles valorizadas.

Um outro estudo, *«Diálogos entre Portugueses e Brasileiros e Portugueses e Africanos»* versou o uso da escrita de diálogos como estratégia de desenvolvimento das competências de empatia e multi-perspectivismo. A partir de documentos primários, os alunos (em grupos de 3 ou 4 elementos) com idades compreendidas entre os 13 e14 anos, tinham que imaginar diálogos que pudessem ter ocorrido no tempo dos Descobrimentos entre os agentes históricos acima referidos. A análise dos diálogos permite a formulação das seguintes conclusões:

– Os alunos apresentaram dificuldades em usar o género dramático, já que ele não é explorado nas suas aulas de Português;
– Alguns grupos redigiram intencionalmente mal, pretendendo assim sublinhar a diversidade cultural e linguística dos povos contemplados (africanos e indígenas brasileiros);
– Ocorreu uma falta de diversidade nos assuntos abordados pelos «actores», devendo-se à falta e também à pouca diversidade de fontes primárias existentes, e que pudessem ser fornecidas aos alunos.

Apesar de não ter estado subjacente à tarefa, alguns dos diálogos produzidos, se trabalhados posteriormente, seriam passíveis de se tornarem textos teatrais na sua dimensão performativa.

Finalmente, foi desenvolvido um estudo com o nome de *«O Trabalho Infantil no séc. XIX: uma visão de alunos»* com alunos de 13-14 anos. Este estudo tinha como objectivo identificar o tipo de empatia histórica realizada sobre esta temática tendo por base fontes primárias escritas e icónicas. Os alunos tinham que se colocar na pele de crianças e de donos de indústrias inglesas na época da Revolução Industrial. Os textos produzidos mostraram que:

– Os alunos encontraram semelhanças entre algumas situações, práticas e valores do passado e as da sua contemporaneidade;

– A leitura e a compreensão dos textos e das imagens propostos não suscitaram dificuldades, sendo amplamente convocados como fontes para a apresentação dos argumentos dos alunos;

– Os alunos, contrário ao que era de esperar e de acordo com o seu estádio de desenvolvimento moral, não apresentaram juízos de valor sobre as práticas do passado e do presente no que diz respeito ao trabalho infantil.

3. Balanço(s) do projecto

Estes primeiros dois anos do projecto caracterizaram-se pela implementação de estudos interdisciplinares, de algum modo inovadores, na medida em que pretendiam encontrar objectos de estudo que fossem comuns à História e à Literatura. Assim, e apesar da definição de algumas linhas orientadoras, permitiu-se o desenvolvimento de estudos diferenciados aceitando as propostas que vieram dos diferentes elementos da equipa. Decidiu-se privilegiar, deste modo, os interesses de cada um, a fim de criar uma dinâmica na equipa. A diversidade foi mais valorizada do que a coerência que, sendo imposta, se poderia tornar coerciva e desmotivadora.

Fazendo um balanço do que de mais positivo retirámos destes pequenos estudos, gostaríamos de salientar:

– Alunos e professores desenvolveram uma sensibilidade ao texto escrito (quer historiográfico quer literário) e a uma série de problemas relacionados com a escrita. Apesar das dificuldades existentes entre alunos portugueses reconhecidas em estudos internacionais, no que respeita à escrita, estes aderiram com prazer às várias tarefas propostas nos vários estudos. Cremos que tal prazer se deveu sobretudo às temáticas escolhidas e aos tipos de textos e imagens que funcionaram como suporte a essa mesma escrita, esbatendo-se assim a ideia de senso comum de que os alunos não gostam de escrever. É de salientar que mesmo com os alunos mais jovens, os textos produzidos por vezes eram longos e fruto de reescritas laboriosas.

– Professores e alunos reconheceram que o património literário pode (deve) ser visto como uma fonte histórica primária, tão relevante ou mais do que certos documentos oficiais, estatísticas, relatórios, etc. Cremos que esta constatação deve motivar os professores de Português e de História a contemplarem sempre que possível nas suas aulas uma abordagem interdisciplinar.

– A diversidade dos estudos permite que estes possam ser geradores de outros, ou funcionarem como diagnóstico de problemas ou constrangimentos a evitar em estudos futuros.

– Aquando da sua partilha pública, no 1.º Encontro Sobre Narrativas Históricas e Ficcionais (Universidade do Minho, Fevereiro de 2004), o público, composto maioritariamente por professores de História e de Português, foi convidado a fazer uma avaliação dos mesmos. As opiniões centraram-se na dimensão interdisciplinar dos estudos e na sua transferabilidade para as práticas docentes. As objecções levantadas circunscreveram-se à dificuldade de encontrarem textos ou imagens suficientemente relevantes, adequados ou motivantes, ou ao tempo que este tipo de estratégias levam a implementar, tornando-se conflituantes com o horário disponível e a quantidade de conteúdos que os programas contemplam. Esta avaliação foi considerada pela equipa como um indicador positivo do nosso trabalho, sendo de lamentar que não se tivesse adoptado um instrumento de recolha de opiniões mais sistemático.

No entanto, necessário será mencionar alguns aspectos a ter em conta no futuro.

Em primeiro lugar deveremos investir em formatos mais interdisciplinares, tornando mais intencional esta relação quer nos objectivos/perguntas de investigação quer nos quadros de análise. Por exemplo, no estudo em que pedíamos aos alunos que escrevessem diálogos entre agentes históricos, poderíamos também ter analisado suas dimensões literárias e dramáticas, aspecto que não foi contemplado.

Futuramente, dever-se-á, também e sempre que possível, compor as amostras com alunos/professores adstritos aos dois corpos de saber: História e Português. Esta composição permitirá fazer comparações entre os resultados, e /ou fazer ilações sobre possíveis implicações para as práticas pedagógicas docentes e discentes das duas disciplinas.

Um terceiro aspecto prende-se com o tipo de instrumentos de recolha de dados utilizados que foram, predominantemente, trabalhos escritos. Dever-se-á no futuro utilizar técnicas orais, como por exemplo, a entrevista semi-estruturada ou o «pensar alto». Reconhecendo as dificuldades da expressão escrita, estas técnicas permitirão obter com mais exaustividade as verdadeiras ideias dos alunos, valorizando assim a espontaneidade na expressão dos possíveis raciocínios e sentimentos.

Um quarto aspecto atém-se especificamente à formação de professores de História. Tal como constatámos logo no nosso primeiro estudo, mas presente em todos eles de uma maneira talvez mais velada, existe uma tendência nos estudos de cognição histórica para considerar o texto escrito apenas como um contentor de informação objectiva (factos e acontecimentos). Defendemos que seja dada uma maior importância na sua formação à análise textual, contemplando as linguagens artísticas: escritas, cinematográficas, icónicas e musicais, e a análise sócio-semiótica de objectos, tais como monumentos, artefactos arqueológicos, etc.

De momento, estamos a iniciar o segundo biénio do nosso projecto com uma série de estudos que privilegiarão os textos de natureza icónica. Assim, os objectos da nossa análise serão fotografias, caricaturas, ilustrações de livros e banda desenhada. Todavia, não iremos descurar quaisquer paralelos relevantes que se possam estabelecer entre imagens e textos de natureza linguística.

Bibliografia

BERKHOPHER Jr, R. F. (1995). *Beyond the Great Story: history as text and discourse.* Cambridge Mass: Harvard University Press.
LEVSTIK, L. & BARTON, K. (1997). *Doing History.* New Jersey: LEA
DANIELS, H. (1994). *Literature Circles: Voice and Choice in the Student-Centred Classroom.* Markham, ON: Pembroke Publishers.
GILMOUR, D. 1999. *The Desire of Every Living Thing.* Toronto: Random House.
GROSSMAN, L. (1990). *Between History and Literature.* Cambridge Mass: Harvard University Press.
HUTCHEON, L. (1988). *A Poetics of Post-Modernism: History, Theory, Fiction.* New York: Routledge.
ISER, Wolfgang (1980). *The Act of Reading: A theory of aesthetic response.* Baltimore: The Johns Hopkins University Press.
LOPES, José Manuel & MELO, Maria do Céu (2003). "Narrativas Históricas e Ficcionais -A fruição estética e os saberes disciplinares". *Revista Galego--Portuguesa de Psicoloxia e Educación*, n.º 8 (vol.10), Ano 7, 1124-1133 (CD-Rom anexo à revista).

MELO, Maria do Céu & LOPES, José Manuel (2004). *Narrativas Históricas e Ficcionais. Recepção e Produção por Professores e Alunos*. Braga. Instituto de Educação e Psicologia. Universidade do Minho.

VEYNE, Paul (1971). *Comment on écrit l'histoire*. Paris: Éditions du Seuil.

WHITE, Hayden (1999). *Figural Realism: Studies in the Mimesis Effect*. Baltimore: The Johns Hopkins University Press.

O MITO DE DON JUAN
NO ROMANTISMO BRASILEIRO

MARIA DO CARMO PINHEIRO E SILVA CARDOSO MENDES
Universidade do Minho

1. Don Juan na literatura brasileira

A literatura brasileira que recriou Don Juan não estabelece quaisquer relações directas com o texto dramático que, na primeira metade do século XVII, fundou o mito literário, *El Burlador de Sevilla y Convidado de Piedra*, de Tirso de Molina. Esta ausência determina o quase total abandono da dimensão teológica do drama fundacional e a sua substituição pela valorização da sedução e da conquista praticadas por uma personagem sempre insatisfeita na sua busca do ideal amoroso. Neste sentido, as referências brasileiras são – desde as epígrafes dos poemas – as recriações do mito realizadas por Molière, Mozart, Byron e Zorrilla.

Também ao contrário do que se passa na generalidade da literatura ocidental, onde o mito de Don Juan conheceu grande fortuna nos três modos literários, na literatura brasileira ele confina-se quase exclusivamente ao modo lírico. O dramático é representado por Menotti del Picchia com *A Angústia de D. João* (1922), enquanto o narrativo surge apenas no início deste século com o romance de João Gabriel de Lima *O Burlador de Sevilha* (2003).

Finalmente, a divulgação quase imediata do drama moralizador do monge espanhol na literatura europeia não teve correspondência no Brasil, país onde Don Juan só surgiria com o estilo epocal romântico e, sobretudo, com os traços com que este recriou o mito.

1.1. Impõe-se, assim, uma caracterização sumária de Don Juan na literatura romântica.

Até ao Romantismo, Don Juan é um pretexto, quer nos escritores que o recriaram, quer na avaliação de leitores e de espectadores, para uma lição moral, que legitima a sua condenação.

O estilo epocal romântico altera radicalmente esta leitura do mito, procedendo a uma reabilitação que tende a glorificar Don Juan e a definir o mito como "mito heróico". Don Juan passa a simbolizar – graças à ópera de Mozart, que inaugura essa reabilitação, e à interpretação ensaística do germânico Hoffmann – a rebelião contra a ordem burguesa e a busca jamais apaziguada de um ideal feminino.

A volubilidade amorosa encontra tradução cabal no poema dramático com que, a partir de 1818, George Byron recriou o mito. O poeta inglês insiste na irresistibilidade de Don Juan, a justificar a ausência de necessidade de aprendizagem da arte da sedução, e na multiplicidade de conquistas (malogradas, todavia) numa lógica que, mais do que meramente quantitativa, representa a busca do Absoluto.

1.2. O Romantismo brasileiro reproduz a *idealização* da figura heróica de Don Juan em dois poetas: Álvares de Azevedo e António de Castro Alves, implantando uma tendência que é recuperada nas primeiras décadas do século XX por Manuel Bandeira no poema "D. Juan" e por Paulo Menotti del Picchia no drama "A angústia de D. João". O primeiro explora o motivo do Individualismo da figura mítica; o segundo, o da faustização de Don Juan (contaminação igualmente romântica).

1.2.1. Manuel António Álvares de Azevedo (1831-1852) foi, nos tempos estudantis, fortemente influenciado pela figura de Byron numa época em que, segundo o seu contemporâneo de Faculdade José de Alencar, "todo estudante de alguma imaginação queria ser um Byron, e tinha por destino inexorável copiar ou traduzir o bardo inglês"[1]. Em 1845, alguns estudantes da Faculdade de Direito de S. Paulo – Álvares de Azevedo, Aureliano Lessa, Bernardo Guimarães e Francisco Otaviano, entre outros –, contagiados pela atmosfera romântica aí reinante, fundaram a chamada "Sociedade Epicuréia" cujo fim era realizar os sonhos de Byron[2]. Faziam-no usando os nomes das principais

---

[1] *Apud* Coutinho (1997: 147).
[2] Cf. Moisés (1997: 139).

personagens criadas pelo inglês, e mimetizando não só as aventuras dessas figuras heróicas mas principalmente a vida ou a lenda dos grandes românticos europeus. Daqui decorre a aura de Álvares de Azevedo como herói romântico, satânico e libertino, reforçada pelo erotismo mórbido de alguns dos seus poemas e contos[3].

Conhecido como "Byron brasileiro", Álvares de Azevedo apresenta na sua poesia diversas marcas byronianas[4]: o "mal-do-século", o tédio e o pessimismo, a *quête* romântica da Individualidade e da Liberdade.

Tomando em consideração essa influência em textos directa ou indirectamente articulados com o mito de Don Juan, não é válido o

---

[3] Ao lado de Byron, devem assinalar-se Heine, Shelley, Musset e Garrett (este último uma das suas maiores admirações) como as mais fortes influências literárias sofridas por Álvares de Azevedo.

[4] Embora nos limitemos a registar a influência de Byron em poemas onde Álvares de Azevedo recria o mito de Don Juan, não deixamos de assinalar a presença do poeta inglês em textos como "Poema do Frade" e "O conde Lopo".

A presença de Byron em Álvares de Azevedo é retomada na epígrafe do poema "Vagabundo" (também inserido na segunda parte da referida colectânea e subintitulado "Spleen e Charutos") que é um verso do poema dramático onde se lê: "Eat, drink, and love; what can the rest avail us?" O próprio título do poema é uma reminiscência byroniana, na medida em que o texto inglês é a narração de viagens que proporcionam ao protagonista a vivência de diversas relações amorosas (nas quais, mais do que sedutor, é seduzido por mulheres nas quais identificamos traços de donjuanismo feminino): no canto I, conhece a iniciação amorosa, aos dezasseis anos, com Julia, a jovem esposa de um homem idoso que o obriga a abandonar a capital da Andaluzia; no canto II, vive uma intensa história de amor com Haydée que, tal como em Tirso, Don Juan conhece no célebre episódio do naufrágio, relação interrompida agora pelo pai da jovem; nos cantos IV e V é dominado pela paixão de Gulbeyaz, que o compra num mercado de escravos; no canto VI, vive uma fortuita relação amorosa com Dudu, relação que, uma vez descoberta, o força ao exílio em território russo onde, sob a protecção da imperatriz Catarina, conhece os privilégios de uma corte dominada pelo feminino; finalmente, de volta a Inglaterra, revive a experiência do domínio da mulher sobre o homem no envolvimento com a duquesa Fitz-Fulke que acaba de conhecer quando o poema é interrompido.

Com um sentido análogo ao da epígrafe de "O vagabundo" aparece a epígrafe do canto I de "O Poema do Frade", onde se lê: "Man being reasonable must get drunk / The best of life is intoxication..." (também extraído de *Don Juan* de Byron).

O sentido da epígrafe é explicitado na estrofe XXXIII do mesmo canto:
        Amar, beber, dormir, eis o que amava:
        Perfumava de amor a vida inteira,
        Como o cantor de *Don Juan*, pensava
        Que é da vida o melhor a bebedeira...
        E a sua filosofia executava.

princípio de que um e outro só se encontram presentes no poema "A Sombra de D. Juan", inserido na terceira parte da colectânea *Lira dos Vinte Anos* (1852). Se a marca de Byron é por demais evidente, a de Don Juan detecta-se também em vários textos do romântico brasileiro.

No prefácio à segunda parte da *Lira dos Vinte Anos*, o leitor é advertido acerca do conteúdo dos poemas:

> Cuidado, leitor, ao voltar esta página!
> Aqui dissipa-se o mundo visionário e platónico. Vamos entrar num mundo novo, terra fantástica, verdadeira ilha Baratária de D. Quixote, onde Sancho é rei; e vivem Panúrgio, sir John Falstaff, Bardolph, Figaro e o Sganarello de D. João Tenório (Azevedo, 1985: 49).

A advertência deve ler-se como revelação de conhecimento da tradição literária de Don Juan. Sganarelle é uma personagem que surge por vez primeira na história do mito com Molière na comédia *Dom Juan*. A sua função de criado não é inédita, uma vez que surge já no drama fundacional. Mas enquanto em Tirso, o criado é um instrumento ao serviço do cómico, no dramaturgo francês é investido de outras funções que tendem a elevá-lo à categoria de co-protagonista da peça.

Mais adiante, ainda no prefácio, lê-se: "Byron escreveu *Don Juan* – que começa como *Cain* pelo amor, e acaba como nele pela descrença venenosa e sarcástica" (*idem*: 52). A observação representa uma identificação fiel do percurso do herói byroniano: seduzindo diversas mulheres que conhece num percurso aventureiro pela Europa, acaba por construir uma imagem desencantada e sarcástica do amor e da sociedade. Em registos epistolares, Byron considerou o seu poema dramático uma sátira da humanidade, instrumentalizando o protagonista para alcançar esse propósito.

A inconstância donjuanesca do herói byroniano é um traço identificável na X estrofe de um longo poema intitulado "Ideias íntimas", também incluído na colectânea *Lira dos Vinte Anos*:

> Quantas virgens amei! (...)
> Que Elviras saudosas e Clarissas,
> Mais trémulo que Fausto eu não beijava,
> Mais feliz que Don Juan e Lovelace
> Não apertei ao peito desmaiando! (Azevedo, 1985: 53)

Destacam-se o intertexto de Molière, pela referência a Elvira, figura feminina desconhecida em versões anteriores do mito, e a insistência no *topos* donjuanesco da inconstância amorosa que superioriza o sujeito poético a Don Juan e a Lovelace, reputados sedutores. A referência a Lovelace (e à jovem Clarissa, vítima dos seus projectos de sedução) constitui uma alusão ao texto epistolar de Samuel Richardson *Clarissa, or the History of a Young Lady*. Don Juan e Lovelace são aproximados pela capacidade de sedução.

Como é sabido, no seu percurso literário, Don Juan tem sido assimilado, quer pela literatura, quer pelo imaginário popular, a diversas figuras de sedutores, de tal maneira que a imagem da figura mítica é muitas vezes reduzida à de um conquistador sem escrúpulos. Se em termos populares, Don Juan aparece trivialmente identificado com a figura do conquistador insaciável – para a qual muito contribuíram personagens masculinas cinematográficas, tal como continuam a contribuir figuras reais –, na literatura, ele é frequentemente identificado com Richard Lovelace, o visconde Valmont do romance epistolar *Les Liaisons Dangereuses* de Choderlos de Laclos, e Giacomo Casanova.

Embora não seja este o momento para aprofundar as razões que, em nosso entender, tornam insustentável a identificação de Don Juan com sedutores (literários e históricos), assinale-se que a simples denominação de Lovelace como personagem de recorte donjuanesco traduz juízos apressadamente formulados: o protagonista do romance epistolar de Richardson encontra na figura de Clarissa Harlowe uma representante à sua altura no que toca à defesa do individualismo exacerbado e da independência espiritual face ao poder paternal e aristocrático; o conde Lovelace, depois de um percurso de multiplicação de conquistas eróticas, concentra-se na conquista de uma única mulher cuja rendição chega a incluir uma tentativa fracassada de violação; finalmente, em Lovelace (como em Valmont e em Casanova), a dimensão sobrenatural está ausente, contrariamente ao que se verifica no mito de Don Juan, onde constitui uma das três invariantes.

Presença constante na poesia de Álvares de Azevedo enquanto recriador da figura de Don Juan, Byron regressa num longo poema intitulado "A Sombra de D. Juan", incluído na terceira parte de *Lira dos Vinte Anos*. O texto é constituído por seis partes irregulares quanto ao número de estrofes: oito estrofes na primeira parte; três na segunda parte; nove na terceira parte, a única que tem título: "A canção de Don Juan"; quatro na quarta parte; quatro na quinta parte; e apenas uma na sexta e última secção do poema.

Concebido como uma reflexão *post-mortem*, o poema concentra uma visão desencantada da figura mítica na primeira estrofe:

> Cerraste enfim as pálpebras sombrias!...
> E a fronte esverdeou da morte à sombra,
> Como lâmpada exausta!
> E agora?... no silêncio do sepulcro
> Sonhas o amor... os seios de alabastro
> Das lânguidas amantes? (*idem*: 87)

A primeira parte é a que mais directamente recorda a herança de Byron: pela alusão ao episódio do naufrágio que propiciou o contacto com Haidée – aqui Haidéia – e pela recordação da mulher oriental.

O projecto romântico de identificação do sujeito poético com Don Juan pode ler-se nos imperativos "Ergue-te, libertino!" e "Acorda, Don Juan!", e sugere nexos autobiográficos que se tornam mais explícitos na poética de Castro Alves.

De relevo para a construção da imagem romântica do arquétipo mítico é a terceira parte, intitulada "A canção de Don Juan", passível de identificação de duas linhas contrastantes de leitura: aquela em que várias mulheres são convidadas ao amor, manifestando o protagonista a preferência por jovens[5] (recorrente na história do mito); e aquela que corresponde a uma manifestação melancólica sobre os efeitos da sedução, encarada como destruição de sonhos femininos e como violação da inocência: as expressões "murchei (...) flores puras", "Mergulhei-as no lodo uma por uma", "Anjos que desflorei" e "Crianças que dormiam no meio peito / E acordaram da mágoa ao soluçar!" traduzem uma auto--consciência punitiva, motivo romântico substituído, nas secções IV e V, pela representação da velhice.

A alusão à velhice não é inédita na história do mito de Don Juan – embora deva considerar-se relativamente invulgar, uma vez que a juventude, a virilidade e a beleza física irresistível são tomadas como características recorrentes da figura mítica – mas constitui uma antecipação modernista da figura. A anunciada morte do mito de Don Juan, nas versões de finais de Oitocentos, baseia-se, em primeiro lugar, na sustentação da sua idade avançada, por exemplo, nas *Sonatas* do espanhol Ramón del Valle-Inclán.

---

[5] A predilecção pela mulher virgem é uma constante na poesia de Álvares de Azevedo, designadamente no poema "Solidão".

Na literatura portuguesa, essa imagem envelhecida de Don Juan encontra tradução numa reflexão de Camilo Castelo Branco, como em diversas recriações literárias do mito. A propósito de um comentário ao poema dramático de Guerra Junqueiro, *A Morte de D. João*, afirma Camilo:

> O D. João português, por via de regra, aos quarenta anos, tem a espinha dorsal amolecida, cauteriza as frieiras e lima os calos. As Impérias, entre nós, não acabam por tanger cornetim em companhia de ursos; mas têm ursos e dromedários, uns Tenórios farináceos que lhes tornam a velhice divertida e, às vezes, serodiamente honesta (Castelo Branco, 1991: 1036).

Na literatura portuguesa donjuanesca da segunda metade de Oitocentos, assiste-se a uma tendência para a substituição do motivo da morte trágica por intervenção sobrenatural (presente em Tirso e recuperado por alguns dos mais paradigmáticos recriados do mito: Molière, Mozart e Zorrilla) pela sugestão de uma morte natural por velhice e constitui uma curiosa antecipação dos desenlaces propostos pelas glosas da literatura realista. No poema "A Guitarra de D. João", datado de 1867, Simões Dias escreve:

> A minha guitarra de oiro
> Era do velho D. João,
> Que vivia nas Espanhas
> Em tempos que já lá vão.
>
> Na sua última noite,
> Ao morrer, disse-me assim:
> 'Deixo-te o melhor que tenho'
> E deu-me o seu bandolim.
>
> Mas vinha desafinado,
> Que o mestre tanto o tangeu
> Que, morto D. João, com ele
> O seu bandolim morreu (Dias, 1867: 361).

Assim, a intertextualidade com *El Burlador de Sevilla* é proporcionada pela localização da personagem na Espanha do século XVII, e pela presença dos motivos da morte e da mestria sedutora almejada pelo sujeito poético:

Agora embalde a tempero,
Por mais voltas que lhe dou,
Nunca mais, por mais que faça,
Ao seu natural tornou.

Era um segredo por certo,
Que morreu com D. João!
Que grande mestre que ele era"
Ai! tempos que já lá vão! (*idem*: *ibidem*)

Em "O último D. Juan", poema incluído por Guilherme de Azevedo na colectânea *Alma Nova* (Azevedo, 1874: 131-133), composição poética em nove quadras alexandrinas, ilustra, desde o título, a decadência – física e moral – do herói que todas as versões literárias anteriores ao final do século XIX representaram na plenitude vital[6].

O D. Juan descrito por Guilherme de Azevedo é um "*velho*" e "*feroz conquistador*", verberado em termos que recordam o retrato do D. João do poema dramático (vejam-se, a este respeito, a adjectivação concordante e o tom hiperbólico da verbalização dos versos reproduzidos que transformam a actividade de sedução em profanação):

A *gula* com que *morde* as mais sagradas coisas
De horror faz recuar os trémulos chacais.
(...)
Um dia há-de chegar em que ele, *informe*, *tosco*,
Sem garbo, sem pudor, *grotesco*, *infame*, *vil*;
Nas grandes solidões irá dormir convosco,
Mordendo em cada seio o lírio mais gentil!
(...)
Não vive como nós de cândidas mentiras:
Não comunga do amor esse ilusório pão:
Devora com fervor as pálidas Elviras
E em muitos seios bons *dá pasto* ao coração!
(*idem*: 131-2; nossos itálicos)

---

[6] Na verdade, só em interpretações finisseculares os próprios títulos anunciam a degradação do mito. Demonstram-na "La Fin de Don Juan", de Baudelaire, "La Vieillesse de Don Juan", de Viard, ou "Le Dernier Don Juan", de Edmond de Rostand.

A literatura portuguesa não se furta a esta propensão em variados títulos: assim, ao poema de Gomes Leal "Última fase da vida de D. Juan" (1875), poderemos acrescentar "A última noite de D. Juan" (1948), de Fernando de Araújo Lima, e, naturalmente, *A Morte de D. João*, bem mais contundente porque se trata da única versão do mito assim intitulada.

A quinta parte de "A Sombra de Don Juan" do romântico brasileiro é um lamento sobre os efeitos nefastos da velhice como pouco propiciadora à conquista amorosa. Nesta medida, é lida como antecipação das representações míticas *Fin-de-Siècle*.

O poema oferece, assim, duas imagens contrastantes da figura mítica de Don Juan: aquela que corresponde à sua idealização romântica e aquela que, também dentro do próprio Romantismo (a partir da interpretação hoffmanniana da ópera de Mozart e Da Ponte), antecipa o retrato *Fin-de-Siècle* de uma personagem vencida pelo tédio, pela exaustão da actividade erótica, pelo desânimo e pela morbidez[7].

Embora o título aponte para a retoma da imagem tradicional do conquistador sevilhano e do seu instrumento predilecto de sedução, a velhice e o cansaço sobrepõem-se à representação do jovem e insaciável conquistador criado por Tirso de Molina.

1.2.2. Num ensaio incluído em *O Mito de Don Juan e o Donjuanismo em Portugal*, intitulado "Perfil de Castro Alves, poeta dos escravos, do amor e da aventura romântica"[8], Urbano Tavares Rodrigues começa por recordar a poesia social de Castro Alves (1847-1871) e o papel preponderante que ele exerceu no chamado "Condoreirismo"[9], para depois se fixar numa análise da sua poesia lírica.

---

[7] A morbidez e o desânimo da existência são traduzidos pela insistência veiculada pela poesia de Álvares de Azevedo em expressões como "longo pesadelo", "desespero pálido", "negros devaneios", "deserto lodaçal", " leito pavoroso", "face macilenta", "fúnebre clarão".

[8] Trata-se originariamente de uma conferência proferida no Instituto de Estudos Luso-Brasileiros da Sorbonne, em Maio de 1953, com o título "Présentation de Castro Alves".

[9] Desde cedo, Castro Alves desfrutou na Universidade de uma aura de talento retórico e de admiração pelo fervor que pôs na defesa da ideia abolicionista. Em 1863, tomou publicamente uma posição contra a escravatura, publicando numa folha académica o poema "A canção do Africano". Foi o chefe incontestado do "Condoreirismo", movimento poético de inspiração huguesca que se propunha realizar um ideal de grandeza, de audácia e de virilidade. O condor, grande ave sul-americana, simboliza a liberdade que se pretendia conceder aos escravos.

Dá-se o nome de "condoreira" à última tendência da poesia romântica no Brasil, desenvolvida entre 1860 e 1870, primeiro no agitado meio académico da Faculdade de Direito do Recife, onde os poetas estudantes promoviam campanhas cívicas e patrióticas, e que depois se estendeu à Baía, Rio de Janeiro e São Paulo, graças à actuação do maior dos condoreireiros, Castro Alves.

O ensaísta português começa por fazer uma breve reconstituição do percurso amoroso de Castro Alves, indicando os nomes de diversas mulheres que "desfilaram na sua vida" (Rodrigues, 1960: 122-3): a actriz portuguesa Eugénia Câmara, a cantora italiana Agnese Murri e a israelita Semi Amisalac, entre outras. Os amores com a portuguesa, vividos numa atmosfera exaltada de boémia e de afronta às convenções burguesas, foram os que mais decisivamente contribuíram para a aura romântica de Castro Alves.

Na perspectiva que aqui consideramos, a enumeração de Tavares Rodrigues tem o propósito de chamar a atenção para a natureza donjuanesca deste romântico brasileiro. Donjuanesco, de resto, é chamado pelo ensaísta[10] (p. 130), cuja leitura da poesia lírica de Castro Alves é determinada pela imbricação vida-obra.

A sua auto-imagem, poeticamente construída, nutre-se de um sentido heróico e mitificado[11] cultivado pelo próprio Castro Alves ao apresentar-se como "cavaleiro", "exilado", "filho pródigo", "doge", "rei" e "Dom João da Morte".

A identificação, por vezes biográfica, constitui um elemento recorrente nas recriações românticas de Don Juan e, tal como os vectores anteriormente apontados, serve à glorificação do herói mítico.

Essa identificação passa, a maior parte das vezes, pela imagem do duplo – que encontramos em Jouve na afirmação "Notre amour est avec Don Juan"; em Byron, na afirmação "Our ancient frient Don Juan"; e em Théophile Gautier para quem Don Juan representa "a aspiração de um ideal" que conduz o escritor francês a confessar, depois de assistir a uma representação do *Don Giovanni* mozartiano, que "On aime Don Giovanni); pela imagem do irmão – presente em Alfred de Musset que

---

A poesia condoreira caracteriza-se pela grandiloquência do verbo, pelo carácter social e político fortemente contaminado de ardor patriótico (conflito anglo-brasileiro, guerra do Paraguai) e de ideais igualitários como a abolição da escravatura e as rebeliões liberais. Alimentou-se da retórica de Victor Hugo. As principais figuras do condoreirismo foram, para além de Castro Alves – "a praça é do povo como o céu é do condor" – Tobias Barreto e Pedro Luís. O condoreirismo confunde-se com as expressões "última geração romântica", "romantismo revolucionário" e "romantismo liberal".

[10] Cf. Rodrigues (1960: 130).

[11] Para uma análise aprofundada da construção do mito Castro Alves no contexto do movimento romântico em geral e no romantismo brasileiro em particular, consultar Matos (2001).

se afirma herdeiro do "cândido corruptor" e em Pouchkine que constrói o seu auto-retrato a partir de Don Guan, o protagonista do seu poema autobiográfico *Kamennyi gost*.

A identificação de alguns escritores românticos com Don Juan também se detecta em Portugal. Camilo e Garrett são geralmente apontados como figuras donjuanescas: Alberto Xavier considera que Camilo, "por predisposições naturais do temperamento, é essencialmente um conquistador, audacioso, insatisfeito, muito volúvel, tipo de D. João, a um tempo, sensual, sentimental e lírico", enquanto Fidelino de Figueiredo sustenta que o donjuanismo de Garrett se confirma no facto de o amor ter sido "a preocupação constante da sua vida".

Mais do que a reconstituição da biografia amorosa do romântico brasileiro e a sustentação da sua natureza donjuanesca (traduzida na inconstância amorosa), importam-nos a figura de Don Juan poeticamente recriada e os elementos donjuanescos na obra literária.

Analisamos a presença de Don Juan na obra de Castro Alves tomando em consideração alguns poemas (a maior parte incluída na colectânea *Espumas Flutuantes* de 1870) e o fragmento incompleto de um drama em três partes intitulado *D. Juan ou a Prole dos Saturnos*. Consideramos que Castro Alves permite verificar tanto a presença do mito de Don Juan quanto a do donjuanismo.

"Eu sou D. Juan"

Dividido em três estrofes de sete versos decassílabos, a que correspondem outros tantos momentos, o poema "Os três amores" (1866) dá conta, desde o título, da inconstância e da volubilidade amorosas do sujeito poético. Essa inconstância é traduzida textualmente pela apresentação de três imagem de um sedutor e da mulher por ele amada: num primeiro momento, é estabelecida uma identificação com o poeta italiano Tasso e a sua amada Eleonora. Esta identificação determina uma concepção idealizada do amor, explícita na comparação do primeiro verso – "Minha alma é como a fronte sonhadora / do louco bardo" – e na dicotomia céu-terra do verso "Sigo na terra de teu passo os lumes." (Alves, 1986: 94). A primeira estrofe situa assim o amor numa dimensão irrealizada e etérea, que corresponde, em termos periodológicos, à primeira fase da poesia lírico-amorosa romântica.

Esta concepção do amor espiritualizado é alterada na segunda estrofe. A utilização do intertexto shakesperiano serve para simbolizar em

Romeu (agora o objecto de identificação do sujeito poético) e na sua amada Julieta a consumação de um amor cuja possibilidade de consumação ultrapassa a própria vida[12].

Finalmente, a terceira estrofe corresponde a uma concepção do amor como desejo e consumação erótica, como pode ler-se:

> Na volúpia das noites andaluzas
> O sangue ardente em minhas veias rola...
> Sou D. Juan!... Donzelas amorosas,
> Vós conheceis-me os trenos da viola!
> Sobre o leito do amor teu seio brilha...
> Eu morro, se desfaço-te a mantilha...
> Tu és – Júlia, a Espanhola!... (*idem*: *ibidem*)

A idealização sentimental das duas primeiras estrofes dá lugar ao impulso erótico. Sublinhe-se a conotação sensual, voluptuosa da paixão em termos e expressões como "volúpia", "sangue ardente", "seio" e "desfaço-te", assim como uma sugestão sexual de *petit mort* na expressão "morro, se desfaço-te a mantilha"[13].

---

[12] O intertexto shakespeariano é recuperado no poema "Boa-Noite" (Espumas Flutuantes) – a mulher que desperta desejo é Julieta, mas é também Maria, Marion (musa de Victor Hugo, presente em diversas epígrafes na obra poética de Castro Alves), Consuelo (personagem de George Sand que dá título à poesia inspirada por Agnèse Murri em 1871).

O discurso sensual, a multiplicidade de conquistas – traduzida nos nomes vários atribuídos à mulher que deseja seduzir – constituem atitudes donjuanescas na poesia de Castro Alves.

[13] O convite ao erotismo é plenamente realizado no poema "Amemos!" (cf. Alves, 1996: 423-5), ora pela presença de imagens de volúpia – "O lábio apaixonado é um lar em chamas / E os cabelos, rolando em espadanas, / São mantos de paixão" (Alves, 1996: 423) – ora pela criação da expectativa de consumação erótica: "Desmanchar teus cabelos delirante, / Beijar teu colo!... Oh! vamos minha amante, / Abre-me o seio teu" (*idem*: 424); "Eu quero ver teu peito intumescido, / Ao sopro da volúpia arfar erguido... / (...) Vamos sonhar no leito delirante / No templo da paixão" (*idem*: 425).

O discurso donjuanesco está presente em diversos poemas. Por exemplo, em "Amemos!", o sujeito poético insiste nos motivos da sedução e da consumação do desejo. O desejo é também *leitmotif* da poesia "O laço de fita": neste caso, trata-se de um fetiche. Os cabelos representam a sensualidade feminina e desfazer o laço é, da parte da mulher, um acto de sedução que cativa o homem.

A importância do erotismo na poesia de Castro Alves é assinalada por Abdala Junior e Campedelli (1985: 99), considerando que na sua poesia lírico-amorosa o amor é sinónimo de sensualidade. A mulher não é uma figura distante, sonhada e intocável, como noutros românticos, amada apenas à distância ou simplesmente desejada, mas uma figura muito próxima a quem a todo o instante sugere a consumação erótica.

Esta concepção do amor como desejo, volúpia, paixão e consumação erótica é retomada no poema "A volta da Primavera" (1868). O intertexto byroniano possibilita uma identificação entre o sujeito poético e Don Juan, através do convite à fruição erótica:

> Bem sei que um dia o vendaval da sorte
> Do mar lançou-me na gelada areia.
> Serei... que importa? o D. Juan da morte
> Dá-me o teu seio – e tu serás Haidéia! (*idem*: 108)

No poema "Os três amores" merece destaque a afirmação "Sou D. Juan", remetendo para a identificação do sujeito poético com a figura mítica. Essa identificação situa-se ao nível da sedução e traduz um vector romântico: a identificação, ausente até então, tem como propósito glorificar a imagem da figura mítica.

Estádios donjuanescos: sedução, posse e abandono

Para além destas referências directas a Don Juan e à concepção amorosa que ele representa, na interpretação de Castro Alves, devemos considerar ainda um segundo tipo de presença donjuanesca no romântico brasileiro: aquela que se reporta aos clássicos estádios de actividade donjuanesca: sedução, posse e rápido esquecimento pelo abandono da mulher conquistada. São esses estádios – importantes, por exemplo, na concepção do mito em Kierkegaard – que por vezes o romântico brasileiro deseja mimetizar poeticamente.

As três fases de clássica actividade donjuanesca encontram-se no poema "O 'adeus' de Teresa".

"O 'adeus' de Teresa" (1868) relata os vários estádios da conquista donjuanesca – sedução, posse e abandono – concentrados numa única estrofe de cinco versos:

> A vez primeira que eu fitei Teresa,
> Como as plantas que arrasta a correnteza,
> A valsa nos levou nos giros seus...
> E amamos juntos... E depois na sala
> 'Adeus' eu disse-lhe a tremer com a fala... (*idem*: 107)

Desejo, posse e abandono sucedem-se em poucas horas. As restantes estrofes ocupam-se com a descrição dos sentimentos da mulher abandonada que, como frequentemente acontece na tradição mítica, surge para recriminar o sedutor já esquecido desta conquista e agora entregue a novas seduções, descritas como "volúpia amorosa", "prazeres divinais" e "gozos do Empíreo" (*idem*: *ibidem*).

As três fases da actividade de Don Juan, embora sugeridas já em Tirso de Molina, só com o romântico espanhol José Zorrilla adquirem significado pleno. Em *Don Juan Tenório*, o protagonista seduz, no espaço de um ano, setenta e duas mulheres que rapidamente esquece. Em resposta à questão de Luis Mejía sobre o tempo concedido a cada uma, Don Juan afirma: "Partid los días del año / Entre las que ahí encontráis. / Uno para enamorarlas, / Otro para conseguirlas, / Otro para abandonarlas, / Dos para sustituirlas, / Y una hora para olvidarlas" (Zorrilla, 1999: 123). A resposta revela o modo como o protagonista desafia as culturas patriarcal e religiosa e impõe a "masculinização da cultura"[14]. Com efeito, na relação com as mulheres manifesta uma natureza instintiva e uma força bruta que superam quaisquer obstáculos.

Eros e *Thanatos*

Desde a sua criação literária em *El Burlador de Sevilla y Convidado de Piedra*, o mito de Don Juan é constituído por um triângulo de invariantes: o sedutor, diversas mulheres cuja função consiste em ratificar a inconstância donjuanesca, e a morte.

No poema "Os anjos da meia-noite", Castro Alves recupera este triângulo pela apresentação poética de um sedutor, de uma colecção de oito mulheres, a última das quais permite uma presentificação da Morte porque, em vez de receber nome próprio, aparece designada como "último fantasma".

Escrito em 1870, meses antes da morte do poeta romântico (e por esta razão, a prestar-se a uma interpretação autobiográfica, de acordo com a qual a celebração da vida – através do amor e da sensualidade – é uma forma de afugentar a morte[15]), este extenso poema reúne diversos

---

[14] Expressão com que Jiménez (1992: 208) define o alcance social de Don Juan Tenorio.

[15] Moisés (1984: 238) sustenta que "o atrito entre a morte e a sensualidade (vida) constitui o cerne em torno de que gira o melhor da poesia de Castro Alves. Sensualidade

amores evocados como fantasmas, sombras ou "anjos". O título antecipa uma *situação post-mortem*, idêntica à que se encontra no já referido poema de Álvares de Azevedo "Sombra de D. Juan", muito embora as figuras mortas sejam agora as mulheres. Don Juan surge nas sete estrofes heterométricas iniciais como personagem que, numa noite de insónia, recorda os "Anjos de amor de meu passado" (Alves, 1986: 170). numa noite de insónia, o poeta vê-se assaltado pela lembrança das mulheres que amou. Elas aparecem como sombras e fantasmas, habitantes da noite esvoaçantes e indefinidos, dos quais conseguimos apreender apenas os vultos. Como um objecto visto difusamente à noite, o poeta apenas recupera na lembrança o retrato de mulheres amadas no instante do aparecimento e da entrega ao amor. Apenas aquilo que nelas evoca o amor é recordado, ficando o demais preenchido pelas reticências como se fossem espaços ou sombras da fotografia que a penumbra não deixa ver.

As sete estrofes que antecedem os sonetos dedicados a diversas mulheres apontam para um segundo motivo frequente no mito de Don Juan: o **catálogo**, tradicionalmente destinado a confirmar a natureza inconstante da figura mítica.

Na história do mito, o motivo do catálogo é inaugurado por Mozart e Da Ponte em *Don Giovanni*. A enumeração de mulheres seduzidas levada a cabo pelo criado Leporello na famosa "ária do catálogo" – "In Italia seicento e quaranta, / In Lamagna duecento e trentuna, / cento in Francia, in Turchia novantuna, / ma in Ispagna son già mille e tre" (Da Ponte, 1995: 15) – tem diversos propósitos: ratificar publicamente as conquistas realizadas (porque em Don Juan é fundamental o desejo de reconhecimento social); confirmar a diversidade de categorias sociais das mulheres seduzidas; traduzir a predisposição infinita para a conquista (sugerida pela simbologia do ímpar).

O motivo da lista é frequentemente recuperado na literatura donjuanesca, particularmente nas versões do século XX. Mas com a literatura romântica ele é sujeito a uma tentativa de encerramento: não desaparece a imagem dos amores sucessivos procurados por Don Juan, mas todos

---

quer dizer donjuanismo, não o donjuanismo imaginário da geração do tédio, Álvares de Azevedo à frente, senão o efetivo, assinalado pela coleção de musas que o poeta juntou ao longo da breve existência, e por uma confissão amorosa que não se restringe a sonhar com cenas eróticas".

Na expressão "sensualmente autobiográfico e intimista", encontra Picchio (1997: 214) uma das principais razões para a grandeza e o fascínio do poeta Castro Alves.

esses amores são encarados como simples estádios de aproximação ao Amor pleno, corporizável numa amada ideal, frequentemente a própria morte.

No poema de Castro Alves, o motivo do catálogo está também presente de dois modos: assiste-se a uma multiplicação de mulheres no passado seduzidas, dentro de uma mera "ética de quantidade": "Mulheres, que eu amei! / Anjos louros do céu! Virgens serenas! / Madonas, Querubins ou Madalenas! (*idem*: 171)

Em seis estrofes são evocados sete fantasmas que representam os dois tipos femininos inaugurados pela literatura romântica (e retomados com grande insistência quer pela literatura quer pela pintura de finais de Oitocentos): a *femme fragile* e a *femme fatale*.

A diversidade de tipos femininos insere-se numa lógica de sustentação de diversas concepções amorosas: Marieta (1ª sombra) é a Julieta shakesperiana, e, como ela, uma figura de representação do amor além-túmulo; contrastantemente, Bárbora (2.º soneto) simboliza a sensualidade e o erotismo. Por isso, é identificada com Valquíria – mulher guerreira da mitologia germânica – e Hetaíra – a prostituta de luxo; a ela se sucede, no terceiro soneto, a figura de Ester, da cultura judaica, que veicula uma concepção idealizada, não consumada, do amor; Fabíola (4.ª sombra) é associada ao campo semântico da volúpia e da sensualidade, mas também a uma atmosfera proto-decadentista de putrefacção; no quinto soneto, Cândida e Laura simbolizam o amor casto, inocente e puro, que se opõe à sensualidade das bacantes Bárbora e Fabíola. A mesma inocência – agora com fortes conotações religiosas – perpassa na descrição da última mulher nominalmente identificada, Dulce, à qual é dedicado o 7.º soneto. Dulce pertence ao imaginário etéreo. o sétimo soneto apresenta a sombra de Dulce é preenchido por alusões hiperbólicas à santidade, à dedicação e à castidade femininas: "talismã bendito", "corrente pura", "donzela casta". Dulce representa a mulher que estabelece um vínculo entre o amor terreno e o amor divino.

A enumeração tem como propósito demonstrar que as sete mulheres evocadas nos sete sonetos (duas ocupando um único, o sexto) representam os dois tipos femininos inaugurados pela literatura romântica: a *femme fragile* e a *femme fatale*: Marieta, Ester, Cândida, Laura e Dulce representam o primeiro tipo em metáforas que as associam à claridade, à pureza, e à idealização feminina; Bárbora e Fabíola, pelo contrário, representam, pela associação simbólica à sensualidade e à morbidez, o fatal feminino. Também a simbologia cromática permite estabelecer a oposição entre os tipos referidos: Bárbora e Fabíola são associadas ao vermelho (nos lábios e no tom de pele, respectivamente); Marieta, Ester, Cândida, Laura e Dulce são associadas à castidade – nos termos "alvo" e "alabastro".

Em síntese, nestes dois grupos femininos corporizam-se antagónicas concepções amorosas, ambas perseguidas pelo sedutor donjuanesco: por um lado, a consumação erótica e a sensualidade; por outro, a idealização amorosa.

No último soneto, assiste-se à conversão do impulso erótico em idealização amorosa. A identidade deste "último fantasma" ou "último amor" só é conhecida no último verso: trata-se da morte, personificada no género feminino.

A Morte é *Aufhebung* da Mulher, isto é, simultaneamente a sua superação e a sua realização. A Morte é uma promessa de Absoluto e por isso se lê no penúltimo verso do poema: "És talvez o ideal que esta alma espera!" (*idem*: 175)

O desejo poético de união à Morte aparece traduzido na expressão "bela e branca desposada". Ao contrário do que se passa nos anteriores sonetos, aqui revela-se a dificuldade de figurar o infigurável: a Morte é descrita como "vulto", "ser misterioso", "sorte", "ideal" e "glória", mas tanto a repetição de interrogativas quanto a adverbialização – "talvez" – apontam para imagens virtuais a que ela é associada. Os morfemas de privação do último soneto situam o leitor no domínio místico do inefável, do que não pode ser dito nem figurado.

A imagem romântica da busca do Absoluto surge também aqui: a Morte é objecto de devoção e de veneração religiosas[16]. Neste sentido, assiste-se a uma deserotização da Morte; por outro lado, a relação que se estabelece entre o sujeito poético (Don Juan) e a Morte (mulher) opera no herói uma abdicação da Vontade, do desejo porque essa relação só acontecerá quando Ela o desejar. O grande conquistador deixa de ser coleccionador e, nesta medida, torna-se representação do Don Juan romântico.

Em síntese, na morte ("Último fantasma" que dá título ao derradeiro soneto) encontra o sujeito poético o mais procurado de todos os amores.

---

[16] Como afirma Little (1984: 11), "La redención absoluta por el amor se realiza sólo mediante una confrontación con la muerte – la suprema manifestación existencial de lo absoluto".

O desejo de encontro com a morte[17] – frequentemente representada sob forma feminina, como acontece, por exemplo na "fábula trágica" patriciana *D. João e a Máscara* e em *D. João e Julieta* de Natália Correia – apresenta-se como a realização do propósito de busca da mulher ideal.

"Os anjos da meia-noite" dramatizam a busca incessante da mulher ideal – a justificar os vários nomes e a passagem de um ser amado a outro –, a insatisfação amorosa que resulta de cada conquista (seja ela espiritualizada, seja eroticamente consumada) e a finalização da busca e da insatisfação através do encontro com a morte. As várias conquistas são apenas estádios intermédios na busca do amor absoluto. A imagem final de "Os Anjos da Meia-Noite" aponta para o abandono do donjuanismo enquanto sede insaciável de conquistas e para a construção de uma busca metafísica: a busca de Absoluto num ser que vem abolir o tempo e estancar a cadeia de repetições com que foi construída a frenética caça erótica de Don Juan.

Mais complexa do que a de Álvares de Azevedo, a poesia lírico-amorosa de Castro Alves revela tanto a presença explícita de Don Juan quanto a atmosfera donjuanesca.

1.2.3. O paradigma romântico na literatura brasileira do século XX

A imagem romântica de Don Juan não se confina, na literatura brasileira, à categoria periodológica do Romantismo, como bem o demonstram as recriações do mito em Manuel Bandeira e Menotti del Picchia.

Nascido sob o signo neo-romântico, o D. Juan recriado por Manuel Bandeira num poema homónimo (escrito em 1907 e publicado na colec-

---

[17] A presença conjunta de *Eros* e *Thanatos*, a cumplicidade entre vida e morte, estão presentes nos grandes temas que, recorrentemente, aparecem nos poemas de Castro Alves.

A conjugação *Eros/Thanatos* encontra-se explicitada, por exemplo, no próprio título do poema "Mocidade e Morte". Mocidade é sinónimo de vida, de eros, mas simultaneamente é uma ponte para a morte, visto que Thanatos é a sombra de Eros, o seu lado lunar e nocturno:

> Oh! Eu quero viver, beber perfumes
> Na flor silvestre, que embalsama os ares;
> Ver minha alma adejar pelo infinito,
> Qual branca vela na amplitude dos mares.
> No seio da mulher há tanto aroma...
> Nos seus beijos de fogo há tanta vida!... (Alves, 1986: 88)

tânea *A Cinza das Horas*, publicada em 1917) representa também o triunfo do Individualismo (com fortes reminiscências hoffmannianas):

> Acendeu a fagulha altiva que fascina,
> Tu trazias aquela aspiração divina
> De realizar na vida a perfeita beleza.
>
> Creste achá-la no amor, na indizível surpresa
> Da posse – o sonho mau que desvaira e ilumina.
> Vencido, escarneceste a virtude mofina...
> Tua moral não foi a da massa burguesa.
>
> Morreste incontentado, e cada seduzida
> Foi um ludíbrio à tua essência. Em tais amores
> Não encontraste nunca o sentido da vida.
>
> Tua alma era do céu e perdeu-se no inferno...
> Para os poetas e para os graves pensadores
> Da imortal ânsia humana és o símbolo eterno.
> (Bandeira, 1994: 51)

O sintagma inicial determina a apresentação de uma personagem moralmente superior à massa burguesa e permanentemente insatisfeita na errância erótica (motivos hoffmannianos): a posse da(s) mulher(es) esconde um desejo romântico de Infinito. D. Juan é ainda o anjo caído que, como Ícaro e Prometeu, é castigado pela sua rebelião, e o símbolo da perene angústia do ser humano[18].

A contaminação romântica dos mitos de Fausto e de Don Juan encontra-se também na literatura brasileira do início do século XX. A justificação acontece em "A Angústia de D. João", poema dramático originalmente publicado por Paulo Menotti del Picchia em 1922. Embora as duas figuras míticas sejam descritas como criaturas agonizantes, distinguem-se pela afirmação de que «Fausto é um Don Juan *minor* porque a sua busca se esgotou numa só mulher, enquanto a Don Juan se ofereceram múltiplas conquistas. A faculdade donjuanesca para o amor surge poeticamente traduzida no princípio de que a beleza existe no universo feminino que incansavelmente procura:

---

[18] Cf. Brunel (1999: 52).

Existe em toda a parte, e cada mulher bela
Esconde no seu corpo alguma coisa dela!
Eu, fragmento a fragmento, a amada recomponho
Pois, em cada mulher, há um pouco do meu sonho!
(Menotti del Picchia, 1922: 14)

Como em Hoffmann e na generalidade da literatura donjuanesca romântica, D. João exprime o fracasso da sua busca: "Eu bem via, tristonho / Que nenhuma mulher encarnava meu sonho. / Dia a dia cresceu esta ânsia incompreendida / E, cansado de amar... nunca amei nesta vida! (*idem*: 19)

O texto brasileiro permite uma intertextualidade com a versão do mito produzida por Fernando de Araújo Lima em *A última noite de D. João*. Muito embora o dramaturgo português diferencie a sua versão das muitas interpretações a que teve acesso, não deixa de confessar a sua dívida a Menotti del Picchia, epigrafando o seu drama com dois versos do brasileiro que traduzem a busca romântica do Amor total: "Nesta vida, sem calma / muito corpo possuí à procura de uma alma"[19]).

Bibliografia

Activa

ALVES, António de Castro
   (1986) *Obra Completa*, Organização, fixação do texto e notas de Eugênio Gomes, Rio de Janeiro, Editora Nova Aguilar, S. A.
AZEVEDO, Álvares de
   (1985) *Poemas*, São Paulo, Global Editora.
BANDEIRA, Manuel
   (1985) *Poesia Completa e Prosa*, Rio de Janeiro, Editora Nova Aguilar, S. A.
MENOTTI DEL PICCHIA, Paulo
(1922) *A Angústia de D. João*, São Paulo, Companhia Editora Nacional.

---

[19] *A Angústia de D. João* é presença recorrente em Araújo Lima. Já no estudo dedicado a António Patrício (cujo capítulo IX é uma reflexão sobre o mito de Don Juan), o autor incluía uma passagem do texto brasileiro (cf. Lima, 1943: 102).

Passiva

ABADALA JUNIOR, Benjamim e CAMPEDELLI, Samira Youssef
(1985) *Tempos da Literatura Brasileira*, São Paulo, Editora Ática.
AZEVEDO, Guilherme de
(1923) *A Alma Nova*, 2.ª ed., Coimbra, Imprensa da Universidade.
BRUNEL, Pierre
(1999) *Dictionnaire de Don Juan*, Paris, Editions Robert Laffont.
CASTELO BRANCO, Camilo
(1991) "A Morte de D. João (por Guerra Junqueiro)", *Obras Completas*, Vol. XIV, pp. 1036-1039.
CORREIA, Natália
(1999) *D. João e Julieta*, Lisboa, Publicações D. Quixote.
COUTINHO, Afrânio
(1997) *A Literatura no Brasil. Era romântica*, Vol. 3, 4.ª edição, revista e actualizada, São Paulo, Global Editora.
DIAS, Simões
(1876) *As Peninsulares*, Viseu, Livraria Académica.
JIMÉNEZ, Luis
(1992) "Women and Don Juan", Lucente, Carla E. (ed.), *The Western Pennsylvania Symposium on World Literatures. Selected Proceedings: 1974-1991*, Pennsylvania, Eadmer Press, pp. 207-210.
LEAL, Gomes
(1998) *Claridades do Sul*, Edição de José Carlos Seabra Pereira, Lisboa, Assírio & Alvim.
LIMA, Fernando de Araújo
(1943) *António Patrício*, Lisboa, Bertrand.
(1948) *A última noite de D. João*, Porto, Edições "Prometeu".
LITTLE, William
(1984) "Varios aspectos de Don Juan y el donjuanismo", *Hispanofila*, 80, pp. 9-15.
MATOS, Edilene
(2001) *Castro Alves. Imagens fragmentadas de um mito*, São Paulo, EDUC.
MOISÉS, Massaud
(1984) *História da Literatura Brasileira*, Vol. II (Romantismo. Realismo), São Paulo, Editora Cultrix.
PICCHIO, Luciana Stegagno
(1997) *História da Literatura Brasileira*, Rio de Janeiro, Editora Nova Aguilar, S. A.
RODRIGUES, Urbano Tavares
(1960) *O Mito de Don Juan e o Donjuanismo na Literatura Portuguesa*, Lisboa, Edições Ática.

XAVIER, Alberto
    (s/d) *Camilo Romântico. Precedido dum Panorama das Origens e da Evolução do Romantismo*, Lisboa, Portugália Editora.
ZORRILLA, José
    (1999) *Don Juan Tenorio*, Madrid, Editorial Espasa Calpe, S. A.

CECÍLIA MEIRELES E A LITERATURA PORTUGUESA: POETAS QUE O MAR SEPARA – UMA POÉTICA DE UNIÃO

ALICE MICHELI
Doutoranda, Universidade de Bari, Itália

  Controversa e debatida muitas vezes ociosamente pela crítica resulta ser a relação literária e biográfica entre a poetisa carioca Cecília Meireles e a tradição poética portuguesa.
  Relação esta muito viva e sentida, como demonstram em primeiro lugar os acontecimentos biográficos que ligaram essa poetisa à nação portuguesa. Em 1922, Cecília casou-se de facto com Fernando Correia Dias, artista plástico português emigrado ao Brasil, ex-colaborador de "A Águia", a revista que hospedou a estreia literária de Fernando Pessoa. Em 1935, o casal empreendeu uma viagem para Portugal durante a qual Cecília desempenhou um papel crucial de intermediação entre as respectivas florescências poéticas dos dois lados do Atlântico. Durante essa estada, além de estar em contacto com as maiores personalidades do meio literário lusitano entre os quais encontraria aqueles "amigos portugueses", aos quais dedicaria a sua recolha *Viagem* (1939), a poetisa divulgou o conhecimento do Modernismo brasileiro, proferindo a palestra em seguida publicada com o título *Notícia da Poesia Brasileira*[1]. Neste trabalho crítico, Cecília demonstrou uma grande lucidez e independência de juízo, no que respeita ao movimento literário dominante, ao qual, como poetisa, nunca se alinhou.

---

[1] Cecília Meireles, *Notícia da poesia brasileira*, Biblioteca Geral da Universidade de Coimbra, Coimbra, 1935.

A mesma actividade de mediação cultural, mas no sentido contrário, foi desempenhada por Cecília Meireles com a organização da antologia *Poetas Novos de Portugal*[2], em 1944. A ideia da antologia fora de Jaime Cortesão, exiliado por motivos políticos no Rio de Janeiro desde 1940. Cecília empenhou-se nesta tarefa, ultrapassando várias dificuldades, como aquela de encontrar os textos numa época de guerra e a de enfrentar o desfavor do regime português. Verdadeiro marco, esta obra pioneira na história das relações literárias luso-brasileiras acolhe muitos poetas portugueses modernos, que, nesta época, eram escassamente reconhecidos até na Pátria. Aponte-se primeiro o caso de Fernando Pessoa, reconhecido como pela autora como "o caso mais extraordinário das letras portuguesas", quando apenas estava publicada uma mínima parte da sua vasta obra. Na resenha crítica que precede a parte antológica, Cecília trata exaustivamente dos heterónimos Ricardo Reis, Alberto Caeiro e Álvaro de Campos, prestando atenção também ao Pessoa ortónimo e citando trechos autógrafos do mesmo autor.

É unanimemente reconhecido o mérito de Cecília Meireles por ter apresentado ao público brasileiro a poesia pessoana. Na parte antológica foram escolhidos treze poemas de Pessoa ortónimo, uma ode de Ricardo Reis e sete poemas de Álvaro de Campos.

Mas a fortuna crítica de Pessoa não foi a única a gozar da atenção crítica da Meireles.

Jorge de Sena, vinte anos depois da publicação da citada antologia, reconhece a sua dívida de gratidão para com a poetisa brasileira:

"Eu tive, para com a poetisa Cecília Meireles, uma dívida de gratidão. Há vinte anos, quando eu era um jovem poeta português de quem a crítica não falava (...), ela incluiu poemas meus na sua antologia *Poetas Novos de Portugal*. Tenho observado que esse livro meritório (e que pouca gente em Portugal estaria então em condições de organizar com tão grande lucidez e tanta equidade) é, vinte anos passados, ainda a única fonte, no Brasil, e para muita gente, de conhecimento da poesia moderna portuguesa"[3].

---

[2] Cecília Meireles, *Poetas Novos de Portugal*, Edições Dois Mundos, Rio de Janeiro, 1944.

[3] Jorge de Sena, *Estudos de Cultura e de Literatura Brasileira,* Edições 70, Lisboa, 1980, 1988.s

Dividida a antologia em dois macro-capítulos, o primeiro, "Camilo Pessanha e o grupo de *Orpheu*", e o segundo, "Da *Presença* aos poetas mais novos", a mesma distingue nomes, alguns dos quais, em seguida, iriam ser consagrados como gigantes poéticos da literatura lusa: Camilo Pessanha, Afonso Duarte, Mário de Sá Carneiro, Fernando Pessoa ortónimo e os seus heterónimos principais, Fernanda de Castro, José Régio, Vitorino Nemésio, Alberto de Serpa, Miguel Torga, Jorge de Sena, Natéricia Freire.

A ociosa *querela* de uma maior ou menor "brasilidade" da poesia de Cecília Meireles advém do facto de uma certa incompreensão da mesma em terra pátria, contra um súbito reconhecimento por parte da crítica portuguesa. E este é um facto indiscutível.

No Brasil é com a obra crítica de Darcy Damasceno, nos anos 50, que Cecília vem a ser reconhecida proporcionalmente ao seu valor literário. Enquanto que, em Portugal, já na época em que Cecília lá esteve com o marido, começaram as primeiras publicações em jornais e revistas, como o *Diário de Lisboa* e *Presença*, que culminariam na edição de *Viagem*, mesmo em Lisboa, em 1939, por parte da Editora Ocidente.

Isso não deve espantar. Na época da ortodoxia modernista, o meio literário brasileiro era, com certeza, mais sensível aos vários "rimadores de palavras indígenas", do que a uma poetisa de tendência simbolista e universalista, consubstanciada numa linguagem clássica, cujo tom médio de abstracção a distanciava de todos os excessos expressivos. Cecília identificou-se parcialmente com a ala espiritualista do Modernismo brasileiro, reunida à volta da revista *Festa*, conseguindo, no entanto, manter-se irredutível a qualquer escola ou movimento.

De tom universalista era a sua linguagem, assim como a sua mensagem poética.

Parece-me iluminante retomar para a afirmação de Cassiano Ricardo, pela qual "a primeira condição para que um poeta seja brasileiro é... ser poeta, e não simplesmente rimator de palavras indígenas"[4].

Forte foi sempre a ligação entre Cecília e o passado, seja o passado pessoal, seja o histórico, que afundava suas raízes na Pátria Portuguesa. O compromisso com o passado está constante e orgulhosamente assinado:

---

[4] Cassiano Ricardo, «A Academia e a poesia moderna», *Revista dos Tribunais*, São Paulo, 1939. Trata-se da polémica surgida a propósito da atribuição do prêmio da Academia Brasileira de Letras à colectânea *Viagem*, em 1938, ocasião na qual Cassiano Ricardo defendeu com força a causa da poetisah.

> Transportam meus ombros secular compromisso.
> Vigílias do olhar não me pertencem;
> trabalho dos meus braços
> é sobrenatural obrigação.
>
> Perguntam pelo mundo
> olhos de antepassados;
> querem, em mim, suas mãos
> o inconseguido.
> Ritmos de construção
> Enrijeceram minha juventude,
> e atrasam-me na morte.
> Vive! – clamam os que se foram
> ou cedo ou irrealizados.
> Vive por nós! – murmuram suplicantes.
>
> Vivo por homens e mulheres
> De outras idades, de outros lugares, com outras falas.
> Por infantes e velhinhos trêmulos.
> Gente do mar e da terra,
> suada, salgada, hirsuta.
> Gente de névoa, apenas murmurada.[5]

Difícil não achar nesses versos o retrato dum povo de navegadores, de gente do mar como a portuguesa, da qual a poetisa descendia através da ascendência açoriana.

Cecília, orfã por parte de pai e de mãe, não precisou de matar os pais simbólicos representados pelo passado português: toda a sua poesia, feita para enfrentar a morte e recriar presenças, é uma ponte deitada no espaço e no tempo para unir aquilo que desde sempre está ligado, aquilo que vem antes com aquilo que vem depois, embora sem solução de continuidade.

Um dever ético, além de ser um apelo irresistível, é o de recolher a herança dos antepassados, não há ruptura entre passado e presente, mas uma poderosa e sagrada relação. Neste sentido toma significado a valorização do passado português destes antepassados navegadores e de algumas formas poéticas por estes herdadas. Numa época de prevalência do

---

[5] Cecília Meireles, "Compromisso", em *Poesia Completa*, Editora Nova Fronteira, Rio de Janeiro, 2001.

versilibrismo Cecília oferece um panorama de rica variedade de estruturas rítmicas e estróficas, na linha da tradição poética portuguesa. A utilização de formas poéticas tradicionais, em particular do *rimance*, verifica-se na presença de temas e motivos, mas é sobretudo ressaltada nos aspectos formais. Trata-se da preferência, quase obsessão de Cecília, pela isometria e pela estrutura paralelística, sem que isso nunca exclua a originalidade e a infracção da regra. A cerca desse assunto é importante citar a colectânea *Amor em Leonoreta* (1951), apoiada no *lais* galaico-português *Leonoreta, fin roseta*, inserto no *romance* de *Amadis de Gaula*.

Este livro de poemas testemunha do laço profundo entre a poetisa brasileira e a tradição trovadoresca e, por detrás do desenvolvimento dum motívo cortês, estão simbolizadas temáticas eternas e universais, mas também típicas da poética ceciliana: a fuga do tempo, a incognoscibilidade do futuro e a conseguinte incerteza do presente, o ideal do amor místico, alheio à vontade de possuir a coincidência de amor e sonho, pela qual "A ventura que se aprende/ nos adeuses, Leonoreta, / vale o que neles se perde..."[6].

Um outro elemento de união-separação com o Portugal, sobretudo no sentido metafórico e literário, é o mar. Símbolo naturalmente implicado no imaginário literário português, mais ainda do que nas outras literaturas, dado o relevo colectivo da histórica e mítica epopeia das descobertas deste povo, o mar é para Cecília também um ponto nuclear, seja na vicissitude biográfica da poeta, seja na história dos seus antepassados portugueses: "Foi desde sempre o mar"[7].

Este é o *incipit* do poema "Mar Absoluto", e, embora o ponto de partida seja a constatação dum mar real e histórico, já está presente uma dimensão de absoluto na eternidade temporal que está atribuída ao mar na fantasia da poetisa.

O mar não conhece começo porque é o começo e não conhece fim porque é o fim.

A composição apresenta assim uma estrutura circular, pois a dimensão de absoluto, que acentuará no último verso, já está contida neste "desde sempre" inicial.

A estrutura compositiva, com requintadas mas espontâneas correspondências, reproduz o movimento marinho por excelência: a volta

---

[6] Cecília Meireles," Amor em Leonoreta", em *ob. cit.*
[7] Cecília Meireles," Mar Absoluto e Outros Poemas", em *ob. cit.*

sobre si mesmo, como a onda que toca a beira da praia e volta sobre si, eternamente, num movimento circular que está bem longe de sugerir o limite, pois, pelo contrário, a repetição contínua do idêntico sugere a ausência do limite.

> Para adiante! Pelo mar largo!
> Livrando o corpo da lição frágil da areia!
> Ao mar! – Disciplina humana para a empresa da vida![8]

Agora, o que refere prepotentemente o Álvaro de Campos da *Ode Marítima* não é somente a veemência do grito[9], como sublinha Francisco Cota Fagundes num estudo comparativo sobre a Meireles e Pessoa, mas é, sobretudo, a expressão e a ideia de um "Mar Absoluto", contemplado, além de literalmente citado, nas duas composições.

Partindo do halo heróico do qual o mar está revestido, como símbolo do desafio ulisseu aos limites humanos, desafio bem encarnado pela história das explorações portuguesas, os dois poetas chegam, por caminhos diferentes, a este Mar Absoluto. Vamos ver como.

Em Cecília, o Mar Absoluto representa o último sintagma do último verso da composição.

Trata-se, sem dúvida, do ponto de chegada da peripécia poética. Depois de partir com um *focus* sobre o mar "histórico", a composição, desenvolvendo a pluri-significação do elemento-mar, o seu ser com a presença dos contrários, possibilidade das possibilidades, torna-se espelho da alma do poeta como figura do infinito, algo de desprendido, algo de absoluto no sentido de "ab-soluto", de livre dos laços com terrenas contingências, um pouco como no infinito leopardiano, pois só no mar da imaginação encontra uma definição a ideia do infinito. No começo da composição, porém, partia de dados espácio-temporais.

Em Campos está ausente a passagem através da figura da individualidade do poeta. Não se trata de um absoluto da alma, de uma coincidência entre micro e macrocosmo. Campos não consegue inserir-se com harmonia na cadeia do existente. O seu ego é ruptura.

---

[8] Cecília Meireles, em *ob. cit.*
[9] "Todos os mares, todos os estreitos, todas as baías, todos os golfos, / queria apertá-los ao peito, senti-los bem e morrer!", *in* F. Pessoa, *Una sola moltitudine*, organizado por Antonio Tabucchi, Adelphi, Milano, 1979.

Cabe à poetisa, mulher, talvez não por acaso, recoser os laços entre o ser humano e o mundo criado do qual faz parte.

Segundo Campos, o absoluto do mar não é nada mais do que a mitificação da epopeia histórica das explorações marítimas:

Homens do mar actual! Homens do mar passado!
Commissários de bordo! Escravos das galés! combatentes de Lepanto!
Piratas do tempo de Roma! Navegadores da Grécia!
Fenicíos! Cartagineses! Portugueses atirados de Sagres
Para adventura indefinida, para o Mar Absoluto, para realizar o Impossível![10]

Deste modo, o mar torna-se absoluto, passando a ser mito a partir da História viril dos sucessos coroados da estirpe humana na conquista--conhecimento do mundo, um mérito reconhecido retrospectivamente ao Ulisses dantesco que perdeu tudo, mesmo pelo seu ardor de conhecimento.

A natureza ambivalente do mito, este "nada que é tudo", explica a possibilidade de realização do Impossível.

Na substância poética da composição ceciliana, a estrutura do real é menos bipolar, menos histórica, menos lacerada. O mar é símbolo da mesma poesia nos seus infinitos revestimentos e possibilidades. E a afirmação da poesia como única afirmação possível confere ao absoluto ceciliano um sentido de plenitude e realização ausente nos gritos neuroticamente exaltados de Campos.

Na intersecção temática entre o poeta português e a poetisa brasileira, fica o "mar portuguez" como a comum origem, histórica e mítica.

Bibliografia

CRISTOVÃO, F. Alves, "Compreensão portuguesa de Cecília Meireles", em *Cruzeiro do Sul a Norte*, Lisboa, Imprensa Nacional – Casa da Moeda, 1983.
DACOSTA, L. "Encontro em tempo presente", in *Colóquio-Letras*, n.º 94, Lisboa, Fundação Calouste Gulbenkian, Novembro de 1986.
FAGUNDES, F. C., "Paralelo entre Pessoa e Cecília", em *Persona*, n.º 5, Porto, Abril de 1981.
FREIRE, N., "Um fantasma de poesia: *Amor em Leonoreta*", *Ocidente*, Lisboa, n.º 56, Junho 1959.

---

[10] Fernando Pessoa, *op. cit.*

FONSECA, E. N. da, "Três poetas brasileiros apaixonados por Fernando Pessoa", em *Colóquio-Letras*, n.º 88, Lisboa, Fundação Calouste Gulbenkian, Novembro de 1985.

GASTÃO, M., *Relações culturais luso-brasileiras*, Lisboa, Centro do Livro Brasileiro, 1983.

GOUVÊA, L., *Cecília em Portugal*, Iluminuras, São Paulo, 2001.

GOUVEIA, M. M. de Maia, *Cecília Meireles: uma poética do eterno instante*. Ponta Delgada: Universidade Dos Açores. 1993.

MEIRELES, V. de L., « Cecília Meireles », Empresa Gráfica Açoreana, 1998.

MEIRELES, C., *Poetas Novos de Portugal*, Rio de Janeiro, Edições Dois Mundos, 1944.

MEIRELES, C, *Poesia Completa*, vol. 1 e 2, organização de Antonio Carlos Secchin, Rio de Janeiro, Editora Nova Fronteira, 2001.

MELO, Pedro Homem de, "Cecília Meireles – Poetisa portuguesa do Brasil", em *Jornal de Notícias*, Porto, 9 de Maio de 1949.

MOURÃO-FERREIRA, D., "Cecília Meireles – a cerca da sua poesia", em *Távola Redonda*, n.º 12, Lisboa, 1952.

MOURÃO-FERREIRA, D., "Cecília Meireles: temas e motivos", em *Hospital das Letras*, 2.ª ed., Lisboa, Imprensa Nacional Casa da Moeda, 1981.

MOURÃO-FERREIRA, D., *Magia Palava Corpo*, Lisboa, Edições Cotovia, 1993.

MOURÃO-FERREIRA, D., *Portugal, a terra e o homem*, Lisboa, Edição da Fundação Calouste Gulbenkian, 1979.

NEMÉSIO V., "A poesia de Cecília Meireles", em *Conhecimento de Poesia*, 2.ª ed., Lisboa, Verbo, 1970.

NEMÉSIO, V., "Memento a Cecília Meireles", em *A Esfera*, n.º 16, Lisboa, Verbo, 1970.

OLIVEIRA, J. O. de, "Apologia de três poetisas brasileiras", em *Cadernos de Poesia*, n.º 1, Lisboa, 1940.

PAVÃO, J. de Almeida, "O portuguesismo de Cecília Meireles e os Açores", sep. de *Ocidente*, vol. LXXXIV, Lisboa, 1973.

PESSOA F., *Una sola moltitudine*, vols.1 e 2, organizados por Antonio Tabucchi, Adelphi, Milano, 1979.

QUEIROZ, M. J. de, *Sobre as fábulas e os mitos, o verdadeiro retrato de Cecília Meireles*, Paris, Fundação Calouste Gulbenkian, 1977.

RAMOS, J., "Poetisas e escritores do Brasil – Cecília Meireles", em *Lar*, n.º 5, Lisboa, 1950.

SAMPAIO, Nuno de, "O purismo lírico de Cecília Meireles", em *O Comércio do Porto*, 16 de Agosto de 1949.

SANCHET, C., *A lição do poema,* Instituto Cultural de Ponta Delgada, 1998.

SARAIVA, A., "Uma carta inédita de Cecília Meireles sobre o suicídio do marido", *Terceira Margem*, n.º 1, Porto, 1998.

SARAIVA, A. J.& LOPES, O., *História da Literatura Portuguesa*, Porto Editora, 2001.
SEFFRIN, A., "Cecília Meireles – Poesia Completa", *em Colóquio-Letras*, Jan.--Jun.2002, n.º 159-160, Lisboa, Fundação Calouste Gulbenkian.
SENA, Jorge de, *Estudos de Cultura e Literatura Brasileira*, Lisboa, Edições 70, 1988.
SIMÕES, J. G., "Cecília Meireles", em *Crítica II,* Lisboa, Delfos, s.d.
VILAR, A., *Uma voz do Brasil,* Porto, Costa Carregal, 1965.

O LUGAR DA NOVELA ALEGÓRICA NA HISTÓRIA DA PROSA NARRATIVA DE FICÇÃO DOS SÉCULOS XVII E XVIII

MARIA MICAELA RAMÓN MOREIRA
Universidade do Minho

1. Em torno de uma classificação genológica

Reflectir sobre a prosa narrativa dos séculos XVII e XVIII escrita em língua portuguesa pressupõe equacionar um conjunto de problemáticas dentre as quais a menos relevante não será certamente a própria classificação genológica dos textos produzidos no decurso destes dois séculos.

Com efeito, mesmo que nos restrinjamos apenas aos textos em prosa de conteúdo narrativo ficcionalizado, deparamos com uma primeira dificuldade que consiste em distinguir os âmbitos semânticos específicos inerentes ao uso dos vocábulos *romance*, *novela* e *conto*. Tal dificuldade parece ligar-se ao facto de «os três termos, longe de gozarem (…) de um uso referencial específico, aparecerem, pelo contrário, submetidos a uma praxis linguística totalmente subjectiva e variável, segundo os contextos e os períodos examinados (Finazzi-Agrò, 1978: 13).

Esta afirmação ilustra bem a situação de indefinição terminológica aplicável à literatura ficcional do período em causa. Aliás, a discussão em torno da distinção entre os três conceitos em apreço prolongou-se até aos nossos dias e, não obstante os esforços despendidos por diversos autores no sentido de caracterizar descritivamente as suas especificidades, os problemas persistem.

Realizando um breve historial das três categorias genológicas ao longo do período barroco, constata-se que relativamente ao termo *romance*, não há notícia de que dele se fizesse um uso semelhante ao que lhe foi dado a partir do século XIX. Na literatura dos séculos XVII e XVIII é possível encontrar a designação de *romance*; no entanto, esta designação atribui-se não a um texto ficcional escrito no modo narrativo, mas antes a textos poéticos constituídos por quadras de versos em redondilha maior e rima toante, ainda que de pendor marcadamente narrativizante.

Quanto à noção de *conto*, de acordo com Lucília Gonçalves Pires, esta coincide, no período que estamos a considerar, com a noção de *exemplum* e abrange relatos que, na sua maioria, não constituem textos autónomos, antes surgem integrados em obras de natureza edificante e moral, em relação às quais desempenham uma função ilustrativa de uma determinada doutrina que fica, por essa via, devidamente exemplificada (Pires, 2001: 339).

A noção de *novela*, por seu lado, parece aplicar-se genericamente ao conjunto de narrativas de ficção que se ligam, sobretudo e em linha remota, à *canção de gesta*, desde o momento em que esta evoluiu no sentido de adquirir uma organização novelesca, passando o seu relato a elaborar-se em prosa. Deste modo, o termo surge como uma espécie de hiperónimo sob o qual se reúnem os textos de prosa ficcional narrativa, desde as *novelas de cavalaria* – a primeira manifestação do género – até outros subgéneros que foram surgindo à medida que os contextos socioculturais se foram modificando e complexificando.

2. Subgéneros novelescos na literatura portuguesa dos séculos XVII e XVIII

No caso concreto dos séculos XVII e XVIII, o panorama da novela portuguesa é polifacetado e a sua genealogia apresenta-se pouco clara. Lucília Gonçalves Pires, depois de notar que «a novela picaresca, de tão vasta fortuna em Espanha, é quase inexistente em Portugal» (Idem, *Ibidem*) identifica os seguintes tipos de textos de carácter novelesco produzidos nesse período: *novelas de cavalaria, novelas pastoris, novelas alegóricas, novelas sentimentais* e *novelas exemplares*. João Palma--Ferreira, no prefácio à sua obra intitulada *Novelistas e contistas portugueses dos séculos XVII e XVIII*, citando Fidelino de Figueiredo, refere as mesmas categorias, substituindo embora as *novelas exemplares* pelas *novelas picarescas*; esclarece ainda que «as novelas alegóricas, as sentimentais e as picarescas são de importação ainda recente no século XVII.

As novelas de cavalaria recuam à Idade Média e as pastorais fundamentam-se em Sannazzaro, Bernardim Ribeiro e Jorge de Montemor» (Palma--Ferreira, 1981: 27).

A tipologia proposta pelos autores citados, justificando-se embora por permitir agrupar sob uma mesma categoria textos em que se manifestam características análogas estabelecidas através de critérios de natureza quer temática, quer estrutural, quer mesmo pragmático-funcional, não se adequa a dar a devida conta das frequentes contaminações dos diversos subgéneros novelísticos, apresentando-os como pertencendo a classes estanques. A verdade, porém, é que a leitura de novelas escritas ou publicadas durante os séculos XVII e XVIII coloca o leitor, por via de regra, perante um problema de miscigenação genológica que torna muitas vezes difícil a tarefa de proceder à inclusão ou exclusão de textos concretos numa ou noutra classe de novelas.

A esta dificuldade não é alheio, entre outros de não menor relevo, o facto de, como característica recorrente em toda a literatura narrativa ficcional dos autores portugueses desta época, avultar uma tendência para a vaguidade que se traduz numa propensão para o afastamento da realidade sem qualquer sujeição a circunstanciamentos geográficos, temporais, históricos ou outros. Tal facto leva Hernâni Cidade a acusar os ficcionistas portugueses deste período de estarem «mais de um século distanciados da sua época» (Cidade, 1984: 326, vol. II), opinião na qual é corroborado por Palma-Ferreira que igualmente afirma que «o que é realmente estranho no quadro da literatura de ficção narrativa portuguesa do século XVII, na medida em que insiste, através do novelário pastoral, alegórico e sentimental (...) no aspecto imaginativo que constantemente recorre ao inverosímil, é (...) a sua índole arcaizante (...). Um vasto sector da literatura (...) parece deslocado da marcha ascensional do espírito europeu» (Palma-Ferreira, 1981: 30).

3. As novelas alegóricas

Dentre todos os tipos de novela produzidos durante o período barroco, a *novela alegórica* é talvez aquela em que a desvinculação da realidade quotidiana parece mais acentuada.

Uma análise da própria problemática inerente à definição do conceito de alegoria, permite verificar que tanto a concepção tradicional que vê nela um tropo, como aquelas que a entendem como um abrangente processo de expressão, coincidem no facto de a encararem como uma forma de veicular significados abstractos através de elementos concretos, atribuindo-lhe assim uma duplicidade de sentidos que lhe é essencial. Nas palavras de Kothe, a alegoria tem «uma dimensão corpórea, concreta, instrumento de transmissão de significação – o significante – e uma dimensão ideal, incorpórea, abstracta – o significado –, constituindo-se assim um signo» (Kothe, 1986: 12). Também Massaud Moisés escreve que «a alegoria consiste num discurso que faz entender outro, numa linguagem que oculta outra» (Moisés, 1985: 15).

Em termos linguísticos, portanto, a alegoria corresponde a uma subversão da linguagem, na medida em que derroga o «princípio da cooperação» enunciado por Grice. Ao desrespeitar a máxima da «qualidade», segundo a qual devem ser eliminadas do discurso as contribuições que não sejam verdadeiras, a alegoria destrói a expectativa legítima de que um determinado enunciado signifique aquilo que diz; dito por outras palavras, destrói a possibilidade de se instituir um determinado pacto de leitura ancorado numa representação verdadeira (ou pelo menos verosímil) do real.

O desacerto entre significado literal e sentido figurado é, pois, característica essencial de todo o discurso alegórico. Tal equivale a dizer que na alegoria se encontram sempre dois ou mais níveis de sentido em estreita correlação: um nível de sentido, literal e explícito, funciona como «disfarce, dissimulação ou revestimento» do(s) outro(s), oculto(s) e implícito(s).

Porém, a referência aos dois níveis de sentido que qualquer alegoria comporta não assegura por si só a inteligibilidade do pleno alcance da noção. Torna-se pertinente vincar que esses dois níveis postos em correlação remetem invariavelmente para um plano espiritual – o plano abstracto das ideias – e para um outro plano material – o plano concreto e visível. Este último, por paradoxal que soe, institui-se como um processo de ocultamento de opções ideológicas que por via alegórica se transmitem.

Assim, as novelas alegóricas dos séculos XVII e XVIII, servindo-se da alegoria como processo fundamental de ordenação do discurso, assumem evidentes funções ideológicas, procurando não imitar a vida, mas criar um mundo ficcional marcado pelo insólito e pelo inusual. Consequentemente, o conceito de verosimilhança não é um valor determinante na estruturação do universo diegético da novelística alegórica barroca. Neste procura-se antes reproduzir a obsessiva preocupação da época com a necessidade de confrontar a representação aliciante e deslumbrada das atracções mundanas e suas seduções com os tópicos do desengano e do apelo à virtude e à perfeição espiritual que levam à salvação. Deste modo, encontra-se nestas novelas uma preocupação de exposição doutrinária com função moralizadora que se serve da trama ficcional para dela extrair ensinamentos úteis e edificantes.

No sentido que acaba de ser apontado, a novelística alegórica barroca insere-se no quadro mais vasto da Contra-Reforma enquanto fenómeno que vai condicionar todas as manifestações artísticas do período pós--reformista.

3.1. *A novela alegórica e a Contra-Reforma*

Orozco, na esteira de Weisbach, sustenta que «no se puede explicar el Barroco sin la Contrarreforma» (Orozco, 1988: 46). E, para melhor justificar a relação estabelecida entre um e outra, recorda uma recomendação saída da sessão XXV do Concílio de Trento, na qual foi expresso o desejo de que «el artista, con las imágenes y pinturas, no solo instruya y confirme al pueblo, recordándole los artículos de la fe, sino que además le mueva a la gratitud ante el milagro y beneficios recibidos, ofreciéndole el ejemplo a seguir, y, sobre todo, excitándole a adorar y aun a amar a Dios» (Idem, *Ibidem*: 47). Em consequência, o autor citado conclui que estes propósitos haviam inevitavelmente de conduzir, por um lado, *a* «un arte alegórico, didáctico y seductor», e, por outro, «a un arte en el que se impusiera la sobrevaloración de lo expresivo, a un arte desequilibrado, deformador, no sólo de módulos y tipos, sino de la misma realidad» (Idem, *Ibidem*).

Tendo em consideração este quadro de referências, não será surpreendente que, em particular na novelística alegórica barroca, se encontrem significativas marcas tanto do pensamento como das normas do catolicismo. Estas manifestam-se por via de uma exacerbada ortodoxia conducente ao misticismo e à ascese, em que é visível a obsessão didáctica dimanada dos postulados contra-reformistas. Com efeito, a observância dos ditames da Contra-Reforma aplicados à arte leva à «moralização das formas e dos géneros, herdados do passado ou novos, introduzindo-lhes ou sobrepondo-lhes significados piedosos com intuitos catequizantes» (Hatherly, 1990: XXXVI).

Assim, as novelas alegóricas dos séculos XVII e XVIII afiguram-se como importantes manifestações de um tipo de discurso persuasivo ao serviço da moral dominante. Por seu intermédio, atinge-se o objectivo de alertar e/ou sancionar os desvios de conduta relativamente à norma em vigor, assegurando dessa forma a submissão aos princípios doutrinários da Igreja, disfarçando embora as intenções repressivas sob a capa do conselho ou da advertência prodigalizados de forma lúdica.

4. Principais exemplares da novela alegórica dos séculos XVII e XVIII

Lucília Gonçalves Pires destaca como principais representantes da novela alegórica barroca escrita em português a *História do Predestinado Peregrino e de seu irmão Precito* (1682) de Alexandre de Gusmão; *Enganos do bosque, desenganos do rio* (1726), bem como *A Preciosa* (1731) de Sóror Maria do Céu; *Compêndio narrativo do Peregrino da América* (1728) de Nuno Marques Pereira e *Reino da Babilónia* (1749) de Sóror Madalena da Glória (Pires, 2001: 342).

Todas estas novelas apresentam em comum o facto de centrarem os seus enredos na alegoria da vida como peregrinação. Por esta via, elas patenteiam aquilo a que Ana Hatherly chama uma *axiomática da concupiscência*, na medida em que expõem «uma teorização com base na qual são exemplificados, com artística veemência, tanto os perigos que neste mundo ameaçam a alma de perdição como a via que permite combatê-los, redimindo-a e conduzindo-a à salvação» (Hatherly, 1997: 222). Assim sendo, todas estas narrativas correspondem a um ideal artístico e moral vigente na sua época, pelo menos no mundo católico; todas elas não só constituem manifestações de ideias e de preocupações típicas do período barroco, como também documentam processos retóricos reveladores da mentalidade e dos gostos estético-literários desse mesmo período.

Recorrendo à alegoria como processo fundamental de estruturação do discurso, neste tipo de novelas todos os elementos são seleccionados e ordenados de acordo com a lógica e as exigências da mensagem a transmitir. Nelas, cada componente desempenha a sua função com vista a contribuir para a codificação da mensagem que se pretende difundir. Daí que, com base em Fletcher (Fletcher, 1982), se possam apontar como características da novela alegórica a presença de «agentes demoníacos» que se movem orientados por uma ideia única explorada obsessivamente;

a existência de uma «acção simbólica» desenrolada num contexto que repudia a verosimilhança; e a predominância de um tipo de causalidade em que a conclusão é anterior ao enredo e tributária da ideia dominante que se pretende propagar, ou seja, em que «a conclusão é um pressuposto, não uma conclusão» (Kothe, 1986: 13).

5. Em jeito de conclusão

As reflexões que temos vindo a fazer sobre a novela alegórica dos séculos XVII e XVIII permitem-nos, até este ponto, entender este tipo de textos como um todo em que personagens alegóricas, enredo e aparelhagem simbólica se articulam de modo a prodigalizar, para lá do nível literal de sentido, um outro nível que oculta uma opção ideológica marcada e alinhada com uma moral assumidamente católica e pós-tridentina.

As novelas alegóricas assumem, pois, uma clara função ético-social, apresentando-se a sua leitura como uma actividade formativa à qual é atribuída a missão de criar e divulgar comportamentos exemplares que se impõem como padrões de conduta a adoptar.

Esta concepção, não só dá continuidade à tradição, de clara filiação platónica, que leva a fazer equivaler as ideias de Belo e de Bem, numa manifesta tendência para frisar o carácter instrutivo e edificante que a obra literária deverá comportar, como ainda pode ser vista como um elo na cadeia do romance didáctico e/ou de aprendizagem. Na verdade, estes subgéneros narrativos, tendo embora a sua génese mais evidente em obras como *Telémaco*, de Fénelon, ou *Emílio*, de Rousseau, podem encontrar nas novelas alegóricas um antecedente verosímil, na medida em que estas últimas, precisamente por recorrerem ao processo de figuração da realidade por meio de uma alegoria que instruiu e delicia, se perfilam como instrumentos pedagógicos por excelência.

Bibliografia

CIDADE, Hernâni (1984), *Lições de Cultura e Literatura Portuguesas*, Coimbra: Coimbra Editora, 2 volumes.
FINAZZI-AGRÒ, Ettore (1978), *A novelística portuguesa do século XVI*, Lisboa: Instituto de Cultura Portuguesa.
FLETCHER, Angus (1982), *Allegory. The Theory of a Symbolic Mode*, Ítaca/Londres: Cornell University Press.

HATHERLY, Ana (1990), *A Preciosa de Sóror Maria do Céu*, Lisboa: Instituto Nacional de Investigação Ciêntífica.
IDEM (1997), *O Ladrão Cristalino – aspectos do imaginário barroco*, Lisboa: Cosmos.
KOTHE, Flávio R. (1986), *A Alegoria*, São Paulo: Editora Ática.
MOISÉS, Massaud (1985), *Dicionário de Termos Literários*, São Paulo: Cultrix.
OROZCO, Emilio (1988), *Manierismo y Barroco*, Madrid: Cétedra.
PALMA-FERREIRA, João (1981), *Novelistas e contistas portugueses dos séculos XVII e XVIII*, Lisboa: Imprensa Nacional – Casa da Moeda.
PIRES, Mª Lucília Gonçalves e CARVALHO, José Adriano de (2001), *História Crítica da Literatura Portuguesa – Maneirismo e Barroco*, Lisboa/São Paulo: Verbo.

O TERCEIRO ESTADO DA LINGUAGEM EM GUIMARÃES ROSA

Silvana Oliveira
Universidade Estadual de Ponta Grossa (Brasil).
Centro Universitário Campos de Andrade (UNIANDRADE)

A poesia marcou a primeira investida literária de Guimarães Rosa com o livro de poemas Magma, premiado pela Academia Brasileira de Letras, e está presente em todos os seus livros a partir daí.

O elemento poético é parte indissociável de seu texto. Contos, romances, novelas, todos os gêneros explorados pelo autor potencializam a linguagem e a lançam para o universo da percepção poética do homem e do mundo.

Antonio Candido se reporta ao momento da estréia do autor no gênero conto, com Sagarana, nos seguintes termos:

> Registrando o aparecimento desta (obra) numa resenha breve, sugeri, sem especificar, esse caráter de invenção baseada num ponto de partida em que tudo estivesse no primórdio absoluto, na esfera do puro potencial. Parecia que, de fato, o autor quis e conseguiu elaborar um universo autônomo, composto de realidades expressionais e humanas que se articulam em relações originais e harmoniosas, superando por milagre o poderoso lastro de realidade tenazmente observada, que é a sua pura plataforma. (...) A experiência documentária de Guimarães Rosa, a observação da vida sertaneja, a paixão pela coisa e pelo nome da coisa, a capacidade de entrar na psicologia do rústico – tudo se transformou em significado universal graças à invenção, que subtrai o livro à matriz regional para fazê-lo exprimir os grandes lugares--comuns, sem os quais a arte não sobrevive: dor, júbilo, ódio, amor, morte, – para cuja órbita nos arrasta a cada instante, mostrando que o pitoresco é acessório e que na verdade o Sertão é o Mundo.[1]

---

[1] Cândido, Antonio. "O homem dos avessos". In: Coutinho, Afrânio (org.) *Fortuna Crítica de Guimarães Rosa*. 2.ª ed. Rio de Janeiro: Civilização Brasileira, 1991, p. 295.

O crítico esclarece o primeiro equívoco em relação à produção de Guimarães Rosa, colocando-o fora da perspectiva unicamente regionalista. Da mesma forma, a linguagem de estréia do autor – mantida até os últimos livros – não se restringe à fala do sertanejo exclusivamente. Pode-se dizer que o autor reconhece, e se apropria, da desterritorialização promovida pelo sertanejo na língua nacional.

Ao responder à questão "O que é uma literatura menor?"[2], Deleuze insiste em afirmar que uma literatura menor não é a de uma língua menor, mas antes a que uma minoria faz em uma língua maior. E esse "fazer" característico implica, ainda, um forte coeficiente de desterritorialização. A língua portuguesa nas brenhas do sertão é uma língua desterritorializada e servirá, como o alemão de Praga, a estranhos usos. Há uma linguagem capaz de estabelecer o pacto com o diabo e num movimento inverso, a mesma linguagem poderá pôr em questão esse pacto.

Guimarães Rosa apropria-se justamente da dimensão desterritorializada da fala do sertanejo e a reterritorializa como matéria literária. O alijamento social e cultural do homem do sertão o exclui do uso da língua como emblema de nacionalidade. De certa forma, isso implica uma liberação inventiva que dará ao homem do sertão as condições de tornar-se o inventor de uma outra língua. Diante do acesso interdito à língua nacional como tal, o sertanejo inventa uma língua/linha de fuga. Guimarães Rosa, sertanejo declarado e escritor sensível aos acontecimentos da língua, a rizomatiza a partir dos elementos do sertão – as guerras, os pássaros; as crenças, o vento/redemoinho, os paredões, as árvores, os rios etc. – e cria uma linguagem em alguma medida motivada pelo sertão e pela ordem – desordem – que rege esse mundo. Não há mais a língua do sertanejo, mas a língua do sertão, a língua do autor.

Sobre a situação de um judeu escrevendo em Praga, Deleuze lembra que Kafka define exemplarmente o beco sem saída que barra aos judeus de Praga o acesso à escritura e que faz da literatura deles algo impossível: impossibilidade de não escrever, impossibilidade de escrever em alemão, impossibilidade de escrever de outra maneira[3]. Esses autores não podem deixar de escrever, já que a consciência nacional, mesmo incerta e oprimida, passa pela literatura. A impossibilidade de escrever

---

[2] DELEUZE, Giles Sagarana, *Kafka: Por uma Literatura Menor*. (Trad. Júlio Castanon Guimarães). Rio de Janeiro: Imago Editora, 1977, pp. 25-42.
[3] Idem.

em outra língua que não o alemão estabelece a distância inexorável em relação à territorialidade perdida, a tcheca. E ainda, a impossibilidade de escrever em alemão diante da desterritorialização da própria população em relação à língua nacional, pois esta aparece como uma língua artificial, distante e inapreensível em essência, tanto mais para os judeus, pertencentes a uma minoria e dela mesma excluídos.

O caso radical de desterritorialização reconhecido por Deleuze em relação ao alemão de Praga e, em especial, o *caso Kafka,* cuja literatura é o rosto que responde a todos os impossíveis, não é exatamente o que se encontra na obra de Guimarães Rosa. No entanto, a terceira dimensão da desterritorialização observada em relação aos judeus escrevendo no alemão de Praga, ou seja, a desterritorialização da própria população em relação à sua língua nacional, pode ser diretamente associada à experiência de linguagem do sertanejo. O que acontece em Guimarães Rosa é que ele transforma a potência dessa desterritorialização em potência para pôr a sua língua – a literária – sobre a língua nacional e sobre a língua do sertão brasileiro. Não como um decalque simplesmente, mas como um mapa, novo e cheio de possibilidades que se ineditizam o tempo todo.

Ainda sobre a literatura menor, é possível dizer que não há sujeito nessa literatura, há apenas agenciamentos coletivos de enunciação[4]. Entendo que os agenciamentos funcionam como potência da própria literatura, são como demônios que espreitam à espera de que se firme o pacto ou como discursos que pairam sobre os sujeitos da enunciação, à cata de encontros, como se pode verificar, por exemplo, no conto "Pirlimpisiquice", que será anotado no corpo desse trabalho.

Assim, o autor explora a fala do homem do sertão na mesma medida em que se vê motivado pela fala de qualquer ser humano, em qualquer língua. Posso também, sem muito esforço, apontar na obra de Guimarães Rosa buscas e registros da expressividade observada nos animais ("Meu tio, o Iauretê"; "Seqüência"; "O burrinho pedrês"; "Conversa de Bois" etc.). A linguagem ganha, sob a égide do autor, uma dimensão inédita; aqui também é possível dizer que a Linguagem é o Mundo.

Em entrevista a Gunter W. Lorenz, Guimarães Rosa abordou a intrincada questão em que se debate a crítica para dar conta do seu estilo:

> O bom escritor é um descobridor. (...) Considero a língua como meu elemento metafísico: escrevo para me aproximar de Deus, estou sempre

---

[4] Ibid., p. 28.

buscando o impossível, o infinito. (...) Sou místico: posso permanecer imóvel durante longo tempo, pensando em algum problema e esperar. (...) Nós, sertanejos, somos tipos especulativos, a quem o simples fato de meditar causa prazer (...) Os livros nascem quando a pessoa pensa; o ato de escrever já é a técnica e a alegria do jogo com as palavras. (...) Faço do idioma um espelho de minha personalidade para viver: como a vida é uma corrente contínua, a linguagem também deve evoluir constantemente. (...) Escrevendo, descubro sempre um novo pedaço do infinito. Vivo no infinito, o momento não conta. (...) Existem elementos da língua que não podem ser captados pela razão; para eles são necessárias outras antenas. (...) Meus livros são escritos em meu idioma próprio, um idioma meu (...). Não me submeto à tirania da gramática e dos dicionários dos outros.[5]

Falando da escritura de uma obra (ou dum texto), Roland Barthes[6] começa por afirmar que o autor nunca produz um sentido *a priori*. O que pode acontecer é a instauração de um processo de significação. Entenda-se por significação o processo sistemático que une um sentido e uma forma, um significante e um significado. O sentido é construção do leitor durante o processo de significação desencadeado pelo texto.

Para Barthes, a figura do crítico aspira a vir antes do processo de significação. Ele (o crítico), por vezes, insere-se na tentativa de concluir a obra; dar-lhe o sentido *a priori* da significação. Entretanto, esta tentativa está destinada ao malogro. Ao crítico também é negada a última palavra, restando-lhe, por fim, uma fala indireta sobre a obra. Então temos que a última palavra (o sentido) é do outro, aquele para quem se escreve.

Refiro-me também ao que Barthes chama de *"o preço que se deve pagar pela esperança de ser acolhido (e compreendido) por quem nos lê"*[7]: a originalidade, possível apenas nas fronteiras da linguagem. E, nas fronteiras da linguagem (na literatura, portanto) encontramos, se não a salvação, ao menos uma promessa de segunda linguagem possível: a conotação.

A mensagem original repetida não vale nada; está esgotada. Porém, se for variada, produz a esperança de exprimir "o que arde em nós"[8] e também significar o desejo de expressão. De certa forma, para Barthes, o significado da obra literária está na tentativa de resgate da mensagem original. Desejo de purificação da linguagem.

---

[5] Diálogo de Gunter W. Lorenz com Guimarães Rosa. In: COUTINHO, 1991, pp. 62-97.
[6] BARTHES, Roland. *Crítica e Verdade*. São Paulo: Perspectiva, 1970.
[7] Ibid., p. 19.
[8] Idem.

Na seqüência de sua reflexão, Barthes aponta na técnica da criação da literatura um número de procedimentos que, para *"inexprimir o exprimível"*[9], promovem um distanciamento daquilo que já foi nomeado, na tentativa de resgatar-lhe um sentido original. Sem reconhecer nisso nenhum paradoxo, Barthes faz pensar que o distanciamento funcionaria, na verdade, como uma espécie de aproximação da origem e, portanto, da mensagem original.

Tratando da banalidade da linguagem corrente, Barthes denomina o escritor de "combinador": *"A afetividade é banal, ou, se se quiser, típica, e isso, comanda todo o ser da literatura; pois se o desejo de escrever é apenas a constelação de algumas figuras destinadas, só é deixada ao escritor uma atividade de variação e de combinação (...)"*[10].

A "variação" e "combinação" previstas por Barthes vão debater-se com o já nomeado, "nomeado demais" e extrair uma *"fala segunda do visgo das falas primeiras que lhe fornecem o mundo, a história, sua existência, em suma um inteligível que preexiste a ele (...)"*[11]

Esta fala segunda é desejada como a única possibilidade verdadeira de superação da banalidade da linguagem e, por conseguinte, única chance de exprimir a originalidade.

Barthes coloca-se diante do dilema moderno da linguagem. As vanguardas modernas, na tentativa de extrair a "fala segunda" de tudo o que está nomeado pela anterioridade da linguagem, atingiram um paroxismo paralisante. Em outro momento de sua obra, Barthes faz referência à pura autonomia da poesia, espaço de criação em que se dá a purificação da linguagem:

> Uma vez abolidas as relações fixas, a palavra só tem um projeto virtual; é como um bloco, um pilar que mergulha num total de sentidos, de reflexos e remanescências: é um signo de pé. A palavra poética é um ato sem passado imediato (...) a Palavra não é mais dirigida de antemão pela intenção geral de um discurso socializado (...). A Palavra é enciclopédica, contém simultaneamente todas as acepções entre as quais um discurso relacional a teria obrigado a escolher. Ela realiza então um estado que só é possível no dicionário ou na poesia, onde o nome pode viver privado de seu artigo, reduzido a uma espécie de estado zero, mas prenhe de todas as

---

[9] Ibid., p. 20.
[10] Ibid., p. 21.
[11] Ibid., p. 22.

especificações passadas e futuras (...). Cada palavra poética constitui assim um objeto inesperado, uma caixa de Pandora, de onde escapam todas as virtualidades da linguagem.[12]

Esse "estado especial" atingido pela linguagem no dicionário ou na poesia configura-se aqui como o *terceiro estado* da linguagem. Assim, a loucura deixa de significar a alienação da razão e a incapacidade para a vida normal e lógica. No significante loucura depositam-se outros significados, libertadores todos, posto que transformam um estado de dor e desespero em matéria moldável, reversível.

Nelly Novaes Coelho[13] identifica em *Sagarana* o narrador procedente do *homo ludens*, aquele que está presente nos rapsodos, aedos e jograis do mundo antigo, e que permanece encarnado nos cantadores populares, que ainda hoje perpetuam a herança folclórica de cada nação.

A autora destaca, ainda, que em *Sagarana* renasce, portanto, o anônimo "contador de estórias", o homem-coletivo que vem da alta ancestralidade que arraiga em Homero. Recorde-se, por exemplo, a epígrafe de "Burrinho Pedrês":

"E, a meu macho rosado,
carregado de algodão,
preguntei: pra donde ia?
Pra rodar no mutirão."
(Velha cantiga, solene, da roça)

O caráter exemplar dos contos de *Sagarana*, sobretudo de "A Hora e a Vez de Augusto Matraga", confirma a análise de Nelly Novaes Coelho e aproxima o narrador rosiano da narrativa de Walter Benjamin, no sentido em que a idéia de coletividade a compartilhar experiências se coaduna muito bem com a democracia exacerbada pela concepção de linguagem de Guimarães Rosa.

Apenas gostaria de ressaltar que a exemplaridade presente nestes contos de *Sagarana* e, mais tarde, nas pequenas narrativas de Riobaldo, não pretende estabelecer modelos de bom viver de acordo com as regras mais imediatas de uma ou outra comunidade. De fato, a formação da

---

[12] BARTHES, Roland. *Novos Ensaios: O grau zero da escritura*. São Paulo: Cultrix, 1974, p. 144.
[13] COELHO, Nelly Novaes Coelho. "Guimarães Rosa e o Homo Ludens". In: COUTINHO, 1991, pp. 256-263.

consciência nas personagens tem um caráter individual e passa, principalmente, pelo exercício radical da liberdade frente a um mundo que precisa ser apreendido a partir dos elementos de que dispõem a personagem: sentimento, fé, esperança, signo e linguagem.

Os inúmeros estudos sobre a linguagem em Guimarães Rosa já a estabeleceram como objeto de reflexão prioritário para qualquer abordagem crítica da obra. Assim, o que chamo aqui de *terceiro estado da linguagem* serve, principalmente, para refletir acerca do processo de composição do autor.

Suzi Frankl Sperber estabelece em *Signo e Sentimento*[14] o trabalho comparativo como forma de apreensão da diferencialidade do tecido poético na linguagem de Guimarães Rosa. Para tanto, a autora estuda a abertura do sintagma e a estratégia da indefinição de forma a explicitar os efeitos atordoantes do discurso rosiano.

A abertura do sintagma e a estratégia de indefinição, apontadas por Sperber, indicam, na composição dos textos rosianos anteriores a 1962, o mesmo procedimento que orienta a organização do enredo nos contos de *P. E.*.

Explico recorrendo, novamente, a Sperber:

> A abertura do sintagma, que abre um hiato entre signo e signo, entre sintagma e sintagma, poderá ser articulada (e, pois preenchida) pela referência a um intertexto explícito ou implícito. Explícito, ele é um tema (como o do centro, em G.S:V). Implícito, ele serve como substrato naturalizado. Como a intertextualidade que atravessa a obra rosiana manifesta a transcendência, é ela que preenche as zonas de silêncio, <u>remetendo este espaço em branco para o inefável, para o indizível, para um espaço em branco e um silêncio por isto mesmo ainda mais ampliados</u>. E mais ampliados, ainda, e também por causa da função poética da linguagem, que remete a busca da transcendência à busca da beleza, de diversas formas diferentes.[15] (SEM GRIFO NO ORIGINAL)

As zonas de silêncio na obra de Guimarães Rosa apontam justamente para a apreensão do invisível, aquilo que a palavra lógica perde de modo irreversível. Ao que importa dizer não corresponde nenhuma palavra do vocabulário *homo sapiens*. Portanto, no discurso rosiano está pre-

---

[14] SPERBER, Suzi. *Guimarães Rosa: Signo e Sentimento*. São Paulo: Ática, 1982.
[15] Ibid., pp. 9-10.

vista uma alteração da linguagem, um movimento que prevê o aproveitamento máximo da expressão lingüística, mesmo quando os recursos narrativos, aparentemente, poderiam remeter ao sentido de falência expressiva, o autor usa a linguagem com fé absoluta e a potencializa pelo recurso (milagre) da multiplicação de sentido. A linguagem de Guimarães Rosa é um mapa; propõe picadas que o leitor poderá multiplicar, preencher, significar.

David Mamet, em texto produzido para o New York Times e reproduzido pela Folha de São Paulo[16], discorre brevemente sobre a sua formação em música para mostrar a dificuldade que teve em perceber que era possível omitir, conscientemente e de forma criativa, uma nota musical que *"a gente ouve, de qualquer maneira"*. A sabedoria do artista está, então, em permitir a participação ativa da consciência do leitor, ouvinte ou espectador:

> Faz parte da nossa natureza elaborar, estimar, prever – correr antes do evento. Esse é o significado da consciência; todo o resto é instinto. Bach nos permite correr antes, e suas relações, como as de Aristóteles, são tão inevitáveis (como precisam ser, dadas as restrições da forma ocidental de composição) e tão surpreendentes quanto seu gênio complexo. (...) Tanto o moderno drama legítimo (Pirandello, Ionesco) quanto o trash da arte performática constroem sobre a revelação de que a omissão é uma forma de criação – que ouvimos a terça de qualquer maneira, que o público contribuirá com a trama. (...) A pergunta fascinante da arte: o que há entre lá e si?[17]

Guimarães Rosa, como Bach na música, põe o leitor para correr antes da narrativa, as inferências de leitura preencherão as lacunas deixadas pela abertura dos sintagmas. O texto se comporá a partir de uma noção de transcendência que não escapa ao humano, portanto, imanência. A máquina de escrita de Guimarães Rosa seculariza o milagre.

Em minha dissertação de mestrado ocupei-me da análise dos contos de Murilo Rubião e pude observar que a metalinguagem na obra do autor tinha por objeto de reflexão, principalmente, os limites do discurso racional. Neste autor, entretanto, a aderência ao fantástico não soluciona o dilema diante do *salto mortal*, jamais concretizado. Uma abordagem amadora, porém apaixonada, da obra de Julio Cortázar, possibilitou-me,

---

[16] MAMET, David. "Mistério da arte reside na nota que falta". Trad. de Clara Allai. In: Folha de São Paulo, 23 de Julho de 2002, Caderno Ilustrada, p. 1.
[17] Idem.

naquela ocasião, um exercício comparativo que resultou na compreensão de que, nesse segundo autor, o *salto mortale* se realiza; porém, de modo a complexificar enunciado e enunciação numa quase autofagia metalingüística.

A imagem do uroboro – serpente mítica que morde a própria cauda – mantém dois níveis de relação com o texto muriliano: no nível da temática textual, o desencanto, o sem sentido da existência e a invisibilidade aniquiladora reportam-se diretamente à imagem do eterno retorno expressa pela serpente que come a própria cauda. Num outro nível, o da criação, temos o autor/narrador condenado à reescritura constante de seus contos, às voltas com a (im)possibilidade de contar/narrar. A narrativa que se frustra ao contar sempre a mesma história de renúncia e fracasso precisa de cortes, aperfeiçoamentos e está sempre sujeita às modificações do autor descontente. Descontentamento que pode estar fora do texto, nisto que determina a temática: o absurdo do mundo real que ecoa no universo narrado.

David Arrigucci apresenta a metáfora do escorpião encalacrado[18] para abordar a obra de Cortázar problematizando o sentido da criação de uma forma mais radical. Enquanto a imagem do uroboro nos transmite o sentido da paralisação do texto – perfeitamente verificável na obra de Murilo – a do escorpião encalacrado tem o seu desfecho na morte, na destruição (o escorpião pica a si próprio com a finalidade de morrer); daí a conclusão de Arrigucci de que Cortázar realiza na sua obra *"a poética da destruição"*[19]. O texto não permanece paralisado, mas busca, ao realizar-se enquanto narrativa, a sua própria destruição. O escorpião que, ao ver-se ameaçado de morte, pica a si próprio para, paradoxalmente, escolher livremente a sua morte.

Segundo a análise de Arrigucci, as personagens de Cortázar são caracterizadas por uma oposição fundamental com relação ao mundo em que lhes é dado viver, um mundo fragmentado e sem sentido, o mundo absurdo a que tantas vezes se referirá a personagem Horácio Oliveira, em *O Jogo da Amarelinha*[20]. Não aceitam este mundo, pois nele se sentem desarraigados e divididos, perdidos de si mesmos. Rebelam-se contra a realidade, fazendo-se perseguidores de algo... de quê?

---

[18] Arrigucci, David Jr., *O Escorpião Encalacrado*. São Paulo: Perspectiva, 1973.
[19] Ibid., p. 22.
[20] CORTÁZAR, Julio. *O Jogo da Amarelinha*. 6.ª ed. (Trad. de Fernando de Castro Ferro). Rio de Janeiro: Civilização Brasileira, 1987.

A própria narrativa converte-se em perseguição. Esta perseguição, esta busca através da narrativa não é satisfeita, não se realiza. Então vem a reflexão sobre a própria busca, complexificando não só o enredo mas também a narrativa: "*A linguagem criadora é minada pela metalinguagem. O projeto para construir transforma-se, paradoxalmente, num projeto para destruir. A poética da busca se faz uma poética da destruição*"[21]. Nessa perspectiva, o herói cortazariano aproxima-se do herói fantástico de Joel Malrieu: o indivíduo condenado à divisão de si mesmo, ao divórcio com o mundo e, por fim, à destruição. Penso em "Carta a uma Senhorita em Paris"[22] como o exemplo de destruição no nível do enredo assim como no nível da narrativa, na medida em que o foco narrativo – primeira pessoa – e a modalidade de escrita proposta no conto – uma carta – revelam a impossibilidade de comunicação entre os dois mundos, o do narrador e o de Andreé, assim como representa no nível da enunciação a impossibilidade dos tempos do discurso e da leitura da carta (e do conto) coincidirem:

> Dizer-lhe que nesse intervalo tudo terminou, onde você vê a ponte aberta ouço eu quebrar-se a cintura furiosa da água, para mim este lado do papel, este lado da minha carta não continua a calma com que eu vinha escrevendo, quando a deixei para participar de um trabalho de comissões. Em sua cúbica noite sem tristeza dormem onze coelhinhos; talvez agora mesmo, mas não, não agora – no elevador, logo, ou ao entrar; já não importa onde, se o quando é agora, se pode ser em qualquer agora dos que me restam.[23]

A comparação entre Cortázar e Murilo Rubião é pertinente, no sentido em que apresenta duas realidades da criação artística: a paralisia e a destruição.

Encontro a terceira alternativa em Guimarães Rosa. Aqui o movimento em direção ao invisível se realiza dentro da linguagem e do enredo. A queda original é superada pelo *salto mortale* que reconduz o sujeito a um estado de harmonia consigo e com o mundo. Esta harmonia, como todo o resto, não está pautada pelas regras do mundo racional. A partir

---

[21] ARRIGUCCI, 1973, p. 22.
[22] CORTÁZAR, Julio. "Carta a uma Senhorita em Paris": In: *Bestiário*. (Trad. Remy Gorga Filho). São Paulo: Círculo do Livro, 1951, pp. 17-28.
[23] Ibid., p. 27.

da sua linguagem em *terceiro estado*, o autor renomea a coisa e a reinventa com a possibilidade de alegria dentro da dor; beleza entre o horror; amor nos entremeios da loucura e do ódio.

Referências Bibliográficas

ARRIGUCCI, David Jr.. *O Escorpião Encalacrado*. São Paulo: Perspectiva, 1973.
BARTHES, Roland. *Crítica e Verdade*. São Paulo: Perspectiva, 1970.
BARTHES, Roland. *Novos Ensaios: O grau zero da escritura*. São Paulo: Cultrix, 1974, p. 144.
CÂNDIDO, Antonio. "O homem dos avessos". In: COUTINHO, Afrânio (org.) *Fortuna Crítica de Guimarães Rosa*. 2.ª ed., Rio de Janeiro: Civilização Brasileira, 1991, p. 295.
COELHO, Nelly Novaes Coelho. "Guimarães Rosa e o Homo Ludens". In: COUTINHO, 1991, pp. 256-263.
CORTÁZAR, Julio. *O Jogo da Amarelinha*. 6.ª ed. (Trad. de Fernando de Castro Ferro). Rio de Janeiro: Civilização Brasileira, 1987.
_____. "Carta a uma Senhorita em Paris": In: *Bestiário*. (Trad. Remy Gorga Filho). São Paulo: Círculo do Livro, 1951, pp. 17-28.
DELEUZE, Giles Sagarana, *Kafka: Por uma Literatura Menor*. (Trad. Júlio Castanon Guimarães). Rio de Janeiro: Imago Editora, 1977, pp. 25-42.
MAMET, David. "Mistério da arte reside na nota que falta". Trad. de Clara Allai. In: *Folha de São Paulo*, 23 de Julho de 2002, Caderno Ilustrada, p. 1.
SPERBER, Suzi. *Guimarães Rosa: Signo e Sentimento*. São Paulo: Ática, 1982.

POESIA BRASILEIRA E IDENTIDADE NACIONAL[1]

PETAR PETROV
Universidade do Algarve, Portugal

1. A Literatura Brasileira, entendida como o conjunto de obras literárias produzidas no Brasil em língua portuguesa, teve as suas origens no século XVI, podendo considerar-se a *Carta de Pêro Vaz de Caminha a El-Rei D. Manuel* como a sua "certidão de nascimento" (Bosi, 1982, p. 16). De facto, o teor do texto do escrivão da frota de Pedro Álvares Cabral forneceu alguns temas fundamentais que tiveram o seu tratamento ao longo dos diferentes períodos estéticos até ao séc. XX. Para além do seu valor histórico, porque se trata de um documento norteado por uma ideologia mercantilista e de dilatação da fé cristã, as ideias de fertilidade e riqueza da terra descoberta, e do estado de inocência em que viviam os índios serão os motes nos textos informativos entre 1500 e inícios do séc. XVII. Como é sabido, o quinhentismo do Brasil-Colónia está marcado pela existência de um considerável número de relatos, catalogados actualmente como "literatura de viagens", nos quais cronistas e missionários europeus legaram uma visão de deslumbramento diante da paisagem exuberante, característica das terras de Vera Cruz. Tais relatos representam, na sua essência, um amplo e variado *corpus* bibliográfico, de procedência laica e religiosa, que contribuiu para a criação de um mito cultural, identificando o Brasil com o Paraíso, uma espécie de terra prometida, "fonte de eterna juventude, mundo sem mal, volta à Idade de

---

[1] O presente ensaio foi elaborado no âmbito da linha de investigação de *Retórica, Crítica e Teoria Literária (Estudos Comparados)* do Centro de Estudos Linguísticos e Literários da Universidade do Algarve, financiado pela F.C.T. e comparticipado pelo F.E.D.E.R.

Ouro" (Bosi, *op. cit.*, p. 19). O interesse dos escritos em causa prende-se com a atitude assumida pelos seus autores que acompanharam o processo de identificação do colonizador com a geografia física e humana do espaço sul-americano. Ainda não pertencentes ao literário, são textos informativos que fornecem imagem entusiástica de quadrantes brasileiros e captam o elemento nativo na sua condição primitiva de existência.

O *leitmotiv* do Eldorado nas descrições eufóricas dessa literatura informativa ou de testemunho, a traduzir o assombro do europeu perante o exotismo do mundo tropical, foi o principal factor para o surgimento do sentimento nativista. Entenda-se por nativismo "o amor da terra de maneira a alimentar uma visão profética do seu destino" (Lima, *apud* Castello, 1999, p. 415), nas suas diferentes vertentes, com incidência na "visão retrospectiva de tentativas de reconhecimento conciliador de valores internos e externos (Castello, *idem,* pp. 137-138). É precisamente a dialéctica entre os influxos resultantes da "ação adventícia" e os provenientes da "reação autóctone" (Castello, *ibidem,* p. 21) ou entre a tradição luso-europeia, "importada" e a procura de uma "nova tradição de cunho local" (Coutinho, 2001, p. 35) que será responsável pela dinâmica da Literatura Brasileira desde as suas expressões iniciais.

A tensão entre as duas tendências, a da aceitação de códigos literários europeus e a da tentativa de construção de uma tradição local, está na base da auto-identificação literária e corresponde, em certa medida, aos três grandes períodos da história social e política do Brasil. Referimo-nos ao Período Colonial (Castello, *op. cit.*) ou luso-brasileiro e às duas fases do chamado Período Nacional: a primeira compreendida entre a Independência e a proclamação da República, no séc. XIX; a segunda, situada no séc. XX, mais precisamente a partir dos anos 20/30. Aos períodos referidos correspondem, respectivamente, os sentimentos de *nativismo*, nacionalismo e brasilidade, sendo os movimentos decisivos para a afirmação da Literatura Brasileira o Romantismo e o Modernismo.

2. É inquestionável o facto de a evolução do nativismo ao nacionalismo ter levado praticamente três séculos, podendo situar-se o nascimento de um "ideal brasílico" (Cristóvão, 2000, p. 100) no fim do séc. XVI. Daí em diante, do ponto de vista cultural, merece referência a reivindicação de uma literatura de inspiração local, no sentido de se distinguir da portuguesa. Paralelamente, verifica-se um processo de tomada de consciência da realidade étnica de miscigenação e de uma cultura mestiça diferente da europeia. No séc. XVII, por exemplo, poetas como

Bento Teixeira e Manuel Botelho de Oliveira contribuíram em muito para a autonomização do Barroco brasileiro relativamente ao Barroco ibérico, revestindo-se a sua obra de substancial importância para a definição da cultura da colónia.

No entanto, é a poesia de Gregório de Matos que nos interessa destacar pelo facto de ter sido o primeiro poeta a cantar o elemento brasileiro, produto do meio geográfico e social, e por ser um dos mais representativos autores da arte barroca em língua portuguesa. Nascido em Salvador da Bahia, formado em Leis em Coimbra, à semelhança dos poetas ibéricos Gregório oscila, do ponto de vista temático, entre o sagrado e o profano, entre os valores carnais e espirituais, mostrando-se consciente também relativamente ao pecado, à penitência e à transitoriedade da vida. No plano formal, ele representa o exemplo acabado de estados conflituosos, expressos numa constelação de figuras e artifícios. A destreza da sua escrita transparece na produção de várias formas poéticas, como sonetos, quadras, tercetos, décimas, canções, glosas, etc. A estrutura da sua poesia assenta em recursos de imitação, simulação, inversão, repetição e surpresa, suporte da mundividência barroca da vida no seu explendor carnavalizante. Não lhe foi estranha a parodização, estratégia usada nos sonetos "Sete anos a nobreza da Bahia" e "Alma gentil, esprito generoso", onde ecoa a arte de Camões (cf. Coutinho, *op. cit.*; Campos, 1999).

Os textos atribuídos a Gregório de Matos, nunca publicados em vida, repartem-se pela poesia lírica, sacra, erótica e satírica. No que diz respeito ao sentimento nativista, este patenteia-se na crítica mordaz que dirigiu a todas as classes sociais, o que lhe valeu não só ser apelidado de "O Boca do Inferno" como deportado para Angola. O seu estilo irreverente e debochado introduziu o riso na Literatura Brasileira, transformando este autor no modelo do libertino. Foi um cronista social em verso: a sua sátira visava a burguesia nascente e improvisada, a altivez dos políticos e dos letrados, a arbitrariedade dos governantes, a corrupção da igreja, a decadência moral, social e económica. Detecta-se, na sua arte poética, um intuito de moralizar os costumes pela expressão do ridículo, apontando os aspectos negativos dos seus contemporâneos. Pode-se afirmar que, no seu todo, a sátira de Gregório de Matos regista a crise que assolava o novo mundo, a ascensão do riquismo, personificado pelo negociante português, e a opressão colonial nas suas várias formas. Todavia, não se fica pelo simples retrato já que é possível encontrar nos seus textos as causas de tal crise, que cristalizam no oportunismo e nos abusos de quem tudo quer governar, como é referido no soneto "A cada canto um grande conselheiro".

Um dos temas principais da poesia gregoriana, que permite relacioná-la com os primórdios da Literatura Brasileira, é o desconcerto do mundo, associado à conjuntura em que vive a sociedade baiana de seiscentos. Exemplo melhor é a composição "Epílogos", na qual a cidade de Salvador aparece como espaço da "vergonha"; a justiça é referida em termos de "bastarda" e "vendida"; os frades interessam-se somente por "freiras" e "putas" e o governo é algo que "não convence". O que interessa a Gregório de Matos é a situação local, como acontece nas décimas "Eia, estamos na Bahia", "onde agrada a adulação, / onde a verdade é baldão, / e a virtude hipocrisia".

Assunto igualmente importante é a etnia como defeito, ou seja, as fraquezas humanas assumem, quase sempre, particularidade étnica. A mundividência do poeta é a do colonizador europeu e, pelo prisma da sua superioridade, a imagem do negro, do mulato e do indígena emerge constantemente degradada: o escravo é caracterizado por vocábulos como "cão", "podengo", "asno" e é sinónimo de coisa vil e má. Do mesmo modo, o mulato é tratado como se fosse negro, enquanto as mulheres negras e as mestiças são denominadas com expressões da língua chula, do baixo calão. Vejam-se, a este propósito, as sátiras "Que vos direi do mulato", "Imaginais, que o insensato" e o soneto "Jelu, vós sois rainha das mulatas".

O tema da ascendência indígena como factor degradante é explorado por Gregório de Matos em vários poemas, de entre os quais merecem particular referência "Um calção de pindoba, a meia zorra" e "Um paiá de Monai, bonzo bramá". O soneto mais representativo é o intitulado "Aos principais da Bahia chamados os caramurus", no qual o poeta dirige a sua crítica aos que se pretendem fidalgos, mas possuem ascendência índia. A degradação étnica é conseguida mediante a técnica barroca de oposição entre os costumes dos progenitores dos falsos fidalgos, caracterizados na sua baixeza. Esta é reforçada pelo tratamento metonímico da culinária como emblema cultural, questionando-se ironicamente os valores de uma tradição local em oposição a parâmetros europeus. Outra estratégia de aviltamento dos "principais", é a presença de vocábulos tupi, introduzidos com propósito de fornecerem uma imagem torpe dos visados, uma vez que a acentuação, a sonoridade e as rimas remetem para um estilo baixo, desempenhando, assim, uma função corrosiva (cf. Ribeiro, 1995, pp. 29-30).

Aliás, na maioria dos textos satíricos de Gregório de Matos, ao lado da língua portuguesa há inúmeras palavras e expressões de origem indígena e até africana, utilizadas com intentos lúdicos e cómicos. Recordem-se as décimas "Como não a pode alcançar de nenhuma sorte a descompõe", o romance "Morto o cabra lhe faz o poeta o testamento da maneyra seguinte" e a composição "Disparates da língua brasílica a huma cunhãa, que ali galanteava por vício", na qual os vocábulos tupi reforçam a vertente grotesca, dessacralizante e paródica da mensagem.

Deduz-se, assim, que a diferença da conjuntura brasileira obrigava o poeta a incluir a mestiçagem na sua linguagem, pela absorção de recursos do léxico popular, como estereótipo de uma determinada situação sócio-cultural. Incorporando e aceitando a hibridização linguística, como material da sua realidade e da sua obra, Gregório de Matos conseguiu transformá-la em instrumento de desmascaramento e denúncia, mas também de testemunho de uma poesia nascente, marcada por uma dualidade simbiótica de erudição e popularidade. Daí a carnavalização poética, enfatizando a imagem conturbada da sua terra natal como um "mundo às avessas", ao mesmo tempo pervertido e atraente, diferente da pintura exótica e ufanista da Colónia em muita poesia na época (cf. Dias, 1985, pp. 24-27).

3. O nativismo, como característica da poesia satírica de Gregório de Matos, terá o seu aprofundamento no séc. XVIII, época de grande criatividade, durante a qual é notória a atenção dada à terra natal e aos estados de espírito dela derivados. A obra poética de Basílio da Gama, Santa Rita Durão, Cláudio Manuel da Costa, Tomás António Gonzaga, entre outros, está imbuída de um nativismo de particular especificidade, já com laivos de sentimento pátrio e de brasilidade. Para isso contribuíram as novas condições económicas e sociais, devidas ao movimento das "bandeiras", ao alargamento do território e à "febre de ouro", possibilitando o surgimento de uma produção cultural própria. A atitude ufana pelo espaço, por exemplo, teve a sua continuação, tornando-se num fenómeno quase colectivo na segunda metade do séc. XVIII. Neste sentido, a lírica arcádica da mesma altura torna-se uma das mais relevantes, porque aprofundou a glorificação da paisagem, dando início à Cultura e à Literatura Brasileiras como autónomas e independentes. Repare-se que nessa época já existia o germe de um sistema nacional, em que era possível identificar autores e artistas, livros e obras de arte, bem como potenciais leitores e apreciadores de mensagens artísticas. Trata-se de

um período crucial que estabeleceu a transição de uma fase, devedora a influxos da Metrópole, para uma nova puramente brasileira (cf. Cristóvão, *op. cit.*).

À autonomia cultural conseguida a partir dos meados do séc. XVIII, veio juntar-se a independência política, proclamada em 1822, em pleno Romantismo, movimento de importância vital para a construção cultural do Brasil. Contributo inegável para a definição do carácter nacional da Literatura Brasileira foi a obra de Gonçalves Dias, considerado o poeta maior da primeira geração romântica. Filho de pai português e de mãe cafusa, formado em Direito pela Universidade de Coimbra, cultivou a lírica e a épica, enquadrando a temática "americana" pela incorporação de motivos e assuntos genuinamente brasileiros. A par da natureza, tratada em tom saudosista e encarada como sinónimo de algo prodigioso e bendito, recorreu a temas relacionados com o indígena, o habitante primitivo, protótipo do brasileiro, desenvolvendo, com José de Alencar na prosa, o movimento do "indianismo". Nas chamadas "poesias americanas", explorou aspectos que tinham a ver directamente com o nativo, focalizando os seus dramas e conflitos, as lutas e os amores, o seu relacionamento e mestiçagem com o branco.

A concepção que Gonçalves Dias tinha da poesia está expressa no "Prólogo" do seu primeiro livro de Cantos, publicado em 1845, onde a liberdade da forma, a inspiração e o individualismo surgem como pressupostos fundamentais para a criação poética. Quanto ao seu nacionalismo, destaque-se a "Canção do exílio", que conjuga o tema romântico da saudade com o sentimento da natureza, numa ingénua exaltação da paisagem americana. A popularidade da composição, devido à simplicidade e à tonalidade nostálgica, serviu de intertexto ao Hino Nacional Brasileiro e a numerosos poemas escritos em língua portuguesa. Todavia, é o indianismo o principal responsável pelo nacionalismo gonçalvino, singularizando-se por uma visão diferente da adoptada pelo Romantismo europeu. Referimo-nos ao mito do "bom selvagem", que Gonçalves Dias subverte, substituindo a idealização do índio pela sua realidade humana. Esse aparece em composições épicas e dramáticas na sua heroicidade, nada primitivo nos seus sentimentos, nem ingénuo e inocente. Emerge também como factor da nacionalidade, emblema da independência, símbolo da força e da coragem, como se verifica nos poemas "O canto do guerreiro", "O canto do piaga" e "O canto do índio". Para o esboço de tal retrato, Gonçalves Dias partiu do conhecimento directo dos indígenas, com os quais conviveu, e de estudos que realizou na Amazónia, daí a sua particularidade. É visível nos seus poemas "Tabira", "O gigante de pedra", "Canção do tamoio", entre outros, a tentativa de representar fielmente as práticas e costumes dos índios, como por exemplo, as cerimónias de guerra e de morte, crenças, lendas, ritos e as relações problemáticas com o colonizador.

À vertente dramática do indianismo de Gonçalves Dias pertence o poema intitulado "I Juca Pirama", considerado como uma verdadeira obra-prima, enquanto fonte de novos temas e formas. Estruturado a partir do testemunho de um velho índio sobre a bravura de um jovem descendente da tribo Tupi, nos seus dez cantos narra-se o seu aprisionamento pelos Timbiras e a preparação do ritual de antropofagia que não chega a consumar-se. A valentia do prisioneiro, que acaba por declarar guerra aos Timbiras no intuito de se mostrar digno de morrer nas suas mãos, enfatiza a ideia da sua coragem. Vale a pena assinalar que, do ponto de vista estético, o poemeto é já clássico do Romantismo brasileiro, "pelo notável elemento humano, pela carga lírica que encerra, pela linguagem em que foi expresso, pela variedade do ritmo – que muda de uma parte para outra – conforme a situação que traduz" (Ricardo, p. 88). De facto, há um virtuosismo versificatório e rítmico que consegue recortar os vários momentos de narração e de diálogo, assente em tonalidades diferentes, como patéticas, coloquiais, solenes e recitativas.

"Os Timbiras", outro poema da autoria de Gonçalves Dias, anunciado como uma composição épica em dezasseis cantos, ficou incompleto, conhecendo-se apenas quatro que foram publicados. Trata-se de um relato das lutas entre as tribos Timbiras e Gamelas, nos chamados tempos heróicos, no séc. XVII, época de expansão e conquista do território de Amazonas. Temos novamente uma aposta na exaltação da bravura e da destreza dos guerreiros, com a alusão aos seus ritos semibárbaros, às suas batalhas e gestas. O que importa reter dos cantos existentes é a dimensão sobrenatural na cosmovisão do primitivo e a atitude do poeta quanto à dicotomia entre natureza e civilização. No primeiro caso, o elemento onírico, explorado no canto III, quando os guerreiros contam os seus sonhos, atesta que o índio vive numa atmosfera fabulosa e fantasmagórica, onde o natural e o sobrenatural se sobrepõem. Quanto à dicotomia, a mundividência de Gonçalves Dias é claramente romântica: no confronto entre o tempo heróico e o tempo presente do canto, entre os ambientes bucólicos e os urbanos, entre o primitivismo e o progresso, vence a harmonia que cristaliza na posição do poeta em procurar refúgio na natureza (cf. Ribeiro, *op. cit.*, pp. 108-109).

O ideário romântico que subjaz à poesia de Gonçalves Dias detecta-se igualmente nos ambientes medievalizantes que revestem o seu indianismo, como resultado de um evasionismo com a transposição de padrões da Idade Média. Esta faceta é visível, por exemplo, no citado "I Juca Pirama" e mesmo em "Os Timbiras", onde a brasilidade patente não dissimula a atmosfera medieval pelo reflexo do cavaleiro andante: o arquétipo cavaleiresco parece transladado, com as naturais adaptações, à selva amazónica, cenário da epopeia. Do mesmo modo, os poemas com heroínas indígenas, poucos porque geralmente as mulheres estão ausentes ou secundarizadas, traçam perfis conotados com o medievalismo romântico. Ilustrativos disso são os textos "Marabá" e "Leito de folhas verdes", onde a situação de abandono em que se encontram as donzelas, a primeira por causa de ser mestiça e a segunda pela ausência do amado, se enquadra na tradição das remotas cantigas de amigo (cf. Moisés, pp. 36-37).

Uma palavra é devida à linguagem literária de Gonçalves Dias, poeta que defendia o uso de uma língua diferente da usada em Portugal, advogando a contribuição de elementos de origem africana e das línguas tupi. Os "brasileirismos" linguísticos gonçalvinos situam-se tanto no plano da introdução de vocábulos, como na violação de regras fonéticas, sintácticas e métricas. A sua poesia distingue-se por uma particularidade a nível do ritmo, do metro e da rima e, se representa a verdadeira poesia nacional do Brasil, isto não se deve apenas à sua inovadora temática indianista mas também à sua poeticidade.

4. Se o nacionalismo assumiu, com a poesia da primeira geração romântica, um carácter muito próprio sob a forma de indianismo, na derradeira fase do movimento um outro elemento étnico encontrará a sua valorização. Referimo-nos ao negro, cujo estatuto de formador da nacionalidade ocorre durante o chamado Romantismo liberal e social, ligado às lutas pelo abolicionismo, depois de 1866. Recorde-se que o tema da escravatura e da condição do africano encontra o seu tratamento em poucos poemas de Gonçalves Dias, nos quais a mistura da problemática social com a saudade e o exílio consegue somente sublinhar o sofrimento do negro. De resto, é com Castro Alves que o escravo passa a ser considerado como uma das raízes nacionais do povo e da cultura brasileira. Nascido na Bahia e tendo convivido com a situação esclavagista e a campanha abolicionista, Castro Alves tomou cedo consciência do seu papel de poeta social. Durante os seus estudos nas Faculdades de Direito em Recife e em São Paulo, cultivou também a poesia lírico-amorosa, mesclada de sensualidade, caracterizada por uma extraordinária intensidade passional, onde a esperança, a euforia, o desespero e a saudade superaram, com o seu vigor, a poesia amorosa dos seus contemporâneos. Porém, é na vertente social e humanitária que consegue alcançar momentos de fulgurante eloquência épica. Do ponto de vista pragmático, as feições da sua poesia social definiram-se logo nas primeiras composições, consubstanciadas numa teatralização e num pendor didáctico. Não é de estranhar uma atitude desse tipo: os poemas de Castro Alves visavam potenciais ouvintes, daí a ênfase numa certa oratória de cariz oralizante e numa embriaguês verbal apoteótica, estratégias que fornecem aos seus textos um poder excepcional de comunicabilidade.

Da obra poética de Castro Alves, interessa-nos chamar a atenção para as composições reunidas sob o título *Os Escravos*, livro publicado postumamente, no qual encontramos os melhores exemplos de tematização do negro. Assinale-se que a problemática da escravatura no Brasil convive com uma outra preocupação do poeta, relacionada com a luta pela liberdade humana. Extremamente sensível às inspirações revolucionárias e liberais do séc. XIX, Castro Alves mostra-se conhecedor dos grandes episódios históricos do seu tempo e incorpora, na sua expressão poética, temas universais, como a liberdade e a igualdade. Veja-se, a este propósito, o poema "O Século", que abre a colectânea de *Os Escravos,* cujas epígrafes, da autoria de Napoleão, Vitor Hugo e José Bonifácio sintetizam um ideário circunscrito à crença no homem historicamente situado. O poema é estruturado à volta da antítese trevas / luz, metáfora de opressão / liberdade, e remete para uma cosmovisão utópica e socialista. Na primeira estrofe, por exemplo, existe um jogo antitético entre um "corvo escuro" e a "águia dos céus", simbolizando, respectivamente, a escravatura e a grandeza das causas nobres. Nas seguintes seis, desenvolve-se a ideia do combate à opressão, com o recurso a imagens de movimentos libertadores, por um lado, e de tirania, por outro. Neste contexto, surge também referência à escravatura no Brasil, como parte de uma série de situações de injustiça e desigualdade. O tom do poema é manifestamente solene e há uma particularidade a reter: a ênfase atribuída por Castro Alves à função social do poeta, entendido como arauto do futuro, identificado como profeta no seu papel de apelar à mudança. Mas não é só nesse poema que temos a comparação do poeta com um guia espiritual, algo frequente na poesia romântica de cariz social. O poeta--vate, como indivíduo empenhado numa missão e a convicção nas potencialidades dos injustiçados são também motivos nos poemas "O vidente" e "A visão dos mortos", entre outros (cf. Ribeiro, *op. cit.* pp. 156-158).

No entanto, as composições "O navio negreiro" e "Vozes d'África" tornaram o seu autor numa figura célebre e popular. A primeira, com o subtítulo de "Tragédia no mar", apresenta-se dividida em seis cantos nos quais o sujeito poético acompanha a viagem de um navio de escravos, aproveitada para denunciar a desigualdade entre os homens. A "tragédia" anunciada prende-se com a condição dos negros transportados e com a antítese entre liberdade e opressão, evoluindo, no canto IV, para a oposição entre religião e razão. Nesta fase, a voz poética apela à piedade, numa atitude de impotência perante o horror e a miséria humana. Finaliza o poeta com um sentimento de repulsa face à escravatura, entendida como uma vergonha para o Brasil. Não falta, nos últimos versos, a invocação para a mudança, num tom épico, comprovando a designação pela qual era conhecido Castro Alves: o "Cantor dos Escravos".

A tendência para apelar para o sentimento de piedade, mediante a activação de uma retórica própria da chamada "poesia condoreira", está patente também no poema "Vozes d'África". Citem-se outros poemas na mesma linha temática, como "Canção do africano", "Lúcia" e, em especial, "A cachoeira de Paulo Afonso", composição dramática centrada na tragédia amorosa entre dois escravos, motivo para o poeta denunciar a opressão económica e social do africano.

Como se pode depreender, na poesia de Castro Alves ecoam as vozes de alguns românticos revolucionários de origem francesa, que encarnaram as tendências messiânicas do Romantismo e a utopia libertária do séc. XIX. Nesta linha, o poeta, entendido como bardo que ataca a escravidão e a injustiça, transcende, nos seus propósitos, a problemática do escravo e aponta para um drama mais amplo e abstracto: o próprio destino do homem. De qualquer modo, a importância da obra poética de Castro Alves prende-se com o facto de ter sido o primeiro a tratar o negro como herói, como um ser integralmente humano. Mais ainda, no contexto da Literatura Brasileira oitocentista, a sua produção abrirá caminho para um novo modo de representação, de carácter pré-parnasiano, com a abordagem mais objectiva da realidade brasileira, nos seus problemas concretos de índole social.

5. A preocupação com a componente nacional na Literatura Brasileira persistiu durante as últimas décadas do séc. XIX, período que assistiu a uma tendência de conquista de maturidade e de procura de resposta à questão da auto-definição, enraizada na conjuntura da nova organização social. Lembremos, a este propósito, o papel fundamental desempenhado por José de Alencar, relacionado com a tomada de consciência doutrinária do problema, bem como o "instinto de nacionalidade" a que se referiu Machado de Assis, em 1873, como sendo o ideal literário do momento. A inclusão de assuntos tipicamente brasileiros tornou-se uma constante e encontrou a sua expressão no chamado "regionalismo", cujo desenvolvimento, iniciado em fins do séc. XIX, forneceu à prosa e à poesia matéria temática originária de diversos quadrantes brasileiros, enriquecendo esteticamente a arte verbal com a utilização feliz de técnicas oriundas do Realismo. Pode-se dizer que, no início do séc. XX, na literatura produzida no Brasil ganhava forma um sentimento de "brasilidade", fenómeno que se afirmou durante o Modernismo, movimento que teorizou o conceito, explorando, na prática, as suas potencialidades nas suas diferentes coordenadas.

O Modernismo surgiu em São Paulo, com a famosa Semana da Arte Moderna, em 1922, e como todos os movimentos nascentes teve por finalidade superar formas artísticas, no caso devedoras às correntes do Naturalismo, do Parnasianismo e do Simbolismo. De um modo geral, a revolução estética do Modernismo consiste na ruptura com os espíritos conservadores e conformistas, na demolição de tabus e preconceitos e na defesa de uma maior fidelidade à realidade brasileira. Essa fidelidade encontra-se na produção artística de diversos grupos e tendências que se singularizaram depois da Semana da Arte Moderna e, em especial, na fase dinâmica do movimento. Referimo-nos à corrente "nacionalista" (com o movimento *verde-amarelo,* o da *anta* e o da *bandeira,* que reivindicava o enraizamento da literatura em assuntos brasileiros, folclóricos, nativos e americanos), à "desvairista" (que lutava pela liberdade de pesquisa estética, pela renovação da poesia e pela criação de uma língua nacional) e à "primitivista" (inspirada nos motivos da terra e da gente brasileira). A última, por exemplo, preocupada com os grupos étnicos formadores da cultura brasileira, viu "no índio, no mestiço, (...) a força criadora do primitivo; no primitivo, a capacidade de inspirar a transformação da (...) sensibilidade, desvirtuada em literatura pela obsessão da moda européia" (Candido e Castello, 1997, p. 13). É precisamente esse aspecto que nos interessa examinar na produção doutrinária e poética de um dos mais destacados representantes do Modernismo brasileiro, considerado como o *enfant terrible* do movimento.

Trata-se de Oswald de Andrade, um dos principais, senão o principal dinamizador, teorizador e divulgador do movimento modernista. Nascido em São Paulo, no seio de uma família abastada, cedo travou conhecimento com as vanguardas europeias e, após a sua formatura em Direito em 1917, empenhou-se na luta em defesa dos ideais modernistas. Em 1924, o seu texto, intitulado "Manifesto da poesia Pau Brasil", representou uma espécie de "grito de Ipiranga" para a literatura, pela tentativa de doutrinação das fontes inspiradoras do sentimento poético brasileiro. A estruturação do Manifesto é claramente futurista e a sua característica essencial pode ser sintetizada numa palavra: primitivismo. Esta seria a componente de vital importância para a criação da chamada "poesia de exportação", que se opunha à produzida sob o peso livresco das ideias importadas. O que Oswald de Andrade propunha era o derrube do saber adquirido, do "lado doutor", do "bacharel", ou seja, da escola, e a sua substituição pelos valores da floresta: "bárbaro e nosso", "a riqueza vegetal", "o minério", "a cosinha", "o vatapá, o ouro e a dansa". As propostas primitivistas, contidas no Manifesto, apelam para um "trabalho contra o detalhe naturalista", "contra a morbidez romântica" e "contra a cópia, pela *invenção* e pela *surpresa*". Na perspectiva oswaldiana, a época moderna no Brasil "anuncia a volta ao *sentido puro*" e privilegia "uma outra ordem: sentimental, intelectual, irónica, ingênua". Deste modo, os poetas deveriam fazer poesia "com a alegria dos que não sabem e descobrem", o que erigia a ignorância em sistema, inaugurando um "período de esplendor do populismo estético" (Martins, 2002, p. 193).

No entanto, malgrado o radicalismo relativamente ao saber instituído, o Manifesto aponta para a preservação de uma certa tradição, denunciando, assim, a ambivalência na atitude do seu autor e a sua oscilação entre o passado e o presente. No fundo, o ideal perseguido parece ser o da conciliação entre cultura nativa e cultura intelectual renovada, composto híbrido que ratificaria a miscigenação étnica do povo brasileiro.

A concretização das ideias contidas no Manifesto surgirá na poesia do primeiro livro de Oswald de Andrade, com o título *Pau Brasil,* o qual lançou alguns temas que persistirão na criação poética modernista até meados da década seguinte. Quanto à linguagem, são a língua "natural e neológica" e a "contribuição milionária de todos os erros" que aparecem eleitas como factores subversivos para a literatura erudita em "Falação", texto de abertura. De um modo geral, os poemas oswaldianos apresentam quase sempre uma grande simplicidade: são anedóticos, pitorescos e humorísticos, mais uma prova da recusa do academismo e de uma aposta na imaginação primitiva. Detecta-se, igualmente, uma tentativa de união do tradicional e do moderno, visível por exemplo nas composições "meus sete anos" e "canto de regresso à pátria" que parodiam os originais "Meus oito anos", de Casimiro de Abreu, e "Canção do exílio", de Gonçalves Dias. Neste caso, a aliança que se estabelece entre a natureza, idealizada pelos românticos, e o progresso do séc. XX, consegue corroer os alicerces intocáveis de uma certa tradição nacional.

Exemplos de parodização encontram-se também nas séries intituladas "História do Brasil" e "Poemas da Colonização", que pretendem atribuir um sentido novo a excertos de obras imitadas. A primeira é composta por releituras de textos de cronistas e viajantes do séc. XVI, como Pêro Vaz de Caminha, Gândavo, Claude d'Abeville e Frei Vicente de Salvador, entre outros, de onde emerge uma intenção crítica relacionada com as características da paisagem e da vida nacional. Basta ver os títulos das breves anotações em verso, para nos darmos conta da temática: "a descoberta", "os selvagens", "sistema hidrográfico", "país do ouro", "riquezas naturais", "festa da raça", "paisagem", "as aves", etc. Na segunda série, vêm numerosos poemas, tipo instantâneos ou *flashes,* sobre a história da escravatura, com fragmentos da vida nas fazendas, do quotidiano dos negros, com as suas superstições e crendices, modos de falar e problemas existenciais. Não faltam "a transação", "a capoeira", "o negro fugido", "o levante" e "o senhor feudal". Nas composições reunidas sob os títulos "RPI", "Postes da Light" e "Lóide brasileiro", seguem-se flagrantes urbanos e impressões sobre cidades do interior.

Se os temas presentes na poesia da colectânea *Pau Brasil* comprovam a vertente nacionalista de Oswald de Andrade, a sua retórica pode ser considerada também de cariz nacional. Isto torna-se óbvio na sua "poética da radicalidade", na medida em que "afeta, na raiz, aquela consciência prática, real, que é a linguagem" (Campos, 1990, p. 7). De facto, a expressão oswaldiana, no contexto dos anos 20, teve um impacto especial em virtude de ter abalado a poesia saturada de imitações correntes, tributária aos chamados "modos do bem dizer", e de ter introduzido um registo mais desleixado, utilizado pelo povo, com o qual foi possível traduzir a inquietação do homem brasileiro. Reabilitou o idioma quotidiano e plebeu, baniu a eloquência balofa, optou por um discurso mais concreto e inaugurou uma revolução, da qual nasceu uma orientação de poética substantiva, de poesia contida, reduzida ao essencial. A essencialidade, ou a estética redutora de Oswald de Andrade, contém também uma objectivação e um antiilusionismo, consequência da activação de técnicas de montagem, desafiadoras de expectativas, forçando o leitor a participar no processo criativo. Por outro lado, a sintaxe do fragmento, "marca registada" oswaldiana, conduz à dessacralização da poesia, através do despojamento da "aura" da concepção poética tradicional. Outro aspecto a reter da sua escrita é o movimento peculiar entre destruição / construção, que se caracteriza pela estratificação da linguagem, cujos fragmentos são recuperados e articulados numa nova ordem sintagmática. Há também o chamado *ready made* linguístico, quando o autor recorre à "frase pré-moldada do repertório coloquial ou da prateleira literária, dos rituais quotidianos, dos anúncios da cultura codificada em almanaques" (Campos, *op. cit.*, p. 25). Todos esses processos encontraram os seus seguidores, contaminando as expressões de um Carlos Drummond de Andrade e de um João Cabral de Melo Neto, bem como da poesia concreta dos anos 50 e 60. Daí podermos afirmar que a poética de Oswald de Andrade, para além de ter marcado uma época fulcral da evolução da arte verbal no Brasil, abriu as portas para um projecto genuinamente nacional, identificado com a *brasilidade* literária.

Referências Bibliográficas

BOSI, Alfredo, *História Concisa da Literatura Brasileira*, Cultrix, São Paulo, 1982 (3.ª ed.).
CAMPOS, Haroldo de, *Pau-Brasil*, Ed. Globo, São Paulo, 1990.
CAMPOS, Maria do Carmo Alves de, "Barroco e sentimento nativista na poesia de Gregório de Matos", in CASTRO, Sílvio (coord.), *História da Literatura Brasileira*, vol. 1, Alfa, Lisboa, 1999.
CANDIDO, Antonio e CASTELLO, José Aderaldo, *Presença da Literatura Brasileira*, vol. 2, Bertrand Brasil, Rio de Janeiro, 1997 (8.ª ed.).
CASTELLO, José Aderaldo, *A Literatura Brasileira. Origens e Unidade*, vol. 1, Edusp, São Paulo, 1999.
COUTINHO, Afrânio, *Introdução à Literatura no Brasil*, Bertrand Editora, Rio de Janeiro, 2001 (17.ª ed.).
CRISTÓVÃO, Fernando, "Brasil: do 'descobrimento' à 'construção'", in *Camões, Revista de Letras e Culturas Lusófonas*, n.º 8, Lisboa, Janeiro-Março de 2000.
DIAS, Ângela Maria, *Gregório de Matos. Sátira*, Agir Editora, São Paulo, 1985.
MARTINS, Wilson, *A Ideia Modernista*, Academia Brasileira de Letras, Toopbooks Editora, Rio de Janeiro, 2002.

MOISÉS, Massaud, *História da Literatura Brasileira,* vol. II, Cultrix, São Paulo, 1984.

RIBEIRO, Maria Aparecida, *Literatura Brasileira,* Universidade Aberta, Lisboa, 1995.

RICARDO, Cassiano, "Gonçalves Dias e o indianismo", *in* COUTINHO, Afrânio, *A Literatura no Brasil,* vol. 3, Global Editora, São Paulo, 1997 (4.ª ed.).

OS GUARDA-CHUVAS CINTILANTES:
O DIÁRIO FICCIONAL DE TEOLINDA GERSÃO
E O ROMANCE-DIÁRIO

ROGÉRIO MIGUEL PUGA
Instituto Superior de Educação e Ciências de Lisboa

> Por um lado, tenho uma fascinação pelos diários, sou uma leitora interessadíssima dos diários dos outros, mas por outro lado, sentia uma recusa em fazê-lo. [...] Eu não quero fazer uma escrita intimista. O intimismo é uma confissão de certos estados de alma, porventura secretos, mas sempre conscientes, e a mim o que me interessa é captar o inconsciente em relâmpago.
>
> TEOLINDA GERSÃO, *in* Inês Pedrosa (26/06/1984: 4)

Os Guarda-Chuvas Cintilantes (1984)[1], de Teolinda Gersão, que classificamos como diário ficcional[2] e não como romance-diário, sub-género com que aliás partilha características, remete para algumas das questões mais pertinentes em torno da forma e do conteúdo da diarística. O diário "[...] réitérant chaque jour son actualité, met en scène le temps de son énonciation, qui ne se perd jamais de vue. [...] Ne perd porte pas

---

[1] Obra doravante designada de *GC* (1997), seguindo-se a respectiva paginação no corpo do texto.

[2] Maria de Jesus Galrão Matias (2000: 217) classifica a obra como "diário ficcionado", enquanto Maria Alzira Seixo (2001: 308) afirma que *GC* é um livro "estranho e algo furtivo", devendo chamar-se-lhe "[...] 'diário', como faz a autora." Veja-se ainda *idem* (1986: 237-238). Já José N. Ornelas (2004: 115) classifica o texto como romance ficcional.

sur le passé d'une vie, mais sur la journée en cours [...]"[3], e é desta relação da escrita íntima com o momento presente da vida grafada que *GC*, retira partido, de forma premeditada. De acordo com Valerie Raoul (1980: 46), "[...] the journal is both 'monograph' (a means of exteriorizing the self in writing) and 'chrono-graph' an illustration of the production of a written record of time, produced in time [...]", dimensões presentes no texto em questão.

O romance-diário (*diary-novel*), com o qual o diário ficcional de Teolinda Gersão partilha características, é iniciado *in medias res*, redigido sob a forma convencional (e preexistente) do diário real, ou seja, em tom intimista e confessional, fruto da "narração intercalada" (Gérard Genette, 1972: 229-230), em primeira pessoa, no isolamento e na privacidade de um texto que, geralmente, e ao contrário do romance epistolar, não tem destinatário, e cuja função é registar (motivos e temas como) o quotidiano recente, os sentimentos, as reflexões e experiências do autor / narrador / personagem através do registo individual dos acontecimentos que constituem o conteúdo da narrativa. O conteúdo e as estratégias narrativas do subgénero são, assim, influenciados pela forma da diarística – como afirmam Trevor Field (1989: 3) ao referir-se à tensão criativa produzida pela fusão da forma do diário e do romance e aos "mimetically convincing diary novels", e Michal Glowinski (1977: 103), através da expressão "formal mimetics" – nomeadamente, as diferentes formas de redigir entradas datadas, habitualmente *au jour le jour*, com alguma exactidão e, por vezes, geograficamente localizadas; a metaficção que resulta da consciencialização/reflexão da diarista em torno da sua vida, ora monótona ora agitada, do seu estilo literário e dos problemas que enfrenta durante o processo da escrita, tais como, por exemplo, o espaço disponível, e ainda o diário enquanto objecto físico e espaço gráfico secreto que limita ou influencia a redacção.

A narrativa intimista de Teolinda Gersão é composta por impressões, metáforas, comentários/exercícios metaficcionais e pequenas histórias ou micro-enredos que formam núcleos de significação em torno das temáticas desenvolvidas pela diarista em entradas e diálogos que preenchem as cento e vinte seis páginas da obra a que é atribuída o

---

[3] Jean Rousset (1986: 164), que, na página 176, continua: "[...] le Journal est toujours exactement daté [...]; en enregistrant le présent le jour même où il se vit, il l'organise et prépare, pour les relectures ultérieures, la mise en forme de ce qui sera devenu le passé [...]".

subtítulo "Diário".[4] Este elemento paratextual estabelece, desde logo, um contrato de leitura entre o texto e o leitor que influenciará a interpretação do primeiro, que se assume como um "monólogo narrativo" ou "solilóquio do eu" (Jean Rousset, 1986: 14, n.º 2; 15)[5]. Ao longo deste nosso estudo analisaremos a relação entre a forma e o conteúdo do diário ficcional em questão, que acaba por ser também um anti-diário, pois a resistência à norma tradicional dá lugar a experimentações discursivas através de reflexões oníricas e críticas que concorrem para a dimensão metaficcional e para o exercício de auto-reflexividade do texto em torno quer da metodologia quer dos requisitos formais do género diarístico, criticando os diários que apenas buscam o consciente, estratégia que a própria Autora refere na citação que serve de epígrafe a este estudo.

O primeiro parágrafo da obra apresenta uma descrição do céu "inventado", ou melhor, ficcionalizado, que muda consoante a "[...] infindável constelação das coisas [...]" (*GC*: 7), tal como os próprios actos de interpretar e escrever a vida quotidiana. A focalização dos guarda-chuvas personificados invade, logo no início, o diário, como se se tratasse de um jogo de espelhos entre a consciência da ladra de guarda-chuvas e da coisa roubada, tornando-se o observador na coisa observada, sendo o tempo e o espaço transformados em 'realidades' igualmente psicológicas através da apresentação dos pensamentos, sentimentos e motivos secretos ou inconscientes da personagem-diarista. O discurso do fantástico[6], onde se acumulam termos do português do Brasil[7], oscila entre a terceira e a primeira pessoas do singular, sendo o tempo (cíclico) psicológico, por comparação ao tempo no relógio que não pode ser parado, também uma preocupação da diarista, e que, à semelhança do que se passa em *Orlando* de Virginia Woolf[8], se transforma hiperbolicamente e de forma

---

[4] Sobre a função do (sub)título veja-se Steven G. Kellman (1975: 152-167) e Gérard Genette (1988: 692-720).

[5] O autor estuda a relação entre diário e viagem (*idem, ibidem*: 195-206), também existente em *GC*, como veremos.

[6] Maria Heloísa Martins Dias (1992), analisa a relação-conflito entre as consciências individual e colectiva da mulher e o mundo circundante opressor na obra de Teolinda Gersão, recorrendo a narradora-diarista, também no caso de *GC*, à linguagem e à escrita para transgredir a realidade castradora, esta última reescrita numa outra dimensão.

[7] Refiram-se, a título de exemplo, "jacarandá" e "cruzeiros" (*GC*: 13, 16; respectivamente). De acordo com José N. Ornelas (115), Teolinda Gersão escreve parte da obra no Brasil.

[8] Rogério Miguel Puga (2002: 99-100).

impossível: "Esse ano demorou-se um só dia, e fugiu que nem um pássaro, pela janela fora [...]" ou "Este dia durou seis meses [...]" (*GC*: 9, 57), daí que seja urgente reciclar ou economizar dias "desdobráveis" (*GC*: 10), em que sobram horas que se poupam (*GC*: 11-12), tal como as frases que se negam, sucessivamente, umas às outras, e refazem a história no e do texto que se assume aliterativo através da adjectivação dupla e da presença de verbos a pares [*GC*: 11: "[...] fascinantes, fosforescentes [...] excitava, exaltava – – [...]"].

O texto, que poderá ser definido com palavras da autora ["[...] poema de amor narcísico [...]" (*GC*: 61)] não tem um fio condutor, acumulando-se as entradas, marcas típicas do diário, datadas apenas com os dias da semana e do mês, tornando a localização temporal vaga, sem que o ano seja identificado. A narrativa íntima torna-se elíptica logo no início, pois o *"Domingo, um"*, dá lugar ao *"Sábado, três"* e, de seguida, a uma *"Segunda, catorze"* (*GC*: 7-9), obviamente em meses diferentes, não sendo a sequência cronológica linear. O registo salta, assim, de data em data, chamando a atenção para o seu cariz ficcional também através da dimensão onírica ["[...] flores imaginadas [...] um risco de azul a contornar o mar [...] sobre um fio de arame estendido entre possível e impossível [...]" (*GC*: 9)]; de nomes próprios invulgares que são "mentiras" (*GC*: 40) ou de conclusões como "Poderia contar [...], inventar mil histórias [...], mas todas eram falsas, não existia história alguma." (*GC*: 90)

As temáticas da obra aproximam indirectamente o leitor do imaginário da Guerra Fria[9], tomando Deus a forma de cão, pois o que interessa não é, como já afirmámos, conseguir um fio condutor temático, mas sim ideias soltas e, sobretudo, a escrita imediata. Este pequeno anti-diário, por vezes irónico, rompe, premeditadamente, com a forma diarística tradicional, na qual as entradas se encontram datadas de forma a localizar o tempo e o espaço reais, enquanto se narram acontecimentos *au jour le jour* (*vide* Gerald Prince, 1975: 477), pois de acordo com Lorna Martens (1985: 28-29), e como se pode verificar na obra em questão, o diário relata acontecimentos quotidianos, não sendo, necessariamente, um relato diário. Os guarda-chuvas assumem-se como símbolos de sombras e de bengalas que andam connosco, abrindo-se e fechando-se, à semelhança da escrita, através das sucessivas entradas do diário,

---

[9] Interpretação que nos é sugerida pela Autora empírica do texto (Lisboa, Junho de 2003).

como que se de um jogo entre o consciente e o inconsciente se tratasse. As diversas histórias familiares ou de viagem (fragmentárias), as reflexões e os devaneios surreais[10] da narradora, também romancista, abordam questões como a pobreza e os problemas literários mundiais, questionando a própria escrita e a definição da forma produzida. O diário critica a desumanização de um mundo pós-moderno, como se o individualismo, enquanto sinónimo de materialismo, gerasse ou forçasse quer uma atitude narcisista (vide Clara Crabbé Rocha, 1992: 18) quer uma escrita individualista ou intimista. O texto é, portanto, um refúgio (da sociedade) que se questiona linha após linha e no qual a diarista se vai tornando produtora e produto do texto (cf. Valerie Raoul, 1993: 5). No entanto, e se Seymour Chatman (1998: 907-908) afirma que os narradores de romances epistolares ou de romances-diário não sabem, a meio da narrativa, qual o desenlace final da acção que 'contam', no caso de CG, tal facto torna-se ainda mais irrelevante, pois as inúmeras reflexões não constituem qualquer enredo, nem o leitor se encontra perante uma narração linear de acontecimentos.

O texto em questão apresenta, quer devido ao género a que pertence quer devido à forma como o seu conteúdo é veiculado, características do paradigma pós-moderno como a descontinuidade e o fragmentarismo, recusando uma leitura-escansão[11] fácil, simples e linear. A diarista anónima acaba por carnavalizar (M. Bakhtin, 1985: 19) a escrita diarística[12], elíptica por natureza, através do uso da ironia e da metaficção [para um conceito de metaficção, vide Patricia Waugh, 1984: 2, 18-19; Mark Currie (ed.), 1995: passim e Carlos Ceia, 1998: 44-48). A par da vivacidade do discurso directo; das comparações (GC: 10-11, 17, 47, 89, 93, 132) que transportam o leitor para universos e realidades justapostos àqueles que a diarista observa e comenta, e das repetições (GC: 12, 14-15, 25, 68, 100), que chamam a atenção para o exercício da (re)escrita e para certas imagens, momentos e estados de alma, acumulam-se no texto comentários metaficcionais, tornando-se a auto-reflexidade uma das estratégias privilegiadas na obra. A escritora-personagem descreve os seus pensa-

---

[10] Sobre o jogo entre a realidade, a verosimilhança e a ficção na diarística, consulte-se Bernard Duyfhuizen (1986: 171-178).

[11] Para uma definição de leitor-escansão do texto, veja-se Carlos Ceia (1999: 103-106).

[12] Gesa Hasebrink (1993: 56-60) considera GC uma paródia literária em torno do diário, pois a narradora-diarista parodia quer o tempo quer os temas do diário tradicional.

mentos e a sua escrita no momento da mesma (*GC*: 12), distanciando-se dela própria enquanto escritora, associando essa actividade ao acto de viajar, nem que em busca de uma mesa, também ficcional: "A mulher que mora nesta casa começou a escrever um livro, penso, e não sei se essa ideia é uma constatação ou um suspiro. [...] Dever-se-ia levar para todo o lado a mesa onde se escrevo, decido. Mas na minha vida é sempre tudo tão transitório, e esta mesa não durará talvez mais do que um livro." (*GC*: 14-15). Cinco páginas depois, o leitor encontra mais uma confissão que descreve a "[...] pequena escrita quotidiana [...]" como o acto de "[...] deixar um risco no tempo, um traço na areia [...]" (*GC*: 23) para que a narradora prove que está viva, servindo assim a escrita para justificar e valorizar a sua existência ao longo dos dias enumerados e incertos, pois a escritora nunca acertou nos números: "[...] segunda, terça, quinta, dois, cinco, sete, vinte e quatro, essa obrigação, ou evasão, minuciosa, essa contabilidade estática, passiva, aplicada, metódica, monótona, escolar [...]" (*GC*: 23). O exercício da escrita realça a sua própria continuidade, esta última, por sua vez, exigida ao diarista e marcada, na língua inglesa, pelo verbo *to keep*, como observa Thomas Mallon (1995: xi): "Keep: diaries are the only kind of writing to take that verb. One doesn't keep a poem or a letter or a novel, (not) as one actually writes it."

As entradas do diário funcionam como calendário da vida e o texto avança possibilidades para o destino ficcional e alternativo de personagens como Elza, que apenas pisa pedras brancas, caso viesse a pisar pedras pretas (*GC*: 15). A entrada dedicada a uma indeterminada "Segunda, doze" ocupa-se das reacções que a natureza e a forma da própria obra poderão gerar junto dos críticos literários:

> Não é um diário, disse o crítico, porque não é um registo do que sucedeu em cada dia. Carecendo portanto da característica determinante de um género ou subgénero em que uma obra pretende situar-se, a referida obra está à partida excluída da forma específica em que declara incluir-se. Dixi." (*GC*: 20)

Este breve exercício de teorização literária implícita dialoga irónica e directamente com o subtítulo da obra, informando o leitor que resiste à norma enquanto se auto-(des)caracteriza.

Pip, professor de Filosofia que gostaria de ser poeta, é uma das personagens que povoam o tecido diarístico de significações onde se encontram também as suas filosóficas declarações em torno do olhar e da percepção da realidade e dos diários, "[...] profundamente ridículos

[...]", pois "[...] o mundo não gira à volta do autor, está-se completamente nas tintas para o autor, o mundo está-se cagando para que Barthes não gostasse de líchias, está-se cagando, cagando, cagando – diários e quejandos são a forma mais ridícula de toda a literatura." (*GC*: 24). Neste excerto, a linguagem identifica a personagem que fala, Pip, uma vez que o regista se afasta do da narradora, que, mais tarde, se refere ao diarista narcisista que apenas olha para o seu reflexo no espelho, convertendo tudo o que existe em 'eu' (*GC*: 25), recordando o leitor informado da expressão que Béatrice Didier (1976: 16) utiliza para definir o diário: "texto-espelho possível". Aliás, o texto define a "[...] página como espelho, reflexo, separação e obstáculo, entre o sujeito e o seu objecto [...]" (*GC*: 34) que a diarista tenta preencher para agarrar a sua outra face, em vão, pois o seu *Self* tem sempre um ou mais duplos. Passados não se sabe quantos dias mais tarde, o texto volta a transcrever uma fala de Pip, em torno da recepção de qualquer diário íntimo pelo leitor, e que repete a ideia anteriormente veiculada:

> Os diários são perversos, diz Pip. O autor é um ser desconjuntado, a que o olhar do leitor dá uma unidade ilusória-precisar do olhar do leitor para existir, para existir frouxamente, virtualmente, numa rápida aparição de três minutos sob o foco de luz, diante de um buraco por onde o leitor *voyeur* espreita, depois de deitar uma moeda na ranhura da caixa – os diários são a forma mais idiota e mais perversa de toda a literatura. (*GC*: 25-26).

Pip alarga a sua teorização à literatura que não é, segundo se crê, um campo adicional da experiência, mas sim uma experiência virtual, sem qualquer utilidade efectiva, tal como o leitor é um "autor virtual", pois, à semelhança do autor, esquivam-se às lutas que as personagens travam. No entanto, a diarista conclui ironicamente que o professor desejaria escrever um livro, descoberta que o próprio confirma, afirmando deter a palavra e o olhar certos e sustentar a criatividade da diarista--romancista que absorve as suas ideias e as transforma em ficções. Pip delega na amiga a missão de escrever, pois "[...] para escrever [...é] preciso saber primeiro o que é e para que serve a literatura, mas a literatura não se justifica [...]" (*GC*: 64), daí que este nunca venha a escrever, não deixando, por isso, de ser escritor, pois o verdadeiro escritor é aquele que tem consciência da impossibilidade de escrever. Na sua opinião, os que escrevem livros são "escribas" incapazes de reconhecer dificuldades.

De acordo com a diarista, que se chama de "eu" e que em tudo se transforma porque nas folhas em que escreve tudo pode acontecer, o género diarístico serve para o ser humano pintar sucessivos auto-retratos quotidianos, multiplicando-se assim para escapar à morte, pois esta "[...] levaria muito mais tempo a apagar todos esses eus do que apenas um só. [...] E quando ela estivesse morta e não escrevesse ficaria pelo menos os retratos dela escrevendo, e seria como se a vida que ela escrevia pudesse continuar a voltar as páginas." (*GC*: 28). Mesmo que a imagem que a diarista vê reflectida no espelho não lhe agrade, enquanto deixa fotos e "[...] labirintos de palavras atrás de si." (*GC*: 31), fruto dos passeios e viagens que faz acompanhada pela máquina fotográfica, a fotografia é uma forma diferente de cristalizar o mundo, através da visão, prática comparada à redacção de um diário, pois tudo "fica lá dentro" (*GC*: 39).

São vários os exercícios metaficcionais em torno da diarística e da escrita que concorrem para a caracterização do género e para a construção do texto em permanente devir, podendo ser sintetizados da seguinte forma:

1. O diário assenta no equívoco que o *Self*, o real e o tempo existem e são definíveis, o que não é verdade (*GC*: 33), pois a escrita e a comunicação – as artes de (re)dizer – são também ausência (*GC*: 39);
2. "Alienação é o nome da escrita [...]" (*GC*: 34);
3. O diário é um "livro" sobre tudo o que se observa, tal como a fotografia, pois só no fim é que se sabe sobre o que é, quando descobrimos o que lá ficou (GC: 39);
4. O diário serve para agarrar, de passagem, os instantes plenos que trazem uma verdade (*GC*: 43) e para fazer a histórias do quotidiano ou cor-de-rosa (*GC*: 49, 86, 88);
5. A folha de papel é comparada a uma armadilha e a uma rede que tenta prender o universo, onde a vida (objecto de estudo e descrição no diário) cai, enfrentando a escritora a dificuldade de relacionar temas, locais e personagens (*GC*: 89-90).

A auto-reflexividade chama, portanto, a atenção para a escrita e (a leitura) da ficção no interior da própria ficção, bem como das características do diário parodiado.[13] Tal como no romance-diário de António

---

[13] Veja-se a definição de paródia em Carlos Ceia (1998: 48-68): "[...] jogo de traição premeditado do sentido [...]. A paródia é a forma privilegiada do exercício poetico-ficcional da auto-reflexividade. [...] A paródia é a deformação de um texto preexistente [...] deforma, censura, imita (criativamente), desenvolve, referencia e não transcreve um texto preexistente [...]".

Lobo Antunes, *Não Entres tão Depressa Nessa Noite Escura: Poema* (2000), no tecido de *GC* incrustam-se textos em forma de conto tradicional; poemas e lenga-lengas da narradora; artigos de jornal (*GC*: 86; 40; 102; 56; 74; 80); diálogos; referências; pensamentos; frases sentenciosas; excertos elípticos de autobiografia; o símbolo da anarquia relacionado com uma frase na parede e mensagens de letreiros (*GC*: 98-102; 42; 91-92) e, entre aspas e nem sempre textuais, citações de outras obras literárias, nomeadamente de *Odes Elementares* (1977), de Pablo Neruda (1904-1973), e de *La* [*sic.*] *Philosophie du Corps* (1968), de Claude Bruaire (1932-1986), como informa a autora ("T. G."), numa nota final/ /paratextual que informa o leitor das páginas (83-85) onde estas se encontram, podendo o mesmo recordar o pacto de liberdade que a diarista fizera com as folhas de papel, ou de árvore, animizadas e ilegíveis, que lhe fugiam na sua própria casa e se misturavam com os elementos da natureza como se de um processo de comunhão se tratasse. A pulsão ou "maldição" da escrita apodera-se da narradora que confessa que a todos os meios recorrerá para continuar a escrever em listas de telefone; pedras; gravetos; folhas de erva e na terra – "universos de papel" (*GC*: 48, 68) –, numa incessante busca de palavras e temas que levam os que a rodeiam a temer reverem-se nas personagens dos seus livros, acabando a criação literária por atormentar a mesma.

Numa das cento e cinco entradas que constituem o texto, a diarista, antes de confessar a si própria escrever pouco devido às ocupações domésticas, partilha, com o leitor, a sua "Epístola aos Pisões" (*Epistola Ad Pisones*), brincando, assim, com o outro título da *Arte Poética* de Horácio (1983: 71): "Cortai os pés, pisões, cortai verdadeiramente os pés e aprendei que a poesia não pisa: é o modo mais directo de voar." (*GC*: 83), ecoando o autor quando este afirma: "Não basta que os poemas sejam belos: força é que sejam emocionantes e que transportem, para onde quiserem, o espírito do ouvinte." A romancista "intelectual" regista ainda na narrativa o processo de inspiração do escritor, descrevendo as histórias que chegam e vão, comparadas a ondas, e regressam mais tarde (*GC*: 89), abrangendo, assim, num tom lírico, algumas das facetas e temáticas associadas à árdua (mas compulsiva) tarefa da escrita, pois um diário ficcional, um conto ou uma simples "história", se atados pelo fio da imaginação e da criatividade, rapidamente se transformam num romance ou anti-romance, que facilmente se coadunaria com o paradigma pós-moderno, pois se "[...] ela [...] não atasse o fio [texto] seria talvez o universo, a possibilidade de todos os romances, excluindo a realidade de nenhum [...]" (*GC*: 90-91), pois o romance que valeria a pena escrever seria aquele em que o tempo e tudo o resto se apresentasse descontínuo, fragmentário e interrompido, e no qual a personagem procurasse desesperadamente uma saída do mesmo, tarefa apenas imaginável, porque impossível, uma vez que a "[...] própria linguagem também ficava dentro do sistema." (*GC*: 91). De acordo com a romancista-personagem, a escrita é apenas um jogo que pode levar à morte, grafando a primeira a sua vida em forma de autobiografia e de poema (*GC*: 98-102), aproximando-se das estratégias narrativas utilizadas por Virginia Woolf no romance *Orlando: A Biography* (1928), ao confessar: "E se reincidisse em autobiografias, teria de quebrá-las pelo meio, e encontrar algures um compromisso. Por exemplo assim: Atravessava as épocas, as cidades, os mares, os continentes, montada numa flecha de ouro, numa vassoura de prata, numa pena de gaivota, num carro puxado por abelhas, descia quando queria do céu em pára-quedas, suspensa de um guarda-chuva cintilante [...] – mas os seus pés estavam mergulhados em merda e lama [...]" (*GC*: 103), pois escrever livros, como conclui Wanda, dezassete páginas depois, de nada adianta, opinião refutada pela narradora, justificando a sua já referida pulsão da escrita: "Os livros não mudam nada no mundo. Mas não é provavelmente razão bastante para não escrever. Por outras palavras: o facto de eu por vezes pensar que os livros não mudam nada pode dispensar-me ou impedir-me de escrever?" (*GC*: 120), ideia reforçada pela temática da leitura enquanto experiência que surge quer como motivo literário[14] na obra quer como fronteira entre dois mundos, ambos ficcionais, parecendo, no entanto, um deles mais real, e até inocente, que o outro. A metaficção encontra-se, portanto, ao serviço do jogo parodístico em torno da escrita diarística e da criação literária em geral, assumindo-se *GC* como um *texte scriptible* (Roland Barthes, 1974: 4-5), aberto às interpretações do leitor.

O diário, enquanto acto de comunicação intradiegética, seja predominantemente descritivo ou expressivo, apresenta uma "open-endedness" (Lorna Martens: xi) também característica do romance desde a sua formação no século XIX e que, até certo ponto, permite ao romance-diário afastar-se do diário real, rumo à experimentação, tal como Os *Guarda--Chuvas Cintilantes* "[...] um diário heterodoxo [...]", como a própria Teolinda Gersão amavelmente o classificou, em 5 de Junho de 2003, numa dedicatória.

---

[14] Sobre a leitura enquanto motivo literário, veja-se Hana Jechova (1980: 87-102).

Bibliografia

Bibliografia activa

GERSÃO, Teolinda (1997), *Os Guarda-Chuva Cintilantes*, Publicações Dom Quixote, Lisboa [1984].

Bibliografia passiva

ABBOTT, H. Porter (1982), «Diary Fiction», *Orbis Literarum*, vol. 37, pp. 12-31.
_____ (1984), *Diary Fiction: Writing as Fiction*, Cornell University Press, Ithaca.
BAKHTIN, Mikhail (1984), *Problems of Dostoievsky's Poetics*, traduzido para inglês por Caryl Emerson, Manchester University Press, Manchester.
_____ (1985), *Rabelais and His World*, tradução para o inglês de Helene Iswolsky, Indiana University Press.
BARSTIS, Lynn (1974), «The Modern Diary Novel: Heir of the "Journal Intime"», texto policopiado, Tese de Doutoramento Apresentada à Universidade de Illionois, Urbana.
BARTHES, Roland (1974), *S/Z*, tradução para inglês de R. Howard, Hill and Wang, Nova Iorque.
CEIA, Carlos (1999), *A Literatura Ensina-se? Estudos de Teoria Literária*, Edições Colibri, Lisboa.
_____ (1999), *O Que é Afinal o Pós-Modernismo?*, Edições Século XXI, Lisboa.
CHATMAN, Seymour (1998), s. v. «Narrator», in Paul Schellinger (ed.), *Encyclopedia of the Novel*, Fitzroy Dearborn Publications, Chicago, pp. 905-910.
CURRIE, Mark (ed.) (1995), *Metafiction*, Longman, Nova Iorque.
DIAS, Maria Heloísa Martins (1992), «Pacto Primordial entre Mulher e Escrita na Obra Ficcional de Teolinda Gersão», Tese de Doutoramento em Literatura Portuguesa apresentada à Faculdade de Filosofia, Letras e Ciências Humanas da Universidade de São Paulo, São Paulo.
DIDIER, Béatrice (1976), *Le journal intime*, Presses Universitaires de France, Paris.
DUYFHUIZEN, Bernard (1986), «Diary Narratives in Fact and Fiction», *Novel*, vol. XIX, n.º 29, pp. 171-178.
FIELD, Trevor (1989), *Form and Function in the Diary Novel*, Macmillan, Londres.
GENETTE, Gérard (1972), *Figures III*, Éditions du Seuil, Paris.
_____ (1988), «Structure and Functions of the Title in Literature», *Critical Inquiry*, vol. 14, n.º 4, pp. 692-720.

HASEBRINK, Gesa (1993), *Wege der Erneuerung: Portugiesiche Romane nach der Nelkenrevolution*, Tranvia, Berlim.
HORÁCIO (1984), *Arte Poética*, introdução, tradução e comentários de R. M. Rosado Fernandes, Editorial Inquérito, Lisboa [*c.* 14-13 *a. C.*].
JECHOVA, Hana (1980), «La lecture en tant que motif littéraire», in *Orientations de recherches et méthodes en littérature générale et comparée: actes du XVIe congrès de la Société Française de Littérature Générale et Comparée*, tomo 1, Université Paul-Valéry, Montpellier, pp. 87-102.
KELLMAN, Steven G. (1975), «Dropping Names: The Poetics of Titles», *Criticism*, vol. 17, n.º 2, pp. 152-167.
KINCAID, Juliet Willman (1977), «The Novel as Journal: A Generic Study», texto policopiado, Tese de Doutoramento apresentada à Universidade de Ohio, Atenas.
MARTENS, Lorna (1985), *The Diary Novel*, Cambridge University Press, Cambridge.
MATIAS, Maria de Jesus Galrão (Maio de 2000), «"Os guarda-chuvas cintilantes": Diário de Teolinda Gersão», *Boca do Inferno*, n.º 5, pp. 209-228.
ORNELAS, José N. (2004), *s. v.* «Teolinda Gersão», in Monica Rector e Fred M. Clark (eds.), *Dictionary of Literary Biography*, vol. 287: *Portuguese Writers*, Thomson Gale, Nova Iorque, pp. 112-120.
PEDROSA, Inês (26/06/1984), «Entrevista. Teolinda Gersão: Interessa-me Captar o Inconsciente em Relâmpagos», *Jornal de Letras, Artes e Ideias*, ano 4, n.º 103, p. 4.
PRINCE, Gerald (1975), «The Diary Novel: Notes for the Definition of a Sungenre», *Nephilologus*, vol. 59, n.º 4, pp. 477-481.
PUGA, Rogério Miguel (2002), «Orlando ou a Paródia em Torno dos Géneros», *Op. Cit.: Uma Revista de Estudos Anglo-Americanos/A Journal of Anglo-American Studies*, n.º 5, pp. 91-125.
RAOUL, Valerie (1980), *The French Fictional Journal: Fictional Narcissism/ Narcissistic Fiction*, Toronto University Press, Toronto.
_____ (1983), «Documents of Non-Identity: The Diary Novel in Quebec», Yale French Studies, vol. 65, pp. 187-99.
_____ (1989), «Women and Diaries: Gender and Genre», *Mosaic*, vol. 22-23, pp. 57-65.
_____ (1993), *Distinctly Narcissistic: Diary Fiction in Quebec*, University of Toronto Press, Toronto.
ROCHA, Clara Crabbé (1992), *Máscaras de Narciso: Estudos Sobre a Literatura Autobiográfica em Portugal*, Almedina, Coimbra.
ROUSSET, Jean (1986), *Le lecteur intime de Balzac au journal*, Librairie José Corti, s./l..
SEIXO, Maria Alzira (1986), *A Palavra do Romance*, Livros Horizonte, Lisboa.
_____, (2001), *Outros Erros: Ensaio de Literatura*, Edições Asa, Porto.

WAUGH, Patricia (1984), *Metafiction: The Theory and Practice of Self-Conscious Fiction*, Methuen, Londres.

Webibliografia

Sítio dedicado a Teolinda Gersão (biobibliografia): http://www.teolindagersao.com (visionado em 20-11-2004)

A IMAXE FEMININA NO FIN DE SÉCULO.
OS TEXTOS INICIAIS DE VALLE-INCLÁN

XAQUÍN NÚÑEZ SABARÍS
Universidade do Minho

A orientación erótica que exhibiron as primeiras narracións valleinclanianas, ben fosen en novela ou novela curta, dotaron de especial protagonismo a presencia feminina nos seus textos iniciais. E non cunha participación secundaria senón que as féminas dos seus primeiros textos cobran un especial protagonismo, basicamente no seu primeiro libro, *Femeninas* e na colección *Corte de amor*, amén das sucesivas reedicións do conxunto das novelas curtas. O eixe da trama destas historias de amor establécese entre os dous protagonistas – masculino e feminino – que aglutinan a tensión narrativa. Só excepcionalmente, como é o caso do relato "La Generala" aparece un triángulo amoroso. Pero Valle-Inclán, dentro desta dupla de amantes que configura a acción dos seus relatos decide outorgarlle o protagonismo ás damas, como é manifesto se se observa o paratexto das novelas curtas: ben dende o subtítulo da colección, *Florilegio de nobles y honestas damas*, ben dende o título das narracións: "La condesa de Cela", "Octavia Santino", "Eulalia" ou "Rosita" ilústrase á perfección a predominancia feminina destes textos. Aínda que é preciso sinalar, como se demostrará en adiante, que este protagonismo a miúdo fica diluído pola subordinación destas heroínas aos intereses masculinos dos seus respectivos galáns ou pola visión masculina que en última instancia goberna o relato.

Se efectuamos, pois, un censo dos personaxes femininos que van desde a publicación de *Femeninas* en 1895 á última *Sonata* (*Sonata de invierno*, 1905) contabilizamos un amplo número de caracteres que adquiren, como xa se dixo, altas cotas de protagonismo. Se ben, unha ollada atenta ás características e comportamentos que conforman cada un dos personaxes indícanos que Valle-Inclán utilizou diferentes modelos á hora de moldear as protagonistas destes relatos. E para iso valeuse dos estereotipos utilizados na literatura europea do que se deu en chamar o "Fin de Siècle" e que se concretou en diversas escolas literárias: simbolismo, decadentismo, prerrafaelismo... que o primeiro modernismo español sintetizou.[1] Esta aposta de Valle por este tipo de literatura resultaba coherente co seu desexo de renovación literária, tal como el mesmo fixo explícit —entre outros textos— no seu artigo "Modernismo" de 1902 ou no prólogo á segunda edición de *Corte de amor* en 1908. Comprometido coas pretensións da nova xeración de escritores de reorientar os rumbos das estéticas predominantes na segunda metade do século XIX, foi á procura de modelos literarios que a escena española coetánea lle negaba. De xeito que a literatura europea deste período —en especial a francesa— lles proporcionou as rotas literárias que debían seguir. Non foi casual, en consecuencia, que todos eles, véxanse se non os textos teóricos de Manuel Machado,[2] se tiveran que defender das frecuentes acusacións de afrancesados, cando non de amorais ou pornógrafos, pois a miúdo a crítica levaba implícita unha carga moral considerábel nesta "guerra literária",[3] en palabras do propio Machado, que tivo lugar nos albores do século XX entre os escritores máis consolidados da España da Restauración e os novos valores literarios que tentaban abrirse camiño no inicio da nova centuria.

---

[1] "Aunque el modernismo hispano se considera a menudo como una variedad del *simbolismo* francés, sería mucho más correcto decir que constituye una síntesis de todas las principales tendencias innovadoras que se manifestaron en Francia de finales del siglo XIX. El hecho es que la vida literaria francesa de este período estaba dividida en una variedad de escuelas en conflicto movimientos, o incluso sectas («Parnasse», «décadisme», «symbolisme», «école romane», etc.) que, en sus esfuerzos por establecerse como entidades diferentes, no se dieron cuenta de lo que tenían realmente en común. Era mucho más fácil percibir este elemento en común desde una perspectiva externa, y esto es exactamente lo que lograron hacer los *modernistas*. Como extranjeros, aunque muchos de ellos pasaron largos períodos en Francia, estaban separados del clima de rivalidad grupal y las mezquinas polémicas que prevalecían en la vida intelectual parisina del momento, y eran capaces de penetrar más allá de las meras apariencias de diferencia para comprender el espíritu subyacente de renovación radical, que promovieron bajo el nombre de *modernismo*". (Calinescu 1991: 177)

[2] Vid. Núñez Sabarís (2000).

[3] Serrano Alonso (2000a: 145-169) e Gómez Abalo (2000: 171-183) fanse eco da sátira antimodernista no contexto de Fin de Seculo.

Así, se algo subliñaron os primeiros críticos do autor foi a orientación moderna dos seus escritos e a presencia de préstamos franceses nos seus textos. Algo que, por outro lado, o propio autor fixo explícito nos seus relatos con continuas referencias a D´Aurevilly, Flaubert ou Daudet. Por suposto que a súa estadía en México (Hispanoamérica mostraba unha mellor predisposición para os novos rumbos literarios) e logo a frecuente asistencia á tertulia e á importante biblioteca dos irmáns Muruáis en Pontevedra –repleta do máis interesante da vangarda literária europea– conectaronno de cheo coas orientacións estéticas do momento.[4]

En suma, os catro modelos que se van tratar: a aristócrata frívola e adúltera, a muller do Trópico, a muller medusea e a nena prerrafaelista, achan a súa correspondencia nas manifestacións artísticas, e non só literárias, do contexto europeo do Fin de Século. Como o elevado censo de figuras femininas non permite nestas páxinas unha análise particularizada de cada unha, centrarémonos, polo seu carácter inicial e premonitorio, nas protagonistas das seis novelas curtas do seu primeiro libro, a colección *Femeninas. Seis historias amorosas* de 1895.

O primeiro modelo feminino que imos abordar responde ao prototipo de muller aristócrata, ociosa e adúltera. É o prototipo predominante na colección *Corte de amor*, mentres en *Femeninas* está só reducida a dúas das protagonistas das seis novelas curtas: Julia, a condesa de Cela, e Currita –a Generala– a esposa do General Rojas. Aínda así, e como exemplo das pretensións do autor de dotar de certa coherencia o seu mundo de ficción, tamén estes dous relatos pasarán a formar parte da colección *Corte de amor* na súa última edición, en 1922.

Por certo, que a índole e a caracterización destas damas indica que, pese a que se insistiu moito, e non sen razón, na influencia de D´Aurevilly e as súas *Diaboliques* na configuración dos personaxes femininos valleinclanianos, indica quizás que as fontes máis directas fosen outro tipo de textos como as novelas curtas de Paul Bouget e a novela erótica parisina.[5] Pois, como se pode comprobar ao achegarse ás páxinas destas colectáneas, as súas heroínas pouco teñen de diabólicas e moito de frívolas e ociosas.

A condesa de Cela e a Generala son, pois, as dúas únicas protagonistas de *Femeninas* que responden a este modelo. É significativo o feito

---

[4] Lavaud (1975) ocúpase de reflectir a influencia da tertulia dos Muruáis na obra valleinclaniana e de realizar un catálogo das obras da biblioteca da Casa do Arco.
[5] Vid. Le Scoëzec Masson (2000: 183).

de que son os únicos relatos da colección nos que non figura no título o nome propio da protagonista, senón que este é referido polo título nobiliario ou rango militar dos respectivos maridos de Julia e Currita. É un sinal indicativo, como xa antes adiantabamos, da subordinación da muller ao home, e, polo tanto, síntoma claro do menoscabo da súa autonomía.

O que caracteriza a ambas é, por suposto, a súa beleza e tamén o aburrimento, motivo que a miúdo funciona como inductor do adulterio, sobre todo no caso da Generala. É preciso advertir, non obstante, que o adulterio como vehículo para a procura de modos de vida máis atractivos e interesantes non é privativo da literatura de fin de século, senón que é un procedemento ben arraigado nos textos realistas do XIX, como ben se pode ver en Mme. Beauvary, a Regenta, ou a Luisa de *O primo Bazílio*.[6]

A miúdo a inclinación ao adulterio tamén vén motivada pola escasa atención que lle conceden os seus maridos ou pola diferencia xeracional orixinada pola senectude destes en comparación coa louzanía das damas, ou, como soe acontecer, por ambas cousas ao mesmo tempo. En "Eulalia" (*Corte de amor*), a protagonista só se decide a romper co seu xove amante cando, tras descubrirlle o adulterio ao seu provecto esposo, queda sorprendida do amor que este aínda lle gardaba.

En "La condesa de Cela" os amantes de Julia caracterízanse todos pola súa xuventude e o seu carácter estrafalario, como é o caso do protagonista masculino do relato, o bohemio Aquiles Calderón. Non é, sen embargo, unha elección excepcional, xa que Julia, en palabras do narrador "antes que con aquel estudiante diera mucho que hablar con el hermano de su doncella; un muchachote tosco y encogido, que acaba de ordenarse de misa, y era la más rara visión de clérigo que pudo salir de seminario alguno.(...) Y sin embargo la condesa le había amado algún tiempo, con ese amor curioso y ávido que inspiran á ciertas mujeres las jóvenes cabezas tonsuradas." (p. 12).[7]

---

[6] Ciplijauskaité (1984: 47) vincula o adulterio da heroína decimonónica ao seu aburrimento: "Lo que une a las cuatro protagonistas es su deseo de evasión del aburrimiento, de la monotonía de la rutina diaria, de una existencia enjaulada sometida a reglas precisas. Cada una lo hace a su modo. Emma Bovary se crea un mundo ideal a través de sus lecturas".

[7] Cítase pola primeira edición do texto: *Femeninas. Seis historias amorosas*, Pontevedra, Andrés Landín Editor, 1895.

Polo tanto hai moito de transgresión nas eleccións amorosas de Julia, que ten o seu correlato no pracer que experimenta gozando co incentivo erótico dos lugares sagrados. Motivo, ademais, que será un lugar común nos textos xa non só iniciais do autor:

– (...) Mira yo también me había olvidado de venir, me acordé en la catedral.
– ¿Rezando?
– Sí, rezando; me tentó el diablo. (p. 9).[8]

En Currita, a Generala, as pulsións adúlteras están en relación proporcional coa súas ansias de liberdade. Crendo que o matrimonio era á saída ao encerro no que estaba confinada no convento en que foi educada, sofre o desengano de que o matrimonio –perfectamente metaforizado no único e pechado cuarto no que transcorre a escea– cercena de igual xeito os seus desexos de liberdade que, tamén en palabras do narrador omnisciente, conservou ata a morte. Por iso será só cuestión de tempo que caia nos brazos de Sandoval, o xove e imberbe axudante do seu marido que, a instancias deste, lle vai ler todos os días unha novela para paliar o seu aburrimento. Sen embargo, ao final do relato, os amores son descubertos: Currita e Sandoval teñen que utilizar, como desculpa para explicar o peche no cuarto, a coartada de que o canario fuxiu da súa gaiola. Ao final, Currita, ao igual que o paxaro, ten que volver ao dourado anel do matrimonio.

En ambos casos, Julia e Currita caracterízanse pola súa sensualidade, frívola e coqueta, fuxindo de toda pose seria. É máis, a condesa de Cela considera plebeos todos os sentimentalismos ruidosos. Julia combina isto cun espírito infantil, caracterizado pola falta de resolución, pois a condesa só se decide a abandonar a Aquiles, tras as recomendacións

---

[8] "Otro aspecto del satanismo de Valle Inclán es el de encontrar un equívoco incentivo erótico en lugares sagrados. Le encantan las naves oscurecidas, los altares cargados de imágenes, los acordes del órgano... Le seduce la languidez de las oraciones, la voluptuosidad de la liturgia, la sensualidad de las ceremonias y ritos católicos, el lujo de las casullas sacramentales... Esa escenografía suele servir de marco a acciones pecaminosas que confunden morbosamente misticismo y erotismo. Son los rincones oscuros y misteriosos de las catedrales donde «el alma tan fácilmente se envuelve en ondas de ternura, y languidece de amor místico. Eterna y sacrílega preparación para caer más tarde en brazos del hombre tentador y hacer del amor humano, y de la forma plástica del amante, culto gentílico y único sentido de la vida». La Condesa de Cela revive escenas amorosas mientras reza en la catedral: "«–¿Rezando? – Sí, rezando me tentó el diablo»". Lily Litvak (1979: 114)

maternas. A Generala, pola súa parte, tampouco parece excesivamente apaixonada por Sandoval, só as ansias de diversión e a complicidade do axudante do seu marido para compracela nas súas diversións a inclina a transgredir os preceptos matrimoniais.

Non é raro, entón, como consecuencia directa do anteriormente dito, que con frecuencia as relacións amorosas destas dúas novelas curtas adoezan de certa artificialidade. A que manifesta, por exemplo, Julia, nas cartas de amor que lle escribía a Aquiles Calderón:

> Cartas de una fraseología trivial y gárrula; donde todo era oropel, como el heráldico timbre de los pliegecillos embusteros, henchidos de zalamerías livianas; sin nada verdaderamente tierno, vívido, de alma á alma. (p. 37)

Esta falta de sentimentos verdadeiros na escritura das cartas lembra, ademais, outro pasaxe valleinclaniano. Na novela curta "Rosita" de *Corte de amor*, o duque de Ordax admite que todas as epístolas amorosas eran copia dos dramas de Echegaray, aqueles que, por certo, Valle tanto satirizou na combatividade literaria dos primeiros anos do XX.

E os amores de Currita e Sandoval só poden ocasionar certo sarcasmo ao ver neles a parodia do galán clásico e a dama. Pois nin o primeiro se caracteriza pola súa semellanza con Casanova: é ignorante en materias amorosas e tingue o bozo para aparentar a virilidade da que carece. Nin Currita é a dama idealizada sobre a que Sandoval proxecta os seus idilios eróticos. Ambos son, pois, a parodia dun tipo de literatura que nos estertores do XIX Valle estaba a satirizar.[9]

O segundo modelo feminino que imos tratar provén da fascinación exótica do Fin de Século:

> La magnífica Exposición Universal de París de 1900 cerró con broche de oro el siglo XIX e inauguró radiantemente el XX. El acontecimiento era también una muestra de los logros artísticos, tecnológicos y científicos

---

[9] En opinión de González del Valle (1990: 114) "«La Generala» es, en términos intertextuales una parodia de una tradición literaria, de un paradigma que en España ha tenido diversas manifestaciones. Como toda parodia, consiste en una forma autoconsciente de arte; paradójicamente, es un homenaje y un ataque al mismo tiempo. No es esta obra, sin embargo, una transformación crítica de un texto específico, pues en «La Generala» no es a un autor dado a quien se ataca. Sí se ataca, sin embargo, esa vaciedad vulgar tan típica para Valle-Inclán en la sociedad española de finales del siglo XIX y principios del XX."

del fin de siglo y resumía su peculiar sensibilidad. Se accedía por la entrada principal, la *Porte Binet*, una cúpula sostenida en tres arcos y coronada por una gigantesca estatua femenina, *La Parisienne*, que daba la bienvenida al mundo. La puerta fue una de las construcciones más típicas del 1900 y, a la vez, la más extraña, la más ornamental y la más exótica. Estaba decorada con motivos bizantinos y persas, que parecían haber sido diseñados por algún joyero megalómano. A cada lado, altos minaretes, incrustados con cabujones de cristal, brillaban bajo los rayos del sol durante el día o chispeaban en la noche, incandescentes de luz eléctrica.

El visitante a la Exposición, tras haber admirado el progreso moderno en las muestras de maquinaria, visitado las galerías de pintura, haber disfrutado con los espectáculos, podría pensar de pronto que la vieja Europa ya no le asombraba y, para volver a sentir ese *frisson nouveau*, volver su mirada a la sección exótica de la Exposición.

(...)

Estos acontecimientos sirven para hacernos observar la importancia que el exotismo tuvo en la Europa de fin de siglo. Sirvió admirablemente como vehículo para expresar ciertas premisas capitales de la sensibilidad de la época y, a la vez, como orientación de una estética. En España, su impacto se hizo patente en todas las áreas del pensamiento. Puede decirse, por ejemplo, que la gran mayoría de los pintores españoles de fin de siglo fueron, de una forma u otra, tocados por el japonesismo. En la literatura el exotismo inspiró obras tan importantes como *Morsamor* de Valera, localizada en la India, y la *Sonata de estío* de Valle-Inclán, que transcurre en el trópico mexicano. La atracción por países extraños y lejanos dejó su huella igualmente en la arquitectura, la moda y las artes decorativas de aquellos años. (Litvak 1986: 13)

Estas palabras preliminares de Lily Litvak para o seu libro *El sendero del tigre. Exotismo en la literatura española de finales del siglo XIX. 1880-1913* resumen de xeito maxitral a aspiración exótica que tivo o Fin de Século, reflexo, sen dúbida das inclinacións escapistas que xa manifestara o romanticismo. Así, os motivos orientais (indios, xaponeses ou árabes), exipcios, tropicais... e todos aqueles que axuden a criar un aroma de lonxana vaguidade aflorarán na nova literatura, descontenta coa realidade que se ofrece e insatisfeita coa pulsión mimética que mostrara o realismo.

A relación entre este motivo finisecular e o erotismo tamén foi sinalada por Praz (1969) para quen a ambientación exótica, sobre todo se se trata do tórrido trópico, preséntase como o decorado ideal para que aflore a paixón. Dentro deste escenario destaca a muller instintiva e seductora, semellante ao donxoán romántico nas relacións de poder que establece co sexo oposto. A muller do trópico confúndese, en perfecta simbiose, coa paisaxe dunha vasta natureza, salvaxe, que simboliza os principais atributos desta maxestuosa fémina: cruel e fatal, cunha sensibilidade máis propia de civilizacións primitivas que da humanidade civilizada. De modo que a actitude antirrealista deste tópico finisecular non é unidireccional senón que mostra unha dobre vertente, debido a que se manexa nunha coordenada dupla: a espacial e a temporal.

En *Femeninas*, as crioulas Tula Varona e La Niña Chole axústanse ao modelo descrito por Lily Litvak e Mario Praz. Neles Valle recolle o culto á *femme fatale*, que tiña por arquetipos ás malvadas Lilith ou Salomé, incluso, de xeito explícito, o propio autor fai referencia ás débedas de la Niña Chole con Lilith ou a Salambó de Flaubert. Según o propio Praz (1969: 165, 213) o culto á muller fatal marca o paso do romanticismo ao decadentismo:

> Baudelaire y Flaubert son dos caras de una misma horma colocada en medio del siglo, entre romanticismo y decadentismo, entre la época del hombre fatal y la de la mujer fatal.
> (...)
> En Salambô, sin embargo, el clima ha cambiado; es la mujer la que se muestra frígida, insensible, fatal, el ídolo; el hombre, quien sufre a causa de su pasión, quien cae a sus pies como un faquir en la fiesta de Juggernaut.

De modo que o sadismo que manifestan tanto Tula como la Niña Chole devén da súa pertenza a culturas primitivas, tan contrarias á razón e ao materialismo que o poeta deste período rexeita. Se ben, non carece de razón E. Lavaud (2000: 79) cando ve nestas caracterizacións certos prexuízos comúns ao europeo de Fin de Século:

Ahora bien, la inferioridad de lo americano es uno de los presupuestos que están en la mente de los viajeros europeos; es un prejuicio que tiene carta de ciudadanía en todos los viajeros europeos y que comparte el héroe narrador de la *Sonata*.

Y sin embargo el viaje hacia América en el siglo XIX está marcado por un elemento fundamental: los viajeros ya no se dirigen a unas posesiones coloniales, sino a naciones que acaban de emanciparse. El acontecimiento histórico que trae repercusiones tan decisivas en todos los planos de la vida de estos países tendría que incidir también en la visión de los viajeros que se suceden a lo largo del siglo. Méjico había conseguido su independencia desde 1821.

Previamente, Speratti-Piñero (1968: 61) xa sinalara a mudanza que se produce en Valle, desde estes momentos iniciais a 1918, no tratamento que lle dispensa aos personaxes do trópico:

Las cosas han cambiado mucho desde *Sonata de estío*. Valle ha perdido su fe en lo español y ha comenzado a ridiculizarlo, a contemplarlo en el espejo deformante. No ha llegado todavía al esperpento, pero sí a la farsa. Su juicio es amargo, ya. Y del español sometido a juicio, y de sus descendientes americanos, ha sido y es víctima el indio. El indio que luchaba junto a los caudillos de la revolución que estaba viviendo México; el indio que muchas veces alentaba en la sangre de los caudillos mismos. 1918, pues, primer elogio claro del indígena, aunque a través de un pomposo soneto.

Pero voltando aos personaxes de *Femeninas*, en Tula Varona móstrase unha exuberante sensualidade e un xenio insurrecto, consecuente coas súas apetencias de liberdade. Incluso a súa androxinia – significada no apelido Varona – e o rexeitamento do varón subliña a súa inequívoca opción pola autosuficiencia sexual e a liberdade incondicional,[10] como manifesta na resposta que lle dá ao seu pretendente o duquesito de Ordax nun engadido á edición publicada en *Cofre de sándalo* en 1909:

Decía el buen mozo:

– ¡Yo sería su esclavo, Tula!

Y ella replicaba con la melancolía de los treinta años, una melancolía de rosa en la sombra de un jardín:

– Una hora lo sería usted, y el resto de la vida lo sería yo.

Pero Tula non se contenta só con rexeitalo, senón que as constantes comparacións de Tula co gato manifestan as ansias predadoras de Varona co duquesito, quen fracasa non só no intento de conquistar á indómita crioula, senón que en tódolos xogos e chanzas que ambos entablan

---

[10] Reyero (1996: 217-219) relaciona o andróxino cos ideais de emancipación da muller no XIX: "A principios del siglo XIX la androginia estuvo asociada a utópicos ideales socio-políticos de igualdad y felicidad entre los seres humanos, donde la humanidad era concebida como un todo indiferenciado. Las ideas de igualdad entre el hombre y la mujer que difundió el socialista Saint-Simon tienen un acusado componente andrógino. (...) En esta misma línea de utópico ideal que un día habrá de conquistar hay que enmarcar también las reivindicaciones feministas del siglo XIX: al elegir un modelo supuestamente sólo masculino como expresión de su liberación, fueron vistas por los varones y gran parte de las mujeres como seres andróginos."

durante o relato resulta perdedor ante a locuacidade da bela Tula. Pero a protagonista non conforme con infundirlle ao fato duquesito unha e outra burla, fai que este caia na súa rede, a pretenda e ela lle conteste cun azoute e a humillante expulsión da súa casa. A última escena non deixa lugar a dúbidas sobre o manifesto goce que Tula sente ao expulsar ao varón:

El duquesito lívido de coraje, salió atropellando al criado. La criolla, apenas le vió desaparecer hizo una mueca de burla, y se encasquetó el tricornio de papel; luego saltando sobre un pie, pues en la defensa escurriérasele una pantufla, se aproximó al espejo. Sus ojos brillaban, sus labios sonreían, hasta sus dientecillos blancos y menudos parecían burlarse alineados en el rojo y perfumado nido de la boca; sentía en su sangre el cosquilleo nervioso de una risa alegre y sin fin que, sin asomar á los labios deshacíase en la garganta y se extendía por el terciopelo de su carne como un largo beso. Todo en aquella mujer cantaba el diabólico poder de su hermosura triunfante. Insensiblemente empezó á desnudarse ante el espejo, recreándose largamente en la contemplación de los encantos que descubría: experimentaba una languidez sensual al pasar la mano sobre la piel fina y nacarada del cuerpo. Habíansele encendido las mejillas, y suspiraba voluptuosamente entornando los ojos, enamorada de su propia blancura, blancura de diosa, tentadora y esquiva...

Aínda así, pese ao aparente triunfo feminino, Davies (1994: 144) advirte que, en última instancia, o poder que goberna o relato é masculino:

But the scene also implies a centaurlike male gaze, the gaze of the male reader and, above all, of the voyeuristic narrator whose third-person narration is the ultimate authority.

La Niña Chole exhibe a mesma beleza exuberante e colorista que Tula. É non só a protagonista do cuarto relato de *Femeninas*, senón tamén da *Sonata de estío* (1903), xa que a novela curta funciona como pretexto da *Sonata*, pois a narración breve constitúe os oito primeiros capítulos da segunda das memorias do marqués de Bradomín. La Niña Chole, a diferencia dos restantes personaxes femininos da colección é o único que case non se expresa, xa que o relato está narrado en primeira persoa polo protagonista masculino, Andrés Hidalgo, o futuro marqués de Bradomín da *Sonata*. Isto crea unha aura de vaquidade e hermetismo en torno á crioula que serve para acrecentar a súa índole mítica. La Niña Chole é presentada -nunha afección tan cara ao Fin de Século de mixturar erotismo e relixión– como unha deusa pagá que perturba o ánimo e os sentimentos do narrador. Aínda máis cando el descobre en La Niña Chole a ollada fatal e o sorriso da súa antiga amada Lili, trasunto inequívoco da bíblica Lilith.

Pero a natureza sádica e cruel da crioula manifestase con toda a súa vehemencia cando, tras contemplar a morte cruenta do cazador de tiburóns, só esboza un impasíbel sorriso. Nin que dicir ten que en coherencia coa subordinación do home á muller fatal descrita por Praz, Andrés Hidalgo aínda incrementa, nunha mixtura de horror e atracción, a súa paixón polo comportamento "depravado e sutil" de la Niña Chole.[11]

O terceiro modelo é o que se chamou a muller medusea. Unha vez máis, Mario Praz (1969: 45) aporta a descripción deste tópico finisecular:

Aquella cabeza de mujer ajusticiada, de ojos vidriosos, aquella horripilante y fascinadora Medusa, será el objeto del amor tenebroso de los románticos y decadentes a través de todo el siglo.

---

[11] "Los dos últimos adjetivos coordinados, tan inusitadamente emparentados por *y*, pese a su marcada heterogeneidad expresan una osada oposición de valores que desafía las condiciones al respecto del lector medio. La voluptuosidad se enuncia a la vez depravada y sutil, pero muy pronto se evidenciará –ya se adivina– que es sutil precisamente por depravada. La valoración estética implicada en *sutil* se demuestra entonces como efecto de la transgresión moral. Tales adjetivos resumen, pues, la básica insolencia agitada por toda esta *Sonata*, por las cuatro *Sonatas* en sí mismas, por su protagonista Bradomín, por la integridad de los componentes de esa primera vertiente que hemos distinguido dentro del sector bajo el título de «Memorias amables». La voluptuosidad es suscitada a la vez por el escenario, el ambiente (la noche tropical, cálida, iluminada por la luna) y por la presencia de la niña Chole (belleza tropical, nocturna y lunar). Marco y personaje aparecen así estrechamente imbricados, identificados, incluso –e igualmente se mostrarán a lo largo de toda la novela–, hasta no poder saberse cuál es la emanación de cuál. El juicio moral que se expone a través del término *depravada* se debe a que tal voluptuosidad va unida a la emoción de la muerte (la del negro que devoran los tiburones), y es incluso provocada por ella -como poco después el fallecimiento de la monja ofrecerá un estímulo al placer sexual–, y va también unida a la crueldad de la niña Chole con respecto a ese mismo negro (crueldad que a la vez se opone a y subraya su exótica belleza). (...) Los términos *voluptuosidad depravada* anuncian, precisamente, estos amores pecaminosos. Amores -téngase bien en cuenta– que sólo son depravados «objetivamente», por su ambientación, esto es, porque se inscriben en ese denso medio de crueldad, de muerte y de ingenua y primaria religiosidad, pues por lo demás, ambos se gozan en el lecho sencilla y normalmente como las más de las honestas gentes, a no ser que Bradomín denuncia una potencia sexual de excepción. Ahora bien, *voluptuosidad depravada* expresa a la vez una reacción emocional y un deslizamiento metonímico. La sensación experimentada es depravada porque depravados lo son el ambiente y la propia niña Chole (analogía, relación metafórica entre ambos)", Risco (1977: 88-89)

E é que o decadentismo, no seu intento de "épater le bourgeois", asumiu todo tripo de prácticas que contraviñan as convencións morais da época. Así en palabras de Lily Litvak (1979: 100-101), a necrofilia supuxo un máis destes motivos:

Valle-Inclán entra de lleno en la corriente decadentista del fin de siglo europeo, al inspirar en la necrofilia algunos de sus temas. (...)

La necrofilia también abrió la puerta a una literatura que exaltaba la enfermedad como una existencia que aparejaba una mayor intensidad imaginativa. Derivaba su prestigio de considerarse el umbral del más allá, o como causa de intensidad emocional, de aprecio frenético al goce. Se convirtió en excitante erótico en que se mezclaba la piedad y la repugnancia, el horror y la curiosidad, el miedo y la fascinación.

Los últimos años del siglo poblaron la literatura y la plástica de cloróticas languidecentes y anémicas, de mujeres martirizadas de párpados violáceos y moretones sanguinolentos. Se popularizó el encanto de la agonía, de la podredumbre, del olor a hospital; la gracia del cementerio, de la tisis, de la delgadez.

En *Femeninas*, a moribunda Octavia Santino representa a plasmación deste modelo. Non é a única ocasión na que Valle vai insistir neste motivo: a propia Octavia, en similares circunstancias e con idéntico amante, o xove Pedro Pondal, vai protagonizar o primeiro drama do autor *Cenizas* (1899) e unha segunda versión deste, *El yermo de las almas* (1908). Ademais é unha anticipación da criación valleinclaniana que mellor se axusta a este padrón: a Concha de *Sonata de otoño*. Prima e amante do marqués de Bradomín e xa moribunda vive os seus últimos momentos de paixón co singular donxoán valleinclaniano, ata morrer en plena consunción do acto sexual. Para o marqués as febres, a palidez e a fraqueza de Concha non só disminúen o seu gozo, senón que o acrecentan.

De igual xeito ocorre na novela curta "Octavia Santino", onde os suores da protagonista en modo algún minguan a súa beleza:

Y sellaba con pasión sus labios, sobre la mano de la enferma, una mano hermosa y blanca, húmeda ya por los sudores de la agonía (p. 85)

En "Octavia Santino", a protagonista tamén morre ao final do relato, mais non o fai sen antes declararlle ao seu amante pretéritas infidelidades. Pondal, desesperado de ira pregúntalle a título póstumo "¿por qué?, ¿por qué quisiste ahora ser buena?." Dianella Gambini (1997: 194) apunta acertadamente que o adxectivo "buena" ben se pode referir á expiación da conciencia que Octavia precisa realizar no umbral da morte, ou tamén pode que se refira a unha mentira para mitigarlle a dor ao seu xove amante, tan dependente dela. E que se explica porque entre Octavia e Pondal hai unha significativa diferencia de idade. Ela caracterizada como unha muller madurada e el como un hiperestésico e inexperto adolescente. Por iso ao longo do texto incídese non só na relación erótica de ambos protagonistas, senón tamén na súa compoñente materno-filial, o cal a dota de certo aire incestuoso. Tamén foi o Fin de Século, nas súas apetencias transgresoras, pródigo en incestos (aínda que non tanto como o xove Ortega lle reprochou a Valle). E se agora estamos ante un incesto simulado ou metaforizado, en *Sonata de estío* estaremos ante un incesto real, no que o General Bermúdez será pai e esposo de la Niña Chole.

Polo tanto, morte, pecado, enfermidade, paixón –ingredentes, todos eles tan caros a Valle-Inclán– conflúen ao narrar os momentos finais da medusea Octavia.

Por último, o cuarto modelo reférese á muller prerrafaelista, caracterizada pola súa fraxilidade e a súa candidez. Para Hans Hinterhaüser (1980: 92) este prototipo feminino supón o reverso da muller fatal:

Sólo mucho después, y en parte debido al repentino interés despertado por la pintura prerrafaelita, comenzó a prestarse atención a un tipo opuesto al de la *mujer fatal* y tan frecuente como ella: la mujer frágil, etérea y espiritualizada del Fin de siglo, que llegó incluso a ser sospechosa de santidad. (...)

Se da por supuesto que este tipo femenino tiene su origen en los prerrafaelitas ingleses, pero según la autora, los escritores y artistas del Fin de siglo lo adaptaron a su propia imaginación decadente: «La *mujer frágil* es ciertamente de origen prerrafaelita; pero el Fin de siglo supo asimilarla en forma que correspondiese a sus ideas y deseos secretos, dotándola así de gran fuerza de irradiación y de una fisonomía, en parte nueva».

Rosarito, a heroína de *Femeninas* que se axusta a este modelo, non é o único personaxe que presenta estes trazos: tamén a nena Beatriz na novela curta de *Corte de amor* que leva o seu nome, a pastora Adega en *Flor de santidad* ou a María Rosario de *Sonata de primavera*. Todas elas, como contrapunto á súa santidade son seducidas, pretendidas ou incluso violadas por homes maduros que a miúdo se caracterizan como satánicos. Rosarito tamén é seducida por un donxoán satánico e romántico, se ben, aínda que non caben aquí tales precisións, debemos advertir que Don Juan Manuel Montenegro é un personaxe máis complexo do que unha primeira lectura nos poida descubrir.

Quizáis polos seus antecedentes pictóricos se explique que este modelo a miúdo se caracterice polo seu estatismo. En ocasións, Valle semella que está describindo un lenzo e non a personaxes realmente vívidos. Véxase como ilustrativo exemplo o inicio de "Rosarito" e as comparacións pictóricas do personaxe:

> ...Rosarito recordaba esas ingenuas madonas, pintadas sobre fondo de estrellas y luceros. (p. 187)

> ...aquella cabeza melancólicamente inclinada que con su crencha de oro, partida por estrecha raya, tenía cierta castidad prerrafaélica. (p. 103)

> ...los ojos ¡no más misteriosos en verdad, que la mirada de aquella niña pensativa y blanca! Vista á la tenue claridad de la lámpara, con la rubia cabeza en divino escorzo; la sombra de las pestañas temblando en el marfil de la mejilla; y el busto delicado y gentil destacándose en la penumbra incierta sobre la dorada talla, (p. 186)

O narrador, como se de un pintor se tratase, busca os efectos luminosos máis apropiados para conseguir o retrato de Rosarito máis óptimo, reforzado polos constantes símiles pictóricos ao longo do relato. Sen dúbida o atributo físico que máis se destaca é o cabelo: a súa cor rubia conxugada coa súa tez pálida configuran o seu aspecto virxinal. É, non obstante, na última descripción de Rosarito, xa morta, onde a melena cobra aínda unha maior significación como símbolo do destino cruel da xove:

> El alfilerón de oro que momentos antes aun sugetaba la trenza de la niña, está bárbaramente clavado en su pecho, sobre el corazón. La rubia cabellera extiéndese por la almohada, trágica, magdalénica!... (p. 226)

Polo tanto convértese nun epítome das virtudes místicas da nena, acentuadas, máis se cabe, no tráxico trance da morte. Pero o feito de que estea cargada de connotacións sacras aumenta a súa carga simbólica, posto que a melena, así como o ouro, tamén contén unha carga erótica notable, incrementada neste caso co adxectivo magdalénica. É por iso que o candor místico de Rosarito non é óbice para que baixo el asome a inocencia un tanto perversa da muller prerrafelista: a curiosidade que lle desperta don Juan Manuel é ben ilustrativa disto, como ben advirte o propio narrador da obra ao advertir da dualidade erótica e relixiosa que asoma en Rosarito:

> ¡Acaso había sentido el peso magnético de aquella mirada que tenía la curiosidad de la virgen y la pasión de la mujer! (p. 200)

En suma, esta ambivalente nena preséntase como un personaxe dunha corporeidade evanescente e a súa entidade ten moito de motivo estético. Durante o relato apenas fala e case non se expresa, e en canto ao que sente, o narrador limítase a interrogarse acerca das turbulencias que azoutan o seu interior, o cal contribúe a acrecentar o clima de misterio e intriga que preside esta novela curta, lonxe da ambientación frívola de "La condesa de Cela" ou "Tula Varona". Por conseguinte, a diferencia das restantes heroínas de *Femeninas*, ben caracterizadas respecto os seus sentimentos, as súas preocupacións ou proxectos, en "Rosarito" o narrador limita a súa ominisciencia, creando arredor da nena unha aura de evanescencia e enigma. Sumado ao tópico da súa descripción física, as continuas referencias á pintura e a insustancialidade que emana do seu misticismo, poñen de manifesto a súa irrealidade e orixinan que a esencia de Rosarito radique antes na fidelidade a un modelo artístico que nas súas cualidades intrínsecas como personaxe.

Obras Citadas

CALINESCU, Matei (1991), *Cinco caras de la modernidad*, Madrid, Editorial Tecnos.

CIPLIJAUSKAITÉ, Biruté (1984), *La mujer insatisfecha. El adulterio en la novela realista*, Barcelona, Edhasa.

DAVIES, Catherine (1994), "«Venus impera»? Women and Power in *Femeninas* and *Epitalamio*", en Carol Maier y Roberta L. Salper (eds.), *Ramón María del Valle-Inclán: Questions of Gender*, Lewisburg, Bucknell University Press y London-Toronto, Associated University Presses, pp. 129-153.

DIJKSTRA, Bram (1994), *Ídolos de perversidad. La imagen de la mujer en la cultura de fin de siglo*, Barcelona, Debate-Círculo de Lectores.

GAMBINI, Dianella (1997), "Polisemia lingüística y ambigüedad textual en «Octavia Santino». Reflexiones para una traducción al italiano", en Luis Iglesias Feijoo et alii (eds.), *Valle-Inclán y el Fin de Siglo. Congreso Internacional. Santiago de Compostela, 23-28 de octubre de 1995*, Santiago de Compostela, Universidad de Santiago de Compostela, pp. 187-201.

GÓMEZ ABALO, Mª Ángles (2000), "La sátira antimodernista de Pablo Parellada", en Serrano Alonso et alii (eds.), *Literatura modernista y tiempo del*

98. *Actas del Congreso Internacional. Lugo, 17 al 20 de noviembre de 1998*, Santiago de Compostela, Universidad de Santiago de Compostela, pp. 171-183.

GONZÁLEZ DEL VALLE, Luis T. (1990), *La ficción breve de Valle-Inclán. Hermenéutica y estrategias narrativas*, Barcelona, Anthropos.

HINTERHÄUSER, Hans (1980), *Fin de Siglo. Figuras y mitos*, Madrid, Taurus.

LAVAUD, Eliane (2000), "*Sonatas* y viajes: la *Sonata* de estío y la otredad", en Santos Zas et alii (eds.), *Valle-Inclán (1898-1998): Escenarios. Seminario Internacional. Universidade de Santiago de Compostela, noviembre--diciembre, 1998*, Santiago de Compostela, Universidade de Santiago de Compostela., pp. 73-89.

LAVAUD, Jean Marie (1975), "Una biblioteca pontevedresa a finales del siglo XIX", *El Museo de Pontevedra*, XXIX, pp. 409-438.

LE SCOËZEC MASSON, Annick (2000), *Ramón del Valle-Inclán et la sensibilité «Fin de siécle»*, París, L´Harmattan.

LITVAK, Lily (1979), *Erotismo fin de siglo*, Barcelona, Antoni Bosch editor.

LITVAK, Lily (1986), *El sendero del tigre. Exotismo en la literatura española de finales del siglo XIX, 1880-1913*, Madrid, Taurus.

MACHADO, Manuel (1901), "El Modernismo y la ropa vieja", *Juventud*, Madrid, 1, 1 de octubre.

NÚÑEZ SABARÍS, Xaquín (2000a), "Manuel Machado ante el Modernismo: defensa y reflexión", en Javier Serrano Alonso et alii (eds.), *Literatura modernista y tiempo del 98. Actas del Congreso Internacional. Lugo, 17 al 20 de noviembre de 1998*, Santiago de Compostela, Universidad de Santiago de Compostela, pp. 185-195.

PRAZ, Mario (1969), *La carne, la muerte y el diablo en la literatura romántica*, Caracas, Monte Ávila Editores.

REYERO, Carlos (1996), *Apariencia e identidad masculina. De la Ilustración al Decadentismo*, Madrid, Cátedra.

RISCO, Antonio (1977), *El Demiurgo y su mundo. Hacia un nuevo enfoque de la obra de Valle-Inclán*, Madrid, Gredos.

SERRANO ALONSO, Javier (2000), "Los *Liróforos glaucos*: la imagen del poeta en la sátira antimodernista", en Serrano Alonso et alii (eds.), *Literatura modernista y tiempo del 98. Actas del Congreso Internacional. Lugo, 17 al 20 de noviembre de 1998*, Santiago de Compostela, Universidad de Santiago de Compostela, pp. 145-169.

SPERATTI-PIÑERO, Emma Susana (1968), "Valle-Inclán y México" en *De "Sonata de otoño al esperpento*, Londres, Támesis Books Limited, pp. 55-71.

MESA REDONDA DE ESCRITORES

LITERATURA E IDENTIDADE

GERMANO DE ALMEIDA
Cabo Verde

Introdução

Cabo Verde é um muito pequeno país de dez ilhas situado na costa ocidental da África. No presente tem cerca de 500 mil habitantes residentes e outros tantos espalhados pelo mundo. Foi encontrado desabitado pelos portugueses por volta de 1460, foi usado como entreposto no comércio de escravos para as diversas rotas do mundo, e acabou sendo povoado por um reduzido número de europeus, principalmente portugueses, e um considerável número de negros originários de diversas partes da África e para aqui trazidos. É um país independente desde 1975.

Não obstante a presença maioritária de negros nas ilhas, a cultura que acabou por se apresentar como aparentemente dominante foi a do colono branco. Porém, deve ser dito que é apenas "aparentemente" porque a cultura caboverdiana ficou de tal forma miscigenada que será mais conforme à realidade vê-la como algo de todo novo, uma cultura resultante da fusão da África e da Europa num como que pequeno laboratório perdido no Atlântico.

E a pergunta que muita gente continua a fazer tem sido esta: dessa cultura representada por um tão pequeno número de pessoas numa terra pobre até ao desespero e carenciada de tudo, onde o instinto predominante tem sido o da sobrevivência a todo o custo, pode ter surgido uma obra cujo volume, com alguma legitimidade, levará a falar da existência de uma literatura autóctone?

Pessoalmente respondo que sim, que existe de facto uma literatura caboverdiana. Digo isso porque não se pode negar que existe um homem caboverdiano. Nascido da miscigenação de brancos e negros, forjado na dureza de uma terra pobre e dependente das chuvas de Deus e das ajudas do Homem, mas na qual ele aprendeu a se moldar para poder sobreviver.

Uma particular característica desse povo é o optimismo natural: ele vive da esperança, uma esperança todos os anos renovada no tempo das águas, razão por que em cada ano ele prepara a terra à espera da chuva com a mesma devoção dos camponeses dos outros lugares onde a chuva é uma certeza tão segura como a sucessão dos dias e das noites. E se calhar por isso mesmo, ele é um povo alegre, amante de festas e brincadeiras, de um humor invejável mesmo contra si próprio. E necessariamente esse povo tinha que estar na origem de uma literatura própria.

I

Fixa-se nos meados dos anos trinta do século XX o aparecimento em Cabo Verde do primeiro movimento literário verdadeiramente autóctone.

É bem certo que já muito antes dessa época se escrevia e muito entre nós, a preocupação com a arte da escrita foi desde sempre marcante em todas as elites das sociedades das nossas ilhas. Porém há um pormenor que merece ser referido porque é ele que determina a especificidade: a escrita literária surge em Cabo Verde essencialmente como forma de afirmação dentro do espaço português, ou então de denúncia de qualquer situação injusta: denúncia de crises de fome, denúncia de injustiça ou atropelos e abusos de poder.

Perceber-se-á melhor isso se se atentar um pouco na nossa história: Cabo Verde foi povoado muito mais por interesse na exploração da sua posição estratégica tendo em conta o tráfico de escravos, que para exploração das suas riquezas naturais que na verdade eram pouquíssimas. Tanto assim é que para aqui se conseguir a fixação de colonos europeus, incentivos muito especiais tiveram que lhes ser concedidos, nomeadamente a nível de comércio com a costa d'África. A ilha de Santiago era um entreposto de escravos, razão por que havia sempre grande quantidade deles à espera de compradores que os levassem para o mundo. Ora quando o tráfico de escravos foi finalmente proibido, esses escravos ficaram na terra, vindo assim a constituir a maioria da população.

Por outro lado, os brancos, homens e mulheres, vindos de Portugal para Cabo Verde não eram na sua maior parte gente de grande extracção social. Pelo contrário, sabe-se que as ilhas foram sobretudo povoadas por condenados pelos crimes os mais diversos e que para aqui eram desterrados. Isso teve uma vantagem: eram gente nada preconceituosa e não tiveram qualquer relutância em se misturar com as negras e os negros que aqui encontraram, resultando desse modo um povo mestiço em grande parte na etnia, mas sobretudo na cultura.

Ora nos meados do século XIX acabou surgindo no seio dessa cultura mestiça uma elite intelectual de grande saber e valor, portadora, porém, de uma contradição que não podia ainda resolver, qual seja, queria a todo o custo ser portuguesa, fazia questão de ser portuguesa em pé de igualdade com os de Portugal, ainda que por lei tal estatuto lhe fosse rejeitado.

Bem entendido que não se deve estranhar que assim tenha sido. Os diversos intelectuais caboverdianos aparecidos em Cabo Verde até aos anos vinte do século passado, ainda que aqui nascidos, eram na quase totalidade descendentes directos de portugueses por qualquer razão deslocados para as ilhas. Ora criados num ambiente que já era caboverdiano, mas educados de acordo com os cânones da mãe pátria, viviam na contradição de se sentirem portugueses de Cabo Verde, mas portugueses de condição legal desigual da dos continentais. E assim, acima de tudo eles se preocuparam e se empenharam em mostrar que em nada eram inferiores aos metropolitanos, e é facto que a sua escrita, quer em prosa quer em poesia, em nada é diferente dos poetas e prosadores de Portugal. Guilherme Dantas, Loff de Vasconcelos, José Lopes, cónego Teixeira e alguns outros revelaram-se como exímios cultores não só da língua portuguesa como também dos temas caros e na moda em Portugal.

Politicamente todos eles defendiam para Cabo Verde o privilégio de ter o estatuto de ilhas adjacentes tal qual a Madeira e os Açores, exactamente por causa dessa sua assunção da condição de portugueses e não de colonizados de Portugal.

Isso terá durado até cerca de 1900, altura em que se admitiu em Portugal a hipótese de se vender as colónias. Portugal estava crivado de dívidas e uma das soluções aventadas foi imitar a Espanha que tinha vendido Cuba, Porto Rico e Filipinas aos americanos.

Na minha opinião foi essa simples hipótese de trabalho que meteu em crise a burguesia intelectual caboverdiana. Digo a burguesia porque na verdade o povo em geral em nada se preocupava com essas coisas, indiferente ao seu dono, antes afadigado em conseguir formas de obter alimentos com que matar a sua fome.

Mas não assim a burguesia e a elite intelectual que se sentiu sobretudo desprezada, tratada todos eles como mercadoria, "objectos de factura", como amargamente escreveu o poeta Eugénio Tavares.

É sem dúvida a partir desse momento que se inicia a ruptura na cultura da elite caboverdiana entre ser-se caboverdiano e ser-se português. Pereira Marinho, o primeiro governador de Cabo Verde do regime liberal de Sá da Bandeira, tinha já escrito por volta de 1836 que Cabo Verde era ainda português porque a burguesia e a sua elite eram amigas de Portugal, pois que o povo em nada se preocupava com isso. Com essa atitude de venda, a burguesia começa a questionar a sua pertença a Portugal, ainda que sem por enquanto a pôr em causa.

II

Os chamados pré-claridosos deixaram um acervo literário que pode ser considerado valioso. Por exemplo, Luis Loff de Vasconcelos, que terá nascido por volta de 1860 e falecido em 1923, deixou diversos opúsculos de carácter político, como A PERDIÇÃO DA PÁTRIA e O EXTERMINIO DE CABO VERDE. Eugénio Tavares, que nasceu em 1867 e faleceu em 1930, ele também personalidade de uma intensa actividade política como republicano e socialista (razão por que acabou levando uma vida agitada), deixou um considerável espólio que veio a ser reunido em 3 volumes de prosa, verso e correspondência. Alguns outros, especialmente em verso, como por exemplo Guilherme Dantas, deixaram obra de valor.

Mas o grupo que definitivamente viria a marcar a autonomia da literatura caboverdiana em relação a Portugal surge em 1936 com a revista Claridade. Sem dúvida que para esse aparecimento muito contribuiu a tomada de consciência das condições sociais desumanas em que se encontravam as ilhas, a partir do início do século, mas particularmente nos anos 20, até chegar aos anos 50. Nesse tempo de há muito se encontrava findado o chamado periodo áureo do Mindelo, S.Vicente, qual seja o periodo dos carvoeiros ingleses no Porto Grande, e mais uma vez o arquipélago no geral sufocava na miséria das secas e da fome. S.Vicente, a ilha para onde a miragem do trabalho tinha feito convergir as massas das demais ilhas, encontrava-se naufragado no desemprego e no alcoolismo, de tal forma que por volta de 1924 a Associação Operária da ilha tinha pedido e obtido do Governo a implantação de uma espécie de lei seca que proibia a entrada na ilha de todas as bebidas alcoólicas. Mas a fome da população cresceu de tal maneira, a par do desinteresse do Governo pela sua sorte, que no dia 7 de Junho de 1934 o povo dessa ilha acabou por se revoltar contra essa vida ignominiosa e saiu para as ruas com uma desfraldada bandeira negra da fome e acabou saqueando os armazéns onde as mercadorias dos comerciantes se encontravam guardadas. É a célebre revolta conhecida como sendo do capitão Ambrósio e motivo de um dos mais belos poemas feitos até hoje em Cabo Verde, o O CAPITÃO AMBRÓSIO de Gabriel Mariano.

Dois anos após essa revolta, mais propriamente em Março de 1936, aparece o primeiro número da revista Claridade. Vinte anos mais tarde Baltasar Lopes, o autor do primeiro romance caboverdiano CHIQUINHO viria a resumir da seguinte maneira o propósito do grupo:...*eu e um grupo de amigos começamos a pensar no nosso problema, isto é, no problema de Cabo Verde*.

Directamente influenciados pelos escritores do nordeste brasileiro, como José Lins Rego, Érico Veríssimo, Jorge Amado e outros, é sobre Cabo Verde, sobre o problema do povo de Cabo Verde, que os claridosos querem debruçar-se. Mostrando que Cabo Verde não é de forma alguma o jardim das Hespérides cantado pelos poetas da época anterior, não é o lugar onde os deuses vêm repousar. Pelo contrário, Cabo Verde é uma terra desprezada e esquecida onde os homens lutam diariamente contra uma natureza madrasta, e vivem na miséria, e morrem de fome, abandonados por aqueles que viram e acreditaram serem seus irmãos. *O drama reside na penosa constatação de que a natureza é, em Cabo Verde, tão rebelde e diabólica, que o homem não consegue vencê-la, que o homem antes de tudo é vítima dela*, escreve o poeta e romancista Manuel Lopes, uma das personalidades nacionais mais politicamente intervientes desse grupo e autor de livros como OS FLAGELADOS DO VENTO LESTE, CHUVA BRABA, O GALO QUE CANTOU NA BAÍA, etc.

É Manuel Lopes o autor de uma frase que, na minha opinião, resume a posição ideológica desse grupo: *A natureza que envolve estas dez ilhas desqualifica o homem!* Essa afirmação parece ter como objectivo justificar a aparente apatia do caboverdeano, apatia que segundo ele não é senão a renuncia de um povo heróico, ainda que de uma heroicidade apagada e humilde porque preso nas teias de mil impossibilidades.

Mas essa ideia de **homem desqualificado** e preso nas teias das mil impossibilidades da vida de que ele fala, tem a ver com a postura política das gerações de intelectuais que antecederam o seu grupo e também com as posições políticas deles próprios.

Porque fica claro da história que as gerações de intelectuais que antecederam o grupo Claridade nunca imaginaram a ideia de um Cabo Verde independente. É verdade que lutaram e denunciaram as humilhantes condições de vida em Cabo Verde, as fomes e outras misérias, mas sempre o fizeram dentro do quadro de um Cabo Verde pertencente à Mãe Pátria portuguesa! E daí o seu ofendido escândalo quando se falou em Portugal da hipótese da venda das colónias porque para eles, sobretudo no que se referia a Cabo Verde, era como que uma mãe a pretender vender os seus próprios filhos. E o grito revoltado de Loff de Vasconcelos que se confessa ferido no seu orgulho de português e de africano "já que não nos querem nem como colónia nem como ilhas adjacentes, então deixem-nos seguir o nosso caminho", de forma alguma traduz uma posição política assumida com vista à independência.

Pode-se, pois, dizer que essas gerações foram, primeiro que tudo portuguesas, e só depois caboverdianas.

Ora é ainda essa mesma postura que condiciona o grupo claridoso. Tomando embora consciência da sua condição de homem caboverdiano, isto é, não de portugueses nascidos em Cabo Verde mas sim de caboverdianos sob domínio português, começam, como diz Baltasar Lopes, *a pensar no nosso problema, isto é, no problema de Cabo Verde. Porém,* esse grupo não está ainda suficientemente maduro para cortar o cordão umbilical que o liga a Portugal enquanto potencia colonial, e dar o salto qualitativo que é assumir a luta pela independência e por aquilo que ela forçosamente teria que significar, a saber, um esforço colectivo para que o homem caboverdiano possa viver na sua terra com dignidade e sem as constantes ameaças de crise e de fome.

É e por isso que a literatura por ele produzida acaba por se resumir a uma denuncia amarga do abandono, das secas e das fomes. Paradigmático dessa postura é o romance CHIQUINHO de Baltasar Lopes que retrata o abandono do Porto Grande de S.Vicente como rota dos vapores do comércio internacional e o consequente desemprego, fome e doença da classe operária da ilha. Porém, o campo não está melhor. O próprio CHIQUINHO o espelha bem no regresso do personagem a S.Nicolau onde apenas encontra seca, miséria e mortes pela fome. CHUVA BRAVA e OS FLAGELADOS DO VENTO LESTE abordam a temática da vida no campo, os olhos postos num céu esquecido dos homens em baixo implorando uma gota d'água. Já Aurélio Gonçalves, um escritor de novelas mais intimistas, tende a abordar o indivíduo como que isolado no seu meio, quase sempre o de S.Vicente, vivendo dramas pessoais ainda que dentro da penúria da colectividade.

III

Mas sem dúvida que foram os claridosos e as suas obras que abriram caminho para o salto que viria a ser dado com o aparecimento de uma literatura abertamente de contestação ao regime colonial e aliciamento da juventude para a luta de libertação. Essa literatura contou, entre outros, com poetas como Ovídio Martins, Onésimo Silveira, Gabriel Mariano e também Corsino Fortes, talvez o mais constante dos poetas da sua geração. Fortes, que um volume agora publicado com o título de A CABEÇA CALVA DE DEUS reune o conjunto da sua obra, prossegue na denúncia das preocupações dos seus antecessores, mas agora já não se queda pela simples contemplação da nossa situação de miséria. Ele vai antes *beber da água da nossa secura,* sobretudo na busca de dar um sentido positivo e pragmático a essa que foi uma desenganada luta de séculos, como que a dizer, na própria esteira da luta de libertação nacional entretanto desencadeada no início dos anos sessenta do século XX, a nossa solução está aqui, no nosso chão, nas nossas cabeças: *mesmo sendo, já não somos os flagelados do vento leste/ que o digam os braços do povo no povoado,* diz ele.

E assim, e ainda que por diferentes veredas, Gabriel Mariano, Ovídio Martins, Corsino Fortes e outros continuaram Eugénio Tavares, Loff de Vasconcelos e também Manuel Lopes, Baltasar Lopes, António Aurélio Gonçalves e todos aqueles outros que sonharam que um dia teríamos uma terra livre da fome e da miséria por obra do esforço do homem caboverdiano.

Já depois da independência nacional uma nova geração de escritores foi surgindo, mas agora com uma temática e mesmo uma escrita que tende a valorizar o lado lúdico do homem caboverdiano deixando de lado os temas das secas e fomes dos claridosos e a poesia de contestação política dos pós-claridosos. Destacam-se, entre outros, Arménio Vieira e Vera Duarte na poesia, Dina Salústio e Fátima Bettencourt e Mário Lúcio na prosa. Eu próprio tenho alguns livros publicados.

ESCRITA EM AUTODIAGNÓSTICO

ONÉSIMO TEOTÓNIO ALMEIDA
Portugal

Tenho repetido muitas vezes que me aventuro na escrita por duas vias: o ensaio e a ficção. Não estabeleço diferença de fundo entre ambas. Ela está apenas na forma, no género, na roupagem. As preocupações básicas são as mesmas. A crónica (as minha colectâneas mais recentes são *Rio Atlântico*, *Que Nome é Esse, ó Nézimo? – e outros advérbios de dúvida*, *Viagens na Minha Era* e, a sair em breve, *Livro-me do Desassossego*), por exemplo, é um género híbrido, intermédio, com elementos de um e outro – do ensaio e da ficção. Os contos (em livro publiquei *(Sapa)teia Americana*), em parte uma extensão da crónica, são igualmente um meio termo entre a crónica e o romance. Por isso costumo dizer que a crónica é um ensaio em mangas de camisa. A partir da crónica, aventurei-me pela dia-crónica quando me pediram que escrevesse um diário e preferi quedar-me pelo meio-termo. Com as suas ligações de família chegada ao diário, a dia-crónica aconchega-se entre eles como quem não quer vestir nenhuma dessas armaduras porque elas lhe coarctam os movimentos, reprimem a desenvoltura e o à-vontade de andar descalça pelo chão, de calções e tronco nu, para melhor sentir a doce sensação da liberdade. Não falei do teatro (publiquei *Ah! Mònim dum Corisco!* e *No seio Desse Amargo Mar*), mas dele diria o mesmo. É escrita sem discurso narrativo.

Queria no entanto ressalvar que em toda essa escrita, da ficção à dia-crónica, as preocupações básicas são idênticas. Não mudo de personalidade se estou na praia ou num congresso; a jantar em família ou a dar uma aula e por isso sou o mesmo em qualquer destes géneros. Se o ensaio se dirige mais ao intelecto, a ficção inclina-se para a sensibilidade.

Aliás, ambos presentes sempre porque, tanto numa como noutra, razão e emoção estão, como muito bem se sabe, longe de ser compartimentos estanques. As diferenças são apenas de grau. Infelizmente o ensaio fica, por via de regra, sepultado no seu *habitat* natural, os seus jazigos, mais conhecidos por actas de congressos ou revistas académicas. De onde às vezes se retira uma inscrição da lápide para fazer número em longas bibliografias de teses, contribuindo para impressionar circunspectos júris universitários.

Por isso as ideias na crónica vão diluídas em muito refresco (dizer "sumo" seria presunçoso), para que possam ao menos ter essa função de sacudir a mornaça, a morneza, o tédio. No conto estarão talvez mais cuidadosamente dissimiladas, mas sem nunca deixarem de estar presentes.

Nos últimos dez anos tenho alargado a hibridez da escrita fugindo da crónica para aquilo a que chamo *prosemas*. Num livrito que publiquei recentemente – *Onze prosemas (e um final merencório),* Ausência, 2004 – escrevi em prefácio a explicar o género (ou subgénero) que nessa escrita sem barreiras me deixo ir tal qual sou e chego a ser mais íntimo do que me permito nas crónicas, onde me acho mais contido e mais tradicional na estrutura formal e não só. Por isso eles são *prosemas* e não *poemas*. A ausência de pontuação não é fundamental mas permite a fusão de frases e sentimentos de modo bem mais livre, espontâneo e natural, como acontece na vida.

O que escrevo fala sempre dela, a vida. Porque sou leitor inveterado das experiências dos outros – como vêem, vivem, sentem o mundo e se sentem nele – assim também escrevo porque imagino (i. e., acredito) que possa haver alguém interessado em espreitar a minha própria experiência. Esta troca é humana. E ajuda. Anima. Faz-nos sentir que não estamos sós. Por isso os livros são uma companhia. Não a única, nem necessariamente a melhor (no caso dos meus, claro!) mas, para quem não gosta de solidão (que é diferente de solitude), eles podem ser excelentes companheiros de jornada.

Julgo, porém, que, em vez de continuar a discorrer sobre a minha escrita, será melhor partilhar com o auditório um prosema a título de exemplo do que aqui vai dito. Espero que no final da leitura fique claro que este que vou ler poderia transformar-se num "Ensaio sobre a tristeza lusitana".

Prosema a um país merencório

Num pub em Cork um irlandês de rosto triste quis saber se Portugal era melancólico como parecia pergunta ad nauseam ouvida Europa e mundo fora Eu nunca sei bem como explicar esse raio de mistério misterioso do país do sol e mar azul de abraço mediterratlântico logo no berço dar de mamar tristeza aos filhos como se vivessem sob os céus cinzentos da Europa nortenha no longo inverno gelados no frio branco e os rodeasse um mar frígido cor de nuvens Reinventou António Sérgio a roda quando entendeu serem os nossos vates de antanho albergues de melancolia penumbra e mágoa por conta talvez da coita amorosa e de no palor das brumas se arrepiarem com os uivos da ventania pelas solidões nocturnas mundo e alma sobrevoada de medo torvo das emanações do sombrio Basta em relance desfolhar páginas roxas pois já Cesário dissera *nas nossas ruas ao anoitecer há tal soturnidade há tal melancolia que as sombras o bulício o Tejo a maresia despertam-me um desejo absurdo de sofrer* e é como se todos os dias fossem aqueles *domingos terríveis de passar* de Alexandre O'Neill o país todo *nau dos corvos nau parada de pedra que tanto navega e há tanto está no mar sem nunca ao porto chegar* de Ruy Belo ou o de Melo e Castro naquele fragmento de um mapa do lirismo português *onde lágrima – lá rima com ama sobra um g de gosto tem um ri de riso amargo onde amar é gosto gasto* E mil poetas rimaram com o Mário Sá-Carneiro do *nada me expira já nada me vive nem a tristeza nem as horas belas de as não ter e de nunca vir a tê-las fartou-me até as coisas que não tive* e com Reinaldo Ferreira *contente nunca estou feliz não sei se existe alguém ou neste ou noutro mundo* E mais intrigante ainda aquele gostar como parece ser o tal gozo da saudade um gostar da dor que deveras se sente e digam-me se há-de leia-se S' ade um estrangeiro entender a nossa alma saudosa Eu não estou a mudar de assunto uma coisa embrulha-se na outra por exemplo em Florbela Espanca *e quem me dera que fosse sempre assim quando menos quisesse recordar mais a saudade andasse presa a mim* Desafio alguém a imaginar noutro país um poema chamar-se *balada do caixão* do melancólico António Nobre.

Os franceses que não sabem ser Alegre um poeta triste dizem *les portugais sont toujours gais* mas quando De Gaulle irritado desferiu no Brasil *ce n'est pas en pays sérieux* poderia ter dito sérieux era Portugal Todavia acho na minha que esta leva de mais a sério a sua tristeza de que não se aparta comprazendo-se uns a chorar a saudade grandiloquente do século das descobertas e outros a sofrer raiva de termos ido além-mar Todo o país feito a manhã submersa do tristonho Vergílio Ferreira que só teve uma alegria breve no título de um romance E se um dia Eduardo Lourenço se autorizasse uma gargalhada na TV como as que solta entre amigos Portugal cinzento perdia a compostura a dignidade e o sentimento fatal da vida Lourenço julga não ser o trágico parte da nossa alma Trágico porém será substituir tragédia por tristeza porque com su sentimiento tragico de la vida os espanhóis aguentam-se nos tornozelos e os gregos de outrora trágicos eram mas atreviam-se a agarrar o destino pelos cornos dos seus dilemas e saltavam para o abismo dançando e celebrando a vida gesta impensável na nossa nacional casa de sofrer.

Esta da casa de sofrer não é de minha lavra não senhor meu é tão--só a sinédoque do epíteto roubado àquela crónica do irreal quotidiano de Zé Gomes Ferreira O turista inglês pedindo a um portuga *mostra-me qualquer coisa não existente noutro país* e ser levado a um lúgubre sítio onde com glissandos de violancelo de lata se cantavam plangências em monotonia áspera derramando lágrimas mentais *esquecidos do sol das árvores do mar* e *chorincas e fofos* naquela *câmara de tortura voluntária* que o inglês nunca soube tratar-se de uma casa de fado e onde ele demasiado turista para protestar desatou a sofrer o mais que pôde.

Portugal é montanha russa sobe e desce desce desce e só sobe rápido em mini-colinas euforia de um Abril por milénio um delírio por Expo euforia de já ser Europa grande e choro feliz com a oitava sinfonia lusófona Timor Lorosae loucura insustentável para um país maníaco--depressivo esvaindo-se de súbito ao afundar-se logo ali em Entre-Rios onde o país de praias a perder areias nos seus alicerces se descobre finalmente nauseabundo e da sujeira vai tentar lavar-se diariamente nos ecrãs da TV que todos os dias trazem do nevoeiro das ondas hertzianas um novo Alcácer-Kibir Tudo a dar razão a Manuel Laranjeira no seu discorrer sobre o pessimismo lusitano jurando que até o messianismo em Portugal fez as suas provas e faliu E suicidou-se também quem isso declarou.

A voz da rua acusa o poder de ser culpado foi culpada a monarquia e depois a inquisição a seguir os liberais e os absolutistas também e depois logo a república e o Salazar e agora são todos os governos equitativamente culpados tanto que só o masoquismo nacional explica como ainda a gente os elege sabendo que vão ser eles os culpados das desgraças dos anos seguintes Mas o povo vai às urnas porque há que escolher alguém para se manter acesa a desgraça e a dor no peito no verso e no jornal.

Estava eu pronto a rematar esta jeremíada quando tropecei nas letras de Vasco Graça Moura a evocar Maria João Pires há muitos anos numa tela de Nikias Spakinakis que o pintor intitulou *para o estudo da melancolia em Portugal* e dou com o tradutor de clássicos agora a traduzir profundos sentimentos nacionais sugerindo ser a melancolia da pianista o que a distingue dos outros intérpretes por ser ela portuguesmente configurada num húmus riquíssimo e versátil de voo lírico de pôr coisas ao alcance da alma desevendado-a-e-nos em epifania radical.

Assalta-me o susto e a dúvida se não serei eu também merencório por dar comigo a comprazer-me escutando Mozart nas mãos dela Mas adiante porque ao lembrar-me da interrogação dolente das cantigas de amigo *ai Deus e u é?* mai-lo Camões de sobolos rios *que se o fino pensamento só na tristeza consiste não tenho medo ao tormento que morrer de puro triste que maior contentamento?* ou dos poetas meus contemporâneos a recordarem-me diariamente um mundo desbalisado de parâmetros desfeitos sem faróis nem heróis tudo pés de barro em destemperados dias de cobiça e rudeza de austera apagada e vil tristeza eu quedo-me a pensar noutro estrangeiro esse bem vizinho Unamuno a chamar a Portugal um país de suicidas E pergunto-me se a tão badalada e ancestral lusa saudade não será afinal mero eufemismo para melancolia ou tristeza sendo a essência da alma nacional o tristetezismo ou o trismurchismo para o qual não há Fernando Pessoa que grite SURSUM CORDA ou Álvaro de Campos tanto faz pois estamos todos sem corda energia e sem corda corda mesmo sequer para a dependurar numa árvore como nos salgueiros o instrumento do vate.

DEPOIMENTO

VILMA ARÊAS
Brasil

–a–

Contra minha vontade tenho pouca ficção publicada, por conta das obrigações acadêmicas. São quatro os livros: *Partidas* (Rio de Janeiro, Francisco Alves, 1976), *As Trancos e Relâmpagos* (São Paulo, Scipione, 1988 – prêmio Jabuti), *A terceira Perna* (São Paulo, Brasiliense, 1992 – prêmio Jabuti) e *Trouxa Frouxa* (São Paulo, Cia. das Letras, 2000).

–b–

A literatura brasileira contemporânea divide-se entre uma produção intencionalmente dirigida ao mercado (e deste ponto de vista ela não se diferencia de sua congênere européia ou mundial, obedecendo à globalização do capital e ao lucro), e uma outra que, embora desejando ser publicada, avaliada etc, não é escrita com a intenção mercadológica em primeiro plano.

Na primeira alternativa alinham-se os gêneros que fazem sucesso e dinheiro: o romance policial, um certo romance histórico, misturando personagens ficcionais e verdadeiros, uma ficção-qualquer-coisa escrita segundo receitas sem riscos, por autores de preferência jovens, apontados como "descobertas"; em seguida vêm os livros de auto-ajuda à inspiração americana. Em suma, trata-se de uma literatura de puro entretenimento, que muitas vezes fornece roteiros para o cinema e a televisão, possibilitando um retorno econômico rápido. Não é nenhuma novidade que as editoras hoje em dia, à semelhança do que acontece com o futebol, possuem seus "olheiros" para descobrir craques de vendas no império das letras.

Embora não se possa hoje separar inteiramente arte e mercado, há uma outra camada da literatura brasileira – e mundial – que não coloca em primeiro plano o aspecto comercial da arte. No Brasil podemos apontar certas características nessa produção: em geral uma rejeição dos enredos amarrados e com assuntos que chamam a atenção pela contundência programada, iconoclasta segundo a moda; uma certa diluição, principalmente pelo ritmo, entre prosa e poesia e, portanto, uma preferência pelas formas breves, não exatamente caracterizadas pelo tamanho, mas pela elipse e pela alusão. Assim, por exemplo, considero a novela *O motor da luz*, de José Almino, uma "forma breve" e certos contos minúsculos que aparecem às vezes publicados na imprensa, não. Isto é, não compreenderam o "espírito da coisa", conforme dizemos. Há nessa ficção da forma breve uma preocupação ética e um desejo de comentar a contemporaneidade, por mais nublada que seja tal noção. Entretanto não encontro ingenuidade nela. Não há confusão arte/vida, nem recados explícitos, nem inconsciência das exigências formais. Rodrigo Naves, crítico de arte e ficcionista (*O filantropo*, Cia. das Letras, 1998) coloca bem a questão, acho:

> Sofás, mesas, peixes ou camisas tornam-se por vezes
> arte. Precisam porém deixar de estar à mão /.../ Van Gogh
> pintou cadeiras. Chardin, pratos de estanho. Em suas telas,
> cadeiras e pratos não se caracterizam por uma função. Não
> há segredo nisso. Uma cadeira de Van Gogo guarda a fadiga
> de todos os que descansaram nela. E um prato de Chardin
> contém a luz que pode aproximar todos os seres.

Devo dizer que me incluo, ou julgo me incluir, nesse grupo.

–c–

Há uma dificuldade curiosa para quem se mete a fazer literatura no Brasil. Trata-se exatamente da língua portuguesa. Temos no Brasil uma língua mestiça, que tem muita graça na fala, que não tem problemas quanto a um texto conceitual ou crítico, mas que tem todos os problemas quando se trata de escrever ficção (prosa ou poesia). Isso porque temos de encontrar o tom, entre o registro culto -com as variantes brasileiras– e a língua falada. Pensamos que a arte exige esse lastro de verdade, esse compromisso. E não pode soar de maneira falsa. Todos os escritores falam disso. Nelson Rodrigues, Clarice Lispector, Graciliano Ramos, Zulmira Ribeiro Tavares etc etc Clarice afirma que escrever em português – acho que ela se refere à variante brasileira– é como montar num potro bravo, que tem de ser dominado à força. Zulmira fala em "trambolha", sabendo que não há o feminino do substantivo, mas ela quer "errar" de propósito. Escrevi a maior parte de *Partidas* em Portugal, e os bons críticos que leram o livro, apontaram logo a dicção portuguesa, que soa forçada entre nós. É bem curioso isso. Graciliano Ramos, hoje um clássico, confessa à mulher que acabara de escrever *São Bernardo* e que ia vertê-lo "em brasileiro" em seguida. Evidentemente ele se referia à semântica e não à sintaxe, que também foi discutida pelos modernistas de 1922.

–d–

Trouxa Frouxa tem esse nome engraçado (no sentido brasileiro) porque em pequena eu não podia ver uma trouxa de roupa mal amarrada, que ia logo apertar o nó. Como uma trouxa tem material muito misturado, e como acho que o livro também, julguei que seria um título fiel à matéria.

Contudo Mauricio Tenorio, ensaísta mexicano e professor de História na Universidade do Texas, em Austin, descobriu uma porção de sentidos no título. (sem me conhecer, ele me fez uma grande surpresa ao escrever um comentário crítico sobre o livro). Buscou o sentido de "trouxa" no dicionário, e viu que o termo vem do espanhol antigo "troja", "carga que se lleva acuestas" e que em moderno português brasileiro quer dizer "bola de ropa", "miembro viril" ou "mujer de dudosas intenciones". Realmente eu não sabia de todos esses sentidos. Mauricio também o compara com *Men in the off hours*, da canadense Anne Carsons.

Mas vamos ao livro: é muito fragmentado mas existe um fio que amarra as várias partes e que talvez se defina por um esforço de identificação das várias experiências pessoais, alfinetadas na vida civil. Talvez a epígrafe, retirada de uma obra de Nuno Ramos – escritor e artista plástico brasileiro – defina o propósito:

Prata deve permanecer prata e negro, negro.
Tinta deve ser tinta e pano, pano.
Vivos devem ficar vivos e os mortos, mortos.

A seção intitulada "Acervo" trata de experiências de prisão, todas verídicas. A revelação de que a verdade é inverossímil num interrogatório, foi comprovada com uma quadrinha poética descoberta no meu caderno de endereços e que era simplesmente uma brincadeira com uma amiga minha: eu encontrara um sapo de napa pintado de verde (pequeno objeto cheio de areia para prender portas), achara que se parecia com ela, que é gordinha, e enviei-lhe o sapo de presente com a quadra. Antes de escrevê-la num cartão, treinei a mão na caderneta. A quadra é assim: *"Sapo é verde por definição. / Mas sapo mimético/ tem a condição/ de ser hermético"*. Trata-se de um non-sense que foi interpretado como senha política. Impossível discutir isso, tem-se de pagar o preço da insensatez.

Há também um fragmento que se refere a Luandino Vieira, intitulado "bar dois irmãos", nome de bar muito comum no Rio de Janeiro antigamente, com duas bandeirinhas na fachada, uma do Brasil, outra de Portugal: *"Ele ficou nove anos preso no Tarrafal e três na Cadeia de Luanda. Foi solto em 73. Mas até hoje só come de colher"*.

Vou ler agora um fragmento chamado "Cromo", para exemplificar um dos procedimentos da composição. (Há vários "cromos" no livro e todos têm um sentido ligeiramente irônico, pois o título remete a composições românticas um pouco caipiras, quadros idealizados etc).

> O outono estendeu uma capa de toureiro sobre o muro. Ainda
> flutua ao sol. Dentro o crepúsculo, soprando para longe as
> folhas de vidro da varanda. As sombras crescendo macias e quentes
> como as cinzas na lareira. As cabeças estão juntas e a página
> brilha sob a luz. Na voz, o caroço de uma cereja passada boca
> a boca, molhada de saliva, e que bate nos dentes como
> um teclado musical.

Meus alunos gostaram muito do texto, mas achavam que havia uma quebra de sentido no trecho introduzido por "na voz, um caroço" etc, fazendo com que eles perdessem o pé. Na verdade, não há nenhum mistério: duas pessoas, com certeza dois amantes, lêem juntos, em voz alta, uma página, que escorre para a realidade (o caroço que bate nos dentes etc). Na verdade, foi a emoção do relato que truncou a composição, mas acho que o sentido é claro. O texto é de Manuel Rivas – acho que os galegos o identificaram – um conto intitulado "¿Que me queres, amor?", do livro de mesmo nome.

UMA BREVE PANORÂMICA DA LITERATURA MOÇAMBICANA

ANA MAFALDA LEITE
Moçambique

O surgimento das primeiras manifestações literárias em Moçambique está ligada ao aparecimento de núcleos de cultura letrada, sobretudo nas principais cidades (Ilha de Moçambique, Quelimane, Tete, Beira, Lourenço Marques), resultante, em parte, da presença temporária de homens de letras, que muitas vezes eram funcionários em comissões de serviço no território moçambicano.

Alexandre Lobato[1] refere que, na Ilha de Moçambique, no século XIX, era costume reunir-se a elite em serões literários, aproveitados pelos poetas locais para recitarem os seus versos "românticos". O autor refere também a formação de uma sociedade de teatro que, sob o patrocínio do Governo, construiu um edifício para espectáculos teatrais em 1898.

Com a introdução da tipografia, em 1854, e o consequente nascimento dos primeiros jornais locais, a acção destes homens que protagonizam a actividade literária ganha uma nova dimensão. Com efeito, a imprensa é um factor de importância capital para a estabilização de uma cultura escrita. O seu aparecimento em Moçambique será um incentivo marcante para as incipientes manifestações literárias, uma vez que vai permitir uma maior divulgação de textos, quer locais, quer de outras origens, bcm como a sua fixação.

---

[1] Alexandre Lobato, *Sobre «Cultura Moçambicana». Reposição de um Problema e Resposta a um Critico,* Lisboa., 1952, pp. 19-20. Deve referir-se também a presença na Ilha de Moçarnbique de Tomaz António Gonzaga, poeta que lá chegou deportado do Brasil em 1792 e que faleceu em 1810, tendo desenvolvido aí actividade literária.

Na sequência da introdução da tipografia aparece a primeira publicação periódica em Moçambique, em Maio de 1854, o *Boletim do Governo da Província de Moçambique*. A publicação, com diferentes designações ao longo da sua história (até 1975), para além do seu carácter oficial, também teve um carácter informativo geral e cultural. Muitas outras publicações se lhe seguiram, nomeadamente jornais e publicações periódicas[2].

De entre as figuras que protagonizaram a actividade literária em Moçambique na segunda metade do século passado, destaca-se a de José Pedro da Silva Campos e Oliveira[3], considerado o primeiro poeta de língua portuguesa nascido em Moçambique. Campos de Oliveira, de origem indiana, estudou Goa tendo regressado à terra natal cerca de 1866. Para além da poesia, que publica a partir de 1868 em diversos jornais moçambicanos e portugueses, o poeta fundou a primeira revista literária da colónia, em 1881, a *Revista Africana*. A *Revista Africana*, de que se publicaram vários números, dinamizou a actividade literária da primeira capital moçambicana. Gilberto Matusse[4] refere que, dez anos mais tarde, no prefácio ao primeiro livro de poemas publicado em Moçambique, *Sons Orientais de* Artur Serrano (1891), o seu autor explica ter pedido ao «único poeta que possuimos [J. P. Campos e Oliveira]» a distinção de o prefaciar, o que testemunha a importância desse poeta no surgimento das actividades literárias moçambicanas.

Os modelos destas primeiras manifestações literárias são as obras de autores portugueses e também franceses. Assim, entre outras, encontram-se referências nestes textos a Alexandre Dumas, Camilo Castelo Branco, Lamartine, Bernardim Ribeiro, Vitor Hugo, Guerra Junqueiro, Teófilo Braga ou Gomes Leal.

No dealbar do século vinte, em Lourenço Marques, a nova capital, vai surgir um jornal que, de forma particular, marca a história da cultura em Moçambique. Trata-se de O *Ajricano* (1908) vindo a ser substituído, em 1918 por *O Brado Africano*. *O Africano*, e posteriormente *O Brado Africano*, jornais que diziam em prol do progresso, instrução e defesa dos naturais, são os primeiros periódicos dirigidos especialmente às

---

[2] Ilídio Rocha, *Catálogo dos Periódicos e Principais Seriados de Moçambique*, Lisboa, Ed.70, 1985.

[3] Manuel Ferreira, *O Mancebo e Trovador Campos Oliveira*, Lisboa, INCM, 1985.

[4] Gilberto Matusse, *A Construção da Imagem da Moçambicanidade em José Craveirinha, Mia Couto e Ungulani Ba Ka Khosa*, Maputo, Livraria Universitária, 1997, p. 67.

populações locais, versando temas a elas ligados, e são publicados em português e em ronga. Efectivamente integram inúmeros os artigos denunciando injustiças e discriminações de vária ordem, com destaque para as de carácter social e racial.

É a este círculo que pertencem autores como João Albasini, um dos fundadores de *O Africano* e de *O Brado Africano,* com O *livro da Dor* (1925), ou Augusto Conrado com A *Perjura ou a Mulher de Duplo Amor* (1931). *Fibras d'um Coração* (1933) e *Divagações* (1938), alguns dos autores mais referenciados desta primeira fase da literatura produzida em Moçambique por africanos assimilados. É também em *O Brado Africano* que são publicados, desde 1932, os primeiros poemas de Rui de Noronha, considerado o precursor da moderna poesia moçambicana. A linha editorial de O *Africano* e de *O Brado Africano* não deixam dúvida quanto ao facto de tomarem a literatura portuguesa ainda por modelo; uma das formas que mais será cultivada, entre estes homens de letras moçambicanos, é o soneto, de que Rui de Noronha é exemplo paradigmático, demonstrando uma profunda influência do terceiro romantismo português, especialmente de Antero de Quental.

Se exceptuarmos os casos isolados, e já referidos, nos anos trinta, é de facto na década de quarenta que começam a despertar as primeiras vozes poéticas de Moçambique. E, se olharmos retrospectivamente o panorama literário daquela ex-colónia portuguesa, isso acontece com a publicação da revista *Itinerário* (mensário de letras, arte, ciência e crítica.)

Aí se faz uma amostragem reveladora do ânimo que começa a despontar nos poetas de Moçambique. A corroborar esta manifestação, saliente-se a edição em 1951, de *Poesia em Moçambique,* pela Casa dos Estudantes do Império. Em 1952, um ano depois, surge em Moçambique uma folha de poesia, *Msaho,* número único, organizada e dinamizada pelo poeta Virgílio de Lemos, cuja importante contribuição literária virá a ser conhecida especialmente no pós-independência, a partir da década de oitenta, com a publicação de vários livros inéditos e forte intervenção crítica. A nota de apresentação dessa folha revela a heterogeneidade característica dos poetas que nela colaboraram e que números posteriores não puderam contrariar, porque a folha foi de imediato censurada. A apresentação levanta, de modo indirecto, a questão polémica da *moçambicanidade e* alguns dos seus principais focos de discussão. De certa forma, definem-se nessa nota de apresentação os dois eixos fundamentais da poesia moçambicana, que continuarão a revelar-se nas décadas seguintes.

Por um lado, uma poética de cariz social ligada à realidade moçambicana e às correntes neo-realistas, cuja divulgação se demarca em torno de figuras portuguesas como Augusto dos Santos Abranches, Afonso Ribeiro; por outro lado, uma outra poética de feição mais universalizante e esteticamente relacionada com o movimento presencista.

Mantendo-se na época uma certa heterogeneidade na produção poética moçambicana, convém salientar o papel preponderante da figura de Reinaldo Ferreira (admirador do trabalho da poetisa Noémia de Sousa), que viria a marcar até aos nossos dias uma rica tradição estetizante na poesia moçambicana, que a destaca, exemplarmente, dos demais países africanos de língua portuguesa.

Em contraponto, a poesia vibrante, embora por um período breve, de Noémia de Sousa, apontava, no final da década de quarenta (e a folha de poesia *Msaho* será disso reveladora), para uma poesia da africanidade, com intuitos vincadamente sociais. Dois outros poetas, Orlando Mendes e Fonseca Amaral, contemporâneos de Noémia de Sousa, terão desempenhado na década de cinquenta, de acordo com a opinião crítica de Rui Knopfli, um importante papel aglutinador na poética moçambicana. Lê-se no artigo de Rui Knopfli[5]: "o apelo de Orlando Mendes, autor aliás já revelado em 40 com *Trajectórias,* afirmei-o algures e continuo convencido disso, constituiria na verdade *a linha de cota que rompia e nos separava do soneto de importação e do verniz exótico de um folclore postiço.* A importância da sua obra e sobretudo as propostas que ela sugeria seriam devidamente assinaladas e postas em evidência pela acção que o jovem poeta Fonseca Amaral desenvolveria – um pé colocado na Polana aristocrática, outro mergulhado nas areias suburbanas do Alto Maé – como elemento dinamizador e aglutinante da geração intelectual que amadureceria ao longo da década de cinquenta. A ela pertenceram, ou estiveram ligados de uma forma ou de outra, José Craveirinha, Noémia de Sousa, Rui Nogar, o autor destas linhas, o pintor António Bronze e o cineasta Ruy Guerra, celebrizado pelo "cinema novo" brasileiro."

Pelo depoimento crítico de Rui Knopfli e por declarações de alguns dos autores se pode inferir que os vários poetas, marcados pelas suas diferencialidades estéticas específicas, mantinham entre si uma convi-

---

[5] Rui Knopfli, "Breve Relance sobre a Actividade Literária", in *Facho Sonap*, n.º 30, 1974, Lourenço Marques, pp. 6-8.

vência que, por troca e tertúlia, a todos terá sido benéfica. E se aqueles dois poetas, Orlando Mendes e Fonseca Amaral, representaram na cena literária moçambicana um papel de relevo, enquanto elementos capazes de proceder à aglutinação de tendências, tal como se confirmou pela opinião citada, serão no entanto, os poetas José Craveirinha e Rui Knopfli, que publicam em livro alguns anos depois, os mais significativos intérpretes da *moçambicanidade* e revelam algumas das tendências mais vincadas da actual poética moçambicana. O primeiro, efectuando o movimento inverso ao de Fonseca Amaral, do subúrbio para a cidade e vice-versa, a sua poética assimilará e retransformará, exemplarmente, o conhecimento da literatura e da cultura europeias, caldeando-o nas suas raízes tradicionais moçambicanas. O segundo, assimilando a dimensão simultaneamente universalista da poesia e o enraizamento no telurismo local. A actividade de crítica literária nos últimos anos de vivência colonial foi assinalada pela presença da voz incontornável de Eugénio Lisboa (*Crónica dos Anos da Peste* I e II).

Um mês depois do 25 de Abril de 1974 foi impresso na Tipografia Académica de Lourenço Marques o tão esperado e adiado *Karingana ua Karingana* de Craveirinha. A sua actividade enquanto poeta, assim como da maioria dos poetas e artistas de Moçambique, estava condicionada ao silêncio imposto e à ameaça da polícia política. José Craveirinha enforma por esse motivo, com Rui Nogar, Malangatana Valente, Luís Bernardo Honwana, Orlando Mendes, Rui Knopfli, Sebastião Alba, Carneiro Gonçalves, João Pedro Grabato Dias, uma geração que experimentou o ambiente de clandestinidade que se agudizou, em especial, por volta dos anos sessenta com o início da guerra colonial.

Pouco depois da independência, em que predomina a poesia de Combate (de que foram publicados três volumes pela FRELIMO), é criada a Aemo em 1982 (Associação de Escritores Moçambicanos) e na década de oitenta faz-se a publicação de uma colecção de autores moçambicanos (Aemo/Ed. 70), em que surge a edição da poesia de Sebastião Alba, de Orlando Mendes, Jorge Viegas, e do jovem poeta Luís Carlos Patraquim, dinamizador da página literária da revista *Tempo*. Também o suplemento *Literatura e Artes* do jornal *Notícias*, a página *Artes e Letras* do semanário *Domingo*, a página *Diálogo* do *Jornal Diário de Moçambique*, na Beira, coordenada por Heliodoro Baptista, contribuíram para criar um novo ambiente literário, em que os mais jovens começam a publicar.

Em 1983, Mia Couto publica um primeiro livro, de poesia, *Raiz de Orvalho*. Na Beira destaca-se a intervenção da poesia e da intervenção crítica de Heliodoro Baptista. Em torno da revista Charrua (1984) surge um grupo de jovens que se revelam na poesia, no conto e no romance, entre os quais Eduardo White, Armando Artur, Filimone Meigos, Marcelo Panguana, Pedro Chissano, Hélder Muteia, Juvenal Bucuane Ungulani Ba Ka Khosa, Suleimane Cassamo, são apenas alguns dos mais representativos escritores actuais.

Mais recentemente na década de noventa há a destacar o surgimento da ficção de Paulina Chiziane, com quatro romances publicados até ao momento, que, juntamente com Lilía Momplé e Lina Magaia, criam um núcleo de escrita feminina na literatura moçambicana na sequência da poesia, tão diversa, de Noémia de Sousa e de Glória de Sant'Anna. No domínio da poesia, revistas como *Xiphefo* (criada em 1987), de Inhambane, revelaram poetas de que se destaca Guita Júnior, Mohamed Kadir, Adriano Alcântara, Francisco Muñoz, entre outros. Na década de noventa, no pós guerra civil, vários jovens têm questionado a geração "charrua" e, de breve duração, *Oásis* e publicações similares revelaram nomes promissores como Chagas Levene ou Rui Augusto.

A obra de Mia Couto e de vários outros contistas mostra a revitalização do género narrativo, uma vez que no tempo colonial a escassez de contributos praticamente se resume a João Dias, Carneiro Gonçalves, Luís Bernardo Honwana, Ascêncio de Freitas e Orlando Mendes.

Entretanto, no decorrer dos últimos vinte anos, na diáspora moçambicana, convém salientar, entre outras, a contribuição de obras de Rui Knopfli, Virgílio de Lemos, Eugénio Lisboa, Luís Patraquim Ascêncio de Freitas, Jorge Viegas, Manuela Sousa Lobo e a signatária deste texto.

POEMAS

Ana Mafalda Leite

**Naturalidade
(uma carta a Rui Knopfli)**

Eu, meu caro Rui Knopfli, eu caso-me à agrura das micaias
e das rosas, ao roxo das noites lentas e às luas dos dois hemisférios.
Do sul ao norte em espiral me move o coração em índico interior,
a intensa lentidão dos sentidos estremecidos por essas aves estranhas
que me povoam os sentidos de asas bem reais. Chamem-me europeia
ou africana, que fazer senão calar? Meus versos livres, livres
xigombelas,
livres pomos, voam sem chão, neste chão que trago por dentro da casa
móvel que me atravessa o sonho. Muito por dentro de todas as paisagens
acorda aí esse teu, este meu, quebranto dolente, luz que as tardes em
brasa
levantam na alma acordada em seu abrupto amanhecer. É provável
e é certo ser este meu corpo entrançado de liana e liamba, uma
trepadeira
de nuvens em que o arco irís morde a cauda de muitos céus em desvario,
porque a alma sem sossego acasala seres bifrontes, monstros de um
hermes
apátrida. Que pátria a de um poeta senão uma língua bífida e em fogo,
senão um veneno redentor de mamba, enroscada dor nesse corpo babel
em chama anunciado? Há no entanto uma terra e uma pátria em que eu
pouso devagar, me reconheço e desconheço, escriba acocorado
enrubescendo a língua de amorosos sabores, de vibrados ritmos, é a tua
pátria de versos ó Rui, a tua mafalala entumescida José, a tua sensual
arquitectura a oriente, Eduardo, ó príncipe dos poetas, o teu rumo
silencioso e manso Artur, a escultura maconde da tua voz magoada
Noémia, teu rendilhar de pemba azul Glória, a monção elegíaca e
trágica, dolorosa dos teus blues, Patraquim, teu mar ao norte em ilhas
utópicas Virgílio, e em arca de noé, essa fábula grotesca de Grabato arre-
batando os pontos cardeais num chão desgarrado a Filimones, mas em
nós crescido até à palma primeira de todos os sons. Acredita, a terra-mar

que em nossas línguas caminha é naturalidade obscena, pátria dividida
em crónicas da peste, nascimento incestuoso de múltiplas mães, em nós
úbere o som da xipalapala, lancinado eco do fim das tardes, misterioso
som, morro de muchém crescido da terra, desventrando asas em voluta,
lento voo em sombra acesa, pátria minha, passaporte, naturalidade, só
uma, a poesia.

Carrossel giralume

o voo do teu sorriso breve figura de criança com os caracóis em espiral
a infância enche-se de suspiros a floresta levantando
lentamente os olhos verdes desce a cambraia dos dias extasiados
onde vais tão leve? debruado tempo de estrelas gigantes os olhos
redondos
seguem o voo dos pássaros nos ramos o tactear vermelho das flores de
acácia a rir no escuro elas baixam os dedos

é a festa de céus felizes
amadurecem os frutos as mãos tocam a idade onde canta o
pássaro do eco enchem-se do ouro da tarde dos sons repercutidos
na chuva de fogo

leves luas rolam o cheiro doce de queimados incensos no vento
é noite nesse mês de longe uma pedra de quartzo solta uma
cintilante borboleta azul

outra lua declina pétalas meditando sobre coisas esquecidas
a fronte voltada para a noite dos jardins suspensos lá onde o
sangue das verdes florestas deambula no coração obscuro

lá onde pulsa uma outra lua maior ainda
amarelolaranja fogo e mais estranha

em roda contínua um carrossel giralume atravessa a noite

segue-a à volta do mundo

Regresse ao inicial aroma

o rumor de uma abelha e um silêncio apenas comparável ao instante em
que se vão cruzar duas predestinações
tudo tem o mistério de uma luz imprevista
dir-se-ia que demos a volta inteira ao mapa

azul que vais partir leva-me pela mão o solstício
incertas imagens amaciam o campo em vermelhos e amarelos
estalam fogos

amarrai esta noite!

amor para a dúvida e também para as lágrimas deixa que venha essa
sombra me arraste ao seu encontro
sua adaga encantada no meu corpo sonha

quem levará à sombra tanto horror quem devolverá ao pó tanta loucura?

dispersa a dama da noite o vento poente
deixai-me como quando nasci sozinha e nua ao abrir meus olhos
neles penetre só um ponto de luz pura
que pela trepadeira das horas se extraviem minha memória e meu nome
o tacto das beladonas me abandone na tarde na humidade do amanhecer

novamente regresse ao inicial aroma
deixai que de pés nus vá dançando

regresse de muito longe ao peito de minha mãe ardente

Um imbondeiro alto na outra margem do mundo

meto-me pelo rio o corpo flutuante
ancas cingidas de trepadeiras e flores de fogo
uma chuva cintilante no entardecer perfumo a sombra
tacteio muros frios quem sabe sou já apenas lenda

preciso de um espelho virgem em que nunca ninguém se tenha olhado a
tua tela pintor o vento a dissipar memória uma canção nos meus lábios
que acorde azuis que faça cintilar os olhos dos espíritos e me ajude a
reconhecê-los

olho no espelho em que me olhas a imagem ainda só penumbra pinta
vermelho no escuro acorda o amarelo neste verde sou eu quem dorme
encantada sedimento profundo o que em mim chora mostra a estrada
para o grande silêncio um estranho vinho embriaga o rio

de repente uma das portas na água abre-se para dentro
vou no interior dos verdes limos da obscura corrente
é por mim que espera todas as noites de luar
um imbondeiro alto na outra margem do mundo

sou apenas um som longínquo de água
ou tinta correndo

estendida na tela volvo à magia do arco-íris
pela brancura em sangue os ramos nus crescem-me pela boca
por este espelho me olho e vejo do outro lado

um feiticeiro estranho que pinta no meu corpo
um pássaro peixe que brinca em forma de serpente

DA ESCRITA À FALA

MANUEL RUI MONTEIRO
Angola

Ou a palavra é o princípio e negação da eternidade ou o eterno só terá começado – sem ter sido concluído – com a palavra. A cosmogonia dos gestos, dos sons, dos símbolos – da palavra, como elemento da criatividade mais inicial, a palavra como princípio de se conhecer a existência. Como princípio de todos os princípios e descoberta da vida pelo conhecimento da morte.

Falar é sermos nós com os outros para se perceber o singular e entender-se também a si. É comunicar com sons convencionados por regras.

Quando já se inventa a escrita e se aprende a ler, toda a comunicação oral, de voz e som, o que nela se contém, parece reduzir-se ao silêncio dos símbolos e à possibilidade de o sujeito receptor das mensagens escritas, dispensar a voz do outro ou dos outros silenciadas pelos signos que dispensam sequer quase pensar os sons.

Estamos a falar de uma tão-somente mensagem escrita, com o objectivo de comunicar, o que se significa escrever como utilização para um determinado fim, chegada da mensagem ao destinatário.

Agora, o que nos trouxe aqui a este quê de prosa e estórias parece que é a outra escrita, aquela do escritor. A laboração sobre a utilização. A escrita não apenas a intermediar. De ferro-metal – matéria-fucionalidade passa a existir-se em prazer de se sentir e ser sentida ou, mais simplesmente, como um tocador, um músico, no quissanji ou na flauta. Ele exerce escrita sobre o próprio ser que é o quissanji ou a flauta. O tocador desadormece os sons. O quissanji ou a flauta deixam simplesmente a sua aparente estática finita de escala de sons. O tocador não recebe. O tocador tira sons. Inventa sons do som da flauta e, cada vez mais, percebe a infinitude do quissanji ou da flauta, que é a infinitude do imaginário do tocador sobre todas as infinitudes.

Assim, o escritor, não tira só as palavras significadas mas labora em cima do instrumento que é a linguagem. E o outro que vai ler onde o escritor se leu, descobre a descoberta que está no texto. Aí, há uma solidão invadida. Ficcionalmente invadida porque ninguém em solidão é sem os outros. Lê rodeado de casumbís. Personagens, multidões de vozes e cores, umas e outras que se percebem até por omissão no texto porque ficcionar também é este fingimento de faz de conta que não existe sem se imaginar o texto e sua leitura. E há uma solidão invadida com a força do silêncio dos signos, das palavras, das frases – que se podem reler, relendo falas e pensamentos, mais as cores, os odores, os ritmos, os sentimentos, podendo ser recebidos, na maneira como são no texto escrito, transformado e retransformado na solidão invadida pela escrita onde o silêncio se pode vestir-se de cumplicidade como se fosse música.

Mas antes foram as falas só faladas e as falas ficcionadas, falas de contar as estórias, de passar o testemunho de feitos antepassados em ficcionalidade. Tudo oral e ausente de escrita.

E uma língua chegada, língua trazida pelo invasor. Depois a imposição dessa língua. E a apropriação com a agramaticidade do oprimido, dos falantes da desestruturação da gramática trazida e seus enunciados.

A escrita chega, abruptamente, confrontando a oralidade. Não uma caminhada histórica da oralidade à escrita com a primaridade dos primeiros textos escritos ainda reproduzindo ou prolongando os textos orais. Assim os primeiros textos escritos inscrevem-se na decorrência da chegada do outro. Parece até que um princípio assim implica a desmemorização como se a história só aí tivesse começado. Porém a história já acontecia antes e na fala das línguas encontradas pelo outro.

Escrita de lei nos seus princípios, não poderia resistir-se ao novo locus e às transgressões que alimentassem novidade. Aqui, parafraseando

JEAN-PIERRE JEUDY, nem sempre a palavra "nova acaba sendo sempre a palavra nova, podendo significar uma mudança que não passa dum sentido já morto."

Mas o novo sentido da língua conquistada, quando se intenta a neologia como subversão, a mesma não tem o sentido da transgressão nativa do outro, realizada no terreno da língua, porque aqui a transgressão tem um sentido além a partir de uma natividade onde a língua adversa, imposta, depois de conquistada anda num vai-vem de alquimia, de ferreiro e caçador de sons, palavras frases que possam desconjuntar para serem linguagem inculcada pela novidade da transformação do falado e falando-se em outra língua, para muitos já materna e transposta para outro quadro de estrutura e sistema.

E a escrita, também apropriada em novidade mas como se refalando noutra língua segunda mas como principal e tantas vezes por desmemorização genaracional da primeira. E os astros deste caos como um sentido de organização da infinitude. E organizar a infinute é o encantamento febril do xinguilar a linguagem. Porque nunca se consegue acabar. Mas é mais de vida, melhor, porque desorganiza a finitude, plena de tristeza por se reconhecer só na morte da estrutura a fugir do fim e retomar princípio que é sempre a palavra.

Prosa. Estórias. Escritos. Ficção, narrativa e ficcionalidade. Vou ou não conseguir regressar à fala escrevendo? Vou ou não conseguir o fingimento e a ilusão? O texto como um Tchinganji de estiga. Podendo eu fugir do texto, imaginá-lo como existência dele, própria e entregá-lo (ou libertar-me dos espíritos?) para que outros o sintam como um fingimento aceite pelo prazer, o gozo de sentir a ficcionalidade e até simular uma luta contra o texto com um bocado de fogo sem Prometeu. Como nos textos ditos sagrados, plenos de ficção por serviço da palavra.

Se aquilo que se contava antigamente se contava noutras línguas daqui, não se saltou dessas línguas para a escrita e a escrita só começou com esta língua, posso ou não posso escrever como se estivesse a recuperar o gesto de contar oral? Da escrita à fala. Isto é, posso conseguir iludir de prazer o leitor de maneira que ele se instale na estrutura do meu texto com a sensação de que não está a ler mas alguém lhe está a contar uma estória?

No chegar do outro não se falava esta língua aqui. A língua foi trazida. Daí a sua boa óbvia transgressão. O invadido sentiu a língua do outro como invasora. Mas transgredir é possuir a língua. Como mulher amada. Com e muito com ou sem e muito

sem as regras de uma gramática que sempre se afigurou finita aos olhos do invadido sedento de norma mas pelo interdito.

Só que nesta ludicidade da fala e da escrita ou da escrita e da fala, nesse desaperfeiçoamento aparente, vamos aperfeiçoando a vida da língua, das falas e das escritas. Também, quem é invadido para ser desaperfeiçoado tem o direito a se desinvadir para aperfeiçoar.

E isto dizendo que na hora em que desestabelecemos a língua, afinal, antes, parece, por ouvido de som e ritmo nas vozes, se antecipávamos no genoma, na clonagaem, na globalização, tudo, precavidamente, na reinvenção da palavra escrita por regresso a falas novas que nunca teriam existido se outras também nunca tivessem sido transgredidas.

E o que é mentira? A verdade ou o sonho? E a espuma do mar? Já existia antes de existirem essas palavras? E essas palavras são mentira se for verdade ou só são uma verdade inteira se forem sonho?

Na maneira como comecei esta fala: Ou a palavra é o princípio e negação da eternidade ou o eterno só terá começado – sem ter sido concluído – com a palavra. E, se tivesse sido concluído, também não existia mais o sentido da palavra.

Rosa pétalas de rosa vermelha gostar
    e muito mais bonita a Rosa que fala e diz
    da vida
    Rosa feliz
    declinada no rosa rosae da rosa-
    -dos ventos
    e pensamentos
    de caravelas e herdanças
    e achamentos
    Rosa cantada
    com semba e fado
    Deste e doutro
    ou do mesmo lado
    num texto para eu falar de mim
    Como é assim na minha idade?
    Só pegando uma pétala da Rosa
    e biografar a maresia da saudade.

        agora

        (Manuel Rui, 24/Abril/2003)

PANO DE FUNDO PARA ESCRITA ABORIGEM[1]

CARLOS QUIROGA
Universidade de Santiago de Compostela, Galiza (Espanha)

Estou duplamente encantado de vir a Braga, em primeiro lugar e especialmente por participar numha mesa como esta ao lado das lusofonias, pois é de agradecer a inteligência de colocar um galego assim, na lógica pola qual me tenho batido e existo na escrita. E estou ainda encantado de fazê-lo nom como professor, mas como escritor e contribuinte a dar de comer aos professores de Teoria da Literatura e das Literaturas Lusófonas, como os que aqui se reuniram neste feliz e bem servido Congresso, dar de comer inclusive com a intimidade, com a conversa acerca do Eu, tal e como acaba de ser acordado e pedido polo Senhor Moderador da mesa antes do início.

Mas, mesmo encantado, devo colocar alguns esclarecimentos gerais que talvez me tomem todo o tempo concedido (a substância explicativa iria para o texto, se texto pedirem). A começar polas circunstâncias de estar aqui. Porque esta manhá um professor de alemám nesta casa, bom amigo e velho conhecido, perguntava-me se já era alguém na Galiza para ser assim chamado, e via-me obrigado a responder negativamente, e explicar. Porque esta manhá ouvia a outra professora, na sua comunicaçom, que os aborigens eram o símbolo do ancestral por excelência, referindo-se, naturalmente a certos índios de certas partes, e via-me obrigado a concordar positivamente como se falasse de mim; e senti-me explicado.

---

[1] No presente texto, redigido a posteriori, procura-se recolher com fidelidade os elementos que serviram de base à participaçom do autor na mesa redonda do dia 4 de Dezembro de 2004. A possibilidade de levá-los à escrita, que agradecemos aos organizadores, permite, no entanto, incluir agora alguns aspectos que nom estavam presentes e certos pormenores que nom ficaram explicados.

Nom venho legitimado pola divulgaçom editorial ali, porque quase nom existe. Para além de géneros e conteúdos e qualidades e quantidades de obra, venho legitimado por algumha haver e por ali ser feita com consciência de aborigem, como se fosse um índio a ser ali o único que poderia ser, a resistir sem vestir como um branco. Explico-me aqui como exótico ali, no meu meio, com a excelência aqui de representar conscientemente umha literatura ligada à lusofonia. Ali, onde a literatura anda subsidiada e se publica mais do devido e existem lucros à volta da escrita vestida com as roupagens dos brancos, ali existe um tipo de censura encoberta para quem representa os fundamentos da ancestralidade e a única base séria para umha sobrevivência futura dela. Ali quem assim se coloca é um índio, exótico, e isso significa o outro, como sabem. Dessa resistência procedo e algo da sua história poderia explicar, porque estou encantado de vir a Braga mas venho sem Fraga, nom é essa Galiza que me corresponde representar, e esclareço.

E, apesar de que o Germano Almeida, na última mesa em que coincidimos nas Correntes da Póvoa, afirmou que nom tinha entendido nada do que tinha dito, vou passar a fazê-lo aos poucos no meu crioulo, com as marcas orais que me legitimam. Ainda nom lhe perguntei a que se referia, e quero crer que se referia aos conteúdos, e a que na altura estava a ler, e ler um texto complexo. Quero crer que se devia ao que estava a ler e nom ao modo de lê-lo, e quero prová-lo devagar, em coerência com as escolhas da minha escrita. Em todo o caso, estou seguro que vai acontecer como em certa noite de calor, às três da manhã nos bares de Compostela, quando depois de encontrar perdidos os *Xutos &Pontapés* na sala NASA, acabei armado em guia de copos da banda e o Tim, ao tocar a conversa no assunto galego, pediu-me que falasse para ele em galego: *Olha, nem tinha reparado, mas levo horas falando à galega, pá!* Vai acontecer porque é o que sempre acontece, e estou seguro de que ninguém perdeu nada do dito, e já estou a falar (agora escrever) galego.

Os preâmbulos

Sinto-me certamente um índio, representante dessa realidade geográfica e ancestral que está mais perto de Braga do que está Lisboa, com reservas. Tenho visto a frase "A Galiza, tam longe, tam perto", nas campanhas turísticas a vender o exotismo da minha terra para o resto do mundo, e digo que aqui em Braga cabe melhor "A Galiza, tam perto, tam longe". A nossa proximidade procura ser afastada lá com todos os meios oficiais para que o de lá continue sendo mais Espanha do que a própria Galiza moderna e centrada em si e no seu ancestral. E foram conseguindo, apesar de todos os fundos FEDER para quebrar as alfândegas. E é umha maioria lá que apoia e deve querer que assim continue. Umha maioria errada da qual nunca serei representante, para a qual continuarei a ser um índio, porque dentro da minha terra também tenho estatuto de índio. Um índio na Galiza, com reservas, já me entendem, mas as reservas crescem e acabam por ter voz, acabam por poder vir contar.

No Dia do Livro na Biblioteca de Beja alguém me perguntou como era que, apesar do que tinha dito ali acerca do passado e da coincidência cultural e linguística, acerca da inconveniência do quadro político galego que a contrariava, e tal, como era que a Galiza continuava a votar maioritariamente um ex-ministro da ditadura franquista para presidente da Junta. Que ninguém me pergunte aqui, porque já respondo nom representar essa realidade. Estou aqui por índio dessa realidade. E também, claro, pola inteligência amiga dos organizadores que me convidaram. Pertenço a umha sociedade galega castrada histórica, política, literariamente, em termos de identidade, e nom represento a sua maioria bem paga na escrita, confortavelmente subsidiada para o suicídio como galega. Estou encantado de vir assim a Braga, sem Fraga, e mais do que falar de mim, preferia liquidar o assunto com mínimos dados e passar à cortina de fundo, aproveitando a oportunidade para umha pedagogia obrigada que me explica melhor entre os índios que do outro lado do Minho ainda existem. E espero ainda numerosos.

A pedagogia obrigada[2]

A encruzilhada mais importante e rica da chamada Literatura Galega deu-se aparentemente após a ditadura, no último quartel do século XX.

---

[2] Toda esta parte que segue nom foi utilizada na intervençom na mesa resonda, salvo para mencionar alguns nomes de grupos reintegracionistas de modo rápido, passando na altura à parte final. De qualquer modo, a recopilaçom que se segue (algo maçadora, bem é verdade) recolhe os argumentos e corresponde ao espírito das frases proferidas. Deixar constância de tudo isto também terá certa utilidade para a Teoria da Literatura no âmbito da Lusofonia.

A chegada da "Autonomia" coincidiu com a apariçom de um mercado de consumo ligado ao ensino em galego, mercado simultaneamente ligado à norma ortográfica desse galego. Nesses anos, as incipientes instituiçoes oficiais, emanadas da estrutura estatal espanhola, tentárom instaurar legalmente um código para a escrita separado do português. Quem acatou esse código separado do português e próximo do espanhol, com inibiçom grave no problema da língua galega e da sua ortografia, participou do novo-riquismo; quem nom acatou, e teimou na ancestralidade, ficou na mencionada reserva, acabou sendo inédito ou como muito exótico. O desencontro trágico entre as forças de ambas as polaridades, em que nom está comprometida unicamente a literatura, corresponde a duas estratégias gerais mais amplas, a isolacionista, que pretende afastar o galego do seu sistema, e a reintegracionista, que pretende fazê-lo convergir no seu sistema. Os manuais da minha terra só recolhem autores e autoras isolacionistas, os livros que se publicam, porque subsidiados, as listas escolares, o mapa todo oficial e aparente, enfim, conta a história de quem acatou. Existe, no entanto, vida na reserva, e nom poderia deixar de falar das condiçoes dessa reserva, da sua história que também existe, antes do que falar de umha escrita concreta.

No último quartel do século XX deu-se umha inibiçom grave no problema da língua e da sua ortografia, dizia, por parte dos autores beneficiados da abertura, pois parecia que "normalizado" o uso, podendo usar-se já o galego, importava menos qual o código. Os velhos mestres que padecerom centralmente a ditadura estavam a desaparecer (Blanco--Amor, Dieste, Cunqueiro, Carvalho Calero, Jenaro Marinhas). Os novos--maduros que participarom na recuperaçom dos anos 50/60 (Bernardino Graña, Manuel Maria, Novoneyra, Ferrin, Queizán, Taramancos) estavam talvez menos formados e tinham outras prioridades, como as marcadamente políticas, para participar com efectividade na disputa. E, em especial, os autores novinhos, mais numerosos, cuja estreia se deu nos anos 80/90, acreditárom maioritariamente terem nascido na abundância e forom os que corrérom com mais energia à procura de um lugar ao sol, acalentado com o recente negócio editorial de que puxava o ensino, e toda a vaga inclinou velhos e jovens e todo o quadro aparentemente existente. Mas nom é todo o quadro.

A história oficial foi dando aos aderentes espaço, algum prestígio social e até certos lucros ligados aos prémios e ao mercado subsidiado, em cuja cumplicidade se criou toda umha estrutura mercantil e académica confortável, instaurada no último quartel do século XX na Galiza.

Esse é o quadro mais visível. No entanto, a par dessa estrutura tem subsistido a opiniom contrária, actividade intelectual contrária, prática literária e cultural contrária, com colectivos esforçados em desenvolvê-la, que correspondem à segunda das estratégias indicadas acima, genericamente conhecida como *reintegracionista*. Trata-se da reserva índia à que aludia, a única à que me sinto ligado. A única de que venho dar conta aqui, aproveitando a possibilidade de compartilhá-la num espaço onde se pode exprimir com toda a lógica e exercer umha pedagogia útil.

Algo de história sobre a resistência

O ano 1979 deveria ser a referência exacta a abrir quartel do século XX de que falamos[3]. É o ano em que o P.e Martinho Montero Santalha, que dirigira a secçom "O idioma" em *A Nosa Terra*, publica em ediçom de autor as *Directrices para a reintegración lingüística galego-portuguesa*. Já antes se tinha manifestado este autor, no número 51 de *Grial*, em favor de umha normativa substancialmente comum com a luso-brasileira para o galego, que deveria ser introduzida de modo progressivo. No mês de Agosto do mesmo ano aparece o Real Decreto 1981/79, do Ministério da Educaçom espanhol, que trata da incorporaçom da língua galega ao sistema de ensino[4]. É o famoso "Decreto de bilinguismo" que desenvolve a Ordem de 1 de Agosto e estabelece a possibilidade de incorporar o galego ao sistema escolar, fixando umha série de requisitos que o dificultavam seriamente[5].

Todavia no mesmo mês, durante as *III Xornadas do Ensino* organizadas pola *Asociación Sócio-Pedagóxica Galega* (AS-PG), onde o Decreto foi analisado e qualificado como "neocolonial e anti-galego" (cf. *A Nosa Terra* 75), distribui-se entre os assistentes o opúsculo *Orientacións para a escrita do noso idioma*, pequeno prontuário que será

---

[3] Os dados que se seguem, nos parágrafos imediatos, procedem fundamentalmente do trabalho de Oscar Diaz Fouces,"Apontamentos sobre a socializaçom do Reintegracionismo", in *Agália*, 67-68, 2001, pp. 9-34.

[4] BOE 199 e 200, de 20 e 21 de Agosto de 1979.

[5] Como o acordo do Claustro e da APA do Centro, relaçom do professorado responsável, plano pedagógico-organizativo (com número de alunos, áreas e horários) e aprovaçom por umha Comissom Mixta de representantes da Administraçom do Estado e do governo autonómico provisório.

divulgado em muitos cursos durante o ano académico 1979-1980, e passará a ser referencial para o semanário *A Nosa Terra*, definindo os alicerces de um modelo normativo que passaria a ser conhecido popularmente como "os mínimos".

Em Setembro desse mesmo ano, a Conselharia de Educaçom da Junta da Galiza faz pública umha listagem com os nomes dos membros de umha *Comisión de Lingüística*, criada para elaborar umha proposta normativa, que deveriam empregar as instituiçons autonómicas e, em geral, que daria resposta às necessidades que colocava o "Decreto de Bilinguismo". O boletim oficial da Junta da Galiza núm. 10, de Junho de 1980, publicou as normas aprovadas pola comissom, presidida por Ricardo Carvalho Calero, escritor e professor universitário, primeiro catedrático de galego da nossa história, principal teórico do Reintegracionismo. O relatório/proposta normativa caracterizava-se polo seu carácter "liberal", deixando um bom número de escolhas aos utentes, de modo a permitir umha escrita com diferentes graus de proximidade com o resto do diassistema luso. As Normas da Comissom de Lingüística, porém, resultárom certamente efémeras. Umha das encomendas que o "Decreto de bilinguismo" atribuía à Comissom Mixta formada por membros das administraçons estatal e autonómica era a de autorizar os livros de texto e o material escolar para o ensino da Língua Galega. Acolhendo-se de jeito abusivo a essa circunstância, umha "Subcomissom de Programaçom de textos" prepara logo a seguir umha nova proposta normativa, substancialmente diferente da que elaborara a Comissom de Linguística, que será publicada no boletim da Junta núm. 15, de Dezembro de 1980. Em geral, as escolhas institucionais orientam-se agora, de forma mais que evidente, cara ao afastamento das soluçons ortográficas coincidentes com o sistema luso-brasileiro. Em paralelo, as elites académicas (e nom só) debatem, às vezes com extraordinária virulência, sobre a viabilidade das diversas orientaçons normativas que começam a perfilar-se. O debate nem sempre se desenvolveu com a mínima cortesia e civismo, se repararmos, por exemplo, nas palavras de C. Baliñas que cita R. Carrodeaguas: "Os incendios forestales e mais os lusistas deben ser as dúas desgracias principales que ultimamente teñen caído derriba de Galicia" ("Os malvados *lusistas* e os seus benévolos adversarios", *A Nosa Terra* 1982, 173).

No fim de 1980 nasce *O Ensino. Revista Galega de Sócio-Pedagoxia e Sócio-lingüística*, promovida pola AS-PG e editada polas *Promocións Culturais Galegas S.A.* Esteban Radío apresenta nos primeiros números da revista um denso trabalho sobre "Normativización e normalización do idioma galego", declarando-se partidário de adoptar umha normativa reintegracionista, no mesmo sentido em que o farám A. Gil Hernández ou C. Durán. Nesse mesmo ano nasce a *Associação de Amizade Galiza-Portugal* (AAG-P), com o objectivo de favorecer as relaçons culturais entre os dous povos. No futuro, a AAG-P alinhará com diversos grupos na defesa de umha estratégia particular, substancialmente diferente da que irám manter outros colectivos reintregracionistas.

O debate normativo resulta intenso nesses anos, a coincidir com a dificultosa introduçom da língua galega no ensino e com as barreiras que colocava o Decreto de bilinguismo. Estamos entrando nos anos oitenta e já se começam a fazer recapitulaçoes acerca do que se discute (Silva Valdivia, "A polémica da normativización. Breve historia dun desacordo", *La Voz de Galicia*, 27 de Junho1982), e impregna de tal modo o único periódico redigido integramente em galego, *A Nosa Terra*, que Nacho Taibo nom hesita em afirmar, num artigo de opiniom, que "Esta quer ser non mais que unha aportación á sucesiva conversión de *A Nosa Terra* en gaceta filolóxica" (*A Nosa Terra* 191). Certamente, nesse semanário aparecem trabalhos importantes sobre o debate, de que destacamos para a perspectiva reintegracionista os de A. Gil Hernández. A perspectiva contrária podemos achá-la simultaneamente em *La Voz de Galicia*, na sérei de artigos de Monteagudo e Fernández Rei. Umha outra revista nascida na altura, *O Tempo e o Modo*, que só chegou a publicar um número, dedica artigo ao tema da normativa e especifica que o idioma oficial da publicaçom é o galego-português.

Neste contexto é constituída, ainda em 1981, a *Associaçom Galega da Língua* (AGAL), com o propósito declarado de conseguir umha substancial reintegraçom idiomática e cultural da língua galega (nomeadamente nas suas manifestaçons escritas), na área linguística e cultural que lhe é própria, a galego-luso-africano-brasileira, bem como potenciar todo tipo de actividade que vise o objectivo da recuperaçom dos usos do galego, segundo o que indica o artigo 4 dos seus Estatutos. Nas páginas d'*A Nosa Terra*, 168, L. Labandeira cita, entre os factores que teriam sido determinantes na criaçom da AGAL, a concentraçom de forças ao redor da normativa isolacionista, bem como a passagem para a condiçom de jubilado do Professor Carvalho Calero, considerado o eixo vertebrador do Reintegracionismo.

Em Março de 1982, a AS-PG convoca o *I Encontro Nacional da Língua* e, em 29 de Maio, o *II.º Encontro Nacional sobre a situación lingüística*, dedicado monograficamente à normativa. Segundo o relatório que publica *A Nosa Terra*, 192, a AS-PG e a AGAL coincidirám na defesa das posiçons reintegracionistas, apresentadas por Montero Santalha, enquanto as organizaçons políticas da esquerda nacionalista (PSG, EG, PG) fam questom em dar prioridade a "Unha ortografía que foi usada polo povo", um tipo de argumento que, por acaso, também parece ter chegado até aos nossos dias. Em 23 de Janeiro de 1982, a AS-PG celebrava a sua primeira reuniom para actualizar as *Orientacións* de 1980, que serám apresentadas como *Orientaçóns para a escrita do noso idioma* e distribuídas nas *VI Xornadas do Ensino*, assinadas agora por umha *Asociaçóm Sócio-Pedagógica Galega*. Como delata o título, as *Orientaçons* implicam um passo à frente nas propostas normativas, cara à reintegraçom no sistema galego-português. Coincidindo com a celebraçom do *I Congrés de Moviments de Renovació Pedagògica*, em Barcelona, produzirá-se umha cissom na AS-PG, em Dezembro de 1983 que aparentemente teria a ver com divergências de apreciaçom quanto ao debate normativo. Resultarám dela umha AS-PG estrita, ancorada nas *Orientacións* de 1980 e umha *Associaçom Sócio-Pedagógica Galaico-Portuguesa* (AS-PGP) a defender os "máximos" reintegracionistas. Cada umha delas organizará as suas próprias *"Xornadas"/Jornadas do Ensino*. A própria revista do colectivo, *O Ensino*, reflecte a cissom. O sector AS-PG publicará (só) um número 7, em 1985, enquanto o sector AS-PGP continua avante com a publicaçom, que passará a ser *Revista Galaico-Portuguesa de Sócio-Pedagogia e Sócio-Lingüística* e, depois, coincidindo praticamente com a altura em que passa a ser editada pola *Fundação Europeia Viqueira-Instituto Internacional da Lusofonia* (1989), será *Revista Internacional da Lusofonia de Sociopedagogia e Sociolinguistica*. Publicará, igualmente, diversos volumes com material relacionado com Linguística, Sociolinguística e Literatura lusófonas: os *Temas de O Ensino* (o núm. 1 é de 1981, ainda com a AS-PG). A revista reflecte claramente a trajectória de um dos sectores do Reintegracionismo, aquele que está vinculado às novas *Irmandades da Fala* (de que falaremos depois), desde as *Orientaçóns* de 1980 até aos diversos *Acordos* de unificaçom normativa dos países lusófonos em 86 e 90.

Enquanto umha parte dos sectores sociais mais comprometidos com a língua fica à procura de um acordo normativo que, segundo todos os indícios, começa a ter no Reintegracionismo o eixo vertebrador, outros actores fam o seu próprio trabalho. Em 18 de Junho de 1982 é enviada aos membros da Real Academia Galega a convocatória de umha reuniom extraordinária com um ponto único na ordem de trabalhos, "Estudo da ponencia sobre a unificación das normas ortográficas e morfolóxicas do galego, entre a Real Academia Galega e o Instituto da Lingua Galega". A convocatória junta um rascunho, e o rogo de que "non pase aos medios de comunicación nin se lle dea publicidade mentras non teña lugar a Xunta Extraordinaria" (Cf. *Temas de O Ensino* 4/5:158). Porém, as informaçons relativas à convocatória chegam aos meios de comunicaçom, que tentam estar presentes, embora só se admita o acesso dos jornalistas de *La Voz de Galicia* e *El Ideal Gallego*, mas nom os d'*A Nosa Terra* (Nos núms. 196-197, p. 5, afirma-se, literalmente, que a RAG pretendia a imposiçom de umha normativa "que fixese que o galego se acercase ao español para asi ser máis facilmente asimilado por este, ao mesmo tempo que fuxia do seu tronco comun, o luso-brasileiro"). Em 1982 virá a lume a primeira ediçom das *Normas* conjuntas da RAG e do ILG, que constituem o cánone *isolacionista*, em que alicerça a primeira das duas estratégias acima apontada.

Todas as informaçons dos *media* deixam entrever a hipótese de as normas RAG-ILG vir a ganhar imeditamente a condiçom de oficiais. E, com efeito, o DOG núm. 36, de 20 de Abril de 1983 inclui o Decreto 173/1982, de 17 de Novembro, "sobre a normativización da Lingua Galega". No Dia das Letras de 1983 será distribuída umha brochura, a inaugurar a colecçom de textos legais (e até o funcionamento) do *Servicio Central de Publicacións da Xunta de Galicia*. As normas RAG-ILG passam a ser obrigatórias para todos os centros escolares da Galiza em que tem competência a Junta (art. 4) e o seu uso será requisito indispensável para a aprovaçom de livros de texto e material didáctico (art. 5). O Decreto acaba de completar um quadro iuslingüístico na Galiza que inclui outros dous "pés" básicos: o Estatuto de Autonomia (LO 1/81, de 6 de Abril) e a Lei de Normalizaçom Lingüística (L 3/1983, de 15 de Junho), cujo artigo 1 dispunha que "*O galego é a lingua propia de Galicia. Tódolos galegos teñen o deber de coñecelo e o dereito de usalo*". Esse dever de conhecimento atingirá todos os cidadaos espanhóis com vizinhança administrativa em alguns dos concelhos galegos (cf. o art. 3). Porém, em Outubro de 1983 o Governo Central aceitou em parte a proposta de recurso perante o Tribunal Constitucional que enviou a Delegaçom do Governo na Galiza, recorrendo o dever de conhecimento. O Delegado do Governo na altura era, precisamente, a mesma pessoa que o Presidente da Real Academia Galega.

A resposta dos colectivos reintegracionsitas foi imediata. Em 1983, a Associaçom Galega da Língua edita um pormenorizado *Estudo crítico* das *"Normas ortográficas e morfolóxicas do idioma galego"*, em que analisa todos os pontos da Normativa RAG-ILG e que virá a fornecer o suporte teórico para a própria articulaçom normativa que apresentará em 1985 no seu *Prontuário ortográfico galego*, que propom "umha normativa substancialmente comum à luso-brasileira, que possibilita a intercomunicaçom escrita sem esforço suplementar e que se mantém fiel à realidade histórica do galego" (a que neste momento estou a empregar). Nesse mesmo ano, a AGAL decide dotar-se de um boletim que combina os estudos científicos com a compilaçom das notícias mais relevantes do quotidiano linguístico, fundamentalmente a propósito dos assuntos relativos à codificaçom, e nasce a revista *Agália*.

Ainda em 1983 serán legalizados os estatutos de um outro colectivo reintegracionista, a associaçom *Irmandades da Fala*, que tenta recuperar a herança das *Irmandades* históricas, e que estabelece entre a suas finalidades "A recuperação etimológica e reintegracionista da língua galega como variante em pé de igualdade com as restantes variantes do mesmo sistema linguístico, dentro da comunidade galego-luso-brasileira-africana de expressão portuguesa."

Também em Julho de 1983, um colectivo de sociolinguistas e profissionais do âmbito linguístico elaboram a *Declaraçom de Iruinea*, bem como um projecto de associaçom, *Iruinean Sortua*, que celebrará encontros em Lleida (31 de Outubro e 2 de Novembro) e Compostela (17 a 19 de Março de 1984). Por iniciativa de *Iruinean Sortua* terá lugar um congresso sobre Sociologia das línguas minorizadas em Getxo. A representaçom galega na *Iruinean Sortua* estará vinculada à AGAL, que alarga o seu campo de actuaçom, à procura de apoios internacionais. Precisamente nesse Congresso, que organizou a *Asociación Vasca de Sociólogos*, um sector dos participantes galegos apresentou umha queixa escrita polas informaçons que fornecia o Prof. A. Gil Hernández, que julgavam parcial, afirmando que "As teses reintegracionistas, sobre todo na súa versión máis maniquea e radical, soamente teñen arraigo en sectores reducidísimos da comunidade académica media galega, e carecen de calquera tipo de proxección ou apoio popular" e denunciando umha suposta falácia da equivalência galego/português = valenciano/catalám. Numha nota de réplica, os membros da *Iruinean Sortua*, interpretando o feito como umha ofensa aos membros galegos do colectivo e ao próprio grupo, criticam a "miopia" de determinados congressistas perante os atentados que som cometidos contra as comunidades linguísticas minoradas.

A estratégia de difusom do Reintegracionismo em foros académicos tem a ver também com a presença de membros da AGAL na *Associação Internacional de Lusitanistas*, já no congresso constituinte dela (24-30 de Julho de 1984), na participaçom no *I Congresso de Escritores Luso-Galaicos* (1985), no *I Encontro da Associação Portuguesa de Linguística* (1985), na *III Escola d'Estiu de Gandia* (1986), no *II Congreso Mundial Vasco*, no *II Congrés Internacional de la Llengua Catalana*, etc. Dentro desta estratégia dos primeiros anos do reintegracionismo organizado, o facto mais salientável será a organizaçom pola AGAL do *I Congresso Internacional da Língua Galego-Portuguesa na Galiza*, entre os dias 20 e 24 de Setembro de 1984. O *I Congresso*, em que participam alguns dos vultos mais destacados das Ciências da Linguagem e da Literatura, nomeadamente do âmbito lusófono, será umha autêntica demostraçom da força do Reintegracionismo e do suporte com que conta no âmbito intelectual (posteriormente, celebrariam-se os seguintes em 1987, 1990, 1993 e 1996, estando pendentes de publicaçom as *Actas* deste último).

Em 1984 as *Irmandades da Fala* publicarám o seu próprio *Prontuário ortográfico*, que segue praticamente o *Método prático de língua galego-portuguesa* de José Martinho Montero Santalha, editado no ano anterior. Junto com o *Prontuário* da AGAL de 1985, e o *Guia prático de verbos galegos conjugados*, de 1989, fornecem o material didáctico suficiente, com aproximaçons só parcialmente divergentes, para levar o Reintegracionismo ao grande público, numha estratégia complementar à da procura do apoio das elites intelectuais que agora começa a insinuar-se claramente e que nos últimos anos do decénio virá a vigorar (a difusom das propostas reintegracionistas tem continuado com vários manuais posteriores).

Em Abril de 1986 foi convocado um novo *Encontro Nacional sobre a normalización lingüística* pola *Asociación de Escritores en Lingua Galega*, a AS-PG, a Federaçom de associaçons culturais e a AGAL, a que seriam convidados a assistir profissionais do ensino, sindicatos e partidos políticos, o ILG, a RAG e as principais editoras galegas. Um dos resultados desse encontro foi a constituiçom da *Mesa pola Normalización Lingüística*, de que faziam parte inicialmente as entidades citadas, mais o Colectivo de Professores de Língua e Literatura Galegas. Um outro resultado do encontro foi o "Manifesto por un acordo necesário", assinado (a 15 de Maio de 1986) por professores de 54 Liceus de Bacharelato, 31 de Formaçom Profissional, dous de Ensino Integrado, a Escola de Oficial de Idiomas e o Colégio Univérsitario da Corunha e as Escolas Universitárias de Formaçom do Professorado de Santiago de Compostela, Lugo e A Corunha. O manifesto defende, em síntese, a necessidade de rejeitar as representaçons gráficas espanholizadas do Decreto 173/1982 e de iniciar um periodo de distensom para debater as necessidades reais da codificaçom da língua, longe das imposiçons vividas nos últimos anos.

A unanimidade dos sectores mais comprometidos com a defesa do idioma manifesta-se também na valorizaçom radicalmente negativa da Sentença do Tribunal Constitucional espanhol sobre o recurso apresentado contra determinados artigos da Lei de Normalizaçom Linguística, já antes referida[6]. A Sentença declarou institucional a alínea dedicada à obrigaçom de conhecer a língua galega. A unanimidade a que nos referimos conheceu algumha desconcertante excepçom, como a do *Consello da Cultura Galega* (criado pola Lei 8/1983, de 8 de Julho. DOG de 9 de Agosto), que emitiu um comunicado conteporizador, manifestando que a Sentença nom modificava substancialmente o conteúdo da Lei ("desconcertante" é o adjectivo que utilizou B. Losada para qualificar a actuaçom do *Consello da Cultura Galega*, *A Nosa Terra* 297, p. 12; vid. ainda o n.º 296 do mesmo semanário, *La Voz de Galicia* de 3 e 4 de Julho de 1986, e o n.º 9 de *Lingua e Administración*).

Polas mesmas datas em que está a produzir-se a reacçom à sentença do Tribunal Constitucional, um outro factor virá a condicionar, de umha óptica absolutamente diferente, o quadro do debate sociolinguístico na Galiza. Em 12 de Maio de 1986, na Academia Brasileira das Letras, do Rio de Janeiro, serám aprovadas as *Bases analiticas da ortografia simplificada da lingua portuguesa em 1945, renegociadas em 1975 e consolidadas em 1986*, um acordo ortográfico dos países em que o português é língua oficial que passa a ser assumido como próprio por alguns colectivos, que defendem a conveniência de ter de ser adoptado na Galiza. Durante o *IV Encontro Internacional da Língua Galaico-Portuguesa*, celebrado em Ponte-Vedra nos dias 6 e 7 de Dezembro de 1985, contando com a presença de Carvalho Calero e de diversos elementos das Irmandades da Fala e da AGAL, recolhe-se, nas conclusoes a necessidade que a Galiza conte com representantes nas sessons em que seja negociado o acordo a que as *Bases* devem levar. Será criada, assim, umha comissom para a integraçom da língua da Galiza no Acordo ortográfico luso-brasi-

---

[6] STC 84/1986, de 26 de Junho. BOE de 4 de Julho de 1986.

leiro, de que farám parte vários membros das Irmandades e da AGAL (também deviam fazer parte da comissom os académicos numerários da RAG Marinhas del Valhe e Paz Andrade, e ainda o Prof. Guerra da Cal). As Bases de 1986 nom resultárom satisfactórias na mesma medida para todos os colectivos reintegracionistas e, no número 8 de *Agália*, a Comissom de Linguística da AGAL decide manter a linha do seu *Prontuário* de 1985 com estes argumentos: "Nom pensamos que umhas poucas peculiaridades ortográficas divergentes do Acordo actual, sejam um impedimento sério para a nossa total e efectiva participaçom no seio de futuros e necessários encontros". Porém, as publicaçons vinculadas às *Irmandades da Fala* (*O Ensino, Cadernos do Povo, Nós*) adoptam praticamente de imediato as *Bases* de 1986.

Contudo, o acordo será renegociado seguindo as *Bases da ortografia unificada da Academia das Ciências de Lisboa*. Em 12 de Outubro de 1990, os representantes das academias portuguesa e brasileira, bem como os delegados dos Países Africanos de Língua Oficial Portuguesa, após umha série de reunioes que contarám com umha delegaçom de observadores da Galiza chegam a um novo *Acordo ortográfico*, a que novamente aderem as publicaçons das Irmandades, para além da própria associaçom e outras entidades como a *Associação de Amizade Galiza--Portugal*. Contrariamente às Irmandades, a AGAL manifesta o seu parecer contrário a realizar qualquer mudança estratégica antes de verificar a eventual efectivaçom do Acordo em Portugal, no Brasil e nos PALOP, teoricamente prevista para 1994. E anuncia que, mesmo no caso de ele ter um sucesso considerável nesses países, deveria-se estudar, antes de adoptá-lo, o estado do processo global de normalizaçom linguística na Galiza nessa altura (dossier completo em *Agália* 24: 492-512).

Este assunto vai provocar um princípio de cissom no conjunto dos colectivos reintegracionistas que ainda hoje tem as suas consequências. O estatuto de *Academia paralela*, que a AGAL tinha atingido nesta altura, virá a ser questionado paradoxalmente desde o interior do próprio movimento reintegracionista, ao atribuir um sector dele a potestade normativa a umha autoridade externa e, portanto, forçando ao máximo a coerência argumental de todo o colectivo. Consequência deste facto é a discrepância ortográfica que, embora atingindo unicamente aos pormenores, se prolonga até à actualidade no conjunto do Reintegracionismo, dividindo as estratégias entre adoptar um português padrão ou manter a linha do *Prontuário* da AGAL, para identificar a sociedade galega mais devagar com umha escrita lusófona e nom estrangeirar abruptamente a escrita.

O dinamismo último na reserva

Nestes primeiros anos do quartel que estamos revisando, foram priorizados o trabalho académico e a reflexom teórica sobre a praxe do activismo linguístico. A própria dinámica organizativa do Movimento Reintegracionista estava constrangida por acontecimentos externos, como os próprios imperativos legais ou as decisoes que atingiam o conjunto dos países lusófonos. Por outro lado, os principais protagonistas do debate nestes anos som pessoas que apresentam algum tipo de vinculaçom com o mundo do Ensino, fundamentalmente no Secundário e nas Escolas de Formaçom do Professorado, estando a actividade profissional de umha parte dessas pessoas relacionada directamente com a docência em cadeiras de Língua e de Literatura. O debate sobre a normativa chegou às aulas e a semente frutificou numha militância reintegracionista de pessoas jovens, as primeiras escolarizadas com imensas dificuldades em galego, que encontram um quadro legal substancialmente diferente do que impunha a ditadura. Essas mesmas pessoas som as responsáveis pola criaçom de um riquíssimo tecido associativo que constituirá umha autêntica novidade na história recente do País.

Em 1988 começa a desenvolver as suas actividades a *Associaçom Reintegracionista de Ordes* (ARO), que inaugura a dinâmica específica dos *Grupos reintegracionistas de base* e realizará um intenso labor de gestom de cursos e palestras, de correcçom da toponímia e de organizaçom de actividades lúdicas e formativas. Publicará também um boletim interno, *O Mês*.

Só um ano depois, em 1989, constitui-se um outro grupo de base, o *Clube Reintegracionisa do Salnês* (CRêS), que inicia as suas actividades com um Seminário de língua galego-portuguesa coordenado polo professor Mário Alonso Nozeda (expedientado pola sua militância reintegracionista). No mesmo ano será legalizado um colectivo reintegracionista na emigraçom, *Renovação – Embaixada Galega da Cultura*, que editará em papel um boletim com o mesmo nome, actualmente em formato digital e de carácter trimestral. A *Renovação* editou poemários e trabalhos diversos, e o grupo continua em activo e colabora com outras organizaçoes e instituiçoes, especialmente com o *Instituto de Culturas Lusófonas* de Uberaba.

O mundo da emigraçom fornece ainda um outro exemplo, a *Associaçom Civil "Amigos do Idioma Galego"* (AIG), de Buenos Aires, que celebrou a sua assembleia constitutiva em 25 de Março de 1987, e atingiu personalidade jurídica em 5 de Maio de 1988. As suas actividades representam a continuidade do esforço por manter viva a presença da língua galega entre as novas geraçoes de emigrantes e filhos de emigrantes na Argentina. A AIG nasceu originariamente como umha cooperativa formada por um grupo de estudantes dos cursos de língua galega do *Instituto Argentino de Cultura Galega*, departamento do Centro Galego de Buenos Aires, para dar apoio aos cursos que começara a ministrar Higino Martínez, recuperando a tradiçom que inagurara Rafael Dieste e continuaram Eduardo Blanco-Amor e Ricardo Palmás. As pessoas responsáveis pola docência desses cursos, ministrados depois nas salas da *Federaçom de Associaçons Galegas*, figérom questom sempre em utilizar neles a ortografia histórica do galego, apesar das constantes pressoes recebidas desde as instituiçoes da Galiza e até do perigo de asfixia económica. A Associaçom edita o boletim *ADIGAL* desde 1997 e mantém agora um sítio de rede, em *http://www.adigal.org.ar.* Para além desses colectivos mais organizados, existírom na emigraçom, e também na Galiza, outros grupos de trabalho que organizárom actividades diversas, como cursos, conferências e venda de material da AGAL, fundamentalmente. É o caso dos grupos locais de Madrid e Barcelona ou, dentro da Galiza, o de Ourense.

Em 1990 apresenta-se a *Sociedade Cultural Marcial Valadares*, da Estrada, que virá a manter umha defesa ferrenha da normalizaçom da língua no concelho, com um seguimento continuado do desleixo nessa matéria dos responsáveis da Câmara Municipal, e que preparará, junto com CRêS, ARO e o grupo *Grupo Reintegracionista Autónomo Meendinho* de Ourense, o desdobrável *Porque somos reintegracionistas?* Esta actividade é apenas umha pequena amostra de todas as colaboraçoes dos grupos reintegracionistas nessa altura, que virám a confluir em formas de organizaçom específicas, como umha *Coordenadora Reintegracionista* que nunca chegaria a dotar-se de umha estrutura rígida, mas que seria, decerto, a semente de outras formas organizativas com mais futuro, de que falaremos a seguir.

O grupo *Meendinho* merece destaque entre os colectivos reintegracionistas por manter umha presença constante na vida cultural e associativa de Ourense, organizar conferências, cursos e seminários e distribuir material, mas também por efectivar a ideia da Coordenadora e iniciar a publicaçom periódica da *Gralha*, um boletim cultural de distribuiçom gratuita que, após um percurso de dezanove números, transformou-se numha nova publicaçom de características similares, o *Já!* Outra iniciativa dos *Meendinho* que tivo um grande sucesso foi a distribuiçom de autocolantes para automóveis com o código "GZ", segundo o modelo das convençoes habituais para indicar a origem geográfica dos veículos. Algumhas das pessoas vinculadas à *Gralha* chegarám a desenhar um projecto muito mais ambicioso, um periódico bimensal de informaçom geral e nom cinguido estritamente ao tema da língua, com um sistema de distribuiçom por correio, aos assinantes, mas também com venda directa nas bancas. Trata-se do recente *Novas da Galiza* (núm. 1 Fevereiro / Março de 2002), cujo director, José M. Aldea, numha apresentaçom, que intitula "Os nossos próprios fluxos de informaçom", caracteriza o novo projecto como "Um espaço de liberdade e independência no mercado actual da informaçom na Galiza."

Em Compostela centrou as suas actividades normalizadoras, com organizaçom de cursos, conferências, seminários, a *Assembleia Reintegracionista Bonaval*, que editou na Universidade compostelana o boletim *Constantinopla* (núm 0 de Outono de 1993). Em colaboraçom com o *Instituto de Estudos Luso-Galaicos* da *Associação de Amizade Galiza-Portugal* (que conta com o seu boletim, *Hífen*, de periodicidade bimensal), editou também, em 1995, a brochura *O livro vermelho do Reintegracionismo*.

Na Universidade de Vigo, nom chegando a editar-se um boletim com a continuidade da *Constantinopla*, apareceu um único número 1 da *Folha da Língua*, apresentada como *Boletim de informaçom lingüística da Filologia Galega de Ponte Vedra*, integramente em norma AGAL-85, sem indicaçoes sobre a autoria. Em Vigo foi criada, porém, a *Associaçom Reintegracionista V Irmandade*, que colaborou activamente com outras organizaçoes de signo reintegracionista de todo o País e centrou as suas actividades na recuperaçom de ámbitos lexicais interferidos polo castelhano, habitualmente negligenciados nos trabalhos "académicos" (como o desdobrável sobre *Vocabulário galego da gíria e do calom*).

Nos primeiros anos de 90 começam a ser editadas outras publicaçoes reintegracionistas, vinculadas neste caso às organizaçoes da esquerda independentista, como *Povo Unido*, da *Assembleia do Povo Unido*; *A Treu*, das *Juntas Galegas pola Amnistia*; ou a *Canha!* da *Assembleia da Mocidade Independentista* (que, já em 97, passará a editar a *Terra Livre*). Por nom se tratar especificamente de grupos dedicados ao activismo lingüístico, e polas limitaçoes de espaço, nom apresentaremos aqui mais dados relativos aos usos lingüísticos das organizaçoes políticas.

A Terra de Trasancos foi o âmbito de actuaçom de preferência da *Associaçom Reintegracionista Artábria*, criada em 1992, que desenvolveu as suas actividades até 1997. Em 6 de Maio de 1998 mudou o seu estatuto legal e passou a ser a *Fundaçom Artábria*, que continua a desenvolver as actividades da Associaçom no mesmo âmbito comarcal. Trata-se, sem dúvida, de um dos colectivos mais dinâmicos no panorama das organizaçoes reintegracionistas. Nos últimos anos organizou palestras e cursos de temática variada, editou obras de criaçom literária, de divulgaçom linguística, como o a *Iniciaçom à Língua Galega*, de M. Castro, ou do âmbito científico. A Fundaçom Artábria conta hoje com um local social, em que se desenvolve umha parte das suas actividades, e mantém um sítio de rede em *http://www.artabria.net*.

Em 1992, os colectivos A.R. Artábria, A.R. V Irmandade, ARO, CRÊS, A.R. Marcial Valadares, G.R.A. Meendinho, junto com a AGAL e o grupo *Pestinho*, relacionado com a criaçom em banda desenhada do fanzine *Frente Comixário* e de varios números especiais (*Spesial Zombies, Spesial Pelegrin*...) coeditam umha *História da Galiza em Banda Desenhada*. Os mesmos colectivos, acrescentando agora *A Gente da Barreira* (Ourense), a *A.C. Auriense*, a *S.C.D. O Condado, Aquém-Douro* (Tui), *Renovação* e a *Associaçom Cultural Aloia* (Barcelona), editarám também, em 1995, umha *História da Galiza em Banda Desenhada*. As histórias aos quadradinhos abrem-se agora para o reintegracionismo.49

Os grupos citados mantiveram na sua maioria ligaçoes com a Associaçom Galega da Língua, sendo numerosos os elementos que militavam simultaneamente num grupo de base e na AGAL. Esta associaçom nunca chegou a criar umha estrutura equiparável à Coordenadora de Grupos para inseri-la na sua própria organizaçom. No verao de 1995 os próprios grupos normalizadores inciariam um processo de confluência que levará à constituiçom, em 1996, do *Movimento Defesa da Língua*. Em Maio de 1996 véu a lume o número 1 da *Língua Nacional. Boletim de informaçom lingüística*, editado pola Artábria, que informou das primeiras actividades do MDL. O número 11 da *Gralha* (Maio 1996) antecipa também a constituiçom do MDL, para dar resposta à necessidade de espalhar entre o conjunto da sociedade as propostas reintegracionistas, de um modo eficaz e coordenado. O número 2 da *Língua Nacional* (Julho de 1996) apresenta-se já como boletim do Movimento Defesa da Língua, embora continue a ser editado pola Artábria. Em Julho de 1998 aparece o número 0 do *Em Movimento. Boletim do Movimento Defesa da Língua*. Nesse mesmo número aparece também referenciada a primeira localizaçom na rede do MDL, *http://mdl.home.ml.org*, que hoje é *http:// www.mdl-gz.htm*. O acesso à Internet permitiu aos colectivos reintegracionistas um sistema cómodo e económico de dar publicidade aos seus objectivos e campanhas, de fazer trabalho de socializaçom ágil e efectivo. Nesses anos começam a proliferar os sítios de rede de diversos conteúdos e temáticas, que utilizam a ortografia histórica do galego. Em 2002 a AGAL inaugurou o modelar *Portal Galego da Língua*, *http:// www.agal-gz.org*, que pretende virar em referência para todos os agentes comprometidos com a normalizaçom da língua.

A partir de umha iniciativa da *Gralha*, os assinantes desse boletim em Ponte-Vedra reunirom-se em 10 de Janeiro de 1996 na Escola Universitária de Magistério da Universidade de Vigo para constituirem a *Assembleia Reintegracionista NH*, que também aderirá ao MDL. A NH organiza anualmente na Praça da Lenha de Ponte-Vedra umha *Festa da Língua*, alternativa aos actos oficiais no Dia das Letras.

O número 5 da *Língua Nacional* anuncia a criaçom da Assembleia Comarcal de Lugo, a partir do grupo reintegracionista *Alto Minho*. A *Associaçom Cultural Alto Minho* abriu em 25 de Abril de 2001, um local social em Lugo, com um modelo semelhante ao da Fundaçom Artábria, que está permanentemente ao serviço de todas as entidades comprometidas com a defesa da língua e da cultura. Nele fôrom organizados já seminários, conferências, actuaçons e actividades lúdicas diversas. Alto Minho tem um sítio de rede em *http:// www.25j.org/altominho*.

Em 25 de Março de 2000, seguindo um convite da Associaçom Galega da Língua, representantes de boa parte dos grupos e colectivos reintegracionistas do país participárom numha homenagem conjunta ao Professor Carvalho Calero, no décimo aniversário do seu passamento, na Faculdade de Filologia da Universidade de Santiago de Compostela. Um dos resultados do encontro foi o *Manifesto Carvalho Calero*, reproduzido no número 61 da *Agália*, em que é denunciado o evidente insucesso da política linguística institucional na Galiza, bem como a perseguiçom contante de que som objecto as pessoas que decidem nom anuir nas orientaçons normativas "oficiais".

Por essas mesmas datas começárom a produzir-se alguns movimentos, auspiciados pola AS-PG, orientados a conseguir umha modificaçom parcial da normativa ILG-RAG, fundamentalmente à procura de umha convergência dos colectivos que ficárom ancorados nos *mínimos*. Como resultado, terá lugar umha série de encontros com representantes dos Departamentos de Filologia Galega das universidades de Santiago de

Compostela, Corunha e Vigo, coordenados pola própria AS-PG, visando um novo acordo normativo. Os colectivos reintegracionistas nunca fôrom convidados a participar no processo. A proposta final foi apresentada à Real Academia Galega, que, surpreendentemente, decidiu rejeitá-la.

O "desacordo" normativo dos sectores isolacionistas resultou ser um importante estímulo para a convergência dos colectivos reintegracionistas. Reunidos a 15 de Dezembro de 2001 em Compostela para manifestar a sua queixa por ter ficado marginalizados do processo de negociaçom, diversas entidades reintegracionistas do país assinam o *Manifesto 15D* e constituem, em 23 de Fevereiro de 2002, a *Assembleia da Língua*, que nasce "com o intuito de coordenar esforços de pessoas e colectivos para activar socialmente uma ampla concepção galego-portuguesa da língua e da cultura". Determinadas associaçoes e instituiçoes optarom por enquanto por ficar à margem desse processo de convergência, como por exemplo a *Associação de Amizade Galiza-Portugal*, que respondeu ao convite para participar na elaboraçom do Manifesto 15D, invocando a sua vocaçom nom só reintegracionista mas lusófona e o seu compromisso com a língua portuguesa (Cf. http://lusografia.org/amizadegp/).

O processo de convergência, apesar de nom satisfazer as expectativas de determinados colectivos, chegou a alargar-se em evento recentes que contárom com a participaçom de sectores reintegracionistas e nom reintegracionistas, como o apelo da *Mesa pola normalización lingüística* para, diversas organizaçons que trabalham pola dignificaçom da língua própria da Galiza (incluindo a AGAL, o MDL ou a Assembleia da Língua), participarem num novo *Encontro Nacional sobre a Língua* em 25 de Maio de 2002. Nas conclusoes reafirmou-se a substancial unidade existente entre galego e português.

A UE e nós, os índios

Depois de olhar a história interior recente, que nunca aparece nos manuais, creio que ainda vale a pena colocar alguns apontamentos de história exterior, vista polos índios, à luz da nova realidade europeia. Enquanto assistimos à maior globalizaçom castradora e multilateral de direitos culturais particulares no planeta, atropelados em nome de interesses gerais, o "primeiro mundo" da Europa da UE, tradicionalmente progressista e hipercivilizado, *parece* querer desde o aparato do Estado buscar modos de retribalizar dirigidamente os seus "casos" em obediência a princípios tecnocráticos. No caso galego, mesmo que os direitos culturais nom sejam agora invocados desde perspectivas políticas (porque umha independência clássica se desqualifica como remota até desde forças nacionalistas maioritárias), a desassistência secular da Galiza *parece* poder achar possibilidades de abrir-se ao futuro e lograr algumha auto-afirmaçom, se nom sobrevivência. Menor dependência, maior conforto social, prosperidade da comunidade, identidade própria na euro-regiom. Mas, existe vontade efectiva de reforçar a cultura no quadro transfronteiriço...? Nom.

Na presente realidade da euro-regiom em que a Galiza e Portugal caminham a par, a vertente da cultura deveria alcançar níveis de intercâmbio entusiasmantes, e no entanto apresenta umha opacidade e uns resultados bem mais parcos do que noutras vertentes e do que noutras euro-regioes. Existe um potencial incrementável mas a realidade é brutalmente outra. As infraestruturas, as vias de comunicaçom, os negócios conjuntos Portugal-Galiza, incrementaram-se notavelmente com os fundos FEDER, mas nom os intercâmbios e projectos culturais, que, se nom dificultados, continuam sendo detalhes de mínimos.

Os fundos do programa comunitário *Interreg I*, com miles de milhões das antigas pesetas, foi aplicado a pontes sobre o Minho, condutos de gás natural, estradas e obras de infraestruturas para melhorar as comunicaçoes. E muito bem. O grande negócio empresarial incrementou-se. Umha manchete do *Correo* falava de "*70 empresas lusas trabajan en Galicia*", enquanto lamentava que do outro lado do Minho fossem só três das grandes galegas que estavam a actuar. Na página seguinte, noticiava-se que a Caixa Geral de Depósitos desembarcara na Galiza, enquanto Caixa Galicia começava a mover-se em direcçom a Portugal (*El correo Gallego*, 21-10-94, 34-35). Esse trânsito empresarial tem continuado nos anos posteriores, e a *Comunidade de Trabalho* chegou a gerir em 97 uns 20.000 milhoes procedentes do *Interreg II* 1994-99 (vid. o especial "Portugal", in *La Voz de Galicia*, 17-12-1997), e continuam chegando notícias de permeabilidade económica crescente, tipo "*Galicia se convierte en el trampolín del textil portugués hacia Europa*" (*La Voz de Galicia*, 28-04-2003). A vice-presidenta da Comissom Europeia e comissária de transportes, Loyola de Palacios, afirmou em Portugal que a UE "*apoya plenamente la cooperación ibérica para unir España y Portugal*", e que "*necesitamos un notable aumento de los fondos comunitarios para las redes transeuropeas y que debemos multiplicar por siete o por ocho los actuales 600 millones anuales de euros de los fondos, para alcanzar cifras por encima de los 4.000 millones*" (*El correo Gallego*, 27-9-2003, 10). Podia ser prioritário eliminar as barreiras físicas e o contacto deficitário, embora para quem nom tenha carro continue sendo tam complicado como antes ir de Compostela ao Porto, e já nom digamos Lisboa (a ligaçom por trem segue a ser terrível, e para ir de aviom a Lisboa é obrigatório passar por Madrid!), de modo que ainda cabem melhoras possíveis. Mas se dessa quantidade inimaginável alguém acredita poder cobrir objectivos culturais no relacionamento Galiza-Portugal, aguarde e verá.

O intercâmbio cultural, se nom é um ermo mesmo pós-euro-regiom, tem continuado alimentando-se de detalhes, de isolados emprendimentos pessoais, de actividades ligadas à especialidade de Estudos Portugueses na USC, de esforços como os da sala NASA e posses como as do CDG, que ao actor português José Martins mudou a fonética no papel em *A Burla do Galo*, de Vidal Bolaño, seguindo os ditados isolacionistas da Xunta. E é que os poderes nom estám polo labor. Na altura dos primeiros efeitos do *Interreg I*, o BNG, no *Programa eleicións Europeas 1994*, defendia que "*En vista da política oficial – española e autonómica – que despreza o evidente princípio histórico, xenético e tipolóxico, da unidade do galego e do portugués como variantes do mesmo sistema lingüístico, o BNG defende a necesidade de recordar este feito, cientificamente incontestábel, e conveniente para incrementar os lazos de intercámbio cultural bilateral entre Galiza e Portugal, pequenos no presente e que deben, no futuro, ser moito máis frecuentes e intensos*" (p. 18). Quase umha década depois, o BNG continuou vendo rejeitadas (Maio de 2003) propostas do ensino do português mesmo como língua estrangeira na Galiza – ao tempo que seguiu a protestar incumprimentos básicos da Lei de Normalizaçom Lingüística em áreas como a Administraçom de Justiça mas também, e ainda, da Educaçom em todos os níveis (Vid. *Agália* 73-74, pp. 273-275).

O Estado Espanhol assinou a *Carta Europeia para as Línguas Regionais e Minoritárias*, mas o incumprimento em matéria de promoçom e intercâmbios transfronteiriços é berrante, e assim o denunciou diante da Uniom Europeia um relatório elaborado por sindicatos, partidos, a *Mesa* e outras associaçoes e entidades recentemente. Se já nom um Camilo Nogueira (em múltiplos momentos e lugares), mas indivíduos como o nobilitado Camilo José Cela afirmava em Portugal que "*Português e galego são a mesma língua*" (com destaque entre aspas no cabeçalho,

Jornal de Letras, 29-09-1992), já aqui do mesmo indivíduo, algum tempo depois, se refere que "*El Nobel destaca en Lisboa la honda relación luso-galaica*", e na letra pequena se explica que "*Sobre las relaciones entre Galicia y Portugal en el marco de una Europa sin fronteras, dijo que el gallego y el habla del norte portgués 'se diferencian ligeramente'...*", na mesma página em que aparece a notícia "*España lleva la tilde de la letra eñe a la presidencia de la UE*" (*La Voz de Galicia*, 13-01-1995).

O tratamento do português na Galiza é bem sintomático da visom da cultura que o Estado Espanhol e a Xunta pensam aplicar nesta euroregiom, nomeadamente se a compararmos com outra onde se aplica um sub-programa similar. Como indica um semanário galego em grandes títulos, "*Os fondos comunitarios fomentan o estudo do portugués en Extremadura, que ten máis de 6.000 matriculados*", enquanto "*Os programas de integración fronteiriza de Galiza e Portugal evitan a língua común*" (*A Nosa Terra*, 1016, 10/16-1-2002, p. 2). Dos cinco sub-programas do Interreg, o n.º 4 correspondente ao Alentejo-Extremadura e apresenta aplicaçoes e resultados bem diferentes. Aí o português passou a ser matéria obrigada nos cursos de polícia, administraçom, hotelaria, sanidade, transporte, e "*Extremadura ofrécese como bisagra de Portugal co Estado Español*", com entrada de fundos do *Interreg II* para incrementar o permeabilidade cultural, a informaçom nos jornais, os intercâmbios escolares, sendo incluídos conteúdos referidos a Portugal nos programas educativos: "*No está de más que una región como Extremadura, tan marcada por su carácter fronterizo, haya incluido referencias en su currículo educativo a Portugal...*" (J. L. González Carballo, *La Gaceta Extremeña de la Educación*, 70, Febreo-2003, p. 2). O presidente da Junta extremenha explica que se multiplicam as inicitaivas em colégios de primária, centros de secundária, escolas de idiomas e centros privados; Ibarra anuncia que querem "ser a porta de entrada de tantas cousas admirabeis do país veciño na nosa realidade nacional española. Queremos ser, com se di agora, a interface de Portugal na España, o lugar por excelencia de comunicación entre os dous países" (*A Nosa Terra*, 1016, 10/16-1-2002, p. 3).

Mas nom assim na Galiza, onde "*a política cultural de integración fronteiriza da Xunta faise contra a cultura común. O Eixo Atlántico constituido polos concellos da Gallaecia, remedia o expediente con premios de pintura e narrativa e modestísimos festivais de cine e teatro. O rio de cartos comunitarios que regan a fronteira, vaise en cementar camiños e outras obras coñecidas como 'infraestructura de interese mutuo' ou, como di a retórica da UE, 'axudas para a realización de actividades de cooperacións trans-fronteiriza'. Cosidas a Portugal, Castela, Extremadura e Andalucía son, coma Galiza, 'Obxectivo 1' no 'Programa Interreg', que prepara agora a terceira edición. A diferencia é que se aproximan á língua da beira sen prexuizos. Pola contra, o actual governo da Galiza, o país que dera lingua e povoación a Portugal, mira a fronteira cos ollos de Felipe IV"* (*A Nosa Terra*, n.º 1016, 10-16 Xaneiro-2002, p. 3).

Ao amparo da legislaçom estatal e, em especial, da comunitária europeia, deveria ser possível a recepçom da televisom portuguesa na Galiza. A UE recomenda a "livre prestaçom de serviços", que deve incluir o serviço de recepçom de televisom, sendo poucas e solucionáveis as dificuldades técnicas. Um amplo leque de profissionais, como médicos, empresários, titulados em geral, com interesses efectivos ou potenciais em Portugal, terám que ir à internet ou buscar informaçom como se da Austrália se tratasse; mas várias vezes por dia, por múltiplas vias, podem saber o que se passa em Marbella, ou na casa dos jogadores do R. Madrid. Conseguir um jornal português do dia na Galiza, embora tenha havido algum experimento (caso de livrarias especializadas), continua sendo impossível. Promovem-se campanhas para receber na Galiza os canais públicos portugueses, RTP1 e RTP2, e a SIC e a TVI, mas nem os meios de comunicaçom nem os poderes espanhóis estám dispostos a consentir tal. Apesar da teoria emanada da UE, a realidade é bem diferente. E *"A Xunta propón que o quiñón grande do Interreg III vaia á construcción do Museo do Viño en Ribadavia ou á recuperación de casas rectorais. A filosofía de integración cultural e económica da Raia, que é a razón de ser do programa, brillará sobre todo na reconstrucción das fortalezas da fronteira que é a proposta máis ambiciosa da Xunta"* (*A Nosa Terra*, n.º 1016, 10-16 Xaneiro-2002, p. 3).

A página web da Comunidade de Trabalho Galiza-Norte de Portugal apresenta no seu site *"o que julga ser uma realidade nova e promissora: a construção de uma Euroregião, transfronteiriça e interregional"*. Mas à luz das realidades mencionadas, o discurso oficial parece um tremendo sarcasmo quando alude à *"criação conjunta de oportunidades e estratégias de desenvolvimento que corporizam os sonhos, viabilizam os projectos e fazem jus à cultura, património, solidariedade e tolerância comuns"*. Aqui passa algo estranho... Pode-se conceder que houvo um esforço em infraestruturas de transportes e outros investimentos de carácter físico, mas nom na *"consolidação do espaço europeu"* (www.galicia-nortept.org), cultural e idiomaticamente, de modo que a avaliaçom de há dez anos continua sendo a mesma[7]:

– Cada vez encontram-se mais Galiza e (Norte de) Portugal, cada vez há mais pontos de agulha no rasgão separador.

– O "reconhecimento" linguístico-cultural (escasso, pouco consciente e só intensamente admitido e procurado desde este lado por certo nacionalismo galego – que precisa de tal reconhecimento para recuperar a identidade galega) nom acompanha com a mesma celeridade esse processo formulado no item 1.º (que é um processo de tipo "físico", "económico", e doutras ordens materiais, logicamente anteriores à consolidaçom das ordens espirituais).

– A galeguidade desde Portugal continua sendo geralmente vestida com marcas de espanholidade (o qual corresponde ainda, por nossos pecados, com o estado real da sociedade e da cultura da Galiza).

– A portugalidade desde a Galiza vai ultrapassando devagar o fenómeno "toalha de Valença", mas nom chega a superar globalmente os níveis gastronómico-folcloristas doutros tempos; para nom falar da representaçom amplamente negativa que de Portugal perdura nos galegos que nunca conheceram Portugal – os mass media espanhóis da Galiza ocupam-se eficazmente em manter essa representaçom negativa, e podiam-se dar muitos exemplos.

Vários anos depois de fundos da UE, continuam válidos os mesmos juízos. Lembro-me de o *Jornal de Letras* acolher-me em Lisboa da mao do Assis Pacheco, em 1987, para mencionar a revista cultural galega que dirigia, que já para o número seguinte foi ecoada como "ponte entre Portugal e a Galiza" (*Jornal de Letras*, n.º 300, 5/11-4-88). Pois bem, esse esgar romântico é o único que continua cabendo-me em recentes aventuras de feiras, encontros, co-ediçom de livros com editoras galega e portuguesa. Esforços épicos, detalhes isolados. Como o texto de encerramento da Feira do Livro em Viana em 99, que o coordenador me enviou depois, sublinhando as duas passagens onde me menciona, e comprovo admirado como estou ao lado exótico do Timor: *"já se fez justiça a*

---

[7] Cf. *Língua e Cultura*, Sociedade da Língua Portuguesa, Lisboa, II.ª série, n.º 1 e 2, 1996, pp. 35-42. O texto corresponde à participaçom no Congresso Internacional *Identidade Cultural e Cooperaçom Transfronteiriça (Galiza-Norte de Portugal)*, organizado pola AGAL e celebrado em Vigo no ano 1995.

presença na feira da expressão timorense e a vinda do escritor galego C..."; "*a voz de Timor na pessoa de Luís Cardoso, a irmã Galiza servida por um lusista de assinalado humor*"... Na altura poderia ser humorado mas já vou sendo menos, porque bem é certo que os detalhes se incrementam (em Viana ficou instituído um dia na feira para a Galiza; continua havendo convites importantes mesmo para lusistas – os únicos genuinamente habilitados para irem como galegos, acho), mas o certo é ser ridículo admitir os detalhes como suficientes, quando existem planos estruturais e um monte de dinheiro para reforçar o intercâmbio transfronteiriço. Por quê dos *Interreg* nom decorre um rio a varrer os detalhes pré-históricos e fazer da ausência de fronteira um final encontro feliz e constante...?

No *Guia para promotores*, observa-se quem podem ser os "promotores de projectos" no *Interreg III*: no topo estám *Serviços da Administração Central do Estado*, seguem *Serviços descentralizados da Administração Central do Estado, Entidades públicas empresariais, Sociedades estatais, Empresas de capital misto e Concessionárias do Estado, Comunidades Autónomas, Comissões de Coordenação Regional, Empresas públicas regionais, Assembleias provinciais, Juntas e Autarquias Locais, Entidades supra-municipais, Associações de Municípios, Empresas públicas municipais e supra-municipais...* O Programa está aberto tanto a entidades públicas como privadas, com ou sem fins lucrativos, se bem que as entidades privadas estejam sujeitas a certas condiçoes... Mas existe acaso algumha possibilidade de concorrência com Junta, Estado, com a ampla lista das outras instituiçoes...? E podemos aguardar deles um interesse por reforçar o intercâmbio cultural, aguardá-lo de instituiçoes que agridem o nosso idioma e a nossa cultura abertamente (até nos municípios, caso Francisco Vázquez na Corunha)...?

No quadro de prosperidade euro-regional, que o Estado espanhol nos desenha com fundos da UE, o afastamento cultural de Portugal é o que tem mais sentido. Eles consentem detalhes, mas creio que até premeditam o afastamento. "*Carlos Casares avoga pola implantación da lingua portuguesa nas escolas galegas*", era outro titular referido a certas jornadas sobre o livro galego e português organizadas pola Xunta; no final da letra pequena o redactor recolheu que "*Participantes no cumio chamaban á reflexión sobre a eficacia dos encontros e lamentaban que intelectuais como Xosé Luis Rodríguez, único catedrático de Portugués da Universidade de Santiago non estivera convidado*" (*El Correo Gallego,*

28-10-2000, 76). Casos como este, que até o mencionado jornal comenta, colocam dúvidas sobre a intençom de promover a aproximaçom cultural por parte de quem nos tutela.

No segundo "Eixo Estratégico" das prioridades do *Interreg III*, que se refere a *"Valorização, promoção e conservação ambiental e dos recursos patrimoniais e naturais"*, define-se que *"O desenvolvimento das condições de valorização de mercado para os recursos do património natural e edificado deve ser levado a cabo num quadro que garanta a sustentabilidade dos valores e recursos naturais e da identidade dos territórios"*; e existe a *"Medida de Intervençom"* 2.2, definida como *"Sustentabilidade cultural, património histórico, etnográfico e identidade local"*; existem os objectivos estratégicos de *"proteger e integrar numa estratégia de dinamização regional os extensos recursos naturais, patrimoniais, culturais e de identidade dos territórios transfronteiriços"*... Pode-se acreditar que um Estado e umha política espanhola que sempre sacrificou os interesses galegos em prol dos interesses espanhóis, vai tentar reforçar a identidade dos territórios transfronteiriços? Que vai haver Sustentabilidade cultural..?

Bem ao contrário, parece que a reflorestaçom com eucaliptos desnaturando a mata nativa tem a sua correspondência premeditada no terreno cultural evitando-nos o contacto com Portugal. Nom interessa a retribalizaçom da Galiza, da perspectiva do Estado (e de um nacionalismo espanhol). Do encontro com Portugal, a Galiza é o único lugar do Reino da Espanha que poderia receber umha autoafirmaçom intensiva no quadro euro-regional da UE, e isso seria, se nom um risco de secessom (no actual quadro político), sim um risco real de perder dependência do Estado central e centralista. Se a Galiza melhora o entendimento com Portugal, e o Brasil, e se afirma linguísticamente, até pode deixar de ser periferia, até pode abrandar na sua espanholizaçom quase a terminar, deter a história quase acabada de aniquilaçom progressiva. A existência de Portugal é umha desgraça para umha Galiza espanhola, porque mantém viva a falta de identificaçom com a Espanha. A existência de Portugal é umha sorte para umha Galiza galega, porque mantém viva a autoidentificaçom. Por isso, creio que da euroregiom nom se pode aguardar um reforço transfronteiriço em termos culturais estando a promoçom de projectos em maos espanholas. Cada vez vamos sendo mais espanhóis do que galegos, por necessidades de viver no quadro político que nos cabe, e talvez por isso emigrar continua sendo umha realidade crescente.

E está longe esta frase de ser metáfora simpática, porque galegos e galegas, aos milhares, continuam hoje a emigrar da Galiza cada ano, agora para Canárias como principal destino (Vid. *El correo Gallego*, 1-7-2002).

As relaçoes luso-espanholas incrementam-se, e é bom, viva, mas, tocando no cultural, sublinhar a peculiaridade da Galiza nesse contacto é retórico ou suspeito aqui, e raramente recordado por poucas cabeças conscientes em Portugal. Umha delas, José Carlos de Vasconcelos, num editorial do *JL* de Setembro passado: "*Depois, por óbvias razões, dos países de língua portuguesa, a Espanha deve ser uma 'primeira prioridade' da nossa política externa em geral e da política da cultura em particular. Depois dos países de língua portuguesa, disse, ou mesmo de par com eles, acrescento: sempre no que concerne à Galiza*" (n.º 859). E é que nom temos de remontar-nos a Rodrigues Lapa para aprendermos o que já sabemos. Também Fernando Rosas, candidato à presidência polo Bloco de Esquerda em Portugal, viu muito lucidamente "*A questão Galega*", como intitulou a sua coluna ao retorno de umha breve estadia no norte: "*A língua portuguesa, ou, se quisermos, a sua versão galega, constitui o principal traço não só auto-identificador da realidade nacional galega, como o primeiro elemento de separação e de resistência face à hegemonia política e cultural do 'espanholismo', isto é, do Estado espanhol e da cultura castelhana*" (*Público*, 24-12-1997, p. 9).

Assim sendo, como vai um Estado espanhol, umha Xunta espanhola, reforçar os elementos essenciais de resistência galega face à sua hegemonia? Os Estados globalizam imperiais, as sociedades tentam retribalizar voluntariosas, contra eles ou apesar deles. Será difícil para umha sociedade que se pretenda galega, no pulcro esquema de tolerância desenhado pola UE, inofensivo para o instinto globalizante à escala da Europa, nom chocar com o secular instinto do Estado espanhol, que administra esse esquema para nós na Península. Os benefícios e possibilidades de conexom cultural com Portugal, inclusive invocando a ponte com Brasil e a lusofonia, serám também para os administradores, se nos deixam sermos nós no lugar de acabar de esmagar-nos. O Estado espanhol tem aí, nas perspectivas que nos abre a Euro-regiom, umha oportunidade de lucro também, sempre maior do que tiraria ao fazer-nos espanhóis de segunda (o mar continua a sangrar infelizmente corpos no sul; os emigrantes do norte já nom somos tam necessários).

Final: referências nativas

Toda a parte que precede, obviamente, é inadequada para ler em qualquer mesa redonda ou conversa de bom gosto. Mas há dados suficientes para sustentar frases firmes sobre a matéria, de modo que fica bem levar na mao e guardar aqui – quem sabe, até alguém pode acabar por ler e acabar por pensar um bocado depois. Na mesa convém fazer parábola até esta parte, dar um par de dados pessoais tal e como se solicitava, e despedir sem ler texto literário algum, por enquanto (par isso estám os livros, e sempre se pode voltar). Para evitar os defeitos do professor que também sou, e já que o convite se refere a umha mesa de natureza literária, vou deixar os dados em forma bem mais elástica – e seguramente agradável –, pois será a mesma da nota que acabo de enviar para as próximas Correntes d'Escritas da Póva, e salto à despedida. Esta os dados:

"Carlos Quiroga (de verdadeiro nome Jean Carlos Queirós Dauzat) nasceu circunstancialmente na ilha de Páscoa, produto da relaçom ocasional da sua mae, umha camareira francesa, com um engenheiro naval português, no decurso de umha viagem trasatlântica ao Oriente em que o engenheiro, confundido pelo ópio, tomou a camareira por um rapaz. O facto deveu marcar a personalidade deste polivalente músico radicado em Compostela, que se tem esforçado por manter um equilíbrio e umha coerência particular entre as diversas actividades em que se ocupa, oscilando do pouco convencional para o responsável e muito bem-educado. Essa mesma variabilidade observa-se na sua dupla (ou polo menos tripla) vida, e também na sua inclassificável obra literária. Igual que separa a aborrecida vida de professor universitário ("*É um meio que me banaliza, mas procuro evitar a sua influência esterilizante*"), da de actor em filmes porno, escritor, ou músico de rock, também na escrita experimentou separadas vias de aproximaçom artística, passando de fases com muito trabalho em grupo (...) a outras de isolamento no absoluto individualismo criativo. A fundaçom de revistas literárias como *O Mono da Tinta* teria a ver com a primeira tendência. (...) A sua relaçom com a Galiza toma precisamente, tanto no campo literário como no político, matizes controversos ("*Nom lamento ter escolhido para residir um País que inexiste; o que lamento é que os seus habitantes continuem inconscientemente analfabetos. Nestas condiçoes resulta ridículo escrever para eles*"). Afirma nom querer assumir nenhum papel educador na sua escolha ortográfica ("*Há que ser muito suicida para fazer uma escolha ortográfica como a que eu faço neste momento na Galiza, e há que ser muito burro para fazer outra. Bem é verdade que ao lado dos burros estám os que sentem a língua com o estômago; mas estes poucos, com tanto a ganhar de editoras e instituiçoes, podem ser listos, mas nunca inteligentes. A boa intençom legitima, mas de boas intençoes está o Inferno da História cheio*"). Afirma usar da escrita para certos exorcismos da alma que por outras vias nom logra, e acusa aí..."

A nota biográfica, há alguns anos publicada por *El Correo Gallego* (7-3-97), era mais ampla e contém, obviamente, vários equívocos. Nom me importo, no entanto, em deixar passar. De resto, sou autor de *G.O.N.G.* (1999), *Periferias* (1999, prémio Carvalho Calero de narrativa, rara convocatória sem censura), *A Espera Crepuscular* (2002), *O Castelo da Lagoa de Antela – Il Castello nello...* (2004), e está a ponto de sair *O Regresso a Arder* (2005). Para além de outras aventuras várias, como dirigir a revista *Agália*.

Quanto à despedida, só me ocorre que no século XXI, se o controlo dos poderes instituídos nom for definitivamente esmagador, deverá contar cada vez mais esta forma de ver o galego, agora marginalizada, a única que pode preservar a nossa identidade. Entom voltarei aqui sentindo-me representar umha Galiza que virá comigo a Braga porque terá enterrado definitivamente Fraga.

DEPOIMENTO

SILVIANO SANTIAGO[*]
Brasil

Sendo pouco conhecido em Portugal como ficcionista, resolvi circunscrever meu depoimento aqui na Universidade do Minho a dois romances que publiquei na década de 1980. Refiro-me a *Em liberdade* (1981, que recebeu o Prêmio Jabuti do ano) e *Stella Manhattan* (1985). Antes de dar início ao depoimento, gostaria de, uma vez mais, agradecer aos colegas organizadores do evento pela gentileza do convite transatlântico.

1. *Em liberdade* é um livro que se alicerça em outro, a prosa de *Memórias do cárcere*, de Graciliano Ramos. O narrador/personagem do meu romance deveria dar continuidade, em princípio, ao narrador/personagem das memórias de Graciliano. A opção estética minha em relação ao passado não foi a da ruptura irônica, representada pela *paródia*, típica da primeira fase do Modernismo brasileiro (em particular, leiam-se os textos de Oswald de Andrade). A minha opção foi a do *pastiche*, possível marca da produção literária que é chamada de pós-moderna e, entre nós, de pós-modernista. A opção foi proposital e não produto do acaso (não sou "graciliano" como outros foram "kafkeanos" sem saberem que estavam sendo). Durante mais de seis meses, antes de me entregar à redação,

---

[*] Além dos dois romances citados neste depoimento, Silviano Santiago publicou os seguintes livros de ficção: *Uma história de família* (romance, Prêmio Jabuti), *Viagem ao México* (romance), *Keith Jarrett no Blue Note* (contos, Prêmio Jabuti e Prêmio Aluízio Azevedo), *De cócoras* (romance) e *O falso mentiroso* (romance). Em Maio de 2005 deve sair seu novo livro de contos, intitulado *Histórias mal contadas*.

fiquei *imitando* o estilo de Graciliano. Haveria uma mudança substantiva na situação familiar, sócio-política e econômica do personagem: de prisioneiro do regime político então vigente no país, o Estado Novo (o título original das memórias é *Cadeia*) passaria a viver em liberdade na cidade do Rio de Janeiro. O estilo seria, no entanto, o mesmo. As intenções poderiam ser outras, é claro. Cada cabeça, uma sentença.

Tentarei explorar o caráter exemplar e paradigmático do romance no contexto da literatura latino-americana. A originalidade, nas obras de culturas dependentes, nunca é total. Existe o modelo e existe a transgressão ao modelo. Nas obras artísticas latino-americanas há sempre um compromisso libertário com o já-escrito na metrópole (ou no Primeiro mundo). No meu caso, a este compromisso transgressor inicial se soma um segundo: com o já-escrito pelo Modernismo brasileiro (1922), de que me sentia filho e bastardo. Filho e bastardo também da Europa, onde tinha feito a minha formação. A condição latino-americana se confundia com a condição pós-modernista na ficção *Em liberdade*.

A partir dos ensaios "Eça, autor de Madame Bovary" (1970) e "O entre-lugar do discurso latino-americano" (1971), ambos hoje no livro *Uma literatura nos trópicos*, desenvolvi para uso externo e interno a tese da *forma-prisão* (expressão que tomei de empréstimo ao poeta surrealista Robert Desnos) como lugar de trabalho e de rebeldia do escritor latino-americano. A forma-prisão é o correlato da experiência que se tem quando não se faz parte de uma cultura da metrópole, ou do Primeiro mundo, e se deseja inserir o seu projeto num quadro mais amplo e cosmopolita do que o da cultura nacional a que se pertence por nascimento. A própria metáfora, forma-prisão, não era minha, mas estava sendo apropriada por mim, ao lhe emprestar outro(s) sentido(s).

Por razões que não cabe aqui desenvolver, afirmo que se você pertence a uma cultura dependente é sempre obrigado a vir na rabeira. Não há como partir do marco zero. O marco zero é uma ilusão. Você parte de formas que pré-existem às formas que você quer criar como suas. No meu caso, vinha duplamente na rabeira. Devia alimentar-me vicariamente tanto da cultura do Primeiro mundo quanto da cultura Modernista brasileira, para poder conseguir forças próprias, originais, e superar a dependência.

A forma-prisão, no caso de *Em liberdade*, representava a situação emblemática do escritor latino-americano e representava também o compromisso meu com o próprio estilo (e visão de mundo) de Graciliano Ramos. Estava imitando-o, para poder superá-lo. Para isso precisava liberar-me das amarras constitutivas do que se chama direito-de-biografia, direito-de-autor e estilo-original, do mesmo modo como Graciliano teve de se liberar das amarras da cadeia em que o enfiou o regime ditatorial de Vargas para poder voltar a ser escritor. Tanto num caso quanto no outro, era preciso estar "em liberdade" para poder agir segundo a sua consciência e vontade. *Em liberdade* remete, portanto, a pelo menos duas conotações: uma de ordem estética, outra de ordem política. Desconstrói tanto a ditadura do estilo/ficção modernista, quanto o autoritarismo/ totalitarismo político brasileiro.

A experiência "por detrás das grades" da cadeia de Graciliano era (re)vivida por mim "por detrás das grades" do estilo (e da visão de mundo) dele. Tinha de trabalhar com as palavras (e a visão de mundo) dele para transformá-las em silêncio no texto meu, a fim de que este pudesse ser escrito como algo de original e não mera paráfrase. Uma fala própria, em suma. Tinha de embutir as palavras dele em mim para delas me livrar. Não buscava uma lógica complementar (o texto posterior complementa o anterior), mas suplementar (o texto posterior suplementa o anterior). No complemento, lembro, duas partes constituem o todo; no suplemento, algo se acrescenta a um todo. Não há soma de metades; há soma de todos. Devia haver, ao final, dois *todos* auto-suficientes? *Memórias do cárcere* e *Em liberdade*? na estante e na mesa de leitura.

Terminarei este curto depoimento sobre *Em liberdade* com uma reflexão sobre o sentido da experiência do sujeito em tal tipo de obra.

A experiência tal qual formulada pela filosofia oitocentista e pela maioria dos modernistas brasileiros não deixava de alienar a leitura (a experiência pela leitura) da experiência como resultado da vida plenamente vivida. Parece que há sempre, entre eles, uma compreensão deformada do romance de formação (*Bildungsroman*), onde se negligencia o peso e o valor da leitura na formação (*bildung*) do sujeito. Já num ensaio de 1975, publicado pela Editora Vozes, salientava esse aspecto da minha crítica ao interpretar a "dupla experiência" que aparece na poesia de Carlos Drummond de Andrade.

Era essa uma das razões pelas quais tanto me fascinava a poesia dele. Na sua obra está descrita de maneira poética e contundente as várias formas de experiência a que está submetido o ser humano. Começava a leitura da poesia dele pelo poema "Infância", em *Alguma poesia*, onde o entrecruzar da experiência de menino do interior (em Itabira) com a experiência de menino leitor (a estória de Robinson Crusoé, lida na revista *Tico-tico*) *configurava uma rica e dupla experiência, ao mesmo tempo regional e cosmopolita, ao mesmo tempo de filho de fazendeiro e de aventureiro inglês*. (Não se pode compreender o apego tardio de Drummond ao marxismo sem a compreensão do papel que a leitura desempenha na sua formação de ex-oligarca.) No poema "Iniciação literária", recolhido em *Boitempo II*, as palavras que o menino bebe em, ou furta a Júlio Verne, hifenizam leitura e experiência (viagem e aventura) de modo inesperado e definitivo:

> Leituras! Leituras!
> Como quem diz: Navios... Sair pelo mundo
> voando na capa vermelha de Júlio Verne.

Em outro e esclarecedor poema da mesma coletânea, "Biblioteca verde", o livro é comparado a variados meios de transporte (antigos e modernos, nacionais e estrangeiros), de que se serve o leitor para conhecer o mundo e tomar posse do saber universal. Simultaneamente, a experiência da leitura é comparada às confusões aprontadas pelo viajante neófito e provinciano que, quanto mais trapalhão, mais se identifica com as aventuras extraordinárias que lê no livro e absorve, transformando-as em partes constituintes do seu cotidiano, do seu modo de ser, pensar e escrever:

> Mas leio, leio. Em filosofias
> tropeço e caio, cavalgo de novo
> meu verde livro, em cavalarias
> me perco medievo: em contos, poemas
> me vejo viver. Como te devoro,
> verde pastagem. Ou antes carruagem
> de fugir de mim e me trazer de volta
> à casa a qualquer hora num fechar
> de páginas?

2. Há mais de vinte anos, quando ainda idealizava o romance *Stella Manhattan* e começava a escrevê-lo, estávamos nos afastando da ditadura militar para atravessar o período que se convencionou chamar de *abertura*. A literatura e as artes brasileiras saíam de um período de temas, situações dramáticas e personagens quadrados e monolíticos, às vezes com contornos stalinistas, cuja maior originalidade? tanto no plano literário quanto no plano político? era estratégica. Tudo era feito com direcionamento e certeza pelo artista. Era ele um pouco o dono da verdade.

Tratava-se de pôr fim ao regime de exceção que reprimia os artistas, dar um basta à censura que coibia as manifestações culturais. Combatiam-se os civis e militares que se resguardavam por detrás do Poder com P maiúsculo. Não há como não concordar com esse desvio intolerante porque passou a literatura brasileira naquelas duas décadas de repressão e censura.

Não há como não concordar com o fato de que, na década de 1980, era necessário retirar a literatura daqueles limites estreitos e jogá-la para a arena das novas discussões e conquistas em pauta no mundo desde os anos 1960. Alcançada a liberdade, ainda que precária, chegado era o momento de liberar o ser humano das micro-estruturas de poder e de repressão. À liberdade devia suceder a liberação. Liberdade e liberação. A questão da política devia ser suplementada pela questão da sexualidade. Política e sexualidade. A ação do romance que idealizava não se passaria no Brasil, mas em Nova York, a capital do mundo, como nos provou uma vez mais os acontecimentos de 11 de setembro. O Brasil é um país da América Latina e a América Latina estava subordinada, como nunca, aos Estados Unidos.

Em Manhattan, trabalharíamos com a memória e os resquícios da ditadura militar e do neocolonialismo, e com a conseqüente necessidade de reacender a vela dos sentimentos, emoções e desejos humanos em tempos de liberação. Tudo precário, odioso, fascinante e esperançoso. Afastávamos do contexto por demais estreito da nacionalidade, para entrar no quadro dos movimentos de liberação que, oriundos das campanhas de universitários contra a guerra do Vietnã, se estenderam de Berkeley e de Woodstock até a Paris de maio de 68. Afastávamos também do contexto por demais machista do partidarismo político latino-americano, para acreditar numa política do corpo, onde este não aspire ao eterno, mas esgote o campo do possível.

Os personagens do romance não poderiam ser só brasileiros. A graça estaria em jogar compatriotas na cena cosmopolita de Nova York e ver como reagiam. Retratar não apenas o velho cosmopolitismo, dos ricos e dos funcionários do Estado brasileiro, de que é exemplo até os nossos dias Joaquim Nabuco, mas também o novo cosmopolitismo? dos guerrilheiros exilados ou mutilados pela repressão, dos pobres do terceiro mundo e dos rejeitados pela intolerância comportamental. O cosmopolitismo dos diplomatas e adidos militares. E também o dos desempregados no seu país, aqueles que foram atirados nos torvelinhos do dólar. E ainda o dos perseguidos pelos militares, que tentavam aliciar amigos e aliados em terras estranhas, e finalmente o cosmopolitismo dos homossexuais latino-americanos, que pela intolerância da família e do meio machista e patriarcal eram jogados no estrangeiro pelas aventuras do avião e do acaso.

Os personagens não passariam pelo processo clássico de *caracterização* (para usar o conceito de Ian Watt, quando analisa o surgimento do romance moderno na Inglaterra). Não tinham identidade fixa, múltiplo que cada um a seu modo era. Feitos todos de resquícios do passado e de setas que apontavam para um futuro melhor, mais apaixonante e mais justo. Cada um poderia ter dois ou vários nomes. Um resquicial e o outro indicativo de direção. Eduardo da Costa e Silva é Stella Manhattan. É ele é ela. Cada personagem teria o formato e a forma de *dobradiça*. Sem as dobradiças, porta e janela são paredes. Eduardo é Eduardo. Graças às dobradiças é que as portas e as janelas se abrem, conduzindo a novas dependências, novas paisagens, novos seres humanos, novos ambientes e novos mundos. Eduardo é Stella Manhattan. Era preciso descortinar em cada personagem o quarto que deixava e o novo ambiente em que poderia entrar, caso houvesse uma reflexão fria e apaixonada sobre a sua condição, sobre a condição humana.

Sempre fui incitado pelo gosto das imagens artísticas contemporâneas, que fazem a glória e a perdição dos meus livros. Na criação dos personagens, pensava mais nas bonecas de Hans Bellmer, múltiplas, desmanteladas e recompostas segundo uma organicidade que escapava à organicidade determinada pelo corpo biológico, tal qual definido pela medicina. Os resquícios de várias bonecas eram grudados, recompostos com vistas ao esplendor sexual de uma única. As bonecas de Bellmer são perversamente sensuais na sua remontagem erótica do corpo. Pensava na desconstrução do que é sólido e ereto (por exemplo, o falo), operada por Lygia Clark, através de dobradiças, nas suas notáveis esculturas chamadas "Bichos". Como numa escultura de Lygia, cada personagem de Stella Manhattan estava ali para ser *montado* pelo leitor a partir da desconstrução do totalitarismo e da falocracia.

Aproximando-me da questão da homocultura, em particular do homoerotismo, esclareço que *Stella Manhattan* dramatizava e, ao mesmo tempo, trazia o elogio de uma noção empolgante para aqueles dias? a de que o prazer violento, excessivo, transbordante, despreocupado com a *utilidade* do ato carnal, isto é, despreocupado com a conservação e a reprodução da espécie, não é patológico.

Lá está a noção de *desperdício*, tomada de empréstimo a Georges Bataille e aos seus ensaios *A noção de despesa* e *A parte maldita*. O desperdício de energia, ou como quer Bataille, o "gasto improdutivo". Na conjunção de *gasto* e *improdutivo*, a ênfase tem de ser colocada na perda, no gasto sem retorno. A ênfase tem de ser colocada no *dom*, pois é ele que faz com que a atividade em questão adquira o seu verdadeiro e pleno sentido, sem o bumerangue que fica à espera do retorno, que selará a operação de troca, negando o lance gratuito do dom. Bataille dá o exemplo das jóias: não é suficiente que sejam belas e deslumbrantes. Seria possível substituí-las por falsas. O importante é que signifiquem o sacrifício de uma fortuna. Esta foi preterida ao segundo plano para que se chegasse ao brilho incomparável dos diamantes, e é isso que torna fascinante o caráter da jóia. Também o gasto improdutivo, sob a forma de sacrifício, está por detrás dos cultos. É o sacrifício que institui o sagrado, como a própria etimologia de sacrifício o demonstra (do latim *sacer*).

À voz de Bataille acrescentei a de Gaston Bachelard: "A conquista do supérfluo proporciona uma excitação espiritual maior do que a conquista do necessário. O homem é uma criação do desejo e não da necessidade". Em *Stella Manhattan* busquei uma caracterização do homoerotismo como desperdício de sêmen, gasto improdutivo, conquista do supérfluo, desejo, "desregramento de todos os sentidos" (para retomar o verso rimbaldiano), transbordamento e esbanjamento da libido, excesso de energia – o homoerotismo como elogio à Vida. O desperdício, a meu ver, confundia e colocava contra a parede dos bons sentimentos conservadores e religiosos a noção então difundida e até hoje infelizmente aceita para a caracterização do meio homossexual – a de promiscuidade.

A promiscuidade aponta para a morte do prazer, e não para o gasto excessivo e gratuito, e é por isso fruto do preconceito e da intolerância, da repressão. O desperdício aponta para a liberação, para o desejo e a vida, para a dupla afirmação da vida, como quer Nietzsche, ou como também quer o nosso Mário de Andrade em verso lapidar, muitas vezes repetido na sua obra: "A própria dor é uma felicidade". Uma coisa é a alegria bisonha e rasteira do bobo alegre, sorridente e hedonista por procuração do dinheiro. Outra coisa, e muito diferente, é a alegria alquimista – aquela que é capaz de transformar a própria dor em prazer, em alegria, em felicidade. Em *Crepúsculo dos deuses*, anota Nietzsche: "O artista trágico não é um pessimista, diz o seu *sim* a tudo o que é problemático e terrível, é *dionisíaco*..." A que ele vai acrescentar: "Foi a análise da psicologia da orgia, como sentimento de vida e de força pujante, dentro da qual a própria dor se torna estimulante, que me sugeriu uma nova explicação do sentimento trágico. [...] A tragédia não é uma evocação do temor e da piedade, não pretende purificar uma paixão perigosa, suscitando a descarga veemente dessa paixão – tal como a entendia Aristóteles –, pretende, sim, exemplificar a alegria eterna do devir, alegria essa que está para além do temor e da piedade [...]".

Devo dizer que a noção de desperdício, devidamente associada ao desejo de plenitude da Vida, à alegria, já estava no romance *Em liberdade*. Ali ela se escondia por detrás da idéia de paixão, norte do personagem. Tentava mostrar como o corpo martirizado e combalido de Graciliano Ramos, ao sair da prisão em 1937, procurava reganhar prazer, vida, alegria, entregando-se não à moderação e ao recato, traços característicos do comportamento de ex-presidiário em tempos do Estado Novo; entregava-se antes à paixão, ao ardor do amor que transcende o matrimônio e o carnal. Ao lado da esposa, deixava-a passageiramente para entregar-se a uma espécie de pansexualismo diante do oceano aberto de Ipanema.

Lá está escrito: "Aprendia com o mar uma lição de vida, onde não entrava a abnegação, a modéstia, o pudor. Só a conquista. O mar é. Eu sou. Não há adjetivos. Apenas a afirmação magnífica da necessidade de existir, viver, deixar escorrer energia e força no presente, sem interferência do passado e sem compromisso com o futuro. O mar entregava-me de volta o meu corpo para que eu fizesse com ele o que era possível ser feito dentro de um único instante. Precisava usufruí-lo, trabalhá-lo, ajeitá-lo para que vivesse o instante com a glória de uma vida inteira". E páginas adiante o narrador/personagem explicitava a emoção: "A paixão requer o desperdício. Requer que se gaste sem economias, sem o espírito de poupança. Requer corpo e espírito em toda a sua plenitude. Sem perspectiva de futuro, existe o presente".

Além dos dois romances citados, Silviano Santiago publicou os seguintes livros de ficção: *Uma história de família* (romance, Prêmio Jabuti), *Viagem ao México* (romance), *Keith Jarrett no Blue Note* (contos, Prêmio Jabuti e Prêmio Aluízio Azevedo), *De cócoras* (romance) e *O falso mentiroso* (romance). Em Maio de 2005 deve sair seu novo livro de contos, intitulado *Histórias mal contadas*.

**HOMENAGEM A ALMEIDA GARRETT
NO SESQUICENTENÁRIO
DA SUA MORTE**

Conferências

NAS ORIGENS DA HISTORIOGRAFIA LITERÁRIA BRASILEIRA: FERDINAND DENIS E ALMEIDA GARRETT

Vânia Pinheiro Chaves
Universidade de Lisboa

No século XIX, o postulado da variabilidade histórica e geográfica da literatura fez nascer um novo tipo de estudo: a *História da Literatura* de um povo ou nação, que, diferentemente das formas anteriores de historiografia literária, limitadas à mera acumulação de factos, procura relacioná-los com a História Geral. As transformações literárias nela se explicam pelas mudanças ocorridas na sociedade e o elo de ligação entre os acontecimentos literários é posto na noção de individualidade nacional. A "evolução" da literatura é configurada em modelos, sendo o mais difundido o modelo organicista de Herder, segundo o qual os fenómenos literários, à semelhança dos organismos biológicos, nascem, crescem e morrem. É também utilizado com frequência um modelo histórico que, baseado na fórmula hegeliana da tese-antítese-síntese, explica as mudanças na literatura como uma sequência de movimentos opostos. Secundarizando os aspectos estéticos da obra literária e valorizando sobretudo sua cor local e suas peculiaridades nacionais, essa história literária se caracteriza pela promoção do conceito de identidade nacional e pelo pendor para análises de tipo sociológico.

Nascida como suas congéneres europeias no Oitocentos e com origem presa à do movimento romântico, a historiografia literária brasileira tem como texto matricial o *Résumé de l'Histoire Littéraire du Brésil*, publicado em 1826, por Ferdinand Denis. Encontram-se, no entanto, referências anteriores a escritores brasileiros nas obras de outros dois estrangeiros – Friederich Bouterwek[1] e Sismonde de Sismondi[2] –, cuja importância na formação do pensamento estético brasileiro é todavia muito menor. Demonstrando pouquíssimo conhecimento da matéria, Bouterwek e Sismondi limitaram-se a incluir nos seus estudos históricos sobre a Literatura Portuguesa algumas observações a respeito de autores brasileiros, cuja proveniência ou desconheciam ou não lhes pareceu relevante para a caracterização das suas obras.

Bouterwek menciona apenas António José da Silva, o Judeu, e Cláudio Manuel da Costa, mas só o segundo tem identificado seu lugar de nascimento. Se bem que o historiador alemão discorde do juízo depreciativo que Cláudio faz da própria obra e lhe teça alguns encómios, apoia-se nas afirmações do árcade mineiro ao declarar que a terra natal em nada o inspirou.

Considerações idênticas a respeito dos mesmos autores tece Sismondi que revela contudo maior interesse pelas produções literárias do Brasil. Enganado ao tomar por brasileiro André Nunes da Silva, acerta ao valorizar, como principal atractivo da poesia de Silva Alvarenga, a cor local, em que percebe uma das grandes potencialidades da Literatura Brasileira. Intuindo "próximos os tempos em que o império do Brasil [...] produzir[á], em língua portuguesa, dignos sucessores de Camões" (*op. cit.*, p. 26), esboça ideia cara aos românticos brasileiros, que talvez conhecessem a sua obra tão mal como a de Bouterwek, provavelmente porque nenhum dos dois encontrou na literatura do País a independência e o valor que gostariam de ver reconhecidos.

Por motivos contrários, o *Résumé* de Ferdinand Denis, teve enorme relevância na formação do pensamento estético brasileiro. Primeiro a proclamar a autonomia da literatura do Brasil, Denis examinou-a separadamente da portuguesa e tratou-a como um todo orgânico, com evolução e características próprias. Herdeiro das concepções de nacionalidade e progresso literário dos irmãos Schlegel, da visão dos Trópicos de Humboldt, do sentimento da natureza de Bernardin de Saint-Pierre e atraído, como Chateaubriand, pela poesia do homem primitivo e pela manifes-

---

[1] *Geschichte der Portugiesischen Poesie und Beredsamkeit*, Gottingen, 1805. Lido a partir de *Historiadores e Críticos do Romantismo*, vol. 1: *A contribuição européia: crítica e história literária* (seleção e apresentação de Guilhermino César), Rio de Janeiro / São Paulo, Livros Técnicos e Científicos/ EdUSP, 1978, pp. 1-12.

[2] *De la Littérature du Midi del´ Europe*, 1813. Citado aqui a partir do trabalho de Guilhermino César referido na nota anterior.

tação do Cristianismo na literatura, ele pôde alicerçar no conhecimento directo do homem e do mundo americanos o seu entusiasmo pelo Brasil. Amigo de alguns dos principais escritores românticos brasileiros e correspondente do imperador Pedro II, o escritor francês foi o guia da primeira geração de intelectuais do Brasil pós-independência, influenciando especialmente os historiadores da literatura.

Entendendo que as características específicas do meio, da história e do homem de cada formação nacional determinam as suas peculiaridades, Denis reconhece a existência duma cultura e dum tipo humano brasileiros. Diferente do europeu, porque resultado da fusão étnico-cultural do branco com o índio e o negro, esse homem teria inclinação natural para a poesia e para a música e seria sensível, imaginoso e de temperamento merencório. Seus dotes artísticos explicar-se-iam pelo influxo da poeticidade do próprio ambiente e sua tristeza, pelo facto de ele descender de "três raças tristes" – teoria que granjeou larga popularidade entre os estudiosos e que só a partir do Modernismo passou a ser combatida[3].

Em defesa dessas idéias Denis alega o seu conhecimento pessoal da paisagem e do homem do Brasil, mas fica prisioneiro do pitoresco e não se isenta de grande dose de subjectividade. Como observa Guilhermino César, ele "generalizou despoliciadamente, viu paisagens idílicas em todos os recantos, poetizou à vontade" (*op. cit.*, p. 31). De qualquer modo, deteve-se no estudo das etnias que concorreram para a formação do homem brasileiro e manifestou uma lúcida percepção do fenómeno da miscigenação, valorizando-o sem revelar qualquer preconceito racial ou ideia de inferioridade cultural. Ao contrário, sobrelevou, no plano literário, a poeticidade do índio e destacou a contribuição do negro na formação do teatro brasileiro.

Fundado na teoria do espírito nacional e na compreensão de que as peculiaridades sociais determinam diferenças estéticas, o autor do *Résumé* procurou mostrar que o Brasil já possuía uma história literária e que já havia, nos autores do passado, traços de brasilidade cujo desenvolvimento ou aprofundamento nas novas obras tornaria mais original e, com isto, melhor a literatura do País. Em seu entender, o abrasileiramento da literatura implicava o abandono dos modelos literários greco-

---

[3] Cf. Eduardo Frieiro, *O Brasileiro não é Triste*. Belo Horizonte, Os Amigos do Livro, 1931.

-latinos – não conformes ao ambiente e tradições locais e, por isso, impeditivos da manifestação do génio nacional – e consequentemente a adopção de formas e motivos oriundos do espaço brasileiro, dentre os quais destacava, pela sua natural originalidade, a descrição da natureza e do ameríndio. Contraditoriamente, porém, incluía no seu programa a exigência de uma visão de mundo cristã e valorizava a influência da Literatura Francesa nos escritores brasileiros da época, ao mesmo tempo que recomendava aos intelectuais franceses que não descurassem a sua relação com o Brasil, o que denota o comportanto típico dos agentes da cultura francesa, sempre zelosos da sua acção além-fronteiras.

Para sustentar a ideia da autonomia da Literatura Brasileira, Denis procurou determinar a sua origem e descrever a sua composição. Afirmou que ela "começou com alguns imperfeitos relatos do século XVI" (*op. cit.*, p. 41), mas encontrou desde o início narrativas dignas de apreço. Entende, outrossim, que o Brasil só produziu seus primeiros poetas no início do século XVII e que muitos deles, apesar de não terem grande mérito, importavam como ponto de partida do fenómeno literário nacional.

Sem proceder a uma periodização precisa, colocou no seu quadro histórico todos os escritos e escritores ligados ao Brasil, em decorrência quer do nascimento ou residência no país do autor examinado, quer da brasilidade da matéria que aborda. Embora se queixe, na "Conversa preliminar", da precariedade da documentação de que dispunha, conseguiu reunir um elenco de autores e de obras que inclui o que se conhecia de mais significativo e realizou, ao mesmo tempo, um sério esforço de análise e interpretação dos textos, dos quais procurou, por vezes, apresentar um resumo.

Ferdinand Denis avaliou os autores e as obras tendo em conta o seu enquadramento na fórmula de abrasileiramento que imaginou. Daí o louvor que tece ao *Caramuru* e a *O Uraguai*, bem como o seu aplauso à religiosidade de Sousa Caldas e a sua simpatia pela pintura da natureza brasílica nas *Metamorfoses* de António Dinis da Cruz e Silva. É de notar contudo que, sobrevalorizando a noção de brasilidade, o autor do Résumé assumiu uma óptica europeia e europocêntrica.

No que respeita à temática indianista Denis produziu deformações basilares. O seu modelo de personagem indígena não corresponde ao ameríndio antropológico, derivando, ao contrário, das concepções europeias do bom selvagem e da cavalaria medieval. Da mesma forma, a funcionalidade que atribuiu às figuras indígenas – símbolos do ancestral por excelência – diverge do papel que o ameríndio realmente teve na formação da sociedade brasileira. Acresce ainda que ele propôs a captação do espaço natural do Brasil através dum olhar que privilegia o exótico e o paradisíaco.

De qualquer modo, as restrições que se podem fazer actualmente à obra de Ferdinand Denis não afectam o reconhecimento de que lhe cabe a honra de ser um marco fundamental da teoria, crítica e historiografia literárias do Brasil. Num País que acabava de se tornar independente e carecia de orientação intelectual, a pregação decidida do *Résumé* em prol do abrasileiramento da literatura e a definição precisa das duas temáticas a que seria preciso recorrer – indianismo e paisagem americana – deram repercussão imediata e intensa às ideias de seu autor e ditaram os rumos tanto da produção teórico-crítica quanto da criação literária subsequentes.

Na formação do pensamento literário brasileiro merece também lugar de destaque o *Bosquejo da História da Poesia e Língua Portuguesa*, de Almeida Garrett[4], que constitui em Portugal uma tentativa precoce de abordagem panorâmica da literatura do País, com uma consciência estética nacional. A precedência do *Bosquejo* relativamente a outras obras congéneres portuguesas talvez se explique pelo facto de seu autor estar exilado em França, onde mais cedo se efectivaram os avanços do pensamento literário. Ainda que Garrett tenha negado validade aos trabalhos anteriores de Friederich Bouterwek e Sismonde de Sismondi, e tenha demonstrado maior saber e gosto mais apurado, não se pode questionar que deles herdou métodos e pontos de vista. Ao influxo daqueles dois estrangeiros e ao de Madame de Stäel, atribui Guilhermino César[5] o nacionalismo teórico-crítico do autor de *Viagens na Minha Terra*, a sua teoria do *Romanceiro*, o seu empenho em coligir a poesia popular e ainda algo da inspiração da sua poesia e ficção.

A construção do *Bosquejo* mostra contudo que Almeida Garrett não se enquadra inteiramente nas formas mais típicas da historiografia do período romântico, visto que considera a literatura independentemente dos factores externos que a condicionam. Com efeito, ele constrói, para

---

[4] Publicado inicialmente como introdução do *Parnaso Lusitano ou Poesias Selectas dos Autores Portugueses Antigos e Modernos,* Paris, Aillaud, 1826. Aqui citado através da sua reedição por Teófilo Braga nas *Obras Completas* de Almeida Garrett vol. 21, Lisboa, Livraria Pacheco, 1904, pp. 1-46.

[5] *"Introdução"* in Historiadores e Críticos do Romantismo, vol. 1, *A contribuição européia: crítica e história literária*, Rio de Janeiro/São Paulo, Livros Técnicos e Científicos/EdUSP, 1978, pp. IX-LVII.

a Literatura Portuguesa, uma periodização que não leva em conta os aspectos históricos da evolução literária, apresentando, em sucessão e contraposição, épocas de maior e de menor realização artística, segundo critério que lhe é próprio. Em contrapartida, adopta uma postura claramente romântica no juízo pessoal dos autores. Movido pelo gosto do comentário das obras, Garrett, não se dobra aos ditames da poética clássica, procurando nelas sobretudo a beleza. Nessa busca, observa-lhes os caracteres gerais, o estilo, a correcção métrica, as novidades. Em todo o caso, o facto de o *Bosquejo* secundarizar os vectores históricos, adoptar critérios preferentemente estéticos e manifestar um gosto algo clássico revela que o seu autor ainda se situa perto das formas de recepção literária praticadas no Classicismo, ou melhor, evidencia a sua vinculação a um pensamento romântico mais moderado, à maneira do de Madame de Stael, sua principal inspiradora.

Preso ao fastígio do Renascimento, o poeta do *Camões* apresenta uma visão um tanto pessimista da evolução literária portuguesa e coloca, depois do período áureo em que *Os Lusíadas* foram produzidos, duas fases de decadência, entrecortadas por precária tentativa de restauração. Demonstra todavia alguma esperança no processo renovador que entende estar em curso no momento em que escreve o seu texto. Essa perspectiva da evolução da Literatura Portuguesa denuncia um posicionamento prudente e conciliador, que, não desvalorizando os grandes vultos do passado literário nacional, é simpático às novidades do presente.

Uma das facetas mais modernas das concepções literárias de Garrett – herdada provavelmente dos pré-românticos franceses e de Madame de Stäel – tem a ver com a importância que ele dá à cor local e ao sentimento da natureza. Por outro lado, pode provir dos românticos alemães certa preocupação nacionalista que o faz rejeitar o influxo francês, mas é certamente um resquício árcade a sua aceitação da influência italiana e o seu combate à espanhola.

O *Bosquejo* não dedica atenção muito grande à literatura do Brasil, mas inclui no conjunto da poesia portuguesa algumas produções de uns quantos escritores do período em que o País era uma colónia de Portugal. São eles José Basílio da Gama, Santa Rita Durão, Cláudio Manuel da Costa, Sousa Caldas, o dramaturgo Antônio José da Silva, o Judeu e o portuense Tomás António Gonzaga. Se é de estranhar que este último venha situado ao lado de escritores nascidos no Brasil, o mesmo não ocorre com a inclusão de o Judeu, uma vez que autores portugueses de textos dramáticos são também mencionados, o que revela ser alargado o critério garretiano de poesia.

O diminuto elenco de autores brasileiros no *Bosquejo* resulta, sem dúvida, de um conjunto de factores. O primeiro talvez advenha do facto de Garrett não conhecer parcela importante da produção literária brasileira (ou de alguma forma ligada ao País), se bem que a sua família mais próxima tenha tido estreitas ligações com o Brasil e que diversos brasileiros tenham sido seus colegas na Universidade de Coimbra. Mas o que causa ainda mais estranheza é que o autor do Bosquejo mantinha, na altura em que o escreveu, estreita convivência com intelectuais brasileiros como ele residentes em Paris, entre os quais ressalta Manuel de Araújo Porto Alegre, que, certamente, muito lhe teria falado a respeito da sua pátria.

No entanto, cabe observar que o *Bosquejo* é uma selecção de autores e obras, que podendo não ser sempre os melhores, são pelo menos os mais famosos e/ou representativos do seu tempo, situação essa de que não gozavam certamente os escritores da Colónia brasileira. Daí que os brasileiros mencionados sejam na maior parte árcades mineiros que, além de estarem temporalmente mais perto e de terem muitas das suas obras publicadas em Portugal – estando, consequentemente, sua lembrança mais presente no espaço cultural português – eram, por outro lado, algumas das melhores vozes da poesia setecentista de Língua Portuguesa. Com certeza, esta última é a razão determinante da sua inclusão no panorama delineado por Garrett. Tal parecer é apoiado pela afirmação garrettiana de que a Literatura Portuguesa começava a "avultar e enriquecer-se com as producções dos engenhos brasileiros" (*op. cit.*, p. 29).

Ao jovem poeta, exilado em Paris, parecia que a Literatura Portuguesa, em decadência desde o século XVII (*Idade do Ferro*), teria ganho um novo fôlego no século XVIII com os escritores brasileiros, nos quais encontra, contudo, um grave defeito: a falta de originalidade. Fundado em concepções pré-românticas ou românticas, ele relaciona originalidade, nacionalidade e cor local. Por conseguinte, lamenta a ausência, nos escritores brasílicos, de marcas mais profundas do meio natal, sobretudo da natureza americana, com que haveriam de revelar "mais originalidade, mais differentes imagens, expressões e estylo, do que n'elles apparece" (*id. ib.*). Atribui, por sua vez, o apagamento do espírito nacional à educação europeia que eles recebiam. Exigindo dos escritores brasileiros, tal como dos portugueses, uma manifestação mais profunda de sentimento nacional, Garrett condena nos segundos a imitação francesa ou espanhola e nos primeiros qualquer espécie de imitação europeia, responsabilizando tal imitação pela "affectação e impropriedade que dá quebra em suas melhores qualidades" (*id. ib.*).

Houve, portanto, no primeiro romântico português, não só uma aceitação, mas uma exigência de brasilidade nas produções literárias do Brasil, o que não ocorre nos textos de alguns de seus sucessores mais próximos – exceptuado Alexandre Herculano –, que adoptaram, em relação a elas, uma atitude bastante depreciativa, condenando o que entendiam por abusos da cor local e principalmente os brasileirismos linguísticos.

Se foi difícil aos historiadores e críticos portugueses aceitarem que os escritores brasileiros se desvinculassem da literatura-matriz e manipulassem a seu modo a língua que haviam herdado, não chegaram nunca a abrir mão dos autores que nos séculos XVI, XVII e XVIII estavam ligados ao Brasil por circunstâncias biográficas ou por certas componentes textuais. Essa é também a postura de Almeida Garrett que não encara a produção literária do Brasil como um universo autónomo, mas sim como parte integrante do conjunto amplo da Literatura de Língua Portuguesa. Assim sendo, ele valoriza o que chamou "nacional" como expressão da cor local e não como fez Ferdinand Denis como signo distintivo de uma literatura peculiar.

O pensamento literário expresso no *Bosquejo* concilia, portanto, as exigências de originalidade e sentimento nacional com uma concepção linguística que separa as literaturas segundo os idiomas em que estão escritas e não segundo as nações a que correspondem. Este critério linguístico que implica a compreensão da existência de uma só Literatura nos dois países de Língua Portuguesa não impede a condenação, nos escritores brasileiros, de qualquer espécie de imitação europeia.

No entanto, o facto de o iniciador do Romantismo português atentar em alguns autores brasileiros, manifestando, embora em poucas linhas, certa simpatia pelas suas obras e de chamar a atenção para a necessidade de os escritores do Brasil serem originais, privilegiando a paisagem e os temas locais, teve grande importância na constituição do pensamento literário do Romantismo brasileiro, que desenvolveu muitos dos seus pontos de vista. A influência de Garrett sobre os primeiros românticos brasileiros, em particular sobre Gonçalves de Magalhães e Araújo Porto-Alegre, decorre também dos contactos pessoais que tiveram no tempo em que os três conviveram em Paris. Além do *Bosquejo*, chamou a atenção do grupo brasileiro o próprio Parnaso Lusitano, a que o texto do escritor português servia de introdução. Por ele inspirados organizaram antologias similares da Literatura Brasileira e, num evidente desejo de emulação, chegaram até a adoptar com a necessária adaptação o mesmo título.

A publicação, em Paris – o que não é irrelevante, pois evidencia a forte ascendência do espaço cultural francês na teoria e criação literárias de Portugal e do Brasil no século XIX – e no mesmo ano, do *Résumé de l'Histoire Littéraire du Brésil* e do *Bosquejo da História da Poesia e Língua Portuguesa* levou alguns estudiosos a questionarem a ordem da sua aparição e a examinarem a possibilidade do influxo de uma sobre a outra. Enquanto Fidelino de Figueiredo[6] considera o facto de Almeida Garrett não citar o livro do escritor francês, indicativo de que não o conhecia, Wilson Martins[7] afirma que ele não o menciona exactamente por lhe dever mais do que a qualquer outro e que são facilmente perceptíveis no seu texto "os decalques de Ferdinand Denis" (*op. cit.*, p. 90).

Ainda que não se aceite inteiramente esse parecer, é de notar que, para além de semelhanças de fundo, resultantes em parte da postura romântica dos dois historiadores, o *Bosquejo* e o *Résumé* cometem o mesmo erro na datação do *Caramuru* e de *O Uraguai*. Denis engana-se ao apontar o texto de Santa Rita Durão como "o primeiro poema épico no Brasil detentor de algum renome" (*op. cit.*, p. 47), tal como Garrett, declarando que "muito havia que a tuba épica estava entre nós silenciosa quando Fr. José Durão a embocou para contar as romanescas aventuras de Caramuru" (*op. cit.*, p. 29).

É de considerar também que, apesar de não haver provas da precedência da publicação do *Résumé*, as ideias de Denis já deveriam circular no meio parisiense que Garrett frequentava, pois já estavam, em parte, expressas em obras anteriores do autor, entre as quais se contam: *Le Brésil ou Histoire, Moeurs, Usages et Coutumes des Habitants de ce Royaume* (1821), *Résumé de l'Histoire du Brésil*, suivi du *Résumé de l'Histoire de la Guyane* (1825), *Scènes de la Nature sous les Tropiques et de leur Influence sur la Poésie*, suivies de *Camões et Jozé Indio* (1824).

Presas às concepções fundamentais do movimento romântico europeu, as bases do pensamento de Ferdinand Denis e de Almeida Garrett diferem profundamente nas questões que mais nos interessam. Se bem que os autores do Bosquejo e do Résumé pretendam que os escritores brasileiros busquem sua originalidade nos motivos locais, Denis é o único a admitir a independência da Literatura Brasileira. Além disso, Garrett limita-se a preconizar cor e assuntos locais, ao passo que o escritor francês

---

[6] *História da Crítica Literária em Portugal*, 1916.
[7] *A Crítica Literária no Brasil*, vol. I, Rio de Janeiro, Francisco Alves, 1983.

se alarga na enumeração dos múltiplos traços da natureza brasílica a serem descritos, bem como na explicação das diversas fases da história local a serem exploradas, valorizando sobretudo o universo vivencial do nativo e os primeiros tempos da colonização, considerados, respectivamente, a Idade Mítica e a Era Medieval da América.

Como bem sublinha Antonio Candido[8], as afirmações de Ferdinand Denis a respeito da capacidade poética do índio e do influxo do meio local na criação artística deram origem à duradoura concepção da influência dos fatores mesológicos e raciais na literatura brasileira, bem como a sua impressão da magnificência e estranheza do universo tropical, ao exotismo e visão de fora até hoje persistentes nessa literatura. O insigne autor da Formação da Literatura Brasileira observa ainda que o maior mérito de Denis consiste em ter indicado e legitimado a possibilidade de existência de uma literatura nacional (*op. cit.*, p. 323), traçando uma linha que, indo de Bento Teixeira Pinto a Borges de Barros, Aires do Casal, Azeredo Coutinho, já no período colonial foi estabelecendo a tradição de uma literatura autónoma.

Quando os brasileiros se puseram a construir a sua história literária, buscaram demonstrar não apenas a autonomia e nacionalidade da literatura do presente, mas ainda a existência de uma tradição literária nacional gerada desde o início dos tempos coloniais. Favorecidos quer pela necessidade de afirmação do Estado brasileiro, quer pelo interesse generalizado pelas peculiaridades das literaturas nacionais e pelos estudos históricos e comparativistas, eles lançaram manifestos e teorias em defesa da independência da sua literatura e procuraram localizar e louvar no passado colonial (e até no pré-colonial), obras e autores com que lhe formar a tradição. Com isto foram progressivamente se apossando de todos os textos relacionados com o Brasil, até à *Carta* de Pero Vaz de Caminha ou, noutro rumo, até às primitivas expressões poéticas dos nativos. Essa tomada de posse era justificada pela idéia de mestiçagem étnica e cultural e pela influência do meio brasileiro sobre os homens que o habitam. Os autores mais valorizados foram os árcades mineiros, cujas vidas se consideravam ligadas aos movimentos autonômicos do século XVIII ou cujas obras pareciam revelar sinais de brasilidade.

Dado que o objetivo fundamental da teoria romântica – base dos juízos críticos e da visão histórica da época – foi a definição de

---

[8] *Formação da Literatura Brasileira*, vol. II, 2.ª ed. rev., São Paulo, Martins, 1964.

brasilidade e, em função dela, do caráter que a literatura deveria ter para tornar-se verdadeiramente nacional, o critério primeiro, senão único, para a valorização de um autor e para sua anexação à literatura do Brasil era a sua nacionalidade/brasilidade, o que, para a maioria dos pensadores, ocorria quando a obra apresentava uma das componentes requeridas por Denis e Garrett.

Embora a literatura estivesse desde os tempos coloniais a ser produzida no Brasil, a Historiografia Literária Brasileira surgiu apenas depois da Proclamação da Independência do País. Entretanto, como refere Benedito Nunes, essa historiografia – em sua função fundadora de escrita da História – irá outorgar à literatura do Período Colonial uma existência de direito oposta à existência de facto que tinha até então. Muitos estudiosos têm observado também que a intelectualidade brasileira do período subsequente à Independência, vivenciando uma relação afectiva complexa com a ex-Metrópole (lusofilia e lusofobia), manifestou de imediato uma viva predisposição para a escrita de uma história literária nacional e se esforçou por apresentar o passado como um longo e contínuo processo de constituição da nacionalidade. Nesse caminho, como se procurou demonstrar, serviram de guias Almeida Garrett e, principalmente, Ferdinand Denis.

CIRCUNSTÂNCIAS HISTÓRICAS E HISTÓRIA DOS MANUSCRITOS DAS CARTAS DE GARRETT À VISCONDESSA DA LUZ. AS EDIÇÕES IMPRESSAS.

SÉRGIO NAZAR DAVID
Universidade do Estado do Rio de Janeiro

É por volta de 1845 que Garrett conhece Rosa Montufar Infante, mulher do oficial do exército Joaquim António Velez Barreiros, que fizera parte da expedição liberal de D. Pedro IV, ao lado de Garrett, em 1832. Gomes de Amorim via-a na Éster d' *O Arco de Sant'Ana*. Em *Memórias biográficas*, transcreve a passagem do segundo volume do romance de Garrett: "E ela era bela, de uma beleza toda judaica, toda árabe. A figura alta e esbelta, as formas severas, sem moleza nenhuma nos contornos, o rosto oval, a tez morena, os olhos negros, faiscantes, a testa breve, mas perfeitamente desenhada, os sobrolhos um tanto juntos, o cabelo longo, preto, fino – fino de uma fartura e formosura surpreendente." E completa: "As velaturas são tão leves, tão transparentes as tintas, que por baixo delas se vê o retrato verdadeiro." Ocultando-lhe o verdadeiro nome, Gomes de Amorim refere-se neste passo a Rosa como "a mulher que já agora terá de passar à posteridade, nem sempre envolta no véu de mistério com que [ele, Gomes de Amorim] cautelosamente a [vela]".

Vejamos uma vez mais o comentário de Gomes de Amorim, de 1884, ao volume *Flores sem fruto* (1845):

> Entre as peças mais belas desta coleção, cabe o primeiro logar à *Vitória da Vila da Praia*. Penso que a que se intitula *As minhas asas* se gerou sob a influência daquele deus desconhecido (*Ignoto Deo*), que inspirou as *Folhas caídas*. Pelo menos, nasceu no período em que essa influência funesta começou a acentuar-se.

Teófilo Braga, no longo estudo "Garrett e sua obra", que integra o volume XXVIII da *Obras Completas* de Garrett (1905) detém-se no baile por subscrição, dado em 29 de Março de 1845, na casa dos senhores Pinto Basto, no antigo largo das Duas Igrejas, que hoje faz parte da rua Garrett, para recolher fundos em favor dos perseguidos pela ditadura cabralista. Convidou-se a cantora Rossi-Caccia, do teatro São Carlos. Para saudá-la, Garrett compôs *Os exilados – À senhora cantora Rossi--Caccia*, lido na festa. Foi este poema publicado, sem indicação de autoria, no dia 31 de Março no jornal setembrista, de oposição, *A Revolução de Setembro*, e n' *O Patriota* de 1 de Abril, passando a fazer parte de *Folhas Caídas* a partir da 2.ª edição, com leves variantes em relação à versão original. É do texto de Teófilo Braga:

> Nesse baile encontrou a mulher deslumbrante, que primava pela sua beleza sedutora na alta sociedade lisbonense; falaram das relações dos Clubs revolucionários espanhóis com a oposição portuguesa, e como em Madri eram tratados com simpatia os emigrados a favor de quem se dava o baile. Entenderam-se no mesmo interesse político, compreenderam-se, e Garrett, que exercia um enorme poder de atracção pelo seu génio, pela palavra dominante, ele é que foi o seduzido, o deslumbrado por essa luz.

Há também em *Viagens na minha terra*, no capítulo XI, publicado em 4 de Setembro de 1845, na *Revista Universal Lisbonense*, uma passagem que ganha importância, se crermos no testemunho de Gomes de Amorim (de todos os que escreveram sobre o tema, aquele que esteve mais próximo dos acontecimentos), que situa o início do romance já nos meses que antecederam à publicação de *Flores sem fruto* (1845). Vamos a ela. Após referir-se à filha que lhe ficara e ao período de luto subseqüente à morte de Adelaide Pastor, em 26 de Julho de 1841 – "já não tenho que amar neste mundo senão uma saudade e uma esperança" –, escreve o Autor de *Viagens na minha terra*:

> (...) faz hoje um mês, em tal dia como hoje, dia para sempre assinalado na minha vida, me aparecesse uma visão, uma visão, celeste que me surpreendeu a alma por um modo novo e estranho, e do qual não podia dizer decerto como a rainha Dido à mana Anica 'Reconheço o queimar da chama antiga,' / '*Agnosco veteris vestigia flammae;*' posto que a visão passou e desapareceu... mas deixou gravada na alma a certeza de que... Posto que seja assim tudo isto, a confidência não passará daqui, minhas senhoras (...)

Atenção: não pode dizer como a rainha Dido, porque a visão passou e desapareceu. Portanto, tal passagem, que vai ao encontro do testemunho de Gomes de Amorim, também não desmente a carta VIII de Garrett a Rosa, onde este confessa tê-la visto pela primeira vez com os olhos da alma em 2 de Janeiro de 1846: "Tu falas em 5.ª feira que é daqui a 8 dias. E não quererás que nos vejamos no sábado que são <u>dous</u> de Janeiro – aniversário do dia que primeiro te vi com os olhos d'alma?"

Através de correlações biográficas bastante possíveis, reforçamos um nexo intrínseco, no que diz respeito sobretudo à temática do amor, existente entre *Flores sem fruto* (1845), *Viagens na minha terra* (1843--1845-1846) e a correspondência de Garrett com Rosa Montufar (1846--1854). Destes laços não está excluído *Frei Luís de Sousa* (1843). Tal correlação pode ser atestada no modo pelo qual Garrett se dirige a Rosa ("esposa da minha alma") e no modo pelo qual Madalena se dirige a Manuel de Sousa Coutinho ("marido de minha alma"). Rosa não era esposa. Manuel de Sousa Coutinho deixaria de ser marido, quando D. João de Portugal (o primeiro marido supostamente morto) retorna. A expressão "de minha alma" vem tentar contornar uma interdição social mas também uma interdição interior.

Estamos diante de algumas ligações muito possíveis, como estas que ora apontamos: o testemunho de Gomes de Amorim (a respeito da gênese do poema *As minhas asas*), com o capítulo XI de *Viagens* e a carta VIII de Garrett à Viscondessa da Luz. Temos também indícios provavelmente inverossímeis, mas não de todo improváveis. Um deles é o fato aludido por Teófilo Braga, do primeiro encontro entre Garrett e Rosa no baile de subscrição. Tal encontro não está referido em qualquer dos escritos sobre a matéria que datam do século XIX: não está em Gomes de Amorim (*Memórias biográficas*, 1881-4), nem em Bulhão Pato (*Memórias*, tomo I, 1894) e nem mesmo em Xavier da Cunha (*As cartas amorosas de Garrett*, 1899). Segundo argumento desfavorável a Teófilo Braga: é muito pouco provável que, num baile para angariar fundos para auxílio às vítimas do cabralismo, estivem presentes o Barão de Nossa Senhora da Luz e sua esposa. O barão estava identificado publicamente com os Cabrais, era fiel ao duque de Saldanha (que neste momento ainda estava ao lado da rainha D. Maria II e de Costa Cabral), a quem devia inclusive o título de nobreza que obtivera. Bulhão Pato narra, em suas *Memórias*, episódio que comprova a ligação do barão com o cabralismo, quando este teve, numa das ruas próximas ao Marrare (café onde se reuniam os conspiradores anticabralistas), sua passagem obstada por jovens que gritavam "Abaixo os Cabrais!" Por último, é bom não esquecer que Teófilo Braga, em *Garrett e os dramas românticos* (1905), afirma que as cartas de Garrett são apócrifas e que o autor da falsificação fora Mendes Leal. E afirma sem qualquer embasamento. Tanto isso é verdade que, quando Júlio Brandão publica *Garrett e as cartas de amor* (1913), Teófilo Braga escreve-lhe em seguida explicando-se. Considerara apócrifas as cartas, diz-lhe, sem ter tido a oportunidade de averiguar-lhes o teor, bem assim a caligrafia de Garrett. Considerara Mendes Leal o autor da baixeza simplesmente porque tivera notícia de uma outra falsificação de um escrito de Aires Barbosa, que Felner atribuíra a Mendes Leal. E conclui, referindo-se a Mendes Leal: "Estava com a mão na massa." Se a carta de Teófilo tem certa grandeza ao reconhecer o erro, por outro lado tal reconhecimento traz um selo de leviandade. Fica a pergunta: se vem de Teófilo a associação do baile de 29 de março de 1845 com a circunstância do início dos amores entre Garrett e Rosa, pode tal testemunho, desprovido de referências a qualquer fonte primária, ser considerado válido? Talvez não. Estamos diante de uma hipótese remota. Este pormenor vale, entretanto, ao ser refutado, pelo que pode revelar das relações entre Garrett e Rosa em conexão com os acontecimentos políticos da época.

Rosa Montufar Barreiros era andaluza, de Cádiz, nascida em 1819, filha dos marqueses de Selva Alegre e mulher do oficial do exército Joaquim António Velez Barreiros. Este fez parte da expedição liberal que, vinda da ilha Terceira (Açores), desembarcou no Mindelo. Homem de confiança do duque de Saldanha e extremamente leal à rainha D. Maria II, recebeu o título de Barão de Nossa Senhora da Luz em 23 de Janeiro de 1847, por decreto de D. Maria II, e o de Visconde em 16 de Junho de 1854, por decreto do regente D. Fernando. Ocupou por mais de uma vez cargos ministeriais. Conheceu Rosa Montufar durante uma missão militar portuguesa enviada à Espanha, chefiada pelo Barão das Antas, com o intento de auxiliar lá também à vitória do regime constitucional. É do diário de Joaquim António, editado pelo seu filho Eduardo Montufar Barreiros, em *Os papéis de meu pai* (1904): "Por portaria de 17 de Novembro de 1834 fui nomeado para marchar para Espanha (...)" E mais à frente: "No dia 6 de Agosto de 1837, pelas 8 – da tarde, na cidade de Madri, na calle de Atocha, 63, casei-me com D. Rosa Montufar, filha de D. Joaquim Montufar e de D. Dolores Infante Montufar, marqueses de Selva Alegre. Vim viver para a calle de Barquillo, n.º 5."

O filho da Viscondessa transcreve um trecho de *Mis memorias intimas* (Madrid, 1888, tomo 2.º, p. 174), do Tenente-General D. Fernando Fernandez de Córdova, marquês de Mendigorria:

> Também conheci naqueles salões (dos condes de Puñonrostro) à senhora de Montufar, depois marquesa de Selva Alegre, a mais formosa mulher de sua época, como se sabe. Ali assistia quase diariamente com sua filha Rosa, que ali conheceu ao coronel português Barreiros, com quem depois casou, e do qual eu era amigo desde a guerra. Poucos oficiais houve mais valentes nas ações, mas poucos também mais tímidos frente a esplêndida beleza da Montufar, que devia não obstante contribuir depois tanto à felicidade de sua vida.

É Gomes de Amorim quem faz referência, pela primeira vez, em 1884 (Memórias biográficas, tomo III), às cartas de amor de Garrett, detendo-se na correspondência com a Viscondessa da Luz. Segundo Amorim, logo após a morte de Garrett, em 9 de Dezembro de 1854, na casa que ficava na antiga rua de Santa Isabel, 56 (atual rua Saraiva de Carvalho, 68), em Lisboa, freguesia de Santa Isabel, reuniram-se ele, Gomes de Amorim, D. Pedro Pimentel de Brito do Rio (esposo da amiga de Garrett, D. Maria Kruz, e testamenteiro do poeta) e Manuel José Gonçalves (amigo de todos). Acenderam o fogão da livraria e deram início aos trabalhos. Havia muitas cartas de amor. Diz Gomes de Amorim, em Memórias biográficas:

> Dobrávamos e amassávamos as dos homens, que nos pareciam de importância e interesse; todas as de família; e queimávamos, sem discussão, e até sem mutuamente nos consultarmos, as das mulheres. De uma única destruímos mais de cem! Que de expressões ternas, que de protestos ardentes e apaixonados, que de pérfidas mentiras ali consumiu, silenciosamente, a chama plácida e serena do fogão, defronte da cama onde penou e morreu o homem que inspirara! Eu sabia que existiam mais cartas daquelas, numa espécie de mala inglesa, arca santa, em que nunca até aquele dia ousei tocar, porque o poeta guardava nela as suas memórias mais íntimas. Fui buscar o cofre misterioso, que estava na alcova; e abrimo-lo com as devidas solenidades. Achamos dentro mais provas de que a alma do imortal se prendia à terra pelos mesmos processos que as nossas: um retrato, madeixas de cabelo, flores secas... Que o leitor pense, antes de abrir os lábios ao riso aristofânico ou mefistofélico da zombaria, se não foi já, ou se não é ainda susceptível de se interessar por essas relíquias, filhas de sentimentos que têm o que quer que seja de religioso, em que viceja a

eterna juventude do coração humano. É certo que os três juízes sorriram, registrando aquelas coisas; como quem aprovava e queria dizer, talvez desvanecendo-se: "também temos... ou tivemos!"

Além dessas e outras lembranças similhantes, que todas teriam tido, provavelmente, bem interessante história, continha o cofre mais de trezentas cartas, irmãs das cento e tantas que já havíamos queimado[1]! Após o natural espanto, que causara aos meus dois amigos a enorme correspondência, dispunham-se eles a lançá-la no fogão, quando eu os detive, aconselhando que a restituíssemos a sua dona. Apoiado o alvitre, decidiu-se que D. Pedro mandasse fazer a entrega por meio de uma senhora, amiga da correspondente.[2]

Confesso que me deixei vencer pela curiosidade, e que li, para mim só, muitas dessas missivas, na presença dos meus colegas juízes, sem me preocupar com a opinião deles. Em vida de Garrett, não lera nenhuma. Sabia-lhe da paixão ardente e cega, fora testemunha dos seus despeitos, quando o ciúme lhe arrancava protestos de fingido desdém, ironias cortantes como navalhas de barba, frases similhantes às que lhe ouviu um dia Francisco Palha, indo com ele de carruagem por baixo de certas janelas... Todavia, nunca em sua vida ousaria, por nenhum motivo, devassar os mistérios daquela correspondência. Depois dele morto, e tornado confidente involuntário da mulher amada, entendi que podia, na minha qualidade de biógrafo, analisar tais documentos. Precisava estudá-los como crítico consciencioso e como juiz severo. Isso fiz. As cartas revelavam inteligência cultivada, e acima do vulgar. Algumas tinham o que afrancesadamente se chama espírito. Começavam todas por esta formula banal: "meu querido amigo". Outras faziam retórica, substituindo com flores murchas e sem perfume as expressões ingênuas do amor verdadeiro. Parece incrível que aos olhos do amante (e que amante!) aquilo passasse por bom oiro de lei! Bem certo é que o coração apaixonado, seja ele o do maior sábio, o do mais sublime poeta, engole tolices e mentiras do tamanho das montanhas!

À parte a exageração dos protestos, continham esses papéis venenosos elementos para perder os próprios santos – que fossem susceptíveis de tentações, porque essa mulher era bela, mais bela talvez do que Lúcifer no momento da queda. Garrett foi vencido, seduzido, fascinado pelo poder da beleza inteligente e instruída, que é invencível sempre que se propõe a dominar o génio dos homens, quebrar-lhes o orgulho, escravizá-los, manchar-lhes a glória e a fama. Mulheres como aquela, anjos e demónios a um tempo, quando a vaidade lhes toma posse das almas, é força que triunfem; e triunfarão, fatalmente, ainda que cuidem arrastar consigo na queda o universo inteiro!

---

[1] Em itálico na edição de *Memórias biográficas*.
[2] Nota de Gomes de Amorim: "Entregadora e recebedora são já falecidas.

Em seguida, Gomes de Amorim relata seus esforços para obter as cartas de Garrett a Rosa Montufar, sempre, entretanto, mantendo a discrição que o fazia referir-se à destinatária como "a senhora".

Diligenciei obter as cartas de Garrett, que atestavam a sua fraqueza – é certo –; mas que o justificavam; porque, como nos seus versos, aí transparecia o delírio, que levava na revolta vaga esse alcíon perdido. Escrevi à senhora a quem tinha mandado entregar o cofre da retórica amorosa, para que se dignasse alcançá-las. Respondeu-me que na sua presença tinham sido queimadas. Esta notícia consternou-me. Eu queria poder perdoar, em nome de Jesus, e do homem que tanto a amara, à transviada pecadora; e contava para isso com as disposições em que a leitura dessas cartas me deixaria o ânimo. A admiração e o entusiasmo favorecem as intenções generosas. Destruídas as provas, a irritabilidade sugeriu-me estas reflexões um tanto paradoxais.

Acaso a mulher, que tivesse amado realmente homem tão grande, ousaria aniquilar documentos, que, embora a acusassem, a tornariam imortal? Desde que o destino se apossara dela, para musa de tamanho poeta, não lhe seria permitido expor-se, vangloriosa, diante dos séculos, não com a cínica impudência da bacante, mas como a estátua da beleza antiga, que, apesar de nua, é casta e pudica? Se dizemos a Laura de Petrarca, a Beatriz de Dante, a Fornarina de Rafael, não é porque as amadas por esses génios privilegiados perderam a qualidade de pessoas de família, adquirindo a de divindades inspiradoras do belo, do mesmo modo que os génios sobre quem elas dominam deixam de ser património exclusivo da terra em que nasceram, e pertencem em comum à humanidade?

Peço perdão ao leitor, pela abstrusa teoria em que me enredei, pensando no atentado que nos roubou aquelas cartas, obras-primas de sentimento, fotografia do coração que jamais pulsou em peito de poeta das Espanhas, depois que morreu o cantor de Natércia. Ah! se essa mulher o tivesse amado, ao menos com metade da admiração que ele inspirava aos invejosos, não se privaria a si e ao mundo dos testemunhos da paixão que inspirara! Julgou ela porventura que queimando as cartas extinguia a memória do facto que as produzira? Oh! não; homens como Garrett vivem dentro de círculos luminosos: ninguém lhes toca os corações, sem ser visto de longe. A posteridade, adindo a herança de um dos mais apaixonados livros que se tem escrito, poderia talvez perdoar a falta de quem o inspirou... mas não perdoará nunca a destruição das preciosas missivas, que eram a história desse livro[3].

---

[3] Nota de Gomes de Amorim: "Se foram destruídas, que eu duvido ainda. E duvidarão comigo todos os que tiverem ouvido afirmar que a musa do sublime cantor se

Gomes de Amorim em momento algum revela a identidade da correspondente de Garrett.

Em 1899, o nome da Viscondessa (Rosa Montufar) ainda não aparecerá no folheto de Xavier da Cunha *As cartas amorosas de Garrett*. Xavier da Cunha sabe quem era a suposta inspiradora de *Folhas Caídas*. Mas decide não revelar o nome, "por ser casada". A diferença que se opera agora, passados quinze anos da publicação de *Memórias biográficas*, de Gomes de Amorim, é que Xavier da Cunha, lembrando que este não acreditava que tivessem sido destruídas as cartas de Garrett em sua totalidade, assevera que Amorim estava certo, e que as cartas tinham escapado, se não todas, pelo menos uma parte do conjunto de mais de trezentas que Amorim supõe terem sido escritas por Garrett. Os manuscritos, segundo Xavier da Cunha, se encontravam na livraria particular de José do Canto, opulento proprietário açoriano, introdutor de inúmeras espécies botânicas na ilha de São Miguel, dono de uma das mais importantes e vastas bibliotecas camonianas, falecido, aos 78 anos, em 1898.

Na obra *Garrett e os dramas românticos* (de 1905), também Teófilo Braga dedica muitas páginas às *Folhas Caídas* e à sua inspiradora. Permanecem as reservas e o pudor, que o impelia a ocultar ainda aqui o nome da Viscondessa. Nesta obra, entretanto, Teófilo Braga lança, conforme apontamos, dúvida sobre a veracidade dos manuscritos. Já que a afirmação de Xavier da Cunha vinha sem provas, era a palavra deste contra a de Teófilo Braga.

Por essa época Júlio Brandão escreveu a Bulhão Pato indagando ao poeta sobre o paradeiro das cartas de Garrett e assegurando que, diante da informação, guardaria "a mais absoluta reserva". É do texto de 24 de Janeiro (provavelmente anterior a 1912, ano em que Bulhão Pato morre):

> O caso que me interessa é o das *Cartas* de Garrett à Viscondessa da Luz. Não concordo que elas fossem queimadas, como facilmente aceita Teófilo Braga – e que parece não aceitar Gomes de Amorim. Creio que um modesto psicólogo (lá vai o palavrão, de que sei não gosta muito) não admitirá que a heroína de *Folhas caídas* queimasse aquelas cartas.

---

orgulhava tanto de lhe terem sido dirigidas essas epístolas, que as mandava mostrar a outra ilustre dama de Madri, querida de um escritor célebre do reino vizinho, recebendo em troca amostras das daquele. Assim se comprazim em comparar os estilos e a maneira de "amar por cartas" de dois grandes homens! E quem fazia isto, por amor da arte, não queimaria as cartas de Garrett..."

Sei também que é um caso delicado, que não convém agitar por enquanto, e em que eu não mexerei, sendo vivo, como é o filho de Rosa Montufar; mas convém saber onde param materiais por um futuro estudo – aliás, neste país, onde tudo que é belo parece interessar pouco, lá irão dispersos... O meu grande Poeta, mais que ninguém, me pode elucidar.[4]

Em 1913, na 1.ª edição do folheto *Garrett e as Cartas de Amor*, Júlio Brandão mantém o silêncio em relação ao nome da suposta inspiradora das *Folhas caídas*. Mas no aditamento à 2.ª edição, publicado em 1926, lança mão de uma estratégia muito curiosa: publica uma carta de Teófilo Braga reconhecendo o erro em que incorrera, publica uma das poucas cartas em que Garrett se dirige à sua correspondente pelo nome "Rosa" e não pela inicial R., e encerra o volume com um fac--símile da referida carta.

Explico-me melhor. No início da carta de Garrett, a primeira que vem a público, lê-se: "Sabes tu, minha Rosa (...)" E num passo próximo do final: "oh minha Rosa, sempre te amo muito." A carta de Teófilo Braga (de 8 de Novembro de 1913), que Júlio Brandão anexa neste aditamento de 1926, termina assim:

> É certo que ainda vive o filho da Musa das "Folhas Caídas", o conselheiro Montufar Barreiros, e talvez por melindres pessoais se conservem as Cartas sob reserva. A família da inspiradora de Wagner consentiu na publicação das Cartas a Matilde Wesendonk. O seu livro veio acordar o interesse público.

Está visto que, sem que precisasse fazer uma afirmação direta, com a composição das duas cartas, está revelado o nome de Rosa Montufar Barreiros. E por que Júlio Brandão o faz agora, e o faz deste modo? O faz agora porque o filho da Viscondessa, que em 1913 ainda vivia, falecera em 1914, aos 75 anos. Estaria assim eliminado parcialmente o constrangimento. Sim, parcialmente. E é por isso, é porque certamente ainda paira algum temor em relação ao ato que se está praticando, que é com a carta de Teófilo Braga, também já falecido em 1924, que a revelação é feita em 1926. No acervo de Teófilo Braga da Biblioteca Pública e Arquivo Regional de Ponta Delgada, se encontra arquivada com a cota T.B. 2277, a resposta de Júlio Brandão, datada de 12 de Novembro (certamente de 1913). Nesta carta de Júlio Brandão a Teófilo Braga, con-

---

[4] Esta carta integra o acervo da sala Ferreira Lima, em Coimbra.

firma-se o que vimos afirmando: "Escrevi realmente o opúsculo com vivo contentamento, por se tratar do grande Garrett; teremos, quando os herdeiros de José do Canto quiserem (talvez depois do falecimento do filho da Viscondessa) um volume admirável de paixão."

Xavier da Cunha estava certo. E as provas disso vieram a público em 1926, com o aditamento de Júlio Brandão à edição de *Garrett e as cartas de amor*, conforme mostramos. Ferreira Lima esclarece, em 1939, em *Garrett na Espanha*: "(...) existem ainda, em Ponta Delgada, 22 dessas cartas, conforme revelou, em primeiro lugar, o Dr. Xavier da Cunha e, depois, o Sr. Júlio Brandão."

Em carta de 2 de Outubro de 1934, vemos entrar em cena José Bruno Carreiro, que, escrevendo a Ferreira Lima, diz ter lido em suas pesquisas sobre Antero de Quental, em Famalicão, um artigo sobre o tema. Refere-se também à cópia de uma das cartas, publicada por Júlio Brandão. Carreiro sabe que a coleção está na ilha de São Miguel e que pertence aos herdeiros de José do Canto. Estes "têm-nas conservado reservadas por considerações pelos descendentes da Viscondessa". E completa:

> No caso de nenhum filho já ser vivo e de não haver mais descendentes, ou de estes serem pessoas desconhecidas, talvez se fosse conseguir que as cartas venham à luz. Se V. Exª me puder dar alguma informação sobre isto, muito lha agradecerei. Assim poderíamos fazer aparecerem inéditos garreteanos, que já devem ser raros. Pessoa que já leu as cartas diz-me que não são prosa – são fogo![5]

Em 17 de Janeiro de 1935, nova carta de José Bruno Carreiro ao grande garrettista Ferreira Lima dá-nos a dimensão exata do longo caminho ainda a ser percorrido até a publicação do conjunto das vinte e duas cartas, que só viria a ocorrer em 1954, no centenário da morte de Garrett:

> Venho agradecer a V. Ex. a sua muito estimada carta de 9 de Dezembro, recebida pela última mala, com a informação de que a sobrinha da Viscondessa da Luz não autorizou a publicação das cartas de Garrett. É uma grande pena, porque está ali um monumento literário de altíssimo valor. Os donos actuais das cartas não irão certamente contra os sentimentos dessa senhora. Mas o mundo dá muita volta – e às vezes rapidamente. Quando morrer a última usufrutuária (que tem hoje 80 anos) da livraria de

---

[5] Acervo da sala Ferreira Lima (Coimbra).

José do Canto, de que faz parte a colecção das cartas, essa livraria será certamente vendida – e quem adquirir as cartas (regulados os direitos de propriedade literária que tenham os herdeiros de Garrett) poderá publicá--las sem dizer a quem foram dirigidas, o que em nada prejudicará o seu interesse. E nessa altura nenhum parente terá que negar consentimentos..."[6]

Em 3 de Agosto de 1939, em mais uma carta a Ferreira Lima, José Bruno Carreiro dá-lhe "a boa nova de que está menos longe (...) o dia em que poderá ser consultada a correspondência do Garrett com a Viscondessa da Luz". O espólio literário ficou sendo propriedade de todos os herdeiros e tudo indicava que seria vendido à Junta Geral dos Açores, para ser incorporado ao acervo da Biblioteca Pública de Ponta Delgada. No acervo de José do Canto, completa Carreiro, há um exemplar duma das edições de 1572 d'*Os Lusíadas*, exemplar este que pertencera a Gomes de Amorim, "sendo por isso provável que lhe tenha vindo do Garrett"[7]. Talvez esteja aqui uma das hipóteses que explicaria como José do Canto adquiriu os manuscritos de Garrett.

Em 2 de Fevereiro de 1943, a venda do espólio ainda não se efetivara. Carreiro dá notícias a Ferreira Lima: "O que tenho sempre em vista é a colecção de cartas existente na livraria do José do Canto e terei o meu Amigo sempre informado das suas vicissitudes. Ainda se ignora o destino que terá a livraria. Será adquirida pela Junta Geral? Será vendida no Continente?..."[8]

Nova carta, de 31 de Março de 1945, mostra-nos desta vez que as notícias que José Bruno Carreiro dava das cartas de Garrett iam ao encontro de um interesse do próprio Ferreira Lima. Carreiro volta a frisar que era provável que a Junta Geral adquirisse o espólio. E acrescenta: "Ainda há dias estive com elas na mão, lendo uma fremente de paixão. Não pude deixar de lembrar-me do meu caro amigo. Feita a compra, ali estará um material magnífico ao seu dispor."[9]

Em 1947 morre Júlio Brandão. É neste mesmo ano que Ferreira Lima envia, através de José Bruno Carreiro, um requerimento à Junta Geral dos Açores, que já adquirira, como se supunha que ocorreria, o

---

[6] Acervo da sala Ferreira Lima (Coimbra).
[7] Acervo da sala Ferreira Lima (Coimbra).
[8] Acervo da sala Ferreira Lima (Coimbra)
[9] Acervo da sala Ferreira Lima (Coimbra).

acervo de José do Canto. De Angra do Heroísmo, ilha Terceira (Açores), José Bruno Carreiro escreve, em 8 de Abril de 1947, a Ferreira Lima:

> Devo estar em Ponta Delgada no dia 15 (...) e logo tratarei na Junta Geral do requerimento do meu ilustre Amigo. Oxalá que a carta com o veto da sobrinha do Conselheiro Montufar Barreiros não vá levantar alguma dificuldade à já prometida cedência de cópias das cartas. Espero que tal não suceda.
> Nada posso agora responder à sua pergunta sobre se as cartas serão todas realmente publicáveis e sobre se haverá algumas bastante livres, de que só convenha publicar parte. Há meses, a última vez que estive em casa do José do Canto, por ocasião da compra da livraria e espólio literário, tive nas mãos o pacote das cartas, folheei-as e por uma ou outra frase lida aqui e ali pareceram-me... ardentes. Nada mais posso avançar.[10]

Em 28 de Maio de 1947, Carreiro já entregara à Junta Geral o ofício de Ferreira Lima. Foi admitida a hipótese de as cartas não serem publicáveis, por questões morais. E, ao que tudo indica, não foi considerado desta vez o veto da sobrinha do Conselheiro Montufar Barreiros. Carreiro e o diretor da Biblioteca Pública são encarregados da leitura das cartas e terminam por exarar parecer favorável ao atendimento do que pede o ofício de Ferreira Lima. Nova carta de Carreiro relata a Ferreira Lima que "em matéria de escabrosidade, [as cartas] não vão além de "as horas em que passei ontem nos teus braços". Isso nas vinte e duas cartas que restaram. Quem saberá o que existiria naquelas que estão até hoje desaparecidas?

Carreiro se compromete a fazer as cópias, conservando a ortografia dos originais. Iniciam-se as negociações que envolverão as condições de publicação: "percentagem antecipada e global ou percentagem sobre a venda?"[11]

Em Julho de 1947, Carreiro já está copiando as cartas. Nesta ocasião, escreve a Ferreira Lima para expor-lhe as inferências que o levam a datar nove das vinte e duas cartas, e assim marcar pela primeira vez os momentos do longo romance de Garrett com a Viscondessa da Luz:

1 – O início da relação amorosa, em 2 de Janeiro de 1846, é marcado a partir de duas cartas em que Garrett diz tê-la visto pela primeira vez "com os olhos da alma";

---

[10] Acervo da sala Ferreira Lima (Coimbra).
[11] Acervo da sala Ferreira Lima (Coimbra).

2 – A primeira relação sexual, pouco mais de dois meses depois, em 9 de Março de 1846, é marcada por outra carta: "faz hoje cinco meses que foste minha";

3 – Incidentes ocorreram nestes dois meses, mas Garrett recordará mais tarde, em outra carta, que "foram inúteis";

4 – Em 3 de Abril de 1846, separaram-se, partindo Rosa para Cádis;

5 – Em fins de Julho, regressa da Espanha, retomando o romance interrompido.

Gomes de Amorim faz referência à última visita de Rosa a Garrett, "quando a doença o prostrou no leito". Mas não há nenhuma indicação segura (como se verá pelas cartas) de que a ligação tenha prosseguido até 1854.

Amorim narra a comoção de Rosa ao perceber que Garrett morria como "uma cena de comédia". Narra – talvez para isentar o amigo a quem servia com desvelo – o pedido que Garrett faz-lhe após Rosa ter-se retirado para que não deixasse "aquela senhora tornar" ao quarto: "Dominava-o o arrependimento", assevera Amorim. E conclui: "A ela não. Invertiam-se os papéis: era ele que, como a pecadora da sagrada história, devia ser perdoado pelo muito que tinha amado."

Vejamos alguns exemplos do quanto a crítica seguirá os passos de Gomes de Amorim, encontrando um modo de isentar Garrett e lançar sobre Rosa a pecha de mulher indigna. O primeiro: vem de Xavier da Cunha, em *Garrett e as cantoras de São Carlos* (1909), ao registrar a morte de Garrett, em 9 de Dezembro de 1854, às 18:25 h:

> (...) nessa hora – nessa mesma hora fatal em que se extinguia o legítimo herdeiro da lira de Camões – preparava-se talvez para ir despreocupadamente no seu camarote de São Carlos assistir desdenhosa e risonha, com aquele garbo senhoril que todos lhe reconheciam, assistir à representação de *Sonnambula*, – ataviava-se com sedas e veludos, recamava-se com *guipures* e rendas de Alençon, abrilhantava-se de adereços de pérolas e diamantes, involvia-se em perfumes de inebriante sedução, a formosíssima inspiradora das *Folhas Caídas*, ingratamente esquecendo-se já do "divino" Poeta que nos seus amenos versos a imortalizara!

O segundo exemplo vem da introdução de José Gomes Ferreira à *Folhas Caídas* (Portugália Editora, 1969): "[Garrett] enriqueceu a língua portuguesa dum livro de obsessão carnal, sem rodeios de complicações madrigalescas, nem mantos de impostura para mascarar o desprezo intelectual pela mulher que o inspirou." Para Gomes Ferreira, o poeta "dirige-se à Não-Amada, para bradar-lhe com fúria incisiva, que não a ama (...) mas a apetece apenas, com o deleite fervente dos sentidos". Ou seja, a interpretação corre mais ou menos assim: não é indigno dar às putas o que elas querem e merecem. Garrett teria gozado apenas.

Às vezes nem o próprio Garrett será salvo do moralismo que tem tentado fazer de *Folhas Caídas* apenas um livro perdoável, talvez pela sinceridade. Em 1961, António José Saraiva anotou, em *Para a história da cultura em Portugal*, ao aproximar Carlos (personagem de *Viagens na minha terra*) e Garrett: "como pode tomar a sério a vida pública um homem cuja vida íntima, desarticulada e dispersa, anda à deriva, porque não conseguiu superar-lhe as contradições e cristalizá-la numa síntese? Pois não é a personalidade um todo íntegro?" E arremata: "Garrett não nos deixou um modelo, é verdade; mas legou um testemunho vivido."

Retomemos os empenhos de José Bruno Carreiro e de Ferreira Lima para publicar as cartas. As negociações com o editor de Coimbra parecem não avançar. É o que atesta a carta de José Bruno Carreiro, de 15 de Abril de 1948.

Em 1949, morre Ferreira Lima, sem ver as cartas de Garrett publicadas. Há em seu espólio ainda duas cartas de José Bruno Carreiro, dirigidas à sua filha, datadas de 18 de Agosto de 1953 e de 21 de Março de 1954.

Na de 18 de Agosto de 1953, Carreiro pede o folheto de Xavier da Cunha, *As cartas amorosas de Garrett*, que supõe integrar a biblioteca de Ferreira Lima. Pede também o n.º 22, de 1848, da Galeria Pitoresca, folha apensa ao jornal cartista A Matraca, onde "foi publicada uma caricatura de Garrett e da Viscondessa, defronte um do outro, a mirarem-se embevecidos"[12]. O jornal cartista criticava as posições políticas de Garrett: "O sr. João Baptista d'Almeida Garrett tem apresentado todas as cenas possíveis. Foi cartista enquanto houve quem quisesse que ele o fosse; passou a ser setembrista; depois ordeiro (...) Ora como o sr. Garrett nasceu com a bossa de andar aos fretes é agora um dos principais carregadores do andor (...) da coligação anglo-setembrurra." A Matraca é contra os miguelistas, contra os setembristas, contra as "revoluções", contra as idéias vindas "da França tão desgraçada!" e da "desgraçada

---

[12] Acervo da sala Ferreira Lima (Coimbra).

Paris!!" A caricatura de Garrett entregando uma carta à Viscondessa traz referência à revolução que corre por toda parte. Está visto que a condenação às "desordens políticas" vem junto com a condenação aos amantes.

Na outra carta, de 1954, José Bruno Carreiro agradece à filha de Ferreira Lima pelo pacote de gravuras e pelo retrato da Viscondessa.

José do Canto ordenou as cartas e envolveu cada uma num papel branco, no qual fez breves anotações a lápis. Júlio Brandão transcreveu estas anotações com leves modificações em *Garrett e as cartas de amor*, mantendo a ordenação de José do Canto. José Bruno Carreiro modificou a ordenação das cartas e também deixou suas marcas no mesmo papel, às vezes anotando com caneta. Nas notas de rodapé, apensas às cartas, às vezes indicamos ao leitor o teor de tais anotações.

Passados cem anos da morte de Garrett, só em 1954 sairá a edição das *Cartas de amor à Viscondessa da Luz*, com organização, introdução e notas de José Bruno Carreiro, que também veio a falecer logo em seguida, em 1957, aos 77 anos. As vinte e duas cartas de Garrett a Rosa Montufar que tinham escapado da destruição e, não se sabe como, foram parar na livraria do bibliófilo açoriano José do Canto, depois integrada ao acervo da Biblioteca Pública e Arquivo Regional de Ponta Delgada (Açores), agora estão reunidas em livro.

É rara a carta que não foi composta em páginas com linhas horizontais e verticais (e às vezes também transversais) cruzando umas sobre as outras. Mais do que um código que exigia decifração e interpunha obstáculos à leitura, trata-se sem dúvida alguma também de um jogo que exige de quem lê intimidade com o escrito. Cada carta tem a sua composição. Às vezes Garrett escreve oito páginas com as linhas horizontais e só então retorna à primeira página para começar a cruzar as linhas verticais. Outras vezes, escreve as mesmas oito páginas horizontais e retorna, não à primeira, mas à quinta página com linhas horizontais, para a partir de então sobrepor as linhas verticais. Há outra carta em que escreve quatro páginas com linhas horizontais, retorna à primeira página (1H), sobrepõe as linhas verticais da quinta página (5V) sobre as horizontais desta (1H), e segue assim, até que às linhas horizontais da página 4H tenha sobreposto as verticais da 8V; então retoma com as linhas horizontais novamente na página 9H e faz mais quatro páginas deste modo, para então voltar a cruzar linhas verticais sobre cada uma: 13V sobre a 9H, 14V sobre a 10H, 15V sobre a 11H e 16V sobre a 12H. Por último, há também caso em que as linhas cruzadas são ora verticais ora transversais.

A edição de Carreiro (de 1954) traz dados históricos bastante relevantes, algumas anotações importantes e uma ordenação bastante plausível.

Destaque-se, entre os equívocos mais freqüentes das edições impressas (a das 22 cartas feita por Carreiro; e a da única carta publicada em 1926 por Júlio Brandão): lapsos de palavras, trocas de palavras, trocas de tempos verbais, omissão de frases completas, acréscimos indevidos de palavras e alteração da ordem sintática.

Além destes problemas (ajustados em nossa edição), também elucidamos passagens que o organizador da edição de 1954 aponta como ilegíveis e que, entretanto, puderam ser lidas, algumas com indubitável, outras com relativa segurança.

Utilizamos como texto-base da nossa edição o conjunto das vinte e duas cartas que integram o acervo de manuscritos da Biblioteca Pública e Arquivo Regional de Ponta Delgada (ilha de São Miguel, Açores). Tal opção deve-se ao fato de a primeira e única edição desta correspondência só ter sido feita cem anos após a morte de Garrett. É conveniente adotar o texto manuscrito (e não a primeira edição) como texto-base, já que a obra só foi editada em livro postumamente.

A ortografia utilizada por Garrett em suas obras publicadas em vida bem assim em sua correspondência com a Viscondessa da Luz faz parte do período pseudo-etimológico, que se inicia no século XVI e vai até 1904, com a *Ortografia nacional*, de Gonçalves Viana. Nesse período, as palavras são escritas de acordo com a grafia de origem, ou seja, reproduzindo as letras do étimo, mesmo que não pronunciadas. Lembro, neste passo, o prefácio à primeira edição de *Camões*, escrito por Garrett no exílio parisiense, em 22 de Fevereiro de 1825: "Sobre ortografia (que é força cada um fazer a sua entre nós, porque a não temos) direi só que segui sempre a etimologia em razão composta com a pronúncia; que acentos, só os pus onde sem eles a palavra se confundira com outra; e que de boamente seguirei qualquer método mais acertado, apenas haja algum geral e racionável em português (...)" A lacuna a que se refere Garrett só foi preenchida pelo Governo Provisório da República, em 1911, com as portarias de 15 de Fevereiro de 16 de Março.

A fixação do texto, também em nossa edição (de 2004), obedece aos princípios gerais adotados na edição crítica das obras completas de Almeida Garrett, editada pela Imprensa Nacional / Casa da Moeda, sob a coordenação da professora Ofélia Paiva Monteiro.

Bibliografia

AMORIM, Francisco Gomes de. *Garrett: Memórias Biográficas*, 3 vols. Lisboa, Imprensa Nacional, 1881-1884.
BARREIROS, Eduardo Montufar. *Os papéis de meu pai*. Lisboa: M. Gomes Editor / Livreiro de suas Magestades e Altezas, 1904, 2 vols.
BRAGA, Teófilo. *Garrett e os dramas românticos*. Porto: Chardron, 1905.
BRANDÃO, Júlio. *Garrett e as cartas de amor*. Porto: Livraria Chardron, 1913.
BRANDÃO, Júlio. *Garrett e as cartas de amor*. 2.ª ed., Porto: Livraria e Imprensa Civilização, 1926.
CUNHA, Xavier da. *Cartas amorosas de Garrett*. Famalicão: Typografia Minerva, 1899.
CUNHA, Xavier da. *Garrett e as cantoras de São Carlos*. Lisboa: Typografia Universal, 1909.
FERREIRA, José Gomes. "Introdução". In: GARRETT, Almeida. *Folhas Caídas*. 2.ª ed., Lisboa: Portugália Editora, 1969.
GARRETT, Almeida. *Obras completas de Almeida Garrett*. Porto: Lello & Irmão, 1963. 2 vols.
GARRETT, Almeida. *Cartas de amor à Viscondessa da Luz*. Coord. e anotadas por José Bruno Carreiro. Lisboa: Empresa Nacional de Publicidade, [1954].
GARRETT, Almeida. *Viagens na minha terra*. Introdução e notas de Augusto da Costa Dias. Lisboa: Portugália, 1963.
GARRETT, Almeida. *Folhas caídas*. Lisboa: Casa Viúva Bertrand & Filhos, 1853.
GARRETT, Almeida. *Frei Luís de Sousa*. Introdução de Ofélia Paiva Monteiro. Porto: Civilização, 1999.
LIMA, Henrique de Campos Ferreira. *Garrett na Espanha*. Lisboa: Academia das Ciências de Lisboa, 1939.
MATRACA (A). Periódico moral e político. Por uma sociedade de literatos sem refolho. 1847-8.
MONTEIRO, Ofélia Paiva. "Almeida Garrett", in Helena Carvalhão Buescu, ed., *Dicionário do Romantismo Literário Português*. Lisboa: Caminho, 1997.
MONTEIRO, Ofélia Paiva. *O essencial sobre Almeida Garrett*. Lisboa: Imprensa Nacional – Casa da Moeda, 2001.
NOSSA SENHORA DA LUZ (Visconde e Barão de). In: *Grande enciclopédia portuguesa e brasileira*. Vol. XVIII. Lisboa / Rio de Janeiro: Editorial Enciclopédia Ltda, [195-]
PATO, Bulhão. *Memórias*. Org. Vítor Wladimiro Ferreira.Lisboa: Perspectivas e Realidades, s./d.
PATO, Bulhão. *Vida íntima de homens ilustres*. Lisboa: Livraria Bertrand, 1877.
REVISTA UNIVERSAL LISBONENSE. Jornal dos interesses físicos, morais e literários por uma sociedade estudiosa. 1843-1846.

SARAIVA, António José. "A Expressão Lírica do Amor nas *Folhas Caídas*". In: *Para a História da Cultura em Portugal*, vol. II, Lisboa: Europa-América, 1961.
UNIVERSO PITORESCO – Jornal de Instrução e Recreio. "O Conselheiro J. B. de Almeida Garrett". Lisboa: Imprensa Nacional, 3.º vol., 1844.

Manuscritos e Jornais da Época Consultados

Encontram-se na Sala Ferreira Lima (Coimbra), na Biblioteca Nacional de Lisboa, na Biblioteca Municipal e Arquivo Regional de Ponta Delgada (ilha de São Miguel, Açores) e no Real Gabinete Português de Leitura (Rio de Janeiro).

Recital de poesia

MEMÓRIA

A poesia exige vibração. Somente no actuar das vozes que se enovelam no diferimento dos tempos e dos espaços a poesia se inscreve na(s) h/História(s).E é que assim perdura.

No âmbito da Homenagem a Almeida Garrett, decorridos 150 anos da sua morte, um despretensioso recital de poesia visou dar voz à prosódica face de uma lusofonia viva, necessariamente plural. Nesta senda, foram ditos poemas por pessoas oriundas de diferentes quadrantes geográficos, utentes de uma só língua, casticamente matizada por melodias diversas. Interculturalmente enriquecedoras porque desiguais.

Textos escolhidos:
  "As minhas asas" (*Flores sem Fruto*)
  "Este inferno de amar" (*Folhas Caídas*)
  "Não te amo" (*Folhas Caídas*)
  "Não és tu" (*Folhas Caídas*)
  "Barca bela" (*Folhas Caídas*)
  "Anjo és" (*Folhas Caídas*)

Leitores:
  Ana Mafalda Leite (Moçambique)
  Elias Torres Feijó (Galiza:Espanha)
  Fernando Vieira Pimentel (Açores: Portugal)
  Helena Cristina da Costa Guimarães (Minho: Portugal)
  Maria da Penha Campos Fernandes (Brasil-Portugal)
  Vilma Sant'Anna Arêas(Brasil)

Organização:
  Helena Cristina da Costa Guimarães

Fac-simile

VISCONDE DE ALMEIDA GARRETT

«BOSQUEJO DA HISTORIA DA POESIA E LINGUA PORTUGUEZA»
(1826)

in

O Retrato de Venus.
Estudos de Historia Litteraria.
(1867)

Apresentação

GARRETT NA AURORA
DA HISTORIOGRAFIA LITERÁRIA LUSÓFONA[*]

MARIA DA PENHA CAMPOS FERNANDES
Universidade do Minho

1. A publicação, em formato de *fac-simile*, da edição de 1867 do «Bosquejo da Historia da Poesia e Lingua Portugueza»[1], no âmbito do *I.º Congresso Internacional de Teoria da Literatura e Literaturas Lusófonas* – organizado sob a égide temática da(s) *História(s) da Literatura* –, integra-se na «Breve homenagem a Almeida Garrett no Sesquicentenário

---

[*] Como homenagem a Almeida Garrett [sobrenomes pelos quais o escritor se tornou conhecido, mas que foram acrescentados posteriormente aos de nascença], foram oferecidos aos intervenientes neste Congresso dois *cd-roms* com diferentes *fac-similes* do «Bosquejo da Historia da Poesia e Lingua Portugueza». O primeiro, com o texto da primeira edição, de 1826, cuja republicação foi autorizada com singular presteza pela Biblioteca Nacional de Lisboa, à qual dirigimos os nossos sinceros agradecimentos. Visto este texto encontrar-se disponibilizado (embora à excepção de duas páginas iniciais com dedicatória assinada pelo Editor) no arquivo digital desta instituição (cota L.3201), optou-se por integrar nestas Actas apenas o texto da edição de 1867, cuja introdução é aqui republicada com ligeiras alterações.

[1] *In*: Visconde de Almeida Garrett, *O Retrato de Venus. Estudos de Historia Litteraria*, Porto: Em Casa da Viúva Moré – Editora, 1867: [165]-231 [Volume integrado na série «Obras do V. D'Almeida Garrett», XXI]. Uma edição similar a esta, mas com o título modificado – *O retrato de Vénus e estudos de historia litteraria*, Porto: Ernesto Chardron, 1884 –, encontra-se catalogada na referida biblioteca com o seguinte registro: BN L. 53032 P. ULLE LP 1097 P.

A presente reprodução *fac-similada* da edição do «Bosquejo (…)» foi generosamente autorizada pelo investigador de Ecdótica Carlos Castro da Silva Carvalho, possuidor de um exemplar. Note-se, no interesse colectivo, que várias obras raras vêm sendo recolhidas, adquiridas, digitalizadas e disponibilizadas há mais de três anos por este professor de Literatura Portuguesa II. Vejam-se os seguintes endereços: www.macalfa.pt/facsimiles e www.ilch.uminho.pt/disciplinas.

da sua Morte». Pretende significar a necessidade de um olhar interessado sobre o passado histórico, não para perder o que somos, mas antes para tentar perceber um pouco melhor aquilo que colectivamente somos e poderemos ser. Ressaltar a importância de um trabalho que foi, sobretudo nos contextos das suas publicações oitocentistas, um exercício auroral no domínio da Historiografia Lusófona inexistente àqueles tempos, é um chamamento ao jogar dos matizes culturais, com a nítida consciência de que nada se repete na íntegra nem se repetirá na dinâmica dos sucessivos futuros.

Manifestação da maturidade intelectual do escritor portuense João Baptista da Silva Leitão de Almeida Garrett (02-02-1799 / 09-12-1854), este seu trabalho ensaístico merece por si próprio um espaço na memória das gentes, exigindo, por isso, releituras que possam contribuir para uma reflexão consciente sobre o traçado da História por mulheres e homens, desprovidos de caravelas e por vezes de bússolas, mas dotados de singulares energias e confrontados cotidianamente com ondas novas. Um prolífero mar aberto a navegar e a conquistar.

2. Em 1826, no ano da outorga da *Carta Constitucional* por D. Pedro IV, publica-se em Paris, «Em Casa de J. P. Aillaud», o tomo I do *Parnaso Lusitano ou Poesias Selectas dos Auctores Portuguezes Antigos e Modernos, Illustradas com Notas e Precedido de uma Historia Abreviada da Lingua e Poesia Portugueza*.

Não se encontra, porém, nas páginas deste volume nenhuma secção com o título anunciado de *Historia Abreviada (...)*, mas sim com o de «Bosquejo da Historia da Poesia e Lingua Portugueza»[2]. Estranha que possa parecer a oscilação/alteração do título, é certo que poderá ser compreendida pelo desafio que foi o ponderar e redigir o que jamais fora realizado, conforme o parece explicitar o historiador nas palavras prefaciais «A Quem Ler», nas quais se mostra ciente de haver encetado «materia nova, que portuguez nenhum d'ella escreveu, e os dous estrangeiros Bouterweck e Sismondi incorrectissimamente e de tal modo que mais confundem do que ajudam a conceber e ajuizar da historia litteraria

---

[2] Garrett terá reivindicado somente a autoria deste ensaio e da introdução «A quem Ler», conforme se indica na «Nota» colocada na *Ficha Bibliográfica* relativa à edição de 1826, guardada na Biblioteca Nacional de Lisboa. Esta mesma ficha informa que o «n.º páginas» é «pp. I-LXVII», o que induz em erro o investigador que não observa que o ensaio efectivamente se encontra nas páginas [vii]-lxvj.

de Portugal; avaliará decerto o grande e quasi iudizivel trabalho que me custou esse ensaio». Tratara-se, por isso, de um grande esforço com o objectivo de prestar «algum serviço á literatura nacional em offerecer aos estudiosos de sua lingua e poesia um rapido bosquejo da historia de ambas». Era o autor deste esforço um jovem exilado comprometido com o saber e o construir os tempos.

O «Bosquejo da Historia da Poesia e Lingua Portugueza» é, assim, um ensaio auroral. Terá, no entanto, provavelmente hibernado sem publicação durante quarenta e um anos, vindo outra vez a público em 1867, treze após a morte do Autor. Agora integrando *O Retrato de Venus. Estudos de Historia Litteraria,* e diversamente contextualizado. Com efeito, o «Indice das obras contidas neste volume» apresenta o seguinte conteúdo, com indicação das páginas:

- «Retrato de Venus...7»
  «Notas...63»
- «Ensaio sobre a Historia da Pintura...93»
- «Bosquejo da Historia da Poesia e Lingua Portugueza...167».

A antologia de poemas lusitanos, porém, que o «Bosquejo introduzira na edição de 1826, agora desaparece. Acrescente-se que estas informações indiciais, em verdade não muito precisas quanto à paginação[3], requerem ainda pelo menos dois outros apontamentos críticos: um referente ao título do poema, que é registado sem o artigo definido, e outro relativo à inclusão de um trabalho sobre a pintura num volume com subtítulo de *Estudos de Historia Litteraria*[4]. Aberrante que possa parecer este último ponto, o mesmo poderá ser eventualmente justificado por duas razões:

a primeira surge em decorrência de o *conceito de poesia* do ensaísta, e poeta, ter-se mostrado singular, tal como se atrevera a defender:

> «A poesia (attrevi-me a pensá-lo assim, e se a novidade não agradar, nem por isso me desdigo) é uma só: aos poetas-pintores, seus primeiros

---

[3] Após o «Ensaio sobre a Historia Pintura» (pág. 91, onde está o título da secção – embora o texto propriamente dito inicie na 93 e vá até a 162), encontra-se uma «Advertência», págs. 163-164. O título «Bosquejo (...)» ocupa a pág. [165], o prefácio «A Quem Ler» as págs. [167]-171, o texto propriamente do «Bosquejo (...)», as págs. 173-231.

[4] Estas observações parecem confirmar a crítica garrettiana aos editores de então, *in* «A Quem Ler», ao comentar a anarquia ortográfica das obras dos poetas seleccionados, ainda que também decorrente de outras causas.

filhos é dado tratta-la viva: os poetas-versejadores só com o véo do mysterio coberta a podem ver e seguir. A poesia animada da pintura exprime a natureza toda, a dos versos porem, menos viva e exacta, falha em muitas partes a expressão das suas bellezas (...). Estas reflexões sobre o parallelo das especies de poesia são minhas; por taes as dou, e me encarrego do mal, ou bem, que d'ellas se pensar. Por ventura não foi este o conceito dos antigos; mas a arte muito atrazada entre elles não estava em proporção da nossa; os gregos não tinham, como nós, Homeros em pintura» («Ensaio sobre a Historia da Pintura», 'Capitulo III *Da Eschola Romana'*, 1867: 103);

a seguinte, deriva do facto de este «Ensaio sobre a Historia da Pintura» ser um suplemento ao poema que intitula o livro:

«O objecto principal deste ensaio é a historia da pintura. A maior parte do meu poema será inintelligivel sem elle a todo o leitor, que não tiver feito um comprido estudo nesta matéria» (*Id.*, «Ensaio sobre a Historia da Pintura» [*introdução,* pág. 93]).

Apontadas estas ressalvas, impõe-se considerar que a importância documental do volume de 1867 se mantém no que diz respeito ao conhecimento dos desígnios que afectaram o processo de difusão da obra de Garrett, muito especialmente o «Bosquejo (...)», de que especialmente nos ocupamos. Observe-se, porém, que, apesar de o valor crítico-literário e histórico deste trabalho se autolegitimar, o A. não logrou alcançar a canonização de muitos dos juízos estéticos que proferira, nem tão pouco de autores que enaltecera, dizendo-se comprometido com a imparcialidade e, no diz respeito aos escritores que então eram vivos, com a opinião mais generalizada sobre os mesmos.

Terá este ensaio, com certeza, estranhado e mesmo desagradado a todos os que nele perceberam como polémicas algumas das observações, a exemplo das seguintes:

– o tratamento elogioso e homólogo da língua espanhola e da portuguesa, acrescido da crítica acerba aos franceses (capítulo I) e à «*gallomania*, que sôbre perverter o carácter da nação de todo perdeu e acabou com a já combalida linguagem» (capítulo VII);

– a equiparação do «grande talento» do historiador Jacinto Freire com o do Padre Vieira, «o grande orador», bem como a consideração do «grande dano» das excelsas qualidades de ambos sobre a literatura, pois «tudo foi após eles; imitaram-lhes vícios e virtudes» (capítulo V);

– o incitamento à manifestação da diferença dos «engenhos brasileiros» que começavam a enriquecer a «literatura portuguesa» (isto originalmente em 1826, num momento histórico em que a independência do Brasil, 1822, ainda era um assunto em brasa);

– a consideração de que «Horácio e Boileau foram atrevidos quando lhes cumpriu, e desprezaram regras e arte quando lhes chamou a natureza e lhes mostrou o sublime. Filinto, que o sabia de cor, também se levantou acima das regras e nunca foi tamanho. E todavia foi ele o maior poeta do seu século» (capítulo VI);

– a acusação das traducções, «Mas de traducções estamos nós gafos: e com traducções levou o último golpe a litteratura portugueza», acrescida da investida contra a idolatria da mocidade por Bocage face à exaltação de Francisco Manuel de Melo, que, «imitador e rival de Horácio e Píndaro» atingira, «mas nem sempre nem cabalmente», a superioridade da poesia:

> «Imitar com o som mechanico das vozes a harmonia intima da ideia, supprir com as vibrações que só podem ferir a alma pelo órgão dos ouvidos, a vida, o movimento, as côres, as fórmas dos quadros naturaes, eisahi a superioridade da poesia, a vantagem que tem sobre todas as outras bellas-artes: mas quam difficil é perceber e executar esse delicadissimo ponto! Poucos o conseguiram: Francisco Manuel foi entre nós o que mais finamente o intendeu e executou» (capítulo VII).

Pontos positivos os tem indubitavelmente este documento crítico e historiográfico do segundo quartel de Oitocentos, conforme o revela esta mesma compreensão do que seja a poesia, se não a captarmos com o avesso do olhar e se lograrmos urdir a sua versão em termos mais actuais e pessoais, valorizando também a importância do ouvido e, por extensão, da musicalidade. Além do mais, difundido como se encontra hoje o uso do termo «poética», não será difícil aceitar a amplitude do conceito unificado de «poesia» que o A. propusera ao tratar da pintura.

Também é digno de apreço o cuidado filológico de Garrett com a sistematização da ortografia dos autores seleccionados, esta bastante anárquica naquele momento: «Determinei pois imprimir tudo com regular e geral orthografia», para que a obra não parecesse «recosida manta de retalhos furtacôres, do que uma collecção de poetas da mesma lingua» («A Quem ler», p. 170).

Impõe-se ainda o seu entendimento do conceito de crítica literária, o qual, subjacente à construção do ensaio, não deixa de aflorar, permitindo ao A. assumir-se, conforme o fizera na defesa de Quita como o melhor poeta bucólico – «tomo a liberdade de contrastar a opinião comum, porque o meu dever de crítico me obriga a enunciar lealmente o meu pensamento».

Note-se também que o ainda hoje mal compreendido conceito de «imitação» poética – quer o queiram quer não, um tópico central na arquitectura de qualquer história da literatura ocidental –, se apresenta em Garrett ricamente modulado, mostrando-se verdadeiramente um policonceito intimamente graduado pela inventividade, como se percebe, por exemplo, quando o ensaísta considera serem as comédias de Miranda «notavel monumento para a história das artes pela feliz imitação dos antigos, e pelo que excedem quanto até então se tinha escripto». Acentuando uma compreensão alargada do fenómeno da imitação poética, acrescenta adiante: «Cegou-se todavia o nosso bom Ferreira na imitação dos antigos; copiou-os, não os imitou: e d'ahi, enriquecendo a lingua, empobreceu a literatura porque a avezou a esse hábito de copista; cancro que roe o espirito creador, alma e vida da poesia nacional» (capitulo III). Sem deixar de acrescentar, a propósito das «obras de gosto», que estas, ao contrário dos livros de ciência e arte, se estudam e imitam – «Quem assim faz acomoda-as ao carácter nacional, dá-lhes cor de próprias, e não só veste um corpo estrangeiro de alfaias nacionais (como o tradutor), mas a esse corpo dá feições, gestos, modo, e índole nacional» (capítulo VII). Deixando de lado a polémica contemporânea sobre a questão das nacionalidades, observe-se que a «índole nacional» é em Garett um factor de inovação no âmbito do que compreende por «imitação».

Findos os séculos XIX e XX, encontramo-nos num outro século, confrontados, porém, com uma acrescida distância do ordenamento tradicional linguístico e literário, ameaçado pelo surto das novidades tecnológicas, científicas, jornalísticas, artísticas ou outras. Não deve haver lugar para lamentos e desesperos. Os tempos mudam, as heraclitianas águas, nem sempre tumultuadas, circulam silentes mesmo quando tudo parece degradar-se, mesmo estagnar-se. Não basta aceitar a mudança, melhor será experimentá-la e promovê-la com a consciência acesa de um olhar radioscópico sobre o passado, mesmo que para sacudir ortodoxias, estereótipos e preconceitos pretensamente rígidos. E, para a feliz compreensão disso, faz-se válida a observação garrettiana ao desprezo oitocentista dos clássicos, ora apodados de «ignorantes, de rançosos», ora acusados de só escreverem «sermões, vidas de santos, histórias de conventos, de frades»:

> «Vergonhosa desculpa! (...) Fernão Mendes Pinto, o primeiro europeu que escreveu uma viagem regular da China e dos extremos da Ásia, são vidas de santos? E dessas mesmas vidas de santos, quantas delas são de sumo interesse, divertida e profícua leitura!» (capitulo VII).

Indagamo-nos reflexivamente hoje sobre a pertinência teórica de uma *poética da historiografia literária* que, baseada na noção de facto histórico, propugne um lauto desfile datas e datas, de autores e de obras, enfim uma história mais voltada para o superfície externa da Literatura. E eis, então, que esta incipiente experiência de escrita de uma história literária pelo jovem Garrett se oferece como um paradigma alternativo sobre o qual ponderar: caracterizado o «Bosquejo (...)» por uma até demasiada escassez de dados deste tipo e por um traço levemente sintético (funcional ou não de acordo com os contextos), este ensaio tem o mérito de se mostrar guiado por uma vontade de desenhar o essencial do que o A. *de facto conhece* e julga representativo das *épocas literárias*. Sem definir, porém, o que entende por *época literária*, secciona o seu discurso em sete capítulos, o primeiro sobre a origem da língua e da poesia portuguesas, os demais correlacionados com as seguintes épocas, sujeitas a observações várias: 1) séc. XIII (fins) – XVI (princípios); 2) XVI-XVII (princípios); 3) XVII (fim); 4) XVII (fins) – XVIII (meados); 5) XVIII (segunda metade); 6) «Época, segunda decadência da língua e literatura, galicismo, e traduções». Não dominam estas secções conteúdos estritamente narrativos, mas sim comentários dos traços estilísticos dos autores, permitindo aqui e ali a irrupção de reflexões sobre o contexto histórico-cultural, com incidência de registos sobre a recepção dos autores e do efeito pragmático destes sobre a construção da literatura.

Pelo reconhecimento da importância historiográfica do auroral «Bosquejo da Historia da Poesia e Lingua Portugueza», apresentamos ao público o *e-facsimile* de uma edição que de momento não se encontra catalogada e digitalizada pela Biblioteca Nacional, uma edição quase que desconhecida do mesmo ensaio, e contendo inclusive, nos apontamentos a lápis de um leitor pretérito, as marcas singulares da sua atenção, algo distinta da nossa. Que os nossos jovens se disponibilizem a observar as curiosidades de uma escrita que foi moderna e deixou de ser. Quanto mais não seja como uma pequena homenagem ao trabalho de um jovem historiógrafo da literatura, um denodado *poeta da história*, um fazedor.

Relê-lo não é calar as vozes de hoje no culto estupefacto do ontem.

Reler não é nunca um copiar cabal, pois o texto é uma unidade material estática somente em aparência. O texto é uma unidade dinamizada por quem o vivencia, insistente e selectivamente a configurá-lo e reconfigurá-lo. Implica um refractário radiar de tonalidades que se dispersam.

Imagens da edição de 1867

Imagens da edição de 1867

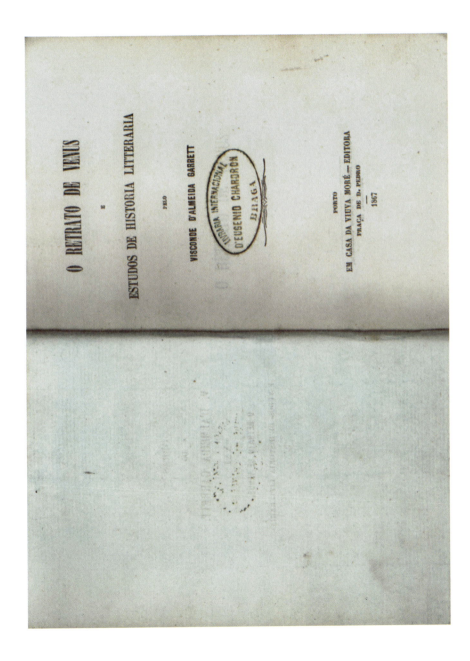

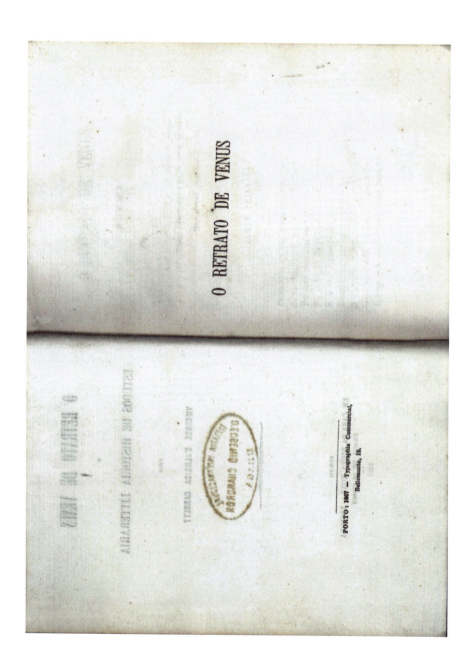

O RETRATO DE VENUS

POEMA

.... while it pursues
Things unattempted yet in prose, or rhyme.

Milt. *Parad. lost:* book I, v. 15.

CANTO PRIMEIRO

Doce mãe do universo, ó Natureza,
Alma origem do ser, germe da vida,
Tu, que matizas de verdor mimoso
Na estação do prazer o monte, o prado,
E á voz fagueira de celeste gôso
De multimodos entes reproduzes
A variada existencia, e lh'a prolongas;
Que, no fluido immenso legislando,
Libras sem conto ponderosos mundos,

90   NOTAS AO RETRATO DE VENUS

"*E novos Pygmaliões por elle anceiam.*"

Pigmalion, quanto lodar ti dei
Dell' imagine tua, se mille volte
N'avesti quel, ch'io sol' una vorrei.
  Petrarca. rime, Part I, sonett. 58.

"*Admiro o joven a belleza . . .*"

Faria, pouco mais ou menos, as mesmas extravagancias com o retrato, que o amante de Julia com o da sua bella.
  (Vid. Nowell. Héloi. Part. II, Lett. 22.

"*Os lacteos pomos* . . . ."
  Tass. Gerus. Cant. XVI.

Le pome accorbe, e crude

"*Serão meus versos, como tu, divinos.*"

Me juvat in gremio doctæ legisse puellæ,
Auribus et puris dicta probasse mea;
Hæc si contingant . . . .
  Domina judice, tutus ero.
  Propert. Eleg.

ENSAIO
SOBRE A HISTORIA DA PINTURA

ENSAIO

SOBRE

A HISTORIA DA PINTURA

O OBJECTO principal deste ensaio é a historia da pintura. A maior parte do meu poema será ininteligivel sem elle a todo o leitor, que não tiver feito um comprido estudo nesta materia. Memos porem bastaria talvez para a intelligencia do opusculo: fui mais longo e extenso, principalmente na historia da pintura portugueza, porque julguei util dar á minha nação uma coisa que ella não tinha, a biographia critica dos seus pintores. Sobejo e enfadonho trabalho me deu: oxalá que approveite! Bem pago fico, se, entre todos os leitores, deparar com dous, em quem faça impressão o amor de boas-artes, e da patria, que toda a obra respira.

162 ENSAIO SOBRE A HISTORIA DA PINTURA

Francisco Vieira Portuênse n. 1765, m. 1805. Foi primeiro-pintor da camera e côrte, director do instituto de desenho do Porto, e estimado e honrado de toda a nação, e das estrangeiras, principalmente da Ingleza. Foi premiado pela academia de Londres. Pintou no stylo do Guido e Albano; e, no seu genero, não deixou aos portuguezes nada que e invejar ás outras nações.

FIM.

ADVERTENCIA

Fui sempre muito pouco amigo de dar satisfações. Porém esta minha repugnancia não é filha de presumpção, nem de orgulho. De todo o meu coração o digo, e todos os que me conhecem, o sabem. Nasce da persuasão, em que estou, de que a justificação d'uma cousa está na maneira por que essa cousa se faz. E applicando esta generalidade ás composições litterarias, cada vez me convenço mais que os prologos, prefacios, avisos a leitores, etc. nada fazem, nem fizeram, nem farão nunca ao conceito, que da obra se fórma.

E principio foi este, por que na fazada do meu poema não puz tal ceremonia. Revendo-o porem agora, examinando este Ensaio, e conhecendo-lhe infindos defeitos, que me tinham escapado; sendo-me impossivel emenda-los; resolvo-me a dar satisfação; não para pretender justifica-los, e salvar-me da critica com subtilezas, e arguicias; mas para fazer confissão publica d'elles.

Se me é licito porem dizer duas palavras em

meu abono, direi que tanto o poema, como as notas, e ensaio são da minha infancia poetica; são compostos na vilade de dezasette annos. Isto não é impostura: sobejas pessoas ha hi, que m'o viram começar, e acabar então. É certo que desde esse tempo ategora, em que conto quasi vinte e dous, por tres vezes o tenho corrigido; e até submettido á censura de pessoas doutas, e de conhecida philologia, como foi o Excellentissimo Senhor S. Luiz, que me honrou a mim, e a este opusculo com suas correcções. Mas todos estes cuidados não puderam (emquanto a mim) tirar-lhe o ricio do nascimento.

Eisaqui a minha confissão geral. Os que me absolverem ficar-lhes-hei muito obrigado; os que não quizerem, paciencia; não me mato por isso. Conheci esta obrinha por desenfado: acabei-a por divertimento: publico-a por amor das artes: se me criticarem, rio-me, e não fico mal com ninguem.

BOSQUEJO

DA

HISTORIA DA POESIA E LINGUA PORTUGUEZA

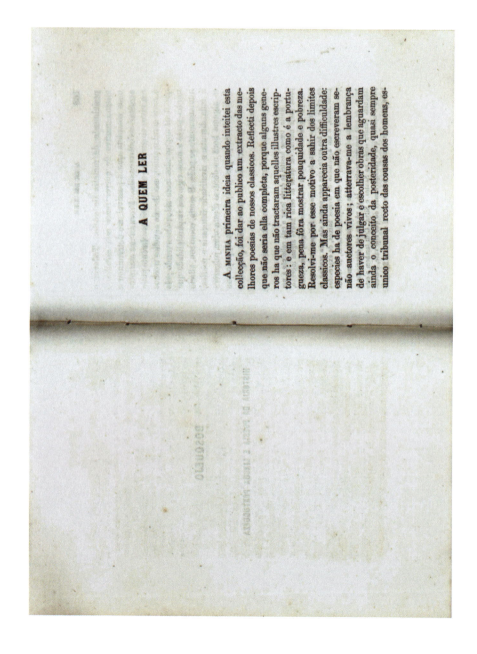

A QUEM LER

A MINHA primeira ideia quando inteitei esta collecção, foi dar ao publico um extracto das melhores poesias de nossos classicos. Reflecti depois que não seria ella completa, porque alguns generos ha que não tractaram aquelles illustres escriptores: e em tam rica litteratura como é a portugueza, pena fôra mostrar pouquidade e pobreza. Resolvi-me por esse motivo a sahir dos limites classicos. Mas ainda apparecia outra difficuldade: especies ha de poesia em que não escreveram senão auctores vivos; atterrava-me a lembrança de haver de julgar e escolher obras que aguardam ainda o conceito da posteridade, quasi sempre unico tribunal recto das cousas dos homens, es-

168   A QUEM LER

pecialmente de materia de gôsto. Todavia o mesmo motivo de querer fazer esta escolha o mais completa que é possivel, me determinou a arrostar ess'outro escolho. Procurei nos escriptores vivos cingir-me¹ quanto racionavelmente pude á mais geral opinião, escolhendo aquelles trechos que mais approvados teem sido; observando pela minha parte a mais vigorosa imparcialidade que humanamente se póde. E sendo, como sou, alheio a toda disputa e rivalidade litteraria e poetica, se alguma hora no decurso d'esta obra julgarem deslisei d'essa proposta impassibilidade, peço que o attribuam á erro de meu juizo, não á proposito deliberado.

Queria eu tambem ao principio conservar a

¹ Muito tempo hesitei se daria logar n'esta collecção a um poeta (hoje morto) em quem de certo houve algum ingenho, mas que ignorou e desprezou a tal ponto a lingua, tam cynicamente violou o decoro do stylo, as mais indispensaveis regras do gôsto, e da boa razão, que seus poemas são uma zenina de gallicismos, e um apontoado de termos baixos, de expressões que não usa gente de bem, de construcções barbaras, de versos prosaicos, scansões áquem além de uma idéa feliz, de um bom verso, de uma imagem poetica. Já se vê que está descripto a ninguem quadra senão ao Santos e Silva. Cedi tambem n'este ponto á opinião que o considera mais do que elle vale, e escolhi o que me pareceu menos barbaro da tal excentrica Brasilia-

A QUEM LER   169

cada escriptor sua particular orthographia; mas a isso obstaram dous insuperaveis obstaculos. Primeiro—não haver, sôbre tudo nos classicos, uma base boa ou má em que cada um d'elles fundasse a sua orthographia para se poderem regularizar as incalculaveis anomalias que se encontram em uma mesma obra, na mesma pagina ás vezes. Segundo—que havendo sido muitas das obras de nossos poetas antigos e modernos publicadas posthumas, é impossivel acertar com o verdadeiro systhema orthographico d'elles. Esta impossibilidade augmentou ainda e se estendeu áquelles que apezar de publicarem suas obras em vida, cahiram em mãos de novos editores todos ignorantes ou descuidados (nenhum conheço, a quem fique mal o epitheto) que em vez de as melhorarem, estragaram e confundiram tudo. Ora d'alguns d'esses não foi possivel, por mais diligencias que se fizeram, descubrir as primeiras edições, as

da; e provavel é que escolhesse mal, porque difficil é julgar um homem bem quando está cahido com somno.

Fui obrigado a pôr um grande pedaço, porque em maior espaço appareceria um maior numero d'esses poucos descuidos felizes do auctor.

quaes, segundo observei, ainda assim, não serviriam de muito.

Accresciam a estes dous motivos a feia apparencia que teria a obra que mais houvera ficado recosida manta de retalhos furtacôres, do que uma collecção de poetas da mesma lingua.

Determinei pois imprimir tudo com regular e geral orthographia; cujos principios extrahi do uso dos melhores classicos, uso que nem sempre seguiram, mas que manifestamente se vê quizeram seguir; e são estes:

I. Conservar fielmente a ethymologia quando se lhe não oppõe a pronúncia.

II. Combiná-la com a pronúncia quando ésta se oppõe á inteira conservação d'aquella.

III. Nas palavras de raiz incognita seguir o uso geral.

IV. Nas diversas modificações dos verbos conservar sempre a figurativa quando a pronúncia não obsta.

V. Não pôr acentos (agudo e circumflexo que são os unicos portuguezes) senão onde a palavra sem elles se confundiria com outra. (Tambem me servi do agudo para marcar a diaresis por não estar ainda adoptado entre nós o signal (..) que é bem necessario.)

Julgo haver prestado algum serviço á litteratura nacional em offerecer aos estudiosos de sua lingua e poesia um rapido bosquejo da historia de ambas. Quem sabe que tive de encetar materia nova, que portuguez nenhum d'ella escreveu, e os dous estrangeiros Bouterweck e Sismondi incorrectissimamente e de tal modo que mais confundem do que ajudam a conceber e ajuizar da historia litteraria de Portugal; avaliará decerto o grande e quasi indizivel trabalho que me custou esse ensaio. Não quero dá-lo por cabal e perfeito; mas é o primeiro, não podia se-lo. Além de que, a maior parte das ideias vão apenas tocadas, porque não havia espaço em obra de taes limites para lhe dar o necessario desenvolvimento.

BOSQUEJO
DA
HISTORIA DA POESIA E LINGUA PORTUGUEZA

I

Origem de nossa lingua e poesia.

A LINGUA e a poesia portugueza (bem como as outras todas) nasceram gemeas, e se criaram ao mesmo tempo. Erro é commum, e geral mesmo entre nacionaes, pela maior parte pouco versados em nossas cousas, o pensar que a lingua portugueza é um dialecto da castelhana, ou hespanhola segundo hoje inexactamente se diz.

Das variadas combinações das primitivas linguagens das Hespanhas com o Grego, o Latim, com os barbaros idiomas dos invasores do norte, e afim com o Arabigo, nasceram em diversas partes da Peninsula diversissimas linguas que nem dialectos se podem chamar geralmente, porque, além de não haver uma commum, de muitos d'elles é tam distincta a indole e tam opposta que se lhes não colhe similhança.

Ninguem ignora hoje que o Proencal foi a primeira que entre as linguas modernas se cultivou, mas que por sua breve dura não chegou nunca á perfeição. Das nações da Hespanha, as mais vizinhas áquelle crepusculo de civilisação primeiro melhoraram sua linguagem: mas tambem lhes coube igual sorte; nunca de todo se puliram. O Castelhano e Portuguez, que mais tarde se cultivaram, permaneceram pelo sabido motivo da conservação da independencia nacional, e vieram a completo estado de perfeição e caracter cabal de linguas cultas e civilisadas. O Biscainho, Catalão, Gallego, Aragonez, Castelhano, Portuguez e outras mais foram e são ainda alguns distinctos idiomas: porém só os dous ultimos tiveram litteratura propria e perfeita, linguagem commum e scientifica, tudo emfim quanto constitue e caracteriza (se é licita a expressão) a *independencia* de uma lingua.

Grande similhança ha entre o Portuguez e Castelhano; nem podia ser menos quando suas capitaes origens são as mesmas e communs: porém tam parecidas como são pelas raizes de de-

rivação; no modo, no systhema d'essas mesmas derivações, na combinação e amalgama de identicas substancias e principios se vê todavia que diversos agentes entraram, e que mui variado foi o resultado que a cada uma proveio. Filhas dos mesmos paes, diversamente educadas, distinctas feições, vario genio, porte e ademan tiveram: ha contudo nas feições de ambas aquelle *ar de familia* que á prima vista se colhe.

Este ar de familia engranou os estrangeiros, que sem mais profundar, decidiram logo, que o Portuguez não era lingua propria. Esse achaque de decidir afoitamente de tudo é velho, sobre tudo entre francezes, que são o povo do mundo entre o qual (por philaucia de certo) menos conhecimento ha das alheias cousas.

Sem duvida é que a lingua portugueza começou com seus trovadores, unicos no meio do estrepito das armas que algum tal qual cultivo lhe podiam dar; e provavel é que assim fosse com pouco melhoramento até os tempos d'el-rei D. Diniz, que no remanso da paz de seu reinado protegeu e animou as lettras, que elle proprio cultivou tambem.

II

Primeira epocha litteraria; fins do xiv até os
principios do xvi sec.

D. João I o eleito do povo, e o mais nacional de todos os nossos reis, deu ao idioma patrio valente impulso, mandando usar d'elle em todos os actos e instrumentos publicos, que até então se faziam em Latim. Foi esta lei carta de alforria e de cidade para a lingua que atélli vivera escrava da dominação latina, a qual sobrevivera não só ao imperio romano, mas a tantas conquistas e reconquistas de tam desvairados povos.

Aqui se deve pôr a data da verdadeira aurora das lettras em Portugal, que por singular phenomeno pouco visto entre outros povos, raiou ao mesmo tempo com a das sciencias; por maneira que quando o romantico alaúde de nossas musas começava a dar mais afinados sons, e a subir mais alto que o atélli conhecido, as sciencias e as artes cresciam a ponto de espantar a Europa, mudar a face do mundo, e alterar o systhema do universo.

Desde então até á morte d'el-rei D. Manuel, tudo foi crescer em Portugal; artes, sciencias, commércio, riqueza, virtudes, espirito nacional.

Muitas foram as producções de nossa litteratura n'aquelle seculo de glória em que Gil-Vicente abriu os fundamentos ao theatro das linguas vivas, Bernardim Ribeiro puliu e adereçou com alguns mimos da antiguidade o genero inculto dos romances [1] e seguiu (quasi o segundo) o caminho encetado pelo nosso Vasco de Lobeira nas composições romanescas; e ao cabo mostrou aos rusticos pastores do Tejo alguns dos suaves modos da frauta de Sicilia que nenhuma lingua viva até então ouvira soar.

A natural suavidade do idioma portuguez, a melancholia saudosa de seus numeros nos levaram á cultura d'este genero pastoril, em que raro poeta nosso deixou de escrever, quasi todos bem, porque a lingua os ajudava; nenhum perfeitamente, porque (inda mal) deram ás cegas em imitar Sannazzaro, depois Boscan e Garcilasso, e copiaram pouco do *vivo* da natureza, que tam bella, tam rica, tam variada se lhes presentava por todas as quatro partes de que em breve constou

[1] Não no sentido de *novellas*, mas no que então se lhe dava.

o mundo portuguez, e das quaes todas ou assumpto ou logar de scena tiraram nossos bucolicos. Nem d'este geral defeito¹ (o maximo que por ventura se lhes nota) póde fazer-se excepção, senão fôr alguma rara em favor de Camões e de Rodriguez Lobo. O Tejo, o Mondego, os montes, os sitios conhecidos de nosso paiz e dos que nos deu a conquista, figuram em seus poemas; porém raro se vê descripção que recorde alguns d'esses sitios que já vimos, que nos lembre os costumes, as usanças, os preconceitos mesmos populares; que d'ahi vem á poesia o aspecto e feições nacionaes, que são sua maior belleza.

Bernardim Ribeiro foi um tanto mais original em sua simplicidade, o que lhe falta de sublime e culto sobeja-lhe em brandura, e n'uma ingenua ternura que faz suspirar de saudade, d'aquella saudade cujo poeta foi, cujos suaves tormentos tam longo padeceu, e tam bem pintou.

Foi seu contemporaneo Gil-Vicente fundador do theatro moderno, de cujas obras imitaram os Castelhanos; e d'ellas se espalhou pela Europa o

---

¹ Commum tambem nos outros generos de poesia, onde quer que entra o descriptivo.

máu e o bom d'essa irregular e capricliosa scena, que ainda assim suas bellezas tem.

O proprio Gil-Vicente não deixa de ter seu comico sal, e entre muita extravagancia muita cousa boa. Bouterweck e Sismondi parece que escolheram o peior para citar; muito melhores cousas tem, particularmente nos autos, superiores sem comparação ás comedias. A soltura da phrase, e a falta de gosto são os defeitos do seculo; o ingenuo não que d'ahi transparece é do homem grande e de todas epochas¹.

III

Segunda epocha litteraria; idade de ouro da poesia da lingua desde os principios do XVI. até os do XVII sec.

Com a morte d'el-rei D. Manuel declinou visivelmente a fortuna portugueza: certo é que as artes progrediram, que a lingua se aperfeiçoou; porém esse movimento era continuado ainda do

---

¹ Reservo-me para uma edição que pretendo publicar do nosso Plauto, fructo de longo e penoso trabalho, para examinar melhor este poeta, e demonstrar o que aqui enuncio.

180   HISTORIA DA LINGUA

impulso anterior e já naõ promettia longa dura. Assim succedeu. D. João III colheu os fructos do que D. Manuel havia semeado; mas de lavras suas, nem elle, nem sous successores viram colheita.

Uma cousa todavia que muita influencia teve sobre a lingua e litteratura portugueza e que a instituições de D. João III se deve, foi o cultivo das linguas classicas, que na reformação da universidade de Coimbra augmentou muito. Os modelos gregos e romanos foram então versados de todas as mãos, estudados, traduzidos, imitados. Aperfeiçoou-se a lingua, enriqueceu-se, adquiriu aquella solemnidade classica que a distingue de todas as outras vivas, seus periodos se arredondaram ao modo latino, suas vozes tomaram muito da euphonia grega; d'um e d'outro d'esses idiomas lhe vieram as muitas, e principalmente da grega, os muitos hyperbatos; com o que vai rica, livre e magestosa por todas as provincias da litteratura, que tem decorrido, não havendo ahi genero de composição, para o qual, ou por doce de mais como o Toscano, não seja propria,—ou por mui aspera e guindada como o Castelhano, se não adapte,—por curta como o Francez, não che-

E DA POESIA PORTUGUEZA   181

gue,—por inflexivel e rispida como o Alemão e Inglez, se não amolde.

Claro é que a historia, a oratoria, todas as artes do discurso deviam de florescer com tal augmento. Com ellas todas medrou e cresceu a poesia na delicadeza, na harmonia, no gôsto; porêm desmereceu muito, demasiado na originalidade, no caracter proprio, que perdeu quasi todo, em a *nacionalidade*, que por mui pouco se lhe ia. Todos os deuses gregos tomaram posse do maravilhoso poetico, todas as imagens, todas as ideias; todas as allusões do tempo de Augusto occuparam as mais partes da poesia; e mui pouco ficou para o que era nacional, para o que já tinhamos, para o que podiamos adquirir ainda, para o que naturalmente devia nascer de nossos usos, de nossas recordações, de nossa archeologia, do aspecto de nosso paiz, de nossas crenças populares, e em fim de nossa religião.

Sá de Miranda, verdadeiro pae da nossa poesia, um dos maiores homens de seu seculo, foi o poeta da razão e da virtude, philosophou com as musas, e poetisou com a philosophia. Seu muito saber, sua experiencia, seu tracto affavel, e até a nobreza do seu nascimento, lhe deram indisputada superioridade a todos os escriptores d'aquelle tempo, dos quaes era ouvido, consultado e imitado. Sá de Miranda exerceu sobre todos os poetas d'aquella epocha a mesma especie de imperio que veio a ter Boileau em França, e mais modernamente Francisco Manuel entre nós. Introduziu na poesia os metros italianos, e os modos, versos e combinações de rhymas de Dante e Petrarca: e desd'ahi quasi se abandonaram inteiramente (excepto nas voltas e glosas) os nossos antigos versos de redondilha, e absolutamente os de arte maior e menor, que ainda assim mui proprios são para certos assumptos, segundo com feliz exemplo no-lo mostraram antigos e modernos poetas. Nem o mesmo Sá de Miranda igualou a correcção, a naturalidade e sublime simplicidade de suas redondilhas nas epistolas, que hoje são seu maior e quasi unico titulo de gloria.

São de admirar suas comedias, e são notavel monumento para a historia das artes pela feliz imitação dos antigos, e pelo que excedem quanto até então se tinha escripto. Porem o theatro portuguez creado pela musa negligente e travêssa de Gil-Vicente e João Prestes, carecia de reforma, mas não podia supportar uma revolução. As comedias de Sá de Miranda sem caracter nacional, mui classicas de mais não eram para reformá-lo: o mesmo direi, e o mesmo succedeu ás de Ferreira, a algumas poucas mais que depois vieram. O effeito d'estas composições, aliás preciosas, foi funesto: os litteratos enjoaram-se (e com razão) do theatro nacional, e não se deram a corrigi-lo e melhora-lo: o publico preferia (e com razão tambem) o com que fôra creado, o que o interessava, o que o divertia, e antes queria rir com as grosserias dos sautos populares, que bocejar e adormecer-se com as finuras d'arte e correcções d'essas comedias, que tudo tinham, menos interesse, onde todo o spirito havia, menos o nacional.

Se houveram Sá de Miranda e Ferreira escolhido assumptos portuguezes, se houveram pintado os costumes nacionaes, e presentado ao publico, em vez de quadros italianos, um espelho em que se elle visse a si e aos seus usos, e se risse de seus proprios defeitos; fico em que houveram reformado o theatro em vez de lhe empecer: e acaso gosariamos ainda hoje em uma scena rica e abastada dos resultados d'esse im-

184   HISTORIA DA LINGUA

pulso, quando não temos senão que chorar, e vivemos, sobre o theatro, das migalhas que mendiguemos a estrangeiros pelo triste meio de traducções, que (as dramaticas sôbre tudo) nunca podem ser boas.

Sá de Miranda escreveu alem d'isto algumas eclogas bastante frias, varios sonetos geralmente de pouca monta. Um d'elles á morte de Leandro e Hero é excellente, mas castelhano, e por esse achaque o não inclui na escolha. ¹

Não posso deixar de querer mal a tam illustre portuguez pelo muito que escreveu n'essa lingua estranha; com que não só privou a natural do fructo de suas tarefas, mas fez maior damno ainda com o exemplo que abriu; exemplo funesto que nos cerceou a litteratura, que nos defraudou d'uma Diana de Monto-maior, de tantas boas coisas mais, e ao cabo ia perdendo a lingua.

Mas eisahi Antonio Ferreira para combater esse mal em sua origem: ei-lo ahi esse portuguez verdadeiro, ardente amador da lingua,

¹ A. Rib. dos **Santos** traduziu este soneto em portuguez e (cousa inexplicavel em tal homem!) o deu por seu.

E DA POESIA PORTUGUEZA   185

clamando a todos, pugnando contra todos os que não prezavam e aditavam o patrio idioma com as producções do ingenho e das artes. O profundo conhecimento dos classicos gregos e latinos, o finissimo gosto que em seu estudo tinha adquirido, a felicidade com que sempre os imitou, a pureza da phrase, as riquezas com que adornou a lingua deram aos versos de Ferreira grande popularidade entre os litteratos e cortezãos (que, ao avêço de hoje, as lettras viviam então quasi só na côrte) e fixaram determinadamente o genero classico entre nós.

Cegou-se todavia o nosso bom Ferreira na imitação dos antigos; copiou-os, não os imitou: e d'ahi, enriquecendo a lingua, empobreceu a litteratura, porque a avezou a esse hábito de copista; cancro que roe o espirito creador, alma e vida da poesia nacional. Tão cega foi esta imitação, que seus mesmos versos, aos quaes hoje ninguem defende da nota de asperos e duros (e muitos direi — errados) os fazia assim de proposito por querer usar das ellipses gregas e latinas, a que repugna a indole de nossa lingua, so toleraveis em certas vozes que na prosa mesma se pronunciam e escrevem no final com *m* ou sem elle. Este desagradavel defeito dos versos de Ferreira é principalmente sensível nas dicções que teem final no que chamámos (mal ou bem) diphtongos nasaes de *ão*, e muito mais quando n'elle é o accento predominante da palavra.

Os sonetos são frios desengraçados; nas eclogas ha bellezas muitas, e mui grandes, mas espalhadas: nenhuma d'estas composições tomada per si póde merecer o nome de bella. Porem das odes, ha d'ellas que são puramente horacianas, e se lhes fallece a elevação (que não era esse o genio de Ferreira) sobeja-lhe a graça, a elegancia e a adornada philosophia, que não agradam menos, nem de menos valor e merito são que os extasis pindaricos, ou os requebros anacreonticos. O que é sem dúvida é que nas linguas vivas Ferreira foi o primeiro imitador feliz de Horacio, e o primeiro dos modernos que pulsou a lyra classica. Das epistolas, ha algumas que podem pleitear em concisão e fino dizer com as boas do lyrico romano. Quanto á pureza da moral, ao nobre patriotismo, áquelle generoso sentimento da honrada liberdade de nossos avós, áquelle enthusiasmo da virtude; esse

respira, mostra-se o resplandece em todas as suas obras.

Mas a verdadeira glória de Ferreira é a *Castro*, producção admirável per si mesma, pelo tempo em que a escreveu, por todos os lados por que se considere. Não é ainda liquido entre os philologos se era possivel o ter visto Ferreira a Sophonisba de Trissino, que mui poucos annos antes da Castro appareceu: mas é sem a minima questão reconhecida a superioridade da tragedia portugueza á italiana: pasma como sem ver um theatro, sem mais exemplares que os gregos e latinos, podesse Ferreira tractar tão delicadamente um tal assumpto em um genero desconhecido da antiguidade. É notavel a primeira scena da Castro, a scena d'el-rei e dos conselheiros no acto II, a do acto III em que o côro traz a Castro as novas de sua cruel sentença, onde aquella pergunta de Ignez: "É morto o meu senhor, o meu infante?" rasgo de sublime, porem d'um sublime todo sensibilidade, ao qual nem o *qu'il mourût* de Corneille póde comparar-se; e finalmente os coros, que sem paixão são superiores a todos os exemplares da antiguidade, e não teem que invejar nos tão gabados da Athalia. Não dou a Castro por uma tragedia perfeita: ainda em relação ao seu tempo e aos conhecimentos da scena d'então tem ella defeitos: não haver uma scena em que se encontrem Pedro e Ignez, não haver algum esforço do infante para lhe valer, deixam a peça muito nua de acção, e lhe entibiam o interesse. A versificação (que todavia é de preferir aos versos sesquipedaes e himpados com que hoje está prevertida a scena portugueza) péca geralmente por dura; mas essa mesma é por vezes bella; e para bons entendedores muito ha hi que estudar; e oxalá que os nossos dramaticos lessem e relessem bem a Castro, e apprendessem alli, pelo menos, naturalidade e verdade de expressão, que tanto lhes fallecem.

Não estava ainda n'este auge a poesia portugueza quando um homem pouco conhecido dos lettrados, mas ja célebre per suas aventuras e valor, foi para tão longe da ingratissima patria despicar-se de seu desamor com a mais nobre vingança; a de levantar-lhe um padrão, com que não entram as idades, e que conservará ainda o nome portuguez quando ja elle houver desapparecido da terra. Muita erudição (pois sabia quanto se soube em seu tempo) ingenho dos que véem ao mundo de seculos a seculos se redimiram em Camões. Esse homem levantou a cabeça la das extremidades d'Asia, e viu tudo pequeno á roda de si, todos os poetas pigmeus, todos acanhados com as linguas modernas ainda mal perfeitas, escravos da imitação classica, incertos e entalados todos entre o ego respeito da antiguidade e as novas precisões que as novas ideias, que o novo estado do mundo requeriam. Teve animo para conceber e força para executar um rasgado e necessario atrevimento de se abrir caminho novo, de crear emfim a poesia moderna, dar não so a Portugal, mas á Europa toda um grande exemplo, e constituir-se o Homero das linguas vivas.

Não me dá espaço o acanho do meus limites para dizer de Camões o que era indispensavel; antes a celebridade de seu nome me deixará parar aqui para dar logar a tractar de menos conhecidos nomes. Só direi que a influencia de Camões na nossa poesia, e em toda a litteratura portugueza foi tal que desde então té hoje ainda se não deixou de sentir, mesmo nas epochas em que mais desvairados teem andado nossos poe-

190   HISTORIA DA LINGUA

tas com as empolas do *gongorismo*, ou mais lunaticos com os esfusiotes do *culteranismo*. Quasi que não houve genero de poesia que não tractasse: tem sonetos admiraveis; eclogas (sôbre tudo as primeiras) excellentes; mas principalmente de todas as poesias menores são o mais sublime e perfeito as canções, genero a que deu, uma nobreza e elevação desconhecida mesmo em Petrarca: sirva de próva e exemplo aquella que começa—"Junto d'um sêcco duro e esteril monte." Dos *Lusiadas*, de suas bellezas e defeitos, das controversias sôbre umas e outros, está cheio o mundo litterario.

Contemporaneo de Camões e ousado tambem como elle a encetar a carreira epica foi Jeronimo Cortereal. O Cêrco de Diu, que é notavel monumento litterario, e que de certo se teve algum exemplar foi a *Italia* do Trissino, é uma fria narração, em que ha bellas idéias áquem além, muita riqueza de linguagem, pouca de poesia, e pelo geral maus versos. E contudo é talvez Cortereal o primeiro (em data) poeta descriptivo; e creou elle acaso esse genero de que tanto blasonam hoje inglezes, alemães, e até francezes, e que todavia nós tinhamos seculos

E DA POESIA PORTUGUEZA   191

antes d'elles. Ja no Cêrco de Diu ha muitas boas descripções; mas no naufragio de Sepulveda ha d'ellas sublimes.

Entre muito devaneio de imaginação e de mau gôsto, entre aquelles insipidos requebros de Pan e de Protheu apparece todavia a morte de D. Leonor que é um trecho da mais bella poesia, da mais fina sensibilidade que se tem composto.

De todos esses poetas que então floreceram é na minha opinião o menos poeta esse Pero d'Andrade Caminha, a quem da amisade e celebridade de Ferreira e Bernardes vem talvez o maior renome. Ainda assim tem algumas odes boas, simplicidade com elegancia por partes de suas composições: epigrammas, são alguns excellentes.

Sobreviveu a todos estes e á patria que não tardou em perecer, o suave cantor do Lima que levado por D. Sebastião para testimunhar seus altos feitos, de que devia fazer um poema, perdeu-se com seu rei, e jazeu captivo em Africa. Pondo de parte a questão das eclogas: (na qual de certo não andou de boa fé Faria e Sousa) a qual, ainda que propria do logar, é mui longa

192   HISTORIA DA LINGUA

para os meus limites, Bernardes foi excellente poeta; e com quanto sua linguagem é pobre, e em geral pouco variadas suas composições; a suavidade de seu stylo, certa melancholia d'expressão que lh'o requebra e embrandece darão sempre a Bernardes um logar mui distincto na poesia portugueza.

Mas já a nação se perdêra nos areaes de Africa, já a glória portugueza estava offuscada; com ella foram (como sempre vão) as boas artes. Ainda brilham a espaços faiscas do grande luzeiro que se apagára; mas já não eram senão faiscas.

Ainda Luis Pereira deplora na *Elegiada* a ruina da patria, mas esse canto funebre é quasi o canto de cysne da poesia nacional, que parece querer fenecer com elle, e já n'elle moribunda se mostra. Ha excellentes oitavas derramadas per esse poema, algumas descripções felizes, grandissima riqueza de linguagem; mas pouco mais.

Já Fernão Alves do Oriente diffuso, intrincado nos primeiros labyrinthos dos *conceitos* italianos mostra a visivel decadencia da poesia: já as musas que tão louçans, e ingenuamente bel-

E DA POESIA PORTUGUEZA   193

las tinham folgado pelas varzeas do Tejo e do Mondego com Ferreira e Camões, apparecem affeitadas com arrebiques e côres falsas, como essas damas para quem se desbota a flor da idade e lhe querem ainda supprir o viço com emprestados ornamentos, gentilezas compradas e postiças. E todavia ha na Lusitania transformada pedaços lyricos excellentes, e alguns bucolicos soffriveis. Assim elle nos dissesse mais do seu Oriente do que nos disse: assim houvesse enriquecido a litteratura com mais imagens de tantas que sua Asia lhe offerecia, e com que houvera additado a mãe patria. Onde o fez, n'aquella ecloga em que conta a historia de Saladino, é elle verdadeiramente poeta; e se d'ahi tirarem alguns trocadilhos que tinha apprendido em Italia, excellente e digno de imitar-se é o resto.

IV

Terceira epocha litteraria: principia a corromper-se o gosto e a declinar a lingua.—Começo, até o fim do xvii sec.

Porem os symptomas do *Gongorismo* e *Marinismo* se manifestavam já em Italia e Castel-

194 HISTORIA DA LINGUA

la; não perfeitos ainda, não no auge a que os levaram os dous poetas, aliás ingenhosos, cujo nome vieram a tomar; mas já assim mesmo a poesia moderna estava toda gafa d'essa lepra de suberba requintada.

Vasco Mousinho de Quevedo, que sem disputar é depois de Camões, nosso primeiro epico, ahi tem já em toda a nobreza de seus versos a quebra de bastardia d'esse defeito, que todavia é n'elle ainda raro. Mas que bellezas tem esse tão mal avaliado Affonso Africano, a que a cegueira e o mau gosto tem querido preferir a *quixotica* e sesquipedal Ulyssea, a hyperborea e campanuda Malaca! Não é regular o poema, não é um todo perfeito; o maravilhoso é frio, e a acção toda não mui bem deduzida; mas que riquissimos episodios a enfeitam! A descripção de Zara, o jardim incantado onde aporta o principe D. João, e alguns outros trechos são animados com o sêllo da verdadeira poesia, e elegantissimos da luz que só dá o ingenho. Quanto ao stylo, é com poucas excepções fluido e elegante; custa a achar em tão longo poema uma rhyma forçada ou má: e a mesma linguagem, sup-

E DA POESIA PORTUGUEZA 195

posto decline um tanto da primeira pureza, é ainda de boa lei e valiosos quilates.

D'ésta epocha é tambem Rodrigues Lobo, cujo grande lograr como prosista não é aqui proprio de examinar: de seu merecimento poetico a commum opinião tem com justiça decidido dando-lhe um dos primeiros (eu quizera o primeiro) logar entre os bucolicos antigos; e outro mui differente e inferior entre os epicos. E certo, o Condestabre, apezar de muitos e bons pedaços descriptivos, é frouxa e morna composição. Que differente era a frauta que ia soando pelas margens do Lis, a dulcissima frauta de Lobo, quando comparada com a tuba heroica, para cuja altivez lhe fallecem natureza e arte! seus pastores são verdadeiros pastores, sua linguagem é verdadeira do campo, não lhes sabem pelos golpes do pellico as alfaias da cidade, tão mal encubertas pelos outros bucolicos, os quaes, sem excepção do proprio Camões, todos peccam por mui sabidos e lettrados, por discretos e galantes mais que sóem ser aldeãos e pastores.

Alem d'isso ha derramados pela Primavera, Pastor peregrino, etc., pedaços lyricos de summa belleza, romances excellentes e verdadeiramente dignos de admiração e estudo.

Tinhamos perdido a independencia; perdemos logo o espirito nacional, o tymbre, o amor patrio (que amor da patria poderá haver em quem patria já não tem); a lisonja servil, a adulação infame levou nossos deshonrados avós a desprezar seu proprio riquissimo e tão suave idioma, para escrever no guttural Castelhano, preferindo os sonoros helenismos do portuguez ás aspiradas *arreias* da lingua dos tyrannos. Vergonha que so tem par nas derradeiras vergonhas com que nos enxovalharam a lingua e a fama os tarellos, francelhos, gallici-parlas e toda a caterva dos gallo-manos!

Em Castelhano escreviam já esses degenerados portuguezes: mas pouco importava que o fizessem, que n'isso fraca perda tivemos nós: de toda essa çafra de versos castelhano-portuguezes pouco ou nada ha que esperemos.

D'esta communm baixeza se alevantou o honrado e douto magistrado Gabriel Pereira de Castro, que depois de ter aberto na jurisprudencia um caminho novo e n'aquelle tempo tão difficil por grandes verdades então perigosas, tomou ousado a trombeta de Homero, e não se arrojou a menos que a competir no mesmo tempo com a Iliada e Odyssee; que tanto abraça o assumpto de seu poema. Grande é a concepção, bem distribuidas as partes, regularissimo o todo, regular e bella a acção, bem intendidos os episodios; mas o stylo..... o stylo é, prototypo da *Phenix-renascida*, o requinte do gongorismo, cujo patriarcha foi entre nós, pervertendo-nos, á sombra de sua grande fama e brilhante ingenho, todo o resto escasso que de gosto tinhamos ainda, intrincando a poesia (senão que tambem a prosa por mau exemplo) n'um dedalo inextricavel de conceitos, de argueias, de exagerações, de affectada sublimidade, falsa e van grandeza; com que de todo veio a terra a poesia nacional, e acabou a grande eschola de Camões e Ferreira, que tantos e tamanhos alumnos havia produzido. E suppunha esse homem vaidoso ter sobrepujado com as queixotadas da sua Ulyssea as naturaes bellezas dos divinos Lusiadas!

Quasi o mesmo errado trilho, mas que menos brilhante e com inferior ingenho, seguiu Sá de Menezes na Malaca. Esse poema, que tanto tem engrandecido o mau gosto, é na minha opinião

198 HISTORIA DA LINGUA

um dos derradeiros titulos de gloria da literatura portugueza. E todavia é bem regular, bem concebido, e a espaços se lhe encontram grandes rasgos de gentileza poetica. A falla de Asmodeu no conselho infernal faz lembrar muito a de Lucifer em Milton. Porem quando agitado o poeta do genio mau que avexava e endemoninhava os poetas d'então, começa a guindar-se a transpor os derradeiros limites da naturalidade; esquece todo o deleite que algumas estancias mais descuidadas nos haviam causado, e é forçoso desemparar a dura tarefa de tão incommoda leitura, porque verdadeiramente incommoda e cança tal stylo, tal phrase, tanto hyperbolico luxo e destemperado alambicar.

V

Quarta epocha: idade de ferro; aniquila-se a litteratura, corrompe-se inteiramente a lingua. — Fins do XVII, até meados do XVIII sec.

Mas ainda estes tinham sua nobreza, havia não sei que grande entre todas essas *nuevas de talco*; talvez lhes viesse dos assumptos: porem

E DA POESIA PORTUGUEZA 199

seus discipulos que ainda quizeram ir ávante, deram em fazer *silvas*, *acrosticos*, e engendraram todos os outros monstros (originarios, segundo Diniz, do *paiz das bagatellas*) e distillando mais e mais as quintas essencias dos conceitos, tanto torceram e retorceram o ja delgado fio poetico, que de todo o quebraram. So Manuel da Veiga o atou momentaneamente em uma ou duas lyras da Laura de Amphriso. Logo tornou a estalar: e por ahi andaram as pobres musas portuguezas jogando as cabras-cegas pelas eclogas de Poliphemo e Galatea, pelos romances hendecasyllabos, e per todos os outros escondrijos do gosto depravado, de que boas amostras se conservam no precioso tombo da *Phenix-renascida* e alguns outros hoje ignorados livros d'essa triste data.

E todavia já nós tinhamos recobrado tão gloriosamente nossa independencia, já o nome portuguez tornára a ser honra e nobreza, e ainda essa lepra castelhana lavrava.

Dous grandes escriptores, ambos prosistas e ambos dignos de muito louvor, concorreram para a continuação d'este mal. Quem podia deixar de admirar Vieira? Quem não iria levado pela torrente de sua eloquência? Quem resistiria aos ímpetos de arrobatamento de Jacintho Freire? O grande talento de ambos, a vasta erudição e desmedido ingenho de Vieira sobre tudo, fizeram grande damno á litteratura: sabiam, escreviam perfeitamente a língua, tinham grande credito na côrte, tractavam grandes assumptos, animava-os o nobre e sincero enthusiasmo da gloria e liberdade nacional: tudo foi após elles; imitaram-lhes vicios e virtudes; como não distinguiam em Vieira o grande orador, o grande philosopho do gongorista affectado (quando o era) não estremavam em Jacintho Freire o historiador, o panegyrista do declamador, do academico vão; ruim e bom seguiam. E como é mais facil imitar a affectação, que a naturalidade, as arguicias de má arte, que as graças de boa natureza; os imitadores foram alem de seus typos no affectado, no mau d'elles, ficaram immenso aquem do que n'esses era bello e para imitar.

Nem o conde da Ericeira que traduziu a Arte poetica de Boileau e d'elle levou tão immerecidos e banaes elogios, tomou d'ella triaga bastante para se curar do veneno commum: e ainda assim melhor é sua frigida Henriqueida que os outros versos que por então se faziam em Portugal: porem o unico ólho que o fez rei em terra de cegos, não lhe era bastante para ver e acertar com a vereda da posteridade. Ahi morreu no seu seculo e ahi jaz pela poeira de alguma livraria de bibliomaniaco.

As academias de historia, de litteratura do tempo de D. João V, as associações ridiculas de todos os nomes e descripções que então se formaram, a mais e mais empeioraram o mal, que progressivamente cresceu até o ministerio do marquez de Pombal.

VI

Quinta epocha: restauração das letras em Portugal. — Meio do seculo XVIII até o fim.

A civilisação e as luzes que a geram, tinham-se estendido do sul para o norte. A corrupção que após ellas vem em seu marcado periodo, as fôra apagando, ou ennevoando ao menos, na mesma direcção. De sorte que pelos fins do XVII seculo o meio-dia, que havia sido berço da illustração da Europa, quasi se ennoitava das

202   HISTORIA DA LINGUA

trevas da ignorancia, as quaes pareciam voltar como em *reacção* para o ponto d'onde partira a primeira *acção* da luz que as dissipára.

O norte, que mais tarde se havia allumiado, progredia no emtanto: as boas letras, as artes, as sciencias floreciam na Inglaterra e por quasi toda a Allemanha. Milton, Descartes, Newton e Linneu brilharam ao *septentrião* da Europa; e nós meridionaes estudavamos as *euthegorias* e as *summas*, aguçavamos distincções, alambicavamos conceitos, retorciamos a phrase no discurso, torciamos a razão no pensamento.

Porem a face do mundo estava começada a mudar: as antigas barreiras que a politica e os preconceitos erguiam entre povo e povo quasi desappareciam; as mutuas necessidades, e até o mesmo luxo, faziam quasi indispensavel precisão as permutações do commércio; e o commércio fraternizou as nações.

Reciprocamente se estudaram as linguas, generalizou-se esse estudo; então é que exactamente os sabios começaram a ser de todos os paizes; os bons livros pertenceram a todas as linguas; e verdadeiramente se formou dentro de todos os estados um estado que (sem os inconvenientes

E DA POESIA PORTUGUEZA   203

do *status in statu* dos ultramontanos) com justiça e exacção obteve e mereceu o nome de republica das lettras, a qual é uma, universal, e sem perigo de schisma.

Os effeitos d'esta alteração no modo de existir do universo foram sensiveis: as luzes não so reverteram (sem retrogradar) do norte para o sul, mas se diffundiram geraes. A França viu então o seculo de Luiz XIV; Italia deixou saudoso Thomaz e os *connetti* por melhor philosophia e melhor gosto; Hespanha teve o seu Carlos III; e Portugal no reinado d'el-rei D. José subia á altura dos outros povos, senão é que em muitas cousas acima.

E ainda na reforma da universidade não tinham apparecido Monteiros-da-Rocha e os outros portuguezes que d'alli expulsaram a barbaridade entrincheirada em Coimbra - como em sua ultima cidadella da Europa, e já a razão e o gosto recobravam seu imperio na litteratura; já as odes do Garção, as obras do padre Freire e de outros illustres philologos haviam afugentado as *silvas*, os *acrosticos*, e os campanudos periodos do conde da Ericeira, regeneralo a poesia e restituido a lingua.

Outravez ainda o limitado d'este bosquejo me impede de mencionar outros ingenhos que tanto mereceram da patria e da litteratura e remoçaram a perdida lingua de Camões. Exige o meu assumpto e o meu espaço que me estreite no círculo poetico.

Garção foi o poeta de mais gosto e (por aventurar uma expressão que não é legitima, mas póde ser legitimada portugueza) de mais *fino tacto* que entre nós appareceu até agora. Haverá n'outros mais fogo, outros ferverão em mais enthusiasmo, crearão acaso mais *fino*; porém a delicadeza de Garção só tem rival na antiguidade. A musa pura, casta, ingenua, nunca lhe desvairou: em suas composições ha d'ellas onde a mais aguçada critica não esmiunçará um defeito. Tal é a cantata de Dido, uma das mais sublimes concepções do ingenho humano, uma das mais perfeitas obras executadas da mão do homem. Todo se deu ao genero lyrico, especialmente ao Horaciano; e n'esse ninguem o excedeu, antes ninguem o igualou. A ode á virtude, a que se intitula o Suicidio (que pela primeira vez sai a lume n'esta collecção) outras muitas que longo fôra enumerar, são de uma belleza, d'uma cor-

roção, d'um *acabado* (como dizem os pintores) que difficilmente se imitará, tarde se chegará a igualar.

Não da mesma sorte Antonio Diniz, que mais arrojado, mais pomposo, menos correcto e elegante, assim correu mais caudaloso, porem menos pura torrente. Em quanto lyrico, tem rasgos pindaricos verdadeiramente sublimes; mas o todo de suas odes é em demasia ornamentado; e ellas entre si peccam amiudo de monotonias e repetições. Talvez o jugo dos consoantes, que tão desnecessariamente se impoz, o acanhou a isso. Mas nas anacreonticas é elle sem disputa o primeiro poeta portuguez, e digno rival do ancião de Téios. No genero bucolico tambem nos deixou mui bonitas cousas, nenhuma perfeita. Porem a verdadeira coroa poetica do Diniz Thalia lh'a tecem, que não outra musa. O Hyssope é o mais perfeito poema heroicomico de seu genero [1] que ainda se compoz em lingua nenhuma: se no castigado da dicção o excede o Lutrin; no desenho da obra, na regularidade do

[1] Digo de seu genero, porque o Orlando furioso tambem é heroicomico, mas d'outro genero.

edificio, na imaginação, foi o discipulo de Boileau muito além de seu grande mestre: e com mais exacção se diria de um e outro o que de Camões e Tasso presumpçosamente disse Voltaire: que se a imitação d'aquelle fizera este, a sua melhor obra era essa. O palacio do genio das Bagatellas, a conversa do deão na cerca dos capuchos, a ressurreição e vaticinio *do gallo assado*, a caverna d'Abracadabro serão, em quanto houver gosto, estudados como exemplar pelos litteratos, lidos e relidos sempre com prazer per todos os amigos das artes.

Após estes vem o virtuoso e honrado Quita, a quem pagou a patria com miseria e fome as immensas riquezas que para a lingua e litteratura de seus versos herdou. Um pobre cabelleireiro, a quem as musas que serviu, os grandes que com ellas honrou nunca tiraram do triste officio, pôde de sua baixa condição social alevantar-se do primeiro grau litterario, que acaso lhe disputam ignorantes ou presumpçosos, nenhum homem de gosto deixará de lh'o dar.

Este é em meu humilde conceito o nosso melhor bucolico: tómo a liberdade de contrastar a opinião commum, porque o meu dever de critico me obriga a enunciar lealmente o meu pensamento. Tenho para mim (e fico que acharei quem me siga se de boa fé quizerem entrar no exame) que a immensa cópia de composições pastoris, as quaes não são riqueza, mas desperdicio de nossas musas, ou peccam por empoladas, por inverosimeis, por baixas, por demasiado naturaes, por sobejo elevadas. Um meio termo difficilimo de tocar, de n'elle permanecer, um stylo singelo como o campo, mas não rustico como as brenhas, são dos mais difficeis requisitos que d'um poeta se podem exigir. Se tem ingenho, custa-lhe a moldar-se e a rete-lo que não suba mais alto que a difficil medida, e raro deixa de a excoder, de perder-se do bosque e acabar em jardins cuidados e conversas de damas e cavalheiros o que começára no monte ou na varzea entre pastores e serranas.

Nem Virgilio d'ahi escapou, nem Sannazaro, nem Camões; Gessner sim, e depois de Gessner, o nosso Quita. Não digo que não tenha defeitos, ainda em seu genero pastoril; mas a boa e honrada critica falla em geral, louva o bom, nota o mau, porem não faz tymbre em achar defeitos e erros na menor falta para se regosijar da censu-

208   HISTORIA DA LINGUA

ra. Grandes homens, grandes erros: a natureza da mediocridade é cingir-se a tristes preceitos para esconder sua mesquinhez: porem de taes nunca fallou posteridade. Horacio e Boileau foram atrevidos quando lhes cumpriu, e desprezaram regras e arte quando os chamou a natureza, e lhes mostrou o sublime. Philinto, que os sabia de cór, tambem se levantou acima das regras, e nunca foi tamanho. E todavia foi elle o maior poeta de seu seculo: mas os grandes ingenhos não contraveem a lei, são superiores a ella, e são elles viva lei.

Mui distincto logar obteve entre os poetas portuguezes d'ésta epocha Claudio Manoel da Costa: o Brazil o deve contar seu primeiro poeta,[1] e Portugal entre um dos melhores.

Deixou-nos alguns sonetos excellentes, e rivalizou no genero de Metastasio, com as melhores cançonetas do delicado poeta italiano. A que dirige á lyra com sua palidonia imitando a tão conhecida do mesmo Metastasio a Nice, *Grazie all' ingani tuoi*, póde-se apontar como excellente modéllo. Nota-se em muitas partes dos outros

[1] Em antiguidade.

E DA POESIA PORTUGUEZA   209

versos d'elle varios resquicios de *gongorismo* e affectação *seiscentista*.

E agora começa a litteratura portugueza a avultar e enriquecer-se com as producções dos ingenhos brazileiros. Certo é que as magestosas e novas scenas da natureza n'aquella vasta região deviam ter dado a seus poetas mais originalidade, mais differentes imagens, expressões e stylo, do que n'elles apparece: a educação europeia apagou-lhes o espirito nacional: parece que receiam de se mostrar americanos; e d'ahi lhes vem uma affectação e impropriedade que dá quebra em suas melhores qualidades.

Muito havia que a tuba epica estava entre nós silenciosa, quando Fr. José Durão á embocou para cantar as romanescas aventuras de Caramurú. O assumpto não era verdadeiramente heroico, mas abundava em riquissimos e variados quadros, era vastissimo campo sobre tudo para a poesia descriptiva. O auctor atinou com muitos dos tons que deviam formar a harmonia de seu canto; mas de leve o fóz: so se estenden em os menos poeticos objectos; e d'ahi esfrion muito do grande interesse que a novidade do assumpto e a va-

14

riedade das scenas promettia. Notarei por exemplo o episodio de Moéma, que é um dos mais gabados, para demonstração do que assevero. Que bellissimas cousas da situação da amante brazileira, da do heroe, do logar, do tempo não poderia tirar o auctor, se tam de leve não houvera desenhado este, assim como outros paineis?

O stylo é ainda por vezes affectado; la andem aqui alli seus *gongorismos*; mas onde o poeta se contentou com a natureza e com a simples expressão da verdade, ha oitavas bellissimas, ainda sublimes.

Depois de Diniz o logar immediato nos anacreonticos pertence a outro Brazileiro. Gonzaga mais conhecido pelo nome pastoril de Dirceu, e pela sua Marilia, cuja belleza e amores tam célebres fez n'aquellas lyras algumas de perfeita e incomparavel belleza: em geral a Marilia de Dirceu é um dos livros a quem o publico fez immediata e boa justiça. Se houvesse por minha parte de lhe fazer alguma censura, só me queixaria, não do que fez, mas do que deixou de fazer. Explico-me: quizera eu que em vez de nos debuxar no Brazil scenas da arcadia, quadros inteiramente europeus, pintasse os seus paineis com as côres do paiz onde os situou. Oh! e quanto não perdeu a poesia n'esse fatal êrro! se essa amavel, se essa ingenua Marilia fosse, como a Virginia de Saint-Pierre, sentar-se á sombra das palmeiras, e em quanto lhe revoavam emtôrno o cardeal suberbo com a purpura dos reis, o sabiá terno e melodioso, — que saltasse pelos montes espessos a cotia fugaz como a lebre da Europa, ou grave passeasse pela orla da ribeira o tatu esquamoso, —ella se entretivesse em tecer para o seu amigo e seu cantor uma grinalda não de rosas, não de jasmins, porem dos roixos martyrios, das alvas flores dos vermelhos bagos do lustroso cafezeiro; que pintura, se a desenhára com sua natural graça o ingenuo pincel de Gonzaga!

Justo elogio merece o sensivel cantor da infeliz Lindoya que mais nacional foi que nenhum de seus compatriotas brazileiros. O Uraguay de José Bazilio da Gama é o moderno poema que mais merito tem na minha opinião. Scenas naturaes mui bem pintadas, de grande e bella execução descriptiva; phrase pura e sem affectação, versos naturaes sem ser prosaicos, e quando cumpre sublimes sem ser guindados; não são qualidades communs. Os Brazileiros principalmente lhe devem a melhor coroa de sua poesia, que n'elle é verdadeiramente nacional, e legitima americana. Mágoa é que tam distincto poeta não limasse mais o seu poema, lhe não désse mais amplidão, e quadro tão magnifico o acanhasse tanto. Se houvera tomado esse trabalho, desappareceriam algumas incorrecções de stylo, algumas repetições, e um certo desalinho geral, que muitas vezes é belleza, mas continuado e constante em um poema longo, é defeito.

Muito ha que os nossos auctores desempararam o theatro: eisahi o faceto Antonio José, a quem muitos quizeram appellidar Plauto portuguez e que sem duvida alguns serviços tem a esse titulo, porem não tantos como apaixonadamente lhe decretaram. Em seus informes dramas algumas scenas ha verdadeiramente comicas, alguns dictos de summa graça; porem essa degenera amiudo em baixa e vulgar. Talvez que o *Alecrim e Mangerona* seja a melhor de todas; e de certo o assumpto é imineutemente comico e portuguez: hoje teria todo o merito de uma comedia historica: e se fóra tractada no ge-

nero de Beaumarchais, produziria uma excellente peça.

Epocha, segunda decadencia da lingua e litteratura; gallicismo e traducções.

VII

A' volta este tempo se formou a academia das sciencias de Lisboa pelos generosos esforços do duque de Lafões. Esse corpo scientifico, de quem tanto bem se augurou para a lingua e litteratura nacional, nem fez tudo o que d'elle se esperava, nem uma parte mui pequena do que podia e lhe cumpria fazer: mas nem foi innutil, nem, como alguns teem querido, prejudicial. E todavia sua força moral não foi bastante para vencer um mal terrivel que já no tempo do sua creação se manifestava, mas que depois, cresceu e avultou a ponto, que veio a tornar-se quasi indestructivel.

Este mal foi o *gallo-mania*, que sôbre perverter o caracter da nação, de todo perdeu e acabou com a já combalida linguagem: phrases barbaras repugnantes á indole do idioma, termos hybridos, locuções arrastadas, sem elegancia, formaram a algaravia da moda, e prestes invadiram todas as provincias das lettras. Estudar a lingua materna, como aquella em que fallamos e escrevemos, é dos mais difficeis estudos, ha mister longa e porfiada applicação. Que bella invenção para a ignorancia e para a preguiça não foi esta nova linguagem mascarada e de furtacôres, que todos podiam saber sem fadiga, cujas leis cada-um moderava e arbitrava a seu modo, alterava a seu sabor com tam plena liberdade de consciencia! Foi a religião de Mafoma: propagou-a a incontinencia, a soltura, o desenfreio do appetite. Desprezaram-se os classicos, apodaram-se de ignorantes, de rançosos; e os que não ousavam, por algum resto de vergonha, desacatar assim as honradas cans dos nossos mestres, sahiram então com o banal e ridiculo pretexto de que ninguem podia le-los pelas materias que tractaram; que tudo eram sermões, vidas de sanctos, historias de conventos, de frades, Vergonhosa desculpa! Comquê as decadas de Barros, que foi talvez o primeiro que introduziu com feliz execução o stylo classico na historia moderna, são chronicas de conventos?

Fernão Mendes Pinto, o primeiro europeu que escreveu uma viagem regular da China e dos extremos d'Asia, são vidas de sanctos? E d'essas mesmas vidas de sanctos, quantas d'ellas são de summo interêsse, divertida e proficua leitura! A vida de D. Fr. Bartholomeu dos Martyres tem toda a valia das mais gabadas memorias historicas, de que hoje ainda cheia a Europa, e que ninguem taxou ainda de pouco interessantes. Quando outra cousa não contivesse aquelle excellente livro senão a narração do concilio de Trento, a viagem e estada do arcebispo em Roma, já seria elle uma das mais curiosas e importantes obras do seculo XVI. E D. Francisco Manuel de Mello, e Rodrigues Lobo, e Camões, e grande cópia de poetas de todos os generos, — tudo isso são sermonarios, vidas de sanctos?

Miseria é que o geral dos portuguezes jurou nas palavras de quatro peralvilhos que essas calumnias apregoavam: passou em julgado que os classicos se não podiam ler, e ninguem mais quiz tomar o trabalho nem sequer de examinar se sim ou não assim era.

N'este estado de cousas appareceram em Por-

216   HISTORIA DA LINGUA

tugal dous homens extraordinarios, ambos dotados pela natureza de prodigioso ingenho poetico, Francisco Manuel e Bocage. Aquelle, filho da eschola de Garção e Diniz, cultivou muito tempo as musas classicas, e já imbuido no gosto da antiguidade, ja imitador e rival de Horacio e Pindaro, começou a ser conhecido em idade madura. Este, quasi desd'a infancia poeta, appareceu no mundo em toda a effervescencia dos primeiros annos, ardente cantor das paixões, enthusiasta, agitado do seu proprio natural violento, rapido, insoffrido, sem cabal instrucção para poeta, com todo o talento (raro, espantoso talento!) para improvisador.

Ambos começaram imitando os grandes mestres de seu tempo, seguindo cada-um em seu genero o stylo e gosto adoptado e geral desde a restauração das letras no meado do seculo. Mas não são ingenhos grandes para seguir, senão para fundar escholas: nem tardou muito que cada um, per seu lado, não sacudisse todo jugo da imitação, e seguisse livre e rasgadamente um trilho novo. Bocage a quem seu fado, por mais aventureira lhe fazer a vida, levou ao antigo theatro das glórias portuguezas, voltando d'Asia

E DA POESIA PORTUGUEZA   217

foi recebido em Lisboa entre os applausos dos muitos admiradores que já tinha deixado na viril infancia de seu talento poetico. Augmentou-se esta admiração com os novos improvisos do joven poeta, com a extrema facilidade, com o mui sonoro de seus versos. O fogo de suas ideias ateou o enthusiasmo geral; a mocidade inflamou-se com o nome de Bocage: de enthusiasmo degenerou em cegueira, em mania; não lhe viam já defeitos; menos elle em si mesmo. Ninguem duvidava que os improvisos dos cafes do Rocio eram superiores a todas as obras da antiguidade, e que um soneto de Bocage valia mais que todos esses volumes de versos do seculo de João III. e do de José I. Ésta era a opinião communi da mocidade; e tam geral se fez, tantas vezes a ouviu repetir o objecto de tal idolatria, que força era que a acreditasse, que com ella se desvanecesse e desvairasse.

Isso lhe aconteceu. O temperamento irritavel e ardentissimo de Bocagé o levava naturalmente ás hyperboles e exagerações: essas eram as mais admiradas de seus ouvintes; requintou n'ellas, subiu a ponto que se perdeu pelos espaços imaginarios de sua creação phantastica,

218   HISTORIA DA LINGUA

abandonou a natureza, e a suppoz acanhado elemento para o *genio*. Mais elle repetia *eternidades*, *mundos*, *ceos*, *espheras*, *orbes*, *furias*, *gorgonas*; mais dobrava o applauso; mais delirava elle, mais o admiravam. Ao cabo, nem elle a si, nem os outros a elle o intendiam.[1] A par e passo que as ideias desvairaram, desvairou tambem o stylo, e emfim se reduziu a uma continuada antithese, perpetuos trocadilhos, *tours-de-force*, pulos, saltos, rumpantes, castelhanadas, com que se tornou monotono e (usarei d'uma expressão de pintor) *amaneirado*.

A metrificação de Bocage, julgam-na sua melhor qualidade; eu a peior; ao menos, a que peiores effeitos causou. Não fez elle um verso duro, mal soante, frouxo; porem não são esses os unicos defeitos dos versos. As varias ideias, as diversas paixões e affectos, as distinctas posições e circumstancias do assumpto, do objecto, de mil outras cousas, — variada medida exigem; como exige a musica varios tons e cadencias. A mesma medida sempre, embora cheia e boa, — o

---

[1] Assim lhe succedeu, principalmente em muitos dos, por natureza e essencia, hyperbolicos elogios dramaticos; genero de composição extravagante e quasi sempre ridiculo.

E DA POESIA PORTUGUEZA   219

mesmo tom, embora afinado, — a mesma harmonia, embora perfeita, — o mesmo compasso, embora exacto, fazem monotona e insuportavel a mais bella peça de musica ou de poesia. E taes são os versos de Bocage, que nos pretendem dar para typo seus apaixonados cegos: digo *cegos*, porque muitos tem elle (e n'esse numero que conto) que o são, nas não cegos. Imitar com o som mechanico das vozes a harmonia intima da ideia, supprir com as vibrações que só podem ferir a alma pelo orgão dos ouvidos, a vida, o movimento, as côres, as formas dos quadros naturaes, eisahi a superioridade da poesia, a vantagem que tem sobre todas as outras bellas artes: mas quam dificil é perceber e executar esse delicadissimo ponto! Poucos o conseguiram: Francisco Manuel foi entre nós o que mais finamente o intendeu e executou, mas nem sempre, nem cabalmente.

Porem nos intervalos lucidos que a Bocage deixava o fatal desejo de brilhar, n'alguns instantes que, despossesso do demonio das hyperboles e antitheses, ficava seu grande ingenho a sos com a natureza e em paz com a verdade, então se via a immensidade d'essa grande alma, a fina tempera d'esse raro ingenho que a aura popular estragou, perdeu o pouco estudo, os costumes desregrados, a miseria, a dependencia, a soltura, a fome. Muitas epistolas, varios idilios maritimos, algumas fabulas, e epigrammas, as cantatas, não são mediocres titulos de gloria. Dos sonetos ha grande cópia que não tem igual nem em portuguez, nem em lingua nenhuma, d'uma força, d'uma valentia, d'uma perfeição admiravel. O resto é pequeno e pouco. A linguagem é pobre; ás vezes facil, mas em geral escaça. Sabia pouco a lingua; a força do engenho de instincto lhe arredava os erros; mas as bellezas do idioma, só as dá e ensina o estudo. As traducções de Ovidio, Delille e Castel são primorosas.

Mas de traducções estamos nós gafos: e com traducções levou o ultimo golpe a litteratura portugueza; foi a estocada de morte que nos jogaram os estrangeiros. Traduzir livros d'artes, de sciencias é necessario, é indispensavel; obras de gosto, de ingenho, raras vezes convem; é quasi impossivel fazê-lo bem, é mingua e não riqueza para a litteratura nacional. Essa casta de obras estuda-se, imita-se, não se traduz. Quem assim faz accomoda-as ao character nacional, dá-lhes côr de proprias, e não só veste um corpo estrangeiro de alfaias nacionaes (como o traductor), mas a esse corpo dá feições, gestos, modo, e indole nacional: assim fizeram os Latinos, que sempre imitaram os Gregos e nunca os traduziram; assim fizeram os nossos poetas da boa idade. Se Virgilio houvera traduzido a Iliada, Camões a Eneada, Tasso os Lusiadas, Milton a Jerusalem, Klopstock o Paraizo perdido; nenhum d'elles fôra tamanho poeta, nenhuma d'essas linguas se enriquecêra com tam preciosos monumentos: e todavia imitaram uns dos outros, e d'essa imitação lhes veio grande proveito.

Esta mania de traduzir subiu a ponto em Portugal, e de tal modo estragou o gosto do publico, que não só lhe não agradavam, mas quasi não intendia os bons originaes portuguezes: a poesia, a litteratura nacional reduziu-se a monotonos sonetos, a trovinhas d'amores, a insipidas enfiadas

De versinhos anões a ananas Nerinas.

Tam baixos nos pozeram os admiradores e imi-

222 HISTORIA DA LINGUA

tadores de Bocage, a quem justamente a critica stigmatizou com o nome de *elmanistas*, — e de *elmanismo* sua affectada eschola. N'elles se mostraram exagerados os defeitos todos do enthusiasta Elmano, sem nenhum dos grandes dotes, das brilhantes qualidades do poeta Bocage.

Alguns ha comtudo de quem esta asserção não devê intender-se em todo o rigor da phrase. João Baptista Gomes, auctor da Castro, mostrou n'ella muito talento poetico e dramatico. D'entre os bastos defeitos d'essa tragedia sobreshem muitas bellezas. Desvaira-o o *elmanismo*; derrama-se per madrigaes quando a austeridade de Melpomene pedia concisão, força e naturalidade; perde-se em declamações, extravaga em logares communs, inverte a dicção com antitheses, destroi toda a illusão com versos amiudo sesquipedaes e entumecidos; mas per meio de todas essas nevoas brilha muita luz de ingenho, muita sensibilidade, muita energia de coração; predicados que com o estudo da lingua que não tinha, com a experiencia que lhe fallecia, triumphariam ao cabo do mau gosto do tempo, e viriam provavelmente a fazer de João Baptista Gomes o nosso melhor tragico. Atalhou-o

E DA POESIA PORTUGUEZA 223

a morte em tam illustre carreira, e deixou orpháo o theatro portuguez que de tamanho talento esperava reforma e abastança.

Mas em quanto Bocage e seus discipulos tyrannizavam a poesia e estragavam o gosto, Francisco Manuel, unico *representante* da grande eschola de Garção, gemia no exilio, e de la com os olhos fitos na patria se preparava para luctar contra a enorme hydra cujas innumeras cabeças eram o gallicismo, a ignorancia, a vaidade, todos os outros vicios que iam devorando a litteratura nacional.

A sua epistola sobre a arte poetica e lingua portugueza, pôde rivalizar com a de Horacio aos Pisões : força d'argumentos, eloquencia da poesia, nobre patriotismo, finissimo sal da satyra, tudo ahi peleja contra o monstro multiforme.

Que direi das odes? Minha intima persuasão é que nunca lingua nenhuma subiu tam alto como a portugueza na lyra de Francisco Manuel. Que ha em Pindaro comparavel á ode a Afonso d'Albuquerque? onde ha poesia sublime, elegante, immensa como seu assumpto, na dos novos Gamas? se o patriotismo fallasse alguma hora aos degenerados netos de Pacheco e Albuquerque, que poderia elle dizer-lhes igual áquella inestimavel ode que se intitula *Neptuno aos portuguezes*? E quando a liberdade troa na espada de Washington, submette os raios de Jupiter ao sceptro dos tyrannos aos pés de Franklim, ou tece pelas mãos de Penn os laços de fraterna união! Que immenso, que grandioso é o cantor de tamanhos objectos! Quando nas odes a Venus, a Marfisa, a Marcia *voltando inopinada*, no hymno á noite se requebra em amoroso jubilo, ou se enternece de saudade, todo é graças e primores de linguagem, de imaginação, de stylo, de delicadeza, de immitavel poesia. No genero Horaciano não é elle tam puro e perfeito como Garção, mas nem intendeu menos nem imitou peior o seu modelo.

Entre as epistolas ha muitas admiraveis; dos contos e fabulas, alguns com elegante sal e chiste. As traducções do Oberon de Wielland, da Guerra punica de Silio Italico, mas sobre todas, a dos Martyres de Chateaubriand, são thesouros de linguagem e de poesia.

Nenhum poeta desde Camões havia feito tantos serviços á lingua portugueza: so per si Fran-cisco Manuel valeu uma academia, e fez mais que ella; muita gente abriu os olhos, e adquiriu amor a seu tam rico e bello, quanto desprezado idioma: e se ainda hoje em Portugal ha quem estude os classicos, quem se não envergonhe de ler Barros e Lucena, deve-se ao exemplo, aos bradados, ás invectivas do grande propugnador de seus foros e liberdades.

Nos ultimos periodos do sua longa vida afrouxaram as energicas faculdades d'este grande poeta, o excepto a traducção dos Martyres (que assim mesmo tem seus altos e baixos) quasi tudo o mais que fez é tibio e morno como de um octogenario se podia esperar. O nimio temor de commetter gallicismos, a que tinha justo e saucto horror, o fez cahir em archaismos, e affectação demasiada de palavras antiquadas e excessivos hyperbatos. Não são porem estas faltas, nem tantas nem tamanhas como o pregoou a inveja e a ignorancia.

Muito honrosa menção deve a historia da lingua e poesia portugueza a Domingos Maximiano Torres, cujas eclogas rivalizam com as de Quita e Gessner, cujas cançonetas são, depois das de Claudio Manuel da Costa, as melhores que temos.

15

226 HISTORIA DA LINGUA

Foi este muito intimo de Francisco Manuel, mas tenho por mui exagerados os elogios que d'elle recebeu.

Antonio Ribeiro dos Santos, honra da magistratura portugueza, foi imitador e êmulo de Ferreira: poucos ingenhos, poucos characteres, poucos stylos ha tam parecidos; se não que o auctor dos coros da Castro era muito maior poeta, e o cantor do grande D. Henrique muito melhor metrificador. Esta ode ao infante sabio, algumas outras a varios heroes portuguezes, algumas das epistolas, e especialmente os versos que lhe dictava a amizade para o seu Almeno, são d'uma elegancia e pureza de linguagem rarissima em nossos dias.

Este Almeno é Fr. José do Coração de Jesus, missionario de Brancannes, que traduziu os primeiros livros das methamorphoses de Ovidio em excellentè, requissimo, purissimo portuguez, mas em maus versos: e ainda assim, alguns d'elles são felizes: é de estudar, de versar com não *diurna* e *nocturna* esse começo de traducção para quem quizer conhecer as riquezas, de uma lingua que compete, emparelha, vence ás vezes, a sua propria mãe latina.

E DA POESIA PORTUGUEZA 227

Duas ou tres odes d'este virtuoso e erudito padre são mui bonitas.

Nicolau Tolentino é o poeta eminentemente nacional no seu genero: Boileau teve mais força, mas não tanta graça como o nosso bom mestre de rhetorica. E de suas satyras ninguem se pode escandalizar; começa sempre por casa, e primeiro se ri de si antes que zombeteie com os outros. As pinturas dos costumes, da sociedade, tudo é tam natural, tam verdadeiro! Confesso que de todos os poetas que meu triste mister de critico me tem obrigado a analysar, unico é este em cuja causa me dou por suspeito: tanta é a paixão, a cegueira que tenho polo mais verdadeiro, mais engraçado, mais *bom homem* de todos os nossos escriptores. Aquelle *bilhar*, aquella *funcção de burrinhos*, aquelle *chá*, aquellas despedidas *ao cavallo deitado á margem*; o memorial ao principe, o presente do *perum*, são bellezas que só não admirarão atrabilarios zangãos em perpetuo estado de guerra com a franca alegria, com o ingenuo gôsto da natureza.

De José Anastacio da Cunha, que das mathematicas puras nos deu o melhor curso que ha em toda Europa, d'esse infeliz ingenho (que talento houve já feliz (em Portugal?) a quem não impediam as roctas de Euclides, nem as curvas de Archimedes de cultivar tambem as musas; de tam illustre e conhecido nome que direi eu senão o muito que me peza da raridade de suas poesias? Todas são philosophicas, ternas e repassadas d'uma tam meiga sensibilidade algumas, que deixam n'alma um como echo de harmonia interior que não vem do metro de seus versos, mas das idéias, dos pensamentos. Todavia ha mister le-lo com prevenção, porque (provavelmente estropiada de copistas) a phrase nem sempre é portugueza de lei.

O padre A. P. de Souza Caldas, brazileiro, é dos melhores lyricos modernos. A poesia biblica, apenas encetada de Camões na paraphrase do psalmo *super flumina Babylonis*, foi por elle maravilhosamente tractada; e desde Milton e Klopstock ninguem chegou tanto acima n'este genero.

A cantata de Pygmalião, a ode O homem selvagem são excellentes tambem.

Aqui me cai a penna das mãos: o estadio livre para a critica imparcial acabou. Nem posso continuar a exercê-la sem temor, nem a faria ainda assim, pois não quizera ver revogadas minhas presumidas sentenças pela severa posteridade, quasi sempre annulladora de juizos contemporaneos.

Não posso todavia fechar este breve quadro sem patentear a admiração, e o indizivel prazer que me deu o poema do Passeio do snr. J. M. da Costa e Silva, cuja existencia tinha a infelicidade de ignorar (tam pouco sabemos nós portuguezes das riquezas que temos em casa!) e que não sei que tenha que invejar a Thompson e Delille, se não fôr na pouca extensão e, acaso dirá mais severo juiz, em algum verso de demasiado *Elmaniano*. Quanto a mim, folgo de me lisongear com a esperança que seu auctor lhe dará a amplidão e mais (poucos mais) retoques com que ficará por ventura o melhor poema d'esse genero.

Apezar dos motivos referidos, pedirei uma venia mais para mencionar como um poema que faz summa honra ao nome portuguez, a Meditação do snr. J. A. de Macedo, que tem sido censurada por quem não é capaz de intendê-la. Não sei eu se ella tem defeitos; é obra humana, e de certo lhes não escapou; mas sublimidade, copia

230   HISTORIA DA LINGUA

de doctrina, phrase portugueza, e grandes ideias, só lh'o negará a cegueira ou a paixão.

Cita-se com elogio o nome do snr. J. F. de Castilho, joven poeta que se despica da injuria da sorte que ó privou da vista, com muita luz de ingenho poetico.

Os *dythirambos* do snr. Curvo Semedo, as odes do snr. J. Evangelista de Moraes merecem grande favor do publico: os apologos do snr. J. V. Pimentel Maldonado são por certo dignos da maior estimação.

As Georgicas do snr. Mozinho d'Albuquerque fizeram a reputação poetica de seu benemerito auctor. Alguns lhe acharam demaziada erudição, e queriam mais poesia e menos sciencia. Eu por mim tomarei a confiança de pedir ao illustre poeta, em nome da litteratura portugueza, que na segunda edição de sua tam util obra não desdenhe de aproveitar os muitos e riquissimos ornatos que habilmente póde tirar de nossas festas ruraes, de nossas usanças (como feiras, serões, desfolhas, etc.), das descripções de nosso formoso paiz; com que decerto fará mais nacional e interessante seu estimavel poema. Não sei tambem se alguma incorrecção typographica

E DA POESIA PORTUGUEZA   231

ou de cópia, seria origem de varias imperfeições e impurezas de linguagem, que os escrupulosos (e em tal materia é forçoso se-lo) lhe notam.

Tudo isso esperamos os portuguezes que nos vangloriamos de sua excellente obra, ve-lo melhorado na proxima edição que ja reclama o publico impaciente.

A litteratura portugueza não mostra presentemente grandes symptomas de vigor: mas ha muita força latente sob essa apparencia; o menor sôpro animador que da administração lhe venha, ateará muitos luzeiros com que de novo brilhe e se engrandeça.

FIM.

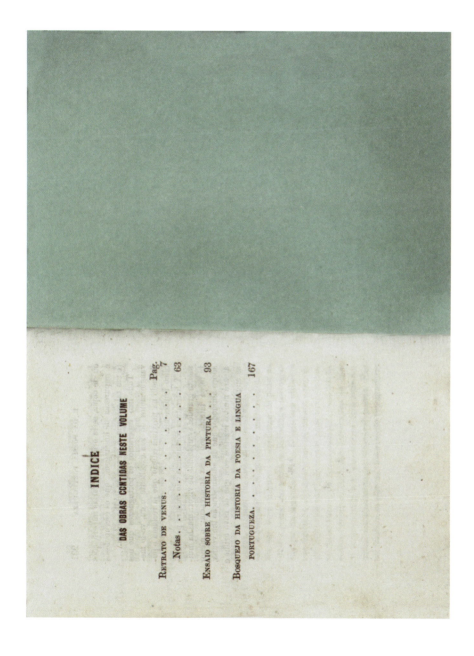